PENSION

个人养老金：
理论基础、国际经验与中国探索

中国证券投资基金业协会 编著
Asset Management Association of China

中国金融出版社

责任编辑：曹亚豪
责任校对：刘　明
责任印制：陈晓川

图书在版编目（CIP）数据

个人养老金：理论基础、国际经验与中国探索／中国证券投资基金业协会
编著 . —北京：中国金融出版社，2018. 11
　ISBN 978 - 7 - 5049 - 9838 - 5

　Ⅰ. ①个… 　Ⅱ. ①中… 　Ⅲ. ①退休金—劳动制度—研究—中国
Ⅳ. ①F249. 213. 4

　中国版本图书馆 CIP 数据核字（2018）第 247566 号

出版
发行　中国金融出版社

社址　北京市丰台区益泽路 2 号
市场开发部　（010）63266347，63805472，63439533（传真）
网 上 书 店　http：//www. chinafph. com
　　　　　　　（010）63286832，63365686（传真）
读者服务部　（010）66070833，62568380
邮编　100071
经销　新华书店
印刷　北京市松源印刷有限公司
尺寸　178 毫米 × 253 毫米
印张　34
字数　702 千
版次　2018 年 11 月第 1 版
印次　2018 年 11 月第 1 次印刷
定价　80. 00 元
ISBN 978 - 7 - 5049 - 9838 - 5
如出现印装错误本社负责调换　联系电话（010）63263947

序 一

养老，既是我们国家传承千年的"人伦常情"，也是我国全面建成小康社会、实现长治久安的重要课题。基金业协会组织专家学者和金融机构，研究国内外个人养老金发展的基础理论、经验教训和发展路径，编写了《个人养老金：理论基础、国际经验与中国探索》一书，有助于提高金融业服务养老的专业水平，提升社会成员对养老保障、养老投资的认知，是服务养老保障大局的基础性工作，是件意义深远的事。我就中国个人养老金第三支柱的发展谈几点体会。

第一，养老金第三支柱关乎国计民生，意义重大。我国已初步建立起基本养老保险、企业（职业）年金和个人养老保障相结合的三支柱养老保障体系，但三个支柱发展不均衡。国家、企业负担偏重，第一支柱的养老替代率、第二支柱的覆盖范围均有限，急需发展第三支柱，以满足多层次的养老保障需求，缓解人口老龄化带来的财政压力。国家给予一定政策支持的个人养老金是第三支柱的重要组成部分。2018年4月2日，财政部、税务总局、人社部、银保监会、证监会联合发布了《关于开展个人税收递延型商业养老保险试点的通知》，建设第三支柱从理论研究走向政策实践，建立和完善中国的个人养老金制度提上了国家议事日程。

第二，个人养老金的制度设计要立足长远，开放包容。从各国实践看，虽然每个国家第三支柱的实际运行有所差异，比如美国以投资基金产品为主，德国以投资保险类产品为主，但政策的基本框架和原则是一致的：一是国家财税优惠支持，激励个人参与，引导长期投资，通过"税收递延"对个人领取有一定约束，是退休以后生活平稳的一种制度保障。二是全国统一的账户体系，为每个参与人建立个人养老账户，保障税收优惠给到个人账户，实现个人养老信息的终生记录，提升便捷性，便于劳动力自由流动。三是赋予个人投资决策权。每个人距离退休年龄各异，对养老金的投资需求和规划也存在差异。年纪较轻的，会选择投资收益较高的产品；年纪较大的，通常会选择收益相对较低、但较平稳的产品。因此，开放各类金融机构参与，在制定好产品标准、限定可投资产品目录的前提下，引入风险收益特征不同、风格清晰的品种，由老百姓自己选择，既满足差异化的需求，又满足安全性的要求，更走出了国家兜底的老路。养老金制度是百年大计，要力争在一开始就走在正确的道路上，注重制度的拓展性、可持续性。

第三，基金业要苦练内功、弱化担当，为个人养老金的长远健康发展提供专业化服务。基金业运作相对规范透明，已成为我国养老金投资管理的主力军，受托管理基本养老金、社保基金、企业年金等各类养老金资产，市场份额占比过半。其中，受托管理的社保基金境内资产占比超过90%。实践证明，专业化的投资管理才是养老金长期保值增值的实现路径。以社保基金为例，通过专业化的资产配置和投资运作，社保基金2001年以来年化收益率8.4%，2017年收益率9.7%，实现了长期稳健回报。

基金业发展20年来，涌现了一批规范、专业的机构，培养了一批敬业、优秀的人才，积累了一批风格多元、长期业绩优异的产品，今年还推出了主要服务于个人养老金投资的养老目标基金。养老目标基金是境外主流的养老金产品，但在我国刚刚开始。明年，公募基金将纳入个人养老账户投资范围。基金业要做好产品储备、个人养老账户设立和信息平台连接等工作，持续开展投资者教育，不断提升投资能力及合规风控水平。基金业要始终把促进个人养老金长期保值增值，为参与人提供优质的服务作为工作的出发点和落脚点。

养老保障事关国家发展全局。在个人养老金第三支柱方面，中国没有历史包袱，可以避免路径依赖，发挥后发优势，在充分借鉴境内外经验的基础上，打造规范高效的制度规则体系。我们相信在社会各界的共同努力下，多层次养老保障事业的明天将更加美好！

中国证券监督管理委员会副主席：李超

2018年10月31日

序 二

最近几年，讨论养老金、特别是第三支柱的话题热络起来，表明我国决策层、知识界和民众对老龄化高峰期临近的危机意识正在提升。有普遍的社会共识，这方面的理论探讨、制度安排、政策调整、财务准备才能有必要基础。中国证券投资基金业协会组织编撰的《个人养老金：理论基础、国际经验与中国探索》一书，以研判我国人口结构变化及现有养老保障体系不充分、不平衡矛盾为起点，逐一讨论个人养老金的投资策略、产品设计、监管方式以及国外可资借鉴的经验和自身试点的路径，对这一领域的研究作了一个很有价值的阶段性总结，是汇集众智的成果，可以期待将对相关决策起到积极支撑作用。

论及这一话题，以我个人体悟，有三件事必得说说。

其一，"多支柱"还是"多层次"？

1994年世界银行提出养老金"三个支柱"的概念，即以政府实施的普遍保障为第一支柱，职业群体的缴费性养老金为第二支柱，私人性养老金储蓄投资为第三支柱。此前的1991年，我国已经提出多层次养老保险体系，即第一层是基本养老保险，第二层是补充养老保险（后来建立了企业年金和职业年金），第三层是个人储蓄性养老保险。据说经合组织也倾向于认同"多层次"概念。这两种提法都强调养老金体系的多元性，但概括的角度不同："支柱"论偏重于描述各制度的垂直性状，彼此独立"三只脚"共同支撑体系架构；而"层次"论偏重于描述各制度的水平性状，更注重其相互叠加功能。但各国的实际运作远比理论描述来得复杂，似乎没有那么清晰的边界。比如，一个国家的基本保障制度覆盖了全民，而第二、第三支柱分别覆盖有雇主的职业人群和自雇者及非就业者，那么这个体系表现出来的物理结构就不大像"三支柱"，而更像在基础层之上竖立两个支柱。而若一个国家基本养老保障覆盖全民，个人养老储蓄也适用各类社会成员，只有职业群体另有缴费型养老金，那也不完全是"三层次"的样貌，而更像在两个层次之外另加一个支柱。说到我国，基本养老保险已经覆盖所有适龄的职业群体和居民，企业年金、职业年金的适用范围为职业群体，今年五部委联合发布的22号文件确定第三支柱的试点群体范围比第二支柱稍大。也就是说，我国目前的体系形态是基础层之上加两个仅适用于职业群体的"小支柱"。未来的演化可能有两个前景：一是第三支柱普遍覆盖所有社会经济活动人口，形成"二层次＋一个支柱"的体系形态；二是将第一、第二支柱中的个人缴费及其账户抽离出来与第三支柱合并，从而形成各制度都普遍覆盖的"三层次"体系。孔子有言："必也正名乎。名不正则言不顺，言不顺则事不成。"到底是"三支柱"还是"三层次"，不仅关乎名实相副，而且涉及体系发展的方向。以我之见，从"三支柱"起步向"三层次"迈进是值得作出的努力。

还有一点需要正名。22 号文件首次在我国政府公文中使用了"第三支柱"概念，是一大进步，令人瞩目和鼓舞。但这毕竟是"俗称"，试点时叫叫尚可，将来制度成熟了还是要有个"学名"。我国第一层次（支柱）称为基本养老金，第二层次（支柱）的企业年金和职业年金可以合称为职业性养老金，与此相匹配，第三层次（支柱）的名称要凸显私人性、自愿性、投资性，本书的编辑者称为"个人养老金"，比较接近其属性，可做将来"定名"的参考。

其二，"产品制"还是"账户制"？

22 号文件确定的第三支柱样式仅为"商业养老保险"，明显具有试点起步时的谨慎探索态度，但同时也预示试点后将拓展到多种金融品类。当下的焦点问题之一是，第三支柱（或个人养老金）采用何种运作模式，是"产品制"还是"账户制"？本书的论者倾向于后者，我赞同。因为账户制有几大优点：一来供款便利，每个人建立个人专项账户，无论收入来源，按规定向账户供款即可，而不必先瞄准某种产品再匹配供款。二来实现税优方便，个人合规供款可立即纳入延税计算，而不必先买产品再办理退税；将来从该账户领取待遇，也便于依法计税。三来投资选择范围广，可以在保险、基金、证券、银行理财等多种产品及其组合中选择，即使个人不主动选择，也可默认有适当收益、风险可控的产品及其组合。在金融领域混业经营的大趋势下，这种包容性模式的优势明显，也符合公众多元化投资的取向，相比之下，"产品制"的局限性就较强。

其三，信息系统分散化还是集中化？

信息对第三支柱相关各方重要性不言而喻——个人或其单位要据此作投资选择，投资管理人要据此开发和组合产品，税务机关要据此延税和计税，监管部门要据此把控风险。因此，信息系统如何建构就显得至关重要。有关研究者已经提出了几种设置方案，有分散式的，有集中式的，也有从分散走向集中式的，各有利弊。无论如何设计，我以为有三点不可忽略：第一，应顾及养老保险体系的信息完整性。第三支柱（个人养老金）虽有独特属性，但毕竟不是孤立存在，而与第一、第二支柱是并联设计的。主管部门掌握总体信息，才能科学把握各层次（支柱）的比例关系、替代状况，进而作出改进完善政策的安排，逐步形成合理架构，因此必须在信息系统顶端居有主导地位。第二，各机构的信息系统各有专业需求和优势，但在养老金第三支柱平台上应互联互通，决不可彼此封闭。各方面对此都应有开放的心态和措施，别重蹈"孤岛隔离"的覆辙。第三，建设策略可以循序渐进，先立足现实基础和各方资源把系统框架搭起来，实现最基本的信息交换通联，再根据制度发展要求逐步完善和提升。采取这个推进策略，一方面要防止好高骛远，空有设想而难于落地；另一方面也要避免画地为牢，固化利益，给整体长远发展带来障碍。

中国多层次养老保险体系建设已曙光微露。学界、实业界、公共部门需再接再厉，继续为绘制美好蓝图增墨添彩。

中国社会保险学会会长：胡晓义

2018 年 10 月

序 三

一、引言

老龄化是我国 21 世纪始终面临的一项重大挑战，养老金制度则是应对老龄化挑战的基础制度安排之一。相比发达国家养老金体系已经有上百年历史而言，我国改革开放才四十年，与市场经济相适应的养老金制度建立也才二十年时间。但是在这二十年里我国也基本建立了符合世界发展趋势的三支柱养老金体系：1997 年统一了第一支柱的基本养老保险政策，2004 年和 2015 年分别出台了第二支柱的企业年金和职业年金政策，2018 年税延商业养老保险试点政策出台则标志着第三支柱个人养老金政策开始落地。

第三支柱个人养老金对完善我国养老金体系，提升国民养老保障能力具有重要意义，成为近年来国家养老金政策的重要着力点。中国证监会和中国证券投资基金业协会很早就进行了深入探索。我注意到，早在 2006 年中国证监会在"进一步壮大机构投资者规模，加快金融体系市场化进程"课题中，就明确提出"推进养老保障制度改革，调整养老金体系结构；完善税收制度，鼓励发展个人自愿养老保障账户"的政策建议。此后证监会相关部门对养老金进行了持续研究，2011 年时任证监会主席郭树清指出，我国各类养老金规模将持续扩大，需要特色化的资产管理服务以实现保值增值需求。2013 年证监会研究中心联合上海证券交易所开展了"养老金与资本市场互动：国际惯例、国别经验与中国实践"课题研究，再次建议通过出台专门的税收优惠政策，加快发展补充性的第三支柱个人养老金，并通过市场化手段进行投资管理。可以说，中国证监会在国内较早注意到了我国养老金体系发展不均衡、市场投资运营不足的问题，特别是高度关注第三支柱个人养老金对增加国民养老积累，促进资本市场发展的重要意义，这些都非常具有前瞻性。在前述相关工作的基础上，2018 年 2 月证监会正式发布《养老目标证券投资基金指引（试行）》，目前已有十多只养老目标基金获批，多家机构养老目标基金已经开始运作，这些都为基金行业参与养老金第三支柱奠定了良好基础。

中国证券投资基金业协会自 2012 年成立以来，更是把推动基金行业参与我国养老金事业发展作为行业重大使命。孙杰先生、洪磊会长和钟蓉萨副会长都对养老金工作既高度重视又亲身参与，而且具有很高的专业造诣。我记得在 2013 年我参与举办的中国养老金国际研讨会上，中国证券投资基金业协会原会长孙杰先生受邀出席，他指出应给予养老金税收递延、投资管理税收减免等政策支持。2016 年 2 月中国养老金融 50 人论坛北京峰会上，洪磊会长呼吁，各类资产管理机构要跨越监管分割的制度陷阱，用投资的语言和逻辑，为养老金提供标准统一、规则透明的投资管理服务。同时他还指出养老金税收优惠政策应针对养老账户而不是养老产品。这些真知灼见都为我国养老金资产管理提供了有益思想。钟蓉萨副会长作为中国证券投资基金业协会养老金相关工作的直接推动者，更是身体力行探索基金行业如何更好服务养老金制度建设。特别是在养老金第三支柱方面，洪磊会长和钟蓉萨副会长带领基金行业进行了大量深入的具体工作。早在 2015 年中国证券投资基金业协会就开展了养老金第三支柱顶层设计课题研究，随后积极参与到个人税延养老保险政策设计中，汇聚行业智慧建言献策。应该说，将公募基金纳入养老金第三支柱，既是养老金发展的必由之路，也是基金行业不断努力，水到渠成的结果。

在第三支柱个人养老金即将全面推开之际，中国证券投资基金业协会组织编撰这本书，立足基金行业，从理论基础、国际经验、行业实践、制度探索、投资管理、产品设计等方面对养老金第三支柱的若干重要议题进行深入研究，内容丰富全面，不仅理论基础扎实，而且相关观点和建议很贴近我国实际，对于基金行业，乃至整个资产管理行业更好参与养老金第三支柱具有很强的借鉴意义。本书的相关观点也引发了我的思考，受此启发，我主要想谈两个问题：一是养老金第三支柱对基金行业发展有什么影响，二是促进我国第三支柱发展还需要从哪些方面努力。

二、养老金第三支柱对我国基金行业的影响

众所周知，我国储蓄率长期保持在 50% 左右，其中有国人储蓄偏好的因素，也与我国养老保障体制不完善密切相关。与之相反，养老保障体系相对完善的国家储蓄率都比较低，2015 年，德国国民储蓄率不到 10%，法国约为 8%，加拿大、美国、英国都在 6% 以内。以美国为例，其国民储蓄率下降与补充养老金建设基本同步：1974 年美国颁布《雇员退休收入保障法》（ERISA），第三支柱 IRA 计划出台；1978 年美国《国内税收法》颁布，401(k) 计划出台。随后美国养老金资产积累规模逐年增加，充裕的养老金资产在相当程度上降低了居民的储蓄意愿。2017 年底美国三支柱养老金资产接近 30 万亿美元，是其当年 19.39 万亿美元 GDP 的 1.5 倍。而在此期间，美国个人储蓄率却呈现明显下降趋势，从 1975 年的约 15% 下降到 2017 年的不足 6%。可见，美国第二和第三支柱养老金推出以后，逐步实现了国民从储蓄养老到投资养老的转变。

从我国来看，从储蓄养老到投资养老的转变应该借助于企业年金和职业年金的发展来完成。但是企业年金和职业年金并没有赋予个人投资选择权，实质是单位代职工进行投资的过程。而个人自主选择是养老金第三支柱的基本制度理念，因此，

随着第三支柱个人养老金的发展，国民投资养老理念逐渐形成，将对基金行业的长远发展产生诸多影响。

第一，养老金第三支柱将对当前基金行业格局产生深远影响。近年来，在互联网平台和以余额宝为代表的货币基金的带动下，公募基金持有人数爆发式增加，目前公募基金行业已经服务超过 6 亿的投资人。但是，根据中国证券投资基金业协会 2016 年的《基金个人投资者投资情况调查报告》，2015 年基金投资者中 30～40 岁年龄段的投资者占比最高，达到 25.5%，其次是 30 岁以下的投资者，占比达到 22.8%。这两部分人群恰恰都是个人税延养老金参与的主力军，如果这些人群通过个人税延养老金账户以税前工资进行基金定投，享受税收优惠，那么必然减少其目前以税后收入投资基金的行为。而且第三支柱选择的产品与机构，也将对投资人其他的公募基金投资行为产生影响。

第二，养老金第三支柱有助于行业走出"基金赚钱基民不赚钱"的怪圈。根据中国证券投资基金业协会的数据，从开放式基金问世到 2017 年 6 月，偏股型基金平均年化收益率为 16.18%，超出同期上证综指平均涨幅 8.5 个百分点；债券型基金平均年化收益率为 7.64%，超出 3 年期银行定期存款利率 4.9 个百分点。但是京东金融的基民调查报告显示：2016 年仅有 34.3% 的基民实现正收益，0.5% 盈亏持平，剩余的 65.2% 都是亏损。主要原因在于，很多基金投资者缺乏专业知识储备，把基金当作股票短期炒作，容易追涨杀跌。而第三支柱个人养老金有长达几十年持续缴费，相当于通过政策引导变成长期定投资金，参与者可以忽略短期资本市场波动从更长期的视角投资来实现稳健良好收益。同时，随着养老目标日期基金、养老目标风险基金等专门养老型基金的问世，也将减少参与者的资产配置困难和产品选择问题，有助于减少参与者短期盲目操作。

第三，养老金第三支柱有助于优化基金营销业态，培育长期稳定客户。基金行业与保险、银行相比，直接获客能力薄弱，主要通过银行或者互联网等第三方渠道。但是养老金第三支柱覆盖群体广泛，其中一部分是此前从未投资公募基金的群体，但是这部分人因为税收激励参加个税递延型第三支柱养老金制度，就可能成为基金公司的直接客户。事实上，第二次世界大战后美国婴儿潮一代（1946—1955 年）第一次购买基金平均年龄在 36 岁，大致在 1980 年以后，即美国第二和第三支柱建立同期。而他们的下一代即 1970—1980 年出生的人第一次购买基金平均年龄是 25 岁，基本就是参加工作最初几年，具体参与方式是通过 401(k) 和 IRA 等养老金计划。可以想象，一个人在参加工作之初就通过养老金投资公募基金并获得收益，那么这些人收入增加，有了更多理财需求时，公募基金自然成为其理财首选工具，而且黏性很强。事实上，这正是公募基金成为美国国民主要投资渠道的重要原因。因此，可以预见，我国基金行业参与第三支柱个人养老金制度，除了其本身带来的规模增量外，更重要的是，借助于该政策进行国民的基金知识普及，扩大潜在的基民群体。

第四，养老金第三支柱能为资本市场带来稳定长期资金，有利于价值投资理念落实。公募基金规模容易随着市场波动而变化：市场低迷时，投资者纷纷离场，或投身于银行理财等无风险产品。而第三支柱个人养老金制度中，由于税收优惠将其缴费长期锁定在养老账户中，不易撤出。同时随着资管新规的推出，以往刚性兑付的理财产品将不复存在。因此客观上有助于形成真正的长期资金，参与者对投资业绩的评价周期也将拉长，所以基金公司的规模波动和短期收益压力相对较小，这些都有利于其长期投资和价值投资理念的真正落实。

可见，养老金第三支柱将对国民理财习惯产生深远影响，基金行业如果能够把握国民养老需求，充分发挥自身优势，将实现与养老金第三支柱的协同发展。

三、进一步推动养老金第三支柱发展的几点思考

本书对我国养老金第三支柱发展进行了全面深入的论述，包括税收优惠、治理模式、资产配置、投资管理、产品选择、投资者教育等多个方面，并提出了诸多良好建议。对此我也有以下几点思考：

第一，进一步加大税收优惠力度，扩大养老金第三支柱覆盖面。从全球范围来看，税收优惠是第三支柱个人养老金发展的根本动力。目前试点的个人税延养老保险的税收政策是：缴费阶段，参加者可以以当月工资薪金、连续性劳务报酬收入的6%或者1000元孰低者在缴纳个人所得税前扣除；领取阶段，账户累积额25%的部分免税，其余部分按照10%征税。该政策出台不久，我国进行了个人所得税改革：一是将免征额从每月3500元上调到每月5000元。受此影响，个人所得税的纳税人从1.87亿人下降到0.64亿人。如果加上子女教育、继续教育、大病医疗、住房贷款利息、住房租金、赡养老人等专项扣除，我国个人所得税纳税人群大概率将不足0.5亿人。换言之，在当前个人所得税制度下，我国养老金第三支柱理论上最多只能覆盖5000万人，尚不及第二支柱覆盖的人数（企业年金参与人数为2300万人，职业年金参与人数为3600万人）。结果是将第三支柱建设为覆盖广泛的普惠金融制度的政策定位无从实现，减轻第一支柱基本养老金财政负担的作用也十分有限。

因此，还需要进一步加大税收优惠，着力扩大第三支柱覆盖面，使其成为真正普惠国民的养老制度安排。我想有以下几点措施可供探讨：其一，在税收改革中将第三支柱缴费纳入专项扣除，增强税收激励的精准性；其二，如果收入不满足纳税起征点的人群愿意参加养老金第三支柱，则国家对于其缴费给予一定比例的财政补贴，增强第三支柱对非纳税人群的吸引力；其三，允许没有参加企业年金和职业年金的职工，将其第二支柱4%的个人税收优惠计入第三支柱缴费；其四，领取阶段的税收政策比照个人所得税模式，设置免征额，实行超额累进，提高吸引力。目前

养老金第三支柱尚处于试点阶段，我十分希望在试点转常规时，国家在税收支持政策方面能有新的突破，因为这决定了第三支柱能在多大程度上惠及更多国民。

第二，养老金第三支柱建设应秉承多样化和开放性原则。第三支柱个人养老金制度以个人主导、自愿参加、政府税收优惠激励为原则，这意味着制度应对全体经济活动人口开放，说明第三支柱覆盖人群的广泛性。因此，从供给端来看，必须秉承多样化性原则，允许银行、基金、保险等各类金融机构为第三支柱提供合适的养老金融产品，这样才能发挥不同类型的金融行业的特点，更好满足各类人群的不同风险偏好和收益需求。事实上，第三支柱作为最具灵活性和最具效率性的养老金制度，应该鼓励各类金融机构的广泛参与，最终通过竞争优化，探索出最适合我国国情的第三支柱发展道路，真正提升国民自我养老保障能力。

第三，加强养老金融教育是养老金第三支柱长远发展的基础。本书中提出了第三支柱投资应该遵循的相关理念，比如坚持价值投资实现稳健收益；依靠权益投资能提高长期回报；个人养老金投资做好风险控制等。这些观点已经是资产管理行业的共识，且为国内外养老金投资实践所证明。但是，对非金融专业人士而言，这些内容仍然十分陌生。特别是我国市场经济发展时间不长，国民财富积累时间较短，金融和理财知识十分匮乏。根据中国养老金融50人论坛2017年发布的《中国养老金融调查报告》，目前老百姓的养老理财主要看重安全稳健和收益保证，已有养老资产主要集中于银行理财，对于以基金为代表的净值类资产配置较少。更为严重的是，还有30.3%的调查对象在金融理财中遇到了不同程度的误导和欺骗。近期腾讯发布的《国人养老准备报告》七显示，相当一部分被调查者对复利和通货膨胀等基本金融概念理解尚不准确。这对强调制度自愿参与、产品自主选择、责任自我负担的养老金第三支柱来说是巨大挑战，需要社会各界进行广泛、长期、深入的养老金融教育。本书中设有专门章节对此进行讨论，相关观点我都赞成，特别是对投资者教育的评估机制更是一大亮点。除此之外，我还想补充两点个人思考。

其一，将养老金融教育纳入国家老龄化工作大局。2018年1月全国老龄办、中宣部、中组部等部委联合下发《关于开展人口老龄化国情教育的通知》，这是我国首次在政府层面进行老龄化教育工作。我认为，养老金融教育也是老龄化国情教育的重要内容，我建议相关部门将养老金融教育纳入其中，可以动员包括基金行业在内的各个金融行业共同参与，提升国民养老金融素养，为养老金第三支柱健康发展夯实群众基础。其二，养老金融教育既要注重国民投资能力培养，还要注重风险防范。养老金第三支柱担负引导国民从储蓄养老到投资养老的使命，对于资产配置、基金定投、长期投资、风险控制等既基础又重要的投资理念，需要资产管理行业在投资者教育工作中长期宣导。除此之外，近几年来时常有新闻报道不法分子利用中老年人金融知识欠缺，以养老理财为诱饵实施金融诈骗。这种打着养老投资、养老理财幌子的非法行为在一定程度上影响了合法合规的养老金融产品健康发展。因此，必须加强国民金融风险防范知识教育，推动国民远离非法金融诈骗风险。只有堵住"偏门"，才能为正规养老金融产品打开"正门"，促进养老金第三支柱长远发展。

第四，全面统筹建设好养老金第三支柱信息平台。信息平台是养老金第三支柱的枢纽工程，税收递延与征缴，个人养老账户建立与运作，机构和产品准入与选择，制度监管和信息披露等，都需要一个功能全面的信息平台才能顺畅运行。第三支柱信息平台建设是一个专业性很强的课题，本书对于信息平台论述相对较少。我仅就其中几个方面谈下自己的理解。

一是信息平台要定位于我国养老金制度的基础设施。第三支柱个人养老金本身就是多支柱养老金体系的重要组成部分，而且将来可能承接第二支柱，乃至第一支柱个人账户部分。可见，第三支柱平台提供的运作框架和业务流程未来可能影响到整个养老金体系运行，因此必须从我国养老金体系全局出发，将其视为基础性工程统筹建设。二是信息平台建设要兼顾开放性与统一性。开放性指的是养老金第三支柱涵盖保险、基金和银行多个行业，要视情况支持各类金融机构设立个人养老账户和各类养老金融产品准入，为参与者提供多样化选择。统一性指的是信息平台作为制度运行枢纽，在信息流转、数据传输、账户校验、信息查询等方面应该采取统一规则，做到信息平台运转高效稳定。三是信息平台建设要注重继承性和兼容性。继承性指的是税延养老保险政策试点已经启动，中保信和中证登已经有了前期工作基础，未来第三支柱信息平台建设应该充分考虑与中保信和中证登的衔接。兼容性则是指信息平台必须预留与新政策、新技术对接升级的空间。比如，如果允许参加者的第二支柱养老金账户向第三支柱转移，信息平台应该能够支持资产、账户和涉税等相关信息对接与转移。

总之，中国证券投资基金业协会组织行业力量，撰写了这本书，我认为是养老金研究人员和从业人员实用的参考资料，也是素材丰富的工具书。2017年基金行业成立了养老金专业委员会，我有幸作为委员会的学术顾问，参与到基金行业服务养老金发展的具体工作中来，对中国证券投资基金业协会所付出的辛勤工作多有见证，很荣幸为本书写序。我希望中国证券投资基金业协会能继续组织行业力量，深入研究我国养老金体制改革中面临的重大议题，为我国养老金事业发展贡献行业智慧。

中国养老金融50人论坛秘书长：董克用

2018 年 10 月 26 日

Contents 目录

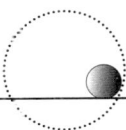

基础篇

探索篇

投资篇

产品篇

专题篇

借鉴篇

关于中国个人养老金的思考与探索

—— 《个人养老金：理论基础、国际经验与中国探索》综述

养老金是事关国计民生的重大课题。改革开放40年来，我国建立了基本养老保险制度，覆盖面超过9亿人，取得了举世瞩目的成就。与此同时，人民生活水平提高、人均寿命延长以及人口结构变化对养老金体系提出了新挑战，建设多层次养老保障体系成为新时代方位下的战略命题，抓紧建立中国个人养老金制度的呼声日益强烈。

2018年4月，财政部、国家税务总局、人力资源社会保障部、银保监会、证监会联合发布了《关于开展个人税收递延型商业养老保险试点的通知》，标志着我国养老金第三支柱（个人养老金）的探索从理论走向实践。为什么要建设个人养老金，它在我国养老保障体系中发挥什么作用？个人养老金制度的基本要点是什么，哪些要继承，哪些要发展？金融业在个人养老金中发挥什么作用，基金业如何服务个人养老金建设？对于这些问题，没有一劳永逸的回答，需要在实践中不断思索、完善。在中国个人养老金发展的元年，中国证券投资基金业协会将多年来国内各界关于个人养老金的基础理论研究、国际经验比较和中国道路探索汇集成书，回望来时路，以期能够更好地站在中国的土地上，为建设中国的个人养老金提供参考。

一、发展个人养老金是建设中国现代养老金体系的必由之路

（一）老龄化成为新常态，发展个人养老金是适应人口结构变化的需求

一国的养老金体系应与其人口特征相适应，并为适应人口结构的变化未雨绸缪。老龄化已经成为全球面临的前所未有的不可逆趋势，中国的人口老龄化呈现出规模大、速度快、持续时间长、未富先老、区域发展不均衡等特征。据统计，我国从成年型国家到老龄化社会只用了18年，而法国、瑞士、美国分别用了115年、85年、60年，即使老龄化程度很高的日本也用了25年，2020年我国将进入加速老龄化阶段，到2050年，我国老年人口在总人口中的占比将长期稳定在30%以上，进入"老龄化高原"①。

---

① 详见本书基础篇《我国老龄化趋势及其应对》。

退休与就业是一枚硬币的两面，退休人口的变化，也反映了劳动人口的变化，老龄化将对人民生活、产业结构产生直接影响，进而影响社会、经济、政治、文化的各个方面。如何在保持社会经济发展质量、速度与动力，不断提升国家国际竞争力的同时提高退休人员的待遇水平、减轻社会保障支出对政府的过度依赖成为全面建成多层次养老保障体系的重要课题。

（二）引导个人责任适度回归，建立责任共担、分工合作的多层次养老金体系

建立政府、企业和个人多方参与的养老金体系是全球应对人口老龄化挑战的基本经验。1994 年世界银行提出三支柱养老金模式（后来在此基础上提出五支柱模式）[1]，本质上是建立责任共担、分工合作的养老金体系：第一支柱公共养老金体现政府的兜底性，多为现收现付制，目标是保基本，注重公平；第二支柱职业养老金体现雇主的参与性，由雇主发起设立；第三支柱个人养老金体现个人的自愿性，多采用基金积累制，目标是进一步提升退休生活水平，注重效率。回顾我国养老金制度发展沿革[2]，国家主导的基本养老保险制度长期是绝大多数老百姓养老金的唯一来源，"保基本"变成了"保全部"。老龄化对现收现付制度的可持续性提出了严峻挑战，在第二支柱企业年金、职业年金覆盖群体有限的情况下，发展个人养老金，成为我国现代养老金体系建设的重要突破口。这将有利于把国民在改革开放中积累的财富转化为自身的退休生活保障，引导个人养老责任的适度回归，培养个人养老意识，满足不同人群对养老生活的不同需要，还有利于为第一、第二、第三支柱的融合发展打下基础，促进补充养老金体系的发展壮大，为第一支柱降低费率、回归"保基本"的定位创造条件。

一直以来，对"养老保障""养老保险""养老金"的理解不一困扰着我国补充养老金的发展[3]。厘清概念、统一认知是制定制度目标和实施路径的基本前提。2004 年我国将企业补充养老保险更名为企业年金制度，2015 年建立的机关事业单位第二支柱称职业年金，为便于社会各界认知制度实质，我们建议第三支柱不再称"个人储蓄性养老保险"或"个人商业养老保险"，改用"个人养老金"。

二、建设具有中国特色的个人养老金制度

（一）个人养老金制度的基本要点

从世界银行的定义和 11 个国家（地区）[4] 的经验来看，养老金第三支柱是由政府提供税收激励支持、个人自愿参与的个人养老金计划。中国的个人养老金制度应

---

① 世界银行. Averting the Old – Age Crisis［M］. Oxford University, 1994.
② 详见本书基础篇《我国养老金制度的历史演进与趋势》。
③ 详见本书基础篇《从概念到内涵：养老金体系再思考》。
④ 详见本书借鉴篇。

当坚持各国（地区）个人养老金制度设计的三个基本要点。

1. 以账户为载体，保障税收优惠给到个人

第三支柱有两种治理模式，一种是产品制，即税收优惠与特定金融产品挂钩，个人购买该产品的额度享受税收优惠；另一种是账户制，即设立专门的个人养老金账户，凡是进入该账户的缴费都可享受税收优惠，一般情况下在退休阶段才能从账户支取养老金①。从政策落地来看，产品制更简单，但从长期来看，一旦个人购买多个养老金融产品，不论是个人操作还是税收征管都将变得非常复杂，也不利于个人建立统一的个人养老金计划，具有较大的局限性。从境外实践结果来看，第三支柱较发达的国家和地区都采用账户制的治理模式。

我国的个人养老金采用账户制，不仅有利于将税收优惠给予个人，还有利于与第一、第二支柱做好衔接，是各类养老资金和制度实现统一的重要载体，保障参与人退休生活，还有利于促进劳动力的自由流动，服务经济结构转型发展。目前，个人养老金试点为产品制，建议 2019 年 5 月 1 日试点转常规时建立真正的账户体系。

2. 以税收优惠为核心动力，培育长期行为

税收优惠的第一个关键点是征税节点，主要有延迟纳税（EET）和只对缴费征税（TEE）两种模式，EET 是国际主流模式，即在缴费阶段、投资阶段免税，领取阶段征税。由于我国尚未征收资本利得税，TEE 模式缺乏激励，试点阶段个人养老金参照企业（职业）年金，采用了 EET 模式。未来可结合综合和分类相结合的税制改革，探索个人所得税延迟、减免的多种实现方式，还有专家学者呼吁参照赡养老人支出的税收安排，将个人养老金缴费也纳入专项扣除。

税收优惠的第二个关键点是优惠额度和适用税率。境外普遍采用限额制，便于参与人理解，实践中也便于操作。由于境外多实行综合税制，个人养老金往往计入个人所得进行综合纳税。我国个人养老金试点阶段优惠额度采取"比例＋限额"进行规定，采用单一税率。建议未来可采用"限额制"，领取阶段根据领取期限长短适用阶梯式税率，分多次领取的适用较低税率，以引导参与人长期领取。

税收优惠的第三个关键点是提前领取、紧急借款等人性化安排，以提升个人参与养老金计划的积极性。参照境外制度设计，研究准许参与人在首次购买住房、大病医疗等情况从个人养老账户提取资金或紧急借款的制度安排。税收优惠不是简单的"发红包"，而是一套精密的机制设计，以引导参与人坚持缴费、长期投资、终身领取。

3. 赋予个人选择权，提升制度效率

因参与人年龄、财务状况、风险偏好、退休目标等多个方面的不同，各国个人

---

① 详见本书探索篇《第三支柱个人养老金的治理模式》。

养老金制度普遍由个人自主选择账户开设机构和投资产品。银行、基金、保险等各类金融机构通过市场竞争，提升服务质量，吸引参与人。第三支柱成为养老金体系中最灵活、最具市场效率的部分。

我国个人养老金试点仅限于保险行业，可喜的是试点政策引入了养老账户的相关表述，并为 2019 年 5 月 1 日起基金业、银行业的有序参与构建了制度路径。

（二）建立统一、开放、可持续的个人养老金生态体系

1. 设立个人养老金信息平台，作为养老金信息统计、综合监督管理的基础设施

2009 年，基金行业通过中国结算建立了中央数据交换平台，实现基金数据的集中备份存储，为开展基金行业数据统计、信息分析、集中监管奠定了基础。在我国个人所得税申报机制尚未运转成熟，参与人群众多，银行、基金、保险等金融行业分属不同金融监管部门管理的背景下，我们提议借鉴基金业中央数据交换平台的经验，建设个人养老金信息平台，作为个人养老金制度的管理中枢，提供账户校验、额度校验、信息记录、账户查询、税务稽核等功能，实现"前端放开"，即支持银行、基金、保险等各类金融机构开立个人养老账户，以及"后端统一"，信息统一汇总至个人养老金信息平台进行统一管理。

党的十九大提出"建立全国统一的社会保险公共服务平台"，对第三支柱信息平台建设提出了更高要求，在上述功能的基础上，个人养老金的信息平台与第一、第二支柱的信息进行有效衔接，以便参与人系统了解个人的养老保障情况，服务监管部门开展全面的监督管理。

2. 坚持市场化导向，基金、保险、银行、互联网金融机构分工合作，共建个人养老金生态体系

养老金领域是混业经营，各个金融子行业有分工，有竞争，也有合作。基金业的投资管理、保险业的出险赔付、银行业的资金管理、互联网金融的便捷体验都是个人养老金生态不可或缺的一部分，各个金融子行业各有所长。在个人养老金融产品提供、投资者服务等环节，各个金融子行业是既竞争又合作的关系。相较于第一、第二支柱，个人养老金直接面向个人，参与人数多、服务形态多元，建设各类金融机构开放进入、专业分工、公平竞争、合作共赢、科学评价、适度监督的生态体系，是个人养老金发展壮大的内在需求。

3. 注重投资增值，持续开展投资者教育

投资增值是养老金管理的应有之义，个人养老金作为养老金体系改善退休生活的部分，应当更加注重投资增值的作用。近年来，我国日益重视养老金投资管理的重要性，继社保基金、企业年金之后，基本养老保险基金、职业年金也陆续开始市场化投资运营。境内外养老金投资管理实践表明，资产配置是养老金投资收益的主要来源。在个人养老金领域，资产配置依然是投资的核心，践行长期投资、价值投资是个人养老金投资的基本理念，做好风险管理是保障基金安全的根本，权益投资是提升养老金回报的关键①。

养老金是老百姓的养命钱，长期以来，普遍存在将养老金的投资安全等同于"保底""保收益"，扭曲了投资行为，最终降低了养老金的投资收益。从个人税收递延商业养老保险试点、发行养老目标基金以及社会各界开展的国民养老金准备现状的调研来看，"唤醒个人的养老意识"，"培育养老金投资的专业认知"，是投资者教育的重中之重②，需要持之以恒地开展。

个人养老金制度的建设既非一蹴而就，也非一劳永逸，既要历史地看，把个人养老金制度建设置于我国养老保障体系改革的进程中，也要综合地看，认识到个人养老金制度的建立是一项系统工程，还要可持续地看，在实践中不断完善制度。

三、基金行业服务养老保障大局的长期准备工作

基金业长期以来致力于服务养老保障大局，积极建言个人养老金顶层设计，全面参与养老金专业化管理，推动建立养老金与投资的专业生态体系。一方面，养老金的发展需要基金业的专业投资管理能力实现保值增值，改善养老投资回报；另一方面，养老基金作为全球资本市场规模最大的机构投资者，对改善投资生态、提高直接融资比重、服务实体经济具有重要意义。

（一）基金行业是养老金的投资主力军，为管理个人养老金积累了丰富经验

成立 20 年来，公募基金资产规模增长较快，投资收益良好③。截至 2017 年底，公募基金数量达到 4841 只，管理资产规模将近 11.6 万亿元。自开放式基金成立以来至 2017 年末，偏股型基金年化收益率平均为 16.5%，债券型基金年化收益率平均为 7.2%，行业累计分红达 1.71 万亿元。

公募基金以专业的投资能力助力养老金实现稳健收益。基金管理人受托管理基本养老金、企业年金、社保基金等各类养老金 1.5 万亿元，养老金境内投资管理人的市场份额超过 50%，总体上实现良好收益。管理养老金 15 年来，公募基金在投资研究、人才队伍、产品布局、风险控制和服务体系等方面积攒了丰富的经验。

（二）运作规范、简明清晰、多元配置、可持续，基金是第三支柱的良好投资工具

《证券投资基金法》《公开募集证券投资基金运作管理办法》《证券投资基金销售管理办法》等法律法规为基金行业构建了较为完善的制度框架，双重受托制度、每日估值、组合投资、公开披露等运作模式，与第三支柱的投资运营要求形成有效

---

① 详见本书投资篇。
② 详见本书专题篇《个人养老金投资者教育实施路径》。
③ 详见本书专题篇《我国公募基金行业发展情况介绍》。

互助①。一是从监管安排来看，第三支柱产品应当坚持规范清晰，即监管规范完备，产品规范运作，未出现重大运作风险；监管部门、金融机构、参与人权责清晰，依据明确，落实到位。二是从保护参与人权益和鼓励参与的角度来看，第三支柱产品应当坚持简单合理，即产品简单明了易于理解，种类不宜过多，易于选择，减少选择困难，让参与人"好选"；产品应当具有完善的适当性安排，基于投资者的风险承受能力、年龄及养老金投资目的提供合理的产品和服务，让参与人"选对"。三是从产品特性来看，第三支柱产品应当坚持多元配置，即在账户层面应提供品类丰富的产品供投资者资产配置，在具体产品的层面要坚持多元投资，降低集中度，分散风险。四是从结果来看，第三支柱产品应当有利于提升个人养老金的可持续性，有利于养老金的长期保值增值，防止把第三支柱建成低水平的保障，切实发挥第三支柱的支撑作用，改善参与人退休后的生活水平。

（三）借鉴国际经验，推出基金中基金（FOF）、养老目标基金，着力提升资产配置能力

国际经验表明，目标日期基金、目标风险基金作为个人养老金的默认投资选择可有效减少个人选择困难，提高投资效率②。2016 年，中国证监会发布《公开募集证券投资基金指引第 2 号——基金中基金指引》，FOF 是开展资产配置、分散风险的重要产品载体。2018 年 3 月 2 日，中国证监会发布《养老目标证券投资基金指引》，养老目标基金产品主要采用 FOF 形式运作，鼓励长期持有、长期投资、长期考核，通过科学的资产配置和合理的风险控制来实现长期稳健收益。目标日期基金定位明确、简单易懂，投资者只需根据自己的退休日期购买目标日期基金，资产配置、基金挑选、动态调整等问题由目标日期基金管理人"一站式"完成，基本上实现了养老资产合理分散、自动再平衡、组合风险随年龄增长而下降等核心诉求，解决了投资者的"选择困境"。目标风险基金风险收益特征明晰③，便于投资者认知，随着智能投顾等基金服务的发展，将有助于为投资者构建更加个性化的投资组合。

从境内外养老金、基金业的发展历程来看，两者的发展相扶相依。养老金引入了基金业的托管机制安排，基金业也逐步成长为养老金投资管理的主力军，公募基金成为个人养老金财富管理的重要工具。展望未来，投资顾问的发展，将有助于更好地为个人提供全生命周期的服务。

过去二十年是我国现代养老金体系雏形的塑造期，也是基金业体制透明、运作规范、经验成熟的形成期；未来二十年将是中国养老保障体系完善发展的战略机遇期，也是基金业服务养老金市场化投资运营的关键期，更是养老金与公募基金互需

---

① 详见本书专题篇《托管机制如何保障个人养老金安全》。
② 详见本书产品篇《目标日期基金介绍与分析》。
③ 详见本书产品篇《目标风险基金：产品设计与投资运作》。

共荣的黄金成长期。回望 1997 年，我国在当时就提出了建立个人账户、实现基金积累制的构想，彼时基金行业尚未在我国诞生。时隔 20 余年，我们再次迎来改革窗口，基金行业已年满二十，成长为专业的资产管理机构，有基础、有能力、有义务为中国个人养老金的发展壮大贡献专业力量。

四、本书构成

本书由六个篇章构成，具体包括基础篇、探索篇、投资篇、产品篇、专题篇、借鉴篇。基础篇介绍我国老龄化和养老金制度现状等知识，提出我国发展第三支柱个人养老金账户制度的宏观背景；探索篇介绍基金行业在第三支柱制度设计和业务落地上的探索与思考；投资篇介绍并总结了在养老金投资过程中应当坚守的长期投资理念和价值投资理念，重视权益投资；产品篇介绍了各国养老产品相关制度和设计细节，结合我国实际，提出个人养老金产品的相关建议；专题篇介绍了基金业服务个人养老金的专业能力；借鉴篇介绍了美国、加拿大、英国等 11 个国家和地区的第三支柱个人养老金制度发展经验，为我国发展第三支柱提供经验借鉴。

长期以来，中国证券监督管理委员会、中国证券投资基金业协会为推动个人养老金发展做了大量准备工作。在制度方面，组织行业立足国情，充分研究各国养老金发展的经验教训，提出我国个人养老金发展的建设性意见；在产品准备方面，2016 年以来，证监会先后发布《公开募集证券投资基金指引第 2 号——基金中基金指引》《养老目标证券投资基金指引（试行）》，为产品设计搭好制度框架；在平台准备方面，证监会指导中国证券登记结算有限公司建立行业信息平台，为税收政策的实施提供系统保障；在行业宣传和投资者教育层面，中国证券投资基金业协会成立了养老金专业委员会，定期举办论坛、研讨会，提升行业专业投资能力，进行投资者适当性教育，普及长期投资理念。

本书是历年来研究成果的阶段性总结，以期为政策制定部门、专家学者、市场机构及关注中国个人养老金发展的热心人士提供参考借鉴。我们相信，思想的碰撞能够激发更多扎根于中国的思考，凝聚共识，齐心把中国个人养老金建设好！

基础篇

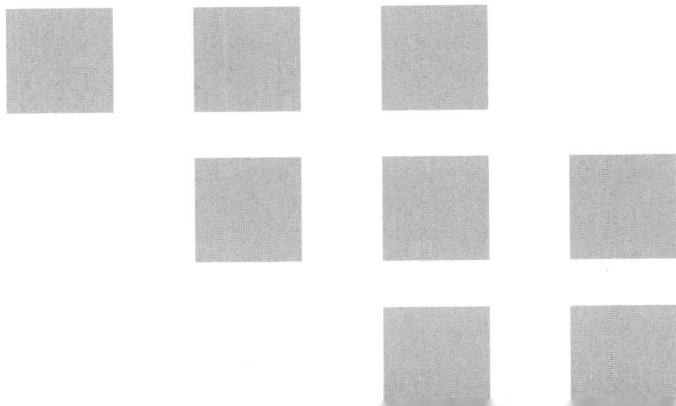

编者按

 人口老龄化是世界性问题，其对人类社会产生的影响是深刻持久的。我国老龄化面临三大挑战：老年人口数量最多，老龄化速度最快，应对人口老龄化任务最重。2016 年，习近平总书记在中共中央政治局第三十二次集体学习时指出，"满足数量庞大的老年群众多方面需求、妥善解决人口老龄化带来的社会问题，事关国家发展全局，事关百姓福祉。"而这其中，养老金是现代老年人的主要收入来源之一，对老年人的生活保障具有决定性意义；同时，养老金作为体量巨大的长期资金对于经济发展还具有积极意义。因此，养老金被各国视为一项重要的社会和经济制度，其建设和完善受到广泛关注，并且根据各自国情和历史实践进行了多方面探索。我国养老金体制也经历了计划经济和市场经济两个阶段，目前仍处于不断的改革和完善进程中。

 基于上述背景，基础篇定位于介绍我国老龄化和养老金制度的现状与态势等知识，提出我国发展第三支柱个人养老金账户制度的宏观背景。因此，基础篇安排了三部分内容。第一章《我国老龄化趋势及其应对》主要介绍了全球的老龄化发展趋势及其社会经济影响，以及我国老龄化趋势的特点与应对思路。第二章《从概念到内涵：养老金体系再思考》主要针对我国长期对养老金相关概念混用和理解不清的问题，从理论层面对养老金体系涉及的相关概念的内涵进行了辨析和界定，以期为相关讨论建立规范的研究基础，厘清相关概念的范畴和边界。第三章《我国养老金制度的历史演进与趋势》主要回顾了我国养老金体系从计划经济到市场经济的演进历程，在此基础上总结了我国养老金体系面临的挑战以及未来发展趋势。

第一章　我国老龄化趋势及其应对

中欧基金管理有限公司　刘天天

清华大学老龄社会研究中心　陈　泽　邓佩云

摘　要　本文主要研究我国老龄化问题，介绍我国老龄化的现状和趋势，对我国老龄化趋势提出应对措施。老龄化是全球共同面临的问题，尤其是老龄化程度偏高的发达国家。2000 年，我国已进入老龄化社会。在经济不断发展和生育政策进行调整的背景下，研究我国老龄化趋势并提出应对措施有重要意义。本文从生育水平、预期寿命等五个方面解释了我国老龄化的成因，并分析了我国老龄化的特点和现状，由此预测我国老龄化趋势将进一步加深。本文还从社会、经济和文化三个角度分析了老龄化对我国产生的积极影响和消极影响。对于老龄化趋势带来的消极影响，本文从我国养老金体系、综合性老龄政策体系和社会养老服务三个方面提出了若干应对措施。

关键词　老龄化　中国老龄化趋势　特征　应对措施

1　全球老龄化趋势

1.1　老龄化的定义与标准

老龄化或人口老龄化是指一国或地区老年人口占总人口的比例达到或超过一定水平而产生的人口现象和社会影响。老年人口系数是判断一国或地区是否达到人口老龄化最常用的指标，即老年人口占总人口的比例。65 岁及以上老年人占总人口的 7% 或 60 岁及以上老年人占总人口的 10%，即视为老龄化社会。根据发达国家或地区与发展中国家或地区人均寿限的差异，联合国对老年人有以下两个划分标准：在发达国家或地区，年龄大于等于 65 岁为老年人；在发展中国家或地区，年龄大于等于 60 岁为老年人。根据老年人口系数的标准，目前，世界上所有发达国家或地区都已经进入老龄化社会，而发展中国家或地区正在或即将进入老龄化社会。我国属于发展中国家，已于 2000 年正式跨入老龄化社会[①]。根据 2010 年第六次全国人口普查

---

① 王桦. 中国人口老龄化社会发展与应对策略 [J]. 中国社会医学杂志, 2014 (4).

结果，我国 60 岁及以上人口占总人口的比例为 13. 26%。①

1. 2 全球老龄化历史演进与发展趋势

根据 2002 年召开的第二次老龄问题世界大会及其发布的《世界人口老龄化报告》，人类面临的老龄化现象是前所未有的，且具有不可逆转的趋势。在 1998 年，发达国家已经发生了老年人和年轻的相对比例的历史性扭转。而到 2050 年，世界上老年人的数量将首次超过年轻人的数量。

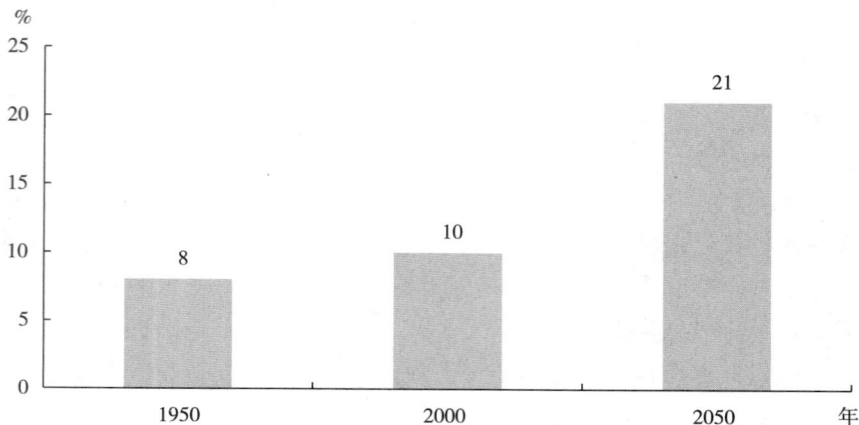

资料来源：《世界人口老龄化：1950—2050》，http：//www. un. org/chinese/esa/ageing/trends. htm。

图 1 1950 年至 2050 年 60 岁及以上的人口比例

全球人口老龄化的不可逆转趋势体现为全球大多数国家都面临着老年人口数量的增长和老年人口占总人口比重的增加。根据《2015 年世界人口老龄化报告》，当前全球老龄化有以下特征：

1. 从人口总量看，2015 年至 2030 年，全球老年人口②将增长 56%，从 9. 01 亿人增加至 14 亿人，而到 2050 年，全球老年人口的数量更是将激增至 21 亿人，较 2015 年增长 133%。

2. 从发展速度看，全球老龄化加速发展：2015 年至 2030 年的 15 年间，全球老年人口比例将从 12. 3% 提高至 16. 5%，增幅达到 4. 2 个百分点，而 2000 年至 2015 年的 15 年间，该比例增幅仅为 2. 3 个百分点。

3. 高龄人口的增长率高于老年人口的总体增长率：2015 年全球高龄人口的总量为 1. 25 亿人，而到 2050 年，高龄人口将增加至 4. 34 亿人，增幅超过 240%。

4. 从性别的角度看，女性老年人口的比例将高于男性老年人口的比例，其将占到老年人口总量的 54% 和高龄人口总量的 61%。

此外，全球人口老龄化趋势还具有区域特征和经济特征。从区域的角度看，

---

① 详见 http：//www. stats. gov. cn/tjsj/pcsj/rkpc/6rp/indexch. htm。
② 在此定义老年人口为年龄大于等于 60 岁的人口，高龄人口为年龄大于等于 80 岁的人口。

2000 年至 2015 年，拉丁美洲和加勒比地区是老年人口增长速度最快的地区，增长率达到 71%。其次是亚洲，老年人口增长率为 66%。非洲、大洋洲、北美洲和欧洲的老年人口增长率分别为 64%、47%、41% 和 23%。从经济发展的角度看，发展中国家的老龄化趋势显著快于发达国家。

发展中国家老龄化速度虽快，但老龄化程度最深的国家仍然集中于发达国家：2015 年，日本总人口中超过 33% 为 60 岁及以上的老年人，是全球老龄化问题最严重的国家，其次是德国和意大利，60 岁及以上的老年人占比均达到了 28%，而芬兰也达到了 27%。

表 1 　　　　　　　　　　全球老龄化趋势汇总

地区	≥60 岁人数（千人）			≥60 岁的人口占比（%）			年龄中位数（岁）		
	2015 年	2030 年	2050 年	2015 年	2030 年	2050 年	2015 年	2030 年	2050 年
全世界	900906	1402405	2091966	12.3	16.5	21.5	29.6	33.1	36.1
较发达地区	298783	375219	421499	23.9	29.2	32.8	41.2	44.1	45.1
欠发达地区	602123	1027187	1670517	9.9	14.2	19.8	27.8	31.3	34.9
最不发达国家	52066	88531	185600	5.5	6.7	9.8	19.7	22.3	26.1

资料来源：*World Population Prospects The 2017 Revision*。

1.3　老龄化对宏观经济的影响及其应对

老龄化会对国家的宏观经济产生负面影响，包括减缓社会经济发展的速度和动力、增加政府对社会保障的支出、降低国家的国际竞争力等。

老龄化会减缓社会经济发展的速度。一是青年人口不断下降，导致青壮劳动力的供给逐渐下降。即使延长退休年龄或采用退休返聘制度，但由于老年劳动力的工作效率相较于青年劳动力处于劣势，并不能显著提高劳动力供给。总体而言，老龄化社会的劳动力供给从数量和质量上都会减少和降低。二是老龄化会使社会总消费量降低。老年人获得收入的能力和渠道有限，其消费水平低于年轻人。相应地，社会总生产也会随之下降，从而导致经济增长放缓。劳动力供给、消费和生产的同步下降，一方面会使社会产出减少、经济总量萎缩；另一方面，经济下行减少了社会投资获利的机会，抑制了社会创新的动力，从而降低经济的获利。

老龄化会使国家社会保障支出增加，加重政府的财政压力。一是老龄化会直接导致养老金支出增加。老年人口数量的增加和预期寿命的增加，使原有的养老金精算平衡被打破，政府对养老金体系的补贴增加，使其财政压力增加。此外，老年人口增加和预期寿命增加会增加对社会的医疗保障和长期护理的需求，对现有的医疗体系提出挑战。同时，政府针对老年群体的福利开支也会增加。

老龄化会使国家的国际竞争力降低。除了老龄化导致的经济发展放缓使国家的国际竞争力降低之外，由于缺乏具有活力的经济市场和投资创新机会，加之原有固化的教育模式不断被延续，具有创造力的本土青年人才难以产生，同时也难以吸引外来人才，进一步抑制了国际竞争力的提升。

应对老龄化对宏观经济可能造成的负面影响的措施主要包括三个方面：鼓励生育、鼓励居民储蓄和提升人力资本。出台鼓励生育的政策是改善老龄化问题的根本措施，年轻人口比例的提升将逐步降低老龄化程度。鼓励居民储蓄则一方面能使个人承担部分养老压力和长寿风险，减少政府和社会的养老负担；另一方面，个人储蓄的增加能潜在地提高社会投资，激发资本的创造能力。提升人力资本，包括提高人口教育程度和延长退休年龄：提高人口教育程度能够提升劳动力的生产效率，从而促进经济增长；延长退休年龄能使老龄化对劳动力供给的负面影响降低。

2　我国老龄化趋势及其影响

2.1　我国老龄化趋势与特点

2.1.1　我国老龄化趋势

当前，我国人口结构正在经历重大变化，老龄化问题日益严重。根据民政部最新发布的《2016年社会服务发展统计公报》，截至2016年末，我国60周岁及以上人口数为2.31亿人，占总人口的比重为16.7%；65周岁及以上人口数突破1.5亿人，占比10.8%。而未来，按照联合国人口预测数据和全国老龄工作委员会《中国人口老龄化发展趋势预测研究报告》的研究结果，我国人口老龄化局面还将进一步恶化：自2020年开始进入加速老龄化阶段，并在2050年前后进入"老龄化高原"阶段——老年人口在总人口中的占比将长期稳定在30%以上。

2.1.2　我国老龄化的特点

从目前我国人口老龄化的状况来看，其主要呈现以下特点。

1. 老年人口增长速度快，持续时间长

目前，我国是全球唯一一个老年人口上亿的国家。从老年人口增长速度看，我国老龄化增长十分迅猛，我国人口年龄结构从成年型转入老年型仅用了约18年，而法国完成这一过程用了115年，瑞士用了85年，美国用了60年，即使老龄化程度很高的日本也用了25年。同时我国老龄化问题还存在长期性的特征，按联合国人口开发署的预测数据，我国60岁及以上的老年人口将在2050年前后达到峰值，老年人口数量将达到4.87亿人，80岁及以上高龄人口也将接近1亿人[1]，其后，老年人口数量虽然开始回落，但"老龄化高原"的现象并不会缓解，老年人口在总人口中的占比还将长期保持高位。

---

① 资料来源：《董克用：发展养老金融应对老龄化高原》，http∥insurance.jrj.com.cn/2017/12/2015042384172.shtml。

2. 未富先老

我国还将面临未富先老的问题，即由于人口老龄化与经济发展不同步，我国将在尚未进入经济发达阶段前即进入老龄化社会。从各发达国家的老龄化历程来看，其基本遵循"先富后老"或"富老同步"的规律，这样即使社会基本的养老保障水平不足，个人也可以用其额外的积蓄弥补，因此不会产生广泛的社会问题，例如，从人均 GDP 来看，美国于 1940 年进入老龄化社会时达到 8832 美元，英国于 1930 年进入老龄化社会时达到 22429 美元，日本于 1970 年进入老龄化社会时达到 15162 美元①。而我国进入老龄化社会时经济尚处于发展阶段，人均 GDP 仅有 1128 美元（2000 年）②，国家和个人均没有过多的财富用于养老开支，局面更加严峻。

3. 人口老龄化发展不均衡

我国人口老龄化水平在城市农村以及不同地域间存在严重的不均衡现象。在城乡差异方面，我国农村的人口老龄化程度始终高于城镇，农村青壮年劳动力不足的现象长期存在；在地域差异方面，人口老龄化则呈现"西快东慢"的现象，中西部劳动人口日益向相对发达的东部沿海地区流动，导致东部地区的老龄化程度稍有缓解，而中西部待发展地区的老年人口占比却不断上升。

4. 失能老年人口数量多

除了老龄化问题外，我国还存在较显著的老年失能问题。我国是目前全球唯一一个失能老年人口数量超过 1000 万人的国家，根据 2016 年《第四次中国城乡老年人生活状况抽样调查成果》的数据，我国部分失能和完全失能的老年人口已高达 4063 万人，未来这一数据还将继续增长，这无疑将给养老、护理等相关行业带来巨大的承载压力。

2.1.3 我国老龄化的成因

我国老龄化问题的形成并非源于单一原因，而是多方面因素共同作用的结果。

1. 低生育水平

计划生育政策使我国的综合生育率迅速下降，有效缓解了人口总量增长的压力，但同时也加速了未来我国人口老龄化的速度。根据国际经验，一个国家要实现代际人口平衡，总和生育率需要维持在 2.1 的水平。然而，从我国第六次人口普查的数据来看，我国总和生育率已低于 1.5，低水平的生育率加速了我国人口老龄化的进程。

2. 人口预期寿命的延长

人口预期寿命的延长也加重了我国人口老龄化的程度。由于社会经济的不断发展，人民生活水平不断提高，医疗技术和医疗条件得到了改善，进而使我国人

---

① 资料来源：世界银行公开数据。

② 资料来源：世界银行公开数据。

口的平均寿命快速增加。1949 年中华人民共和国成立初期，我国人口的平均寿命为 35 岁；改革开放初期增加至 68 岁；而 2010 年我国人口的平均预期寿命延长至74 岁。

3. 生育高峰与人口平均预期寿命延长的叠加效应

由于生育高峰和人口平均预期寿命延长产生的叠加效应，我国人口老龄化趋势进一步加剧。我国先后经历了三次生育高峰，分别是 1949—1957 年、1962—1970年和 1981—1990 年。三次生育高峰预期将演化为三次老年人口的增长高峰。同时，人口平均预期寿命的延长导致三次老年人口的叠加，即后一波生育高峰期出生的人口步入退休时，上一波高峰期出生的人口仍然健在，因而老年人口数量出现叠加，并将于 2050 年前后达到峰值。

4. 城镇化水平的提高

城镇化水平的提高间接加剧了人口老龄化。随着城镇化水平的不断提高，我国的人口平均预期寿命逐渐提升，而生育水平和生育意愿不断降低，从而间接加剧了我国的老龄化程度。

2.2 老龄化对我国社会经济发展的影响

2.2.1 对社会的影响

我国老龄化进程的不断加快同时促进了养老从传统的家庭模式向新兴的社会模式转变。其中，家庭养老模式的变化主要源于家庭结构缩小迫使家庭弱化其作为养老责任主体的作用；社会养老模式的变化则主要体现为社会越来越认可由专业组织作为主体来承担养老责任，并不断增加老年组织和老年服务社会组织的数量。

首先，我国家庭结构的缩小导致家庭的养老负担越来越重，传统的家庭养老模式难以为继。按照 2000 年人口普查的数据，家庭户规模（人/每户）为3.44，而 2010 年人口普查显示，家庭户规模（人/每户）仅为 3.10。家庭户规模的缩小意味着未来在单一家庭中养老负担会日益加重，进而导致空巢老人和单身老人数量增加，传统的家庭养老模式难以为继，向其他养老模式转变成为必然趋势。

其次，随着社会的不断发展和专业化分工的深入，一方面老年人口的增加自然扩大了社会对于差异化专业老年服务的需求，另一方面社会逐渐认可了专业养老机构的价值。在这种情况下，针对养老需求的老年组织和老年服务社会组织的数量迅速增加。民政部统计数据显示，截至 2017 年 9 月，我国养老机构总数超过 14.46 万家，相比于 2012 年底的 4.43 万家增长达 226%。与此同时，为了规范老年服务，针对养老机构的建设和服务标准，民政部还制定了《养老机构设立许可办法》《养老机构管理办法》等规章，同时发布了《养老机构基本规范》《养老机构安全管理》《养老机构服务质量基本规范》等国家标准，为我国养老模式向社会养老的演变指明了方向。目前养老服务领域已发布执行 12 项标准，另有 19 项标准正在制定①。可以预计，规范化、标准化的运营将进一步提高未来老年组织和老年服务社会组织的增长速度。

2.2.2 对经济的影响

一方面，人口老龄化将会对社会商品的供需产生根本性影响，因此也将影响整体经济结构，使社会产业转型适应老龄化趋势。举例而言，相比年轻人，老年人会有更多的护理服务和医疗需求，相关行业的规模和从业人员有望实现显著增长；在衣食住行方面，老年人对于必需品的刚性需求显著高于其对奢侈品的可选需求，因此这也将使社会的产业布局向必需品倾斜。

同时，人口老龄化还会影响经济增长。从供给方面来看，人口老龄化将可能带来劳动力资源短缺、劳动力老化等问题，进而阻碍经济增长，同时人口老龄化带来的劳动力队伍大龄化也将在一定程度上影响技术的更新与进步；不过，在当前劳动力供大于求的情形下，我国劳动人口年龄的下降确实可以缓解部分就业压力。从需求方面来看，人口老龄化可能导致未来需求增长乏力，影响经济活力。

从储蓄和投资的角度来看，老年人的储蓄水平总体处于下降的阶段，人口老龄化导致老年人口增加，降低总储蓄水平，抑制储蓄率的上升，最终会影响资本积累和投资，对经济增长产生不利影响。此外，由于老年人口的增加，政府为了保障老年人的生活，需要投入财政资金完善社会保障制度、建设城乡老年福利设施，有可能导致财政资金用于其他基础设施建设投资数额的减少。

2.2.3 对文化的影响

人口老龄化可能会使社会文化氛围趋于保守，降低社会文化中的创新动力。一般而言，青年人是社会活力和改革精神的源泉，而老年人拥有社会阅历和知识经验的积累，偏好于已有的、经过验证的方法。因此，在老龄化社会中，参与社会生活的年轻人口比重降低，从而导致社会活力和改革创新精神下降。老年人适应并接受新事物的能力相对较弱，因此，人口老龄化可能会导致社会处于相对保守稳健的文化氛围。但是，从另一方面来说，在老龄化社会背景下，老年人尊重传统的精神，却有利于我国传统文化和技艺的保护和传承。

---

① 资料来源：《我国养老机构数超 14.46 万家》，http：//www.cncaprc.gov.cn/contents/2/185903.html。

3 我国的老龄化挑战的应对

3.1 完善社会养老金体系

3.1.1 养老金体系现状概述

我国养老金体系在不断摸索和完善的过程中，当前尚处于"国家基本养老金主导、企事业单位补充养老金有限、个人养老金体系尚未有效建立"的状态。

基本养老金体系包含城镇职工基本养老保险和城乡居民基本养老保险两大类。其中又以城镇职工基本养老保险为基本养老金体系的核心，采用现收现付和统账结合为主的模式。企事业单位补充养老金目前包含企业年金和职业年金两大类：企业年金是由企业建立的补充养老金制度，采用基金积累制；职业年金是针对机关事业单位及其工作人员建立的补充养老保险。

从具体各类养老金的体量上来看，截至 2016 年末，基本养老金累计结余超过 4.3 万亿元，而同期企业年金规模仅有 1.1 万亿元，国家基本养老金在养老金整体规模中的占比接近 80%。

3.1.2 现有养老金体系存在的问题

当前养老金体系存在的主要问题体现为：一是养老金存量不足；二是养老金增量有限。而在人口老龄化的大背景下，这两个层次的问题又相互影响并相互加剧，存量不足导致对当期增量的需求更加迫切，而增量有限又使存量长期得不到有效积累，从而导致整个养老金体系的可持续性面临巨大挑战。

存量方面，截至 2016 年末，我国可统计的养老金总量占 GDP 的比重仅为 7% 左右，即使将目前全国社保基金的总规模全部纳入，养老金占 GDP 的比重也仅为 10% 左右，而同期 OECD 国家养老金占 GDP 比重的平均值已经超过了 70%，以美国为例，其三支柱养老金规模总和占 GDP 的比重甚至可以达到 140%。

增量的问题主要体现在三个方面：一是在人口老龄化的大趋势下，老年人口抚养比逐渐下滑，导致基本养老金缴费人数越来越少，而支付的资金量越来越大，难以为继，从《中国社会保险发展年度报告 2016》所披露的数据来看，截至 2016 年末，基本养老金当期收不抵支的省份已经增加至 7 个，个别省份甚至累计结余也已穿底，出现了 232 亿元缺口；二是企业自身的费用负担已经很重，除"五险一金"外再让企业额外为员工缴费的难度确实很大，企业年金的发展遇到了瓶颈，基本陷入停滞，从人力资源社会保障部披露的数据来看，2015 年至 2017 年的 3 年间，新设立企业年金的总企业数仅为 6739 家，新增企业员工覆盖数仅为 38.61 万人；三是由于未建立个人养老金体系，个人无法有效地进行养老投资安排并积累养老资金。

3.1.3 如何完善养老金三支柱体系

针对当前的问题，我国养老金三支柱体系可以从以下几个方面加以完善：首先，应当加强基本养老金体系的中央统筹，这样既可以解决基本养老金整体运作效率偏低的问题，也能改善各地基本养老金结余不均衡的情况。其次，可以通过各项税费政策的优惠鼓励企业建立企业年金，并加强企业年金的市场化运作提升投资回报，增强对企业职工的吸引力。最后，除了加速推进养老金第三支柱体系的建立外，还应当加强对投资者的教育和引导，向个人传递长期、分散、适当风险收益等正确的养老投资理念。

3.2 构建多层次综合性老龄政策体系

3.2.1 调整政策，促进生育率提高

解决人口老龄化问题的最根本方针在于提高青年人口的数量，而我国由于长期实行计划生育政策，整体人口进入了超低生育水平阶段。当前继续实施计划生育政策将进一步恶化人口结构失衡的问题，给社会发展带来不利影响。

因此，我们需要从人口长期发展和可持续发展的角度重新统筹考虑人口结构与生育政策的关系并调整政策。从2013年起"二胎"政策不断放宽，2013年11月，十八届三中全会在《中共中央关于全面深化改革若干重大问题的决定》中提出"单独二孩"政策，即启动实施一方是独生子女的夫妇可生育两个孩子的政策；2015年12月，第十二届全国人大常委会审议通过了《人口与计划生育法修正案（草案）》，自2016年1月1日起，我国开始实施"全面二孩"政策，即一对夫妇可生育两个孩子；而到2018年，全国各省逐步完成了对其《人口与计划生育条例》的修订，陆续全面放开"二孩"政策。

"全面二孩"的生育政策有利于改善人口结构、提高生育率、增加年轻人数量并降低老龄化水平。但是需要看到"全面二孩"政策只是第一步，虽然政策放宽了生育限制，但在提高人口生育意愿方面的影响有限。后续亟须针对生育意愿较低的情况，制定生育奖励机制，以生育补助、扶养津贴和教育津贴等形式减轻社会抚养子女的经济压力，以达到鼓励夫妻生育的目的。此外，还应结合我国人口国情和老龄化趋势，积极宣传"全面二孩"生育政策的积极意义，着力提高"全面二孩"政策的普及性。

3.2.2 协调老年人口福利的代际矛盾

应当避免把人口老龄化问题仅仅看成是老年人的问题或仅仅是如何养老的问题，必须明确解决人口老龄化问题需要全体社会成员的共同参与。当实际社会资源缺乏，不同年龄人群之间需要针对某一资源进行竞争时，年轻群体就容易对老年福利制度产生抵触情绪，阻碍原福利服务的实施，进而使相应福利政策的效果大打折扣。

全球许多国家在发展老年人口福利的同时，也着力于解决老年人口的代际矛盾，如通过公共和职业宣传运动、老年人保护服务、自助团体、筛查潜在受害者，并通过警察和社工探访的方式防止对老年人的歧视。这些行为固然可以对防止社会和家庭中对老年人的歧视和虐待行为产生积极影响，但也有可能产生反面效果，加剧对

老人的歧视和虐待。

因此，老龄化问题的复杂性使单一通过强调促进福利的方式来解决老年人养老在效果上来看是有限的，甚至使原有问题的刚性特征加剧，实际问题更加难以解决。这种复杂性要求政府在应对人口老龄化问题时要协调与其他社会人群的关系，特别是在福利制度的制定和实施过程中，要同时考虑到代际公平问题。

3.2.3 统筹城乡人口老龄化政策安排

此外，我国尚处于城镇化的历史进程中，这加深了农村人口老龄化问题的困局。城乡发展不平衡和经济社会发展不平衡的矛盾相互交织，更加深了农村老年群体同其他社会群体、城乡老年群体之间共享经济社会发展成果的难度。而目前我国老龄政策的着力点多集中于城镇，农村老年人口可以获得的公共服务水平较低，需要解决的问题更加复杂艰巨，加上我国农村经济发展水平较低，物质基础比较薄弱，农村老年人口的社会福利和保障待遇较低，"未富先老"的问题更加显著，因此必须尽快转变思路，统筹考虑城乡人口老龄化问题，寻找城乡统筹发展的新途径和新方法。

具体来说：一是应当进一步加快社会主义新农村建设，建立现代农业体系，增加农民收入；二是需要明确政府对农村老年人尤其是困难群体的保障责任，建立社会保障财政支出城乡统筹、公平共享的机制，并激励社会力量发展农村老龄福利事业；同时应当衔接现有政策，以最低生活保障、大病统筹保险、基本养老金三项政策为重点，优先实现城乡统一。

3.3 逐步建立社会化养老服务体系，形成合理的养老格局

3.3.1 完善机构养老功能和布局

完善机构养老功能和布局是减轻家庭养老负担，转移家庭养老风险的重要举措。其中具有养老属性的机构可以分为公办养老机构、在民政部注册的民办非企业性质的养老机构和在工商部门注册的民办养老机构。目前公办养老机构和民办非企业性质的养老机构享受国家对社会福利机构的相关优惠政策，而民办养老机构因其营利性而不享受相关优惠[①]。

2017年《"十三五"国家老龄事业发展和养老体系建设规划》提出要加快公办养老机构，即社会福利性养老机构的改革；支持民办养老机构发展；全面提升养老机构服务质量。对社会护理性养老机构进行转制，进行企业化管理，并实施老年人入住评估制度，优先保障特困供养人员集中供养需求和其他经济困难的孤寡、失能、高龄等老年人的服务需求。

对经营性养老机构，可以进一步放宽准入条件，允许设立多个服务网点，实现规模化、连锁化、品牌化运营。鼓励机构整合改造企业厂房、商业设施、存量商品房等用于养老服务。同时，还要全面提升养老机构的服务质量。加快建立全国统一

---

① 赵婷婷. 我国养老机构的地位、性质及运行方式研究 [J]. 社会工作，2012（5）.

的服务质量标准和评价体系，完善安全、服务、管理、设施等标准，加强养老机构服务质量监管。

3.3.2 积极发展老龄产业

发展老龄产业既是社会老龄化的产物，也是老年人口的迫切需求。老龄产业具有很强的公益属性，因此政府的主导和参与尤为重要。2016年10月，全面深化改革领导小组第二十八次会议在研究《关于全面放开养老服务市场、提升养老服务质量的若干意见》时提出围绕老年群体多层次、多样化的服务需求，降低准入门槛，引导社会资本进入老龄产业。2016年3月发布的《国民经济和社会发展第十三个五年规划纲要》关于老龄产业则提出了建立以居家为基础、社区为依托、机构为补充的多层次养老服务体系，通过诸如：统筹规划建设公益性养老服务设施；全面建立针对经济困难高龄、失能老年人的补贴制度；实施养老护理人员培训计划；完善与老龄化相适应的福利慈善体系；放开养老服务市场，通过购买服务、股权合作等方式支持各类市场主体增加养老服务和产品供给等手段推进老龄产业发展。

3.3.3 开发利用老年人力资源

我们也必须认识到，老年人口在合适的情况下仍不失为可以开发利用的人力资源，应当支持和鼓励老年人再就业，承担与其年龄相适应的工作职责。这样一方面可以增加其养老资本的积累，降低公共养老金的支出压力；另一方面，也可以优化劳动力结构，将适龄劳动人口厌到更合适的岗位上去，降低老龄化对国民经济的负面效应。

当然，开发老年人力资源必须建立配套制度，一是协调统一不同法律关于老年人劳动和就业的规定，明确老年人劳动法的主体资格和劳动关系的认定等问题。二是国家必须针对老年人口规定弹性劳动合同和劳动者保护等制度。

3.3.4 逐步建立长期护理保障制度

如何提供足够的长期护理保障也是老龄化社会面临的挑战之一。而老年长期护理保障制度主要依靠的是长期护理保险制度。在政策层面，《"十三五"国家老龄事业发展和养老体系建设规划》提出开展长期护理保险试点的地区要统筹施策，做好长期护理保险与重度残疾人护理补贴、经济困难失能老年人护理补贴等福利性护理补贴项目的整合衔接。鼓励商业保险公司开发适销对路的长期护理保险产品和服务，满足老年人多样化、多层次的长期护理保障需求。

在实施层面，部分长期护理保险制度在我国部分地区已开始试点，例如，2013年，青岛建立了覆盖本市基本医疗保险参保人群的长期医疗护理保险制度，并在2015年交由商业保险机构经办；2016年6月，人力资源社会保障部印发了《人力资源社会保障部办公厅关于开展长期护理保险制度试点的指导意见》，决定在河北省承德市、吉林省长春市、上海市、重庆市等15地开展长期护理保险制度试点；2017年，上海市政府制定发布《长期护理保险试点办法》，决定在徐汇、普陀、金山三个区先行开展长期护理保险试点工作。

第二章 从概念到内涵：养老金体系再思考

中国养老金融50人论坛 董克用 孙 博

摘 要 养老保障体系包括养老金、养老保险和养老服务三部分内容。其中，养老金、养老保险属于养老保障体系中的经济保障部分，养老服务则属于养老保障体系中的服务保障部分。养老金体系主要包括第一支柱公共养老金、第二支柱职业养老金和第三支柱个人养老金。其中，第一支柱公共养老金采取现收现付制，属于社会养老保险范畴，与商业养老保险合并称为养老保险体系。第二支柱职业养老金和第三支柱个人养老金实质是个人养老储蓄安排，没有不同参加者之间的风险分散机制，不属于保险范畴。在人口老龄化不断加剧的背景下，我国现行养老金体系面临着一系列长期挑战和制度困境。其原因在于目前我国三支柱养老金体系发展不均衡，第一支柱一枝独大，第二、第三支柱发展不充分，未来应在完善第一支柱公共养老金制度的基础上，通过完善税收优惠的激励机制等一系列措施促进第二、第三支柱养老金制度的发展。

关键词 养老保障 养老金 养老保险 三支柱

按照联合国的老龄化标准，当某一国家或地区60岁及以上人口超过10%或65岁及以上人口超过7%时，进入老龄化社会。2000年我国60岁及以上人口占总人口的10.2%，标志着我国已进入老龄化社会。根据国家统计局的数据，截至2017年末，我国60岁及以上人口有24090万人，占总人口的17.3%，其中65岁及以上人口为15831万人，占总人口的11.4%。根据联合国人口发展署的预测，2020年我国60岁及以上人口将增加到2.55亿人左右，占总人口的比重为17.8%。2030年我国老年人口将超过3.5亿人，占总人口的比重将达到25%左右。

同时，我国老龄化进程速度很快。65岁及以上人口占比从7%到10%所用的时间，美国为30年（1942—1972年），我国为14年（2000—2014年）。从发展趋势看，2000年我国与世界同步进入老龄化社会，2050年我国65岁及以上人口占比达到30.81%，与发达国家的32.03%基本持平，而届时世界平均水平仅为19.7%。换言之，我国仅用50年时间就追赶上了发达国家老龄化程度。这将对我国养老金体系提出巨大考验，因此必须抓紧目前经济发展相对较快，老龄化高峰尚未到来的时间窗口，加快完善养老金体系。

然而目前国内对于养老保障体系、养老金体系、养老保险体系的理解并不一致。概念的理论界定是制度设计和政策制定的基本前提。目前理论认识的误区与混淆也影响到了养老相关制度的改革和进一步发展。因此，有必要从理论上对相关概念予以清楚地界定，为政策制定打下坚实的基础。

1 养老保障、养老金、养老保险概念界定

养老保障体系：指为了满足老年人的各种养老需求，一个经济体建立的涵盖养老资金积累、老年风险分散和养老照顾等多方面的综合性制度安排，主要包括养老金体系、养老保险、养老服务。其中，养老金体系旨在为养老进行金融资产积累，养老保险旨在帮助防范长寿风险，养老服务旨在为老年人提供非物质支持。其框架如图 1 所示。

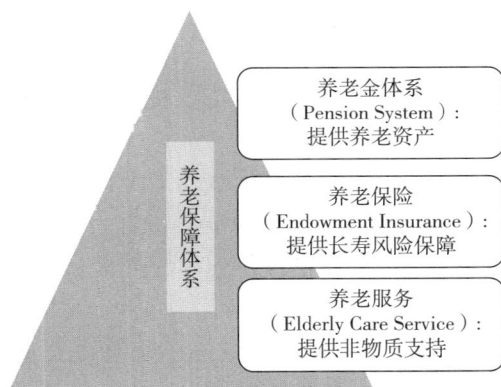

养老保障体系

养老金体系
（Pension System）：
提供养老资产

养老保险
（Endowment Insurance）：
提供长寿风险保障

养老服务
（Elderly Care Service）：
提供非物质支持

图1 养老保障体系及相关概念关系

养老金体系：指的是国家和社会为保障国民老年生活，通过经济再分配或者储蓄方式积累养老金融资产，为国民提供经济保障的一系列制度安排。从世界范围来看，制度化的养老金体系包括缴费型养老金制度和非缴费型养老金制度，缴费型养老金制度通常采取现收现付和基金积累两种方式，现收现付的养老金制度指的是在职一代人缴费为退休一代人提供养老金待遇，其核心是代际养老；基金积累的养老金制度则是个人在工作期间进行养老金缴费积累，并通过市场化的方式进行运作，退休后根据自身缴费积累情况和投资收益领取相应的养老金待遇。由于单一的现收现付制和基金积累制均会面临一系列风险，世界银行于 20 世纪 90 年代提出了三支柱养老金模式，成为世界各国养老金体系改革的普遍选择，包括第一支柱公共养老金、第二支柱职业养老金和第三支柱个人养老金。2005 年世界银行又将三支柱扩展为五支柱，增加了旨在解决老年贫困的非缴费型、国家财政支撑的零支柱，家庭成员帮扶等非制度化的第四支柱。但从国际养老金发展的总体趋势来看，政府、单位

和个人责任共担的三支柱模式仍然是现代养老金体系的核心。

养老保险体系：养老保险指的是为了防范和应对老年长寿风险，按照大数法则和风险分散的原理汇集各方资金，为社会成员在年老之后提供一定的经济补偿的制度安排，包括社会养老保险和商业养老保险两部分。其中，养老金体系中，第一支柱现收现付制的公共养老金属于社会养老保险，实质是国民互相保险，不以营利为目的。商业养老保险是商业机构为投保人养老提供的保险产品，旨在为社会成员养老提供风险保障。

养老服务体系：养老金、养老保险属于养老保障体系中的经济保障部分，养老服务则属于养老保障体系中的服务保障部分。养老服务体系指的是为满足老年人多元化的生活需求，提升老年人生活质量，面向所有老年群体，由政府和社会提供的、与经济和社会发展水平相适应的基本生活照料、护理康复、精神关爱、紧急救援和社会参与的设施、组织、人才和技术要素形成的网络，以及配套的服务标准、运行机制等形成的服务体系。

2　养老保障、养老金、商业养老保险的区别与联系

第一，养老保障体系是一个比养老保险和养老金体系更为广泛的综合性制度安排，涵盖从物质到服务的各个范畴，是更为全面、更为系统的一揽子制度安排。养老金和养老保险则重在为国民养老提供经济保障，养老金体系和养老保险体系的完善能为养老保障体系建设提供良好的经济支撑。

第二，商业养老保险是养老金体系的重要补充，但是不属于养老金体系。首先，养老金相关概念是从西方引进的，英文中养老金体系用的 Pension System，包括 Public Pension、Occupational Pension、Individual Pension 三部分，而不是 Endowment Insurance。其次，养老金体系的主要功能是积累养老资产，商业养老保险的核心是风险分散，两者的目标存在显著不同。最后，养老金体系中，政府责任更为突出，介入程度也更深：政府是第一支柱的兜底者，为第二、第三支柱提供税收激励，监管也更为严格。而商业养老保险作为市场行为，政府仅负有监管责任，除此之外介入相对较少。

第三，养老金体系与养老保险体系之间区别与联系并存。养老金体系中，第一支柱公共养老金采取现收现付制，其实质是社会成员之间具有互助共济性质的互助保险，比如我国采取现收现付制的城镇职工基本养老保险。因此，养老金体系第一支柱公共养老金与商业养老保险合起来可以称为养老保险。但是基金积累制的第二支柱职业养老金和第三支柱个人养老金，其实质只是参加者个人自身的养老储蓄工具，不具有任何保险属性，属于养老金体系但不属于养老保险范畴。因此，养老金体系和养老保险体系的区别与联系如图 2 所示。

图2　养老金体系与养老保险体系的区别与联系

由此可见，养老金体系与养老保险体系存在明确差异，特别是第二支柱职业养老金年金和第三支柱个人养老金更是与商业养老保险存在本质的不同。因此，2004年我国将企业补充养老保险更名为企业年金制度，随后的机关事业单位第二支柱被称为职业年金。同样，我国养老金第三支柱也建议以个人养老金等命名，而不宜使用养老保险的表述。

3　三支柱养老金体系的内涵及其构成

3.1　国际三支柱养老金模式演进历程

3.1.1　三支柱养老金模式的内涵

现收现付制和基金积累制是世界范围内两种最基本的养老金制度模式，学术界对现收现付制和基金积累制有过较长时期的争论。国际经验证明，现收现付制在人口结构年轻，经济发展较快，工资增速较高的情况下，具有一定优势。但现收现付制在经济发展趋于平缓，工资增长速度缓慢的情况下，特别是人口老龄化的背景下将面临巨大挑战。基金积累制的核心是个人在工作期间为自身养老进行储蓄，基本不受人口结构老化影响。同时，在工资收入达到一定水准，资本市场建设具有一定基础时，对促进养老金体系的可持续性，以及改善国民养老保障能力优势显著。但是，基金积累制也存在资金运作的风险。可见，采用任何一种单一的模式都不是养老金体系的最优选择，特别是在人口老龄化背景下。从国际经验来看，随着人口老龄化进一步加剧，以及资本市场不断发展，各国越来越多地选择了多支柱养老金模式。

在20世纪80年代逐步显现的人口老龄化危机的影响下，当时以现收现付模式为主的养老金制度面临财务平衡难以持续，国家财政负担加重，老年人生活保障面临挑战的局面。在此背景下，世界银行总结智利等国家的养老金改革经验，于1994年提出了三支柱养老金模式，试图对上述问题给予回应，核心思想是不谋求在一个养老金制度内解决老龄化带来的困境，而是通过多个养老金支柱共同应对，主要观点如下：

第一支柱是公共养老金计划，由政府主导建立，旨在给国民提供基础养老保障，政府对第一支柱养老金负有最终兜底责任。一般采取现收现付模式，由当期工作一代人通过税收或者缴费汇集资金，给付退休一代人的养老金待遇，体现代际再分配。就业者的缴费水平由宏观政策确定的养老金替代率通过精算平衡决定。

第二支柱是职业养老金计划，一般由单位和个人共同缴费，体现雇主和个人养老责任，在有些国家成为三支柱养老金体系的主体。与现收现付制的第一支柱不同，职业养老金一般采取基金积累制，由参加者工作期间的缴费及其投资收益形成养老金来源，退休后的待遇水平取决于在职期间的养老金积累，能够较好地应对人口老龄化。基金积累制还会促进资本积累和金融市场的发展，并减少人们对第一支柱的依赖。应该指出的是，以美国为代表的部分国家，第二支柱的职业养老金是自愿实施的，国家通过税收优惠政策给予扶持和引导。同时，还有很多国家实施强制性的职业年金计划。

第三支柱是个人养老金计划，采取基金积累制，国家给予税收优惠，由个人自愿缴费形成积累，并通过资本市场投资运作实现基金保值增值，体现个人养老责任。目标是为那些希望有更多老年收入的人提供更多的经济来源。

三支柱养老金体系可用图3示意如下。

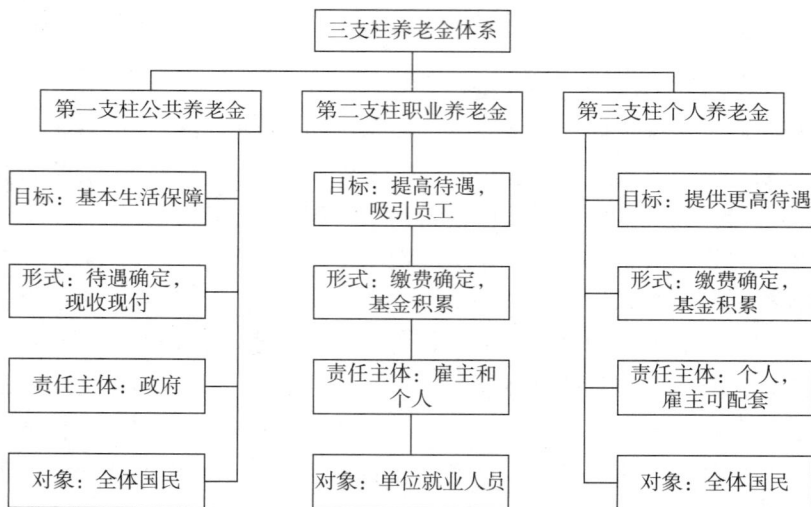

图3　三支柱养老金体系架构

3.1.2　三支柱模式的发展与完善

世界银行的三支柱模式在许多国家得到了推广和应用，但也受到了一些质疑。主要集中在两方面，一是三支柱养老金模式以就业缴费为前提，将没有就业经历的贫困人群排除在外；二是老年人除了需要经济补偿外，还需要照料看护、精神慰藉等非物质服务。因此，世界银行在2005年提出了五支柱的改革思想，核心是在原有三支柱的基础上，增加了零支柱和第四支柱。

零支柱是非缴费型养老金计划，由政府财政承担，旨在消除老年贫困，为终身贫困者，以及没有资格领取正式养老金的退休工人提供最低水平保障，零支柱是任何完备的养老金制度必不可少的一部分。

第四支柱是指家庭成员之间对于老年人的非正式支持，因为老年人的消费还包括非养老金资源，如家庭内转移支付，以及赡养医疗和住房方面、照料看护等服务。

3.1.3 三支柱模式的国际实践

1994 年世界银行报告推荐的三支柱养老金模式出台后，OECD 国家到目前基本都建立起了多支柱的养老金体系。由于各个国家国情不同，原有的养老金体制也存在差异，因此各国多支柱养老金体系改革也存在差异，比如第一支柱和第二支柱在发展和改革中养老金筹资和管理模式存在各种差异，零支柱的待遇形式也有不同，但是从广义上讲，世界上主要经济体都建立了多支柱的养老金体系，如表 1 所示。

表 1 　　　　　　　　有关国家和地区的养老金体系构成

	零支柱 非缴费型养老金	第一支柱 公共养老金	第二支柱 职业养老金	第三支柱 个人养老金
美国		联邦公共养老金	401(k)、 403(b)计划	个人退休账户计划
澳大利亚	国民年金		超级年金	个人退休账户计划
加拿大		公共养老金	退休养老金	个人储蓄养老金
英国		国民养老金 国家第二养老金	职业养老金	个人养老金
智利		公共养老金	个人账户养老金	个人补充养老金
荷兰		国民养老金	职业养老金	
中国香港			强积金计划	
新加坡			中央公积金计划	
中国		社会统筹账户 个人账户	企业年金	

参考文献

［1］董克用，姚余栋. 中国养老金融发展报告 2017 ［M］. 北京：社会科学文献出版社，2017.

［2］世界银行. 防止老龄危机：保护老年人及促进增长的政策 ［M］. 北京：中国财政经济出版社，1998.

［3］董克用，孙博. 社会保障概念再思考 ［J］. 社会保障研究，2011（5）：3－8.

［4］李耀. 养老基金——形成机制、管理模式、投资运用 ［M］. 北京：中国

金融出版社，2000.

[5] 董克用，张栋. 高峰还是高原？——中国人口老龄化形态及其对养老金体系影响的再思考 [J]. 人口与经济，2017（4）：43 – 53.

[6] United Nations, Department of Economic and Social Affairs, Population Division（2015）. *World Population Prospects：The 2015 Revision* ［EB/OL］. http：//esa. un. org/unpd/wpp/.

第三章　我国养老金制度的历史演进与趋势

中国养老金融50人论坛　董克用　张　栋

摘　要　我国已经初步建立起了一个覆盖范围广泛、多方主体参与的多支柱养老金体系。但在人口老龄化加剧的背景下，我国养老金体系面临的最突出的挑战是养老金体系的结构性失衡，基本养老金制度一枝独大，补充养老金制度进展缓慢，财政压力不断增大的同时待遇水平充足性极其有限。应对这些挑战，必须充分借鉴国际经验，强化增量改革和存量改革。在增量改革方面，要加快建设和完善符合我国国情的多支柱养老金体系，大力发展第二、第三支柱补充养老金制度，尤其是在第二支柱企业年金发展受限的情况下，应通过完善税收优惠等激励机制加快第三支柱个人养老金制度的发展；在存量改革方面，应充分关注适时延迟全额领取养老金年龄、适当提高养老金缴费年限、确保缴费基数真实足额以及完善养老金投资体制等配套措施的完善。

关键词　基本养老保险　职业养老金　个人养老金　增量改革　存量改革

1　我国养老金体系变迁历程

1.1　第一阶段：集体/国家责任的劳动保障体制阶段

随着中华人民共和国的成立，以国家和集体责任为主导的养老金制度开始建立。在城镇，1951年政务院颁布了《中华人民共和国劳动保险条例》（1953年和1956年分别进行了修订），基本上实现了应保尽保，几乎所有类型的企业职工及其家属都被覆盖进来，由企业缴费，国家兜底，形成了典型的"国家—单位"保障型养老金体制；对于机关事业单位，养老金制度实行的是与工龄挂钩的差别替代率，由国家负责。在农村，主要体现在1956年中共中央《1956年到1967年全国农业发展纲要》提出的"五保"制度上，由农村合作社集体负责。

1.2　第二阶段：制度化的养老保障停滞阶段

随着"文革"的到来，原本以总工会为主导的城镇职工养老保险体系被冲垮。

1969 年财政部《关于国营企业财务工作中几项制度的改革意见（草案）》明确规定国营企业全部停止提取劳动保险金，"国家—单位"保险蜕化成纯粹的单位保险，难以为继。与此同时，依赖农村集体经济的"五保"制度在实行家庭联产承包制度之后几乎停顿。于是，现实的困境开始呼唤社会化的养老保障制度的建立。

1.3 第三阶段：国家、单位、个人责任共担的社会化养老阶段

随着改革开放以及计划经济的逐步瓦解，单纯依靠国家和集体的养老保险制度难以为继，社会化的养老保险制度开始出现。对于城镇职工，1986 年，中国劳动合同制的实行，建立起了劳动合同工人的养老保险制度，国家、集体和个人共同出资的社会养老保险制度开始形成。1991 年，国务院发布《关于企业职工养老保险制度改革的决定》，明确规定养老保险缴费由国家、企业和个人三方共担；1997 年，国务院《关于建立统一的企业职工基本养老保险制度的决定》进一步提出建立社会统筹和个人账户相结合的养老保险制度，并提出建立多层次的养老金体系；2005 年，《国务院关于完善企业职工基本养老保险制度的决定》进一步明确了个人账户和社会统筹的比例问题，正式形成了目前的企业基本养老保险制度。对于城乡居民，2009 年发布《国务院关于开展新型农村社会养老保险试点的指导意见》，采取政府补贴、集体补助和个人缴费相结合的模式。2011 年，国务院发布《关于开展城镇居民社会养老保险试点的指导意见》，采取个人缴费和财政补贴相结合。至此，我国养老金体系实现了制度上的全覆盖。除此之外，对于机关事业单位，改革前养老金由财政全额支付，2015 年国务院《关于机关事业单位工作人员养老保险制度改革的决定》明确从 2014 年 10 月 1 日起机关事业单位基本养老保险制度也实行社会统筹与个人账户相结合的模式，由单位和个人共同缴费。除此之外，补充养老金制度在这一阶段也开始建立并有所发展，2004 年《企业年金试行办法》的颁布标志着企业年金制度正式建立，此后有了进一步的完善和发展，相继出台了《企业年金基金管理办法》《企业年金办法》等；同时，2015 年《国务院办公厅关于印发机关事业单位职业年金办法的通知》为机关事业单位群体建立了职业年金制度，至此，正规就业群体的第二支柱职业养老金制度已经基本成型。这一阶段的特征是政府、社会和个人责任共担。

2 我国现行养老金体系构成及其发展现状

我国现行养老金体系包括三个支柱，第一支柱是国家主导的基本养老保险制度，包括城镇职工基本养老保险制度和城乡居民基本养老保险制度两大类别；第二支柱是单位主导的职业养老金制度，包括企业年金和职业年金；第三支柱为个人主导的个人养老金制度，如图 1 所示。

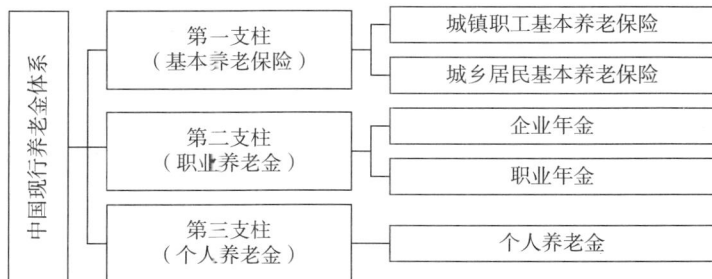

图 1　中国现行养老金体系构成

2.1　第一支柱基本养老保险制度框架与现状

就第一支柱基本养老保险制度而言，城镇职工基本养老保险制度筹资由单位缴费和个人缴费构成，通过相关政策和法律法规强制实施，制度的基本构想是社会统筹的基础养老金部分实行现收现付制，即劳动者缴费支付退休者养老金待遇，实现代际转移支付和收入再分配；个人账户部分则实行基金积累制，意在激励个人责任的发挥并减轻人口老龄化高峰带来的养老金危机。城乡居民基本养老保险筹资则由财政补贴和个人缴费构成，是自愿参与的，由政府鼓励和引导，并通过财政补贴激励居民积极参保。2009 年以前，中国的社会养老保险制度只覆盖城镇职工群体，截至 2008 年底有 2.19 亿中国人有基本养老保险；2009 年新型农村养老保险制度开始试点并全面推开，2011 年城镇居民基本养老保险制度开始建立，养老保险基本实现了制度上的全覆盖。随后中国的养老保险覆盖面迅速扩大。

根据人力资源社会保障部的统计数据，截至 2017 年底，中国的基本养老保险参保人群已超过 9.1 亿人，如图 2 所示。其中，全国参加城镇职工基本养老保险的人数为 40293 万人，参保职工 29258 万人，参保离退休人员 11026 万人，全年城镇职工基本养老保险基金总收入为 43310 亿元，全年基金总支出为 38052 亿元，年末城镇职工基本养老保险基金累计结存 43885 亿元。城乡居民基本养老保险的参保人数为 51255 万人，实际领取待遇人数为 15598 万人。全年城乡居民基本养老保险基金收入为 3304 亿元，支出为 2372 亿元，累计结存 6318 亿元。①

---

①　本文在具体分析三支柱养老金体系时主要以城镇职工为例。

图 2　中国养老保险制度覆盖人数发展情况

资料来源：根据历年人力资源和社会保障事业发展统计公报数据整理。

2.2　第二支柱职业养老金制度构成与现状

第二支柱职业养老金是与职业相关的养老金制度安排，通常是以雇主为主导，由单位发起，采用强制或自愿的方式建立。目前我国第二支柱职业养老金包括面向城镇企业职工的企业年金和面向机关事业单位人员的职业年金。其中，企业年金于2004 年正式发布《企业年金试行办法》后开始实施，是在国家政策指导下，企业根据自身建设情况自愿选择为本企业职工建立的一种补充性养老金制度，由雇主和个人双方共同缴费，采取基金积累的方式，通过个人账户进行管理。

自 2004 年《企业年金试行办法》和《企业年金基金管理试行办法》明确了企业年金的具体操作规范以来，我国企业年金制度有了一定程度的发展。参与企业年金的企业户数从 2006 年的 2.4 万户上升到 2017 年的 8.04 万户，参加企业年金的职工人数也从 2006 年的 964 万人上升到 2017 年的 2331 万人，企业年金基金累计结存从 2006 年的 708 亿元增加到 2017 年的 12880 亿元，如表 1 所示。与此同时，近 4 年已有 245 万人领取企业年金，人均月领取额从 980 元增加到 1850 元。①

表 1　　　　　　　　　2006—2017 年中国企业年金参保情况

年份	企业年金户数（万户）	企业年金职工人数（万人）	累计结存（亿元）
2006	2.40	964	708
2007	3.20	929	1519
2008	3.30	1038	1911

---

① 赵广道. 职业年金收入已达 37.8 亿元　保险机构成重要受托管理机构 [EB/OL]. (2016 – 12 – 24). 中国保险报·中保网，http：//xw. sinoins. com/2016 – 12/24/content_217689. htm.

年份	企业年金户数（万户）	企业年金职工人数（万人）	累计结存（亿元）
2009	3.35	1179	2533
2010	3.71	1335	2809
2011	4.49	1577	3570
2012	5.47	1847	4821
2013	6.61	2056	6035
2014	7.33	2293	7689
2015	7.55	2316	9526
2016	7.63	2325	11075
2017	8.04	2331	12880

资料来源：根据历年人力资源和社会保障事业发展统计公报数据整理。

职业年金则是国务院办公厅于 2015 年 4 月 6 日印发《机关事业单位职业年金办法》，规定自 2014 年 10 月 1 日起开始实施，面向机关事业单位职工的补充养老金计划，是作为机关事业单位退休制度并轨后，弥补其公共养老金待遇下降的手段，具有强制性，同样由单位和个人共同缴费，采取基金积累的方式。

职业年金制度具有强制性，根据人力资源社会保障部统计数据，截至 2017 年 3 月，我国职业年金参保人数约为 3649 万人。根据《国务院办公厅关于印发机关事业单位职业年金办法的通知》（国办发〔2015〕18 号）的规定，财政全额拨款的机关事业单位职业年金采取记账的方式，并没有实账积累。截至 2017 年 3 月，我国职业年金实账积累规模约为 1486 亿元，记账规模约为 1085 亿元。

2.3 第三支柱个人养老金制度构成及其发展现状

第三支柱个人养老金也是我国现行养老金体系的一种补充形式，遵循个人自愿的原则，个人养老金也往往采取基金积累制通过个人账户进行投资管理。此外，通常都会对个人养老金制度通过税收优惠等政策措施加以扶持和引导。

我国自 20 世纪就提出要研究推出个人税延养老保险政策，十八届三中全会对此进一步明确。2014 年的"新国十条"提出适时推出个人税延商业养老保险，保监会 2015 年工作规划明确提出，年内在上海实施该项政策试点。2018 年 2 月，人力资源社会保障部、财政部会同国家发展改革委、国家税务总局、人民银行、原银监会、证监会、原保监会成立工作领导小组，启动建立养老保险第三支柱工作，标志着我国第三支柱个人养老金进入制度建设启动阶段。2018 年 4 月 2 日，财政部、国家税务总局、人力资源社会保障部、银保监会、证监会五部门联合发布《关于开展个人税收递延型商业养老保险试点的通知》（财税〔2018〕22 号），自 2018 年 5 月 1 日起，在上海市、福建省（含厦门市）和苏州工业园区实施个人税收递延型商业养老保险试点，试点期限暂定为一年，标志着我国第三支柱个人养老金制度正式落地，这是第三支柱个人养老金制度的重要尝试。可以预见，我国真正意义上的第三支柱个人养老金制度将会不断得到完善。

3　我国养老金体系面临的困境与挑战

3.1　人口老龄化风险加剧，养老金收支压力增大

3.1.1　供需角度：老年抚养系数增加，养老负担沉重

当前我国老年人口抚养比在13%左右，根据联合国《世界人口展望2015》，未来数十年内我国人口老龄化将迅速发展，老年抚养系数也将持续增加，2030年前后我国老年人口抚养比将达到25%左右，到2045年前后开始超过发达国家水平，并继续长期高于世界平均水平，如图3所示。

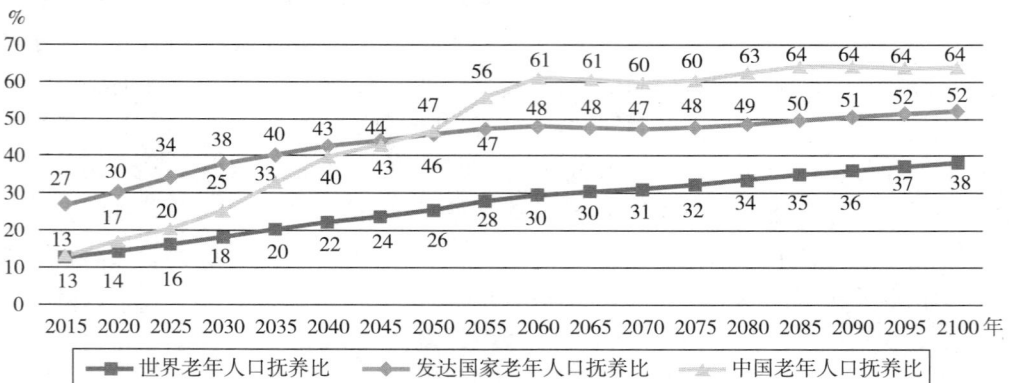

资料来源：United Nations, Department of Economic and Social Affairs, Population Division (2015). World Population Prospects: The 2015 Revision [EB/OL]. http: //esa. un. org/unpd/wpp/.

图3　2015—2100年中国同发达国家、世界老年人口抚养比（65+/15-64）变化预测

老年抚养系数的增加会导致现行养老金体系的制度赡养率不断增加，一方面意味着领取养老金的人数将不断增加，从而引起养老金需求的膨胀；另一方面，由于劳动力数量的减少，缴纳养老保险费的人数会不断减少，从而限制了养老金的供给。也就是说，人口老龄化不断加剧的背景下，同样数量的劳动年龄人口将要供养更多的老年人口，从而导致养老负担沉重。

3.1.2　收支角度：养老金支出不断扩张，养老金负债问题显著

人口老龄化带来的养老金供需矛盾最直接的体现就是养老金收支不平衡的加剧。根据历年人力资源和社会保障事业发展统计公报数据，近年来，我国基本养老保险基金收入的增长率开始逐步低于基金支出的增长率，并且基金收入的增长速度逐步

放缓，而基金支出的增长速度有逐渐加快的趋势，如图 4 所示。

资料来源：根据历年人力资源和社会保障事业发展统计公报数据整理。

图 4　2004—2016 年我国基本养老保险基金征缴收入和支出增长率情况

从我国养老保险收支的未来发展来看，在养老金支出方面，由于在未来数十年间我国人口老龄化的发展速度将进一步提升，养老金支出占 GDP 的比重也将快速增加。根据国家应对人口老龄化战略研究课题组的预测，2020 年中国总养老金支出占 GDP 的比重将达到 6.23%，到 2050 年这一比重将上升到 14.83%[①]。同样可以预计，到 2050 年及之后的人口老龄化高原时期，我国养老金支出水平将会持续保持高位。在养老金收入方面，伴随着老龄化程度的急速增加，我国劳动年龄人口的绝对数和相对数都将持续降低，根据联合国《世界人口展望 2015》的数据，我国劳动年龄人口将由目前的 100469 万人下降到 2050 年的 79453 万人，占总人口的比例将由目前的 73.5% 下降到 2050 年的 58.9%，并在 2050 年以后的人口老龄化高原期保持这一态势。正是在这一持久的人口老龄化的影响下，许多学者意识到在现有制度下，不久的将来出现养老金缺口，从而给制度带来长期风险。李扬（2015）预测到 2050 年中国基本养老保险基金缺口规模将达到 1378 万亿元，占当年 GDP 的比重约为 155%[②]；高培勇（2011）则预计 2050 年这一数字将达到 95%[③]。如果继续维持现有的养老金制度，其制度负债问题将越来越显著。

①　国家应对人口老龄化战略研究人口老龄化与经济可持续发展研究课题组李军等. 人口老龄化与经济可持续发展研究 [M]. 北京：华龄出版社，2014：419.

②　李扬，张晓晶，常欣等. 中国国家资产负债表 2015——杠杆调整与风险管理 [M]. 北京：中国社会科学出版社，2015：179.

③　高培勇，汪德华. 中国养老保障体系资金缺口分析与对策建议 [J]. 比较，2011（2）：18－25.

3.2 养老金体系发展不均衡，结构性矛盾突出

3.2.1 我国养老金储备严重不足，国民养老面临挑战

从全球来看，随着人口老龄化趋势加剧，世界各国均未雨绸缪，高度重视养老资产的积累。《2017 年全球养老金资产研究报告》显示，2010 年以来，全球养老金资产规模由 26.50 万亿美元增长至 2016 年的 36.44 万亿美元。同时，养老金资产规模增速也高于 GDP 增速。2010—2016 年，全球养老基金资产规模年均增速为 5.45%，而同期 GDP 年均增速为 2.39%。与此相反，2016 年底，我国公共养老金、企业年金和全国社保基金总规模约为 6.8 万亿元，占 2016 年我国 GDP 总额 74 万亿元的比重不足 10%，差距巨大。另外，与其他国家相比，我国人口规模世界最大，有限的养老金积累如果平均到每个参加者，则国民养老积累严重不足，未来将面临较大挑战。

3.2.2 第一支柱基本养老金收支缺口增加，远期面临巨大支付压力

从我国基本养老金规模来看，如果扣除财政补贴因素，仅仅考虑缴费收入和基金支出，可以发现，2014 年基本养老保险就已经出现当期收支缺口 652 亿元，此后不断扩大，2017 年的征缴和支出缺口达 4649 亿元，加上当年各级财政补助的 8004 亿元，才实现当年结余 5258 亿元，历年累计结余 4.39 万亿元。但可支付月数却由 2012 年的 19.7 个月下降至 2017 年的 14 个月，反映出基金未来支付的潜在压力。从远期来看，大部分学者相对一致地认为是受快速人口老龄化影响，加上我国养老金体系不够健全，基本养老金未来将面临巨大的支付缺口。

3.2.3 第二支柱职业养老金覆盖范围小，补充保障功能有限

目前我国第二支柱职业养老金包括面向城镇企业职工的企业年金和面向机关事业单位人员的职业年金。其中，企业年金制度经过十多年的发展，取得了长足进步，但是也存在较多不足。截至 2017 年末，全国仅有 8.04 万户企业建立了企业年金，参加职工人数为 2331.39 万人，仅占参加基本养老保险人数的 5.79%，与此同时，企业年金资金规模尚不足当年 GDP 的 2%，远低于 OECD 平均 50% 以上的标准。同时，尽管职业年金采取的是强制性的方式，但从长期来看，职业年金最终能覆盖的也仅限于 3000 多万名机关事业单位工作人员。加上企业年金，第二支柱职业养老金的覆盖面约在 6000 万人，仅占第一支柱城镇职工养老保险参保人群的 17%，覆盖面有限，未能形成对第一支柱的有效补充。

3.2.4 第三支柱个人养老金受到广泛关注，但面临诸多挑战

2018 年 5 月 1 日，个人税收递延型商业养老保险在上海市、福建省（含厦门市）和苏州工业园区试点实施，标志着我国第三支柱个人养老金制度正式落地，公众关注度较高。但从试点来看，第三支柱个人养老金仍面临着一系列挑战，一方面，试点范围只有三个地区且均为东部发达地区，在一定程度上会对第三支柱个人养老金制度在全国范围内拓展的借鉴意义产生影响；另一方面，试点仅限于商业保险参与，其他行业做好准备，这也会影响到第三支柱个人养老金制度试点经验的积累。

尽管目前第三支柱个人养老金仍面临诸多挑战，但总体来看，试点的开创性意义要远大于其局限性。

3.3 制度性困境没有克服，养老金体系可持续性面临挑战

3.3.1 制度管理模式存在漏洞，增加了制度的运作风险

为保持制度统一，我国基本养老保险制度都采取了"统账结合"的筹资模式，这种试图将公平和效率融合在一起的制度安排在实践中遭遇了一系列困境。就城乡居民基本养老保险而言，其社会统筹部分是非缴费型的，是国家提供的普惠式的城乡居民养老金，为激励个人缴费，国家通过财政配比的方式给个人账户予以补贴，但从实际成效来看，大多数城乡居民都按照最低档次的缴费标准进行缴费，与此同时，基金积累式的个人账户并没有真正意义上的投资运作，造成了城乡居民基本养老保险制度个人账户管理成本高昂、效率偏低。就城镇职工基本养老保险而言，由于统账结合的制度在建立过程中没有解决好转轨成本问题，在社会统筹和个人账户混账管理的背景下，许多地区的个人账户资金被统筹账户透支，形成空账，无法进行实际投资以保值增值。

3.3.2 领取养老金的条件过宽，加大了制度的支付压力

目前中国领取养老金的基本条件为：最低缴费 15 年并达到退休年龄（男性 60 岁，女干部 55 岁，女工人 50 岁）。从国际经验来看，发达国家全额领取养老金的条件要远远高于我国，一方面其最低缴费年限更长，法国、德国都超过 40 年，其他一些国家如英国、西班牙、日本等国养老金的最低缴费年限也大都在 20 年以上，而我国目前规定的领取养老金的最低缴费年限偏低，仅为 15 年。另一方面，目前我国法定退休年龄（男性 60 岁，女干部 55 岁，女工人 50 岁）也大大低于大部分发达国家，如表 2 所示。目前我国养老金领取条件过宽，在很大程度上加大了养老金制度的支付压力。

表 2　　　　　　　　　　　不同国家全额领取养老金的条件

国别	最低缴费年限	法定退休年龄	备注
法国	41 年	50 岁	允许弹性退休，未达法定退休年龄的按比例领取养老金
德国	45 年	男 65 岁	缴费满 45 年可提前至 63～65 岁退休并领取全额养老金
英国	35 年	男 65 岁，女 60 岁	到 2028 年将男女退休年龄逐步提高至 67 岁
西班牙	30 年	65 岁	可弹性退休，将继续延长法定退休年龄至 67 岁
日本	25 年	65 岁	允许弹性退休
瑞典	30 年	65 岁	允许弹性退休

国别	最低缴费年限	法定退休年龄	备注
波兰	25 年	男 65 岁，女 60 岁	到 2020 年男性延长至 67 岁，到 2040 年女性延长至 67 岁
墨西哥	1250 周（约 24 年）	65 岁	60 岁时可提前退休，缴费满 24 年可全额领取养老金

资料来源：根据雍海宾等（2016）、郭林林（2011）、华颖（2016）、王雯等（2013）、张士斌（2014）、李浩燃等（2012）等公开发表资料整理，详见参考文献。

3.3.3 保值增值能力有限，降低了基金的运行效率

据《中国养老金发展报告》公布的利息收入等信息进行综合分析，中国基本养老保险基金的投资收益基本维持在 2% 左右，[①] 而 2000 年到 2015 年的年均通货膨胀率约为 2.35%，中国基本养老金实际上处于贬值状态。与此同时，全国社会保障基金理事会自 2000 年成立到 2017 年底，其管理的全国社会保障储备基金年平均收益率为 8.44%，形成强烈反差，表明我国基本养老金保值增值能力还有较大的发展空间。

4 我国养老金体系改革趋势展望

4.1 我国三支柱养老金体系改革的原则和功能定位

我们认为养老金体系改革中应该遵循以下四个原则：一是制度可持续性。由于人口老龄化加剧，以及此前养老金储备相对不足，养老金体系面临的核心挑战之一是远期财务不可持续，可能陷入入不敷出的困境。因此，促进制度长期可持续发展是养老金制度改革的原则之一。二是制度全覆盖。养老保险是国民实现老年生活保障的手段，只有实现应保尽保才能实现养老保险建制目标。三是养老金充足性。2006 年至今我国基本养老金已经连续十一年上涨，但是我国目前养老金替代率仅在 40%~50% 的水平，低于国际警戒线。尽管养老金长期面临缺口，但是仍然应当确保适当合理的待遇水平。四是制度公平性。养老金体系属于二次分配范畴，特别是基本养老金作为防止老年贫困的社会安全网和调节社会收入的再分配方式，必须以公平性作为制度设计的出发点。在我国，早在 1991 年国务院发布的《国务院关于企业职工养老保险制度改革的决定》中就提到，要"逐步建立起基本养老保险与企业补充养老保险和职工个人储蓄性养老保险相结合的制度"，明确了我国养老金体系改革的方向。但由于种种原因，我国多支柱养老金体系一直未正式建立。根据以上原则，结合中国国情，借鉴国际经验，我们认为，三支柱养老金体系应当成为我国

---

① 经济观察报. 2017 年 2 月 25 日养老金入市全面启动 社保基金最新收益率是多少？[EB/OL]. (2017 – 02 – 25). 南方财富网，http：//www.southmoney.com/gupiao/jjzcg/201702/1098252.html.

的长期战略选择。

4.2　协同政府与市场作用，实现三方养老责任共担

首先，合理划分政府和市场的职责边界是完善养老金制度体系的核心问题，政府的主要职责是建立和完善覆盖面广泛的公共养老金制度，通过再分配消除老年贫困；市场的主要职责是发展多元化的补充养老金制度，调动企业、个人责任，通过养老金积累，实现养老金待遇补充，提高老年生活质量。

其次，任何单一的养老金体系都难以应对人口、经济和社会带来的多方面挑战。养老金体系的目标通常包括全覆盖、充足性和可持续性三个方面，任何单一的养老金体系制度安排，如只建立政府主导的公共养老金制度或市场主导的补充养老金制度，都可能使养老金体系的几个目标之间产生矛盾。因此，想要实现一个满足全覆盖、充足性和可持续性目标的养老金体系，就必须通过建立政府主导的公共养老金和市场主导的补充养老金相结合的多元化养老金体系模式。

4.3　强化增量改革，优化三支柱养老金体系结构

中国养老金体系的一系列困境与风险的根本症结在于我国养老金体系结构不合理，第一支柱基本养老金制度一枝独大，与此同时，在老龄化的影响下，制度抚养比不断提高，有限的缴费能力与日益增加的养老金需求之间的矛盾不断加剧，因此，必须依靠多支柱养老金体系的建设，提供多元化的养老金供给，降低单一支柱养老金制度的风险，满足老年人多元化的养老金需求。

4.3.1　优化第一支柱公共养老金制度，实现保基本

第一支柱基本养老金制度是正式的养老金制度安排，具有再分配功能，通常采取的是现收现付的筹资方式。根据中国目前养老金体系构成以及责任划分，应将城镇职工基本养老保险制度中的社会统筹和个人账户分离，将社会统筹部分整合为第一支柱基本养老金制度，由政府主导，单位缴费，国家财政兜底，逐步实现全国统筹，通过大数法则实现风险分散，为城镇就业者提供保基本的养老金。

4.3.2　优化第二支柱职业养老金制度，强化单位责任

第二支柱职业养老金是与职业相关联的养老金制度安排，在我国当前的制度设计中表现为强制性的职业年金制度和自愿性的企业年金制度，补充养老金制度设计的差异给城镇正规就业者带来了新的制度不公，应在完善第一支柱基本养老金制度的基础上，逐步加强税收优惠等政策支持企业年金制度进一步发展，同时对于职业年金中非全额拨款的事业单位采取的虚账或虚实结合的养老金需尽快进行实账管理，实账管理的企业年金和职业年金都以个人账户的形式存在，并加强其投资和监管，从制度设计上保障职业养老金保值增值，以更好地提高养老金水平。

4.3.3 探索第三支柱个人养老金制度，发挥个人责任

发展第二支柱和第三支柱的目的在于完善养老金制度架构，实现国家、单位和个人养老责任共担。然而，从我国实践来看，第二支柱的企业年金发展十多年未能形成对基本养老金的良好补充。特别是近几年经济增速下行，企业盈利能力下降的背景下，企业年金扩面趋于停滞，而第二支柱的职业年金也只能覆盖机关事业单位工作人员。因此，发展第三支柱个人养老金制度对于完善我国养老金体系具有重要意义。一方面，第三支柱个人养老金制度由个人主导，运作灵活，当前我国正处于经济结构转型期，灵活就业群体规模不断扩大，而这部分群体难以被企业主导的第二支柱覆盖，发展第三支柱个人养老金制度可以有效地对这部分群体形成补充保障；另一方面，我国居民储蓄率较高，公众风险意识正逐步增强，对第三支柱个人养老金制度有着较大的需求，有利于满足公众多样化的养老需求。

就我国养老金体系改革而言，可以考虑将城镇职工基本养老保险统账分离后的个人账户，通过某种形式纳入第三支柱的个人养老金中，从而为更多群体提供补充的养老金制度选择，并通过优化投资组合提高资金运行效率。

4.4 配套存量改革，减轻养老金体系压力

4.4.1 适时延迟全额领取养老金年龄，缓解养老金支付压力

在我国人口老龄化不断加深的背景下，老年人口抚养比不断上升，领取养老金的人数占比不断增加，而为养老金缴费的人数占比不断下降，从而导致我国养老金面临着日益严峻的支付压力。适时延迟退休年龄是许多发达国家应对人口老龄化、缓解养老金支付压力的重要措施。无论是从国际发展经验还是从我国经济社会发展的现状来看，目前我国退休年龄偏低，有延迟退休年龄的必要性和紧迫性。尽管目前延迟退休年龄还存在着诸多争议，但延迟退休是适应我国经济社会发展需要的大势所趋，是我国为应对人口老龄化做好准备的必要路径，值得注意的是，这一过程必须精心设计，处理好各方关系，循序渐进，逐步推进。

4.4.2 适当提高养老金缴费年限，增强制度的可持续性

目前我国基本养老保险是强制性的，但由于法定的最低缴费年限为15年，很难避免参与人在达到法定的最低缴费年限后停止缴费。特别是在人均预期寿命不断增加以及实际工作年限提高的背景下，现行15年的法定最低缴费年限要求过低，会严重削弱参与人的缴费积极性，不仅不利于其养老资产的积累，也不利于制度的持续发展。发达国家全额领取养老金的最低缴费年限要远远高于我国，如法国为41年，英国为35年，德国为45年。为适应人均预期寿命延长的需要以及保障劳动者退休后的生活，建议适时提高基本养老保险的最低缴费年限至20年或25年，并随着人均预期寿命的提高动态调整。

4.4.3 确保缴费基数真实足额，提高养老金收入水平

按照目前政策规定，我国基本养老保险缴费基数可在当地社会平均工资的60%～300%之间确定，许多企业为降低缴费压力，选择以最低水平确定缴费基数。根据国家统计局统计的近几年全国基本养老保险征缴收入和工资总额占比情况，其比例一直都低于28%。由于我国基本养老保险缴费基数长期不实，在很大程度上影响了我国基本养老保险的收支平衡，同时也不利于真实评估养老金运行情况。因此，必须优化基本养老保险征缴管理体制，参照纳税基数，确定单位和个人基本养老保险的应缴费基数，从而保证基本养老保险缴费基数的真实化足额化。

4.4.4 完善养老金投资体制，保障养老金保值增值

完善三支柱养老金体系的重要前提是必须完善我国的养老金投资体制，第二、第三支柱采取的是基金积累的方式，必须保证养老金能够在安全的前提下实现保值增值。我国资本市场经过多年发展，具备养老金投资增值的客观条件，在科学利用资本市场的同时，必须加强投资的风险控制，完善投资体制，明确投资范围、投资比例以及投资决策、管理与执行机制，并加强资金的审计和监督，为养老金投资营造一个良好的环境。

参考文献

［1］董克用，张栋．中国养老金体系改革变迁：成就与挑战［J］．清华金融评论，2017（S1）：12－17．

［2］董克用，孙博．从多层次到多支柱：养老保障体系改革再思考［J］．公共管理学报，2011，8（1）：1－9＋122．

［3］董克用，张栋．中国养老金体系发展现状、困境与改革路径思考［R］．中国劳动保障发展报告（2017），2017．

［4］雍海宾，宋涛．应对人口老龄化的社会保障制度改革——西班牙社会保障制度改革的经验和启示［J］．财会研究，2016（9）：5－7．

［5］董克用，姚余栋．中国养老金融发展报告2017［M］．北京：社会科学文献出版社，2017．

［6］郭林林．法国养老金制度的改革及启示［J］．上海保险，2011（12）：57－59．

［7］华颖．德国2014年法定养老保险改革及其效应与启示［J］．国家行政学院学报，2016（2）：139－143．

［8］王雯，李珍．英国简化公共养老金改革政策分析［J］．中国劳动，2013（10）：28－31．

［9］张士斌．退休年龄政策调整：日本经验与中国借鉴［J］．现代日本经济，2014（1）：66－75．

［10］国家应对人口老龄化战略研究人口老龄化经济可持续发展研究课题组李军等．人口老龄化与经济可持续发展研究［M］．北京：华龄出版社，2014：419．

［11］李扬，张晓晶，常欣等．中国国家资产负债表2015——杠杆调整与风险管理［M］．北京：中国社会科学出版社，2015：179．

［12］高培勇，汪德华．中国养老保障体系资金缺口分析与对策建议［J］．比较，2011（2）：18－25．

探索篇

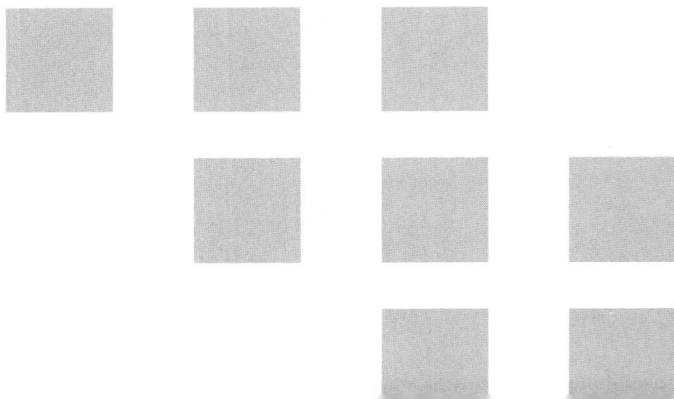

编者按

 自 20 世纪末以来，随着人口老龄化趋势不断加剧，现收现付模式的第一支柱公共养老金普遍面临可持续性减弱的困境，而建立政府、单位、个人责任共担的三支柱养老保障体系是实现可持续发展的关键所在。在此背景下，基金积累制的第二、第三支柱养老金受到世界各国普遍重视，发展日益加快。特别是第三支柱作为养老金体系中富有效率的部分，是增强养老金制度灵活性、壮大养老金规模的重要一环。然而，从我国来看，国民养老高度依赖第一支柱公共养老金，第二支柱企业年金和职业年金发展缓慢，第三支柱个人养老金从税延养老保险开始初步探索。广大人民群众日益增长的养老保障需求与多层次养老保障体系发展不平衡不充分的矛盾依然突出。

 在此背景下，建立适合中国国情的第三支柱个人养老金账户制度对于完善我国养老金体系意义十分重大。众所周知，科学的养老金第三支柱制度设计有三大核心特征：税收优惠是根本发展动力；账户治理模式是基础制度理念；投资渠道多元化是必由之路。因此，探索篇首先根据基金行业前期研究基础，结合我国养老金和资本市场实际情况，系统地介绍了基金行业对养老金第三支柱的制度设计、政策要点、中国路径的整体思考和系统性探索。在此基础上，探索篇分别设置了《第三支柱个人养老金的税收优惠》《第三支柱个人养老金的治理模式》《第三支柱个人养老金的投资选择》三个专题，分别从概念内涵、国际经验、实施要点等角度阐述了基金行业对相关具体问题的探索和思考，以期为我国建立统一的养老金第三支柱贡献智慧和建言献策。

第一章　第三支柱个人养老金的税收优惠

中国养老金融50人论坛　董克用　张　栋

摘　要　从全球范围来看，税收优惠是激励个人进行养老储蓄的最直接、最有效的措施，也是第三支柱个人养老金制度发展的根本动力。在我国人口老龄化加剧的背景下，以税收优惠政策促进个人养老金制度发展，是以政府较小的当期收入减少，撬动国民储备更多的养老金的必要手段，对于完善我国养老金体系，满足广大国民日益增长的养老需求具有重要意义。从国际经验来看，EET 和 TEE 相结合是第三支柱个人养老金制度最为典型的税收优惠模式，设立缴费限额是保证第三支柱个人养老金制度税收优惠有效性和公平性的基本要求，采取财政补贴是吸引低收入者参加第三支柱个人养老金制度的有效激励机制。因此，我国第三支柱个人养老金应在借鉴国际经验的基础上，将公平性、可及性、效率性和便利性作为税收优惠设计的基本原则，明确税收优惠的对象、载体、模式等，并考虑将第二、第三支柱的税收优惠打通，且在领取阶段参考收入所得税机制以增强制度吸引力。

关键词　第三支柱　个人养老金　税收优惠　EET　TEE　激励机制

1　个人养老金与税收优惠概述

1.1　税收优惠的作用

养老储蓄的主要目的是防范老年风险，以便在退休期间维持一定水准的生活。从全球范围来看，税收优惠是激励个人进行养老储蓄的最直接、最有效的措施，也是第三支柱个人养老金制度发展的根本动力。

对个人而言，税收优惠的作用主要体现在两个方面，一是可以降低个人短视行为，提高个人退休储蓄。在市场机制下，大部分人的行为是短视的，这些人群难以通过就业期间的储蓄来实现老年贫困风险的防范和养老收入的保障。当个人低估通货膨胀带来的影响，或者高估资本市场的投资回报率，或者低估自身寿命时，往往会低估防范老年贫困或维持老年生活所需的储蓄，而税收优惠的本质是财政补贴①，在很大程度上可以降低个人的短视行为，提高相应的退休储蓄。二是税收优惠可以直接影响个人参与养老金储蓄的成本及其预期的未来净收益率，从而在一定程度上改变各经济主体的养老储蓄行为。按照现行各国税收制度，个人的工资性收入应征收个人所得税，用税后的所得进行养老储蓄，而投资的收益还要征收所得税，这会增加个人的养老储蓄成本，也会降低未来的净收益率。如果采取税收优惠，在个人所得税实行累进税率的情况下，可以降低个人在工作期间的边际税率，而且，由于这种养老保险制度有利于熨平个人工作期间的收入水平，从个人一生来说，个人所得税的边际税率也可降低。

对政府而言，虽然税收优惠在短期内是以损失一定的财政收入为前提的，但从长期来看，则可以在很大程度上提高全社会的经济福利。一方面，通过税收优惠可以有效激励个人增加退休储蓄，带来养老金规模的增长，提高老年群体的消费水平，这既可以扩大税基，还能减轻政府的养老金支出压力；另一方面，由于养老金储蓄具有规模大、周期长的特征，可以为整个社会提供长期的资本积累，进而利用其价值杠杆效用提高投资和产出水平，间接达到增加税收的目标。

当前我国正处于人口老龄化程度相对较低的时期，但即将进入快速增加的阶段，必须全力做好准备应对老龄化的准备，以税收优惠政策促进个人养老金制度的发展，是以政府较小的直接损失，增加社会的总体福利，储备更多的养老金的必要手段，对于完善我国养老金体系，满足广大国民日益增长的养老需求具有重要意义。

1.2　税收优惠的主要模式

税收减免和抵扣的目的是利用税收杠杆鼓励个人加入个人养老金计划，在缴费阶段、投资阶段和领取阶段都可以不同程度地享受税收优惠。一般地，如果缴费从应税收入中扣除，领取的资金将被视为收入，按收入所得征税；如果在缴费环节没有税收优惠，领取时只对投资收益征税或完全免税。

税收优惠政策的形式主要分为八种，借助字母 E（Exempted，免税）和 T（Taxed，征税）的组合来表示：EET 是对缴费及投资收益免税，但领取养老金要进行征税，TEE 是指税后缴费，投资收益及领取免税，这两种方式是最主要的税收优惠模式，此外还有 TET、ETE、ETT、TTE、EEE、TTT 6 种模式。不同的税收模式适合不同的人群，不同的养老金计划可能采取不同的税收优惠模式。从国际发展经验来看，第三支柱个人养老金制度税收优惠以 EET 和 TEE 两种模式最为典型。

---

① 无论是直接给予补贴还是递延纳税，本质上都是一样的，都是给消费者负项税，即财政补贴。

2 个人养老金税收优惠的国际经验与启示

2.1 国外第三支柱税收优惠政策及效果

2.1.1 美国个人养老金税收优惠政策及效果

20 世纪中叶开始，随着美国人口老龄化的不断深化，老年抚养比开始逐步增加，第一支柱公共养老金制度的压力也日益加大，而且低水平的公共养老金计划又无法满足老年人日益增长的养老需求；同时，第二支柱职业养老金由单位主导，存在覆盖范围的局限性，无法为灵活就业者等群体提供相应的补充保障。因此，进一步建立和发展以个人为主导的第三支柱个人养老金制度成为美国社会的共识。

1974 年，美国《雇员退休收入保障法案》正式确定建立个人退休账户（Individual Retirement Account，IRA），IRA 是个人自愿参与并享受税收优惠的补充养老金计划。美国第三支柱个人退休账户（IRA）设立的初衷是为那些未能参与第二支柱职业养老金的雇员提供附有税收优惠的退休储蓄路径，并帮助已参与职业养老金计划的雇员在转换工作时，可将积累的单位养老金转移到个人退休账户内，以保障个人退休权益。个人退休账户不仅可以由个人自主建立，也可以由单位帮助个人建立并为个人账户缴费，个人退休后领取的个人退休账户待遇取决于缴费积累情况及账户资金的投资收益。

美国个人养老金制度采取 TEE 和 EET 相结合的双向税收优惠，激励机制灵活。自 1974 年制度建立以来，美国 IRA 的发展始终没有离开税收优惠政策的引导。在税收优惠等一系列激励机制的推动下，美国 IRA 获得了快速发展，制度发展飞快。IRA 资产已由 1974 年的不足 10 亿美元增长至 2017 年底的 8.92 万亿美元，占退休总资产的比重由 0.3% 增长至 31.97%。

美国 IRA 获得快速发展的重要原因在于，享有税收递延或免税等多种税收优惠政策的激励。为了满足不同类型人群的需求，鼓励不同个体加强退休养老储蓄，美国建立了不同类型的 IRA 计划，并采取了不同的税收激励措施，如表 1 所示。（1）传统 IRA 账户采取 EET 模式，在缴费环节享有税收优惠政策，允许个人在税前向账户缴费，账户资产的增值部分无须缴纳投资收益税；只有在账户资金领取时全部收益才按照初始收入计税，并由个人主动申报。（2）罗斯 IRA 账户采取 TEE 模式，资金入 IRA 账户前由个人主动申报扣税，但账户资金的增值可以免税，领取时如果投资者的年龄不低于 59.5 岁，且第一次领取距第一次缴款五年以上，则收益部分不产生应缴税款。（3）个人可以在一定条件下，将第二支柱的职业养老金资产转入 IRA，并享受税收减免政策。

表1　　　　　　　　　　美国主要 IRA 计划税收优惠模式比较

IRA 计划类别	税收优惠模式	特征	税收优惠安排
传统 IRA	EET	自愿参加，税前缴费	在缴费阶段，计划参与者收入15%的缴费可以免税，但有最高额度限制，目前最高不超过每年5500美元，为了让更多年老雇员积累更多养老资产，允许50岁以上雇员每年追加1000美元缴费，即50岁以上个人缴费上限是6500美元。在投资阶段，收益免税；领取阶段纳税
罗斯 IRA	TEE	自愿参加，税后缴费	罗斯 IRA 可与传统 IRA 共同拥有，该计划缴费金额为税后收入，投资收益和领取阶段均享受免税待遇

资料来源：根据美国 IRA 相关规定整理。

美国 IRA 计划获得了政府巨大的税收优惠支持，但在制度的运作和参与过程中，个人必须严格按照 IRA 计划相关规定执行，当个人出现超过规定缴费限额、提前支取 IRA 账户资金、从事禁止交易等情况时，将会按照一定比例征收惩罚税，例如，当个人未满59.5岁，提前支取传统 IRA 资金时，将被额外征收10%的税收惩罚。美国正是通过 IRA 计划的税收优惠激励机制和惩罚机制的结合，从而有效地保证了 IRA 资金的规范性和资金的长期积累。

2.1.2　澳大利亚个人养老金税收优惠政策及效果

作为第一支柱国民年金和第二支柱超级年金的有益补充，第三支柱个人退休账户（即个人养老金计划 IRA）是澳大利亚养老金体系的重要组成部分。第三支柱个人退休账户面向的是希望获得更高退休收入水平的群体，目的是激励个人通过自我储蓄积累更多的养老金资产，以改善退休生活水平。

澳大利亚个人养老金计划的资金来源主要包括两个部分：一是超级年金自愿的额外缴费部分（包括单位为雇员进行超级年金缴费时超过9%的部分和雇员个人以税后收入自愿在超级年金缴费的部分）；二是个人税后的自愿储蓄（包括特定的银行存款、住房投资以及在保险公司购买的年金产品等）。

澳大利亚采取一系列激励措施鼓励个人参与第三支柱个人养老金计划，主要包括税收优惠政策和政府直接的财政补贴。为鼓励雇员、自雇者、灵活就业人员等积累更多的养老资产，满足个人更高退休生活保障水平需求，澳大利亚联邦政府为个人养老金计划在缴费、投资、领取环节均制定了一系列激励政策。（1）在缴费环节，单位为75岁以下雇员超过9%的超级年金缴费部分、雇员以税后收入自愿在超级年金缴费的部分可以全部抵税，同时个人年收入在27000澳元以下的个人在进行个人税后自愿储蓄时可以享受10%的税收返还，但收入越高，返还越小①；同时，根据相关规定，对于低收入者个人税后缴费给予最高不超过1500元的财政补贴；（2）在投资环节，对于符合相关规定的养老金投资收益给予15%的税收优惠；（3）在领取环节，第三支柱个人养老金计划允许个人一次性领取个人账户养老金，但政府也通过税收优惠的方式鼓励个人分期领取。②尽管澳大利亚第三支柱自愿性个人养老金计划的覆盖面仅在20%左右③，但也在一定程度上对澳大利亚养老金体系发挥了补充支持作用。

2.1.3 英国个人养老金税收优惠政策及效果

英国第三支柱个人养老金计划最早出现于1986年英国《社会保障法案》中，该法案明确提出，任何未满75周岁的英国国民都可以加入个人养老金计划中，个人养老金计划采取基金积累制，符合条件的参加者可以在一定额度范围内享受税前列支和政府税收返还，个人积累的养老金在投资阶段享受免税待遇，只在待遇领取阶段缴纳相应的所得税。

英国第三支柱个人养老金计划的建立主要是为了扩展补充养老金制度的覆盖范围，为灵活就业人员、无工作者等未参加任何职业养老金计划的群体提供一个参加补充养老金计划的机会。当然参加了职业养老金计划的群体也可以继续参加第三支柱个人养老金计划。英国法律规定，没有提供任何职业养老金计划的机构和单位必须同一家或多家金融机构签署相关协议，为雇员参加第三支柱个人养老金计划提供便利，同时个人也可以不通过单位自行选择加入个人养老金计划。英国第三支柱个人养老金计划在一系列税收优惠激励机制和灵活的制度设计的推动下，发展迅速，目前已经覆盖了11%的群体，并且处于快速增长的阶段。

英国个人养老金制度采取了灵活的税收优惠激励机制，提高了制度的吸引力。个人所得税的征收采取的是单位代扣代缴和个人自主申报相结合的方式，个人参加第三支柱个人养老金可以享受EET税收递延的激励机制，即个人在年度缴费上限内的缴费享受免税待遇，但具体的方式则是采取税收返还（Tax Relief）的模式，即个人在雇员年度缴费3600英镑以内和全部工资性收入中的较大者，可以获得边际税率④的税收返还，采取先扣税再申请返还的形式。例如，个人计划向个人养老金账户缴费1000英镑，适用边际税率20%，此时，雇员只需缴纳800英镑，其他部分由金融机构代表账户所有人向税收和海关总署（HMRC）申请税收返还到个人账户上，相当于享受缴费阶段的税收减免。

目前，英国第三支柱个人养老金账户年度缴费限额为40000英镑，即在40000

① 马洪范，范秋萍. 澳大利亚养老保障制度的经验与启示 [J]. 经济研究参考，2017（33）：74 - 79.

② 华迎放. 澳大利亚低收入人群的社会保障 [J]. 中国劳动，2013（6）：30 - 33.

③ 详见 OECD *Pensions at a Glance* 2015 第187页，表10.1。

④ 2015—2016 年英国个人所得税的起征点为10600英镑，英国个人所得税适用三级税率，基本税率为20%，高等税率为40%，额外税率为45%。

英镑以内的个人养老金缴费享受延税待遇，同时，英国的补充养老金制度税收优惠制度设计灵活，在前后三年的缴费区间范围内，个人养老金缴费限额可以与职业养老金缴费限额共享使用。个人养老金在缴费时超出了年度缴费限额，账户管理机构应向计划参与者提示并告知其可享受的累计免税额度，如果超出则需按照边际税率缴纳税金①。

英国第三支柱个人养老金的税收优惠采取的是 EET 税收递延模式，在账户资金投资环节也享受免税待遇，但在个人养老金待遇领取阶段需要纳税。具体而言，个人养老金账户领取时的税费取决于账户资金的积累情况以及领取方式，通常，个人年满 55 周岁（2028 年将延长至 57 周岁）即可开始领取个人养老金，当个人养老金的积累额度在 30000 英镑以内（含个人养老金和职业养老金），则允许一次性全额领取养老金且无须纳税；如果积累的养老金在 30000 英镑以上且在终身缴费额度范围内，可以一次性领取 25% 的资金且享受免税待遇，其他部分可以分期领取，且需要按照边际税率缴纳税费；如果积累的养老金总额超过终身缴费额度限制，超额部分一次性领取的话适用边际税率，如果采用年金方式领取，则在转换成年金时需要缴纳 25% 的税费，领取时再按照边际税率征税，如表 2 所示。总体来看，英国第三支柱个人养老金计划在缴费阶段的最低税率为 20%，领取阶段 25% 的养老金免税，其余部分按照个人所得税税率计算，总体结果是参加者领取阶段的缴税显著小于此前税收优惠额度，具有明显的激励效应。

表 2　2007—2016 年英国第三支柱个人养老金账户年度和终身缴费限额

税收年度	年度缴费额度（英镑）	终身缴费额度（百万英镑）
2006—2007	215000	1.5
2007—2008	225000	1.6
2008—2009	235000	1.65
2009—2010	245000	1.75
2010—2011	255000	1.80
2011—2012	50000	1.80
2012—2013	50000	1.50
2013—2014	50000	1.50
2014—2015	40000	1.25
2015—2016	40000	1.00

资料来源：HMRC *Personal Pension Statistics* 2015.

---

① 这部分缴费在领取时不用再征税。

2.1.4　加拿大个人养老金税收优惠政策及效果

加拿大是较早利用税收优惠手段激励个人退休储蓄的国家。个人退休储蓄账户的特征是个人自愿选择建立,在金融机构开立个人账户之后,经过税务登记机构的认证和审核,可以在一定额度范围内享受税收递延优惠,缴费方式相对灵活,不仅可以本人缴费,也可由配偶缴费,不仅可以以现金方式缴费,也可通过评估后的实物资产进行抵缴。加拿大个人养老金计划的类型主要包括两种,即注册退休储蓄计划(Registered Retirement Saving Plan, RRSP)和免税储蓄账户(Tax Free Savings Account, TFSA)。

RRSP早在1957年就开始建立和实施,主要面向未参加任何单位养老金计划的雇员和自雇者,当然参加了单位养老金计划的雇员也可在综合税率和最高限额内加入该计划,目的是通过税收优惠鼓励中高收入者及早进行退休规划,积累更多的养老金资产,以提高养老金待遇水平。为进一步激励低收入人群加入个人养老金计划中,加拿大于2009年推出了免税储蓄账户(TFSA),个人可以开立多个TFSA账户,但所有账户缴费总额不超过5500加元(2016年),限额内的缴费享受TEE的税收优惠模式,大大吸引了低收入人群的参与。RRSP和TFSA各具特色,如表3所示。

表3　加拿大注册退休储蓄计划(RRSP)与免税储蓄账户(TFSA)的对比

项目	注册退休储蓄计划(RRSP)	免税储蓄账户(TFSA)
性质	享受税收优惠的退休储蓄计划	
税收优惠形式	EET	TEE
推出时间	1957年	2009年
参与条件	71岁以下(截至71岁时年末)	18岁及以上
经办机构	银行、信用合作社、信托基金或保险公司	
缴存额	与收入关联,为上年收入的18%	与收入无关,固定值
资金来源	本人或其配偶	任何人(有利于收入和财产分割)
缴存额上限	25000加元(2015年)	5500加元(2016年)
未使用的缴存限额	可结转(1991年起实施)	可结转(2009年起实施)
提取	69岁之后可提取;71岁之后必须提取	任何时间、任何理由均可提取;没有强制提取的年龄规定
提取后是否可补回	否。住房计划和终身教育计划可借款,但需分别在15年和10年内还清	是。可补款到账户中直至累计缴费上限
超量缴费的处理	按每月1%征税	

项目	注册退休储蓄计划（RRSP）	免税储蓄账户（TFSA）
与其他福利	提取时计入收入，会影响保障养老金（在临近退休时提取并转入 TFSA，则可避免此问题）	不影响保障养老金（GIS）的领取

资料来源：中国社会科学院世界社保研究中心. 中国养老金个人退休账户顶层设计［R］. 中国证券投资基金业协会委托课题报告, 2016.

RRSP 采取的是 EET 递延纳税的激励机制，对于中高收入水平的个人具有较大的吸引力，而对本身就无须缴纳个人所得税的低收入人群而言，则毫无疑问，丧失了其吸引力，而 TFSA 则恰好与 RRSP 形成互补，TEE 的税收优惠模式对低收入人群而言相当于免税，同时加上提款灵活、便携性强、可接受 RRSP 转入的资金、可为贷款提供担保、不影响获取 GIS 的获取资格，这些便利条件对低收入者很有吸引力。总体来看，RRSP 对高收入者的吸引力最大，年收入在 8 万加元以上的个人参与 RRSP 的比重在 2003 年达到了 68%，到 2013 年略有下降，但也是参与该计划最多的群体，年收入在 4 万加元以下的个人参与 TFSA 的比重则大大高于参与 RRSP 的比重，表明 TFSA 对低收入者的巨大吸引力，当然 4 万加元以上的中高收入者对 TFSA 的参与率也不低，表明加拿大双向税收优惠的个人养老金计划具有巨大的吸引力，如表 4 所示。

表4　　　　2003/2009 年和 2013 年不同收入组的 RRSP 和 TFSA 参与率

		2 万加元以下	2 万~4 万加元	4 万~6 万加元	6 万~8 万加元	8 万加元以上	全部
RRSP	2003 年	5%	41%			68%	26%
	2013 年	3%	16%	36%	44%	61%	23%
TFSA	2009 年	11%	18%	24%	26%	30%	19%
	2013 年	18%	26%	32%	33%	38%	27%

注：2007 年之前，2 万~8 万加元放在一组统计。

资料来源：加拿大金融机构监督办公室（Office of the Superintendent of Financial Institutions），http：//www. osfi‑bsif. gc. ca/eng/oca‑bac/fs‑fr/Pages/FS_RPP_2015. aspx。

2.2　国外第三支柱税收优惠政策的启示

2.2.1　EET 和 TEE 相结合是第三支柱个人养老金制度最为典型的税收优惠模式

合理的个人养老金税收优惠政策必须同时满足两个目标，一是有效激励个人参与第三支柱个人养老金计划，提高老年退休生活水平；二是不会对政府税收收入和财政支出造成太大负担。要同时实现这两个目标，选择合适的税收优惠模式显得尤为重要。

从典型国家的第三支柱个人养老金制度税收优惠模式实践看，EET 个税递延型税收优惠模式是被诸多国际经验证明的第三支柱个人养老金计划的有效激励方案，目前，第三支柱个人养老金计划覆盖率位于前 8 位的国家均采用了 EET 个税递延型税收优惠模式。其具体方案设计如下：（1）在缴费阶段，个人向第三支柱账户的缴费享受税前列支，这就意味着个人当期应税收入的下降，从而可以降低个人所得税负担。但为了避免高收入人群借此进行避税影响税收的公平性，需要将个人账户的税收优惠额度进行限制。（2）在投资阶段，对个人账户中积累的养老金投资收益免税。（3）在领取阶段，受益人可以选择不同的领取方式获得待遇，并根据个人所得税的要求缴纳个人所得税。EET 模式的税收优惠之所以具有较大的激励作用是因为在缴费阶段和投资阶段，个人收入通常较高，面临着较高的税收支出负担，税前列支的个人养老金缴费以及投资阶段的免税安排则可以减少个人税收支出，而到领取阶段，个人收入通常较低，需要缴纳的税费也相对较低。

EET 个税递延型税收优惠模式的一个重要局限在于对低收入者的激励作用有限，不少国家为激励低收入人群参与第三支柱个人养老金制度的积极性，在实行 EET 个税延税型个人养老金计划的同时，设立 TEE 型税收优惠模式，如美国等。具体方案是，（1）在缴费阶段，个人以税后一定额度给个人账户缴费，不会受到税收体制的约束。（2）在投资阶段，该模式下的个人账户的投资收益享受免税待遇。（3）在领取阶段，受益人在领取该账户的养老金待遇时也享受免税待遇。这种税收优惠模式的激励性主要体现在对低收入群体而言，相当于具有免税或者较低缴税的功能，即低收入者大都没有达到个人所得税的起征点或高于起征点很少的地方，这部分群体税后缴费其实享受的是免税待遇或者只需缴纳很低的税费，因此对低收入者具有一定的吸引力。

2.2.2 设立缴费限额是保证第三支柱个人养老金制度税收优惠有效性和公平性的基本要求

在通过税收优惠激励个人参与第三支柱个人养老金制度时，国际上通常采取的一项配套措施是设置合理的缴费限额，即只有在一定缴费额度内才可以享受税收减免，以此避免高收入者享受过多的税收优惠，进而保证税收优惠的公平性。例如，美国为避免个人退休账户（IRA）税收优惠导致大量税收流失，同时有针对性地提高居民个人投资养老的积极性，美国 IRA 对账户设定了缴费上限和免税上限，并根据通胀和收入情况定期调整。美国自 2002 年起提高年度缴费额，2002—2004 年每年缴费上限为 3000 美元；2015—2016 年上升为 5500 美元，50 岁以上人员额度可提高至 6500 美元，以激励其为养老增加储蓄。为了避免 IRA 成为高收入人群的避税工具，美国禁止超过一定收入的高收入者加入罗斯 IRA 计划，比如 2017 年年收入超过 19.6 万美元的家庭将无法加入[①]。IRA 最初主要针对个体经营者和未参与雇主养

---

① 由于从罗斯 IRA 取款时无须纳税，与传统 IRA 相比，高收入阶层更倾向于建立罗斯 IRA 进行投资以便规避税收。为了避免税收大量流失，对罗斯 IRA 的缴款人有一些资格限制。

老金计划（相当于我国的企业年金和职业年金）的雇员，后来才逐渐扩展到已参加雇主养老金计划的雇员。

2.2.3　直接财政补贴是吸引低收入者参加第三支柱个人养老金制度的有效激励机制

第三支柱个人养老金计划的目标是为广大国民提供基本养老金以外的补充养老待遇，与职业养老金必须以单位为主导不同，个人养老金可以由本人自主、自愿选择建立，并享受相应的税收优惠等政策激励，其制度设计应保证全体国民均有机会参与到该制度中来。不同模式的税收优惠是对个人养老金计划的有效激励措施，但对低收入人群而言，税收优惠的激励往往是无效的。

从国外经验来看，为避免税收优惠政策带来的不公平和累退效应，不少国家探索了国家财政补贴的方式，以提高低收入者第三支柱个人养老金计划的参与率。以德国为例，为激励德国全体国民参与第三支柱个人养老金计划，德国建立了里斯特养老金计划，该计划享受的国家补贴分为两种，一种是国家的直接财政补贴，另一种是免税的"特别支出"。其中享受直接财政补贴的参保人，必须将收入的一定比例用来购买相应的第三支柱个人养老金产品，2008 年之后该比例固定为净工资的4%，具体额度限定在 60～500 欧元，国家据此给个人参与者及其子女相应的补贴。除德国外，澳大利亚、智利、新西兰等国家也都采取财政补贴的方式激励低收入者参与第三支柱个人养老金制度。这些国家的经验表明，政府补贴可以拉动低收入者、非正规就业者和年轻人尽早加入个人退休储蓄计划中，提高第三支柱个人养老金计划的参与率。

总体来看，税收激励机制的设计是第三支柱个人养老金计划建立和发展的关键环节，激励性和公平性是机制设计必须兼顾的两个因素。我国在建立第三支柱个人养老金计划激励机制时必须保障税收优惠对不同人群的激励性，又必须防止税收优惠累退性带来的负面影响，因此，通过多元化的税收优惠和财政补助的方式是我国第三支柱激励机制的重要路径。对符合一定条件的低收入人群可以采取直接财政补贴的方式，对中等偏低收入者而言 TEE 前段征税的吸引力可能更大，而对中高收入者而言 EET 的税收递延激励效应可能更大，通过不同模式的灵活设计，供计划的参与者根据自身需求进行选择，以保障不同人群均有机会参与到第三支柱个人养老金计划中来。

3　我国第三支柱个人养老金税收优惠相关思考

3.1　税收优惠政策设计原则

1. 公平性

个人养老金制度税收优惠必须关注公平性，防止富有人群滥用税收政策进行避税。因此，为避免税收优惠政策带来的不公平和累退效应，一是要考虑在第三支柱税收优惠中体现收入再分配效应，二是应探索国家财政补贴的方式，提高低收入者第三支柱个人养老金计划的参与率。

2. 可及性

作为个人养老金制度发展重要动力的税收优惠，应尽可能惠及大多数人，将个人养老金制度覆盖的人群尽可能纳入税收优惠之中，并以不同税收优惠政策等为不同收入和就业类型的人群提供直接财政补贴、税收减免和税收抵扣等不同形式的税收优惠。

3. 效率性

个人养老金制度税收优惠应遵循效率性原则，即只要现在税收减免额度小于未来养老财政负担，对政府而言就是有效率的税收优惠制度安排。因此，政府在设计税收优惠政策和模式时，应该反复论证、科学测算税收优惠政策，以提高税收优惠的效率性。

4. 便利性

由于个人养老金制度是面向全体国民的制度设计，因此税收优惠要具有便利性，既方便劳动力在全国范围内自由流动，又方便个人在不同就业状态和不同环境下参加个人养老金制度。个人养老金制度需要在全国范围内搭建统一的制度平台，方便劳动力流动携带，也便于国家统一监督管理。

3.2 税收优惠设计的核心要素

1. 明确税收优惠的人群范围

第三支柱个人养老金计划是在基本养老金制度之外实施的制度化安排，旨在为广大国民提供更高水平的退休生活保障，采取的是自愿原则，应将全体符合条件的国民均纳入进来，尤其是应重点为灵活就业者、无工作者及其他没有被第一支柱基本养老金、第二支柱企业年金、职业年金覆盖的群体提供参与第三支柱个人养老金计划的机会。

2. 明确税收优惠政策的实施载体

税收优惠的目标是激励个人参与第三支柱个人养老金计划，也就是说，税收优惠的根本对象是个人，符合条件的计划参与者均有权利享受相应的税收优惠。第三支柱养老金账户与参加者具有一一对应的关系，个人可以通过专门的养老金账户购买各类养老金融产品，从这个意义上讲，第三支柱养老金账户是对接税收优惠的较好载体。

3. 明确税收优惠的实施模式

由于目前我国不同人群之间在收入等方面均存在较大差异，对税收优惠模式和优惠程度的敏感性也存在不同，因此应探索多元化的税收优惠模式，满足不同人群的税收优惠需求，更好地激励个人参与第三支柱个人养老金计划。

3.3 税收优惠的政策要点

3.3.1 将全体国民纳入第三支柱税收优惠覆盖人群

对第三支柱个人养老金制度而言，覆盖人群的定位尚存在一些争议。有声音认为应以参加基本养老保险作为第三支柱的前提条件之一，也有声音认为无须将此条件作为限定。从根本上来看，第三支柱个人养老金建立的目标就是为全体国民提供更多元的养老保障工具，尤其是对那些灵活就业群体提供一个补充养老的机会，因此应该让有意愿为自己储蓄养老金的个体均有参与的条件，以扩大覆盖面，充分发挥补充养老保障的作用。假如设定参加第三支柱个人养老金必须以参加基本养老保险为前提，那么那些没有被基本养老保险覆盖的灵活就业者就失去了获得其他支柱养老保障的机会，加大了养老风险。从这个意义上讲，第三支柱不应该以加入基本养老保险为前置条件。

3.3.2 采取 EET 和 TEE 双向税收优惠模式

从世界范围来看，EET 和 TEE 是发达国家第三支柱个人养老金制度最为典型的两种税收优惠模式。

第一，EET 个税递延型税收优惠模式应作为我国第三支柱个人养老金计划的主要税收优惠激励模式。EET 个税递延型税收优惠模式是被诸多国际经验证明的第三支柱个人养老金计划的有效激励方案，EET 模式的税收优惠之所以具有较大的激励作用是因为在缴费阶段和投资阶段，个人收入通常较高，面临着较高的税收支出负担，税前列支的个人养老金缴费以及投资阶段的免税安排则可以减少个人税收支出，而到领取阶段，个人收入通常较低，需要缴纳的税费也相对较低。2018 年 5 月 1 日我国正式试点落地的第三支柱个人养老金计划采取的正是 EET 的税收递延模式。

第二，TEE 税收优惠模式应作为我国第三支柱个人养老金计划的税收优惠激励模式的共同选择。EET 个税递延型税收优惠模式的一个重要局限在于对于低收入者的激励作用有限，尤其是在我国个人所得税起征点逐步提高的背景下，个人所得税纳税人规模相对不高。因此，可以在实行 EET 个税递延型个人养老金计划的同时，设立 TEE 型税收优惠模式，不少国家如美国、智利等也建立了 EET 和 TEE 并行的个人养老金计划的税收优惠模式。这种税收优惠模式的激励性主要体现在对低收入群体而言，相当于具有免税或者较低缴税的功能，即低收入者大都没有达到个人所得税的起征点或高于起征点很少的地方，这部分群体税后缴费其实享受的是免税待遇或者只需缴纳很低的税费，因此对低收入者具有一定的吸引力。

3.3.3 采用额度制的税收优惠方式

个人养老金作为养老金体系的组成部分，其发展和运作过程需要兼顾激励性和公平性。在税收优惠设计方面，对于其具体的优惠需要采取相应的比例或额度限制，如果采取比例限制，则收入高者会享受更高的税收优惠，不利于公平性的实现，必领辅之以额度限制，因此建议我国个人养老金计划的税收优惠直接采取额度制的方式，即个人在一定额度范围内可以任意缴费，这可以带来操作层面的便利性，也有利于监管；更重要的是，同样的额度下，低收入者享受的税收优惠占其工资的比例要高于较高收入者，有助于促进第三支柱的公平性。关于个人养老金计划税收优惠具体限额的确定则需要综合多方面的因素：

一是个人养老金计划的替代率。通过借鉴国际经验并依托我国实际情况，确定我国第三支柱个人养老金计划的替代率目标，然后根据工资及其增长率、利率、缴费年限、参与率等因素，测算出要实现该目标替代率应该实现的缴费额度。

二是财政的承受能力。在制定第三支柱个人养老金计划的税收优惠额度时要兼顾税收优惠政策的吸引力和财政的承受能力。一方面，通过统筹考虑我国财政可以承受的养老金体系税收优惠的总体情况，然后减去第一支柱基本养老金和第二支柱企业年金、职业年金的税收优惠，确定第三支柱个人养老金计划所剩余的税收优惠额度；另一方面，可以通过不同额度的税收优惠对我国个人所得税收入影响的敏感性测试，确定最优的税收优惠额度。

3.3.4 考虑将第二、第三支柱税收优惠打通

我国企业年金计划实施税收优惠政策，但是由企业自愿建立，导致没有建立企业年金计划的企业职工即便有积极性也无法参与，不利于为自身养老进行储备。从发展补充养老金体系，减轻公共养老金压力的角度出发，可以考虑打通企业年金和个人养老金账户的税收优惠政策，增加第三支柱制度的吸引力，增加个人养老积累。即对于没有参加企业年金计划的个人，允许其在个人养老金计划中，享受在企业年金中个人4%的缴费税收优惠。这样能够进一步鼓励个人进行养老储蓄。

3.3.5 领取阶段参考收入所得税机制以促进税负公平

总体来看，各国都不鼓励参加者退休后一次性领取养老金，以免其领取后短期内过度消费，最后陷入保障不足的困境，因此一般对于一次性领取设置较高税率。而对于分期领取，可以比照目前的个人所得税征税机制，在设定适度免征额的基础上，按照超额累进税率，鼓励参加者长期领取。这是因为，对于在缴费阶段刚刚超过纳税起征点的参加者，其所得税税率较低，这意味着其获得的税收优惠相对较少。如果领取阶段不设置免征额，可能导致其领取时的缴税大于此前的税收优惠。2018年4月2日财政部等五部门联合发布的《关于开展个人税收递延型商业养老保险试点的通知》明确指出，对于个人达到规定条件时领取的商业养老金收入，其中25%予以免税，其余75%按照10%的比例税率缴纳个人所得税，但这种情况下，可能导致积累相对较少的个人税负相对较重，而积累额度较高的个人税负较轻，不利于税收优惠的公平性，因此，建议在领取阶段除25%的部分免税外，其余部分可以参照目前个人所得税的超额累进税率进行征收，则所有参加者领取阶段的税负均低于缴费阶段的税收优惠，存在税收激励效应，且领取阶段的税率与缴费阶段的收入水平正相关，即工资越高税率越高。这种情况下，总体税率适中，既实现了对所有参加

者的税收激励，有利于提高参与率，又体现了第三支柱对工资较低者的税收优惠倾斜，具有一定的收入再分配效应，有助于促进养老公平。

总体来看，税收激励是第三支柱建设的重要抓手，但税收激励不应与某一种特定产品绑定，长远看需要与统一的账户平台衔接，并且兼顾公平与效率原则。在递延模式上，选择 EET 模式还是 TEE 模式需要与财税部门一道规划，充分考虑到我国人口基数大和最终操作的便利性等现实问题。在保证记账清晰、税源不流失的同时，还要满足个人信息及时可查、可结转等实际需求。建议在个人所得税改革的基础上完善测算衔接，最终设计出符合中国国情的个人养老税收激励模式。

参考文献

［1］OECD. *Pensions at a Glance* 2017：*OECD and G20 Indicators*［R］. Paris：OECD Publishing，2017.

［2］董克用，姚余栋等. 中国养老金融发展报告（2017）［M］. 北京：社会科学文献出版社，2017.

［3］马洪范，范秋萍. 澳大利亚养老保障制度的经验与启示［J］. 经济研究参考，2017（33）：74－79.

［4］华迎放. 澳大利亚低收入人群的社会保障［J］. 中国劳动，2013（6）：30－33.

［5］银监会大型银行部课题组，邢桂君，张琦. 澳大利亚超级年金监管框架及对我国养老金管理公司监管的启示［J］. 金融监管研究，2016（7）：54－64.

［6］李向红. 澳大利亚养老金改革对我国的启示［J］. 改革与战略，2012，28（7）：122－124.

［7］郑秉文. 中国养老金发展报告2016——"第三支柱"商业养老保险顶层设计［M］. 北京：经济管理出版社，2015：200.

［8］彭雪梅，刘海燕，孙静. 关于个税递延型养老保险的社会公平问题探讨［J］. 西南金融，2014（11）：36－39.

［9］张绍白. 关于个人税延型养老保险试点工作的思考［J］. 中国财政，2016（8）：60－61.

［10］赵雨田. 我国个人储蓄型养老保险税收优惠政策探讨［D］. 成都：西南财经大学，2010.

第二章　第三支柱个人养老金的治理模式

中国养老金融50人论坛　董克用　孙　博

摘　要　从理论上讲，第三支柱个人养老金制度可以采取账户制和产品制两种治理模式。从国际经验来看，账户制是各国第三支柱发展的共同选择。我国养老金第三支柱应该采取账户制，这与我国养老金第一、第二支柱的理念一脉相承，不仅有利于第二支柱和第三支柱互联互通，而且有助于提升第三支柱的便利性和监管，同时还有利于保障税收优惠的公平性和效率，也有利于收入显性化和改善征税体制机制。我国在建立账户制的第三支柱个人养老金时应保证账户的唯一性、便利性和公平性，还应明确个人养老金账户的参与主体及主要职责，并建立和完善信息披露和信息保存制度、信息流的共享制度、税收递延处理制度等一系列配套建设。

关键词　个人养老金　治理模式　产品制　账户制

1　第三支柱个人养老金治理模式概述：产品制与账户制

1.1　产品制与账户制的含义及其区别

第三支柱个人养老金制度指的是以个人为主导自愿建立、国家提供税收优惠的一种养老金制度。从理论上讲，第三支柱个人养老金制度可采取两种模式：一种是产品制，即金融机构发行养老金融产品，报监管部门审批后，由个人自愿购买。购买该产品的额度享受国家提供的税收优惠。另一种是账户制，即设立专门的个人税收递延养老金账户，该账户一般情况下只有在退休阶段才能支取资金，凡是进入该账户的缴费都可享受税收优惠，而不区分具体养老金融产品投向。

1.2　产品制与账户制治理模式比较

产品制的优点在于操作简单。只需由监管部门对合格的养老金融产品进行准入或者建立动态调整的合格的第三支柱养老金融产品库，由个人自主选择并享受相应的税收优惠。其缺点在于，一是养老金融产品包括银行、基金、保险等各类产品，种类繁多，而给予产品税收优惠相当于对各类产品进行事实上的价值判断，工作量大的同时，评价工作难度较大，也与监管部门简政放权的大方向不符；二是对产品进行税收优惠，参加者选择多个产品时，需要联合计算税收优惠额度；在产品赎回或者退出时还需要重新计算，非常烦琐，效率不高。

账户制的优点在于个人可以通过专门账户享受税收优惠。由于不需要区分具体产品进行计税，通过账户即可准确记录账户持有人的储蓄和投资记录，可以保证税源不流失。同时，在账户层面记录缴费阶段和投资阶段的税收优惠、领取阶段的税收征缴，比在产品层面进行上述工作要更简便。此外，由于税收优惠与具体产品无关，因此在产品选择范围上空间较大。比如，美国养老金第三支柱的 IRA 就不限定产品范围，而由个人根据自身风险偏好在全市场灵活选择。账户制的不足在于，需要实现税收征缴、账户缴费、投资交易、清算交收等多个系统的匹配与对接，对技术要求高，同时需要协同的机构和部门众多。

2 第三支柱个人养老金治理的国际经验

2.1 账户制是各国第三支柱发展的共同选择

从国外第三支柱较为发达的美国、澳大利亚、英国、智利等国家来看，无一例外都采取了账户制。这些国家都是以个人养老金账户为载体，实现个人养老金积累。各国竞相采取账户制的原因主要有以下几点，一是在账户制下，只要是进入该账户的资金以及通过该账户进行的投资都享有税收递延，这样能够避免面向产品的多项税收优惠问题，提高制度效率。二是通过账户能准确反映个人养老的缴费规模和投资收益，在领取阶段能够更为准确地进行征税。三是依托账户，个人第二支柱和第三支柱的养老金资产可以无间断地转移，有利于劳动力流动和配置。以美国为例，个人在退休或者换工作时，可选择将第二支柱401(k)账户资产转移至第三支柱 IRA 账户。

2.2 税收优惠面向账户，而不是某类具体的金融产品

各类金融产品只是第三支柱个人养老金投资的工具，产品本身并不是税收优惠的实施对象。以美国为例，其第三支柱是 1974 年在《雇员退休收入保障法》的基础上引入的个人退休账户（Individual Retirement Accounts，IRA）。美国对不同类型的 IRA 采取不同的税收激励措施，但无论哪种方式，税收优惠都在 IRA 账户层面进行，该账户内的资金可以选择各类金融产品，税收优惠在该账户资金缴纳或支取时实现，而不是选定特定金融产品后才享受税收优惠。

2.3 第三支柱的养老金账户具有独立性和广泛性

目前，在养老保障体系较为成熟的国家和地区，第三支柱大多都以账户制为基

础，即根据税收优惠政策，符合条件的第三支柱缴费全部纳入该账户中，该账户也专门用于第三支柱。同时参加者在一定范围内自主选择投资产品，在个人达到退休年龄后，再从账户内领取养老金。以美国为例，个人可在银行或美国财政部批准进行保管业务的非银行机构开户，并由其作为受托人或保管人。

同时，从世界范围来看，第三支柱个人养老金账户还具有广泛性，几乎涵盖了正规职业者、自雇人员等各类国民，对于民众的参与资格基本没有限制，以尽可能鼓励广大国民为自己养老进行提前储蓄。此外，部分国家的第三支柱账户还具有唯一性，比如英国就通过个人储蓄账户（Individual Saving Account，ISA）建立个人养老金计划，ISA 账户与国民保险号码绑定，具有唯一性。

2.4 账户制利于税收优惠和递延征收便利进行

目前，大部分建立第三支柱的国家和地区都采取了账户制，符合条件的第三支柱缴费全部纳入该账户中。在个人达到退休年龄后，再从该账户内领取养老金。在此过程中，每一笔工资缴费、基金投资、待遇领取都在账户内形成资金和信息的闭环，能够准确记录账户持有人的储蓄和投资记录，保证税收征管和相关监督的顺利实施。

3 我国养老金第三支柱应该采取账户制

3.1 账户制与我国养老金第一、第二支柱理念一脉相承

我国第一支柱基本养老金采取的是账户制，缴费分为社会统筹账户和个人账户，待遇领取也分别计算两个账户的权益。第二支柱企业年金、职业年金，与第三支柱同属市场化运作的基金积累制养老金，同样涉及税收优惠、金融产品选择等问题。企业年金和职业年金都采取了广为各国接受的账户制。因此，第三支柱个人养老金采取账户制，与我国养老金体系建制理念一脉相承。第三支柱个人养老金采取账户制，个人可以参与到账户资金的投资过程中，并可以实时掌握账户资金的积累、收益情况，从而可以更好地提升制度的吸引力。同时，第三支柱个人养老金采取账户制下的信托模式治理结构，有利于厘清政府和个人养老责任，减轻国民对国家和社会养老的过度依赖，同时通过专门的个人养老金账户，能培育个人对养老责任的认知，提高自我养老意识和参与度。

3.2 账户制有利于第二和第三支柱互联互通

由于第二支柱职业养老金的设立需要依托于单位，特别是我国建立第二支柱的单位还较少，当这些单位职工发生工作变化时，很容易出现下一家单位没有职业养老金，第二支柱账户资产无法随之转移积累，很大程度上会影响参与职工的权益。

如果第三支柱个人养老金采取了账户制，当参加者工作变动时，可以将第二支柱年金转移到第三支柱个人养老金账户。此外，第三支柱采取账户制还有一个好处在于，当参加第二支柱的职工退休时，可以将其资产顺畅地转移到第三支柱账户，这也是世界各国在第三支柱制度设计中的普遍做法。可见，将第三支柱作为补充养老金的归集账户，能够增强第二支柱职业养老金制度的灵活性。

3.3 账户制有助于提升第三支柱的便利性和监管

账户制是以个人为载体的，具有独立性，可以随个体进行转移、携带，甚至退出，具有灵活性和便利性的特征：一方面，通过账户制，便于税收优惠的核定和扣缴；另一方面，个人可以不依托工作单位，通过独立的个人账户开设，参与多元化的养老金融产品投资，并全面掌握个人养老金的积累情况以便于更好地做出养老规划；同时，第三支柱个人养老金账户制还有利于监管的顺利实施。因为我国第一支柱基本养老金和第二支柱企业年金、职业年金采取的均是账户制，第三支柱如果继续采取账户制，政策监管的逻辑、框架和相关政策也能与第一、第二支柱保持较好的衔接，有利于监管工作有效展开。

3.4 账户制有利于保障税收优惠的公平性和效率

个人账户的设立通常要求实名制且具有唯一性，缴费、投资和待遇领取基于这一具有唯一性的账户，就可以保证所有符合条件的第三支柱养老金融产品最终都会进入到账户中累计计算。税收优惠指向账户，一方面，在账户制下，个人选择的养老金融产品都将进入个人账户进行统一核算，不需要对每一笔产品都单独计算其税收优惠额度，从而有利于税收优惠效率的提升；另一方面，可以避免面向产品的重复税收优惠问题，从而保障税收征管和相关监督的顺利实施，并在此基础上实施账户积累制，以准确记录账户持有人的储蓄及投资记录，保障税源不流失，从而提升税收优惠的公平性。

3.5 账户制有利于收入显性化和改善征税体制机制

在账户层面实施税收递延，一般要求参加者申报收入。一方面，有助于税务部门精准掌握参加者的真实收入情况，进一步完善个人所得税征缴机制。另一方面，对工资实际情况的准确了解也有利于实现社会保险缴费基数的真实化，最终促进社会保险缴费和待遇发放的准确化。

4 我国第三支柱个人养老金账户制的初步构想

4.1 第三支柱账户建立的基本原则

第一，第三支柱个人账户的唯一性。从第三支柱养老金制度的国际经验来看，美国源于完善的个人税收申报体制，参加者可以有多个 IRA 账户。而英国是通过个人储蓄账户 ISA 参与个人养老金计划，ISA 账户与国民保险号码绑定，也具有唯一性。从我国的实践来看，在尚未实现综合税制与税收申报制度之前，应该采取一人一户的方式建立第三支柱账户，只有这样才能保证税收优惠与征收真实准确。

第二，第三支柱个人账户的便利性。第三支柱个人养老金账户应该让有意愿为自己储蓄养老金的个体均有参与的条件，以扩大覆盖面，充分发挥补充养老保障作用，特别是给尚未纳入第一支柱和第二支柱的社会成员提供一个带有激励性质的自我养老渠道。因此，账户设立应该具有高度便利性和灵活性。同时，第三支柱个人养老金制度设计应该尽可能简单易懂，运营流程尽可能简便易行，便于政府监管、机构运营和个人参与。

第三，第三支柱个人账户的公平性。首先，公平应体现在制度层面，税收优惠应面向个人账户，而非指定为单一领域的金融产品；其次，公平应体现在参与机构上，应支持具备相应资质的金融机构参与，允许银行、证券、保险等各类金融机构发挥各自的专长；更重要的是公平要体现在办理流程上，要从普惠金融的角度出发，提供多元的投资产品以及简捷的办理渠道，简化民众的办理手续。

4.2 账户制的实施载体与流程

4.2.1 账户制的实施载体

第三支柱应该让有意愿为自己储蓄养老金的个体均有参与的条件，以扩大覆盖面，充分发挥补充养老保障作用。从这个角度出发，可以考虑最初以银行为账户设立载体，一方面，银行网点众多，便于国民参与；另一方面，银行在账户管理方面经验丰富，能应对各种大数据信息。此外，在符合监管要求的前提下，也可以考虑允许国民在部分大型互联网平台建立账户，以适应"互联网＋"的发展趋势，进一步提升制度便利性。在第三支柱运行一段时间后，可以考虑通过证券、基金、保险公司开户，为参加者提供更为多元便利的选择。

4.2.2 账户制的实施流程

第三支柱个人养老金制度设计的核心是账户制，应该围绕账户建立、运作和领取三个阶段建立完善的制度架构。

（1）账户建立阶段：结合我国个人账户的管理需求及技术水平，充分发挥不同金融机构的作用，综合各系统的优势，初期建议以身份证为登记识别信息，每个国民只能在银行或者互联网平台开设一个第三支柱账户。由账户开设机构与第三支柱底层信息平台进行数据交互完成唯一性校验。同时，账户相关信息汇总到底层信息平台进行双重备份，并完成与税务信息系统的对接，由税务部门核准缴费额度。计划参与者可以通过该账户查询缴费信息、产品运作信息等。

（2）账户运作阶段：首先，可以参与第三支柱个人养老金的金融产品应该具有多元化的特征，凡是符合第三支柱个人养老金需要的产品经过评估之后都应被纳入第三支柱合格的产品清单之中并加以公布，形成合格的产品池。其次，第三支柱应赋予参加者自我投资选择权，根据自身风险偏好自由选择各类养老金融产品。同时，可以考虑引入默认投资工具，当投资者没有主动进行选择时，可进入默认投资产品。此外，账户内的缴费、投资收益等信息也应实时通过底层信息平台进行备份并对接到税务部门，以实现税收优惠环节和税收征收环节操作的有效性。

（3）账户领取阶段：人力资源社会保障部、中国保险信息技术管理有限责任公司、中国证券登记结算有限公司等个人税收递延养老金账户信息平台记录个人缴费和投资收益情况，与税务部门信息系统的数据交互和对接。在个人进入领取阶段时，由税务部门根据上述信息核算个人纳税信息并传送至银行等第三支柱资金账户设立机构，由资金账户设立机构代为扣税并从该账户向个人提供待遇给付。

4.3 账户制的配套机制建设

1. 建立信息披露和信息存储制度。为保护第三支柱个人养老金参与人的知情权和选择权，养老金融产品投资管理人、账户管理人、信息处理平台等均应保证客户账户信息的及时传递，并通过银行端渠道展现给客户，包括在售产品的相关信息、客户持有产品的净值、账户总价值、收益情况等。个人账户养老金投资者只允许在一家账户管理机构开立一个养老金账户，对于需要变更账户设立银行的，需由新账户设立银行向信息处理平台提交变更申请。对于参与人的个人身份信息、账户信息、资产状况等信息，账户管理人及信息处理平台应妥善存储，并按规定保存法定期限。

2. 个人账户投资应关注投资者适当性安排。个人参与者可委托雇主或自行将第三支柱养老金缴存至个人养老金专用账户，其中缴存资金在国家规定的个人税收优惠额度内的可以享受个人所得税税收优惠，超过的部分依法纳税。养老金融产品投资管理人以及账户管理银行向个人投资者展示可投资的养老金融产品，个人投资者可自行选择投资组合，但应针对不同投资者进行适当性测评，通过了解客户的职业特点、年龄状况、风险承受能力等，向客户推荐适当的养老金融产品，限制风险承受能力低的群体购买高风险产品。

3. 建立信息流的共享与流转制度。账户管理人、信息处理平台应实现实时或日终对账管理，包括总金额、明细金额、开户账户数等。账户管理人、信息处理平台、养老金融产品投资管理人应实现实时或日终对账管理，包括产品销售总金额、明细金额。账户管理人、信息处理平台、税务机关应实现定期对账管理，包括缴税总额、个人缴税明细金额等。第三支柱的基本操作均可以通过个人养老金专门账户来实现，养老金融产品投资管理人提供咨询、顾问服务，投资种类中可以兼顾银行理财产品、商业寿险产品、公募基金产品。

4. 税收递延处理制度。考虑到老年人退休后收入主要依赖养老金的现实，我国第三支柱养老金税收优惠的主要模式之一是递延纳税 EET，即缴费、运营阶段均免税，领取时缴税，以充分享受税收优惠带来的好处。基于 EET 模式，信息处理平台接收到个人参与者税收优惠金融产品的投资信息后，应将投资金额发送至税务机关。税务机关接收到相关信息后，将个人参与者的投资金额记入税务系统中，雇主代理个人参与者缴纳个人所得税时，税务系统根据报税人的唯一识别码（身份证号码），自动匹配校验该纳税人有无需税收优惠的金额，若有，则直接在税基中扣除，并在账务系统中单独列支。

参考文献

［1］董克用，姚余栋等．中国养老金融发展报告（2017）［M］．北京：社会科学文献出版社，2017.

［2］钟蓉萨．养老金第三支柱账户制模式发展的国际经验［N］．中国劳动保障报，2016 – 08 – 19（004）.

［3］徐文擎．公募助力养老金第三支柱建设优势明显［N］．中国证券报，2018 – 04 – 13（A07）.

［4］许栩．个税递延型养老保险方案设计公平性问题刍议［J］．上海保险，2011（2）：11 – 15.

［5］胡玉玮．税延型养老保险的国际经验［J］．中国金融，2012（19）：64 – 65.

第三章　第三支柱个人养老金的投资选择

华夏基金管理有限公司　肖　潇

摘　要　投资选择权是第三支柱个人养老金的基本制度要素之一。其内涵包括：投资选择应该是个人自主进行，产品选择具有一定广度，同时还要契合生命周期理念。个人投资选择的制度设计应该符合多样性、便捷性、长期性、安全与收益兼顾的要求。从国外第三支柱的个人选择来看，具有选择范围广，共同基金是主流，投资顾问发达，默认投资意义重大的特征。我国第三支柱个人养老金投资选择制度设计中有以下要点：明确投资选择的产品范围，建立投资者适当性安排，设置默认选择机制，加强投资者教育。

关键词　投资选择权　投资者适当性　默认选择　生命周期

1　个人养老金投资选择概述

1.1　个人投资选择的内涵

个人投资选择权主要是指市场化运营的养老金计划参加者，可自主选择资产管理机构、养老金融产品、投资方案或策略、养老金给付方式等。个人养老金的私有产权性质是个人投资选择权的基础，个人养老金中的资产属于排他性产权安排，赋予个人投资选择权，允许个人根据自身特点进行投资决策，并承担投资的收益与风险，有利于提高个人参与积极性，从制度上增强对个人投资者的吸引力。一般来讲，个人投资选择权具有以下几方面内涵。

1.1.1　第二、第三支柱养老金计划普遍赋予个人投资选择权

从过往经验来看，如果第二、第三支柱的私人养老资金归集统一管理，往往会导致效率不高的问题，因为每个人的风险偏好、个体特征、年龄各不相同，在进行投资范围、投资产品选择时，很难实现每个个体效用最大化。个人养老金的所有人如果有权自由选择其所投资的产品和管理人，可以提高养老基金的运营效率。因此，个人在个人养老金积累资产的投资方面应该享有选择权。只有做到"谁的资金谁负责"，将投资选择权赋予个人，每个投资者都根据个人的风险偏好选择适合自身的产品，才能有效地提高投资效率。在境外，很多国家的第三支柱，乃至第二支柱，

个人都具有投资选择权。

以美国为例,在第二支柱 401(k) 计划中,雇员可以自主选择养老金的投资方式,其投资范围包括股票、基金、年金保险、债券、专项定期存款等金融产品。与 DB(待遇确定型)计划相反,其投资风险由雇员承担。它赋予了员工个人管理养老金账户资产的权利。作为养老第三支柱,美国的个人退休账户(IRA)同样有很高的灵活性,其投资选择范围广泛,包括国债、CD、股票、债券和共同基金等。大部分 IRA 参与者每年可将一定免税额度的资金存入账户,根据自身的风险收益喜好、自主、灵活地配置资产。投资收益免税,退休领取时缴纳个人所得税。

在英国,1986 年出台的《社保法》促使私人部门养老金计划发展。个人养老金计划不是由国家提供,也不是由雇主机构提供,而是由保险公司和其他金融中介机构负责设计并提供给个人选择。雇员可以像在超市购物一样,比较各家金融机构提供的个人养老金计划,选择最适合自己的产品。

1.1.2 个人投资选择权要有广度,不能限定在特定范围内

对个人养老金赋予个人投资选择权的重要内涵是投向多元化,包括银行存款、债券、基金、保险等多种养老金融产品,而不仅限于某一行业甚至某类产品。因为在购买不同产品的组合投资下,有利于分散风险,同时又能提供稳健持续良好的收益。

从境外的经验来看,如上文如述,美国的第二支柱 401(k) 计划资金可以投资于股票、基金、年金保险、债券、专项定期存款等金融产品。作为第三支柱的 IRA 账户其投资选择范围更为广泛,包括国债、CD、股票、债券和共同基金等。除了美国,海外很多国家个人养老金选择的广度均比较大,瑞典允许任何一家在瑞典注册的基金公司参与到个人养老金的投资管理中,且每家公司可以注册多只产品。除此之外,英国国家职业储蓄信托(NEST)、德国李斯特养老金、香港强积金的第三支柱税收优惠产品范围也均较为广泛。

1.1.3 个人投资选择权要契合生命周期理念,进行理性投资的引导

从整个生命周期的视角来看,个体往往是短视的,养老投资中普遍存在资产配置不够科学合理的问题,同时由于缺乏专业知识,很难对资产进行有效的调整,要么长期不调整,要么容易根据外界变化频繁申赎,缺乏理性。即便在投资者相对成熟的美国,个人的资产配置策略也存在显著的"山墙"现象,即终身持有 100% 仓位股票和持有 0 仓位股票的参与人比例很高。全部投资于风险资产的参保者积累效果极度不稳定,并严重依赖于积累末期的市场表现;而全部投资于无风险资产的参保者则积累不足,无法实现较高的养老效果。因此,海内外才会从制度安排、产品设计上纠正投资者的行为偏差。

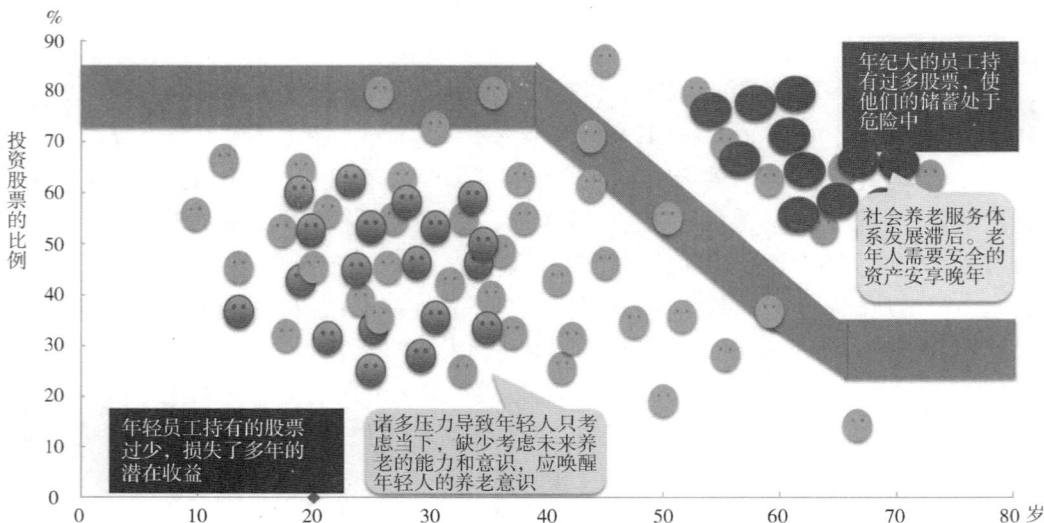

图1　投资者的行为偏差

我国与成熟的海外市场有所不同，投资者教育还不够充分，因此对于养老金个人投资选择，宜从制度上有所安排，引导投资者合理投资，落实投资者适当性。根据投资者生命周期规范权益投资的比例，若突破权益投资指导比例，需要投资者履行一定的流程才可继续购买。金融机构在销售产品过程中，需勤勉尽责、审慎履职，全面了解投资者情况，科学有效评估并充分提示风险。

1.2　个人投资选择的重要性

个人养老金的投资风险由个人来承担，个人对于自身的财务状况、风险收益特征和需求也更为了解。如果忽视个体差异，由第三方机构集中进行投资决策，为了降低自身的风险，可能会选择低风险的保守投资策略，避免让个人养老金亏损。在均衡的市场中，风险和收益是相关的，高收益意味着高风险，低收益意味着低风险。如果个人养老金只能按照风险承受能力最低的那个人的要求来进行投资决策，那么就只能获得最低的收益率，因此集中决策模式从长期来看，是缺乏效率的，无法满足个人养老金增值的需要。美国《雇员退休收入保障法》规定：养老金计划发起人首先必须决定缴费确定型计划资产是由养老金计划发起人还是由受益人进行投资。若是养老金计划发起人负责投资，他就对投资决策产生的后果承担关键责任。若是由受益人自己投资，则由受益人对投资决策产生的后果承担责任；在受益人做出错误投资决策时，可以免除养老金计划发起人的责任，这个规定激励了计划发起人将投资决策权下放至个人。

赋予个人对养老基金的投资选择权，能够使参与人对个人养老金的产权关系落到实处，有利于提高个人参与缴费的积极性。在第三支柱投资选择上，个人拥有充分的话语权，一方面体现了对参与人的尊重，另一方面增强养老金制度的可行性和吸引力。允许个人根据自身情况进行投资决策，自己对投资决策负责，基金的投资收益和风险均由个人享有和承担，这种制度设计能够充分调动和发挥个人参与养老金计划的积极性。

另外，赋予个人投资选择权，在个人养老金投资市场引入竞争机制，鼓励个人养老金管理机构之间、同一管理机构下的不同类型产品之间相互竞争，保证由优秀的经营者来经营管理个人养老金。同时促使基金管理者加强成本核算，提高规模经济，向参与人提供更多更好的投资工具，并认真接受参与人的监督。

2　影响个人养老金投资选择的因素

个人投资选择权的设立是建立在对个人养老金投资管理高度透明和有效监管基础上的，是为了降低个人养老金体系运作整体风险，提高投资管理的市场透明度和便利度。综合来看，影响个人养老金投资选择的因素主要包括以下几点。

2.1　多样性

个人养老金投资者众多，每位投资者的风险偏好不同，其偏好的金融产品也不同。有的投资者对银行渠道较为信任和了解；有的投资者认为保险作为表内产品，风险较小，支付规律；而有的投资者则认为长期来看公募基金的投资回报率高。因此，为了满足所有投资者的风险偏好，个人养老金计划应该是一个多样性的产品池。除了满足投资者千差万别的风险偏好，同一个投资者也需要投资多样性来分散风险。

所谓投资多样性，用简单的话说就是"别把鸡蛋放在同一个篮子里"，这是投资理财的常识，多样化投资的目的在于通过资产类别多样化和投资地域差异化分散组合风险。如表1所示，美国、欧洲与我国股指相关性较低，债券与股票资产之间负相关，黄金与股票之间有极其微弱的正相关性。通过配置相关性较低的资产更加有利于降低资产的风险。

表1　　　　　　　　　　**各类资产之间的相关性分析**

	沪深300	S&P Europe 350	S&P 500	中债新综合	NYMEX 轻质原油	LmeS – 铜3	COMEX 黄金
沪深300	1	0.20	0.13	(0.00)	0.14	0.24	0.04
S&P Europe 350	0.20	1.00	0.63	(0.05)	0.41	0.49	(0.00)
S&P 500	0.13	0.63	1.00	(0.02)	0.43	0.44	0.03
中债新综合	(0.00)	(0.05)	(0.02)	1.00	(0.02)	(0.05)	0.01

	沪深 300	S&P Europe 350	S&P 500	中债新综合	NYMEX 轻质原油	LmeS－铜 3	COMEX 黄金
NYMEX 轻质原油	0.14	0.41	0.43	(0.02)	1.00	0.50	0.20
LmeS－铜 3	0.24	0.49	0.44	(0.05)	0.50	1.00	0.28
COMEX 黄金	0.04	(0.00)	0.03	0.01	0.20	0.28	1.00

资料来源：Wind（2008—2017 年）。

养老投资也是如此，养老投资的特点有持续性、长期性、累积性，在这几个特点之下长期积累必然是一笔较大数额的资产，自然需要进行资产配置。而站在所有个人投资者的维度，大部分个人投资者对大类资产配置相关知识没有了解，很难自己进行资产配置，其资产配置实现可以通过两种方式，一是通过专业的资产管理机构进行资产配置，二是通过多样化产品实现资产配置。多样化产品不仅可以满足多样化的需求，还可以实现分散风险的目的。

2.2　便捷性

由于个人缺乏金融知识，对各类金融产品"望而生畏"，将养老金闲置，或者选择错误的养老金融产品（如年轻时过于保守、年老时过于激进），则投资效果不佳。不是所有参加者都具有理性选择投资工具的能力和意愿。因此，一般在第二支柱和第三支柱的制度设计中，还需解决投资者如何进行投资选择的问题，这就是投资选择的便捷性。

投资选择的便捷性可以通过默认选择、产品设计、投资者适当性安排三个方面解决。从制度安排上来讲，借鉴海外经验，可以设置默认投资选择，当投资者不知道该选什么产品的时候，提供几类易于理解的默认投资选择。默认投资选择设立的初衷主要是满足没有相关金融投资知识也没有意愿管理其个人养老金投资的人群，和有意愿管理其个人养老金投资但缺乏相关金融投资能力的投资者。

从产品设计上来讲，应在跨期平滑生命周期各个阶段不同的收入和支付水平的基础上，将养老产品做到尽量简单、易于投资者理解。目前，设计上简单便捷适合作为养老目标的产品主要包括目标风险基金和目标日期基金。其中，目标风险基金采用经典的恒定比例策略按照权益占比将产品分为不同的风险等级，设计简单、易于理解，投资者能够清楚地了解自己对于权益的风险暴露。目标日期基金解决了投资者总是忘记适时适当地重新调整资产组合的问题，通过动态资产配置理念来替投资者完成资产配置调整，其最大的特点是便捷、省心，投资者只需知道自己的年龄，无须做其他判断和操作，管理人根据投资者距离退休的时间长短，为投资者匹配合适的资产配置。除此之外，市场上还有按一定频率固定缴纳一定金额的年金产品，在退休后可获得固定的替代收入，也是简单便捷的养老投资选择之一。

从投资者适当性层面，也可以根据投资者的年龄和风险收益测试结果，提供与之相匹配的投资选择建议，这也有助于提高投资者选择的便利程度。

2.3 长期性

第三支柱个人养老金从本质上说，是"同代自养"，即参加者以年轻时的储蓄积累支付退休后的养老金，是对退休前后储蓄和消费行为的一种跨时安排。作为一项长期的储蓄计划，基金积累制下的资金容易受通货膨胀的影响，为了保持这些资金的购买力，必须对资金有效投资进行长期安排，以获得保值增值。

个人养老金作为老百姓的养老储备，对资金安全性要求较高，因此个人投资者也经常陷入养老金投资首选无风险和低风险资产的误区；另外，个人投资者还有长期资金短期化的倾向，缺乏长期投资及资产配置的理念。究其根源，个人养老金是长期资金，需要实现长期较高收益以应对未来老年生活需要，因此个人养老金面临的最大的风险不是短期波动，而是长期丧失购买力。短期来看，权益类资产风险最大，养老金投资存在浮亏的风险；但长期来看，"安全性最高"的低风险资产反而具有最大的通胀风险，投资收益率难以战胜通货膨胀，不能满足养老金资产保值增值的目标。如图2所示，2003年到2017年，沪深300的年化收益率为7.41%，标普500的年化收益率为7.1%，而中债新综合的年化收益率仅为3.59%，而同期CPI年化之后为2.6%，同期一年期定期存款利率平均仅为2.87%。若计算周期中包含CPI高企的时期，如近30年CPI年化为5.14%，则收益最稳定的债券和定期存款无法抵御通胀风险。

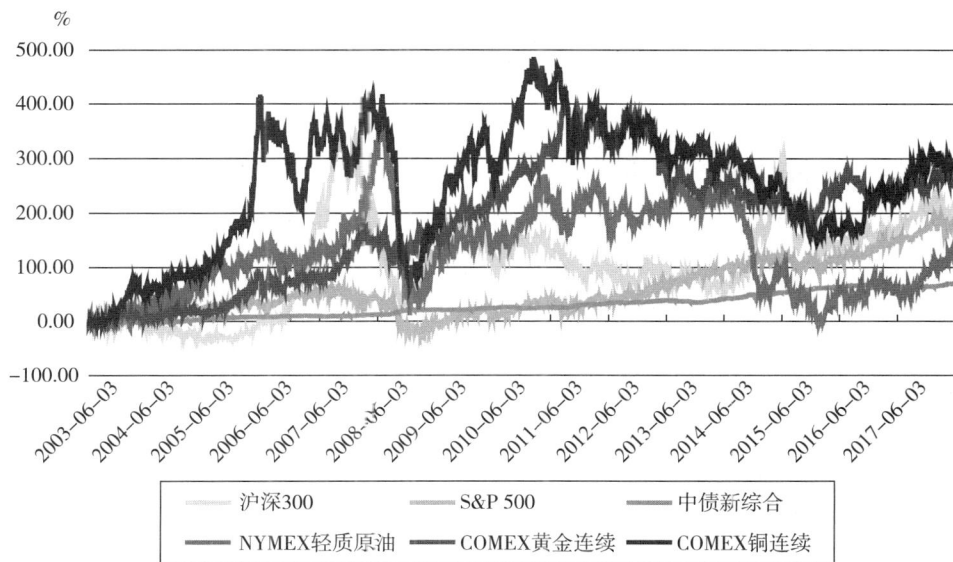

资料来源：Wind（2003—2017年）。

图2 各类资产的收益

长期来看，权益类投资能够带来较好的收益，但其间具有净值波动的风险。从投资者 25 岁开始投资到 80 岁结束，养老投资是一项长达 55 年的投资，如此长期投资对投资管理机构专业性具有极高的要求，需要资产管理机构具有长期资产配置能力、预测应对能力和选择底层标的的能力等。

2.4 安全与收益兼顾

投资的安全性是一个相对概念。风险和收益形影相随，一般来说，风险和收益是成正比的，收益是风险的补偿。投资者天性喜欢赚钱讨厌亏损，希望自己的投资低风险、高收益，在较为有效的市场中，这种可能性几乎不存在。对个人养老金而言，其根本目的是养老资金的长期保值增值，提高退休后收入的替代率。

从根本上来说，控制投资组合的波动性是以牺牲收益为代价的。之所以说安全性是一个相对概念，是因为如果投资组合波动性下降，收益率也相应下降，其达到预设退休时替代目标的概率也大幅降低，结果可能是其投资组合收益率难以弥补通胀风险和长寿风险，替代率大幅降低，退休后生活水平大幅下降。因此养老投资不仅要保值，还要在保值的基础上增值。

所有购买养老金融产品的投资者都将面临长寿风险和通胀风险，即积累期收益率不足导致退休后无法达到退休前的生活水平，或者资产组合无法完全满足整个退休后周期的消耗。因此，保持养老投资组合盈利性成为养老投资选择的重中之重。

3 个人养老金投资选择的国际经验与趋势

3.1 投资选择范围广

广泛的投资选择范围给投资者提供了更多选择，并且多元配置分散投资的方式是降低资产波动性较好的途径。作为国际养老金发展的主流趋势，美国第三支柱个人养老金账户（IRA）计划对国内发展养老市场有很大的启发。IRA 可以投资于股票、债券、银行存单、共同基金、变动年金以及其他多种投资工具。

德国具有政府补贴和税收优惠的个人养老金计划之一里斯特计划，其提供的投资选择也是多元化的，满足认定资格的保险公司、银行、基金公司或德国建房互助储金信贷社都可以提供里斯特养老产品，知名商业机构包括安联保险集团、德意志银行下属的零售资产管理机构、联合投资资产管理公司（Union Investment Asset Management）等都在其中。

此外，OECD 的报告 *Pension markets in focus* 2017 显示，OECD 国家的私人养老金实际配置中，投资选择非常多，不仅包含现金和储蓄、票据和债券、股票、共同基金、保险，有些国家甚至还包括土地和建筑，并且在其他投资中包含私募股权基金和对冲基金。只有多元化的投资选择才可以适应不同偏好的投资者。

表2　　　　　　　2016 年 OECD 国家私人养老金配置情况　　　　　单位:%

	现金和储蓄	票据和债券	贷款	股票	土地和建筑	共同基金	保险	其他投资
澳大利亚	16.7	10.2	0.5	51.1	7.2			14.4
奥地利	8.9	45.7	0.7	33.4	3.6			7.6
比利时	3.2	12.3	0.7	9.1	0.5	71.5	1.5	1.1
加拿大	3.7	23.2	0.4	22.7	6.3	37.8		5.8
智利	0.3	53.6	0.4	8.0		37.6		0.1
捷克	8.1	88.0		0.4	0.5	2.2		0.9
丹麦	1.0	31.1	1.6	21.9	0.5	8.0		35.8
爱沙尼亚	23.3	18.4	0.0	2.7	0.0	55.3		0.3
芬兰	2.6	30.6	2.6	37.1	10.3			16.8
德国	1.5	35.1	12.1	0.2	2.8	44.6		3.6
希腊	4.5	61.5		7.4		24.6		2.0
匈牙利	4.2	60.7		7.6		25.7		1.9
冰岛	7.5	47.8	6.5	15.8	0.0	18.3		4.1
爱尔兰	3.4	42.2		32.7				21.6
以色列	6.4	65.3	4.1	7.6	0.5	3.9		12.1
意大利	5.1	43.4		13.5	1.5	11.1	21.1	4.2
日本	7.5	32.3		9.5				50.8
韩国	18.0	44.7	11.4	3.1	1.1	5.5	13.6	2.6
拉脱维亚	12.7	47.2	0.0	1.4	0.0	38.0		0.7
卢森堡	3.3	43.5	0.0	0.0	0.0	50.5	0.1	2.6
墨西哥	0.9	75.0		10.3		13.7		0.0
荷兰	0.5	25.0	1.5	14.0	0.5	52.6		6.0
新西兰	7.0	17.9	0.0	20.5		31.9		22.7
挪威	2.2	41.5	0.5	14.8	2.7	36.4		1.9
波兰	7.3	9.7	0.0	82.8	0.0	0.1	0.0	0.1
葡萄牙	7.3	46.6	0.0	7.3	7.7	28.0	0.0	3.1
斯洛伐克	10.0	64.5	0.0	2.1	0.0	19.3		4.1
斯洛文尼亚	13.6	62.5	0.2	1.2	1.1	20.9	0.0	0.5
西班牙	12.4	50.6	0.0	11.1	0.1	17.8	7.2	0.7
瑞典	1.0	17.3	0.9	15.3	1.1	62.2		2.1
瑞士	4.4	14.3	3.3	8.8	8.8	56.3		4.0
土耳其	24.5	54.1		11.9				9.6
英国	1.9	25.0	0.7	13.7	2.2	27.0	7.3	22.2
美国	2.8	23.7	1.3	31.2	0.7	32.7	2.7	5.0

资料来源:*Pension markets in focus 2017*.

3.2 共同基金是主流选择

作为国际养老金发展的主流趋势，在美国，无论是在 DC 计划还是在 IRA 中，共同基金均扮演了非常重要的角色，2017 年末，共同基金占据了 59% 的 DC 计划市场规模和 47% 的 IRA 市场规模。截至 2017 年末，IRA 资产总额为 9.2 万亿美元，其中共同基金占比 47%，达到 4.3 万亿美元，其他资产（包含 ETF、封闭式基金、股票、债券等）占比 43%，为 3.9 万亿美元，银行存款仅为 0.5 万亿美元，占比 5.4%，保险产品仅为 0.4 万亿美元，占比 4.3%。[①]

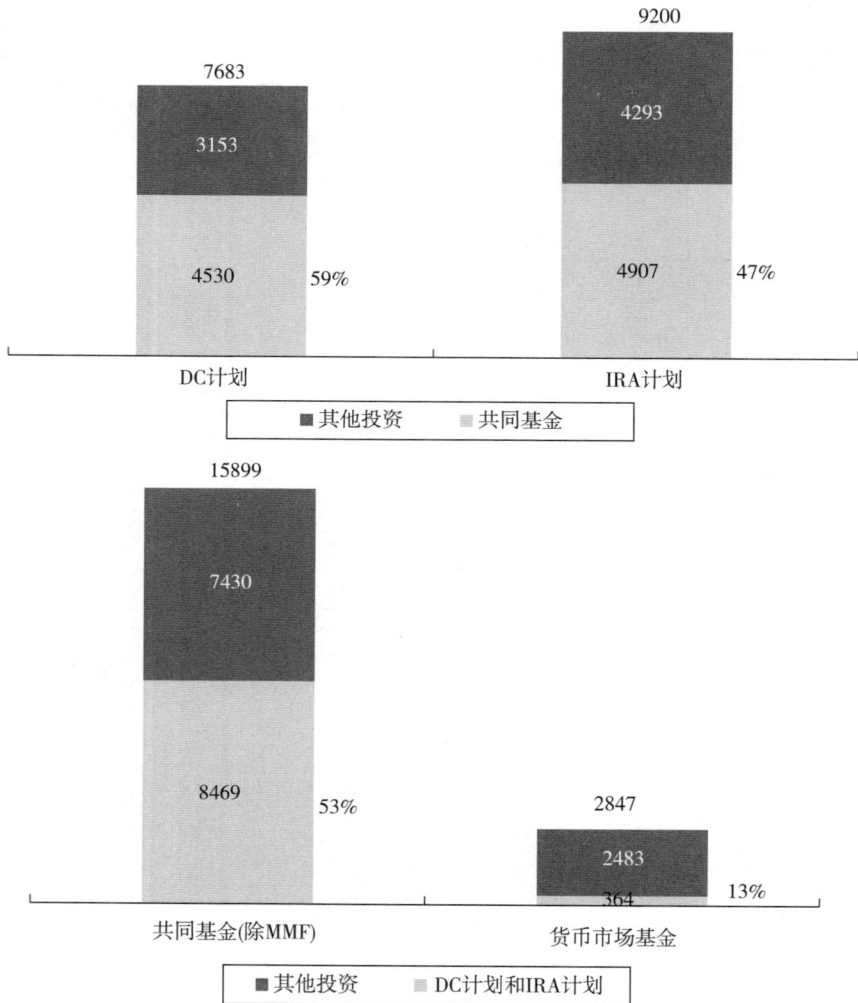

资料来源：2018 *ICI Fact Book.*

图 3   共同基金与养老计划（十亿美元）

---

① 参见 2018 *Investment Comepany Fact Book* 第 184 页。

在过去 20 年中，IRAs 投资组合出现明显变化。在 20 世纪 80 年代早期，IRA 资产主要投资银行和储蓄存款（thrift deposits）。例如，1981 年末，380 亿美元资产的近 3/4 投资银行和储蓄存款，只有 7% 投资共同基金，12% 投资在经纪商账户的证券，9% 投资保险公司的年金。[①] 而到 2017 年末，除货币基金之外的共同基金市场规模中，DC 计划和 IRA 计划的投资已占到 53%，以上数据说明在美国养老金融市场与共同基金息息相关，密不可分。

另外，从英国个人养老金的资产配置情况来看，共同基金占到了最大比重，占比为 27%，其次是固定收益票据和债券（均为 25%）以及权益类产品（14%），说明英国共同基金为私人养老金投资提供了不可替代的重要渠道。

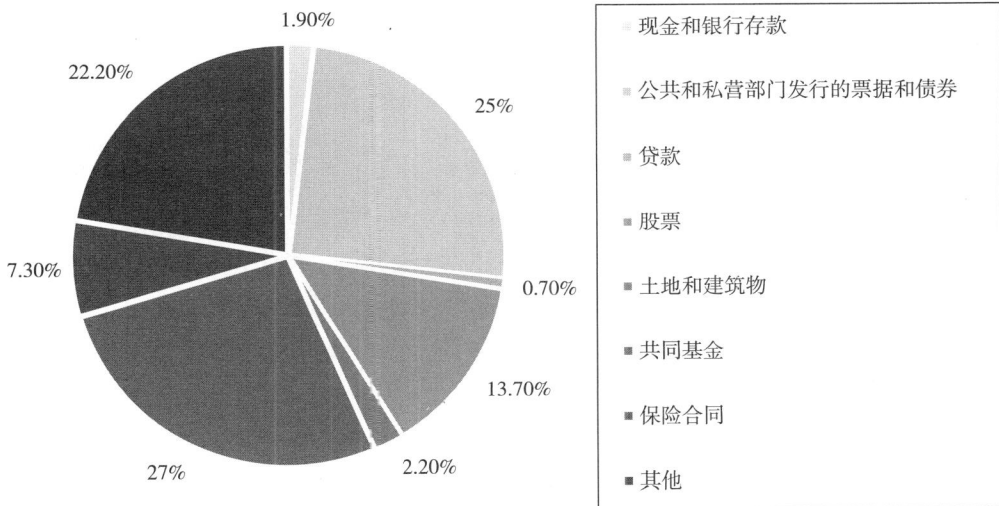

资料来源：*Pension markets in Focus 2017.*

图 4　英国个人养老金资产配置

3.3　投资顾问体系发达

美国个人养老账户的投资选择权完全赋予个人，这是建立在美国具有完善的投资顾问服务市场的基础上。美国的投资顾问服务体系呈现出数量庞大、多层次、多样化的特征。在美国，许多共同基金的投资者购买基金时会求助于投资专家，如经纪商、投资顾问或者财务筹划师。如图 5 所示，2017 年，81% 的共同基金持有家庭通过雇主退休支持计划购买，其中 36% 仅仅通过雇主退休支持计划购买。64% 的共同基金持有家庭除了通过雇主退休计划之外还有其他购买途径，19% 的共同基金持有家庭仅通过雇主退休计划之外途径购买。在雇主退休计划之外的部分，55% 的共同基金份额来源于 IRA 计划和罗斯 IRA 计划。2017 年，79% 的家庭在投资专家的帮

---

① 肖汉平. 美国 401(k) 计划与 IRA 运作机制研究［J］. 证券市场导报，2005（11）.

助下购买共同基金，这些投资专家包括注册投资顾问、全服务经纪商、独立财务筹划师、银行及储蓄机构代表、保险经纪人及会计师；其中37%的家庭全部共同基金的购买都在投资专家的帮助下进行，另外的42%购买共同基金除了通过投资专家还会通过基金公司直销或者折扣经纪商。这些专家为投资者提供了诸多好处，帮助投资者辨别财务目标、分析存在的财务组合，决定合适的资产配置方案并且提供投资建议帮助投资者达成投资目标。投资专家可以通过持续咨询或者定期回顾重新平衡组合的方式提供持续服务。

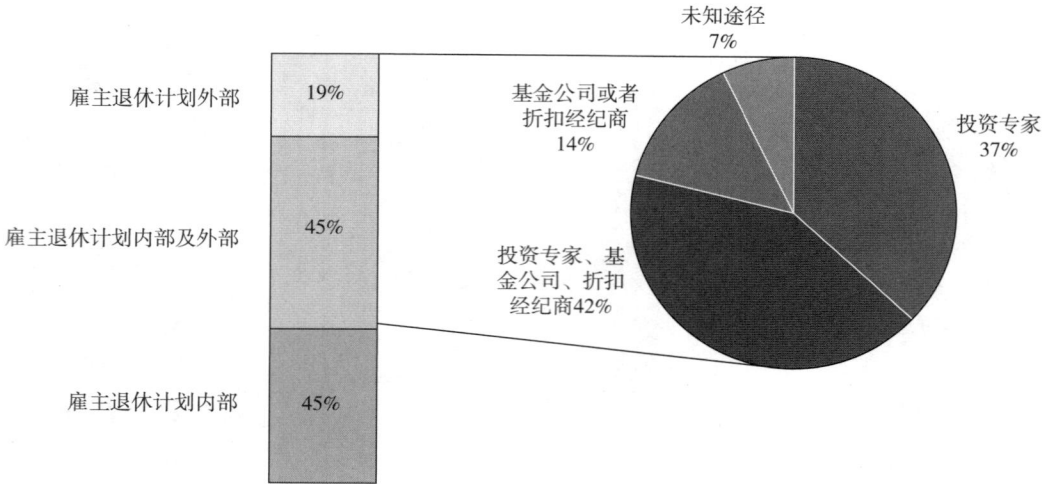

图5　美国共同基金的获取途径

年纪大的投资者更倾向于通过投资专家，特别是全服务经纪商和独立财务筹划师购买产品。2017年，33%婴儿潮一代的共同基金持有家庭通过投资专家购买，而千禧一代只有22%的共同基金持有家庭通过投资专家购买。

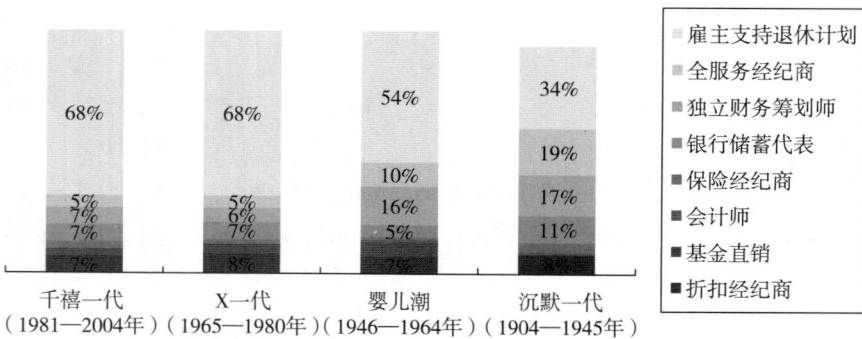

图6　购买共同基金主要渠道

2017年ICI做的投资公司IRA持有人调查显示，69%的持有传统个人退休账户的家庭表示，他们为退休制定了资产管理策略。这些家庭在管理投资策略时会咨询投资顾问的意见，75%的传统 IRA 持有家庭在建立退休投资策略时会咨询专业投资顾问的意见，27% 的 IRA 持有家庭使用网站信息，27% 将咨询朋友及家人意见，24% 将参考书面材料，9% 使用金融软件建立退休计划。

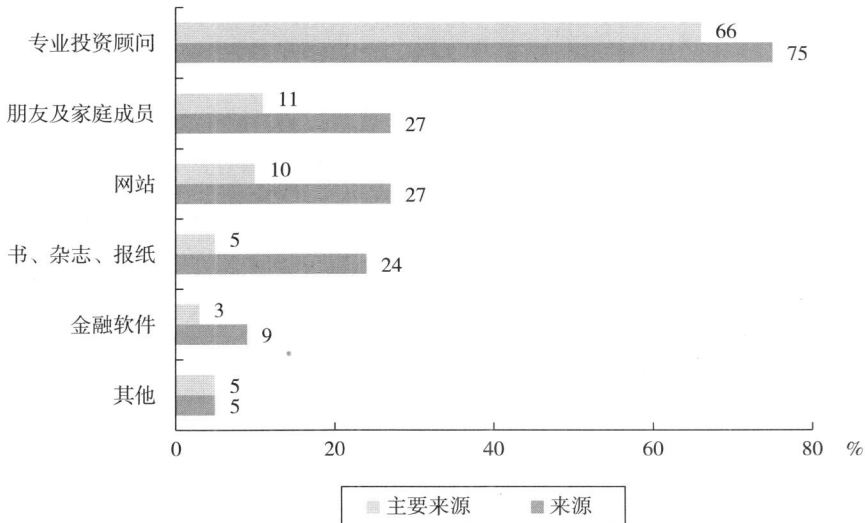

注："来源"为多选项，"主要来源"为单选项。
资料来源：《IRA 持有人调查 2017》。

图 7　IRA 与专业投资顾问

3.4　默认投资选择意义重大

2006 年，美国劳工部推出 QDIA（合格默认投资选择），鼓励员工将养老计划中的资产投资于适合的、长期的退休储蓄产品。美国自 20 世纪 70 年代推出 401（k）、IRA 等个人养老金制度以来，个人在面对过多的产品时不知如何选择而将养老金闲置或者选择了不适当的养老金融产品，个人养老金因此而发展相对缓慢。为此，美国劳工部在 2006 年出台的《养老金保护法案》中推出了养老金合格默认投资选择（Qualified Default Investment Alternative，QDIA），雇主可以免责地将雇员的养老金投向这些产品。QDIA 帮助投资者克服人的惰性，引导将养老资金投资于合适的退休储蓄产品。法规规定，QDIA 必须是一种长期投资工具且能够满足退休储蓄的需要，并符合以下四个要求之一：一是按参保者的年龄和退休日期确定策略的混合产品，如目标日期基金或生命周期基金[①]。二是考虑到个体的年龄和退休日期的投资服务，投资于存在的投资计划或产品，如专业管理账户。三是按整体雇员特征确定策略的混合产品，如平衡型基金。四是持有 120 天以内可纳入默认选择的稳定价值产品，

---

① 同"目标风险基金"，下同。

旨在使短期制度参与者退出时避免产生额外税收。[①]

而目标日期型基金及目标风险型基金作为退休解决方案，因其易于理解和便捷性，1995 年以来一直稳步增长，在 2006 年《养老金保护法案》出台后，增速更为迅猛，2007—2008 年国际金融危机中一度下滑，2009 年后以更高的速度增长。目标风险型基金，是资产配置产品界的元老。截至 2017 年，美国的目标风险基金数量为 251 只，总规模为 3987 亿美元，虽然其数量、规模均逊于目标日期型基金，但依然非常可观。目标风险策略基金采用最传统的控制风险的方式，控制权益和固定收益的风险暴露，并根据合同约定调整到一定仓位或者控制产品的波动率，此投资策略简单、易操作，减少了人为判断和操作风险。目标日期型基金是改良版的目标风险基金，它的"出生"主要是由于投资者总是忘记重新调整资产组合，只好让产品自身动态调整以适应需求。以动态资产配置理念著称的目标日期基金（TDF）是美国最受欢迎的养老金融产品，其最大的特点为便捷、省心，无须投资者主动进行资产配置与调整，管理人根据投资者距离退休的时间长短，为投资者选择和调整资产配置方案，是较为适合作为养老投资的策略之一。2017 年底，目标日期基金和目标风险基金规模合计已达 1.5 万亿美元，其中目标日期基金规模已达 1.1 万亿美元，目标风险基金 0.4 万亿美元。[②]

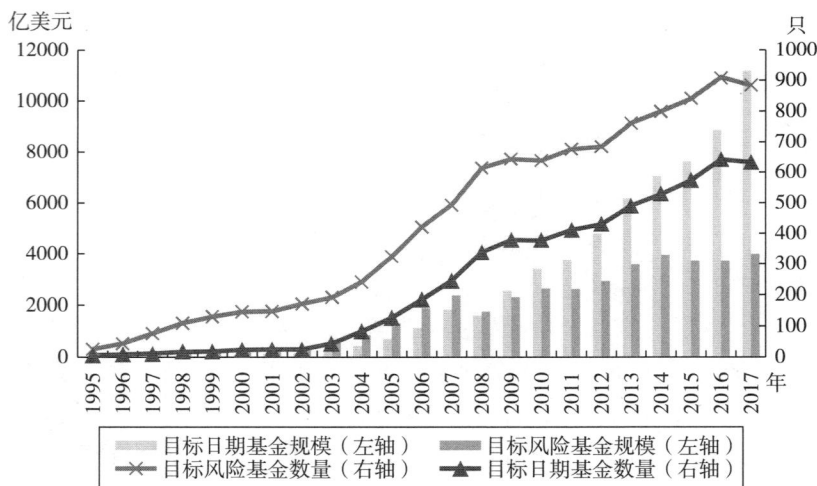

资料来源：2018 *ICI Fact Book*.

图 8　美国目标日期基金与目标风险基金的发展情况

[①]　详见美国联邦法规劳动法第 29 章第 2550 条第 404 款 c – 5 项"Fiduciary relief for investments in qualified default investment alternatives"。

[②]　参见 2018 *Investment Comepany Fact Book*。

4 我国个人养老金投资选择实施要点

4.1 明确产品选择范围

参照境外个人养老账户的发展经验，个人养老金投资账户的产品选择范围主要包括两方面内容：一是备选产品需具有一定广度，个人行使投资选择权需要在相对广泛的范围内选择，应覆盖目前广为大众接受的金融产品，如银行存款、理财，公募基金，年金保险产品等。从产品特征来看，以上几类产品各有优势。银行存款最为稳健，适合风险偏好最低的投资者，但抵抗通胀风险和长寿风险能力较弱。理财产品的优势主要体现在多年"刚性兑付"使很多投资者对银行更加信任。但资管新规发布以来，银行表外理财产品将向净值型转型，后续刚性兑付优势不再。保险类产品最大的优势是能够锁定长寿风险，保险销售以代理人为主，产品初期费用高，短期退保费损失大。公募基金是资产管理领域运作最规范、信息最透明的行业，积累了20年的资产管理经验，具有专业的多资产配置能力和控制风险能力，长期投资收益能力突出。根据中国证券投资基金业协会的统计数据，自开放式基金成立以来，偏股型基金年化收益率平均为16.18%，超出同期上证综指平均涨幅8.50个百分点；债券型基金年化收益率平均为7.64%，超出现行3年期银行定期存款基准利率4.89个百分点。公募基金累计向持有人分红达1.66万亿元，为长期信任公募基金的投资者创造了可观的回报。

二是需建立个人养老产品备选池。养老是每一位普通民众都将面临的问题，而普通民众的金融知识水平不一，对养老理财的理解也可能具有一定偏差，金融产品品类繁多，产品的运作水平和管理能力也千差万别，普通民众难以选择合适的产品。因此，由监管机构或行业协会制定产品选择相应标准，可以包括收益的稳定性、费率合理性、管理人资质等内容，并由社会第三方评级机构将符合养老投资特点和标准的产品选择入池，避免产品过多参加者难以选择。

4.2 建立投资者适当性安排

按照《证券期货投资者适当性管理办法》的要求，在销售产品过程中，应勤勉尽责，审慎履职，全面了解投资者情况，科学有效评估，充分揭示风险，基于投资者的不同风险承受能力以及产品或者服务的不同风险等级等因素，提出明确的适当性匹配意见。此外，因投资期限较长，养老资金又是投资者的"养命钱"，对于超过一定年龄的，则对权益类资产的投资比例上限做出限制，避免参加者在退休时权益资产风险敞口过大，遭受较大损失。

4.3　考虑设置默认选择机制

个人根据所处年龄阶段、风险收益偏好选择投资产品，可以更好地实现养老金资产的长期增值。然而，由于个人缺乏金融知识，对各类金融产品"望而生畏"，可能造成养老金闲置，或者选择了错误的养老金融产品（如年轻时过于保守、年老时过于激进），个人养老金投资效果不佳。因此有必要借鉴国际经验，为投资者设置简单便捷的默认选择机制，避免选择恐惧症，当参与人或受益人有机会对其养老计划账户中的资金做出投资决定，却因某些原因未能做出时，由账户管理部门或社会保障部门代替他选择投资替代方案。默认选择机制可以是由监管机构或者自律组织制定默认选择的标准，由市场上的第三方评级机构针对默认选择的标准调整合格投资默认产品池，由审计机构针对默认产品池进行定期评估审计。

4.4　加强投资者教育

加强投资者教育工作是推进个人养老金投资选择的重中之重，对于不同阶段需要做内容不同的投资者教育工作。在个人养老金账户制度建立之初，需要让投资者了解到个人养老账户的特点以及参与第三支柱投资的必要性，如何投资和可以投资的产品特征与必要数量等，缴费金额占收入的比例最少达到什么水平才能最终实现有保障的养老生活。在资产类别方面，需要以较为浅显的语言介绍各类金融产品的特征和差异，帮助投资者理解各资产类别的风险收益特征，以及再投资、再平衡的重要性与方法，以帮助投资者选择适合自身特点的资产类别。除此之外，还应让投资者了解到个人税收递延养老账户的根本目的是养老，是真正意义上的长期资金，能够承受一定程度的短期波动以获取合理收益，其面临的风险不只包括市场波动风险，更主要的是通胀风险和长寿风险，促进个人投资选择的科学性和合理性。

参考文献

［1］OECD. *Pension Markets in Focus* ［EB/OL］. http：//www. oecd. org/pensions/pensionmarketsinfocus. htm. ICI，Investment Comepany Fact Book.

［2］ICI. *Characteristics of Mutual Fund Investors* 2017 ［EB/OL］. https：//www. ici. org/pdf/per23 - 08. pdf.

［3］ICI. *The Role of IRAs in US Households' Saving for Retirement*，2017 ［EB/OL］. https：//www. ici. org/pdf/per23 - 10. pdf.

［4］Jack，VanDerhei etc. 401（*k*）*Plan Asset Allocation*，*Account Balances*，*and Loan Activity in* 2015 ［EB/OL］. https：//www. ebri. org/pdf/briefspdf/EBRI_IB_436_K - update. 3Aug17. pdf.

［5］ICI. *Defined Contribution Plan Participants' Activities* 2017 ［EB/OL］.

https：//www. ici. org/pdf/ppr_17_rec_survey_q4. pdf.

　　［6］李超．加快构建第三支柱养老金体系［EB/OL］．http：//www. xinhuanet. com/fortune/2016 － 04/23/c_128923702. htm.

　　［7］洪磊．养老金第三支柱渐行渐近 公募基金应扮演重要角色［EB/OL］． http：//fund. sohu. com/20170509/n492344166. shtml.

　　［8］肖汉平．美国401(k)计划与IRA 运作机制研究［J］.证券市场导报，2005 (11)：4 － 13.

投资篇

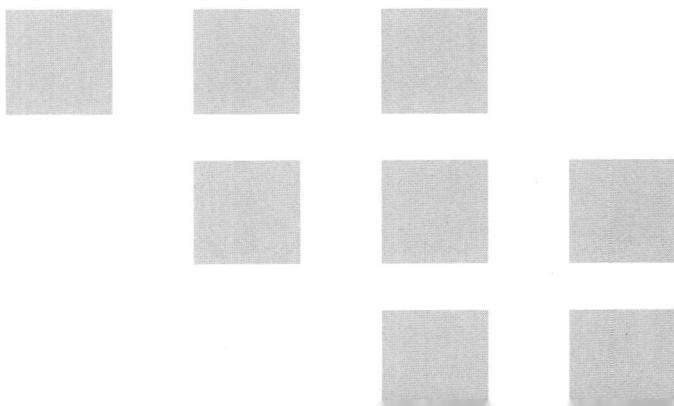

编者按

自 2002 年全国社会保障基金理事会遴选第一批投资管理人开始，公募基金逐渐成为养老金投资管理的主力军。根据证监会发布的数据，截至 2017 年底，基金管理公司受托管理的基本养老金、企业年金、社保基金等各类养老金共 1.5 万亿元，养老金境内投资管理人的市场份额超过 50%，并且为养老金取得了长期稳健的收益。2017 年，社保基金权益投资收益率为 9.68%，自成立到 2017 年底实现年均投资收益率 8.44%。2018 年，随着个人税收递延型商业养老保险试点的展开和养老目标基金的推出，我国养老第三支柱开始逐步形成并完善。

公募基金作为社保基金、企业年金和基本养老金的主要管理者，为养老金的保值增值作出了重要贡献，其通过参与第一、第二支柱养老金的管理积累了丰富经验。随着养老金第三支柱元年的开启，公募基金应该充分发挥其在养老金投资管理上的优势和经验，在投资篇我们介绍了公募基金多年来在养老金投资中如何践行长期投资理念和价值投资理念。本篇包含五部分内容：第一章《个人养老金资产配置如何实现》强调了资产配置在个人养老金投资中的重要性，同时提出鉴于个人养老金投资者自身的局限性，金融机构应充分发挥经验优势为投资者提供内嵌资产配置的养老金产品或智能投顾、私人财富管理服务。第二章《个人养老金践行长期投资的思考》分析提出长期投资的特点与个人养老金的属性相契合，机构投资者需要在理念培养、团队建设、流程管理、风险控制等多个环节融入长期投资的理念。第三章《权益基金是提高个人养老金长期回报的关键》主要提出了权益基金能满足养老金投资的收益需求，同时在长期投资中权益基金也可克服波动大、收益不稳定的问题，而且权益基金有较高的概率能获得正回报，这天然契合养老金投资，因此公募基金在管理个人养老金投资时需要保持适当的权益基金比例。第四章《依靠价值投资实现个人养老金的稳健收益》分析认为价值投资策略有助于个人养老金投资实现稳健收益，价值型公募基金产品相对优势显著。第五章《个人养老金投资的风险管理》提出做好个人养老金投资离不开有效的风险管理，投资管理人应该从定位风险偏好、全面识别风险、有针对性地防控风险三步出发对风险进行积极管理。

个人养老金投资过程中资产配置是核心，公募基金在管理个人养老金投资时需要坚持长期投资和价值投资的理念，保持适当的权益基金比例，对风险管理的流程和技术加以重视。

第一章　个人养老金资产配置如何实现

天弘基金管理有限公司　智能投资部　养老金业务部

摘　要　资产配置是个人养老金投资的核心，是个人养老金长期收益和风险的主要决定因素。个人养老金投资首先要评估自身风险，然后开展相应投资，但是面对日益复杂的经济和金融市场环境，个人很难进行适当的评估和选择，也就很难实现适当的资产配置。金融机构可以为投资者提供有针对性的产品服务，包括内嵌资产配置服务模式的目标日期基金和目标风险基金，以及独立资产配置服务模式的智能投顾和私人财富管理，以帮助个人开展养老金投资。

关键词　个人养老金投资　资产配置　内嵌资产配置服务模式　独立资产配置服务模式

本文从三个方面来分析个人养老金资产配置如何实现。首先，从技术的角度明确资产配置在个人养老金投资过程中的核心地位。其次，从需求的角度出发，阐释资产配置在个人养老金投资中的重要性。最后，从实际操作的角度出发，结合国际经验，为个人养老金投资提供资产配置解决方案。

资产配置在个人养老金投资过程中起核心作用。本文从分析个人养老金投资收益来源出发，阐述了资产配置的主要内容，并结合个人养老金的资金属性，指出资产配置是个人养老金长期收益和风险的主要决定因素。

资产配置的重要性还源自个人养老金投资者的自身需求。个人养老金投资者拥有资产配置的决策权，但受限于缺乏必要的投资知识，无法解决资产配置的两个关键问题，即确定平均风险敞口和资产比例的动态调整。

鉴于资产配置的重要性和个人养老金投资者自身的局限性，金融机构可以为个人养老金投资者提供两个层面的资产配置解决方案。在产品层面，金融机构可以提供内嵌资产配置的养老金产品，本文主要介绍了目标日期基金和目标风险基金。在服务层面，金融机构可以借助科技手段提供面向大众的智能投顾服务，也可以针对高净值客户提供以资产配置为中心的私人财富管理服务，本文对这两方面都进行了阐述。

1　资产配置是个人养老金投资的核心

个人养老金投资需要有资产配置作为指导，为长期投资的风险和收益提供锚的作用，缺乏适当的资产配置将会导致投资的盲目行为，资产配置是个人养老金长期收益和风险的主要决定因素。

1.1 个人养老金资产配置的主要内容

1.1.1 评估条件确定风险

对个人养老金投资者来说，首先需要确定的就是能够承担的风险水平。投资权益和债券等金融资产，长期来说可以确定性地获得 Beta 收益，但中短期来说没有任何人可以保证获得确定性的正收益。个人投资者风险承受能力的高低，通常要根据其总体财富水平、风险偏好、未来现金流、可投资资金的期限长短等因素综合确定。一般来说，总财富水平越高、个人风险偏好越高、未来现金流净流入越高以及投资的资金期限越长，对应的风险承受能力就越高。

养老基金的预期持有时间长，即可投资资金期限较长，相对来说就具有承担更高风险水平的能力，所以养老金投资组合中权益类高风险资产的投资占比也可以相对较高，长期来说也将会获得承担较高水平风险而带来的资产风险溢价。

个人投资者的风险偏好也随时间推移而动态变化，需要定期重新评估。通常来说随着年龄的逐渐增长，或者距离退休日越近，投资者本身的风险承受能力就越低，要求的确定性越高。所以对于同一个投资者，有必要随着其退休日的临近，逐步降低其养老金投资组合中高风险资产的投资占比，养老金产品中的目标日期基金的内在特征，后文会有详细介绍。

在国外先进的养老金账户管理体系下，资产管理机构可以针对个人投资者的各类信息状况，设计个性化的养老金产品，对应个性化的风险承担水平。但是在国内市场，目前个性化定制由于成本较高，大多限于高净值客户，所以针对广泛的市场需求，更多采用的是将普通投资者根据风险承受水平的不同划分为若干组，常用的一种分组为：（1）保守型投资者：投资权益等高风险资产在投资组合中的占比非常低，小于5%；（2）稳健型投资者：投资权益等高风险资产在投资组合中的占比在10%~30%；（3）进取型投资者：投资权益等高风险资产在投资组合中的占比在30%~60%；（4）激进型投资者：投资权益等高风险资产在投资组合中的占比在60%~90%。

1.1.2 应用资产配置模型及动态调整

在明确了投资者的风险承受能力之后，就涉及最关键的如何进行资产配置的问题。国外对于资产配置，已经形成大量研究和实践成果并总结为一些资产配置模型。所有的资产配置模型，其实本质上都是在处理一个最优化的问题，即在明确各资产历史的风险收益特征及投资者风险承受能力等客观约束下，如何才能获得尽可能多的长期稳定收益。从历史发展来看，学术界和业界分别经历了从传统经典 Markowitz 均值—方差模型到 Black - Litterman 模型，再到风险平价模型的发展历程，下面分别对各个模型进行概述。

（1） Markowitz 均值—方差模型

Markowitz 于 1952 年提出了均值—方差模型，该模型使用期望、方差来刻画投资的收益和风险，将资产配置问题转化为有约束条件的目标优化问题，即在一定期望收益下寻求使风险最小的各类资产权重，或在一定风险下寻求对应最高收益的各类资产权重。均值—方差模型标志着现代投资选择理论的诞生，并成为日后其他资产配置模型的重要基础。

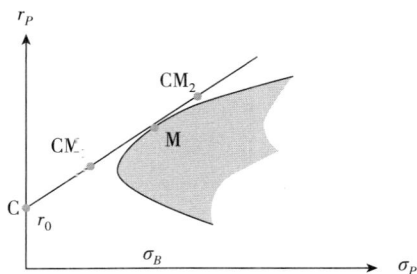

图 1　有效前沿图示

均值—方差模型用预期收益和预期收益的标准差衡量收益和风险，解决投资者在相同的预期报酬率下，如何选择风险最小的资产组合；或者在相同的投资风险下，如何选择预期报酬率最大的资产组合的问题。如果已知资产的预期收益和协方差矩阵，就能得到资产选择的有效前沿，有效前沿提供了不同预期收益率目标下对应的所有最佳资产配置比例组合。

尽管在理论上非常完美，但在实际应用中，均衡—方差模型对输入参数的敏感性很高，比如不同的预期收益率和资产协方差参数，可能会有差异巨大的配置比例结果，对此学术界提出了重复抽样确定有效边界的方法来降低敏感性，提高结果的稳健性。

通常学术界采用各资产的历史收益率等参数作为输入，如果历史数据足够长，的确能够反映各个资产长期的收益风险特征，但是有些时候业界更关心未来相对较短时间段内各资产的预期收益率，比如未来一年各资产的预期收益率，在这种情形下，传统的均值—方差模型所使用的历史收益参数作为输入就明显存在诸多不合理。

在很多情形下，有经验的机构管理人能够通过对未来宏观状态及市场状态的预判，对资产的未来短期预期收益率做出一定确信度的经验性预判，这个预判的数值如果能够添加到优化模型中，相信效果会有一些改善。而这就是 Black – Litterman 模型的创新之处，将市场均衡的配置结果和通过主观经验预判的参数得到的配置结果相结合。

（2） Black – Litterman 模型

均值—方差模型在整个投资领域都具有基础性的地位，然而实际操作却比理论复杂得多。不仅未来的资产的预期收益较难估计，而且风险结构也相当不稳定。针对这一问题，高盛的两位研究员 Black 和 Litterman 在 1992 年提出了著名的 Black – Litterman 模型（以下简称 BL 模型），通过引入有经验的投资者的主观观点，对传统的均值—方差模型进行修正。

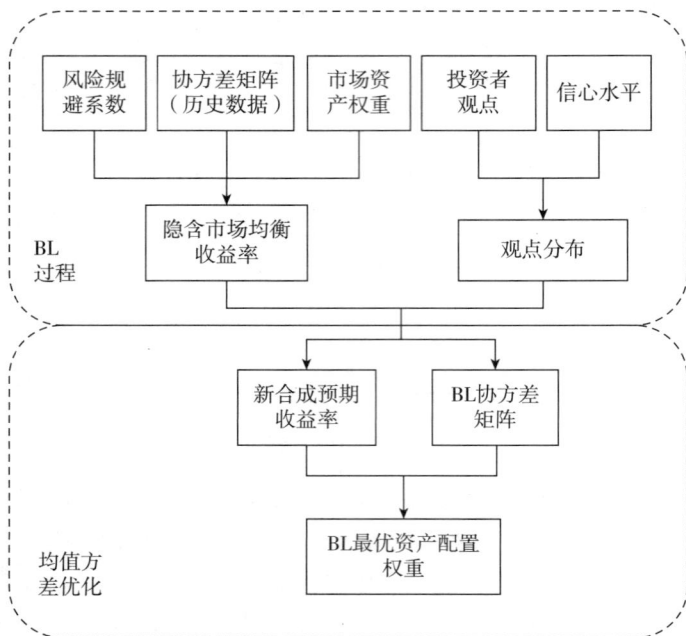

图 2　BL 模型的思路框架

根据图 2 可知，BL 模型的计算逻辑主要包含三个方面：（1）根据市场配置权重得到先验预期收益率。首先在有效市场假设的前提下，相信投资者整体"用钱投票"产生的各资产的市值比例是能够有效反映各资产的未来预期收益率的。这个根据市场上各类资产的市值规模反向推导出来的各资产预期收益率就成为"客观的预期资产收益率"，也可以称为先验的预期收益率。（2）将先验的预期收益率与主观预判的收益率相结合。但凡两个参数的结合，都涉及如何加权重的问题，BL 模型是根据主观的预判的确信度的高低，来决定给主观预期收益率权重的大小，比较合理，但有主观估计偏差的问题。（3）根据最终加权得到的各资产预期收益率，仍然采用传统的优化算法，得到最终的各资产配置权重。

这里的关键问题有两个：一是需要一个确信度较高的主观观点，不然带来的配置效果可能会偏离实际的最优比例更远。二是主观观点如何才能更好地量化，确信度这类参数如何才能尽量客观地量化出来。BL 模型虽有创新，但本质上并未跳出均值—方差模型的基本框架。而 Risk – Based 模型做出了更多优化思路上的尝试。

（3）Risk – Based 模型

客观来说，各资产预期收益率的估计难度和不稳定性都较高，在减小估计误差和提升模型稳定性之外，资产配置的另一个重要思路是放弃对收益率的预测，转而关注风险，从风险的角度进行优化计算。这就是 Risk – Based 模型的主要思路，它包括风险平价组合、最小方差组合、最大分散化组合等，尤其以风险平价模型最为知名。

（4）风险平价模型（Risk Parity）

"风险平价"最早是在 2005 年由 Qian 提出的，而在那之前，Risk Parity 的思想早已运用在业界投资中。其中以桥水的全天候基金最为著名。Risk Parity 基于这样一种想法：构造一个风险均衡的组合，使每一种资产对组合风险的贡献相同，即对风险贡献而言，各类资产是等权重的。Risk Parity 的理论框架在 2010 年由 Maillard 提出，从理论上可以证明，Risk Parity 组合是存在的、唯一的，并且风险介于最小方差组合和等权重组合之间。

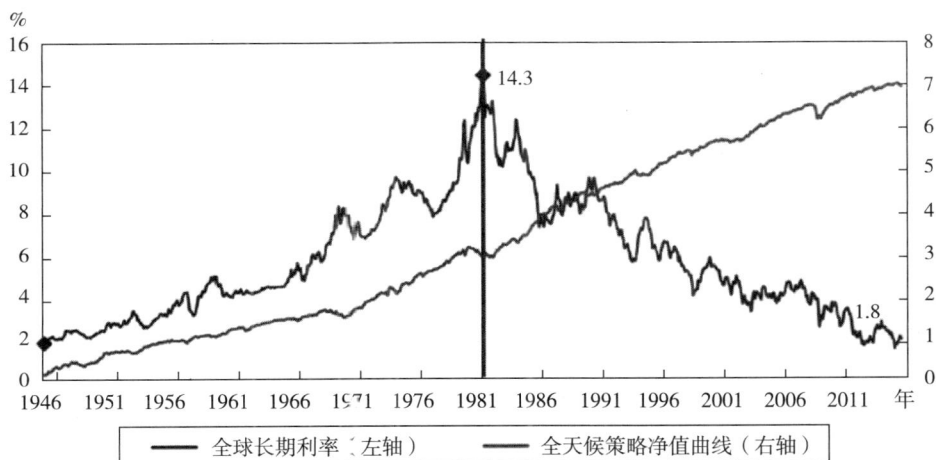

图3　桥水全天候策略的历史净值曲线

风险平价模型的优点在于从风险的角度进行配置优化，均等分摊资产风险。但它也具有明显的缺点，从风险平价的角度出发，会增加低波动资产的杠杆率，而该类加杠杆资产的逆转，会给组合带来较大的损失。虽然风险平价放弃了对各类资产的收益率的预判，但这也不可避免地带来类似的一些风险问题，而这也是该类模型继续完善的一个重要思路。

综上所述，资产配置并不是一蹴而就的，除了根据资产配置优化模型得到的中长期最优资产配置比例之外，如何根据对宏观状态及市场状态的中短期预判，对资产配置比例进行动态调整，以获得更多的超额收益，是另一个关键点。

如果说资产配置优化模型的结果是一个偏中长期的各资产配置比例，那么动态调整就是相对来说面向中短期，如何做出相对于中长期配置比例的有益偏离，这是动态调整的主要内容。不少机构将资产配置结果作为一个中长期的战略配置，将动态调整作为中短期的战术问题。

所谓资产的动态调整，是指基于产品长期配置比例基准，做出某种幅度的配置比例偏离。动态调整需要有客观的依据，比如宏观变量与资产价格间存在着某种决定性或伴生性关系，这在国外成熟市场被学术界及业界广泛研究证实并应用。那么我们可以依据历史各宏观状态下对各资产风险收益特征的统计，来体现这种宏观变量及市场变量对资产价格的中长期影响。同时基于对未来宏观状态的预判，给出对某类资产相对于长期配置基准高配还是低配的具体决策。

基于宏观状态的动态调整，不仅需要获得宏观状态对资产价格的中长期影响，还需要获得宏观变量边际变化对资产价格的短期影响。基于宏观状态的变化预期可以对资产配置做出更稳健的动态调整。但宏观变量属于慢变量，可以对一些市场快变量的动态调整形成一个有益的补充。

除了宏观状态与市场状态外，凡是发现基于某种变量的不同市场状态划分下，各类资产的收益风险特征及相关性等存在显著差异，同时该变量与资产价格变化存在着可解释的影响传导逻辑，那么该变量就可以成为动态调整的具体依据，这里不再详细展开。

1.2 个人养老金投资收益来源分析

投资组合的收益本质上来源于对风险的承担。在讨论收益之前，我们先来明确如何衡量风险：资产管理本质上就是对风险的管理，而在如何衡量资管产品的风险方面，一是可以采用按照产品组合中风险资产占比的高低来划分产品的风险等级，二是可以按照金融工程上使用的组合整体波动率及条件风险价值（CVaR）等来对风险进行衡量。

1.2.1 承担风险获取收益

投资组合的长期平均风险敞口一旦确定，长期的大类资产的 Beta 收益就基本确定了。也就是说，对养老金产品来说，其获得长期收益的多少，绝大部分取决于其对风险承担的多少，少部分是由投资机构的特殊能力带来的 Alpha 收益。

长期收益源于对风险的承担，这就是风险收益相匹配原则：在有效市场条件下，金融资产的收益与风险是相匹配的。风险即是资产收益的不确定性，而由于多数人都具有风险厌恶的偏好特征，这导致高风险的金融资产需要有额外收益补偿（风险溢价），所以我们看主要的几类资产，就会发现风险越高的金融资产，长期来说通常具有越高的复合收益率。我们分别对国内权益类高风险资产和债券类低风险资产进行了风险收益特征的统计。发现长期平均来看，债券类低风险类资产的收益远低于权益类高风险资产。

表1   **股票与可转债资产收益率与波动率对比表**[①]

分类	资产名称	收益率（%）	波动率（%）	夏普比率	数据时间范围
股票宽基	万德全A指数	13.3	30	0.3	2000 - 01 ~ 2018 - 04
	上证综指	8.2	27.4	0.2	1991 - 01 ~ 2018 - 04
	深证成指	12.6	30.5	0.3	1991 - 04 ~ 2018 - 04
	创业板综指	17.5	34.9	0.4	2010 - 06 ~ 2018 - 04
	中证1000	24.7	37.9	0.6	2005 - 01 ~ 2018 - 04
	中证500	22.4	34.6	0.6	2005 - 01 ~ 2018 - 04
	沪深300	12.2	29.4	0.3	2002 - 01 ~ 2018 - 04
	上证50	12.2	31	0.3	2004 - 01 ~ 2018 - 04
	深证综指	14	31	0.4	1991 - 04 ~ 2018 - 04
股票风格	高波动率200指数	6.9	38.9	0.1	2000 - 01 ~ 2018 - 04
	低波动率200指数	13.7	25.5	0.4	2000 - 01 ~ 2018 - 04
	大盘2004指数	11.9	27.3	0.3	2000 - 01 ~ 2018 - 04
	小盘2004指数	22.5	39.1	0.5	2000 - 01 ~ 2018 - 04
	反转200指数	12.9	29.8	0.3	2000 - 01 ~ 2018 - 04
	动量200指数	12.7	34	0.3	2000 - 01 ~ 2018 - 04
	高估值200指数	9	31	0.3	2000 - 01 ~ 2018 - 04
	低估值200指数	20.6	30.9	0.6	2000 - 01 ~ 2018 - 04
	高换手200指数	- 0.3	37	- 0.1	2000 - 01 ~ 2018 - 04
	低换手200指数	11.9	26.1	0.3	2000 - 01 ~ 2018 - 04
可转债	中证转债	9.6	24.1	0.3	2004 - 01 ~ 2018 - 04

资料来源：天弘基金。

表2   **债券资产收益率与波动率对比表**[②]

分类	资产名称	收益率（%）	波动率（%）	夏普比率	数据时间范围
债宽基	中债新综合财富指数总指数	3.5	2.2	0.4	2002 - 01 ~ 2018 - 04
	中债新综合财富指数1~3年	3.5	1.4	0.6	2002 - 01 ~ 2018 - 04
	中债新综合财富指数3~5年	3.8	2.3	0.5	2002 - 01 ~ 2018 - 04
	中债新综合财富指数5~7年	3.9	3.1	0.4	2002 - 01 ~ 2018 - 04
	中债新综合财富指数7~10年	3.4	3.9	0.2	2002 - 01 ~ 2018 - 04

①　这里的收益率使用的是指数月度历史收益率分布均值的年化，无风险收益率使用的是1年期中债国债到期收益率。

②　这里的收益率使用的是指数月度历史收益率分布均值的年化，无风险收益率使用的是1年期中债国债到期收益率。

分类	资产名称	收益率（%）	波动率（%）	夏普比率	数据时间范围
国债	中债国债总财富指数总指数	3.3	3.4	0.2	2002 - 01 ~ 2018 - 04
	中债国债总财富指数 1 ~ 3 年	3	1.3	0.3	2002 - 01 ~ 2018 - 04
	中债国债总财富指数 3 ~ 5 年	3.2	2.4	0.2	2002 - 01 ~ 2018 - 04
	中债国债总财富指数 5 ~ 7 年	3.4	3.6	0.2	2002 - 01 ~ 2018 - 04
	中债国债总财富指数 7 ~ 10 年	3.4	4.9	0.2	2002 - 01 ~ 2018 - 04
企业债	中债企业债总财富指数总指数	4.7	3.9	0.5	2006 - 11 ~ 2018 - 04
	中债企业债总财富指数 1 ~ 3 年	4.5	1.9	0.9	2006 - 11 ~ 2018 - 04
	中债企业债总财富指数 3 ~ 5 年	5.6	3	0.9	2006 - 11 ~ 2018 - 04
	中债企业债总财富指数 5 ~ 7 年	5.3	3.8	0.6	2006 - 11 ~ 2018 - 04
	中债企业债总财富指数 7 ~ 10 年	4.5	4.7	0.4	2006 - 11 ~ 2018 - 04
	中债企业债 AAA 财富指数总指数	4.4	4	0.4	2007 - 01 ~ 2018 - 04
	中债企业债 AAA 财富指数 1 ~ 3 年	4.1	1.9	0.7	2007 - 01 ~ 2018 - 04
	中债企业债 AAA 财富指数 3 ~ 5 年	4.7	3.1	0.6	2007 - 01 ~ 2018 - 04
	中债企业债 AAA 财富指数 5 ~ 7 年	4.5	4	0.4	2007 - 01 ~ 2018 - 04
	中债企业债 AAA 财富指数 7 ~ 10 年	4.6	4.9	0.4	2007 - 01 ~ 2018 - 04
	中债企业债 AA 财富指数总指数	5.7	3.8	0.7	2007 - 01 ~ 2018 - 04
	中债企业债 AA 财富指数 1 ~ 3 年	5.3	2	1.2	2007 - 01 ~ 2018 - 04
	中债企业债 AA 财富指数 3 ~ 5 年	6.6	3.2	1.2	2007 - 01 ~ 2018 - 04
	中债企业债 AA 财富指数 5 ~ 7 年	6.7	3.9	1	2007 - 01 ~ 2018 - 04
	中债企业债 AA 财富指数 7 ~ 10 年	5.7	4.8	0.6	2007 - 01 ~ 2018 - 04

资料来源：天弘基金。

1.2.2　超额回报提升收益

超额回报的定义：从西方传统金融学来说，按投资组合收益能够被各大类资产系统性收益解释与否，将组合收益拆分为 Beta 收益（能够被各大类资产系统性收益解释的收益部分）和 Alpha 收益（不能被各大类资产系统性收益解释的收益部分）。这种收益拆分的方法被桥水等机构广泛应用，我们定义的投资组合的超额回报，也即是这里的 Alpha 收益。

从背后的经济逻辑来看，Alpha 收益的来源包括三个方面，一是大类资产配置层面上获取的 Alpha，也即基于产品长期平均大类资产风险敞口的配置比例动态调整，即主动偏离平均风险敞口而获得额外的收益。比如在权益资产表现好的时期，将权益资产调整为正向偏离，即超配而获得额外正收益。二是在各大类资产内部，选择细分风格资产而获得的额外收益，即在大类资产配置比例确定后，涉及如何配置单个大类资产内部各个细分资产配置比例的问题，通过细分资产结构优化获得超过该大类资产基准的超额收益。比如当确定了权益资产配置比例后，如果能够判断小盘风格股票会占优于大盘风格，增加小盘股资产的配置比例，将能够获得风格结构优化带来的超额收益。三是通过选取子基金或个股个券而获得的超额收益。比如在确定股债配置比例并且权益资产内部重配小盘风格资产后，通过基金优选，或者个股优选，得到具体投资标的（子基金或个股个券），获得超过小盘股风格指数的额外收益。

获取超额收益的能力也成为衡量基金管理人能力水平与创造价值高低的重要标准。对个人来说，投资养老金产品，一方面最基本的是需要获得金融资产的长期Beta 收益，另一方面要尽可能多地获得一些超额收益或 Alpha 收益。

1.3　资产配置是个人养老金长期收益和风险的主要决定因素

个人养老金的长期投资属性、多元化投资范围和负债约束，要求投资人利用资产配置的手段控制基金整体风险，以期达成设定的长期投资目标。

1.3.1　资金属性决定风险承受能力

个人养老金与第一、第二支柱养老金不同，具有较强的个人属性，因此投资者可以拥有更强的风险承受意愿和承受能力。长期来看，风险和长期平均收益正相关，其配比关系由资本市场决定。从国外养老金的发展经验来看，权益类资产和另类资产等风险资产在个人养老金中的配置比例逐年提高。权益投资可以通过时间换空间，实现长期稳健回报；而另类资产具有较高的长期回报，与其他传统资产的相关性也比较低，可为长期投资者提供更好的风险收益匹配。

个人养老金多元化的投资范围为资产配置提供了可能。传统的大类资产类别包括现金资产、债券和股票等，资产配置的主要任务是确定股票类资产的比例，因为股票类资产的波动性最大。近年来，随着投资渠道的拓展，以商品期货、房地产投资信托、股权投资基金、实业项目为代表的另类资产在养老金投资组合中的配置比例逐渐提升。多元化的投资范围，有助于投资者通过资产配置达到分散风险的目的。

严格意义上，个人养老金的投资并不存在保底的要求。但是资金的养老属性所隐含的福利目标（即目标退休收入替代率）为个人养老金的资产配置设置了软性的负债约束。

1.3.2　资产配置平衡风险和收益

首先，资产配置是控制风险的手段，帮助个人投资者控制基金的整体风险。具体表现为通过研究各类资产的收益和风险特征，为投资者明确要投资的资产类别、各类资产的长期投资比例和各类资产的投资基准，从而成为养老基金投资管理的"蓝图"。适当的资产配置，基本可以确保个人投资者获得 Beta 收益，从而避免因为个人的主观操作而造成风险水平波动。

其次，资产配置帮助个人投资者在整体风险可控的基础上，努力获得超额收益。其手段主要是在资产价格明显脱离基本面的情况下，采取积极投资策略获得超额收益。需要指出的是，对大型长期资金来说，主要收益来源是承担风险的回报（即Beta 回报），而不是超额收益（即 Alpha 回报），这源于它的规模和持续性很难支撑起长期投资者对较高收益目标的要求。

养老基金资产配置着眼于长期，不刻意追求获得超额收益，也不追求风险最小化，旨在使投资风险始终保持在个人养老金投资者可接受的水平上。

2　个人养老金资产配置的需求分析

随着个人账户制养老金计划和产品在全球范围内的迅速发展，建立在个人投资选择权基础上的养老金投资蓬勃发展，但缺乏必要的专业投资知识对个人养老金投资造成了负面影响，资产配置中的确定风险敞口和动态调整等关键问题仍需要由专业的机构去解决。

2.1　个人养老金资产配置的特征

2.1.1　个人拥有资产配置决策权

无论是参加雇主发起的养老金计划还是自愿购买以养老为目的的投资产品，普通投资者都对其所建立的个人账户财产拥有所有权。养老金的投资运营属于委托代理关系，最终受益人即委托人本人。因此，个人应该拥有养老金账户的投资选择权。

从权责对应的角度看，由于个人是账户权益的最终受益人，那么个人也有义务承担账户所蕴含的投资风险。正如前文所述，资产配置是决定养老金长期收益和风险的主要因素，因此决策权必然赋予个人。

2.1.2　投资者教育仍需加强

尽管拥有个人养老金资产配置的决策权，但无论是在发达国家还是在发展中国家，大多数人依然缺乏必要的投资知识，投资者教育仍需加强。从知识储备的角度看，普通投资者对于种类繁多的投资产品需要加强收益和风险特征的认知；从行为金融学的角度看，个人投资行为并不是完全理性的，需要对普通投资者的行为加以引导。

随着中国金融市场的发展，目前可供个人养老投资的产品种类繁多，包括存款、基金、债券、股票和保险等；产品销售渠道涵盖线上和线下。多数人缺乏对不同产品的收益和风险特征的基本了解，即便了解也大多停留在对某一两类特定产品的基本了解层面上，很少有人了解所有投资产品的收益和风险特征，更谈不上深入了解。

一方面，受限于中国市场经济特别是金融市场发展起步较晚，整个社会金融投资知识教育的普及范围和程度非常有限，导致多数人对不同金融产品的收益和风险特征欠缺基本了解；另一方面，中国从传统的计划经济转向市场经济，个人对企业或组织的依赖惯性依然很强，导致个人主动参与管理和决策的意识不强，缺乏了解相关投资知识的意愿。

2.2 个人养老金资产配置需求的重点和难点

伴随着中国改革开放以来的高速发展，人均收入与财富总水平不断提升，资产配置需求越发强烈，但对个人投资者来说，动态调整是一个较大的难点。

2.2.1 确定平均风险敞口是重点

如果我们采用权益等高风险资产占比作为投资组合的风险水平的衡量标准，那么长期来说，这个比例的高低，就已经决定了最终投资组合的长期复合收益率的高低。如何根据个体投资人的背景信息输入，确定个性化的长期平均的风险敞口，就成为资产配置及养老金投资收益的重要决定因素。

2.2.2 资产比例的动态调整是难点

对个人养老金投资者来说，一旦长期的各资产配置的平均比例确定了，其养老产品的长期收益就已经被确定下来了，即 Beta 收益部分就确定下来了。

剩下的具有主要差异的部分，就是获取 Alpha 收益。正如前文所述，通常来说 Alpha 收益的来源包括三个方面，一是基于长期平均风险敞口的资产配置比例的动态调整（主动偏离平均风险敞口而获得额外的收益，比如阶段性地在股票表现好的时期将权益资产调整为正向偏离，即超配）。二是在各大类资产中，选择细分风格资产，进行大类资产内部细分资产结构优化，以获得超额收益。比如当确定了权益资产配置比例后，如果能够判断小盘风格股票会占优于大盘股，增加小盘股资产的配置比例，将能够获得超额收益。三是对养老金产品来说就是在前两点的基础上，通过选取子基金产品而获得进一步的超额收益。比如在确定重配小盘股资产后，通过基金优选获得超过小盘股指数的额外收益。在以上三点中，前两点都属于动态调整的范畴，所以动态调整是整个配置的重点。由于动态调整不仅需要对历史有大量的严谨规律统计，而且也要对未来宏观状态及市场状态有所预判，这个预判的准确率和动态调整的幅度理论上应该成正比，由于预判环节的难度较大，动态调整的难度也显而易见，在动态调整上，专业机构具有更多的优势。

3 金融机构如何为个人养老金投资提供资产配置服务

受限于投资知识欠缺和非理性投资行为等不利因素，个人养老金投资在个人能够自主选择产品服务的基础上，需要专业的金融机构提供资产配置服务。服务内容既可以是在资产配置领域提供专业的投资顾问建议，也可以是提供符合投资人收益风险特征的资产配置组合产品。

按照资产配置功能是否内嵌在产品中的标准，我们将产品服务分为两大类，第一类是内嵌资产配置服务，以目标日期基金和目标风险基金为例；第二类是独立资产配置服务，以智能投顾服务和私人财富管理为例。资产配置在以上产品和服务中都是非常重要的环节，在大部分情况下能够实现个人养老金投资对风险和收益的长期控制。

3.1 内嵌资产配置服务模式

以美国为例，目标日期基金和目标风险基金越来越受到私人养老金投资者的欢迎，这得益于此类产品所内嵌的资产配置功能。该功能通过简化个人选择决策的复杂程度和缩小选择个体差异所带来的资产错误配置问题，一定程度上改善了因资产配置不合理而导致的长期投资收益较低的问题。并且目标日期基金和目标风险基金成为美国《2006 年养老金保护法》引入的合格默认投资选择（Qualified Default Investment Alternative，QDIA）。专业的金融机构依靠其强大的投研能力和丰富的资产配置经验与资源，提供资产配置内嵌的养老金产品，有助于个人养老金投资者实现长期投资目标。个人可以被动接受反映其生命周期收益和风险特征变化的养老金产品，也可以主动选择符合其收益风险偏好的养老金产品。

3.1.1 目标日期基金

目标日期基金（Target Date Funds）首先由富国银行和巴克莱银行于 1994 年合作推出，目的是向养老金计划中的大多数投资者提供一站式的投资组合。目标日期基金产品的主要特点是随着持有人的年龄增长，产品权益仓位占比趋势下降，对应的资产组合的风险逐渐下降，能够满足人们在生命周期中对应不同时点的养老金投资风险需求。

受益于入选合格默认投资选择，目标日期基金产品在美国养老金市场中一直保持高速发展。《2017 年美国基金业年鉴》显示，目标日期基金产品从 2000 年的 80 亿美元快速增加到 2017 年底的 11160 亿美元，年均增速超过 33%，其中 IRA 账户中的 TDF 产品规模为 2220 亿美元，DC 计划中的 TDF 产品规模为 7490 亿美元，其余在其他养老金投资账户中。

目标日期基金，是一种通过动态资产配置来反映投资者生命周期内风险水平变化的资产配置型 FOF。

从人力资本和金融资产转化的角度看，在个人职业生涯的初期阶段，人力资本较高，而金融资本累积较少，由于人力资本相对金融资本较为稳定，故可以承受的市场风险水平较高。而随着工作年龄的增长，人力资本逐渐转变为金融资本，金融资本累积逐渐增多，承受风险的能力也随之下降，所以会倾向持有更多的低风险资产。此外，产品设计的目标往往也要综合考虑养老金经过合理的动态资产配置之后，基金到退休日时所能达到的目标替代率。

目标日期基金产品设计的核心是在资产配置层面引入了"下滑曲线"，即高风险资产配置比例动态下滑曲线。动态下滑曲线的设计理念遵循股票具有长期的风险溢价和个人风险偏好会随年龄增长而趋于保守。

产品的具体设计流程大致包括：人力资本参数假设、底层资产类别确定即收益风险预测、动态资产配置（即最优下滑曲线的确定）、策略回测与模拟跟踪。

在运用战略资产配置确定下滑曲线的基础上，投资管理人也可依据市场的具体情态，运用战术资产配置主动偏离战略资产配置基准以获得超额收益，从而进一步提升目标日期基金的长期收益、降低组合回撤风险。

3.1.2 目标风险基金

目标风险基金（Target Risk Funds），又被称为生活方式基金（Life - Style Funds），是美国养老金账户重要的配置品种。在产品设计方面，预先设定组合的目标风险水平，在给定风险水平下寻求最优的资产配置方案，实际投资管理中会对权益资产仓位进行控制并进行动态调整。目标风险基金产品能够满足特定风险水平偏好的个人养老金投资。

《2017 年美国基金业年鉴》显示，目标风险基金产品从 2000 年的 320 亿美元增加到 2017 年的 990 亿美元，年均增速超过 16%，其中 IRA 账户中的 TRF 产品规模为 1000 亿美元，DC 计划中的 TRF 产品规模为 740 亿美元，其余在其他养老金投资账户中。在美国的养老金市场中，目标风险基金所占的比重远小于目标日期基金，近年来目标风险基金的规模增长缓慢，甚至出现了资金净流出的情况。

目标风险基金，是一种试图通过静态资产配置保持风险水平稳定的资产配置型 FOF，旨在通过稳定的资产配置使客户在控制风险的情况下获得资产增值的机会。该类基金的投资者一般对风险控制有高要求，但自主投资时不够理性，希望用一体化的投资手段来解决这一问题。

通常，目标风险基金可分为激进、积极、中性、稳健和保守五种风险类型，相对应的权益资产占比依次下降。在产品设计思路上，目标风险基金首先根据投资者的风险偏好确定投资组合的风险水平，并根据该风险水平构建资产配置组合。风险水平的测定通常会选用标准差、在险价值和条件在险价值。目标风险基金的资产配置组合包括：大类资产配置固定模型、最大化收益模型和风险平价模型。

目标风险基金作为 FOF 的一种，在持有的子基金方面，大型基金公司一般会选择自己产品线下的权益类、债券类基金，大大降低了管理成本。目标风险基金的主要思想是通过静态资产配置保持风险水平稳定，频繁调仓会影响其资产配置比例，因此多采用被动管理的方式且调仓频率低。

目标风险基金按风险水平分类，为投资者提供方便、理性的投资组合，投资目标稳定，管理成本低。当然，投资目标稳定会导致投资管理人以被动管理为主，从而难以获得超额收益。

3.2 独立资产配置服务模式

金融机构不仅可以提供标准化的内嵌资产配置功能的养老金产品，也可以有针对性地为客户提供专业的资产配置建议，服务的内容不仅限于养老金产品，服务的形式可以涵盖线上或线下。

3.2.1 智能投顾服务

传统的投顾服务一般在机构之间发生，机构拥有专业的人才和技术能力从事投顾服务，相应的成本也比较高，一般个人投资者较难有机会获得相关服务。而随着科技手段的进步，投顾服务的实现成本有所降低，实现方式变得相对更容易，因此个人投资者相比以前有更多的机会去接受投顾服务。

智能投顾目前并没有统一的商业模式，也没有统一的定义，相关的业务形态都处于起步摸索阶段。目前市场上对于智能投顾的理解大致是：在传统投资顾问基于客户需求提供资产配置方案的基础上，结合现代资产组合理论与人工智能和云计算方法，通过大数据，在云端低成本、快速、批量化地解决各种数据运算，根据客户的需求和风险偏好，提供量身定制的专属投资组合策略，并在跟踪市场的过程中随时进行策略调整。智能投顾所提供的投资组合方案完全基于数据、模型理论和特定算法，不会受到人为情绪的影响，成为财富管理机构为客户进行资产配置的新选择。大数据、云计算和人工智能等科技手段的迅猛发展，有助于提升金融机构在风险刻画、静态资产配置组合优化和动态资产配置调整等领域的专业能力，从而为客户提供更为精准和高效的资产配置建议。

智能投顾中的风险测评环节对于个人养老金投资非常重要，是资产配置的出发点。风险测评能够在确定客户风险承受水平的基础上开展有针对性的资产配置工作。目前，市场上部分智能投顾服务针对风险测评环节设计了一些调查问卷，有助于了解个人风险情况，但尚处于尝试阶段，问题的价值和有效性还需要进一步验证。比如对于某智能投顾服务其业务模式如下：一是投资者提交自己的信息，如年龄、风险偏好、投资期限、经济状况等因素，确定投资目标；二是智能投顾根据市场上不同产品的收益风险特征，生成不同类型的投资策略，为资产配置服务提供数据支撑；三是将客户信息显示的投资目标和产品数据相匹配，为客户提供专属的资产配置方案，并结合市场状况，持续跟踪客户的资产组合，并提供再平衡策略，来规避因市场剧烈变动而带来的风险。

对大部分普通个人养老金投资者而言，智能投顾具备以下几个优势：（1）管理费低廉，收费标准清晰。（2）投资门槛低，满足工薪阶层养老金管理的需求。（3）通过大数据和人工智能分析个人投资偏好，并确定长期投资目标，从而进行资产配置。同时，提供投资组合自动再平衡功能，控制资金整体波动风险。相比传统的投资顾问服务，智能投顾可以规避短期人为判断，追求长期收益，从而契合养老金投资的目标。智能投顾的目标客户群是大众投资者和具备互联网思维的年青一代。

在资产配置问题上智能投顾能够部分地辅助解决个人投资风险水平过高或过低的问题，从长期的角度看，资产配置在大部分情况下能够解决这一问题，但短期的针对性不强。同时，个人能不能接受和理解以上问题和解决办法也需要在实践中去解决探索。

3.2.2 私人财富管理

私人财富管理是主要针对高净值客户的定制化服务。广义而言，财富管理的服务内容不仅限于资产管理，更是一种全盘性的理财规划，对客户的资产、负债、流动性进行管理，以满足客户不同阶段的财务需求。高端的私人财富管理与个人养老金投资在个性化需求方面有很多共性，两者在评估确定风险需求后都需要有相应的个性化投资解决方案，而资产配置是核心环节。面对市场上种类繁多的产品，资产配置能够在很大程度上解决怎么配置产品和怎么选择产品的问题。

个人养老金投资作为财富管理的一部分，能够发挥相比普通投资者而言更大的功效。因为高净值客户的风险承受能力和税收敏感性高于普通投资者，并且较少受到或不受退休收入替代率的软性约束。个人养老金账户作为一个财富管理的载体，可以为高净值人群提供多元化的投资选择，其中高风险、高收益的另类资产投资（如股权投资、风险投资、对冲基金、杠杆并购等）是重要的投资标的。在免税方面，根据国际通行的做法，个人养老金账户的部分缴费和投资收益在账户积累期是免税的，在领取时也可以选择衔接符合规定的领取期年金产品继续享有税收递延，直至法律规定的最晚应税年龄。

当前，中国的私人财富管理还处于产品导向阶段，部分机构正在向需求导向阶段过渡。基金公司未来应从客户细分入手，分析客户的财富管理需求和风险承受能力，为客户提供差异化的资产配置服务。

参考文献

[1] 熊军. 养老基金投资管理［M］. 北京：经济科学出版社，2014.

第二章　个人养老金践行长期投资的思考

汇添富基金管理股份有限公司　何振华

摘　要　人口老龄化趋势加深背景下，为了有效应对长寿风险，通过个人养老金投资实现资产的长期、高质量增值势在必行。专业机构投资者在这方面有着天然的理念、制度和实践优势，同时也肩负着巨大的历史责任。本文从个人养老金的属性与长期投资的特点出发，通过对机构投资者在理念培养、团队建设、流程管理、风险控制等多个环节的分析论述，探讨在个人养老金投资方面践行长期投资价值观念的重要意义和可行路径。

关键词　个人养老金投资　长期投资　投资流程　风险控制

随着我国人口老龄化不断加剧和居民财富持续积累，完善多层次、多支柱的养老金体系已成为事关全社会福祉的大事，建设适合中国国情、能够真正解决养老金问题的第三支柱个人养老金迫在眉睫。

第三支柱个人养老金不是单纯的个人养老储蓄，更包括个人养老金投资。中国居民的储蓄率一直高居世界前列，但仍然面临巨大的个人养老金缺口。过度注重保本保收益，以短期思维投资低风险资产，无法在通胀环境下保障退休后几十年应有的生活质量。国家统计局统计数据显示，截至 2017 年末，过去 15 年大米价格年化涨幅为 6.5%。也就是说，如果过去 15 年个人养老金投资收益率不足 6.5%，则其增值幅度还赶不上米价的上涨，更别提负担退休后的医疗、娱乐支出。在这段时间，3 年期银行定期存款利率最高只有 5.4%，目前降至 2.75%。由此可见，为抵御通胀，提升退休生活质量，个人养老金需要相对较高的长期投资收益率。谋求资产的长期、高质量增值，是个人养老金投资的重要目标，必须坚持长期投资，尤其要加大权益类资产的配置。

1　养老金投资理念与长期投资

理念是对本质问题的思想和观念的抽象概括。投资的本质是当前的价格支付未来的价值，而投资理念就是关于价格和价值辩证关系的思想和观念的高度概括。

养老金投资长达数十年，是典型的长期资金。但是，不能简单地将对长期资金的投资管理视为长期投资，养老金投资需要有与之长期相匹配的投资理念的指导。从众多经历了长期实践检验的投资大师们的思想中，从国外成熟市场养老金投资的成功案例中，我们可以看到长期投资和价值投资是养老金投资理念中最核心的部分。

首先，要有长期投资理念。在投资实践中，短期内会有很多干扰因素存在，但是在中长期来看很多短期的干扰因素会自行消失。基于中长期价值判断做出的投资决策质量更高，更能接近投资对象潜在的投资回报。同时，践行长期投资，还需要坚守价值投资理念。价值投资理念是指投资决策应该基于对投资对象科学合理的价值判断。在投资实践中，投资者可能常常混淆价格和价值，把基于价格的判断作为投资决策的依据。价格是为获得投资标的未来现金流而支付的成本，而价值则是该投资标的未来能产生的现金流折现之和。脱离了价值谈价格，就好比建造没有基石的空中楼阁。认清价格和价值的这一本质关系，有助于理解价值投资理念，践行长期投资。

坚持长期投资理念和价值投资理念，能够为养老金投资穿越未来的不确定性提供最科学的指引，并最终实现养老金投资的初心。

2　长期的权益投资对实现个人养老金投资目标至关重要

个人养老金本质上是一种长期资金，能承担较高的流动性风险和短期波动风险，未来预期的收益率也相对较高；因此，要想实现个人养老金投资目标，应破除过分强调"保本"的单一思维，充分发挥各大类资产的配置作用，尤其是权益投资的作用。尽管资产短期波动率较大，但无论是从国外各类资产的长期横向比较看，还是从 A 股的历史轨迹和未来趋势看，科学的权益投资是能够承担起获得长期可观收益的重任的。

从资本市场发展最为成熟的美国的角度看，在大类金融资产中，股票资产的投资回报率持续领先其他资产。研究表明，在 1802 年至 2012 年的 210 年里，股票资产的平均年化收益率为 8.1%，长期国债平均年化收益率为 5.1%，短期国债平均年化收益率为 4.2%，黄金平均年化收益率为 2.1%，美元平均年化收益率为 1.4%。在这 210 年中，一个美国普通股多样化投资组合的年复合实际收益率可达到 6% 至 7%，而且其长期表现稳定。

中国市场的实际情况同样如此。伴随着中国经济的持续增长，大量优质上市公司利润大幅增长，为投资者创造了大量的投资机会，使投资者可以分享中国经济增长的红利，而不仅仅是分享固定的债券利息。虽然股票资产存在一定的短期波动，但从长期看，其提供的高收益能有效弥补这种不确定性风险。回顾历史，A 股涌现出了像贵州茅台、云南白药等一大批业绩高速增长的优质企业。Wind 统计数据显示，截至 2017 年末，贵州茅台上市 16 年来，企业的净利润从 3.4 亿元增长到 290.1

亿元，复权股价累计涨幅将近140倍；云南白药自1993年上市以来，净利润从1000多万元增长到31.33亿元，股价累计涨幅更是高达167倍，为投资者创造了持续可观的回报。而这种收益回报就源自经济增长的基本动力，源自上市公司效益的提升。展望未来，中国的资本市场将不断成熟，继续支持实体经济发展、促进优秀企业成长，为投资者通过权益投资获取中长期稳健收益提供坚实的基础。随着中国经济增长质量的进一步提高，股票市场将为投资者带来大量可持续的投资机会。

而在股票投资之外，个人养老金投资在FOF、债券、股权投资等领域也应给予相应关注，并在此基础上，以长期视角培育成熟的投资理念，构建优秀的投研团队、科学的投研体系以及严谨的风控机制，在资产配置、提高长期收益、分散风险等方面统筹考虑，以实现个人养老金长期增值的目标。

3　基金公司如何践行长期投资

3.1　投研团队建设

实践证明，做好长期投资不是一件简单的事，而要获得长期稳定、持续优秀的投资业绩，则难度更大。既需要有正确的投资理念和投资研究方法，还需要有良好的投研文化、稳定的人才队伍和行业领先的投研管理体系，也需要投资研究团队付出长期坚持不懈的努力，才有可能获得成功。

1. 组建认同长期投资理念的团队

投资管理机构的核心是人。从长期实践来看，坚持采用高标准的人才选拔机制，以内部培养为主，外部选拔为辅，组建投资研究团队，如此最能有效地在投资研究团队中传承和发展正确的长期投资理念。

内部培养的人才应该是投资研究团队的主体，因为自主培养能较好地从内而外地理解、树立正确的投资理念，培养扎实细致地开展投资研究的工作习惯，形成优良的投资研究风格，且更能深度认同团队的文化，从而具有良好的稳定性。外聘的投资研究人员同样需要认同团队文化、投资理念，并能够深入细致地开展投资研究工作，不浮躁，不短视，在长期观察、多方考察的基础上吸收进入投资研究团队，才能让团队形成合力。

2. 在投资研究中践行长期投资理念

投资研究工作要与投资理念相匹配，应在投资理念的指导下，发现最具潜力的投资价值。以自下而上的股票投资研究为例。

首先，投资研究工作要以企业基本面为出发点，因为企业基本面决定其长期价值。虽然短期股价波动会受到各种噪声和短期因素的影响，但是其长期价值必然来源于上市公司的基本面，即长期稳定的利润或者现金流创造能力。

其次，投资研究工作要创造出更高的价值，必须依靠真正深入的个股研究，深入了解行业发展脉络和企业的竞争优势，才能提前判断行业的运行态势和个股关键驱动因素的变化，才能提前布局最有增长潜力的行业和股票，从而获得丰厚的投资回报。

3. 注重长期考核

要把长期投资落实到日常的实践中，还需要有注重长期的绩效考核体系与之相匹配。反之，如果没有注重长期的绩效考核体系与投资理念相适应，那么长期投资只会成为飘在天上的标语，无法落地。有句谚语说："成功都是不同的，而失败都是相似的"，众多的失败案例在不断告诫我们，过度追求短期，最终必将伤害长期。因此，制定科学合理的长期绩效考核体系，值得养老金投资管理机构认真对待，并持续不断完善；同时，也需要行业监管机构站在行业整体层面，引导行业更加注重长期。

对于养老金投资，不仅仅是养老金投资管理机构内部考核体系要长期化，养老金投资者、养老金投资顾问机构和服务机构对养老金投资业绩的评估也需要充分考虑长期，业绩评估的方法体系中应该同时考量长期、中期和短期的业绩。养老金投资者、养老金投资顾问机构和服务机构对养老金投资业绩评估长期化的重要性也非常高，因为投资管理机构的实质是投资者的委托代理人，最根本的还在于遵循投资者的投资意图。如果投资者只关注短期投资业绩，最终将传导到养老金的投资管理机构，迫使投资管理机构执行短期化的行为。

4. 投研团队梯队化建设

投研团队梯队化建设是投资团队稳定性、投资风格长期性、投资业绩持续性的制度保障，也是养老金投资的客观要求。一方面通过完善内部培养机制和广泛吸纳外部优秀人才，保证人才层次梯度拉开；另一方面拓展团队多维能力圈，从大类资产配置的角度来进行团队人才配置。以汇添富的经验来看，人才团队应稳定持续、梯度合理：横向贯通主动权益、指数、固收、FOF、PE 等全面、多维投资管理能力，纵向打造垂直一体化的投资研究体系，在统一平台共享互通公司各类的研究资源，以此确保优质稳定的投资管理能力向养老金投资进行输出。

总之，以高标准组建认同长期投资理念的团队，并在研究工作中身体力行，通过团队文化的潜移默化，让长期投资理念内化为投资研究人员的基本价值观，再加上注重长期的绩效考核体系的引导，才有可能打造出优秀稳定的投资研究团队，为获得长期持续优异的投资业绩打下坚实的基础。

3.2 严谨的投资流程

3.2.1 FOF 投资

个人养老金的 FOF 投资作为一项长期投资，需要基于资产配置和风险分散的目的，同时投资于股票型、混合型、债券型和商品型等多种类型的基金产品，以实现持续稳定的较高收益。FOF 投资流程与其投资理念一脉相承：立足于深入的资产配置策略研究，精选投资理念清晰、风格稳定且超额收益能力突出的基金经理，把握市场脉络进行动态调整，做中长期投资布局，以获得持续稳定增长的较高的投资收益。

1. 资产配置

在投资实践过程中，个人养老金投资逐步认识到资产配置的重要性，把资产配置作为实现长期投资目标和控制风险的重要手段。基金管理人通过战略资产配置来平衡长期投资目标和风险管理两个方面的要求，在确定战略资产配置之后，针对经济和资本市场的变化及时调整，采取积极的战术资产配置，控制风险敞口，把握市场机会，力图获取高于战略资产配置基准的超额收益。

按照配置对象不同，资产配置可以分为大类资产配置和细分类别资产配置。大类资产配置以大类资产作为配置对象，传统的大类资产配置对象包括股票、债券、商品、现金等大类资产。细分类别资产配置以大类资产的细分类别为配置对象，比如股票投资分行业类别、风格类别等。

资产配置通过经典资产配置模型，如均值—方差模型、风险平价模型、改进版风险平价模型，得到理论的策略最优配置，参考该结果，根据实践情况调整资产配置。

2. 基金经理跟踪研究

分析师力求在每一种细分策略下，从全市场范围内精选出最优秀的基金经理，建立并不断完善基金组合。在跟踪研究过程中，分析师会根据基金数据库、公开信息以及尽职调查等措施，结合定性定量研究，对基金经理做出综合测评。针对每一种细分策略，分析师会构建三级池：基础池、重点池和核心池。此外，针对某些出现过重大失误、重仓股/债券纳入投研禁投库的基金品种会放入禁投池。基金经理的跟踪研究是一个长期过程。对 FOF 团队而言，也必须经历较长时间才能对基金经理所在的基金公司、基金经理自身的价值观、投资理念及投资风格做出相对客观的评价。

（1）定性研究包括基金经理所在公司和团队的支持、基金经理的基本素质、投资理念和方法、长期收益能力，以及基金经理的投资风格与市场的适应性等方面。

第一，公司管理层对公司发展起到至关重要的作用，而公司战略是公司良性发展的关键，和谐的内部氛围和公司激励制度能够更好地发挥基金经理的主观能动性。

第二，基金经理的基本素质是长期业绩优异的基础，包括其教育背景、从业经历、知识体系、勤奋度、对新知识的心态等。

第三，科学合理、知行合一的投资理念及方法体系是基金经理长期业绩优异的必要条件。通过访谈沟通了解投资管理人的投资理念和策略，投资理念是否科学清晰，投资流程是否严谨科学都可作为评价基金经理的标准之一。

第四，长期超额收益能力是基本素质和理念方法的体现，也是基金经理评价的核心标准。对一个基金经理的考察最好能有一个完整的牛熊周期和不同的市场风格场景，同时还要尽可能去除市场中各种"风"的影响。

第五，基金经理的投资风格是影响中短期业绩的关键因素。一般来说，成熟的基金经理具有相对稳定的风格特征，通过市值、价值/成长、动量、超额收益来源等可以将基金经理划分为不同的风格。构建组合时必须考虑基金经理的风格与近期及未来市场风格的匹配度。

在对基金经理完成定性分析的基础上，定量分析可对定性研究的信息进行相互验证，从而对基金经理进行综合研究和评级。

（2）定量研究包括历史业绩能力评估、投资风格分析和超额收益能力归因。

第一，绩效指标评估包括收益能力指标（区间收益率、相对基准收益率等）以及风险水平指标（波动率、最大回撤、下行风险、VaR）。此外，基于FOF投资的特点，需要对基金经理基于风险调整的收益能力做出评估，具体指标有夏普比率、索提诺比率、特雷诺指数、詹森指数、信息比率等。

第二，对基金经理的投资风格进行分析。利用定量研究的方法分析基金经理的投资风格的主要方法有收益分析法（Return - based Analysis）和持仓分析法（Holdings - based Analysis）。除去市值和风格，盈利因子和投资因子也是我们评价基金经理投资风格的重要维度。

第三，对基金经理的超额收益能力进行归因。基金经理的超额收益来源分为行业配置能力、选股能力、择时能力。评价基金经理的超额收益能力是基于其中长期的业绩表现，需要包括至少一个完整的牛熊周期及不同的市场风格阶段。

3. 投资组合构建与动态调整

在完成资产配置研究和基金经理跟踪研究的基础上，FOF投资经理会结合产品的风险收益特征等因素，构建投资组合。FOF投资经理会对组合中的基金保持关注和持续跟踪，在控制组合总体风险的前提下进行组合的优化。此外，FOF投资经理也会对组合业绩进行定期检视，包括市场表现回顾、组合业绩比较和归因，以及基金策略和执行的有效性进行检验，在此基础上对组合进行动态调整。分析师和FOF投资经理也会在贯彻风险预算原则的基础上，对组合波动率进行动态监控。FOF投资经理在投资组合的构建、组合动态调整和风险管理过程中，也会以力争获得长期稳定、可持续的收益率为目标，做好组合管理工作。

3.2.2 股票投资

股票投资流程是对股票投资理念细化分解后的具体行为准则。基于养老金投资追求中长期绝对收益的目标，股票组合的投资流程可以从以下四个环节来阐述：（1）大类资产配置；（2）行业配置；（3）个股选择；（4）组合构建。

1. 大类资产配置

股票组合的大类资产配置是确定组合中股票、债券、现金的配置比例的过程。通常大类资产配置的第一步是基于对宏观经济、国家政策、市场流动性和证券市场环境的研究判断，在组合契约的约束下，根据股票组合的投资目标，由基金经理或投资经理制订具体的配置方案。

为保证养老金资产配置不发生太大偏离，通常不建议股票组合做频繁的股票仓位调整，而是应该保持资产配置的相对稳定，以保证组合风险特征的相对稳定性；但在市场面临较大的系统性风险时，应该允许股票组合进行适度的仓位调整，以降低组合的风险。

2. 行业配置

行业配置指的是在投资组合的股票类资产中各行业所占的比重。行业配置的制定是指基于宏观环境、市场环境以及各行业相对投资的吸引力，进行行业配置的规划。行业配置过程的第一步是基于研究员对各行业的特征、宏观背景、产业政策和行业未来趋势等进行深入研究，然后由基金经理或投资经理根据自身的行业分析判断，在遵守组合契约的前提下，兼顾风格资产的配置需求，确定组合的行业配置比例。

3. 个股选择

个股选择是指在行业配置完成后，确定各个行业内的投资标的。个股选择需考虑三个方面的因素，一是企业的基本面；二是估值水平；三是对市场运行脉络的判断。企业的基本面分析包括企业的商业模式、竞争优势、管理层素质、行业背景等各个方面。估值分析则需要对不同类型的企业采用不同类型的估值指标，如对于稳定成长型行业的公司更多地关注 PE，对于价值型的公司则更多地参照 PB。市场运行脉络对个股选择的影响也很大，在不同的市场阶段，不同风格类资产的风险收益特征会出现明显的差异。因此，在个股选择中，需要全面关注影响个股投资价值的各种因素，综合分析和判断，侧重选择在上述三个方面均具有吸引力的公司。

个股选择首先是基于行业研究员深入的研究工作，完成行业策略的分析和重点公司的挑选，然后与基金经理或投资经理进行个股研究论证和实地调研，由基金经理或投资经理挑选行业中的个股。

4. 组合构建

组合构建是指在上述三个层面的基础上，确定个股在组合中的权重。个股投资权重的确定，很大程度上取决于对所选择个股相对投资价值的比较和判断，这需要基金经理或投资经理具有较深的研究积累和较强的投资经验。组合构建首先需要基金经理或投资经理结合市场环境和契约制订投资组合的配置计划；其次，基金经理或投资经理需要分析行业内个股的风险收益特征，考虑组合总体的风险暴露情况，最终确定所要选择个股的投资比例；最后，基金经理或投资经理还需要根据市场情况变化及时调整个股投资权重，对组合整体的风险收益特征进行再平衡。

3.2.3 债券投资

养老金投资在固定收益投资上有着天然的优势，这主要基于其投资期限较长、负债端稳定、流动性要求适中，能够在较为安全的前提下获得长期稳定的固定票息，避免负债不稳定冲击导致的资产价格变现亏损，反而可以在金融市场流动性冲击时把握逆周期"捡便宜货"的机会。同时，养老金可以利用组合投资策略（如基于长期的企业历史违约率数据）将整个投资组合的风险和波动率降到比股票与股权投资更低的水平，还能持续地获得超越无风险利率的超额收益率。养老金投资信用债，强调立足长期、获得持续稳健的票息，因此更加关注行业间的周期轮动，更加关注微观企业抵御周期波动能力和持续经营能力。

1. 固定收益投资流程概括

简单而言，固定收益投资流程大致可分为策略分析和信用分析两个方面。

策略分析主要是在对宏观基本面进行紧密跟踪和分析，对经济周期和货币政策等运行态势做出判断的基础上，结合对债券市场收益率曲线、供求状况、市场流动性等要素的研判，在投资组合目标与约束条件下确定债券投资组合的久期目标和大类资产配置比例，最后通过择时与证券选择，落实各大类资产内部的具体构成。

2. 信用分析

信用分析的流程可进一步拆分为首次配置时系统分析和持有期持续跟踪两部分。鉴于养老金投资周期更长、风格更稳健，因此更加侧重于不同行业中长期景气度的相对变化，把握周期均值回归的机会，规避趋势向下的陷阱。

在信用风险暴露越来越普遍的背景下，各类固定收益投资机构高度重视债券投资的信用风险管理，其中大型资管机构均建立了专业的信用分析师团队，按照行业和券种分工，每位分析员在各自负责的行业内结合不同券种的特有属性给出个性化的意见。

在研究方法上，分析师会整合评估发债主体的行业情况、公司经营、财务状况以及外部增信与债券条款，综合把握信用风险。考虑到养老金负债端稳定性较好，因此养老金投资信用债的研究方法，更加侧重于把握行业中长期的发展趋势，赚取行业周期轮动的钱。

行业分析层面，分析师主要通过研究行业周期性强弱、行业生命周期、产业链位置、政策支持及行业壁垒，把握行业的特定风险。一般而言，可以以波特五力模型作为分析框架。具体而言，行业周期属性决定了发债主体抵御经济周期波动和抗风险的能力，周期性强的行业信用风险整体高于周期性弱的行业。行业所处的生命周期决定了行业的空间和竞争的激烈程度，因此影响到企业的经营风险。行业所处的产业链位置也对判断企业经营风险很重要，这决定了企业上游采购中的占款能力和下游销售中的回款能力。在政策支持方面，分析师会重点关注政策支持的可持续性以及判断政策支持力度变化后的产业走势。最后，行业壁垒高低也对企业信用资质至关重要，进入门槛较高的技术密集型和资本密集型行业中的龙头公司往往能够更加长期稳定地经营。总之，行业分析是信用分析最重要的部分，只有深刻了解了行业特征才能做到预判性和前瞻性，才能在中长期把握住行业周期轮动带来的投资机会，并规避中长期趋势下行中的行业投资陷阱。

公司经营层面，分析师重点关注公司股东背景、行业地位、竞争优势、经营战略、治理结构、信息披露质量等维度。一般而言，股东背景实力雄厚、行业地位高、竞争优势明显、经营战略符合行业规律与现有资源禀赋、公司治理结构稳定、信息披露质量高的公司信用资质越好。具体而言，股东背景影响公司获取股东支持和其他外部支持的能力；行业地位与竞争优势分析强调的是公司在该行业长久立足发展的核心竞争力，以及公司在一定的时间内能够维持行业地位与竞争优势；经营战略则影响企业长期发展的方向以及潜力，战略的实施不仅需要符合行业发展规律，而且需要与公司现有的资源禀赋匹配；治理结构分析需要关注公司管理者的风险，重点考核管理者的人品、诚信度、融资动机、道德水准、教育程度、历史经营记录、从业经验以及管理层、股东层面的稳定性。信息披露质量分析关注企业公开资料信息披露的质量，重点关注是否存在虚假陈述与误导性信息。

财务分析层面，分析师主要采用定量的方法来考察公司的信用资质，并结合行业分析和公司经营分析进行交叉验证。首先，分析师会通过利润表和资产周转率、应收账款周转率以及存货周转率等经营指标来印证企业行业特性和经营特点；其次，分析师会着重分析企业的债务负担和债务期限结构分布，与企业的现金流指标相结合来判断企业在未来一段时间内的偿债能力；最后，分析师会着重分析企业的资产质量，判断其资产是否真实，计量方法是否稳健，资产的流动性是否良好等。一方面资产也是最后可以变现用来还债的，另一方面还可以避免出现巨额的资产减值等不利事件。

信用分析的关注焦点与股票分析的不同之处在于，信用分析更多地关注企业的风险点，因收益空间有限。此外，信用分析还有特有的增信措施和条款约束，这也需要信用分析师根据不同个券具体分析。目前大多数市场机构都会根据以上分析框架，定性和定量结合建立自己的评级框架。

最后，信用分析同样需要坚持长期投资理念，注重安全边际。这就需要高度重视前瞻性研究，即前瞻性地预判行业发展趋势，结合行业运行特性与公司经营基本面跟踪，守住现金流安全的底线，动态评估个券信用资质；同时利用估值分析方法（同类型横向比较、历史纵向比较、一二级利差分析等）综合考虑安全边际，判断投资的性价比。只有坚持长期投资理念，方能持续稳定地为客户创造价值。

3.2.4 股权投资

个人养老金具有风险偏好低、追求确定性、资金期限长的特点；股权投资具有风险高、流动性较差、交易成本高等特点。因此，个人养老金投资股权类项目需要非常慎重，须制定与资金属性相匹配的投资流程。

可以从投资定位、投资过程、投后管理和投资退出等几个方面考虑。

1. 投资定位

以下企业的股权投资特点与个人养老金的资金属性较为匹配：

第一类，企业所处行业景气度高、成长性确定、商业模式清晰、财务基础扎实、经营性现金流良好、估值合理、合规性高，实现 IPO 或并购退出。

第二类，企业所处行业集中度提升、具有较强整合能力或身为行业龙头、企业回购能力强，配合企业进行整合性收购、持有一定周期后由企业并购退出。

第三类，参与退出路径清晰的上市公司非公开发行，选择上市公司基本面扎实、募投项目经济性好的企业。

另外，养老金投资股权类项目应选择符合国家经济转型、重点扶持的行业，聚焦行业龙头、创新驱动的高新技术企业；选择能满足大众物质需求和精神需求、市场空间大的产业，聚焦新兴消费领域的创新性企业。对于拟投资行业，应建立长期持续的研究体系，寻求与产业资源的直接合作机会。

个人养老金投资股权项目应避免冷门、偏门的小众行业，也应避免中早期项目，更要回避"追风"或者"造风"，避免击鼓传花的资本游戏风险，秉承精耕细作的理念和定位。

2. 投资过程

个人养老金的股权投资过程需要体系化，从项目遴选、投资意向、尽职调查、投资谈判等形成完善的体系制度。

由于股权投资的信息公开化程度低、内容非标准化、交易成本高，因此项目遴选和投资意向工作甚为重要。

项目遴选一方面要符合上面提到的项目定位，另一方面需要基于长期的研究工作，对拟投资标的的价值进行初步判断，决定是否值得花费较高的时间成本和财务成本。同时，在开展深入投资工作之前需要形成基本的投资意向和框架性条款，提高投资工作的整体效率和有效性。

尽职调查过程中，需要聘请有一定行业影响力和良好口碑的中介机构进行财务/法务尽职调查。为了提高项目的研判能力，必要时可以聘请第三方机构进行独立的业务尽职调查：一方面针对拟投资标的本身的情况进行客观深入的研究，包括创始人的背景、业务竞争力、发展可持续性、上下游关系等；另一方面，更需要对拟投资标的所处行业的前景、现有及潜在竞争对手进行详尽的信息挖掘。

尽职调查的过程是充分暴露风险的过程，股权投资标的针对非上市公司，没有公开、透明的企业信息可以参考。这就更需要通过行业研究和尽职调查两个方面的深入工作去控制风险——行业研究判断行业趋势、得到关于行业的客观判断，尽职调查获取公司较为详尽的财务和业务信息，更为重要的是创始人的信息。

尽职调查为投资判断中的条款设计提供了有力的支撑，投资判断需要对潜在的各种风险进行覆盖，分类处理。同时，需要重点关注拟投资标的的履约能力和履约意向，避免"空头支票"。

3. 投后管理

投后管理对于控制投资风险非常重要，一方面是针对行业研究和尽职调查中暴露的风险进行定期评估，另一方面更是针对行业/企业发展、资本市场的动态变化进行及时决策判断。

在投资谈判中，需要对投后管理的权利进行充分主张并在投后积极行使。定期或者不定期地与核心管理层进行沟通、监测财务指标和经营指标。考虑到个人养老金的资金期限长，投后应避免企业因为追求短期业绩而过分逐利或者透支经营资源。

无论任何退出方式或者任何资本市场制度，企业的良性、可持续发展才是资本市场获利的稳定基石。因此，投后管理也应避免给被投资企业管理层过分"施压"。

对于行业的政策或者产业动向、竞争对手、资本市场制度等突发情况，还是需要从长期的角度去理解现象、化解风险，有时候也要有跟被投资企业"同舟共济"的心态，只要企业的管理团队稳定、经营正常，短期波动是可以通过长期发展来化解的。

4. 投资退出

股权投资的价值增值一方面来自由流动性改善带来的跨市场定价，另一方面来自企业的业绩成长。

不过，在资本市场监管越发严格、供给越发充分的大背景下，单纯依靠跨市场套利越来越难获取"暴利"。这就需要在投资之初选择合理估值的标的，也需要对投资退出收益不能有过高、不切实际的期望。

对于 IPO 退出，在减持时机上需要选择合理的时间窗口。个人养老金期限长，解禁后有充分的缓冲期，投得好也要卖得好，才能获取最大化收益。

并购退出是 IPO 退出的有效补充，但并购退出需要找个好的"买主"，应找有产业整合能力或者延展能力的优秀上市公司，回避单纯的资本运作或者"卖"利润的行为。

总之，个人养老金的投资管理从长期看要求低风险、高确定性，风险控制在个人养老金的股权投资中应是首要思考的问题。风险控制又是一个体系，不是单纯的标的或者条款所能解决的，需要在行业研究、投资过程控制等环节进行"组合拳"，坚持符合定位的投资方向，及时掌握企业动态，有所为有所不为，在能力范围内、与资金属性匹配的框架下操作。

3.3 严谨的风险控制体系

长期投资离不开长期有效的风险管理，严谨的风险控制体系是个人养老金稳健发展的基石。长期的风险管理应贯穿投资的全过程，不仅需要贯彻长期的风险管理理念，制定全面的风险管理制度和流程，也需要落实有效的风险控制措施。

1. 着眼于长期的风险管理理念

长期的风险管理理念主要包括"从长期出发"的风险管理理念、持续强化的团队风控意识、严格的投资行为规范和明确的风控责任与考核。

（1）"从长期出发"的风险管理理念。从长期出发决定了个人养老金投资应着眼于长期，坚守价值投资理念，确定长期风险管理目标，分散投资风险，控制各类资产的投资比例及目标风险。

（2）持续强化的团队风控意识。建立全面、深入的合规及风险培训体系，包括不同类型、不同形式的合规及风险培训，不断提高团队的合规及风险管理意识。

（3）严格的投资行为规范。明确团队的禁止性行为，每位团队成员都应承诺遵规守法并承担相应的责任和义务，同时接受不定期的稽核检查。

（4）明确的风控责任与考核。"合规和未发生重要风险事件"应作为前置条件纳入长期投资工作目标，从而将风险控制的责任落实到团队的每个成员，形成全员风险管理的文化。

2. 全面的风险管理制度及流程

全面风险管理制度及流程包括基本管理制度、投资管理制度、流程和操作指引等多个层面的制度流程和体系，将风险控制职责、控制措施、监控指标等贯穿长期投资过程，并通过制定明确的岗位职责以及定期更新的 KPI 考核指标来保障制度流程的有效执行。全面的风险管理应贯穿事前、事中、事后的投资全流程。

（1）事前制定风险控制指标和方法。在投资运作前，通过全面梳理风险指标并采用多级证券库、行业配置限制、投资权限及限额、风控指标设置等方法，分析检测和控制风险，并通过负面新闻预警和压力测试等手段，有效识别和防范相关投资风险。

（2）事中对投资风险指标全程检查和控制。建立实时有效的系统化工具控制投资过程中可能发生的风险，当相关风险指标出现异常或市场突发风险事件时，立即提示相关人员并采取相应的控制措施，及时监控相关投资风险。

（3）事后对风险持续跟踪和报告。实时跟踪和评估投资风险，形成风险监控分析和绩效评价报告，及时向相关人员汇报和揭示风险并提出风控建议，确保长期投资风险安全可控。

3. 有效的风险控制措施

有效的风险控制措施才能为长期投资保驾护航，针对投资中的市场风险、流动性风险和信用风险三大主要风险，要构建一整套规范完备的投资风险评估、分析和控制体系，主要包括以下几个方面。

（1）全面覆盖的投资风险管理指标体系。运用定量分析与定性分析相结合的方法，分别在投资组合、各类资产、个券层面逐级分解，构建起全面、严格的投资风险管理指标体系，包括权益类、固收类及其他类风险管理指标体系。

（2）严密的投资风险监控。通过对风险指标体系的梳理，确定系统控制的合规风险指标和投资风险指标，进行事前、事中、事后的风险控制。根据每日投资交易情况，对各投资组合的合规指标、风险指标和绩效情况分别编制监控报告。当相关指标出现异常时，及时向投资人员提示，并向相关管理人员报告。

（3）及时有效的投资风险管理工具。建立全面覆盖投资全流程的风险管理平台，系统化实现事前的风险预警、事中的风险控制、事后的风险评估分析，通过定性与定量相结合的方式，深入投资交易各环节的风险控制，及时高效跟踪投资组合风险。

（4）定期的风险监控和排查。长期开展日常稽核监控，包括投资交易监控、人员行为监控等，并形成监控分析报告。定期制订稽核工作计划，严格执行监察稽核的工作程序，包括方案准备、审计实施、报告编制、报告提交、整改及监督等阶段，切实做好风险排查工作。

展望未来，基金公司作为专业的投资管理机构，应继续坚持长期投资理念，不断完善投资团队、投资流程、风险控制体系，将基金行业过去20年长期投资的成功实践付诸个人养老金投资管理，为实现个人养老金的稳健增值作出贡献。

第三章 权益基金是提高个人养老金长期回报的关键

中欧基金管理有限公司　刘天天

摘　要　自 1998 年基金开元和基金金泰问世以来，我国权益基金已经历了近 20 年的发展，在曲折中不断摸索前行，其间权益基金既经历过 2006 年至 2007 年投资收益和营销扩张"双轮驱动"，基金规模份额迅速增长的黄金时代，也经历过 2011 年至 2013 年的持续收缩时期。从海外经验来看，权益基金与个人养老金投资密切相关，美国市场实现了权益基金与个人养老金的共同繁荣，而德国未能建立起权益基金和养老金间的有效联系，养老金的发展也遭遇了瓶颈。养老金具有长期性、收益需求、定期小额连续供款等特征，只有权益基金能满足养老金投资的收益需求，而在长期投资中权益基金也能克服波动大、收益不稳定的问题，并有较高的概率获得正回报，天然契合养老金投资。为了让我国的权益基金能更有效地服务于个人养老金投资，未来需要进一步加强基础市场的建设；改善基金管理人的治理，向职业化、专业化转变；并加强投资者教育，引导投资者形成正确的认识和理念。

关键词　权益基金　养老金　回报　长期投资　关键

1　权益基金的定义及其在海外个人养老金中的运用

自 1998 年基金开元和基金金泰问世以来，权益基金作为我国公募基金中最先起步也是最主要的基金品种，已经历了近 20 年的发展。

1.1　权益基金的定义

什么样的公募基金可以被称为权益基金呢？

顾名思义，权益基金是指以权益类资产为主要投资对象的公开募集证券投资基金。对于权益类资产，虽然目前暂无官方的权威定义，但按照市场形成的共同认知，在当前公募基金的投资范围内，权益类资产主要包含股票和权益基金本身两大类。

在这种情况下，权益基金在我国公募基金的现有类别序列中就包含了股票基金、股票投资仓位下限在 60% 以上的混合基金（以下简称偏股混合基金），股票型 FOF 以及权益类资产投资仓位下限在 60% 以上的混合型 FOF（以下简称偏股混合型

FOF），目前股票型 FOF 和偏股混合型 FOF 均未正式面世，故不在本文讨论范围内，我们仅以股票基金和偏股混合基金代表权益基金。

其中，按照《公开募集证券投资基金运作管理办法》（以下简称《运作管理办法》）中的表述，股票基金是指百分之八十以上的基金资产投资于股票的基金，而偏股混合基金，结合我们的股票仓位下限要求，可以将其定义为百分之六十以上的基金资产投资于股票的混合基金。

1.2 权益基金发展概况

20 年来，权益基金在曲折中不断摸索前行：既经历过 2006 年至 2007 年投资收益和营销扩张"双轮驱动"，基金规模份额迅速增长的黄金时代，也经历过 2011 年至 2013 年的持续收缩时期，截至 2017 年末，剔除 ETF 基金规模重复计算的部分，权益基金数量为 1291 只，资产管理规模约为 1.41 万亿元。

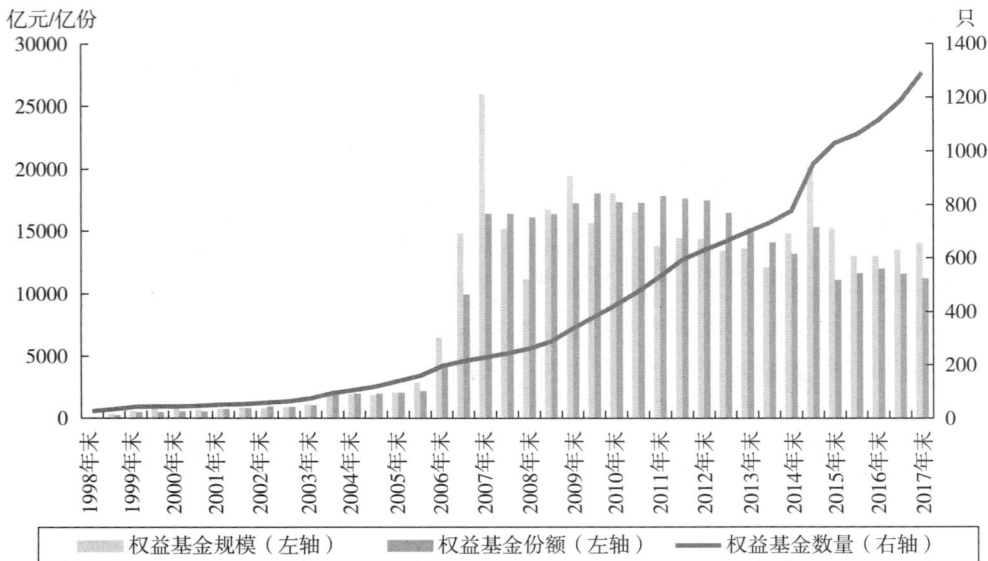

资料来源：Wind，中欧基金整理，数据截至 2017 年 12 月 31 日。

图 1　国内权益基金规模、份额及产品数量历年情况

除了规模的增长，我们还可以看到权益基金在其发展过程中实现了较好的投资回报率，权益基金（以中证股票基金指数（2003 年至 2007 年）和中证偏股基金指数（2008 年至 2017 年 12 月）为代表，下同）自 2003 年以来实现了接近 600% 的累计回报，年化收益率约为 14%。

当然，我们也必须清楚地认识到权益基金仍非国内投资者的首选投资品种，也未成为我国 A 股市场的主要参与者：

从国内投资者金融资产的构成来看，根据中国证券投资基金业协会整理的 2015 年国内家庭主要金融资产投资结构，公募基金在家庭金融资产中的占比不到 4%，而权益基金规模占比更是仅为 1% 左右。

若考量权益基金所持有的股票市值（假定平均股票仓位为 85%）占 A 股总市值和流通市值的比重，截至 2017 年末，权益基金持有的股票规模占 A 股市场总市值和流通市值的比例则分别仅为 2.48% 和 3.13%。

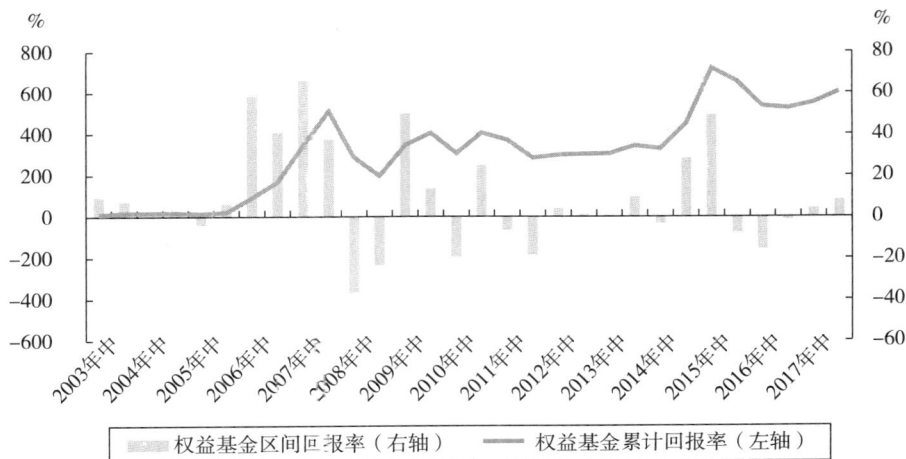

资料来源：Wind，中欧基金整理，数据截至 2017 年 12 月 31 日。

图 2   国内权益基金业绩情况

1.3   权益基金在海外养老金体系中的趋势

海外成熟市场的养老金体系已经历过众多市场周期，在如何运用权益基金的问题上已积累了丰富的经验和教训，值得我们学习。其中，美德两国差异巨大，分别代表了充分运用权益基金和几乎不使用权益基金的情况，最具借鉴意义。

1. 美国的情况

美国养老体系，特别是其中的个人养老资金非常重视对权益基金的运用并大规模投向权益基金，推动了权益基金长期稳定的规模增长。

当前以 DC 账户和 IRA 账户为代表的个人养老资金已经成为美国市场权益类共同基金最主要的参与者，不仅投向权益基金的绝对规模不断提高，而且在美国权益基金中的占比也逐年走高，截至 2016 年末，个人养老资金投向权益基金的资产规模超过 6 万亿美元，占比则超过 61%。

从新增资金流向的维度来看，除了 2008 年等少数极端年份外，个人养老资金基本上可以保证每年向权益基金提供相对稳定的供款，并在大多数年份保证了资金持续流入权益类共同基金，是权益基金规模实现持续增长最主要的因素。而在剔除个人养老资金的体量后，其他渠道的资金向权益基金历年的流入流出则具有较大的不稳定性。

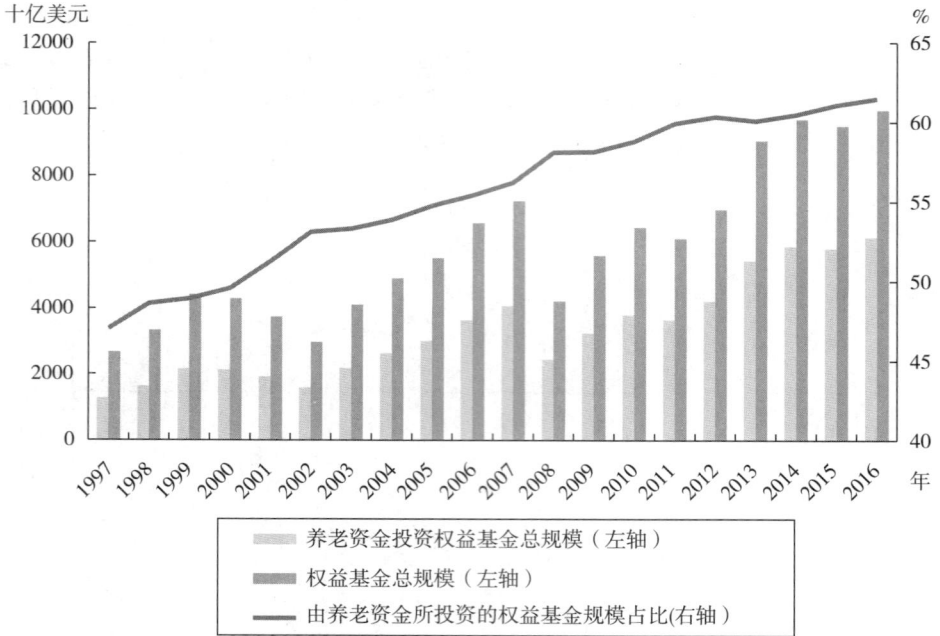

资料来源：ICI，中欧基金整理，数据截至 2016 年 12 月 31 日。

图 3　美国养老资金投向权益基金总规模及占比

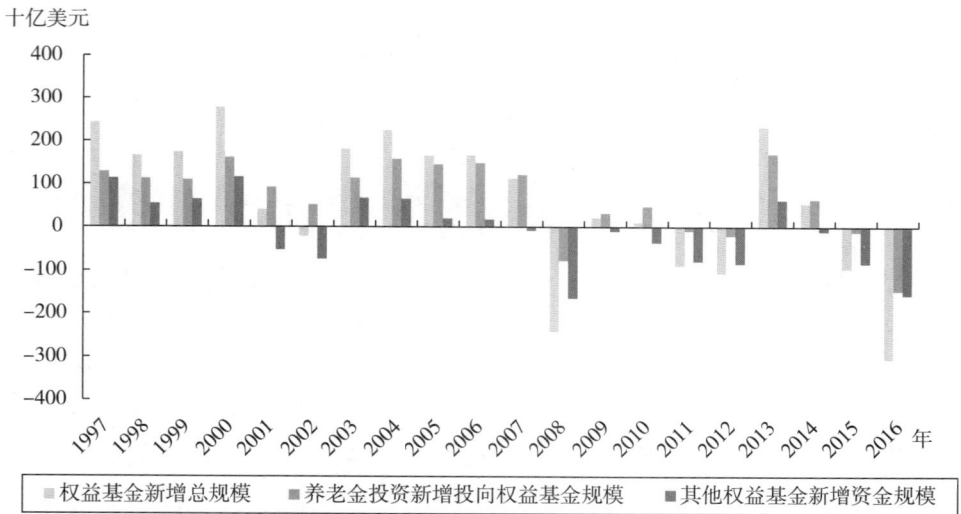

资料来源：ICI，中欧基金整理，数据截至 2016 年 12 月 31 日。

图 4　美国养老资金投向权益基金总规模及占比

2. 德国的情况

与美国相反，德国的养老金体系更注重安全性，相比权益基金甚至相比公募基金，更偏好于配备保单和银行储蓄计划等。因此德国的权益基金在其养老金体系中并未扮演重要角色。

以德国在 2001 年养老金改革后推出的里斯特养老金为例，虽然有 20% 的养老金合约为基金，但其中超过六成的合约仍是保险。

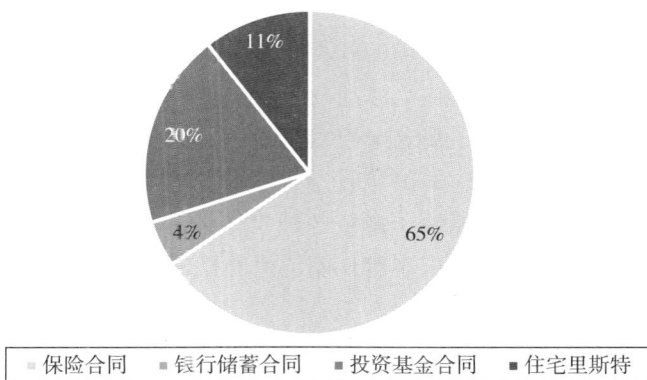

资料来源：德国劳动与社会事务部（BMAS），http：//www. bmas. de/DE/Themen/Rente/Zusaetzliche – Altersvorsorge/statistik – zusaetzliche – altersvcrsorge. html？ nn = 67546。

图 5　里斯特养老金合约构成

这种过度保守的投资安排，导致里斯特养老金收益率过低，保障力度不足：德国学者 Kornelia Hagen 和 Axel Kleinlein[①] 指出，2001 年刚引入里斯特计划时，保证收益率为 3. 25%；2007 年该计划的保证收益率下降为 2. 25%；2012 年，保证收益率再次下降为 1. 75%。同时，收益率低的缺陷也导致里斯特计划对国民的吸引力减弱：德国经济研究院（DIW）在里斯特改革推行十周年之际的研究报告中指出，目前共有 1500 万人参与了个人养老，要比德国当时预计的少了 60%。

2　权益基金的特征与个人养老金投资的属性高度契合

从海外实践经验可以看出，权益基金对于海外个人养老金投资是至关重要的。同时从产品特征上来看，权益基金也是个人养老金投资的不二选择。

2.1　个人养老金投资的属性

与其他资金的性质不同，个人养老金投资有其独特的属性。

1. 长期性

长期性是个人养老资金投资的首要特征，从投资者职业生涯起步开始计算，养老金的投资期限至少可达 40 年，甚至会超过 60 年，远超其他资金的投资期限。

一方面，长期性会放大养老金投资的复利效应并提高其对波动的容忍度。其中，

[①]　Kornelia Hagen，Axel Kleinlein. 里斯特运行的十年，没有理由庆祝 [J]. Qiw Economic Bulletin，2012，2（2）.

复利效应的放大体现为短期收益率的微小差异在养老金投资中可能会对最终结果产生重大影响，甚至会决定养老金积累的规模是否足以支付投资者的养老开支；而所谓提升对波动的容忍度则主要是指在养老金投资过程中，市场的中短期波动并不一定会给投资者造成真正的亏损，市场的长期走势对养老金更为关键。因此，长期性决定了养老金投资具备通过适度提高波动以换取更高收益的条件。

另一方面，长期性也加大了养老金投资的难度。首先，过长的投资期限将使投资管理人很难找到与其期限匹配的固定收益类资产，容易出现以短期限资产去匹配长期限负债的困境；其次，长期性还将使各种投机性方法不再有效，投资管理人必须进行扎实的基本面研究并挑选出具有长期价值的投资标的。

2. 收益要求

个人养老金投资属于补充养老金范畴，其主要目的并非解决投资者的温饱问题，而是希望投资者能以此进一步提高退休后的生活水平，达到退休后生活水平不下降，进而实现"美好退休生活"的目标，因此个人养老金投资势必应当满足一定的收益率水平。

从人力资本和金融资本间的转化特征来看，投资者个人养老金的积累主要源于其在职期间的每年供款和养老金的投资回报，而退休后个人向养老金账户的供款将基本枯竭且养老金的投资目标将由资本增值让位于现金流供给，养老金资产的规模将难有进一步的实质性增长，投资者必须依靠退休前积累的养老金资产来应对退休后的日常开支、通货膨胀、医疗和其他应急支出，在人口平均寿命不断增长的前提下，如果个人养老金在投资过程中过于注重安全性，则极容易导致投资收益积累不足，出现"人还在，钱没了"的局面，遭遇长寿风险。

3. 定期、小额、连续供款

另外，由于完成养老金的积累需要投入较多的资金，一次性投入对投资者来说并不现实，因此通常情况下个人养老金的供款往往来自投资者定期的工资收入，具有每期定时供款、少量供款、分批买入投资产品的属性。这种属性使养老金投资与长期定投具有天然的相似性，也就意味着对养老金投资来说，投资时点的选择并不重要，买在高点或者买在低点对投资者来说都仅仅是一小笔资金，对养老金投资不会产生实质性影响，而资产的长期收益率才是决定个人养老金投资结果最关键的要素。

2.2　养老金投资中只有权益基金才能提供可持续的足额收益

个人养老金投资属性中对收益的要求决定了其回报必须能长期实现一定水平才能实现养老目标。其长期属性又意味着只有权益投资才有可能达到这一收益水平。最后，小额连续供款的特征则决定了权益基金将成为个人养老金进行权益投资的不二选择。

为什么养老金长期的主要投资选择只能是权益类资产呢？从大类资产的长期表现来看，固定收益类资产主要受久期、评级和杠杆三类要素的影响，对养老金投资来说，其投资期限通常会达到 40 年以上，因此几乎无法找到与其期限匹配或超越其期限的固定收益类资产，通过拉长期限放大固收投资收益的手段失效，个人养老金在固定收益投资方面将长期面临"长钱短投"的问题，因此如希望提供固定收益投资的回报率使之与养老金收益要求相匹配，只能选择加大杠杆或降低所投资产的信用评级，但这样无疑使整个养老资金都面临更大的系统性风险。退一步而言，即使短期内因为市场的错误定价等原因，能找到相对收益率较高的中短期固定收益类资产，如房地产信托等，这类资产也是规模有限且不可持续的，无法向个人养老金提供足够容量以及足够长时间的供给。

权益类资产则不同，其天然满足养老金投资的收益要求并具备长期投资的属性。虽然投资期间可能会出现一定的波动，但从长期回报来看，权益投资相对固定收益类投资是可以取得显著的超额回报的，且通过长期复利效应，权益投资在收益率上的优势在长期将被进一步放大。此外，权益投资一来自身并无期限限制，二来其是从企业的成长中获益，只要企业能不断成长发展，权益投资就可以持续获得回报，这一特征无疑与养老资金投资的长期性也有很高的契合度。

当然，对个人来说，虽然权益投资是主要的方向，但若直接投向权益市场也不合适。一来个人养老金虽然总量巨大，但若分摊到个体，其每期的供款往往数量较少，即使足够直接购买股票等权益资产，也根本无法做到分散投资，个人投资者将被迫承担大量的非系统性风险。二来如前文所述，养老金的权益投资更注重挖掘长期价值，需要深度基本面研究和严格的投资纪律性，个人投资者在专业度和执行力方面和机构投资者相比存在巨大的缺陷，因此权益类资产直投效果往往较差。因此适合个人养老金投资的权益工具需要同时满足小额、分散、专业等条件，也就意味着权益基金是个人养老金投资权益资产的最优解。

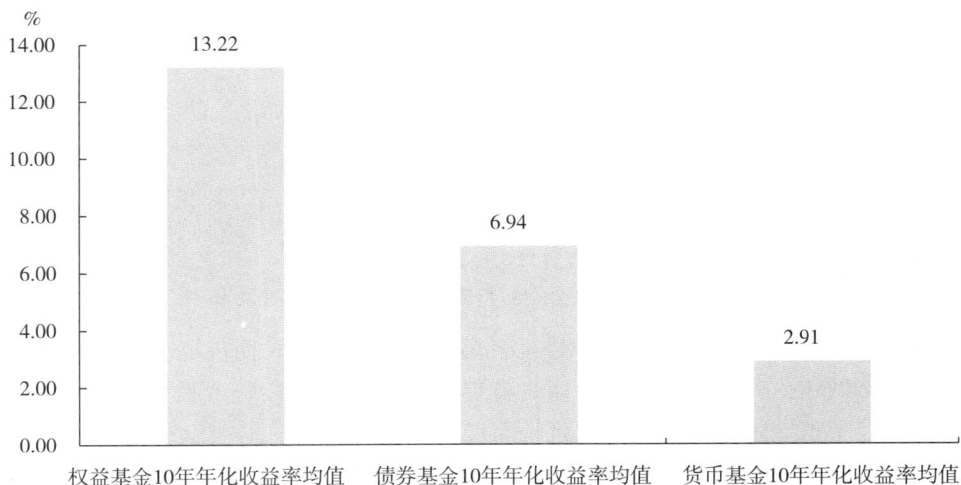

资料来源：Wind，中欧基金整理，数据截至 2017 年 12 月 31 日。

图 6 各类基金长期收益率比较

2.3 长期投资能够显著改善权益基金的投资体验

1. 权益基金的波动性能够随着持有期限的延长而降低

权益基金由于会将较多的资金投向股票等短期波动较大的资产类别，故一旦在错误的时点进入，往往短期就会出现较大幅度的回撤，给投资者造成较大的亏损并影响投资者的投资体验和持续投资的积极性。以中证股票基金指数回报率为例，若自任一时点开始持有中证股票基金指数 1 年，则持有期收益率的年化波动率高达50%，在如此高的波动率下，暴涨暴跌屡不见鲜，投资者既无法获得稳定的赚钱效应，更不会形成正确的长期投资理念。

但实际上，短期的波动大并不意味着长期回报的确定性低，如果我们跳过实现收益的路径，仅测算不同时点长期投资的结果，则可以发现长期投资能在很大程度上缓释权益基金的短期波动。同样以中证股票基金指数回报率为例，若将持有期延长到 3 年、5 年和 10 年，则持有期年化收益率的波动情况显著下降至21%、13%和5%左右，这种情况也就意味着，随着持有期限的延长，权益基金的回报率也会具有非常高的稳定性，投资者的不确定性会大大降低。

%

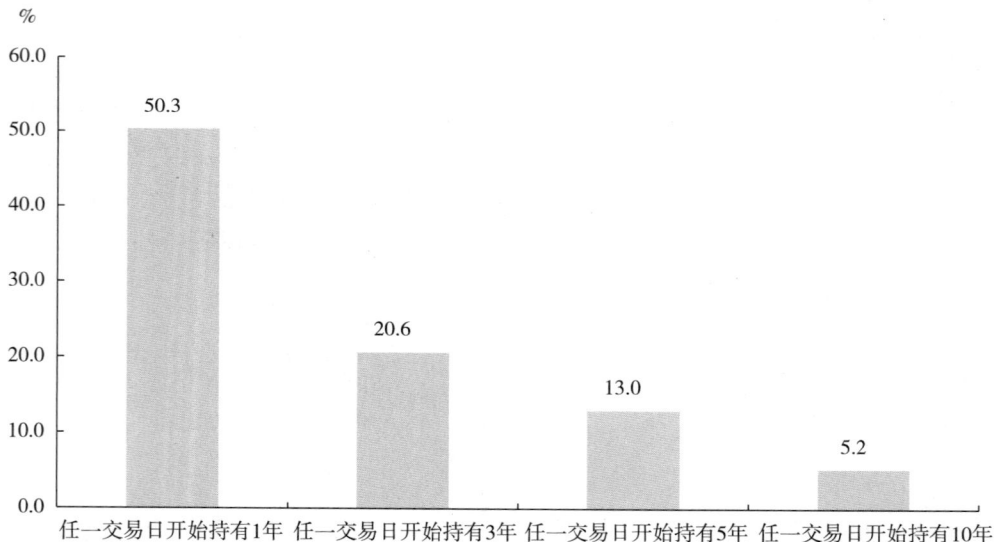

资料来源：Wind，中欧基金整理，数据截至 2017 年 12 月 31 日。

图 7   中证股票基金指数持有期年化收益率的波动率

2. 权益投资获取正收益的概率能够随着持有期限的延长而提高

除了降低年化回报的波动率，使收益更加稳健之外，投资者投资权益基金获取正收益的概率也能随着持有期限的延长而提高。

我们用相同的方法统计了在任何时点持有中证股票基金指数 1 年、3 年、5 年、10 年所获得的收益率中负收益的概率，也可以看出投资者在任一时点投资股票型基金指数，持有 10 年，都不会出现亏损；持有 5 年，则有约87%的概率盈利；持有 3

年，亏损概率则会显著上升至 25% 左右；而持有 1 年，亏损概率则会进一步提高至 31%。

表1　　　　　　　投资中证股票基金指数在不同持有期下盈利概率

	任一交易日开始 持有 1 年	任一交易日开始 持有 3 年	任一交易日开始 持有 5 年	任一交易日开始 持有 10 年
盈利概率	68.9%	75.3%	86.9%	100.0%

资料来源：Wind，中欧基金整理，数据截至 2017 年 12 月 31 日。

3　权益类基金服务个人养老金投资亟待完善三要素

虽然经过 20 年的发展权益基金已日趋成熟，形成了完备的投资体系、规范的运作模式和多样的投资风格，但为了使权益基金能更好地服务于个人养老金投资，未来仍需要从以下三个关键要素入手加以改善。

3.1　加强基础市场的建设

基础市场的优劣是权益基金创造业绩最根本的来源。因此，首先应进一步加强基础市场的建设。

1. 引导长期投资

虽经多年发展国内资本市场逐渐成熟，但仍有较显著的散户化特征，投资者持有资产周期较短：从兴业证券的统计数据来看，自 2006 年以来，A 股市场平均日换手率超过 1.6%，换算成年化数值后则超过 400%，而美国权益基金过去 33 年（1984—2016 年）平均年化换手率仅为 57%，仅为 A 股市场的 1/7。

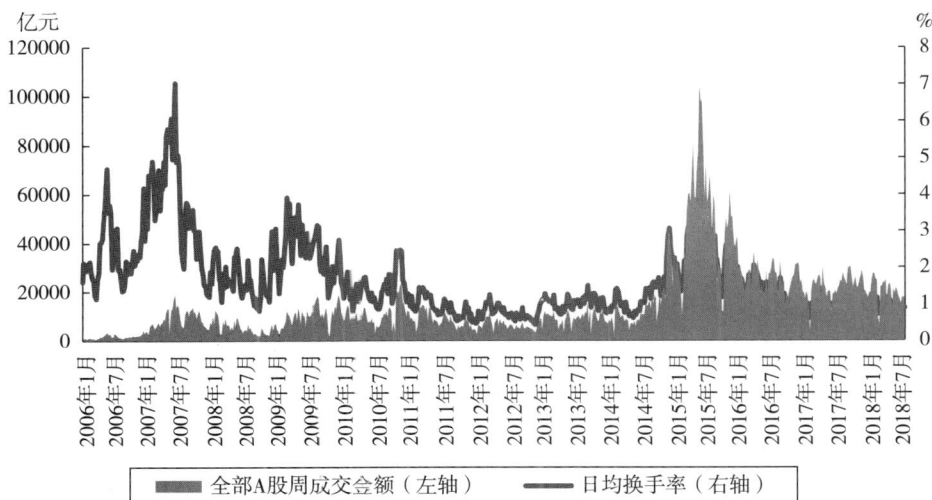

资料来源：兴业证券，数据截至 2018 年 7 月 13 日。

图8　A 股市场换手率数据

换手率过高引发了 A 股市场的较大波动，以上证综指为例，即使考察滚动持有5 年回报率的年化波动情况，仍可发现其是同期标普 500 指数的 1.7 倍，纳斯达克指数的 1.6 倍。而较大的波动又会进一步加剧投资者行为短期化，导致其兑现短期亏损，影响盈利体验，特别是当投资者在相对高点进入市场时，面对剧烈的波动，极容易遭受重大亏损。

在这种情况下，A 股市场亟待从以下几个方面强化其长期导向：首先，可以制定政策赋予长期投资更多优惠，推动资本市场通过长期投资切实服务实体经济并分享经济增长的红利；其次，应当着力引入多样化的长期资金和机构资金，改变 A 股市场散户化、短期化的特征，当 A 股市场形成以机构为主的格局时，利用信息不对称的短线交易将再无盈利空间，市场自然将转向低换手、低波动的长期投资模式；最后，应加强对短期投资交易行为的管理，增加短线交易的违规成本。

2. 改善上市公司治理

同时，我国基础市场中上市公司的治理也需要进一步改善。目前上市公司中鱼龙混杂，既存在真正优秀的企业，也有泡沫严重、估值虚高的垃圾股。这些垃圾股本身没有投资价值，对投资者来说只能进行"零和博弈"，部分投资者的盈利一定源于其他人的亏损，这样既无法实现社会财富的真正增长，也无法让养老金践行长期投资理念。当然，近年来股市的环境在监管机构的大力整治下已确有显著改善，但偶有"漏网之鱼"还是造成了恶劣的社会影响，在损害投资者利益的同时也破坏了市场建立起的信心。

针对此问题，我们认为应当从两个方面加以进一步改善：（1）保持新股发行速度并引导代表中国经济发展的优秀企业在中国 A 股上市，通过市场手段实现投资标的的优胜劣汰，防止基础资产的泡沫化。（2）监管机构须严格执法，加大对劣质上市公司的处罚力度，并注重处罚的社会效应，达到罚一劝百的功效。

3. 进一步拓宽投资范围

投资宽度决定了投资有效前沿的高度，近年来随着股指期货、股票期权、沪港通、深港通陆续加入公募基金的投资范围，权益基金的投资范围实现了显著扩大，已经可以满足基本的配置需求。但也必须看到，权益基金在海外市场、另类资产方面仍存在一定的空白，仅仅通过有限的 QDII 额度和港股通显然无法满足个人养老金的海外投资需求。

进一步鼓励开放港股和海外市场投资，提高公募基金在海外投资方面的便利度，无疑会为基金管理人的资产配置创造更好的条件，有助于基金管理人实现更好地为投资者创造稳健回报这一目标。

3.2 优化基金管理人治理，进一步增强职业化、专业化

首先必须看到，在我国资产管理行业的各类管理人主体中，基金公司具有最好的运作规范性和风控意识，自成立以来一直尽职履行其承担的信托责任。当然权益

基金若要更好地服务个人养老金投资，仅仅达到前述要求还不够，基金管理人还要进一步提升"内功"，具体可以从两个方面进一步完善。

1. 优化治理结构，实现与投资者利益的密切绑定

传统基金公司的治理结构虽然可以有效地防止基金管理人和基金经理的不法行为，督促其履行信托责任，但在对基金经理激励与考核方面的设计则相对简单，一方面基金经理的收入与投资者的回报情况并不直接挂钩，难以获得与业绩相匹配的激励，基金经理无法将自身事业的成败与基金的优劣挂钩；另一方面设置了较大的短期考核压力，迫使基金管理人与基金经理为了追求考核期内的收益和排名的最优，而放弃了创造长期价值增值这一最重要的目标。

而对养老金来说，投资无疑是长期的，只有进一步加强基金公司员工、特别是基金经理与公司以及投资人间长期利益的绑定，才能确保养老资金长期利益的最大化。

（1）鼓励公司管理层、基金经理和员工持有公司股份，确保员工与公司的利益一致并激励员工从公司的长期发展中获得实利。

（2）鼓励基金经理跟投所管理的权益基金并维持相对较长的锁定期，促使基金经理投入更多精力做好其所管理基金的长期业绩。

（3）递延基金经理部分当期奖金，并将此递延部分的支付与基金经理未来管理基金的业绩挂钩，以减少短期利益对基金经理的刺激并针对基金的长期业绩"变脸"现象施以适度惩罚。

（4）建立行业失信黑名单制度，对于行为失当的人不予以从业资格注册，防止失信人员通过跳槽洗白。

（5）继续坚决打击老鼠仓等基金管理人的违法违规行为。

2. 实现投研体系的专业化、团队化

另外，我国基金业的发展时间总体来说还不长，因此基金整体投研模式还在摸索中，各类投研方法"百家争鸣"，但总体来说，基金在进行投资研究和投资决策时仍以"单兵作战"为主，基金经理一人负责，以其意见为主导，而不同基金经理间风格差异较大，投资流程的可复制性较差。这种"作坊式"的环境固然会产生一些"天赋异禀"的明星基金经理，但无法推而广之，让大多数基金经理复制其投资理念和逻辑，而该基金经理一旦离职，基金的业绩往往难以为继。

对养老金投资来说，相比投资收益率的高低，更重要的是投资流程和结果的可复制性，以及投资方法可以承载的资金容量。这样就需要基金管理人构建起严谨科学、流程化和专业化的投研体系，最大化专业以及团队的优势。诚然，专业团队化的投研模式在一定程度上无法诞生投资的"天才"，但能够培养大批量的适合养老金投资的专家。基金管理人只有通过严谨的纪律性流程、专业的业务分工和良好的团队协作机制，将传统的"作坊式"投研环境升级为标准化的投研"流水线"，才能构建起具备长期投资价值创造能力的专业壁垒，并以此为基础向养老资金持续提

供可以获取稳定超额回报的各类公募基金产品。

3.3　加强投资者教育，引导投资者正确的认识和理念

除了前述问题外，为了更好地服务养老投资，还应当注重我国权益基金在宣传推广环节的工作。

首先，需要进一步推进投资者教育工作的深入和普及。我国资管行业诞生时间短，基础教育中也尚未普及理财知识，很多投资者都是在实际投资中边投边学，难以形成正确的投资理念。此外，理财服务机构往往也从便利销售的角度对客户进行引导，而非进行诸如长期投资、理性投资、分散投资等基础理念的传播。

其次，由于其他资管行业在宣传方面的规范性较差，为了吸引客户的眼球，在宣传时进行了诸如"保证收益""绝对回报"等夸大和不实宣传，客户容易被这种具有诱惑力的表述所吸引形成错误的投资理念，从而无视看起来枯燥无味的长期理性投资，也对基金提出类似目标，一旦无法实现，就会遭到投资者抛弃。

再次，市场上还充斥着大量的所谓"经济学家"和"投资大咖"，娱乐化了投资行业，并向投资者灌输了错误的投资知识。

最后，媒体在评价资管行业时也往往缺乏客观性，或夸大了基金经理创造 Alpha 的能力，或过度解读基金的中短期回撤，培养了投资者看业绩选基金、追涨杀跌等不良投资习惯。

个人养老金是关乎国家未来的长期战略，只有在宣传引导上坚持正确的指向，才能确保我国的个人养老投资事业始终沿正确的方向前进，因而必须摒除前述干扰，并可从以下几个方面改善权益基金养老投资的宣传。

首先，应当加大对虚假宣传的打击力度，严惩恶意宣传，以净化宣传环节的风气。

其次，监管机构和行业自律组织也应在行业的投资者教育方面发挥引导作用，一方面，其可以组织制定投资者教育的标准，统一生产适合普通投资者的书面和互联网投资者教育内容；另一方面，其也可以组织行业力量开展持续投资者教育工作，通过互联网、电视、纸媒体和现场报告，扩大投资者教育的范围和频率，共同把投资者的基础教育工作做好。

再次，监管机构和行业自律组织也应重视对财经媒体从业者的基础知识教育活动，财经媒体从业者只有具备了扎实的基础知识和正确的投资理念，才能正本清源，不会被资管行业的乱象所蒙蔽，才能清楚地了解应当宣传什么，以及如何宣传。

最后，还应当加大对行业从业人员基础投资理念的考察，只有从业人员具有正确的投资理念，才能保证行业不会偏离正确的基础轨道。

第四章 依靠价值投资实现个人养老金的稳健收益

中银国际证券股份有限公司 李 珂 罗 雨

摘 要 个人养老金投资具有期限长、回报稳定、养老用途明确等优势，在税收优惠政策的推动下，预计将开启快速增长通道。本文认为价值投资策略有助于个人养老金投资实现稳健收益：价值型投资策略着力从多维度发现低估资产，在控制风险的前提下追求持续稳定的投资收益。价值投资理念和个人养老金投资的内在目标是一致的。从美国养老金投资历史来看，价值投资策略体现出低波动的稳健收益特征，即使在经济危机时期和低利率时期也能取得显著的超额收益。我国资本市场机构投资者比重不断上升，价值型公募基金产品相对优势显著。伴随着养老金制度的完善和价值投资理念的深入，价值投资策略有望帮助个人养老金投资实现稳健收益。

关键词 价值投资 个人养老金投资

1 个人养老金投资与传统养老金相比具有更高的风险收益目标

1.1 个人养老金投资的风险收益目标定位

我国正积极建立包括第一支柱基本养老金、第二支柱企业年金、职业年金叠加第三支柱个人养老金的三支柱养老金体系。目前第一支柱基本养老金覆盖率达到较高水平，第二支柱企业年金、职业年金覆盖率较发达国家还存在较为明显的差距。

第三支柱个人养老金处于起步阶段，潜力巨大。由于第一支柱基本养老金替代率长期下行，且第二支柱企业年金、职业年金发展遇到瓶颈，第三支柱个人养老金将在养老金体系中发挥越来越重要的作用。由于第三支柱个人养老金起步晚、之前缺少税收政策扶持等原因，长久以来我国养老金体系主要为第一、第二支柱：按照2016 年末的余额计算，第一、第二支柱①的占比分别为 75% 和 25%，我们预计第三支柱个人养老金将从无到有，并实现占比的逐步提升。第三支柱个人养老金具有期

---

① 根据《2016 年度人力资源和社会保障事业发展统计公报》，2016 年第一支柱和第二支柱的结存余额分别为 4.4 万亿元和 1.1 万亿元。

限长、回报稳定、养老用途明确等优势，在税收优惠政策的推动下，预计将开启快速增长通道。

1.2 价值投资有助于实现个人养老金投资目标

价值投资理念和个人养老金投资的内在目标一致。传统养老金投资（第一、第二支柱）的投资范围集中于债券及银行存款，风险较低但投资收益相对有限，适合风险厌恶的个人投资者，但是无法满足有一定风险承担能力的个人投资者。整体而言，价值投资理念有助于个人养老金投资（第三支柱）通过提高权益类资产和另类资产的比重，来获得更高的收益。

首先，个人养老投资产品为投资者提供了更多的风险收益组合。第三支柱个人养老金产品在风险收益上可以更好地补充第一支柱基本养老金和第二支柱企业年金、职业年金。个人养老金投资产品可以结合投资者的风险承受能力及未来养老需求，提供定制化的投资产品设计，灵活度较高，可以满足不同风险需求的人群。选取价值投资策略，重点在于价值投资策略在选择权益类产品及另类产品时，不仅仅注重收益，更注重资产收益的稳定性。

其次，养老投资产品更关注养老风险而非仅仅是投资风险。以价值投资策略为理念的养老投资产品关注长期性，在长期中表现优于市场平均水平，可以更好地应对投资者个体的预期寿命增长带来的预期支出增加，匹配生命周期与养老投资产品周期。

在控制风险的前提下追求持续稳定的投资收益，价值投资理念和个人养老金投资的内在目标一致。个人养老金投资产品具有期限长、回报稳定、养老用途明确、可年均化领取等独特优势。价值投资正是主张运用多种投资工具，追求持续稳定的较高回报，从这个角度而言运用价值投资有助于实现个人养老金的投资目标。由于个人养老金投资期限普遍较长，投资者可以充分利用价值投资理念进行投资来降低风险，实现安全、稳健和较高的投资收益。

2 价值投资可以有效提高个人养老金投资的风险收益边界

2.1 价值投资的传统定义

价值投资。格雷厄姆对价值投资有着明确的定义：股票价格围绕"内在价值"上下波动，而内在价值可以用一定方法测定；股票价格长期来看有向"内在价值"回归的趋势；当股票价格低于内在价值时，就出现了投资机会。

成长型投资。与价值投资相对的就是成长型投资，根据费雪和彼得林奇的阐述，成长型投资可以理解为：对发现盈利会以高出市场平均增速的公司进行投资。成长型投资重点在于从微观层面辨别公司在未来是否会真的高速成长。

作为两大流派，价值投资和成长型投资有着鲜明的区别。简言之，价值投资背对未来（发现公司的内在价值），成长型投资则着眼未来（发掘公司的成长性）。

（1）从理论出发，格雷厄姆指出"最重要的是，我面向过去，背对未来，从来不做预测"。价值投资重点在于发现公司的内在价值和安全边际、认清"市场先生"；巴菲特所说的"别人恐惧时我贪婪，别人贪婪时我恐惧"，也是基于计算内在价值的过程去深刻理解一个企业。（2）与价值投资形成对比，成长型投资则面向未来，重点在于从大量的细分子行业与公司中自下而上筛选出未来天花板高、内生性高增速可持续的公司，较少考虑公司当下的价格、相对估值的高低。

2.2 价值投资策略着力多维度发现低估资产

从风险和收益的角度来看，价值投资策略有利于实现个人养老金的稳健增长，并且从更长周期看在 A 股市场存在超额收益。国际通行的价值投资和成长型投资的数量化界定方法是以市场的估值中位数为标尺，如果主要投资于估值低于市场中位数的公司，则为价值投资；反之，则为成长型投资。实证统计表明，在 A 股市场，基于较低估值的价值投资策略有着较为明显的相对优势，容易获得更好的投资收益。我们选取 A 股 2000 年以来的上市公司数据，分别选取低 PE、低 PB 和高 ROE 策略作为价值型策略，可以发现在 2000 年以来的绝大多数年份，价值型策略的累计收益率要高于对照组。

价值投资是多维的，不是一元线性的。时代在进步，证券市场发展更是日新月异，判断上市公司价值是否被"低估"不能墨守成规，也没有永恒不变的标准。价值投资不应局限于价值股，也不适宜拘泥于传统界定的概念，价值型投资的重点在于，用多种方法、变化的思路来寻找价格低于价值，存在低估的资产。以 A 股为例，2003—2006 年，盈利是发现价值的利器，低 PE 相对于高 PE 超额收益显著；2007—2014 年，资产价值成为衡量股价的标尺，低 PB 相对于高 PB 有相对收益；而时间推演到 2015 年之后，盈利能力在价值判断中权重更重，高 ROE 相对于低 ROE 超额收益显著。面向未来，对于新兴行业，传统估值方法对于价值发现不完全有效，价值投资更应倡导用多种方法、从多维度发现被低估的资产。

价值投资强调发现真"价值"。有安全性和成长型的资产才具有真正的价值。价值陷阱，即投资者买入低价资产，但却发现该资产的价格保持持平甚至下降。在股票投资上，价值陷阱是指表面上估值低但实质昂贵的公司。这些公司或者已处于被技术淘汰的状态，或者已成为赢家通吃行业中的"Loser"，或者属于分散且重资产的夕阳行业，或者是景气顶点的周期股。"买便宜"不是价值投资，有安全性和成长型的资产才能为投资者带来真正的价值。

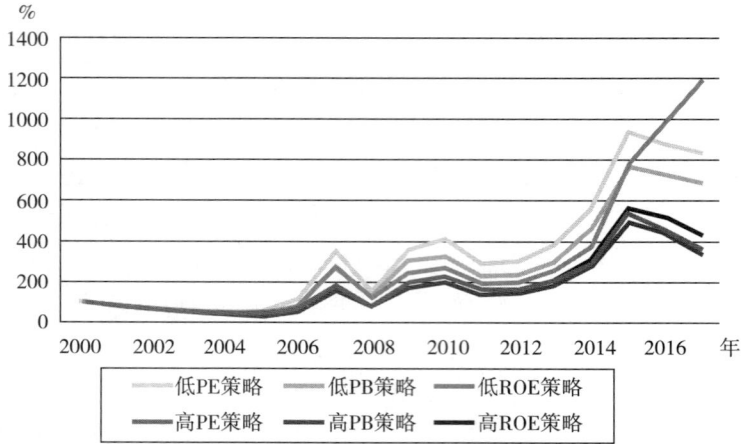

资料来源：Wind。

图 1　A 股价值投资策略和成长型投资策略累计收益率对比

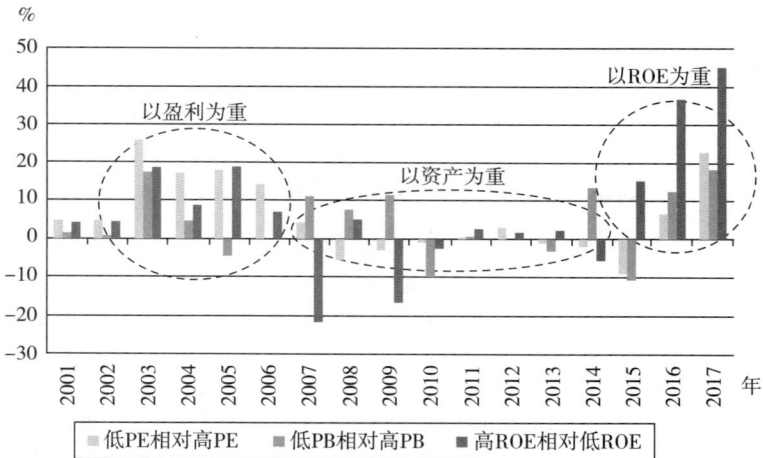

资料来源：Wind。

图 2　价值投资超额收益：不同阶段主导因子各有不同

2.3　价值投资强调安全边际、风险控制

个人养老金投资和价值投资的内在目标均为在控制风险的前提下追求持续稳定的投资收益，价值投资理念有助于提高个人养老金投资的风险收益边界。

首先，价值投资策略的投资方法重视确定性较高的领域。价值投资的基本假设是市场在长期是有效的，资产的内在价值稳定，即使价格波动较大在短期内偏离其内在价值，市场仍然可以自发纠正这种偏离，使价格与内在价值在长期保持一致。价值投资策略在资产价格低于内在价值时买入，在资产价格高于内在价值时卖出。因此价值投资策略依赖于对资产内在价值的估算，如现金流折现模型。这类模型往往采取相对保守的估计方法，主要应用于不确定性较低的领域。这使价值投资策略自身排除一些不确定性高、风险较大的领域。

价值投资策略对蓝筹股更为青睐，即那些在其所属行业中占有重要支配性地位、业绩优良、发展稳定、股本规模大、红利优厚的大公司股票。而国外大量的实证研究也表明价值股的市场表现先于成长股的市场表现，如 Fama 和 French[①] 的"市场有效理论"。从整体上，价值投资风险相对可控。

其次，价值投资策略对下行风险（Downside Risk）有一定保护。价值投资策略的"低买高卖"使投资者可以获得一定的安全边际。由于当初在低于资产内在价值时买入，在长期有效的市场上，即使市场存在下行风险，该类资产的价格下行空间也相对小于其他资产，降低了投资者所面临的下行风险。

具有较高安全边际的价值投资策略认为，风险与收益并不是像现在主流投资管理理论所认为的那样紧密。由于市场无效性的存在，高风险不一定带来高收益，低风险也不一定导致低收益。在熊市中，好的资产和坏的资产同样受到冲击，而在牛市中，好的资产收益增长则大幅超过坏的资产。在价值投资策略中，买入资产价格较低的好的资产，不但可以降低风险，也可以在未来获得良好的收益。而这一点正是与个人养老金投资需求相匹配的。

3 价值投资理念在个人养老金投资中具备实践意义

3.1 海外经验

价值投资策略在美国及全球金融市场应用较为广泛，最早由证券投资之父格雷厄姆在 20 世纪 30 年代提出。总体上看，由于价值投资策略更多地关注于价格相对较低、资产负债表稳健、市净率低、现金流稳定的公司；随着公司股票价格逐渐修复，价值释放，因此在较长的时间周期中价值投资策略可以产生较高的超额收益。同时，价值投资策略的重点是优先价值股，同时也注重投资的多样化，并长期持有，从价值投资策略的内涵上看，价值投资更适用于追求长期投资收益的养老金投资。

在分析个人养老金投资历史时，本文以美国市场 2008 年以前成立的个人养老金产品为样本，选取以中市值股票为标的、权益类资产仓位在 80% 以上的产品，按投资风格选取价值型养老金和成长型养老金累计年化收益处于中位数水平的两只产

---

① Fama, EF and French, KR. Size, value, and momentum in international stock returns [J]. Journal of Financial Economics, 2012, 105 (3).

品①：IJMAX②（价值型）和 MMGPX③（成长型）。我们将分析两类个人养老金产品的历史表现，尤其是在长期、经济危机时刻以及低利率时期的收益及波动表现。

3.1.1 个人养老金的长周期投资视角

价值投资的风险和期限特征与个人养老金投资跨期平衡消费的需求相匹配。个人养老金投资的目标是调整整个生命周期的消费。根据生命周期消费理论，个人的投资和消费不是简单地跟当期收入相关，而是与整个生命周期的收入相关。可将个人生命周期简单地分为三个阶段：第一个阶段（0～30岁），成长、接受教育、进入劳动力市场，该阶段个人财富积累较少，个人投资也相对较少；第二阶段（30～60岁），收入上升，开始有一定的积累，并为下一阶段的消费进行投资；第三阶段（60岁以后），退休，这一阶段的收入主要为前一阶段进行的养老投资。个人在退休后的收入取决于三大支柱的投资收益，第一、第二支柱的收入相对固定，保障较低，覆盖基本生活；而后一项个人养老金投资灵活性大，可选择的资产范围多样化，追求相对较高的收益，承担提高生活质量的投资目标。对个人养老金投资者来说，由于退休时才领取，投资期限平均为30年或更长，更重视未来的投资收益，采用长周期投资视角。

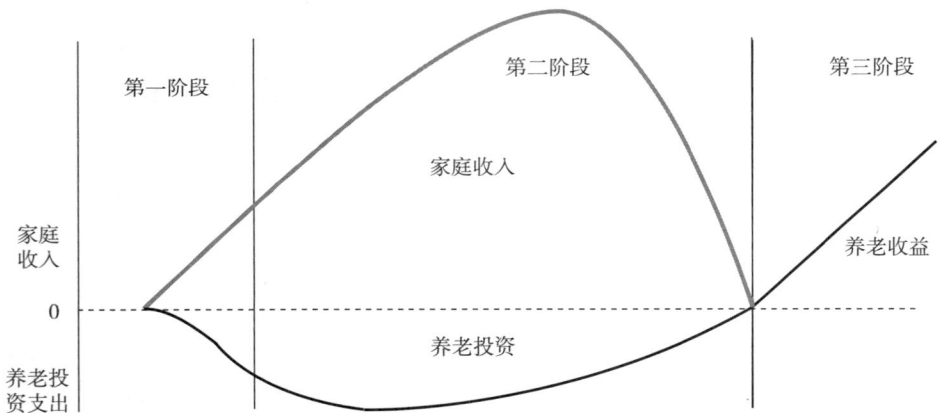

注：养老投资至养老金体系投资，包括第一支柱、第二支柱以及第三支柱。

图3　养老投资与生命周期理论

从投资的风险角度出发，价值投资选取具有一定"安全边际"的资产，风险相对较低，属于保守型投资。价值投资策略根据风险偏好将投资者分为保守型和激进型。价值投资更多地进行保守型投资。价值投资策略的资产选取标准之一为其市场价值接近或低于账面价值，此时资产为投资者提供了一个风险低的"安全边际"。

---

① 本文考虑到投资理念的普遍适用性，在国内外案例中，对于代表产品的选择，均以符合条件的产品累计收益中位数水平的产品为案例进行分析。

② VY J. P. Morgan Mid Cap Value Portfolio，以价值投资为理念，投资于广泛认为被低估的股票。

③ Morgan Stanley Variable Insurance Fund，投资于成长型股票以追求长期收益。

在牛市中，这类股票的上升空间较大；在熊市中，由于以低于账面价值买入，与其他资产相比下跌空间也较小。长期中，随着公司价值的释放，投资者可以获取资产增值带来的资本利得。

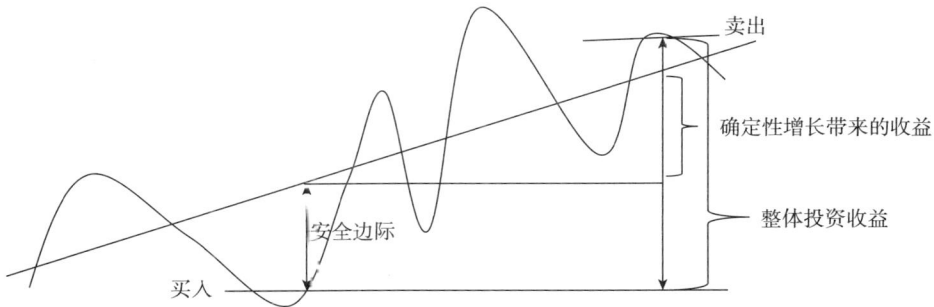

注：整体收益扣除确定性增长带来的收益即为价值投资策略带来的超额收益。

图 4　价值投资带来确定性收益

从期限的角度看，价值投资策略重点关注短期被低估而长期增长的企业，具有长期性。价值投资策略要求投资者将自己作为公司的经营者，从公司经营的角度出发，关注公司的信用、盈利能力、融资能力，而不是短期的价格波动。价值投资策略通过筛选那些表面上看起来并不亮眼、估值较低但经营稳健的股票，虽然不能让投资者短期内财富激增，但它的成功之处在于可为投资带来长期资产增量。价值投资的核心在于购买那些内在价值高于当前价格的股票资产。这些企业可能面临近期的利润不及预期、法律问题或者负面新闻，但是长期来看公司的基本面经营稳定。投资者需要等待企业的价值回调，整个过程可能需要较长的时间；当价格超过内在价值时，投资者则获得超额收益。由于价值回调的时间可能很长，价值投资策略适用于期限长、收益目标较高的养老金投资。

资本市场短期波动性强，而长期收益稳健，价值投资策略长周期可以获得确定性投资收益。从美国市场的资产收益表现来看，权益类资产的波动率较固定收益类资产相对较高。例如，回溯 1990 年至今美国股票指数和 10 年期国债收益率的情况，纳斯达克指数 29 年累计收益率高达 1865%，标普 500 指数和道琼斯工业指数也分别有 1383% 和 938% 的收益率，同时其投资美国 10 年期国债的实际累计收益率为 381%。与此同时，权益资产的收益的波动也比较大：1999 年纳斯达克指数收益率高达 85.59%，而 2000 年收益率则触底跌至 −39.29%；而 1990 年至 2017 年，美国 10 年期国债年化收益率区间仅为（−11.12%，20.1%）。

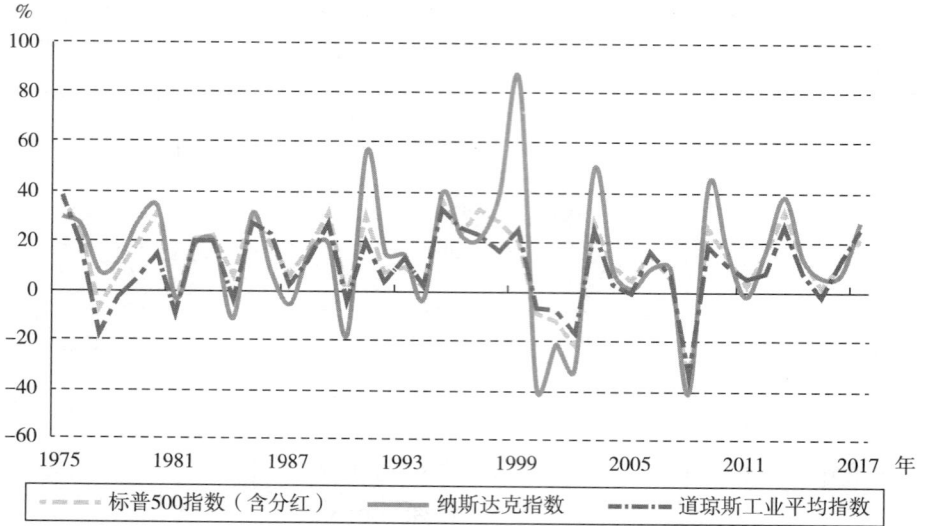

资料来源：Bloomberg。

图 5　美国三大指数年化收益率波动

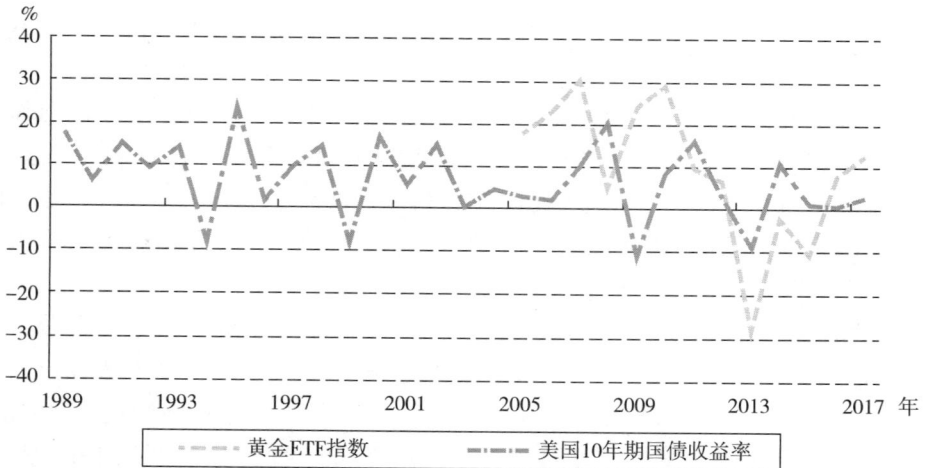

资料来源：Bloomberg。

图 6　黄金及 10 年期美债年化收益率波动

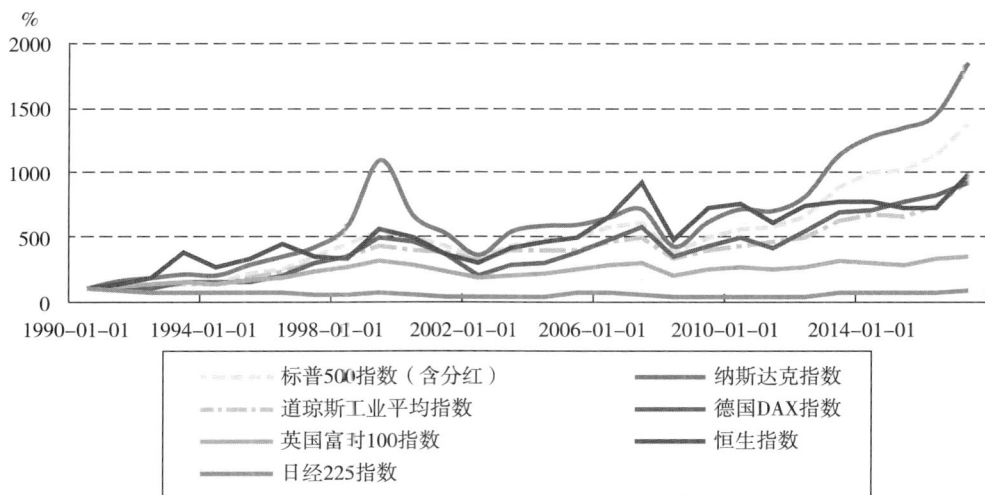

资料来源：Bloomberg。

图 7　主要指数的累计收益率（以 1990 年为基年）

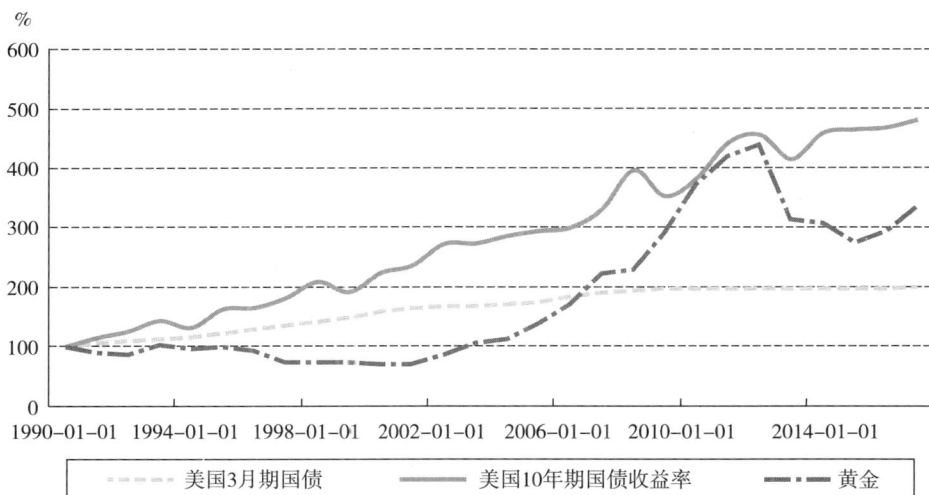

资料来源：Bloomberg。

图 8　主要资产的累计收益率（以 1990 年为基年）

从具体资产看，2008 年 3 月到 2018 年 3 月，价值型养老金 IJMAX 累计收益率长时间优于基准标普 500（SPX）。与成长型养老金 MMGPX 相比，虽然 2008 年 3 月到 2011 年 8 月 IJMAX 的累计收益低于 MMGPX；但在长期，IJMAX 的表现优于 MMGPX。从波动率的角度看，从 2003 年至今，IJMAX 的 90 天波动率低于 MMGPX。价值型个人养老金产品的累计收益及波动均相对稳健。

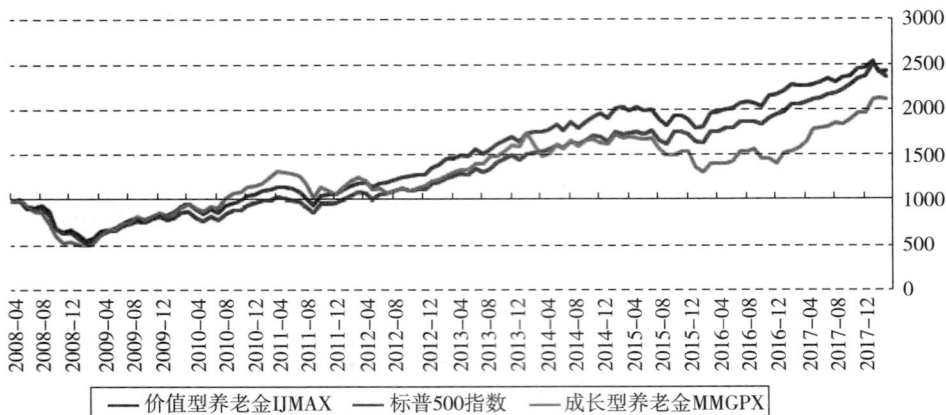

资料来源：Bloomberg。

图 9　价值型和成长型个人养老金最近十年的收益
（以 1000 为基数指数化，2008 年 3 月 30 日至 2018 年 3 月 30 日）

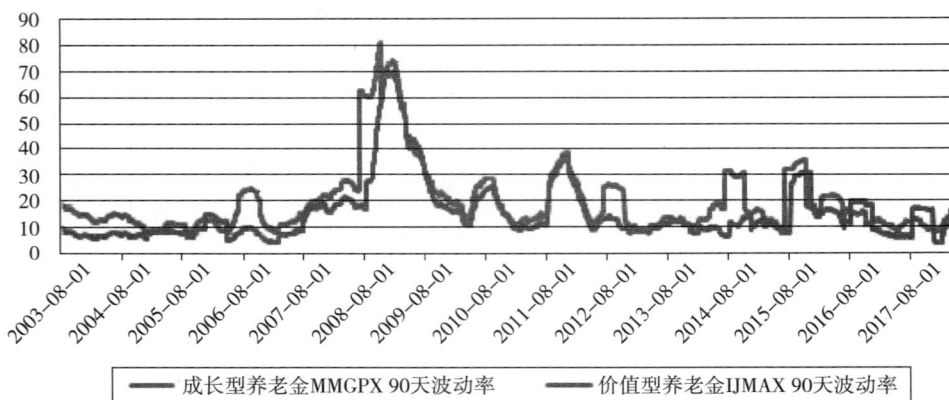

资料来源：Bloomberg。

图 10　价值型和成长型个人养老金的波动率

3.1.2　经济危机时期的个人养老金投资

在长周期投资中，投资者不可避免地会遇到经济危机时期。由于价值投资策略选择"安全边际"较大的公司，可以在经济危机时期为投资者寻找确定性机会，带来超额收益。价值投资策略产生于美国 20 世纪 30 年代的"大萧条"之后，该策略是对当时的资本市场进行的反思。格雷厄姆与多德在《证券分析》中首次提出了价值投资理念，强调通过理论和严密的分析发现具有潜在增长能力的公司，进行价值投资而非投机。价值投资理论强调"由价值远超价格带来的安全边际"能为投资者在经济危机时期提供足够的缓冲，降低其投资风险。在价值投资理念中，投资收益并不是从其他投资者身上获利的零和博弈，而是来自企业经营增长带来的利润。在这种理念下，价值投资可以在经济萧条时期寻找确定性的投资机会。在经济危机时期，很多优质资产的价格处于明显的低位，通过对企业现金流等直观的经营状况进行分析，选取有较大潜力的公司。对于经济危机中风险与收益的关系，价值投资者的投资过程是一个企业价值回归的过程，因此，从长周期的角度看，在经济危机时期更应该采取价值策略投资，降低风险、提高收益。

由于价格短期波动，虽然个人养老金投资在经济危机时出现了亏损，但从长期的角度看，仍然有较好的回报率。这也是为什么即使在经济危机或市场动荡时，个人养老金仍然进行持续投资并通过多样化和跨期风险分散来实现长期稳定的超额收益。以 2008 年为基年，截至 2017 年，纳斯达克、标普 500、恒生指数分别有437%、353% 和 207% 的累计收益率。

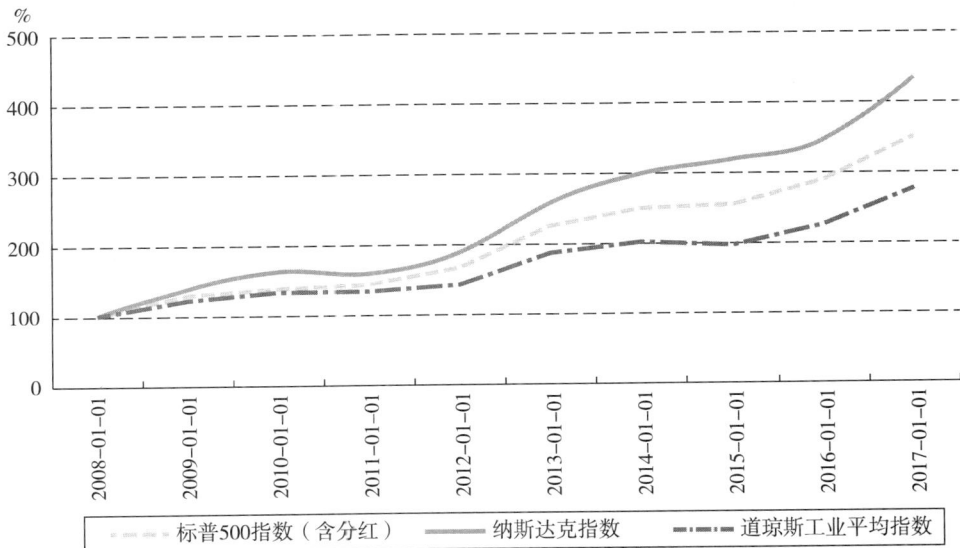

资料来源：Bloomberg。

图 11　国际金融危机以来美国三大指数累计收益率

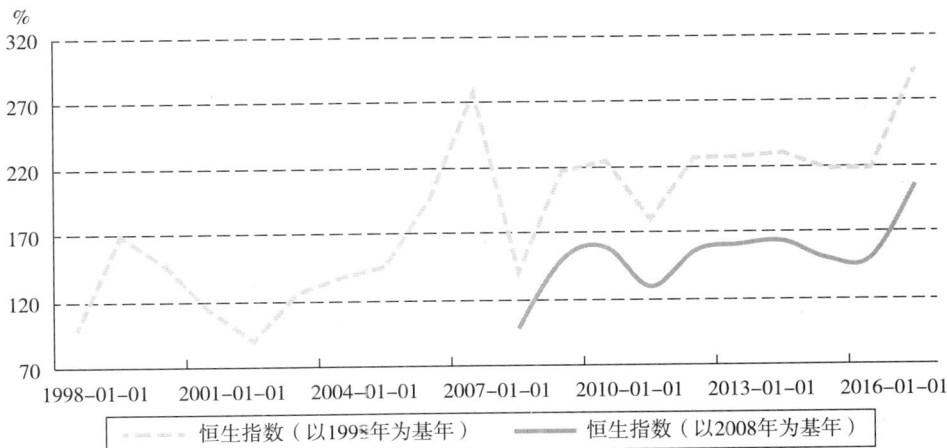

资料来源：Bloomberg。

图 12　经济危机时期恒生指数累计收益率

在 2008 年国际金融危机时期，价值型养老金 IJMAX 的平稳性依然好于成长型养老金 MMGPX。从回撤上看，IJMAX 多数时间低于标普 500 指数，而 MMGPX 多数时间高于标普 500 指数。除此之外，IJMAX 在应对负面事件冲击时也有相对较好的表现。例如，在 2007 年 10 月至 2009 年 2 月的国际金融危机期间，跑赢了标普 500 指数 2.7 个百分点；在 2015 年美国股市暴跌时，跑赢了标普 500 指数 0.63 个百分点。在 2007 年至 2017 年的 17 次负面冲击中，IJMAX 共有 11 次跑赢了标普 500 指数，MMGPX 共有 9 次跑赢了标普 500 指数。

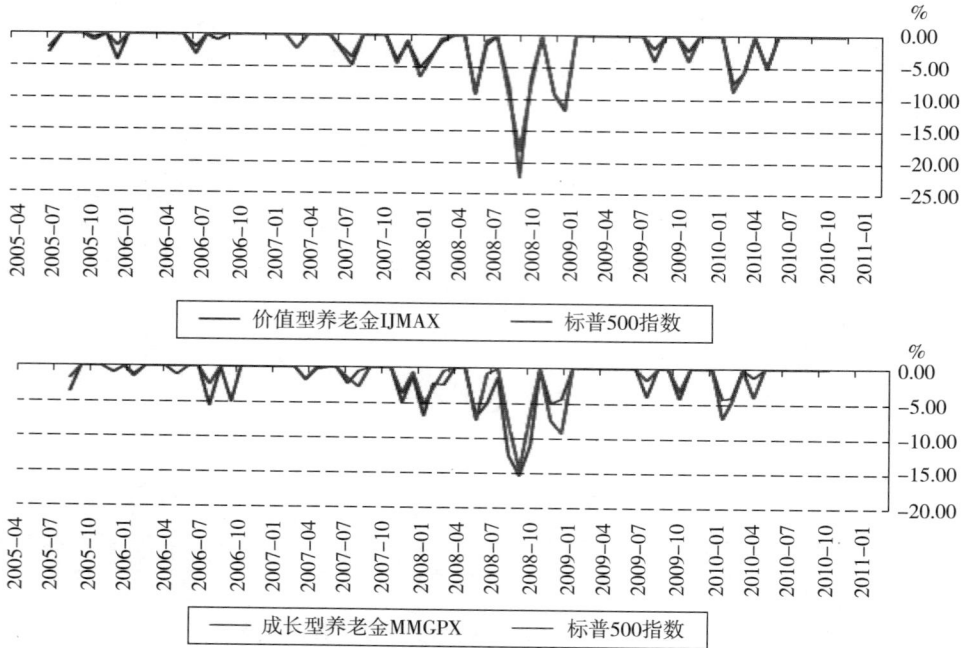

资料来源：Bloomberg。

图 13　价值型养老金及成长型养老金在经济危机时期的回撤率
（2005 年 3 月 30 日至 2011 年 3 月 30 日）

从海外证券市场的发展演变来看，价值投资理念与其他投资理念因适应不同市场情况的要求而呈现周期性的变化。具体来说，价值投资理念往往更适合于股市处于熊市阶段，因为在牛市时期，大多数投资者会认为他们有能力挑选出高收益的潜力股，而价值型股票往往因收益相对较低而被忽略；而当形势直转急下时，稳定性高的价值型股票就转而会受到追捧。从全球资本市场的投资实践可以发现，价值投资策略经历了多次市场危机的检验，是将理论和实践经验结合得相对较好的分析框架之一，为投资者带来了较高且稳定的收益。

表 1 负面事件对养老金收益率的冲击（以 1000 为基数指数化）

事件	窗口期		价值型养老金 IJMAX	成长型养老金 MMGPX	标普 500 指数	价值型养老金 IJMAX 相对于标普 500 指数的超额收益	成长型养老金 MMGPX 相对于标普 500 指数的超额收益
2007—2009 年美国熊市	2007 年 10 月	2009 年 7 月	-47.43%	-52.49%	-50.13%	2.70%	-2.36%
贝尔斯登破产	2007 年 6 月	2007 年 8 月	-5.91%	-1.29%	-3.32%	-2.62%	1.99%
2008 年俄罗斯金融危机	2008 年 8 月	2008 年 10 月	-24.63%	-30.54%	-23.11%	-1.51%	-7.42%
2008 年雷曼兄弟违约	2008 年 8 月	2008 年 10 月	-26.52%	-29.55%	-24.21%	-2.31%	-5.34%
2009 年股市回弹	2009 年 5 月	2009 年 5 月	22.28%	37.81%	25.83%	-3.55%	11.98%
2011 年 3 月日本地震	2011 年 3 月	2011 年 3 月	1.32%	4.86%	0.04%	1.28%	4.82%
2010 年希腊金融危机	2010 年 4 月	2010 年 6 月	-7.78%	-5.12%	-11.43%	3.65%	6.31%
2010 年 5 月原油价格暴跌	2010 年 5 月	2010 年 5 月	-6.82%	-4.90%	-7.99%	1.16%	3.09%
2011 年 2 月利比亚石油危机	2011 年 2 月	2011 年 2 月	3.52%	2.37%	3.43%	0.09%	-1.06%
2011 年美国债务限额危机	2011 年 6 月	2011 年 8 月	-5.61%	-6.45%	-5.43%	-0.18%	-1.01%
2013 年美国钱荒	2013 年 6 月	2013 年 6 月	4.81%	4.83%	3.68%	1.13%	1.15%
2014 年乌克兰革命	2014 年 1 月	2014 年 3 月	3.05%	0.42%	1.81%	1.25%	-1.39%
2015 年瑞士法郎与欧元脱钩	2015 年 1 月	2015 年 1 月	-2.14%	-1.02%	-3.00%	0.87%	1.98%
2015 年希腊金融危机	2015 年 6 月	2015 年 7 月	-9.90%	0.69%	0.12%	-1.02%	0.57%
2015 年美国股市暴跌	2015 年 8 月	2015 年 8 月	-5.42%	-7.63%	-6.03%	0.61%	-1.60%
英国退出欧盟	2016 年 6 月	2016 年 6 月	0.81%	1.95%	0.26%	0.55%	1.69%
2016 年美国总统竞选	2016 年 11 月	2016 年 11 月	6.40%	-0.33%	3.70%	2.69%	-4.03%

资料来源：Bloomberg。

3.1.3 低利率时期的个人养老金投资

低利率时期可以降低企业融资成本，提高利润率。价值投资策略也鼓励在低利率时期提高权益类资产的比重。与经济危机时期同样挑战养老金投资的是低利率时期。自国际金融危机以来，全球大部分国家都实行了量化宽松政策，市场流动性宽松，利率不断下降，甚至出现了负利率的情况。低利率对投资，尤其是长期限固定收益类投资的收益、敏感程度以及资产的价值有着重要影响。过去个人养老金主要投资于传统资产，尤其是固定收益类资产，当利率下行时，传统的固定收益类证券的收益率降低、吸引力下降，对具有长期收益目标的个人养老金投资来说将面临巨大的挑战，尤其期限越长，再投资的风险就越大。因此个人养老金投资在低利率时期也应做出相应的调整，提高权益类资产的比重。价值投资注重经营良好、长期具有增长潜力的公司，而这一类公司在低利率环境下可以通过较低的融资成本来进行生产再投资决策，降低其增长成本，因而能提高价值投资的收益率。

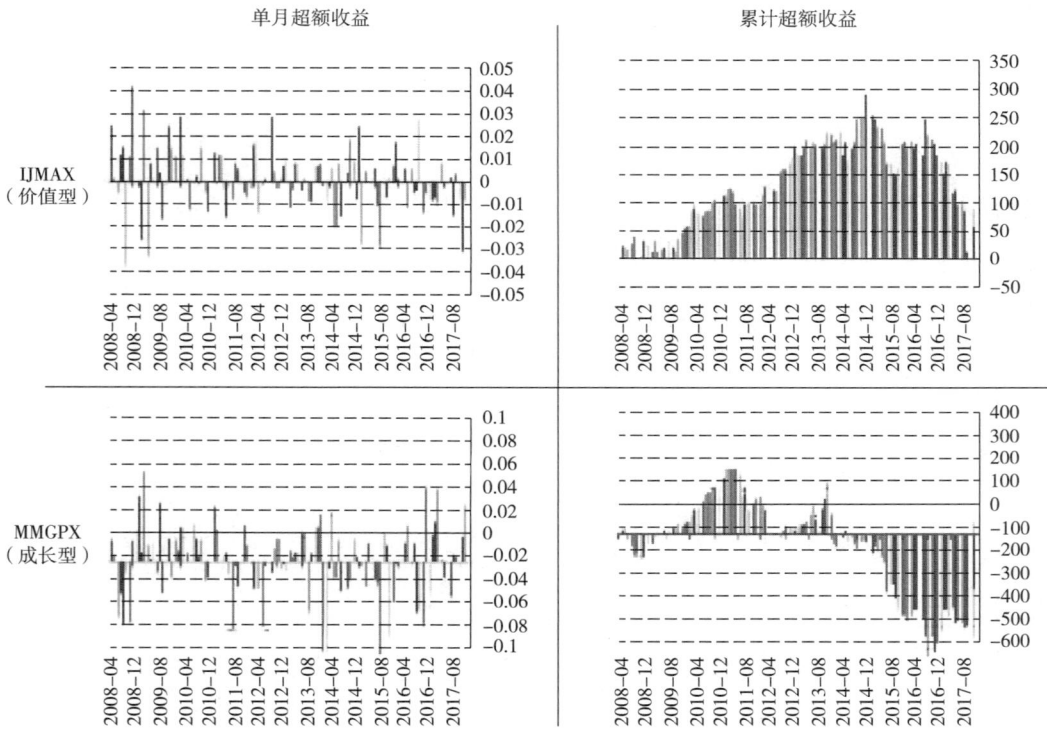

资料来源：Bloomberg。

图 14　低利率时期，价值型养老金有更为稳定的超额收益

（2008 年 3 月 30 日至 2018 年 3 月 30 日）

美国从 2008 年 11 月 25 日开始实施量化宽松政策，进行首轮 QE，至 2013 年 12 月 19 日宣布缩减 QE，逐步退出量化宽松阶段。其间，价值型养老金 IJMAX 的累计超额收益率显著高于成长型养老金 MMGPX。

3.2 国内实践

与国外相比，国内开始个人养老金投资实践的时间较短，但是处于越来越重要的位置。价值投资是在资本市场逐步走向成熟时提出来的，在资本市场不断完善中日益丰富。目前我国资本市场仍然处在不断完善的阶段，价值投资策略在我国有很大的潜力。

3.2.1 市场变化：机构投资者占比提升，价值投资理念逐步深入

机构投资者占比提升。2007 年初至 2015 年初，我国金融市场日益发展，资本市场上机构投资者占比不断上升，已由 2006 年底的 8.86% 上升至 2014 年中的55.2%。机构投资者更容易获得市场信息，对公司股票价格和经营发展分析得更加深入，更能有效地引导市场进行价值投资。除此之外，2008 年以来，我国资本市场有着长足发展，逐步建立起适合不同企业和不同投资者的多市场多层次交易、转板制度。加强监管与风险控制，加强上市公司的信息披露，完善企业治理结构，完善上市退市制度，为价值投资提供更多的维度。这一时期，除 2008 年国际金融危机之外，上证综指和深证综指日涨跌幅超过 3% 的交易日数量降低到 10 日以内。市场的不断发展和机构投资者比例上升，则为价值投资提供了客观条件。

在 A 股市场众多机构投资者中，我们选择公募基金这一类具有典型代表性的机构投资者，对其产品进行分析。

公募基金中价值型产品优势明显。在市场上的 3000 余只开放式基金中，以价值投资为主要投资理念的基金有 130 只，我们则选取市场上存续期超过 5 年的 51 只主动管理型基金作为主要研究对象。这 51 只基金自成立以来的平均年化收益率约为10.77%，2017 年平均年化收益率约为 14.21%，平均基金规模为 12.76 亿元，平均年限为 9.8 年，均为中风险组合。

我们按存续期限将 51 只基金分为存续 10 年以上和存续 5～10 年两组，以沪深300 指数作为基准。从收益方面看，短期收益与沪深 300 指数相比很难分出优劣；然而在长期中，基本面对价格的影响成为主要因素，两组基金的累计收益均显著高于沪深 300 指数。2008 年至 2009 年，价值投资策略的净值跌幅显著小于沪深 300 指数；而在 2015 年至 2016 年的牛市中，价值投资策略的净值涨幅显著高于沪深 300指数。从稳定性方面看，价值投资策略表现较为平稳。在两组基金中，我们选取累计收益排在中位的两只基金。沪深 300 指数的单月最大回撤在多数交易时间内高于这两只价值投资基金，尤其是在 2008 年至 2009 年期间。而在月度波动率方面，两只基金表现极为稳定，显著小于基准沪深 300 指数。整体上看，价值投资策略的表现优于沪深 300。

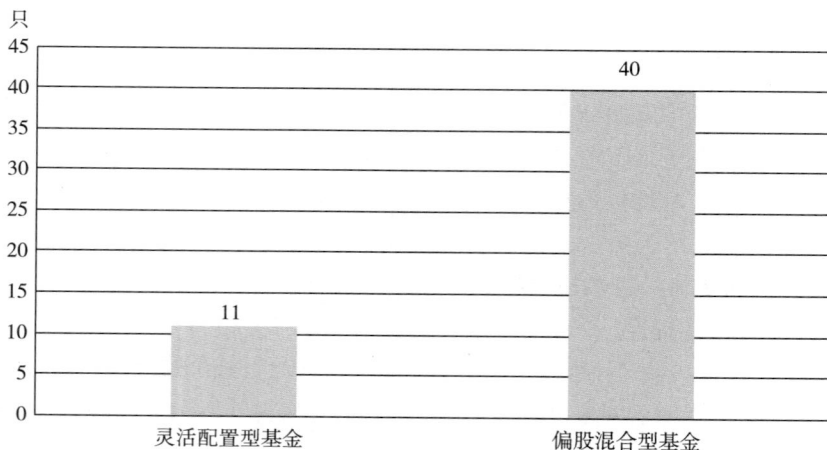

资料来源：Wind。

图 15　51 只基金的投资类型

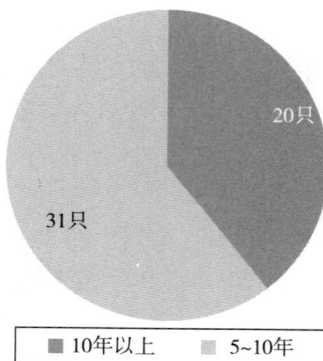

资料来源：Wind。

图 16　51 只基金的存续年限

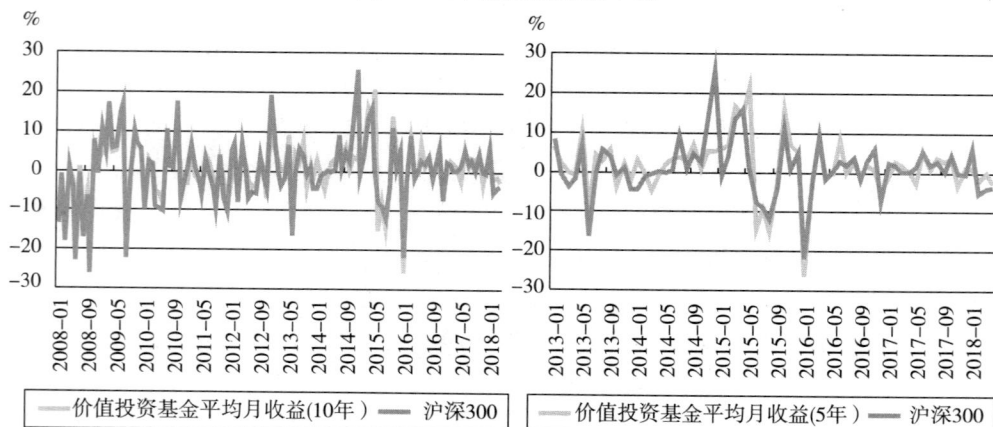

资料来源：Wind。

图 17　价值投资短期收益与基准差异不大

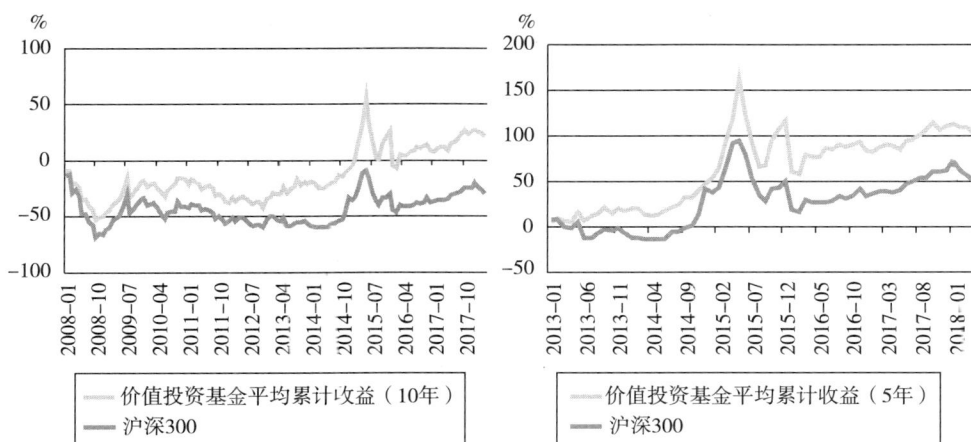

资料来源：Wind。

图 18　价值投资长期收益好于基准

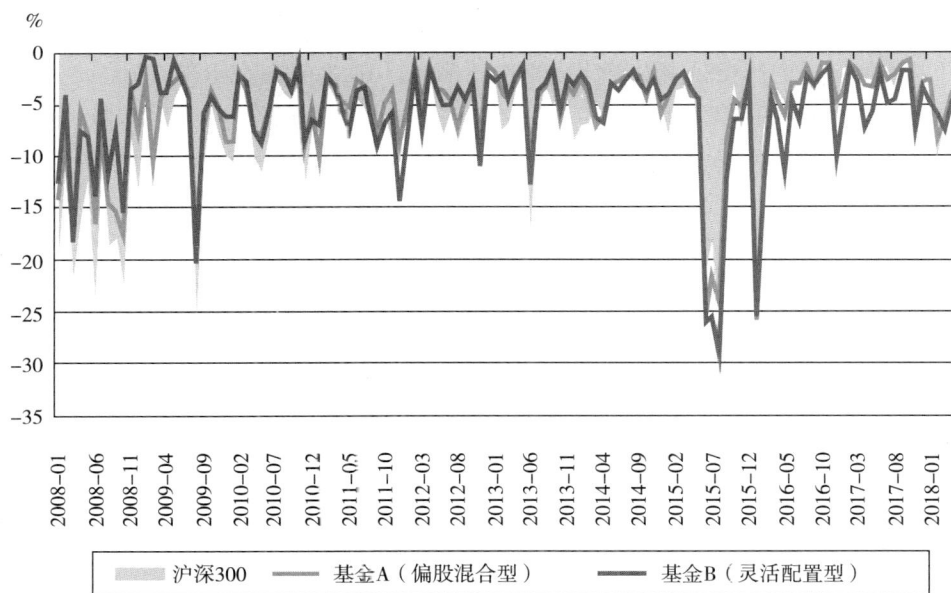

资料来源：Wind。

图 19　两只基金的最大回撤

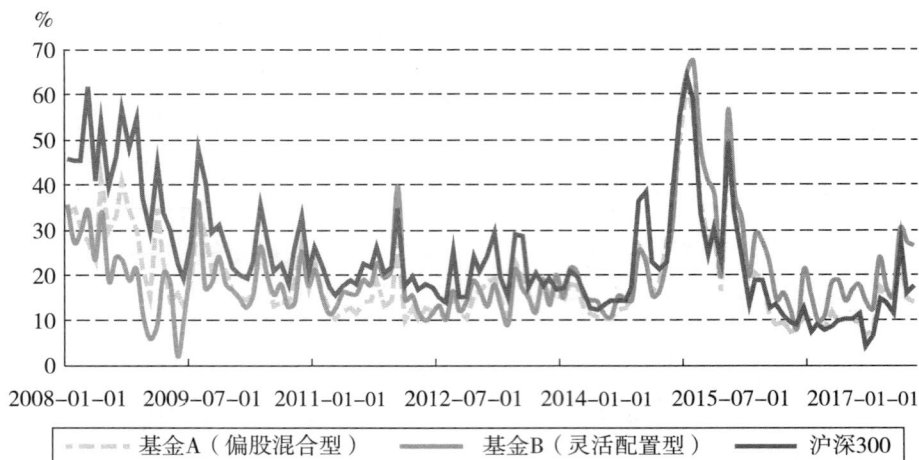

资料来源：Wind。

图20　两只基金的波动率

3.2.2　现在和未来：与发达资本市场的差距逐步缩小

根据有效市场假说，价值投资策略适用于弱式有效市场或半强有效市场，即股价可以反映过去的历史信息及绝大部分公开信息，股价与内在价值存在一定偏离但趋势一致。在强式有效市场下，价格与内在价值一致，所有策略都无法获得超额收益，投资者只能获得风险收益及增长收益。2015年之后的中国资本市场快速发展，但与发达金融市场仍存在一定差距，机构投资者维持在50%上下，低于美国股市的约70%[①]的比例。资本市场换手率仍相对较高。

总体而言，我国资本市场由不成熟到日益完善，为价值投资策略探索提供了积极的条件。国内的个人投资者可以利用国外较为成熟的价值投资策略，通过对公司基本面，如账面市值比、市盈率等维度的价值分析作为择股标准，以期获得长期的超额收益。而在实践中，价值投资策略的本质在于挖掘股票背后所代表的公司的价值，投资于那些内在价值高于市场估值的股票，在为投资者带来超额收益的同时，锁定部分确定性收益，降低投资的风险。

---

① 参见《2010 年美国股市机构投资者占比为 67%》，https：//www. sec. gov/news/speech/2013 － spch041913laahtm#P18_1663。

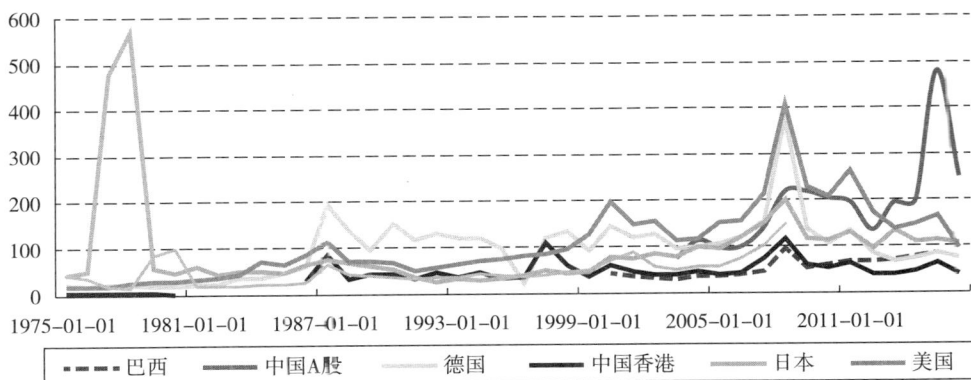

资料来源：Bloomberg。

图 21　全球主要市场换手率

4　价值投资在个人养老金投资中实现的路径展望

建立完善的配套制度，引导价值投资环境。我国由最初 20 世纪 90 年代的建立基本养老金、企业年金的决定，到 2000 年以后养老金运行、管理制度，到"十二五"规划积极推进养老金投资管理和"十三五"规划鼓励民间资本参与养老金发展，再到近年尝试引入税收优惠制度①；养老金体系相关制度从第一支柱基本养老金逐步覆盖到第三支柱个人养老金，相应的监管也从养老金建立、运营覆盖到投资管理，正逐步走向完善。从顶层制度设计的角度，首先，应安排相应的税收优惠制度，以递延或者减免的方式，鼓励个人选择个人养老金投资；其次，可以建立基金积累制的个人账户，一方面可以保证居民个人养老金投资账户的唯一性，便于监管以及税收优惠的安排；另一方面可以扩大资金的投资范围并保障投资的持续性。

强化产品投资管理，执行价值投资理念。投资方面坚持价值投资理念，在重视安全边际的基础上，从多维度寻找低估资产；同时切实做好风险分散，降低产品的非系统性风险。当前我国资本市场体现出弱有效特征，从历史情况来看，主动管理产品相对指数优势明显；但是投资组合的 Beta 不仅与组合的仓位有关，也与组合资产的风险收益特征有关。如果底层资产风险相关性较高，则整个组合的 Beta 会被异常放大，因此，在实际投资过程中坚持价值投资理念，保证底层资产的风险收益特征鲜明、降低其相关度变得异常重要。

---

①　1991 年《关于企业职工养老保险制度改革的决定》；1997 年《关于建立统一的企业职工基本养老保险制度的决定》；2000 年《关于完善城镇社会保障体系的试点方案》；2001 年《全国社会保障基金投资管理暂行办法》；2004 年《企业年金试行办法》和《企业年金基金管理试行办法》；2015 年《基本养老保险基金投资管理办法》和《个人税收优惠型健康保险业务管理暂行办法》；2017 年《关于加快发展商业养老保险的若干意见》；2018 年《养老目标证券投资基金指引（试行）》。

积极进行产品创新，将价值投资贯彻至个性化服务。首先，从产品创新的层面减少投资者决策的难度。从发达国家的成功经验来看，个人养老金投资产品一般包括两种：一种是各类风格鲜明的成分基金，由机构或者个人进行资产配置；另一种是以目标日期基金为代表的生命周期基金，提供给个人做简易选择，对于不擅长投资、配置资产的普通居民，可以直接选择对应退休日的目标日期基金，大大降低操作难度。其次，推广个人养老金投资产品的过程中也需要向投资者推广价值投资理念，同时以大量的回访、反馈来增强产品的合理性和适用性，依靠互联网、移动互联网等多媒体手段，用专业、持续的投资顾问服务，切实为个人投资者解决问题、满足需求。这是个人养老金投资推广并实现第三支柱作用的关键所在。

通过投资者教育传递价值投资理念。个人养老金投资与价值投资的内在目标一致，科学的养老金投资理念，需要坚持价值投资。通过前文的阐述，具备价值投资特征的机构投资者在获取收益和风险控制方面均存在明显优势。向个人投资者不断宣传价值投资理念的同时推广个人养老金投资，充分利用各种传播平台，以更为活泼、直接的方式向大众传达个人养老金投资的必要性和重要性。价值投资理念的普及与认可，不但有助于权益市场的健康发展，也有助于稳定个人养老金投资的收益预期，提高个人养老金投资的覆盖率，优化养老金体系的结构。

总之，个人养老金投资作为我国多支柱养老金体系的第三支柱，其快速、健康发展不但需要从制度上引导和鼓励价值投资，更需要机构投资者践行价值投资理念，提供丰富的以价值投资为导向的个人养老金投资产品，帮助投资者实现个人养老金投资目标。从而实现"依靠价值投资实现个人养老金投资的稳健收益"和"个人养老金投资强化价值投资并提高个人养老金覆盖率"的良性循环，发挥个人养老金投资作为第三支柱的作用。

参考文献

［1］World, Bank. *Averting the Old Age Crisis：Policies to Protect the Old and Promote Growth*［R］. World Bank Policy Research Report，1994.

［2］徐高林. 保险资金长期价值投资的股市基础分析［J］. 保险研究，2008（10）.

［3］陈玮. 个人投资储蓄养老研究［D］. 上海：复旦大学，2012.

［4］黄惠平，彭博. 市场估值与价值投资策略——基于中国证券市场的经验研究［J］. 会计研究，2010（10）.

［5］陈耀年，周学农. 价值投资策略的行为金融学解释及其实证研究［J］. 系统工程，2005，23（7）.

［6］Fama EF, French KR. *Size，value，and momentum in international stock returns*［J］. Journal of Financial Economics，2012，105（3）.

［7］缪艳娟．我国三支柱养老保险体系的重构［J］．扬州大学学报（人文社会科学版），2012，16（1）．

［8］段国圣．低利率下的保险投资管理［J］．上海保险，2017（1）．

［9］唐旭，杨辉生．中国养老基金的投资选择［J］．金融研究，2001（11）．

［10］刘云龙，肖志光，郑伟．养老基金发展与金融结构变迁——兼论我国金融改革和养老金改革协调互动的改革发展观［J］．全球化，2013（6）．

［11］孙祁祥，王国军，郑伟．中国养老年金市场未来发展战略与政策建议：2013—2023年［J］．审计与经济研究，2013，28（5）．

［12］刘万．账户年金化与商业年金保险的发展［J］．经济评论，2009（1）．

［13］蒋志刚．基于生命周期投资理论的最优资产配置研究［D］．上海：上海交通大学，2010．

［14］郑秉文．中国养老金发展报告2013［M］．北京：经济管理出版社，2013．

［15］李蕾，韩立岩．价值投资还是价值创造？——基于境内外机构投资者比较的经验研究［J］．经济学（季刊），2014，13（1）．

［16］张维迎．博弈论与信息经济学［M］．上海：上海三联书店，2012．

［17］孙友群，陈小洋，魏非．价值投资与中国股市对接的思考［J］．财经理论与实践，2002（2）．

［18］珍妮特·洛．价值投资胜经［M］．北京：华夏出版社，2001．

［19］杰弗里·C.胡克，陈键．华尔街证券分析［M］．北京：经济科学出版社，1999．

［20］胡兴武，杨克明．价值策略能否取得超额收益分析——以投资沪深300为例［J］．当代经济，2017（24）．

［21］格雷厄姆．聪明的投资者（原本第4版）［M］．北京：人民邮电出版社，2016．

第五章 个人养老金投资的风险管理

泓德基金管理有限公司

摘　要　投资总是伴随着风险，做好投资离不开有效的风险管理，养老金投资也不例外。国内金融监管部门和从业机构经历了数十年的金融实践、对国内外经验教训深入研究之后，对风险管理的流程和技术已有了扎实的积累——从定位风险偏好到全面识别风险，进而做好针对性的风险防控。但要做好个人养老金投资的风险管理工作，还必须承认并正视人性缺陷、利益冲突和道德风险的客观存在，进而在制度建设和业务模式设计中调和各方的利益，积极监督补位，压减道德风险。个人养老金投资的根本宗旨是让居民养老资产有效保值增值，在风险管理中秉承切实"让利于民"、避免"与民争利"的思想，才能真正为百姓的养老钱保驾护航。

关键词　定位风险偏好　风险识别　风险防控　道德风险　监督补位

我国个人养老金目前还处于起步阶段，个人养老金投资业务试点和顶层制度设计正在相辅相成、共同推进。"无规矩不成方圆。"我国个人养老金起步发展如何，很大程度上取决于顶层制度设计是否科学完善，而这需要金融监管机构和从业机构群策群力，共同进行制度研究和设计。在制度设计阶段就要对业务进行全面细致的分解剖析，发现识别各个环节、不同时期可能存在的风险点并加以管理、防控、制订处置预案，才能为个人养老金投资搭建起科学合理的业务框架和制度平台，为未来健康发展铺平道路。

1　个人养老金投资风险管理工作的重要性分析

1.1　个人养老金作为中国养老金体系第三支柱亟须大力发展

目前国际上普遍采用三支柱养老金制度模式，旨在通过多元化的养老金制度模式应对人口老龄化所带来的问题。经过 30 多年的不断发展，我国目前正在搭建"三支柱"养老金体系，但发展极不均衡。中国养老金体系中，第一支柱基本养老金的占比几近80%，第二支柱企业年金、职业年金参与率偏低、市场规模较小，而第三支柱个人养老金仍处于起步阶段。观察美国的国民养老三支柱，截至 2017 年底，美国第二、第三支柱规模分别为 19 万亿美元、9.2 万亿美元，合计占养老资产的比重超过 90%。中国养老金体系过于依赖基本养老金，企业年金发展较慢，个人养老金短板明显，亟须大力发展。

美国　　　　　　　　　　　　　　　中国

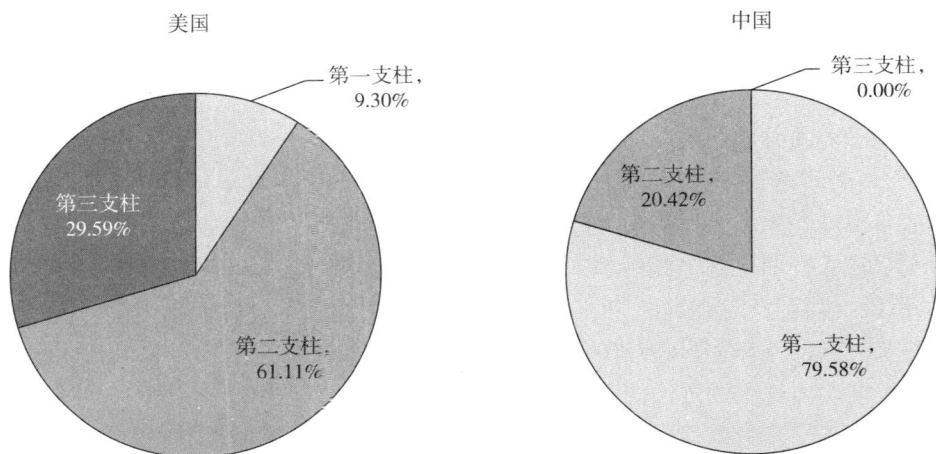

资料来源：ICI，人力资源社会保障部。

图 1　中美两国养老金体系的规模与结构比较

随着我国逐渐进入老龄化社会，政府主导的公共养老金将难以负担日益增加的老年退休人口，养老金体系的稳定性和延续性受到考验；同时，由于我国第二支柱企业年金、职业年金规模小、覆盖率低，补充保障功能非常有限，难以有效支撑民众养老需求。在这种情况下，发展第三支柱个人养老金就显得尤为必要了。

2018 年以来，国内养老金第三支柱发展显著提速，在政策研究、制度建设、产品试点等方面都有了实质性的突破。2018 年 4 月 12 日，财政部、国家税务总局、人力资源社会保障部、银保监会、证监会联合发布《关于开展个人税收递延型商业养老保险试点的通知》，意味着在国家层面受到战略重视的第三支柱建设正式进入实质性落地阶段。随后个人税收递延型商业养老保险的产品开发指引、业务管理暂行办法相继发布，为具体保险产品的出炉铺平了道路。与此同时，国内金融市场中最具普惠金融性质的公募基金行业也已在中国证券监督管理委员会、中国证券投资基金业协会的领导下积极研究国际范围内养老金融发展的经验教训，开发试点 FOF、养老目标基金等产品形式，为未来将公募基金等产品纳入个人商业养老账户投资范围做好准备工作。

1.2　个人养老金投资风险管理工作的重要意义

随着我国老龄化程度的不断加深，"如何养老"已经成为政府、学术界、民众共同关注的问题，个人养老金投资有着广阔的市场需求和发展空间。在个人养老金投资发展进入快车道之前，研究并厘清此类资金投资中应当如何切实有效地进行风险管理工作，为其系上风险防控这条"安全带"，尤为紧迫和重要。

投资的朴素解释是资金买入并持有风险资产，以期享受资产增值，在持有期承担资产贬值的风险，资产增值也是资金承担风险所获取的风险补偿收益。投资的本质是选择——对风险资产类别、具体资产标的、投资起止时点等的选择，风险管理工作则为上述选择提供决策依据和准绳，其重要性不言而喻。在个人养老金投资中，风险管理工作的重要性进一步凸显。

1. 安全性要求高。个人养老金投资服务于广大居民，是用百姓的"养老钱"进行投资，直接影响百姓养老收入来源，涉及人员广、资金规模大，是关系到国计民生、社会稳定的重大工程。个人养老金投资中，最基础的风险管理工作是确保资金存管安全，务必杜绝资金挪用、"跑冒滴漏"等情况。近些年频繁曝光的民间借贷、非法募资、包装为"高收益"的金融诈骗等，都是因为资金存管安全这个最基础的风控环节失效或不存在，最终导致投资者的资金血本无归，造成了极其恶劣的社会影响。目前国内规范的资产管理产品大多实行第三方存管机制，由银行等第三方机构担任托管人，有效确保资金安全。个人养老金投资可以借鉴这方面的经验。

2. 对投资管理人的职业操守要求高。在个人养老金投资的委托代理关系中，广大投资者作为委托方，在投资专业性、社会资源调动能力、舆论影响力等各方面都显著弱于作为代理方的投资管理人。同时考虑到养老金投资是持续数十年的长期投资，这些都决定了广大投资者无法对个人养老金投资管理人进行及时、有效的监督制约，甚至无法识别投资管理人的不当行为。这一方面对投资管理人的职业操守提出了高要求，另一方面也对个人养老金投资法规、制度建设提出了监督补位的需求。

3. 收益性要求明确，"长期保值"只是及格，"有效增值"才是优秀。个人养老金是广大投资者的"养命钱"，在未来领取时既不能发生严重亏空，也不能严重丧失购买力，只有做到长期保值，投资管理人交给投资者的答卷才算及格。不仅如此，个人养老金作为基本养老的补充，要满足投资者养老收入的改善性需求，投资者将部分收入盈余拿出来进行养老金投资，是希望"当下栽树，老年乘凉"。所以个人养老金的投资管理不能满足于长期保值，还要向有效增值努力，力争给出一份优秀的投资答卷。这决定了个人养老金投资对风险要有取有舍，要规避特定风险，更要有选择地、适度地主动承担一些风险，以提高投资收益性。

4. 投资者的风险承受能力与年龄密切相关。这对个人养老金投资的风险管理工作提出了新的要求，既要在产品设计之初区分不同年龄段的投资者群体，又要持续保持产品的风险收益特征与投资者的风险承受能力动态匹配。

1.3 个人养老金投资风险管理工作的主要步骤

个人养老金投资风险管理的主要步骤为：定位风险偏好、风险识别和风险防控。

1. 定位风险偏好

个人养老金产品作为委托投资的载体，其风险偏好取决于资金性质，而资金性质又是由投资者的风险承受能力决定的。与具有统筹性质的基本养老金不同，个人养老金的权益全部归属投资者个人所有，由投资者自主选择合格的个人养老金产品并承担投资盈亏风险。不同投资者的风险承受能力不同，同一个投资者随着年龄的增长，其风险承受能力也会相应变化。

定位风险偏好是个人养老金投资风险管理的第一步，也是最重要的一步，直接关系到居民养老金被用于投资的方向和方式是否合理合适，与投资者的风险承受能力是否相符。个人养老金投资，应对不同人群的风险承受能力加以区分，为特定的投资人群量身打造适合的个人养老金产品，以精确匹配相应的风险—收益关系；而且随着投资者年龄的增长，个人养老金产品的风险偏好能够随之进行适应性的调整。个人养老金投资风险偏好定位的成果是合理规划出个人养老金产品在整个运作周期中对各类风险资产的接受度水平及变化趋势。

2. 风险识别

在合理进行风险偏好定位的基础上，个人养老金产品明确了对各类风险资产的取舍，需要进一步识别不同风险资产中所蕴含的风险。风险识别是指用判断或归类等方式对既有风险和潜在风险的性质进行鉴别的过程。不同类型的资产所面临的风险不尽相同。比如存款、国债等低风险资产，其主要面临的是通货膨胀风险；而权益类工具、外汇商品甚至衍生品等高风险资产，其主要面临的是投资风险；不动产、收藏品投资还面临流动性风险。

在进行风险识别的过程中，可以依据投资流程进行梳理以发现和识别风险。各类风险资产的投资行为，都源于投资资金的汇集，进而投资管理人、托管人、交易商等相关主体机构相继介入，针对各类风险资产，制定决策、执行交易、回顾总结等投资行为周而复始地进行，一直持续到产品运作结束。这其中蕴含的风险可以归类为：

（1）资金来源风险，主要有提前支取风险、资金错配风险、挪用风险等；

（2）投资主体风险，可以进一步分解为管理风险、运营风险、操作风险、道德风险等；

（3）投资标的风险，包含各资产类别所面临的流动性风险、市场风险、信用风险等；

（4）监管制度风险，主要是监管缺位风险、政策变化风险等。

3. 风险防控

基于投资风险偏好定位和风险识别结果，个人养老金投资研究确定对各项风险的处置手段，即为风险防控。根据投资管理人进行适当性风险匹配结果的不同，其执行风险防控的方法分为两类，一是对于个人养老金投资不必要或不应当承担的风险进行主动防御，包括风险规避、风险转移等；二是对于个人养老金投资有必要或应当适度承担的风险，在主动承担的同时确保风险水平可控，包括风险分散、风险对冲等。前一类可以称为损失控制型管理，即通过一定的手段，在损失发生前消除风险因素或在损失发生的过程中控制风险，以规避或减轻损失。后一类可以称为收益补偿型管理，即在主动选择以一定方式承担风险后，获得对承受风险的收益补偿。

2　中国现有养老金体系的风险管理研究

改革开放以来，中国取得了令人瞩目的经济建设成果，养老金体系围绕社会经济体制变革的需求，从无到有，逐步建立完善。对于养老金投资的风险管理，从监管层到投资管理人都是摸着石头过河、逐步总结经验教训。个人养老金投资正处于起步阶段，要充分借鉴已有的经验教训，避免走弯路。

2.1　认识中国养老金体系

1951 年颁布的《中华人民共和国劳动保险条例》标志着我国社会保障制度初步建立。从 20 世纪 80 年代起，我国对养老保险制度进行了一系列改革，逐步搭建起三支柱养老金体系：基本养老金、企业（职业）年金和个人养老金，并以全国社会保障基金作为社会保障支出的战略补充。

	全国社会保障基金	基本养老金	企业（职业）年金	个人养老金
起步时间	2000年	1997年/2016年探索委托投资	2008年	2018年
业务定位	国家社会保障支出的战略储备基金	强制建立社会保险制度	企业（机关）为职工建立补充养老保险	个人自主进行养老资金储备
业务模式	全国社保理事会管理运营，直投和委托投资相结合	由各地分散管理向全国社保集中受托、市场化委托投资管理过渡	年金理事会受托机构受托、市场化委托投资管理	一人一户享受税收优惠，个人自愿参与、自主选择养老金资管产品
投资限制	权益类资产≤40%，境外投资≤20%	权益类资产≤30%，股权投资≤20%，仅进行境内投资	权益类资产≤30%，仅进行境内投资	暂未最终明确
发展状况	截至2017年末，基金权益达2.22万亿元	截至2017年底，参保人数达9.15亿人，基金结余5万亿元	截至2017年底，参保职工达2331万人，企业年金结余1.3万亿元	2018年5月开始税收优惠养老试点，公募进行业务准备

图 2　中国养老金体系框架介绍

2.2 分析不同支柱养老金投资风险管理的异同

2.2.1 定位风险偏好

前文分析指出，投资风险偏好取决于资金性质，进一步是由投资者的风险承受能力决定的。但我国现有的养老金体系中，这一影响路径并没有完全发挥作用。全国社会保障基金、基本养老金、企业（职业）年金投资中都将风险等级较高的权益类资产限制在中低仓位水平，表明其将自身的投资风险偏好定位在中等偏下水平，但这与资金性质的吻合情况、与投资者风险承受能力的对应情况都存在差异。

1. 投资者风险承受能力的异同

全国社会保障基金作为社会保障支出的战略储备，是国家意志在养老储备资金资产配置方面的体现。全国社会保障基金并不排斥高风险投资品种，但在整体资产配置方面风险偏好中性，注重配置的均衡性，可以进行境外投资，降低某类资产风险爆发对基金整体的冲击。

我国的基本养老金在制度设计层面有统筹账户现收现付制、个人账户累积制"双账户"设计。但一直以来个人账户资金都划转到统筹账户使用，使得基本养老金投资只反映了地方社保部门的风险偏好。地方养老金结余越少、当期支付压力越大，地方社保部门就越厌恶风险，这使长期以来基本养老金结余资金主要投资于国债、存款等低风险、变现便捷的资产，实际收益率较低，无法实现长期保值增值。自2016年起部分省份将基本养老金结余资金委托全国社会保障基金进行专业化的投资，地方社保部门对委托投资资金的风险偏好定位有所提升。但在基本养老金个人账户做实之前，缴费人或受益人的风险承受能力始终无法反映到投资中。

企业（职业）年金的投资损益由员工承担，且实行账户累积制，投资风险与企业有效隔离，适合赋予员工投资自主权，比如美国的401(k)计划。但目前国内企业（职业）年金采取集合管理的模式，由企业年金理事会或受托机构担任受托人角色，遴选投资管理人并与投资管理人商定投资策略。制度限制和受托人的风险偏好实际决定了企业（职业）年金的风险偏好，缴费人或受益人的风险承受能力同样无法反映到投资中。

个人养老金采用一人一户、账户累积制、定期缴存、退休后分期支取，投资损益全部由投资者承担，而且同龄人群资金流动和风险承受能力变化趋同，使投资管理人可以对投资者进行有效分组，将个人养老金产品的风险偏好定位与投资者的风险承受能力精准匹配。

2. 资金性质异同

全国社会保障基金主要用于弥补今后人口老龄化高峰时期的社会保障需要，只有在极端情况下才会出现支取需求，投资立足于长期性、保障性，具有流动性要求低、保值性要求高的特征。

目前基本养老资金仅具有统筹账户资金的性质，呈现现收现付的特点，资金周转快、流动性需求高，无法有效积累进行长期投资。自2016年基本养老金结余资金委托投资逐步实施以来，上述情况得到了一定改善，各省社保部门根据当地人口结构和老龄化进程、消费习惯和物价水平、地方经济发展形势等综合评定资金的风险承受能力，结合当地基本养老金结余、收支情况适当定位委托投资的资金性质，资金流动性要求显著降低，投资长期性、保值性要求提升。

从资金性质方面分析，企业（职业）年金属于对短期投资波动不敏感的长期资金，流动性要求低、保值性要求高，应定位为较高投资风险偏好。但受到制度限制和投资考评短期化倾向的影响，现有企业年金的权益类仓位水平较低，使企业年金的投资管理目标无从科学制定，在职工养老金体系中的定位也比较尴尬。理想状态下，企业年金理事会或受托人应会同投资管理人，根据企业员工群体现状（如年龄结构、收入水平、投资经验等）和人力资源发展规划定位产品投资风险偏好，有效匹配职工群体风险承受能力和资金性质，更进一步可以进行多样化企业年金方案设计，供职工"半自主"差异化选择，一定程度上达到为职工量身定做年金计划的效果。但在目前法规的束缚下，受托人和投资管理人在业务实务中，很多专业投资经验和资产配置能力无法得到充分发挥。

个人养老金定位于公共养老保障的个性化补充，个人根据自身的经济状况和老年生活规划，自主进行养老资金储备。相比基本养老金社会统筹、基本保障的定位，个人养老金更强调在老年生活已有基本保障的情况下，追求生活品质的提升，对投资收益有更高的要求。个人养老金资金长期累积、收支节奏可预期、对投资的短期波动不敏感，投资管理人可以充分进行长期投资，有效配置收益空间较大的权益类资产。

通过以上分析可以发现，全国社会保障基金、基本养老金统筹账户都属于统筹资金，投资权益无法直接对应到每一个受益人；而基本养老金个人账户、企业（职业）年金和个人养老金的投资权益直接归属于具体的缴费人或受益人，相互之间有较大的借鉴意义。但基本养老金个人账户"空账"，企业（职业）年金的实际投资并不反映缴费人或受益人的风险承受能力，反倒是刚刚起步的个人养老金最有希望将产品的风险偏好与个人的风险承受能力进行有效的匹配。个人养老金产品设计在资金汇集之前进行，即先确定包括投资风险偏好在内的各项产品要素，之后吸引与之相匹配的投资者进行投资。投资者基于对产品和自身的了解，主动进行投资决策。

2.2.2 风险识别

前文介绍了风险识别可以分为资金来源风险、投资主体风险、投资标的风险、监管制度风险，现对养老金体系中各组成部分的风险点整理如下。

	全国社会保障基金	基本养老金	企业（职业）年金	个人养老金
资金来源风险	很小（规模稳定、支取概率低）	较小（地方社保提前结束委托）	中等（人员流动、提前退休，企业经营状况）	较大（募集资金不定，个人风险厌恶、未及时投资、频繁切换、资金错配）
投资主体风险	很小（全国社保主管监督，各参与主体高度重视）	很小（全国社保主管监督，各参与主体高度重视）	较小（年金理事会、受托人等专业机构进行有效监督）	较大（投资者利益主体缺失，无法有效议价、监督）
投资标的风险	中等（资产配置多样化，可配置境外，权益资产仓位中等）	较小（境内资产配置，权益资产仓位较低）	较小（境内资产配置，权益资产仓位较低）	差异化（取决于产品定位和目标投资群体）
监管制度风险	很小（法规、制度完善，主体权责明确）	很小（利用全国社保委托投资经验，法规、制度完善，主体权责明确）	较小（法规、制度较完善，主体权责基本明确，受益人权益有改进空间）	很大（仍在顶层设计阶段，制度空白很大，各利益方出发点不统一）

图3　中国养老金体系风险对比

1. 资金来源风险

个人养老金投资的资金来源风险较全国社保委托投资等更为突出，因为资产管理机构的投研队伍组建、产品开发、系统建设等资源投入在先，资金汇集在后，资金体量存在很大的不确定性。

个人养老金产品选择由投资者自主完成，因此投资者的选择行为也会衍生出资金来源风险。最突出的一点是，在目前我国居民整体金融知识水平较低、风险厌恶情绪普遍的情况下，投资者缺乏对承担适当风险的重要性和必要性的认知，忽视了养老资产的增值需求，过量选择低风险低收益甚至保障性的产品进行投资。这会导致养老金长期配置、对短期波动不敏感等资金性质优势被浪费，宏观层面会导致全社会个人养老金长期收益较低，形成新的养老资金缺口。

除此之外，投资者未及时将闲置资金配置到养老金产品上，会降低养老资金的投资利用效率；投资者在养老金产品中频繁切换可能会导致个别产品面临资金质量差、流动过快的问题，而不得不进行短期投资；个别管理人如宣传或引导不当导致投资者投资于与自身风险承受能力不匹配的产品，则会使资金性质与产品定位不匹配。

2. 投资主体风险

个人养老金投资过程中所涉及的管理人、托管人、交易商等相关主体机构都存在管理风险、运营风险、操作风险、道德风险等。国内主要资产管理机构随着管理经验的积累、运营队伍的锻炼、系统的升级完善等，对管理风险、运营风险、操作风险都能够进行较好的排查和防控。但对如何防控主体道德风险，尤其是投资管理人的道德风险，仍有很大的探索和提升空间，投资管理人是否勤勉尽责、切实保护投资者利益、有效执行投资策略、践行公平交易原则，对居民养老金的投资效果都有深远的影响，是值得持续研究的重要课题。

3. 投资标的风险

目前国内个人养老金产品可以投资的资产类别范围尚未最终明确，预计会在风险可控的情况下对市场成熟、交易机制完善的资产类别做较为全面的覆盖。投资管理人需要在制定和执行投资策略时，对拟投资股票、债券、公募基金、商品、非上市股权等各类别资产所存在的投资风险进行全面细致的识别和衡量。

4. 监管制度风险

不同于全国社会保障基金、基本养老金、企业（职业）年金，个人养老金产品的目标人群绝大多数都是非专业投资者，欠缺专业投资知识和风险识别能力，更无从对投资管理人等相关主体进行有效监督。在此情况下，进行全面细致的制度设计，将参与主体的利益诉求与投资者利益有机统一，并由监管机构进行有效的监督考核补位，就显得更为重要。

2.2.3　风险防控

在识别出个人养老金投资可能面临的风险后，应当施以主动的、有效的、有目标的防控措施，以最小的成本最大可能地规避或减小损失、获取收益。从承担风险的结果来看，资金来源风险、投资主体风险、监管制度风险都不会给个人养老金投资带来收益增厚，属于要规避或转移的风险。对于投资标的风险则要进行具体分析、有所取舍，辨别各风险项对投资组合的损益影响，从而决定对风险项进行主动防御或适度承担。

值得注意的是，全国社会保障基金、基本养老金、企业（职业）年金的委托投资，都有专职的专业机构（全国社保理事会、年金理事会或受托人）代表资金方利益，落实委托投资中的各项风险防控措施，如对参与主体进行资质评审和遴选，审查投资管理人的投研队伍、投资策略和具体投资行为，并定期对投资业绩进行考核评估。而个人养老金投资者群体呈现分散化、非专业、非专职等特点，无法形成有效的投资者权益自我保护力量，不仅需要监管机构在制度设计方面高度重视投资者权益保护，更需要监管机构设立专职队伍，代表个人养老金投资者利益行使投资者问询、监督、追责等权利。

总体来看，三大支柱在风险管理方式上依据投资主体、运营形式、投资范围等因素而略有不同。个人养老金在风险管理过程中，还应当充分借鉴第一、第二支柱的成熟管理经验，并总结出适用于自身的管理模式和办法。

3　美国个人养老金体系的风险管理研究

养老金投资风险管理是实现养老金保值增值的重要手段。了解海外主要国家养老金投资种类和风险管理现状，对完善我国个人养老金投资风险管理具有重要意义。

总体来看，全球养老金集中度较高，主要集中在经济发达国家。据韬睿惠悦《2017年全球养老金资产研究报告》的统计数据，截至2016年末，美国以22.48万亿美元的养老基金资产规模居世界首位，占比高达61.7%。而且自20世纪70年代起，美国持续颁布法案完善养老金体系，现已成为养老金体系最为完善的国家之一。

故本文以美国私人养老金体系为研究对象，分析总结其风险管理完善之处与尚存的漏洞，以启示我国个人养老金投资风险管理体系的搭建。

3.1 美国养老金体系概述

美国是世界上建立养老保障制度较早的国家之一。1935年，美国颁布了《社会保障法案》，建立起养老、遗属及残障保险制度（OASDI），作为该国主要的养老保障制度。随着财政困难、婴儿潮一代的老龄化等问题的出现，单纯依靠政府的养老保障模式出现危机。为此，美国通过法案引导雇主为其雇员建立补充养老保险制度，并鼓励发展个人养老储蓄，以作为基本养老保险的补充，逐步形成了三支柱养老金体系。

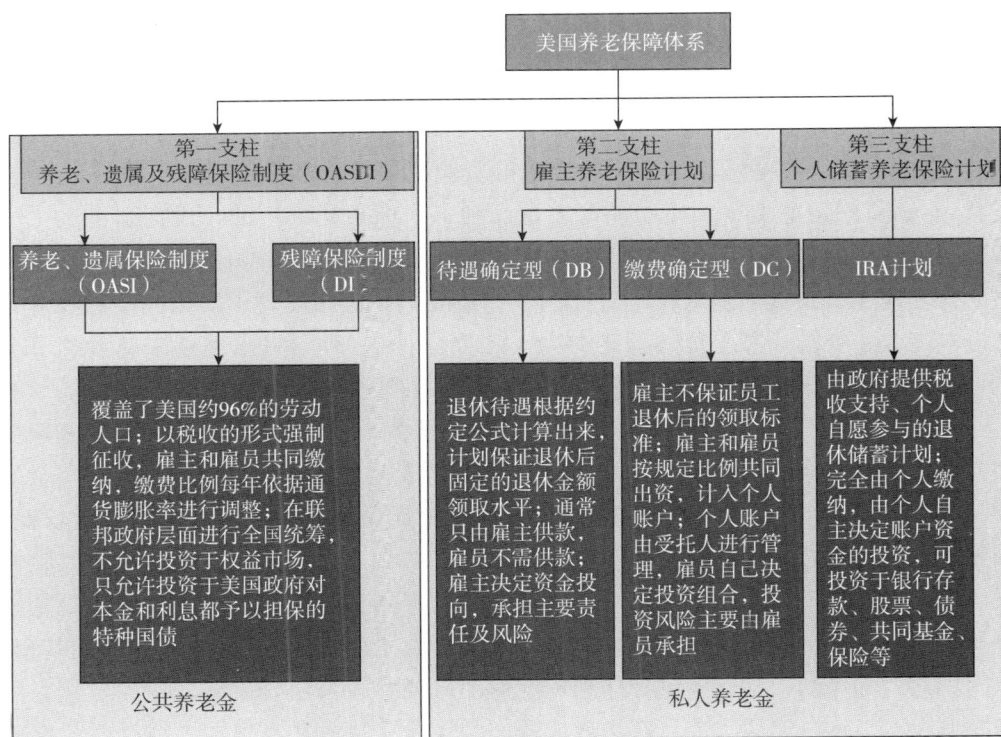

资料来源：ICI *The US Retirement Market*，*Fourth Quarter* 2017.

图4 美国养老金三支柱体系介绍

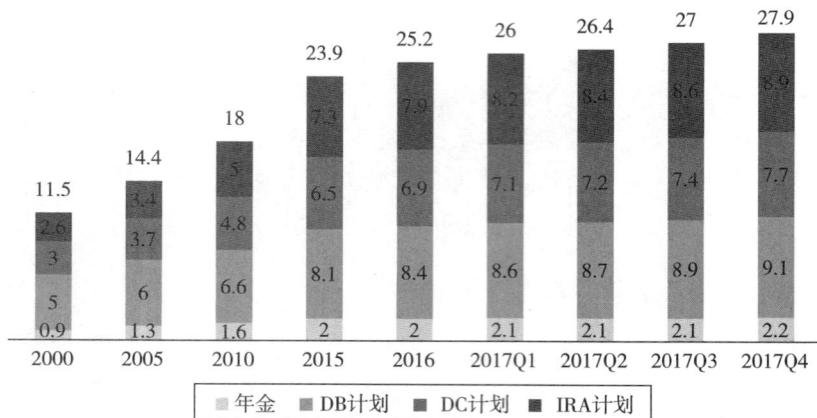

资料来源：ICI *The US Retirement Market*，*Fourth Quarter* 2017.

图 5　美国私人养老金资产构成情况（万亿美元）

3.2　美国私人养老金体系风险管理

3.2.1　定位风险偏好

对于美国私人养老金体系中发展最早的 DB 计划，雇主有义务提供资金向退休雇员支付事先约定的退休待遇；如果出现资金缺口，雇主负有补足的责任。因此，DB 计划的投资风险偏好完全取决于雇主的资金充裕情况和风险偏好。雇主在与投资管理人制订 DB 计划的投资策略时，考虑到未来债务是确定的，投资如果发生亏空将会增加自身负债，因而有将计划资金视同企业自有资金的倾向，厌恶投资风险，过于保守地主要投资于固定收益类资产。事实证明，长期投资于安全性高、收益率低的固定收益类资产并不能覆盖退休金支出需求，DB 计划将出现越来越大的资金缺口，雇主债务压力剧增，进而催生了由雇员承担投资损益风险的 DC 计划。

美国的 DC 计划与 IRA 计划，虽然资金来源不同（DC 计划的资金由雇主和雇员共同出资，IRA 计划则全部由雇员个人出资），但都是由雇员自主决定选择哪些金融产品进行投资。因而在产品设计中会根据不同投资人群的年龄、收入、健康状况、家庭需求等投资者画像提炼资金性质和风险承受能力，指导产品进行差异化风险偏好定位。以 DC 计划与 IRA 计划中最具代表性的产品目标日期基金、目标风险基金和管理基金为例，目标日期基金（Target Date Fund，TDF）又被称为生命周期基金，根据参与人的年龄、预计退休日期和预期寿命来调整投资组合的资产配置比例，即随着所设定目标日期的临近，逐步降低资产的风险，追求在和参与人或受益人在生命不同阶段的风险承受能力相适应的前提下实现资产的最大增值；目标风险基金（Target Risk Fund，TRF）又被称为生活方式基金，根据投资者的风险承受能力进行资产配置，并维持目标组合固定不变；管理基金（Managed Fund）由投资管理机构根据受托人的雇员构成和企业情况单独定制符合该企业风险偏好的基金。

3.2.2 风险识别

同样从资金来源风险、投资主体风险、投资标的风险、监管制度风险四个方面分析美国主要私人养老金产品的投资风险识别。

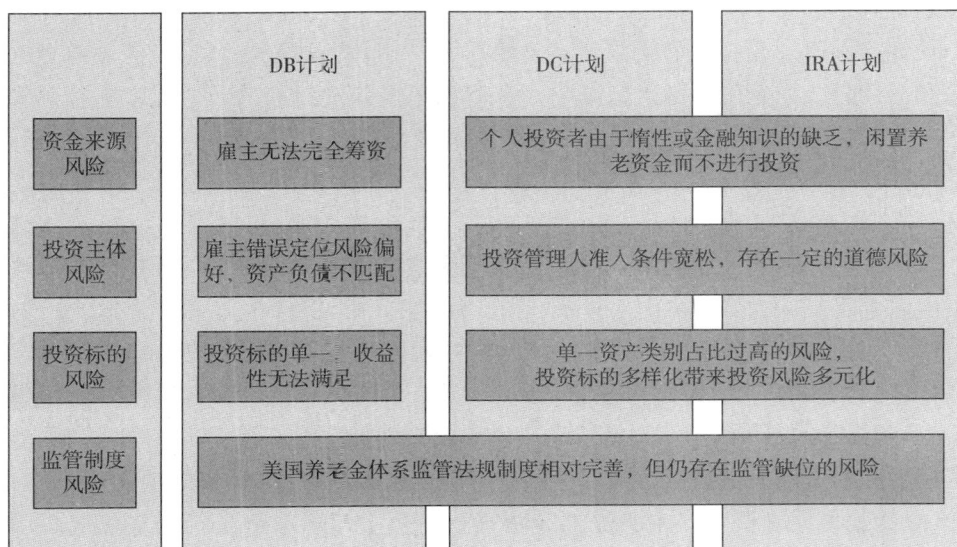

	DB计划	DC计划	IRA计划
资金来源风险	雇主无法完全筹资	个人投资者由于惰性或金融知识的缺乏，闲置养老资金而不进行投资	
投资主体风险	雇主错误定位风险偏好、资产负债不匹配	投资管理人准入条件宽松，存在一定的道德风险	
投资标的风险	投资标的单一、收益性无法满足	单一资产类别占比过高的风险，投资标的的多样化带来投资风险多元化	
监管制度风险	美国养老金体系监管法规制度相对完善，但仍存在监管缺位的风险		

图6　美国私人养老金体系可能的投资风险

3.2.3 风险防控

美国私人养老金体系经过数十年的发展，在风险防控方面探索出很多行之有效的防控手段，值得我们研究借鉴。

1. 资金来源风险防控

DB计划面临的最大资金来源风险是雇主无法筹集足额资金的风险。2006年美国的养老金改革和《养老金保护法案》将DB计划的完全筹资率由90%提升至100%，将计划发起人偿还债务的年限由30年降低为7年，计算债务和资产的公式更加严格。雇主如果无法满足完全筹资率的要求，或资产负债不匹配，到期资产将无法覆盖当期的退休金待遇。对此，美国政府建立了退休金付给保证公司（Pension Benefit Guaranty Corporation，PBGC），发起DB计划的雇主每年向PBGC缴纳一定比例的保费，以在其到期资产无法支付当期的退休金待遇时，由PBGC支付年金待遇，从而将风险有效转移。

对于需要个人做出投资选择的DC计划，存在个人面对过多产品难以选择而将养老金闲置或者选择了不适当的养老金产品的问题。为避免养老资金闲置风险和资金错配风险，DC计划中占比最大的401（k）计划设立了合格默认投资选择机制（Qualified Default Investment Alternatives，QDIA），当参与人或受益人由于某些原因未能对其养老计划账户中的资金做出投资决定时，他所加入的养老计划中的受托人代表他选择的投资替代方案即为QDIA。

2. 投资主体风险防控

美国法律和监管机构对私人养老金的投资管理及经办机构的准入规则并没有太多的约束，由此投资管理人或经办机构很容易陷入道德风险。为此，针对拥有养老金计划管理和投资决定权的受托人，美国养老金运营监管非常强调受托人职责（Fiduciary Duty）。受托人职责源于"谨慎"和"忠诚"责任。在对养老金计划进行管理和运营时，"谨慎"和"忠诚"意味着以一个谨慎专家的身份建立一整套管理程序、收集正确决策所必需的信息并且一切行为都要以受益人利益的最大化为原则。这一准则在很大程度上规范了参与主体的参与行为，参与主体受托人的风险大大降低。

除投资管理人和经办机构外，还要防范雇主的道德风险。因为 DB 计划的投资决策由雇主决定，为降低可能的投资风险，雇主有动力将基金全部投资于安全性高、收益率低的固定收益类资产，而忽略资金长期收益要求，最终基金收益无法满足雇员退休金的给付需求。为此，发起 DB 计划的企业进一步完善其以资产负债模型（Asset – Liability Modelling，ALM）为代表的风险管理技术，建立更恰当的长期战略型资产配置和短期战术型资产配置，以长期实现退休金资产与负债的匹配。[1]

DC 计划也同样要对雇主的道德风险进行防范。知名案例是美国安然公司引导雇员将养老计划资金大规模投资于自己公司的股票，随着安然公司的破产倒闭，雇员的投资遭受了巨大损失。为避免此类风险的发生，《养老金保护法案》规定 DC 计划不允许持有或购买雇主证券，满足豁免条件的除外；投资管理人也会对个人提供咨询、培训等服务，以加强投资者教育，合理做出投资决策。

3. 投资标的风险防控

因为 DC 计划和 IRA 计划由个人进行投资决策，不同于发起 DB 计划的雇主倾向于降低投资风险，个人养老金投资者追求更高的投资回报，因而这两个计划配置于权益资产的比例相当高，当资本市场风险发生时，DC 计划和 IRA 计划受到的冲击要远甚于 DB 计划。据统计，2007 年末，将近 25% 的临近退休者把 90% 的 401（k）账户余额投资于权益类资产，40% 的临近退休者把 70% 的 401（k）账户余额投资于权益类资产，IRA 计划中投资于权益类资产的比例与 DC 计划相差不多。2008 年国际金融危机中，临近退休者养老金资产过高的权益投资，导致临近退休者的养老金资产损失惨重。为更好地保护个人投资者的利益，避免资本市场大幅震荡带给 DC 计划和 IRA 计划过多的损失，相关风险管理包括以下方式。

（1）引导个人实行多元化投资，根据个人所处的不同阶段实行与风险偏好相匹配的资产配置，方式包括但不限于 QDIA 机制的推出、养老金一站式解决方案——目标日期基金、目标风险基金等新型基金产品的诞生等。

---

[1] Developments In Pension Fund Risk Management In Selected Oecd And Asian Countries, OECD Secretariat, 2014.

（2）为更灵活地应对资本市场波动，DC 计划中大部分雇主改变了提供给雇员的投资产品结构，降低了权益类投资的比例，并对雇主匹配的比例进行了调整，雇员供款比例降低。

（3）建立复合式 DC 计划，即将 DC 计划与 DB 计划相结合，变相设定了最低收益率要求，即要求受托人就基金的投资必须达到和投资市场收益率相符合的投资收益，如果受托人未能达到此收益率，则以自有资产或风险准备金补足。

4. 监管制度风险防控

自 20 世纪 70 年代起，美国持续颁布法案完善养老金体系，现已成为养老金体系最为完善的国家之一。目前遗留的监管制度风险较小，但依然有改进提升的空间。

美国监管机构对 DC 计划的投资管理、投资工具和范围并没有太多的约束，这虽然一方面鼓励计划参与者进行养老金投资创新，但另一方面也引发了计划发起人与投资管理机构不能最大限度地实现养老金保值增值的道德风险。例如，监管虽然要求受托人在决定养老金投资产品时要从雇员的年龄结构出发，但并没有规定具体的考量要求，因而受托人在决定投资清单时不能正确考虑雇员的年龄结构，而更多从费率等控制成本的角度出发；又如，因《养老金保护法案》对 QDIA 的三种投资形式——目标日期基金、平衡基金和管理基金并非强制性规定，因而雇主与投资管理机构决定的 QDIA 可能是风险较低、收益稳定的存款类或固定收益类产品。针对上述情形，美国政府问责局（Government Accountability Office，GAO）对计划参与主体进行调查并形成相应报告汇报给美国劳工部（Department of Labor，DOL），美国劳工部表示，监管如此设立的目的是不限制各计划参与主体进行养老金投资创新，以实现雇主和雇员的自主权，但不排除若上述主体的道德风险进一步加剧会考虑加强监管的可能。[①]

4　我国个人养老金投资的风险管理研究与建议

为了让个人养老金有效累积增值、助力应对老龄化问题，本文认为要以"利国利民"作为根本出发点，从"开源""节流"两个方向考虑，充分借鉴国内外已有养老金投资风险管理的经验教训，进行全面细致的制度设计。

"开源"着眼于盘活居民手中的闲置资金，要将居民投资目光从低风险低收益金融产品、违规资管产品乃至金融诈骗转移到专业、规范、有效的资产管理产品上，关键点是要提升居民投资体验和获得感。国家目前已做出表率，对个人养老金给予税收递延优惠政策，为个人养老金"开源"注入强大动力。金融监管机构和从业机构则要从帮助居民解决问题、消除疑虑、获得实惠等方面开展制度研究和设计。只

---

① United States Government Accountability Office. Report to the Honorable Elizabeth Warren, U. S. Sentate, 401 (k) Plans Clearer Regulation Could Help Plan Sponsors Choose Investments for Participants［R］. August 2015.

有将个人养老金产品打造成"余钱即投、应急可取、享受税优、有效增值"的"百姓钱包"，才能真正赢得广大民众的认可，实现个人养老储备的"全民开源"。

"节流"着眼于加速个人养老金的投资增值，要将养老金产品的整个投资流程中可能发生的各项成本进行区分对待，对能够贡献投资收益的投资管理成本和为开展投资提供必要支持的运营成本予以合理保障，对无益于提升投资收益的销售、宣传（不包含必要的投资者教育）、非官方评比等行为所产生的冗余成本则要大刀阔斧地精简。

从"开源""节流"两个方向出发，本文对个人养老金投资风险管理工作提出以下不成熟的建议，供监管机构和同业研讨斧正。

4.1　建立产品风险等级、投资者风险承受能力划分标准

个人养老金产品设计在资金汇集之前进行，即先确定包括投资风险偏好在内的各项产品要素，再吸引与之相匹配的投资者进行投资。而广大投资者并不具备充分的金融知识，无法根据投资范围、资产比例限制等合同条款准确判断产品的投资风险偏好，甚至无法合理界定自身风险承受能力。这就要求监管机构和个人养老金投资管理人做好工作，帮助投资者在决策过程中简易而又准确地实现产品的投资风险偏好与自身风险承受能力的有效匹配。

1. 科学制定养老金产品风险等级体系，使数量众多的养老金产品按照统一的标准定位投资风险偏好。

2. 投资管理人设计养老金产品要有明确的目标客户群，对目标客户群进行科学严谨的投资者画像，合理归纳投资者风险承受能力，并据此进行产品的投资风险偏好定位。

3. 投资管理人要进行有效的投资者教育，并通过调查问卷、投资指引等方式引导投资者准确认知自身的风险承受能力和产品的投资风险偏好，辅导投资者选到真正适合自身的养老金产品。

4.2　将业务参与主体的利益诉求与投资者利益有机统一

通过前文的风险识别分析，本文认为个人养老金投资风险管理工作中最有难度的是有效识别和防控参与主体的道德风险。个人养老金是涉及亿万民众的民生工程，采取市场化运作方式，只有将参与主体对收入、规模、品牌等方面的利益诉求与实现投资者利益最大化有机统一，才有望从根本上杜绝参与主体的道德风险。

1. 理顺个人养老金业务流程，精简不必要的中间环节和业务参与主体，压减对提升投资业绩没有贡献甚至侵蚀养老金资产的冗余成本，保障必要的运营维护支出，将业务资源向投资研究倾斜，让个人养老金投资业务回归专业资管业务本源。

2. 严格规范管理人对养老金产品的信息披露，确定统一的信息披露模板、频率、场所，制止宣传竞赛，严惩过度营销行为，让管理人专注于投资管理、提升

业绩。

3. 鼓励相关资管机构进行公平客观的投资者教育，禁止任何营利性第三方对个人养老金产品进行业绩排名、评比或设立奖项，明确由监管机构进行有公信力的权威评定。

4.3 加强监管协同，严格机构准入，监管机构要做好监督补位

目前，国内各类资产管理机构仍然良莠不齐、鱼龙混杂，这决定了我国对个人养老金投资参与机构要严格准入、加强监管。

1. 鉴于我国金融分业监管的现状，各监管机构要加强协调沟通，对服务于个人养老金投资的金融机构和资管产品一视同仁地进行严格监管。监管层要对相关机构进行全面审查，将主体风险尽可能在事前排除掉。

2. 要建立个人养老金投资参与机构的管理制度和退出、奖惩机制，划清红线，以高昂的犯错误成本倒逼相关机构和业务人员做好事中风险防控工作，风险事件发生后严格追究责任方责任，保持监管威慑力。

3. 前文提到，个人养老金投资者欠缺投资者权益自我保护力量，需要监管机构做好监督补位，有效保护投资者利益。监管机构要做个人养老金投资人群的"大管家"，切实承担起受托人职责，既要在制度设计方面高度重视投资者权益保护，又要探索设立专职队伍，代表个人养老金投资者行使权益，对风险责任主体积极追偿。

4.4 持续大力进行投资者教育，引导居民科学认知风险，探索个人养老金默认投资组合

投资者教育是资本市场发展壮大的基础性工程，"功在当代，利在千秋"。提高居民金融知识水平，不仅能够帮助居民识别违规非法金融产品、预防金融诈骗，更重要的是培养居民及早进行养老金积累和储备的意识，提高居民对长期投资、分散投资的认可度，改变居民对风险的错误认知，认识到承担适当风险的重要性和必要性。但投资者教育是一项长期工作，不可能在短期内扭转国内民众风险厌恶的整体倾向。前文已经分析，如果放任这种风险厌恶倾向在个人养老金产品选择和资产配置中发酵，必然导致居民超配低风险定位甚至保障性的养老金产品，浪费养老金的资金性质优势，导致全社会个人养老金长期收益较低，形成新的养老资金缺口。

这使我国在个人养老金发展之初就需要研究制定"默认投资组合"机制，在默认投资组合中有效配置权益类等长期收益潜力大的资产类别，引导和帮助居民进行合理的养老金长期投资。

产品篇

编者按

  当前我国人口老龄化问题日益严峻，据国家统计局的数据，2017年末，60周岁及以上人口为2.4亿人，占总人口的17.3%，其中65周岁及以上人口有1.58亿人，占总人口的11.4%，据全国老龄办的预测，到2050年前后，我国老年人口数将达到峰值4.87亿人，占总人口的34.9%。随着老龄化形势越发严峻，国民面临的养老压力越来越大，根据国家劳动部门的测算，近年来我国养老金的平均替代率仅50%左右，低于国际劳工组织所建议的养老金替代率最低标准55%，因此个人养老金投资越发重要，未来个人选择金融产品进行养老投资的需求也会不断增强。2018年，随着个人税收递延型商业养老保险试点的展开和养老目标基金的推出，我国个人养老金第三支柱开始逐步形成并完善，投资者个人养老投资产品选择也逐渐丰富。

  基于上述背景，产品篇主要对各国养老产品相关制度和设计细节进行了介绍及比较。产品篇主要包含五部分内容。第一章《个人养老金融产品介绍》对银行、保险、基金系养老金第三支柱相关产品进行了分析比较，分别以银行理财产品、个人税收递延型商业养老保险、养老目标基金为主，提出养老金融产品在每一个行业不同质化严重、供给不足和居民认识不足的发展困境，从未来看，产品竞争将更加激烈，个人养老金融产品市场前景十分广阔。第二章《目标日期基金介绍与分析》从产品概况、设计细节及对我国个人养老金发展的建议三个方面对目标日期基金进行了介绍。第三章《目标风险基金：产品设计与投资运作》详细介绍了目标风险基金，强调其能帮助投资者实现资产配置并且注重保持风险恒定。第四章《养老金默认投资选择：QDIA和DIS》主要介绍美国养老金合格默认投资选择（QDIA）及香港强制性公积金计划的预设投资策略（DIS），分析了两种制度安排的基本情况和相关默认投资产品，并提出了对我国发展第三支柱个人养老金的启示。第五章《英国国家职业储蓄信托（NEST）产品设计与选择研究》介绍了英国国家职业储蓄信托（NEST）的产品设计和布局情况，NEST所采用的"默认＋备选"的产品设计方案、独特的基础期"下滑曲线"设计等可对我国养老产品设计和发展提供参考。

第一章　个人养老金融产品介绍

招商基金管理有限公司　岳　磊

摘　要　我国金融机构推出了大量"各具特色"的个人养老金融产品。本文简要介绍当前个人养老金融产品的分类，重点对银行养老理财产品、个人税收递延型商业养老保险、养老目标基金等产品进行了横向比较。个人养老金融产品在发展上面临诸多困境，但随着人口老龄化程度的不断加速，个人税收递延养老险政策的出台，个人养老意识的觉醒，个人养老金融产品将会迎来快速发展时代。

关键词　个人养老金融产品　银行养老理财产品　税延养老险　养老目标基金

据国家统计局的数据，2017 年末，60 周岁及以上人口为 2.4 亿人，占总人口的 17.3%，其中 65 周岁及以上人口为 1.58 亿人，占总人口的 11.4%，我国已经步入深度老龄化社会阶段。同时，我国初步形成了多层次养老金体系，居民个人的养老意识不断觉醒，对个人养老金融产品的需求日趋旺盛。

2016 年 3 月，中国人民银行等五部委联合发布《关于金融支持养老服务业加快发展的指导意见》，从国家层面提出鼓励金融机构研发差异化的养老金融产品。近几年，商业银行、保险公司、公募基金等金融机构，推出了大量"各具特色"的个人养老金融产品。

本文尝试对典型的个人养老金融进行横向比较和分析，为个人选择合适的养老金融产品提供参考。

1　个人养老金融产品的内涵

本文中的个人养老金融产品界定为金融机构针对不同年龄和群体的养老保障需求，研发的提供长期收益、符合跨生命周期需求的差异化金融产品，以服务个人养老的为主。

2018 年 4 月 11 日，财政部、国家税务总局、人力资源社会保障部、银保监会和证监会五部委联合发布《关于开展个人税收递延型商业养老保险试点的通知》，这是国家建立和发展第三支柱储蓄养老的重要制度安排。第三支柱个人养老金一般由个人缴费，在税收递延优惠范围内自行决定缴费金额，缴费人可根据个人的年龄、风险偏好等自主选择养老金融产品，同时自行承担投资风险——可以预期，个人养老金融产品即将迎来重要的发展机遇，各类金融机构的竞争日趋激烈。

2 养老金融产品的分类

《关于金融支持养老服务业加快发展的指导意见》提出，鼓励银行、证券、信托、基金、保险等各类金融机构针对不同年龄群体的养老保障需求，积极开发可提供长期稳定收益、符合养老跨生命周期需求的差异化金融产品。大力发展养老型基金产品，鼓励个人通过各类专业化金融产品投资增加财产性收入，提高自我养老保障能力。

全国老龄工作委员会提出的六大产业之一就包括"老年金融理财业"。十部委联合发布的《关于鼓励民间资本参与养老服务业发展的实施意见》（民发〔2015〕33 号）特别指出，"引导和规范商业银行、保险公司、证券公司等金融机构开发适合老年人的理财、信贷、保险等产品。"

在政策鼓励和支持下，金融机构加快在养老服务金融领域的探索和创新，银行、保险、基金等机构逐渐提供更加丰富多样的金融产品，养老金融服务内容不断丰富。

2.1 银行业

银行业具有最为广泛的客户群体，也是我国居民在养老方面信赖的金融机构，它在养老金融产品上有以下类别的产品。

1. 养老储蓄产品，即以养老为目的的存款，这是我国居民最普遍的养老理财方式，具有低风险、收益稳定、操作简便等特点。清华大学、同方人寿推出的《2016中国居民退休准备指数调研报告》指出，六成以上受访者将银行储蓄作为主要的退休收入来源。我国国民总储蓄率一直远高于世界平均水平和发达国家水平。

2. 养老理财产品，是指由商业银行设计发行的，以追求养老资产长期稳健增值为目的，鼓励客户长期持有的银行理财产品。通常采用成熟的资产配置策略以合理控制产品风险，主要面向有养老投资需求的客户。

通常来讲，银行养老理财产品可以分成三大类：第一类针对单独的养老客户群体，比如为持有养老专属银行卡的老年客户或在银行办理企业年金、养老金业务的职工群体提供专属性质的理财产品；第二类仅重点面向企业年金等养老金客户以及薪酬福利客户、团险客户等机构类客户，满足此类客户的资金管理需求；第三类，客户群体不限定，仅是带有"养老"字样的普通银行理财产品。

银行养老理财产品具有期限更长、低风险、追求长期稳定收益等特点，并且结合银行卡等针对老年客户群体提供综合化、个性化的增值服务。目前，兴业银行、上海银行、广发银行、交通银行等机构发行过养老理财产品。

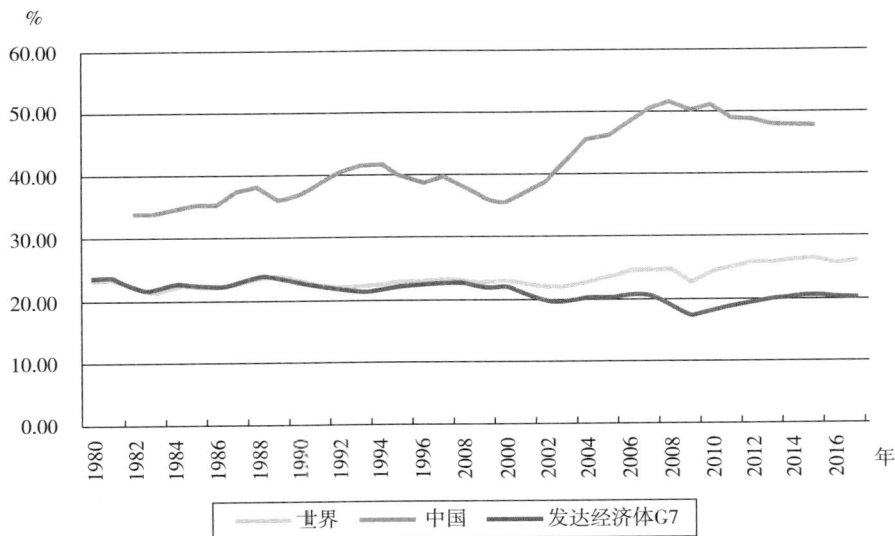

资料来源：国家统计局，Wind。

图1 中国、世界、发达经济体G7国民总储蓄率（1980—2017年）

3. 住房反向抵押贷款，这是一种以住房为抵押的商业贷款，主要客户群体是有住房产权的老年人，目的是满足老年人的融资需求，解决养老资金短缺难题。

住房反向抵押贷款与传统住房抵押贷款相比，资金流向是相反的，客户从银行得到贷款，而非每月需要资金偿还贷款。其主要操作模式是，拥有住房的老年人作为借款人，将住房产权抵押给银行，银行根据住房的当前价值和未来的增值或折旧、老人的身体状况和预期寿命等信息进行综合评估，核定一定的贷款额度，按月或按年将现金支付给借款人。国内银行提供的住房反向抵押贷款并非实质上的"以房养老"，贷款并非一直支付至借款人死亡，而是约定固定期限，到期后需要还清本息。譬如中信银行曾推出的养老按揭贷款，要求贷款周期不超过十年，贷款到期后必须还清本息，否则银行会处置其房产。

攒钱　买房　还贷　住房抵押养老

图2 按揭贷款买房与"以房养老"

从实际运作成效来看，由于业务限制较多、缺乏政策支持、住房价格增长较快等多重因素的限制，住房反向抵押贷款业务量很少。截至目前，国内仅有少数商业银行提供住房反向抵押贷款业务，譬如2011年中信银行率先在北京、上海等地开展"养老按揭贷款"，2013年兴业银行在"安愉人生"的基础上也推出了"以房养老"

业务，上海银行同年也提出探索"倒按揭"的养老金融产品。

2.2 保险业

2014 年 8 月，国务院发布《关于加快发展现代保险服务业的若干意见》，明确了保险业在完善多层次社会保障体系中的定位；把商业保险建成社会保障体系的重要支柱，创新养老产品和服务。

1. 商业养老保险，是指商业保险机构提供的，以养老风险保障、养老资金管理等为主要内容的保险产品和服务，是养老保障体系的重要组成部分。

2017 年 6 月，《关于加快发展商业养老保险的若干意见》发布，提出了鼓励发展商业养老保险的多种措施，譬如鼓励支持商业保险机构创新商业养老保险产品和服务、投资并促进养老服务产业发展、推进商业养老保险资金安全稳健运营、提升管理服务水平等。

2018 年 4 月，财政部、国家税务总局、人力资源社会保障部、银保监会、证监会联合发布《关于开展个人税收递延型商业养老保险试点的通知》，自 2018 年 5 月 1 日起，在上海市、福建省（含厦门市）和苏州工业园区实施个人税收递延型商业养老保险试点。试点期限暂定一年。

其中规定：个人商业养老保险产品按稳健型产品为主、风险型产品为辅的原则选择，采取名录方式确定。试点期间的产品是指由保险公司开发，符合"收益稳健、长期锁定、终身领取、精算平衡"原则，满足参保人对养老账户资金安全性、收益性和长期性管理要求的商业养老保险产品。

表1　　　　　　　　　　个人税收递延型商业养老保险政策一览

年份	出台单位	政策名称	主要内容
2017	国务院办公厅	《关于加快发展商业养老保险的若干意见》	提出加快商业养老保险的意见和举措，如创新商业养老保险产品和服务、促进养老服务业健康发展、推进商业养老保险资金安全稳健运营等
2018	财政部、国家税务总局、人力资源社会保障部、银保监会、证监会	《关于开展个人税收递延型商业养老保险试点的通知》	发布个人税收递延型商业养老保险的政策，包括试点地区、试点政策内容、适用对象、账户和信息平台等
2018	国家税务总局	《关于开展个人税收递延型商业养老保险试点有关征管问题的公告》	规定个人税收递延型商业养老保险税前扣除、领取环节的征收步骤
2018	银保监会、财政部、人力资源社会保障部、国家税务总局	《个人税收递延型商业养老保险产品开发指引》	该指引是保险公司开发设计个人税收递延型商业养老保险产品的基本要求和统一规范，主要内容包括设计原则、产品要素、产品管理、名词解释四个部分

年份	出台单位	政策名称	主要内容
2018	银保监会	《个人税收递延型商业养老保险业务管理暂行办法》	从经营要求、产品管理、销售管理、投资管理、财务管理、信息平台管理、服务管理、信息披露等方面对保险公司开展个人税收递延型商业养老保险业务提出了具体要求
2018	银保监会	《个人税收递延型商业养老保险资金运用管理暂行办法》	规范税延养老保险资金的运用，对税延养老保险资金运用在投资范围和比例、投资能力、投资管理、风险管理等方面做出了明确规定

2018 年 5 月，银保监会正式发布个人税收递延型商业养老保险的产品开发指引和业务管理暂行办法。其中《个人税收递延型商业养老保险产品开发指引》是保险公司开发设计个人税收递延型商业养老保险产品的基本要求和统一规范，《个人税收递延型商业养老保险业务管理暂行办法》则是对保险公司开展个人税收递延型商业养老保险业务提出了具体要求。截至 2018 年 9 月 6 日，银保监会已经公布了三批经营个人税收递延型商业养老保险业务保险公司名单，有 19 家公司入围。

表 2   《个人税收递延型商业养老保险产品开发指引》中的产品要素

项目	主要内容
参保人	凡 16 周岁以上、未达到国家规定退休年龄，且符合《关于开展个人税收递延型商业养老保险试点的通知》（财税〔2018〕22 号）规定的个人
保险期间	终身或长期，包括积累期和领取期两个阶段
交费方式	月交或年交
交费期间	保险合同生效后至参保人达到国家规定退休年龄前
积累期和领取期	1. 积累期，是指参保人按照保险合同约定进行养老资金积累的阶段，参保人开始领取养老年金前均为积累期 2. 领取期，是指参保人按照保险合同约定开始领取养老年金的阶段
收益类型	个人税收递延型商业养老保险产品积累期养老资金的收益类型，分为收益确定型、收益保底型、收益浮动型，分别对应 A、B、C 三类产品
保险责任	个人税收递延型商业养老保险产品可提供养老年金给付、全残保障和身故保障三项保险责任
领取方式	保险公司按照精算平衡原理，向参保人提供终身领取、领取期限不少于 15 年的长期领取等领取方式，并确定相应的养老年金领取金额
费用收取	保险公司可向参保人收取的费用包括初始费、资产管理费和产品转换费

2. 住房反向抵押养老保险，为有房产但养老资金短缺的老人提供了一种新的养

老融资途径，与银行提供的住房反向抵押贷款类似，同样增加了老年人的养老选择，满足了老年人居家养老和增加养老收入两大核心需求，尤其适合中低收入家庭、失独家庭、"空巢"家庭及单身高龄老人。

保险机构主导的"以房养老"产品，面临与银行类似的困境，受传统养老观念、政策环境、市场环境等方面的影响，试点效果并不理想。据媒体报道，截至2018年6月底，只有幸福人寿一家保险公司开展了相关业务，共有98户家庭139位老人完成承保手续。

表3　　　　　　　　　保险行业"住房反向抵押养老保险"政策梳理

年份	出台单位	政策名称	主要内容
2013	国务院	《关于加快发展养老服务业的若干意见》	提出开展老年人住房反向抵押养老保险试点
2014	保监会	《关于开展老年人住房反向抵押养老保险试点的指导意见》	在北京、上海、广州、武汉启动"以房养老"试点
2016	保监会	《关于延长老年人住房反向抵押养老保险试点期间并扩大试点范围的通知》	延长试点时间，扩大试点省市范围，至各直辖市、省会城市（自治区首府）、计划单列市，以及江苏、浙江、山东、广东等部分地级市
2018	银保监会	《关于扩大老年人住房反向抵押养老保险开展范围的通知》	老年人住房反向抵押养老保险扩大到全国范围开展

3. 养老保障管理产品，根据保监会的规定，是指养老保险公司或者养老金管理公司作为受托人，接受政府部门、企事业单位等团体客户的委托，为其提供有关养老保障方案设计、账户管理、投资管理、待遇支付等服务，发行的相关金融产品。

养老保障管理业务最早开展于2009年，仅有团体型产品，最初主要定位为企业年金计划的替代方案或补充方案，具有非常明显的类年金属性。2013年5月，《养老保障管理业务管理暂行办法》出台，允许养老保险公司发行养老保障管理产品，可以面向个人销售，引起市场广泛关注。2015年，《养老保障管理业务管理办法》发布，提出养老保险公司三年期及以下封闭式个人养老保障管理产品年度新增业务规模应与公司的资本实力相匹配，并允许养老金管理公司开展业务。2016年11月，《关于进一步加强养老保障管理业务监管有关问题的通知》则进一步提高养老保障管理业务经营门槛要求，提出强化投资管理、加强产品备案等要求。2017年6月，《关于加快发展商业养老保险的若干意见》对发展个人养老保障管理业务提出新的要求：前提是依法合规，首先要具备长期养老功能，其次符合生命周期特点。

表4 保险行业"养老保障管理业务"政策梳理

年份	出台单位	政策名称	主要内容
2013	保监会	《养老保障管理业务管理暂行办法》	规范养老保险管理业务的经营、投资管理、风险控制、监督管理等
2015	保监会	《养老保障管理业务管理办法》	进一步完善相关管理规定
2016	保监会	《关于进一步加强养老保障管理业务监管有关问题的通知》	提高养老保障管理业务经营门槛要求，提出强化投资管理、加强产品备案等要求
2017	国务院办公厅	《关于加快发展商业养老保险的若干意见》	对发展个人养老保障管理业务提出新的要求

个人养老保障管理产品主要面向个人客户，类似于个人理财型产品，与其他养老金融产品相比，具有产品设计灵活、购买门槛较低、投资收益稳健、风险控制严格等特点。在购买门槛上，封闭式产品1万元起投，开放式产品1000元起投，投资范围参考保险资金投资方向。

2.3 基金业

2016年3月，《关于金融支持养老服务业加快发展的指导意见》首次提出：大力发展养老型基金产品，鼓励个人通过各类专业化金融产品投资增加财产性收入，提高自我养老保障能力。这是在国家层面首次提出养老型基金的概念。

2017年5月，《养老型公开募集证券投资基金指引（试行）》征求意见。2018年3月，证监会正式发布《养老目标证券投资基金指引（试行）》，详细规定了养老目标基金的立法依据、产品定义、产品类型、投资策略、投资比例、子基金要求、基金管理人和基金经理要求、运作方式等。

养老目标基金是指以追求养老资产的长期稳健增值为目的，鼓励投资人长期持有，采用成熟的资产配置策略，合理控制投资组合波动风险的公开募集证券投资基金。养老目标基金应当采用基金中基金形式或中国证监会认可的其他形式运作。

2018年8月，首批养老目标基金获批，证监会核发了华夏基金、嘉实基金、博时基金、南方基金、富国基金、泰达宏利基金、广发基金、中银基金、万家基金、中欧基金、易方达基金、鹏华基金、银华基金、工银瑞信基金14家基金公司的14只养老目标基金。

表5 《养老目标证券投资基金指引（试行）》要点解析

项目	主要内容
产品形式	基金中基金或者中国证监会认可的其他形式
投资策略	目标日期策略、目标风险策略以及中国证监会认可的其他策略
持有期限	定期开放的封闭运作期或投资人最短持有期限应当不短于1年

项目	主要内容
投资比例限制	按照封闭运作期或投资人最短持有期限不短于1年、3年或5年的，基金投资于股票、股票型基金、混合型基金和商品基金（含商品期货基金和黄金ETF）等品种的比例合计原则上不超过30%、60%、80%
子基金	养老目标基金的基金管理人应当制定子基金（含香港互认基金）选择标准和制度。其中，子基金运作期限应当不少于2年，最近2年平均季末基金净资产应当不低于2亿元
基金管理人	成立满2年，公司治理健全、稳定；最近三年平均公募基金管理规模（不含货币市场基金）在200亿元以上或者管理的基金中基金业绩波动性较低、规模较大；投资、研究团队不少于20人，其中符合养老目标基金基金经理条件的不少于3人等条件
基金经理	具备5年以上金融行业从事证券投资、证券研究分析、证券投资基金研究评价或分析经验，其中至少2年为证券投资经验；或者具备5年以上养老或保险资金资产配置经验等
费率	养老目标基金可以设置优惠的基金费率，并通过差异化费率安排，鼓励投资人长期持有

在此之前，基金行业在服务养老方面也进行了积极探索：一方面，早在2006年汇丰晋信就发行了我国首只具有养老属性的混合型目标日期基金，随后大成基金、工银瑞信也发行了混合型和债券型目标日期基金。另一方面，2012年，天弘基金推出了我国首只养老主题基金——天弘安康养老混合型基金，随着养老主题持续升温，养老主题基金发行逐渐增多。

按照《养老目标基金证券投资基金指引（试行）》的规定，基金名称中已经包含"养老"字样的公募基金，不符合本指引要求的，基金管理人应当在3个月内履行程序修改基金名称，"养老"产业投资主题基金除外。

《关于开展个人税收递延型商业养老保险试点的通知》（财税〔2018〕22号）规定：试点结束后，根据试点情况，结合养老保险第三支柱制度建设的有关情况，有序扩大参与的金融机构和产品范围，将公募基金等产品纳入个人商业养老账户投资范围。

3 个人养老金融产品的横向比较

个人投资者在养老投资安排时，一般根据个人的资产规模、风险偏好、投资周期等选择养老金融产品。在此，我们选择每个行业最典型的个人养老金融产品进行对比，为个人养老提供参考。

我们选取如下典型的产品进行比较：银行——养老理财产品；保险——商业养老保险，主要是个人税收递延型商业养老保险；基金——养老目标基金。

3.1 产品类型

银行养老理财产品是指由商业银行设计发行的，以追求养老资产长期稳健增值为目的，鼓励客户长期持有的银行理财产品。在原有框架下，多数是非保本浮动收益型产品，只有极少数产品保证收益。

商业养老保险是指商业保险机构提供的，以养老风险保障、养老资金管理等为主要内容的保险产品和服务，以养老年金保险为代表。个人税收递延型商业养老保险则要求保险公司以"收益稳健、长期锁定、终身领取、精算平衡"为原则开发，满足参保人对养老资金安全性、收益性和长期性的管理要求。

养老目标基金是指以追求养老资产的长期稳健增值为目的，鼓励投资人长期持有，采用成熟的资产配置策略，合理控制投资组合波动风险的公开募集证券投资基金，采用 FOF 形式。

3.2 产品期限

银行养老理财产品的期限长短不一，有的期限短至 3~6 个月，有的存续期甚至超过十年。如光大银行颐享阳光系列养老理财产品，产品期限长达 15 年；据华宝证券①的统计，银行养老理财产品的平均期限为 253 天。考虑到客户突发的大额资金需求，产品存续期大于两年的产品都为定期开放产品，设置开放周期，供客户申购或赎回，同时定期支付收益。

商业养老保险的期限跨度较长，从购买保险到领取养老金，时间跨度可能在 10 年以上，甚至终身给付。个人税收递延型商业养老保险的保险期间为"终身或长期"，包括积累期和领取期两个阶段。

养老目标基金应当采用定期开放的运作方式或设置投资者最短持有期限，与基金的投资策略相匹配。养老目标基金定期开放的封闭运作期或投资者最短持有期限应当不短于 1 年，目的是引导长期投资。

3.3 风险级别

养老理财产品，在银行理财产品的风险级别中，多数为低风险等级。2011 年 8 月，银监会发布《商业银行理财产品销售管理办法》，其中第二十七条规定"商业银行应当对客户风险承受能力进行评估，确定客户风险承受能力评级，由低到高至少包括五级，并可根据实际情况进一步细分"。典型的银行理财产品风险等级包括：谨慎型产品（R1）、稳健型产品（R2）、平衡型产品（R3）、进取型产品（R4）、激进型产品（R5），每一级别产品投资风险和风险水平不同。

商业养老保险产品，很难用风险评级的概念去认定。《关于开展个人税收递延

---

① 华宝证券. 大资管：变革与重构——2018 中国金融产品年度报告［R］. 2018.

型商业养老保险试点的通知》提出，个人商业养老保险产品按稳健型产品为主、风险型产品为辅的原则选择，并符合"收益稳健、长期锁定、终身领取、精算平衡"原则。在这个前提下，可以认定商业养老保险产品为低风险等级。

养老目标基金产品，应当采用成熟稳健的资产配置策略，控制基金下行风险，追求基金长期稳健增值。投资策略包括目标日期策略、目标风险策略以及中国证监会认可的其他策略。根据养老目标基金的投资范围和投资策略，养老目标基金产品覆盖了低风险到高风险的级别，要视具体产品而定。

3.4 产品收益

银行养老理财产品相对于普通理财产品，收益有一定竞争力，大部分非保本产品年化收益率维持在 4.3% ~ 4.9%[①]，部分产品针对贵宾及大客户收益有所上浮。

商业养老保险产品种类众多，产品收益率也有较大差别，根据华宝证券的统计，年化收益率在 4% ~ 6% 之间。个人税收递延型商业养老保险按照产品积累期的收益类型，分为收益确定型、收益保底型、收益浮动型，分别对应 A、B、C 三类产品。

表6 个人税收递延型商业养老保险分类

产品类型	产品介绍
A 类产品	收益确定型产品，是指在积累期提供确定收益率（年复利）的产品，每月结算一次收益
B 类产品	收益保底型产品，是指在积累期提供保底收益率（年复利），同时可根据投资情况提供额外收益的产品，每月或每季度结算一次收益。根据结算频率不同，分为 B1 类产品（每月结算）和 B2 类产品（每季度结算）
C 类产品	收益浮动型产品，是指在积累期按照实际投资情况进行结算的产品，至少每周结算一次

某保险公司推出的个人税收递延型商业养老保险产品包括收益确定型（A 款）、收益保底型（B1/B2 款）和收益浮动型（C 款），分别对应 3.5% 的固定收益、2.5% 的保底 + 额外收益，以及完全浮动收益。

养老目标基金产品，截至 2018 年 9 月，仅有少数产品正式发行和成立，尚无长期收益率数据。养老目标基金的投资资产为公募基金，从长期看，不同类别的公募基金均取得了较高的收益率：据银河证券基金研究中心的数据，公募基金自第一只产品发展到现在的近 5000 只产品，20 年来标准股基、混合偏股、封闭偏股、标准债基、普通债基年化收益率分别达到 28.52%、26.1%、19.03%、3.77%、6.97%。另外 Wind 数据显示，权益 QDII 基金年化收益率达 3.92%。[②]

---

① 董克用，姚余栋. 中国养老金融发展报告（2017）［M］. 北京：社会科学文献出版社，2017.

② 详见 http://finance.ifeng.com/a/20180305/16010307_0.shtml。

3.5 投资门槛

在三类产品中，银行养老理财产品投资门槛较高，养老基金类产品投资门槛最低。

银行养老理财产品的投资门槛之前是 5 万元或 10 万元，相对大多数个人养老金融产品都比较高，2018 年银保监会出台规定，将单只公募理财产品的销售起点由目前的 5 万元降至 1 万元。《商业银行理财产品销售管理办法》（银监会令 2011 年第 5 号）第三十八条规定：商业银行应当根据理财产品风险评级、潜在客户群的风险承受能力评级，为理财产品设置适当的单一客户销售起点金额。风险评级为一级和二级的理财产品，单一客户销售起点金额不得低于 5 万元人民币；风险评级为三级和四级的理财产品，单一客户销售起点金额不得低于 10 万元人民币；风险评级为五级的理财产品，单一客户销售起点金额不得低于 20 万元人民币。

2018 年 7 月，银保监会发布《商业银行理财业务监督管理办法（征求意见稿）》，其中第三十条规定：商业银行应当根据理财产品的性质和风险特征，设置适当的期限和销售起点金额。商业银行发行公募理财产品的，单一投资者销售起点金额不得低于 1 万元人民币。

商业养老保险，一般起点 1000 元左右，具体看产品的形态和条款。个人税收递延型商业养老保险产品门槛较低，在 1000 元以下。

养老目标基金，申购门槛较低，一般为 100 元，追加购买最低 100 元起，是面向大众的普惠型养老金融产品。

3.6 费率结构

银行养老理财产品，主要收取管理费、托管费，部分产品则采用收取赎回费的方式，鼓励长期持有。以光大银行"颐享阳光"养老理财产品①为例，其产品费率结构如表 7 所示。

表 7　　　　　　　　　　养老理财产品费率结构示例

费用	费率
申购费	无
赎回费	持有满 360 天免赎回费，不满按 0.5% 收取
管理费	0.5%/年
托管费	0.15%/年
业绩报酬	［月度年化收益率 – (前一月中国人民银行发布的金融机构 1 年期整存整取定期存款利率 + 2%)］ ÷12 ×20% ×产品资产净值（1 元）

---

① "颐享阳光"养老理财产品发行公告，http：//www.cebbank.com/site/gryw/yglc/lccp8/zcgllcp/yxyg/fxgg3/685817/index.html。

商业养老保险的管理费率结构一般较为复杂。保险公司在计算养老保险保费时，考虑了费用率，包括经营寿险业务的保险公司所必需的各项费用开支、利润。所以传统的养老保险费由两部分构成：纯保险费和附加保费，前者用于保险金的给付；后者用于保险公司业务经营费用的开支，包括佣金、业务维持成本、业务管理成本。但个人税收递延型商业养老保险规定了较为透明的费率。

表8　　　　　　　　　　个人税收递延型商业养老保险费率结构

费用	费率
初始费	A、B、C类产品可收取初始费用，其中，A、B类产品收取比例不超过2%，C类产品收取比例不超过1%
资产管理费	C类产品可收取资产管理费，收取比例不超过1%
产品转换费	A、B、C三类产品发生转换时，可收取产品转换费，公司内部产品转换时，每次收取比例不高于0.5%；跨公司产品转换时，前三个保单年度的收取比例依次不超过3%、2%、1%，第四个保单年度起不再收取

养老目标基金的费率结构，可以设置优惠的基金费率，并通过差异化费率安排，鼓励投资人长期持有。目前典型的公募基金收取申购费、赎回费、管理费、托管费，费率结构较为清晰。

表9　　　　　　　　　　养老目标基金费率结构示例

费用	费率
认购费率	50万元以下：1.2%； 50万（含）~200万元：0.8%； 200万（含）~500万元：0.6%； 500万元（含）以上：1000元/笔
申购费	100万元以下：1.5%； 100万（含）~200万元：1.0%； 200万（含）~500万元：0.6%； 500万元（含）以上：1000元/笔
赎回费	投资者持有本基金不短于1年才可赎回，不收取赎回费
管理费	1.00%/年
托管费	0.20%/年

3.7　产品透明度（信息披露）

银行养老理财产品有信息披露要求。《商业银行理财产品销售管理办法》第二十二条规定：商业银行应当按照销售文件约定及时、准确地进行信息披露；产品结束或终止时的信息披露内容应当包括但不限于实际投资资产种类、投资品种、投资比例、销售费、托管费、投资管理费和客户收益等。理财产品未达到预期收益的，应当详细披露相关信息。但各家商业银行在理财产品信息披露方面差距很大。

个人税收递延型商业养老保险需要进行信息披露。《个人税收递延型商业养老保险业务管理暂行办法》第四十八条规定："保险公司应当在其官方网站的显著位置，向社会公众公布税延养老保险产品的保险条款、服务内容、服务承诺、养老年金领取和保险金给付流程、C 类产品投资经理信息、咨询投诉方式、客户服务联系方式等信息，接受社会监督。"

养老目标基金，作为公募基金，有严格的信息披露要求。《证券投资基金信息披露管理办法》（证监会令第 19 号）详细规定了公募基金的信息披露内容和频率，从募集、运作、临时信息各个方面需要及时进行充分的信息披露。

横向比较来看，以公布净值为例，开放型公募基金每日公布净值，万能保险每月公布一次结算利率，分红保险每年提供红利通知书。整体来看，公募基金信息披露要求最为规范、严格、透明。

表 10   典型的个人养老金融产品横向比较（简要版）

行业	银行	保险	基金
产品名称	养老理财产品	商业养老保险	养老目标基金
产品类型	非保本浮动收益型居多	以养老年金保险为代表	FOF
产品期限	期限较长，平均 253 天	期限较长，可达终身	最低 1 年
风险评级	低风险	低风险	低风险至高风险
产品收益	4%～5%	不同产品收益不同；保证收益类 3.5% 左右	不同产品收益不同。高风险产品收益较高
投资门槛	不低于 1 万元	暂无	100 元
管理费	有赎回费、管理费、托管费、业绩报酬等	有初始费、资产管理费、产品转换费等	有申购费、管理费、赎回费、托管费等
信息披露	到期披露产品运作内容	有信息披露要求	信息披露完善

4 个人养老金融产品的发展困境与未来趋势

金融行业在养老服务方面目前还处于探索阶段，参与养老服务金融的机构非常稀少，个人养老金融产品在发展上面临诸多困境。但随着人口老龄化程度的不断加速，个人税收递延养老险政策的出台，以及个人养老意识的觉醒，个人养老金融产品将会迎来快速发展时代。

4.1 发展困境与障碍

1. 个人养老金融产品同质化严重

以养老理财类产品为例，每一个行业下的产品差异化不明显。银行提供的养老理财产品，类型非常集中，与银行理财中的非养老型产品进行对比，在期限、收益、投向等方面没有实质性区别。保险业提供的养老保障委托管理产品同样以短期理财为主，各家养老保险公司产品以货币开放型和固定收益封闭型为主。

2. 养老金融产品供给不足

金融机构提供的养老理财产品，以中短期为主，难以满足居民养老的长期需要，同时产品数量、规模较小，与市场的巨大需求并不匹配。目前提供银行养老理财产品的金融机构仅有十余家；商业养老保险（退休后分期领取的养老年金保险）的保费收入为 1500 亿元，占比仅为 4.4%；养老目标基金尚在起步之中。

3. 居民对养老金融产品认识不足

我国居民受传统养老观念影响较深，家庭养老仍是首选的养老模式。国民整体的金融意识薄弱，个人投资者整体风险偏好较低，相当一部分老人把储蓄存款、国债作为主要投资标的，对其他养老金融产品缺乏了解。

4.2 个人养老金融产品发展趋势

1. 个人养老金融产品市场前景广阔

人口老龄化速度加快，养老需求不断增长。据全国老龄办的预测，我国从 1999 年进入人口老龄化社会到 2017 年，老年人口净增 1.1 亿人，其中 2017 年新增老年人口首次超过 1000 万人，预计到 2050 年前后，我国老年人口数将达到峰值 4.87 亿人，占总人口的 34.9%。随着老龄化形势越发严峻，国民面临越来越大的养老压力，个人选择金融产品进行养老储备、投资的需求也会不断增强。

同时，随着经济发展，国民财富大幅积累，财富管理市场空间巨大，为养老金融产品的发展奠定了基础。中国国际金融股份有限公司发布的《中国财富管理市场产品白皮书 2007—2017》显示，截至 2016 年底，中国私人财富规模约为 165 万亿元人民币，2006—2016 年年化增速达 20%。预计到 2021 年，中国个人可投资金融资产将继续稳步增长，规模达到 220 万亿元人民币。

2. 个人税收递延养老险政策出台，提供制度支撑

《关于开展个人税收递延型商业养老保险试点的通知》的发布，标志着中国养老金第三支柱正式开始建立，对推动个人参与养老储备和投资提供了制度支撑，开始了个人养老的新时代。虽然目前仅有个人商业养老保险参加试点，在试点结束后，公募基金等产品也将纳入个人商业养老账户投资范围，同样享受个人税收递延政策优惠。

实际上，个人自主选择、多元化投资是个人养老投资获得长期回报的关键。从

国际经验来看，个人养老金制度普遍采用市场化、多元化投资的策略。截至 2016 年，美国 IRA 账户的资产总额达 7.9 万亿美元，其中 3.7 万亿美元投向基金，3.2 万亿美元投向股票、债券、ETF 等，0.6 万亿美元投向存款，仅有 0.4 万亿美元投向了年金保险。

3. 个人养老金融产品加速创新，竞争激烈

个人养老金融产品的创新，一方面来自金融机构研发设计个性化、多元化、多层次的养老金融产品，结合个人投资者的年龄、家庭、收入、风险偏好等因素，提供专业养老金融服务；另一方面，金融机构推进养老金融产品的综合化设计，不仅涵盖理财、保险、基金等不同类别的产品，同时外延至养老服务，包括养老陪护、养老社区、休闲娱乐、教育咨询、法律等配套增值服务。

2018 年 4 月，《关于规范金融机构资产管理业务的指导意见》出台，资产管理业务采用统一监管标准，未来银行系提供的养老理财产品与公募基金直接面临激烈竞争。

第二章 目标日期基金介绍与分析

富国基金管理有限公司 黄奥博

摘 要 近年来，全球目标日期基金规模快速增长，在养老投资领域扮演了重要的角色。本文先介绍目标日期基金的概念、规模、发展历程及其在个人养老金账户中的应用。再以美国部分基金管理人旗下产品为案例，从目标日期、下滑曲线、运作方式、投资范围、费率水平、业绩基准、到期后处理等角度分析目标日期基金的产品设计。最后结合前述分析，本文建议我国第三支柱个人养老金发展与产品结合应：（1）发展目标日期基金，并创造更多适合中国国情的养老理财工具；（2）将目标日期基金纳入可享受税收优惠的合格投资品种；（3）鼓励目标日期基金的发展和加强监管相结合；（4）目标日期基金在国内要想取得成功，产品设计的细节还需根据中国的情况进行精细化打磨。

关键词 目标日期基金 第三支柱 个人养老 产品设计

1 目标日期基金概况

1.1 目标日期基金的概念

目标日期基金（Target Date Fund）是一类主要为个人养老投资需求而设计的基金品种。目标日期基金通常会在产品名称中设立一个"目标日期"（代表预计的退休年份），基金的资产配置随着所设定目标日期的临近，逐步降低权益类资产的配置比例，增加非权益类资产的配置比例。因此，目标日期基金在成立初期会呈现偏股型基金的特征，即具有较高比例的权益类资产，投资目标偏重于追求投资增值和成长性；随后将随着目标日期的临近，逐步降低权益类资产的配置比例，逐渐转变为一只平衡型基金，最后转变为债券型基金，投资目标也逐渐从投资增值向偏重当期收益转变，基金的风险在此过程中也逐步降低。目标日期基金定位于为投资者提供一站式的个人养老投资解决方案，近年来在养老投资领域扮演了重要的角色。

1.2 目标日期基金的市场规模

根据 LIPPER 和美国 ICI[①] 数据，截至 2017 年底，全球有三十多个国家/地区有目标日期基金，数量达到 1726 只，总规模为 12410 亿美元。其中美国市场目标日期基金规模最大，达 11160 亿美元，占全球目标日期基金总规模的比重高达 90%。美国市场目标日期基金在个人养老金账户中的成功应用，是其规模快速增长的重要原因。

表1 全球各地区目标日期基金的统计

地区	规模（亿美元）	基金数（只）
美国	11160	589
卢森堡	339.32	284
瑞典	260.99	29
意大利	249.29	182
西班牙	191.94	185
法国	73.86	116
德国	34.99	22
爱尔兰	21.86	15
马来西亚	11.45	41
澳大利亚	10.76	32
墨西哥	10.30	25
芬兰	9.81	7
中国香港	6.70	7
日本	5.03	103
开曼群岛	4.46	4
中国	3.75	3
比利时	3.14	20
黎巴嫩	2.52	1
波兰	2.52	5
丹麦	2.24	6
英国	1.15	14
瑞士	0.83	5
希腊	0.74	1
新加坡	0.72	4
泰国	0.50	7

---

① 即美国投资公司协会，Investment Company Institute，以下简称美国 ICI。

续表

地区	规模（亿美元）	基金数（只）
加拿大	0.48	5
挪威	0.40	4
摩洛哥	0.16	1
毛里求斯	0.11	4
智利	0.08	3
哥伦比亚	0.02	1
匈牙利	0	1
总计	12410.14	1726

资料来源：LIPPER（其他地区数据来源），美国 ICI（美国数据来源）。数据截至 2017 年底。

美国市场作为目标日期基金规模最大的单一市场，市场份额集中度较高。根据晨星的统计，截至 2016 年底，美国市场目标日期基金的前三大基金管理人分别为 Vanguard、Fidelity 和 T. Rowe Price，市场份额合计超过 70%，而美国市场目标日期基金的前 10 大基金管理人市场份额合计达 93.38%[1]。

表2   美国前 10 大目标日期基金管理人市场份额

基金公司	目标日期基金管理规模（亿美元）	市场份额（%）
Vanguard	2803.324	31.84
Fidelity	1929.129	21.91
T. Rowe Price	1480.077	16.81
American Funds	536.374	6.09
J. P. Morgan	447.707	5.09
TIAA – CREF	313.394	3.56
Principal	261.142	2.97
American Century	170.252	1.93
John Hancock	163.311	1.85
BlackRock	116.793	1.33

资料来源：晨星 2017 *Target – Date Fund Landscape*，数据截至 2016 年底。

1.3 目标日期基金的发展历程

1993 年，Barclays Global Investors 在美国市场推出第一只目标日期基金——BGI 2000 Fund，产品需求对象锁定在以 401(k)计划参与者为代表的养老金市场。

1996 年 10 月，Fidelity 发行了旗下第一只目标日期基金——Fidelity Freedom

---

① 晨星. 2017 *Target – Date Fund Landscape*［EB/OL］. http：//corporate1. morningstar. com/ResearchArticle. aspx? documentId = 803362，下同。

2000 Fund。T. Rowe Price、Vanguard 分别于 2002 年、2003 年开始发行各自旗下的目标日期基金。

截至 2016 年底，根据美国 ICI 的统计，美国市场目标日期基金规模达 8870 亿美元。

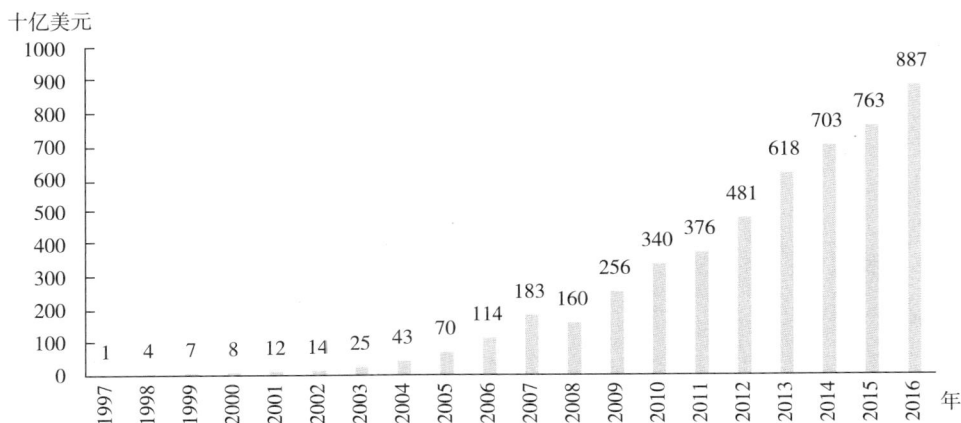

图 1　美国市场目标日期基金规模历年变化趋势（1997—2016 年）

资料来源：美国 ICI。

从图 1 可以看到，美国市场目标日期基金除 2008 年受国际金融危机的影响规模略有下降外，每年均呈正增长。2008 年的市场大幅波动使目标日期基金规模受到了负面影响，但自 2008 年以后多数基金管理人吸取了国际金融危机的经验，对目标日期基金的投资策略进行了优化，如设计更加稳健的下滑曲线（Glide path）[①]，或根据市场环境进行必要的主动资产配置调整。因此，自国际金融危机之后，目标日期基金进一步获得了快速增长。

1.4　目标日期基金在个人养老金账户中的应用

美国目标日期基金的资金来源主要为个人养老金账户资金[②]，近十年来稳定维持在九成的水平。美国目标日期基金资产规模的快速增长得益于个人养老金资产的增长；同时，目标日期基金的广泛应用优化了个人养老金的资产配置；预期未来目标日期基金在个人养老金账户中还将扮演越发重要的角色。

1.4.1　目标日期基金近 10 年在美国的个人养老金账户中实现了快速发展

一方面，受益于 2006 年《养老金保护法案》（*Pension Protection Act*，以下简称 PPA 法案）的推动，过去 10 年美国目标日期基金规模和来自个人养老金账户资金

---

①　例如，T. Rowe Price 旗下 2013 年成立的 T. Rowe Price Target Fund 系列与 2002 年成立的 T. Rowe Price Retirement Fund 系列相比，下滑曲线的下降速度更快，某种程度上可能反映出 2008 年国际金融危机对目标日期基金造成一定冲击后，部分基金公司倾向于更保守的下滑曲线的变化。具体可详见本文 2.2.1。

②　个人养老金账户资金包括 DC 计划和 IRA 账户资产，下同。

推动的规模增长实现了同步的高速增长。PPA 法案推出了合格默认投资选择（Qualified Default Investment Alternatives，QDIA）机制：约定雇主向雇员提供 QDIA 产品，可对其投资损失免于承担受托责任，而目标日期基金则属于 QDIA 四类产品中的一种①。自此，美国市场上越来越多的养老金资产选择目标日期基金作为投资对象，推动了美国市场目标日期基金资产规模的快速增长。根据美国 ICI 的统计，截至 2016 年末，美国市场目标日期基金规模为 8870 亿美元，其中来自个人养老金账户的资金为 7780 亿美元。而 PPA 法案推出前的 2005 年，美国市场目标日期基金总规模为 70 亿美元，其中来自个人养老金账户的资金为 64 亿美元。可以看到，2005—2016 年，美国市场目标日期基金规模增长了 12.6 倍，年复合增长率高达 25.9%；而同期来自个人养老金账户资金推动的规模增长是 12.2 倍，年复合增长率为 25.5%，和目标日期基金规模的增长基本同步。

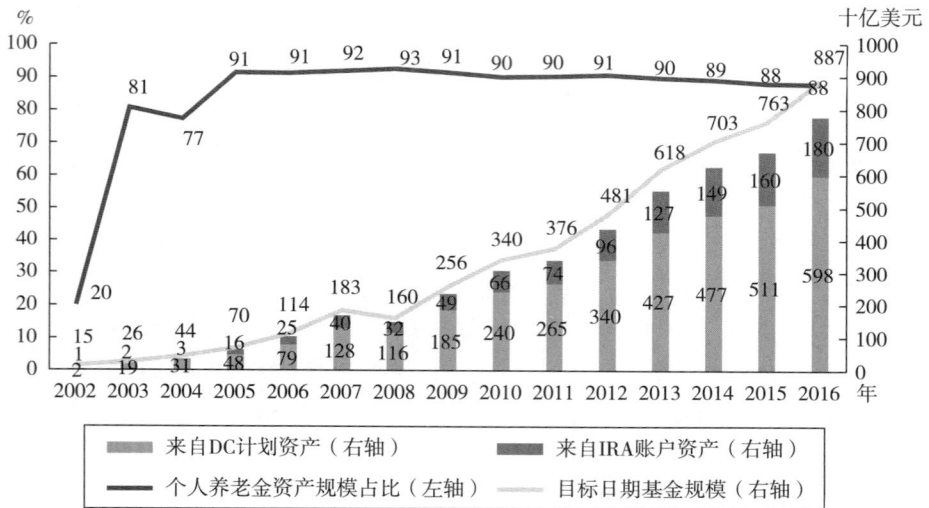

资料来源：美国 ICI。

图 2 美国市场目标日期基金规模主要来源于养老金账户资金

另一方面，目标日期基金在美国个人养老金配置的共同基金中的占比在近 10 年也实现了快速提高，已成为个人养老金所持共同基金的核心。例如，根据美国 ICI 的统计，在 DC 计划配置的共同基金资产中，目标日期基金的占比在 2005—2016 年增加了 13%，从 3% 增加至 16%。

---

① 详见美国联邦法规第 29 章劳动法第 2550 条受托责任的监管规则第 404 款 c – 5 项 "Fiduciary relief for investments in qualified default investment alternatives"。

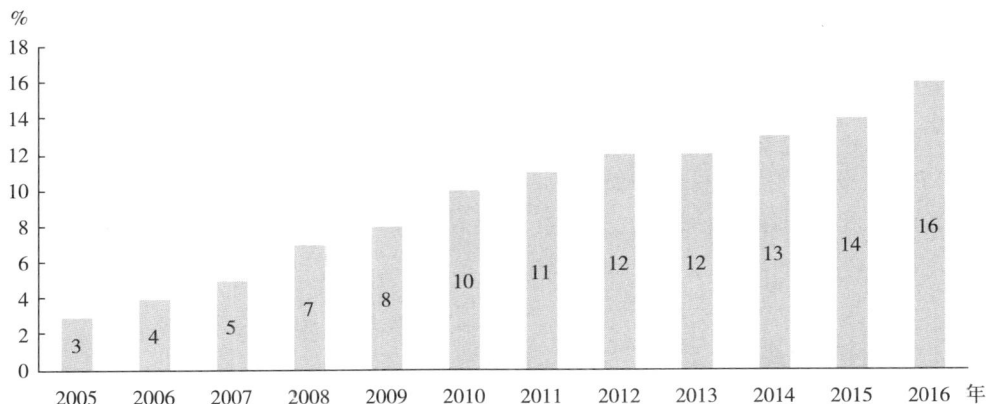

资料来源：美国 ICI。

图3　目标日期基金在 DC 计划配置的共同基金资产中的占比

1.4.2　目标日期基金降低了个人养老金账户极端配置的比例，优化了个人养老金账户资产配置结构

根据 Fidelity 的统计，随着目标日期基金在个人养老金账户的广泛应用，个人养老金账户资产配置结构得以优化，进行极端配置（配置于权益类资产的比例为100% 或 0 的投资者）的比例从 2005 年的 36% 下降至 2015 年的 14%[①]。

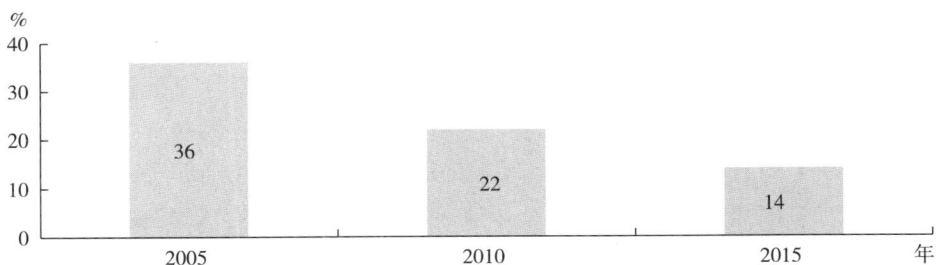

资料来源：Fidelity。

图4　个人养老金账户极端配置的比例随着目标日期基金的推广而下降

1.4.3　养老金参与者中，年轻人比年老者更认可目标日期基金，预示着未来目标日期基金在个人养老金账户中的重要性有望进一步提高

养老金参与者中，年轻人比年老者更认可目标日期基金。根据个人养老金投资者数据库（IRA Investor Database）2014 年的研究，传统 IRA 账户和罗斯 IRA 账户的投资者中，30～39 岁的投资者的资产配置中分别有 19.5% 和 18.8% 配置于目标日期基金，而 60～69 岁投资者的资产配置中配置于目标日期基金的比例分别只有 5.8%

---

① 详见 2015 年 10 月中国证券投资基金业协会"生命周期基金业务培训班"培训材料 *Plan Design is Driving Better Outcomes*，第 14 页。

和 4.4% [1]。

作为美国 DC 计划最大的受托人，Fidelity 对自身客户进行了统计，截至 2015 年第一季度末，约有 38.6% 的 DC 计划将 100% 的资产投资于目标日期基金；而对千禧一代来说，这一比例则达到 56.9% [2]。目标日期基金在年轻人中的广泛认可也得益于 PPA 法案鼓励雇主发起 401（k）计划时设立"自动注册"机制并将目标日期基金作为默认投资选择，从而大大提高了年轻人的养老金参与率和对目标日期基金的投资。

2　目标日期基金的产品设计

目标日期基金通过设定目标日期、下滑曲线、资产配置策略等一系列核心产品要素，力争实现最优化的退休后的收入替代目标。本部分通过对具有代表性的目标日期基金的招募说明书的分析，归纳了主流目标日期基金的产品设计条款（主要包括 Vanguard、Fidelity、T. Rowe Price、American Funds、J. P. Morgan、TIAA – CREF、Principal、Blackrock 等美国市场规模排名靠前[3]的目标日期基金管理人旗下的目标日期基金），以资借鉴。

2.1　目标日期

目标日期是目标日期基金最鲜明的产品要素，通常在基金名称中体现，代表预计的退休年份。例如，美国市场上的目标日期基金一般假设退休年龄为 65 岁，投资者可以直接通过目标日期选择适合自己预计退休年份的目标日期基金，简洁直观。

从本文研究的目标日期基金来看，目前美国主流目标日期基金通常以系列的形式出现，目标日期间隔一般设为 5 年。例如截至 2018 年 4 月，Vanguard 旗下目标日期基金系列涵盖从 2015 年开始，每隔 5 年，直至 2065 年共 11 个目标日期[4]；Fidelity 旗下目标日期基金系列涵盖从 2005 年开始，每隔 5 年，直至 2060 年共 12 个目标日期。

目标日期间隔的设计也有一个演进的过程。早期成立的目标日期基金一般设定

---

① 参见 ICI 2017 *Investment Company Fact Book*，第 155 页。

② 参见 2015 年 10 月中国证券投资基金业协会"生命周期基金业务培训班"培训材料 *History of 401（k）*，第 25 页。此处的千禧一代根据的是 Fidelity 的统计标准，指出生于 1981 年至 1997 年的人。

③ 根据晨星的统计，上述 7 家基金公司旗下目标日期基金规模在美国市场排名前七，总规模占比超过 88%（截至 2016 年底，详见表 2）。上述样本对美国市场目标日期基金产品设计的主要特征具有一定的代表性。

④ 通常一家基金公司旗下的目标日期基金系列还包括一只风险收益特征最低的收入基金（Income Fund），主要定位于为已退休人员持续投资的标的，相对于同一家公司旗下的其他目标日期基金，其投资目标更强调当期收入，而非长期成长性。由于收入基金在名字中不体现目标日期，而本节主要论述目标日期基金的目标日期这一产品要素，因此未特别提及，特作说明。本节后续其他举例同此。关于目标日期基金系列的收入基金的介绍详见本文 2.7。

间隔为 10 年，之后又逐步补齐以 5 年为间隔的目标日期基金。例如，Fidelity 于 1996 年 10 月首次推出目标日期基金系列（Fidelity Freedom Fund Series）时同时推出了目标日期分别为 2000 年、2010 年、2020 年、2030 年①的 4 只日期目标基金；此后，于 2000 年 9 月增设了目标日期为 2040 年的 Fidelity Freedom 2040 Fund，又于 2003 年 11 月同时增设了目标日期分别为 2005 年、2015 年、2025 年、2035 年的 4 只目标日期基金；此后，于 2011 年 6 月同时增设了目标日期分别为 2045 年、2050 年、2055 年的 3 只目标日期基金，于 2014 年 8 月增设了目标日期为 2060 年的目标日期基金。T. Rowe Price 于 2002 年首次推出目标日期基金系列（T. Rowe Price Retirement Fund Series），Vanguard 于 2003 年首次推出目标日期基金系列（Vanguard Target Retirement Series），J. P. Morgan 于 2006 年首次推出目标日期基金系列（J. P. Morgan Smart Retirement Fund Series），其设置目标日期的演进过程也和 Fidelity 类似。相对而言，较晚成立的目标日期基金则直接以 5 年为间隔设立。例如，American Funds 于 2007 年首次推出目标日期基金系列（American Funds Target Date Retirement Fund Series）、J. P. Morgan 于 2012 年推出旗下第二个目标日期基金系列（J. P. Morgan Smart Retirement Blend Fund Series）、T. Rowe Price 于 2013 年推出旗下第二个目标日期基金系列（T. Rowe Price Target Fund Series）时，则选择一次性设立目标日期以 5 年为间隔的系列基金产品。

主流目标日期基金的目标日期采取以 5 年为间隔可能是在营销精准性和运营经济性之间取平衡的结果。间隔越小，每只目标日期基金针对的目标人群的年龄将更加明确；间隔越大，目标日期基金系列所需管理的基金数目越少。

从本文研究的目标日期基金来看，随着各家基金公司推出的目标日期基金系列覆盖的目标日期的逐步完善，目前各家基金公司一般都会在距离退休日期 44～48 年时推出一只对应最新目标日期的目标日期基金。在美国平均 65 岁退休的假设下，提前 44 年推出目标日期基金可使 21 岁的年轻人（基本对应大学本科毕业）从开始工作即能够选择大致适合自身退休时间的目标日期基金进行养老投资；而提前 48 年推出目标日期基金则更具有前瞻性，可使 17 岁的年轻人（基本对应高中毕业）从开始工作即能够选择大致适合自身退休时间的目标日期基金进行养老投资。

表 3　　代表性基金公司最新推出的目标日期基金成立日距目标日期的时间长度

目标日期基金	基金成立日	基金成立日距目标日期的时间长度
Vanguard Target Retirement 2065	2017 – 07 – 12	48 年
Fidelity Freedom 2060 Fund	2014 – 08 – 05	46 年

① Fidelity 于 1996 年 10 月 17 日首次推出旗下目标日期基金系列，包括 5 只目标日期基金，依次为：Fidelity Freedom Income Fund、Fidelity Freedom 2000 Fund、Fidelity Freedom 2010 Fund、Fidelity Freedom 2020 Fund、Fidelity Freedom 2030 Fund。

目标日期基金	基金成立日	基金成立日距目标日期的时间长度
T. Rowe Price Retirement 2060 Fund	2014 – 06 – 23	46 年
American Funds 2060 Target Date Retirement Fund	2015 – 03 – 27	45 年
J. P. Morgan SmartRetirement 2060 Fund	2016 – 08 – 31	44 年
TIAA – CREF Lifecycle 2060 Fund	2014 – 09 – 26	46 年
Principal Lifetime 2065 Fund	2017 – 09 – 06	48 年

资料来源：各家基金公司网站，富国基金整理。

2.2 下滑曲线

目标日期基金的另一个核心产品要素为下滑曲线的设计。下滑曲线可以理解为目标日期基金遵循的大类资产长期配置比例随时间调整的路径。目标日期基金遵循下滑曲线的指导在整个生命周期跨度下进行战略资产配置，为养老金投资者在各个年龄段平衡风险承受能力和预期收益，使基金的投资效果符合长期的养老投资目标。

2.2.1 代表性基金公司目标日期基金的下滑曲线一览

根据各家基金公司目标日期基金最新招募说明书披露的信息，本文研究的 7 家公司的下滑曲线的具体形态展示如表 4 所示。

表 4　　　　代表性基金公司目标日期基金下滑曲线形态

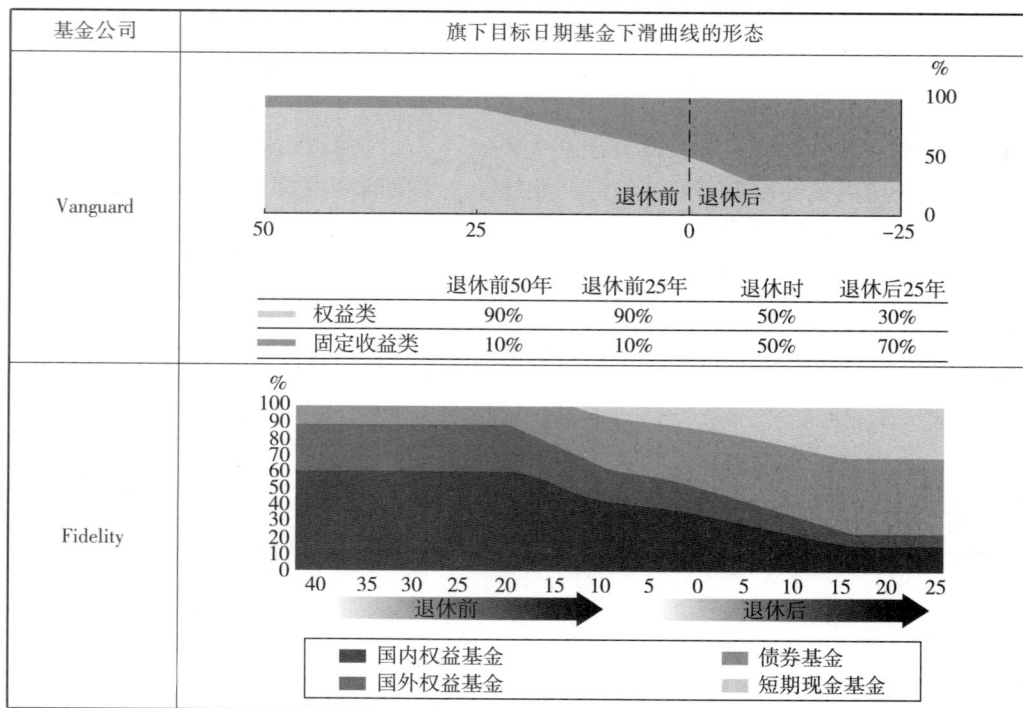

续表

基金公司	旗下目标日期基金下滑曲线的形态
T. Rowe Price[①]	
American Funds	
J. P. Morgan	
TIAA – CREF	

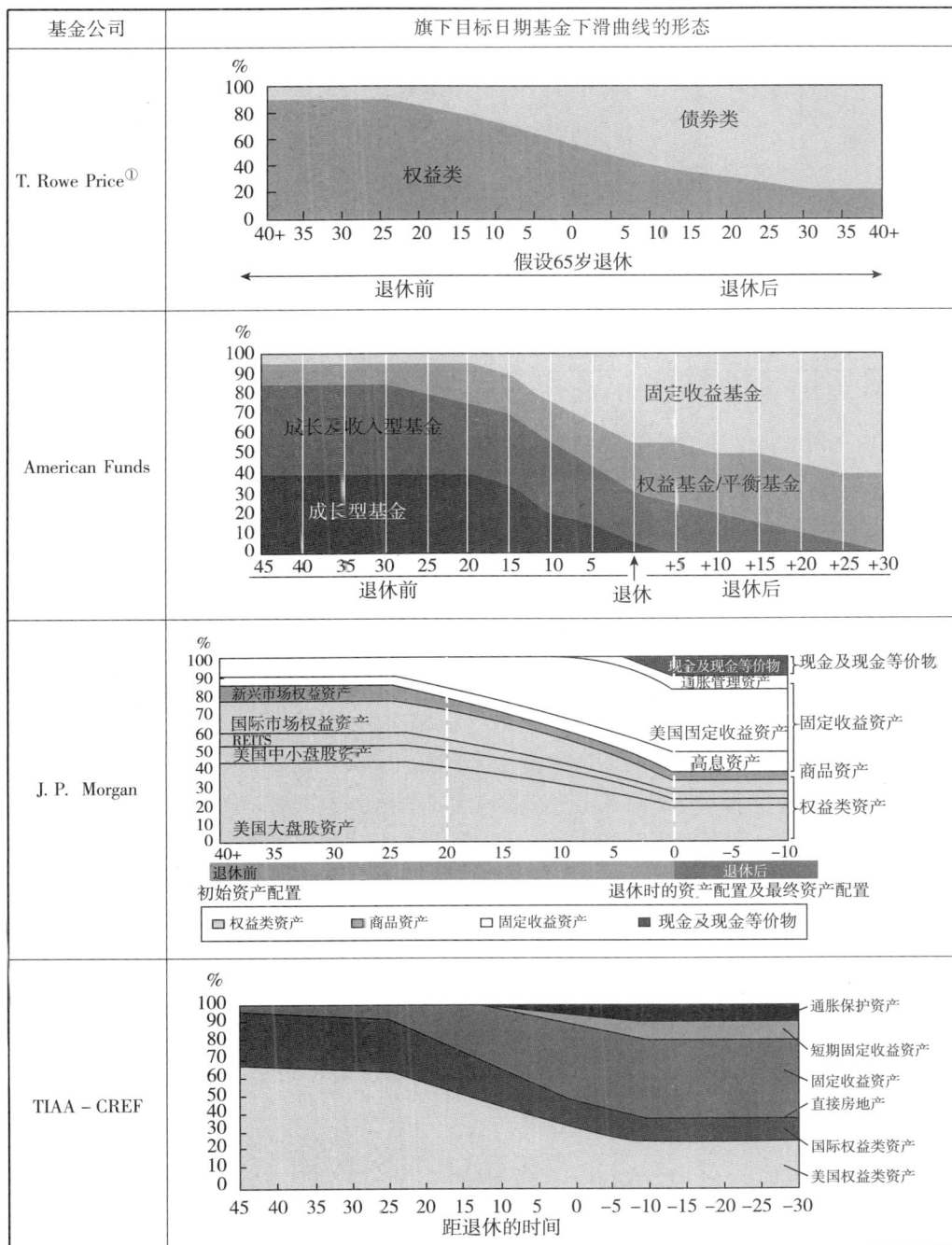

① 因为 T. Rowe Price 旗下有两个目标日期基金系列，且下滑曲线形态不同，此处展示的是 2002 年成立的 Retirement Fund 系列的下滑曲线。

基金公司	旗下目标日期基金下滑曲线的形态
Principal	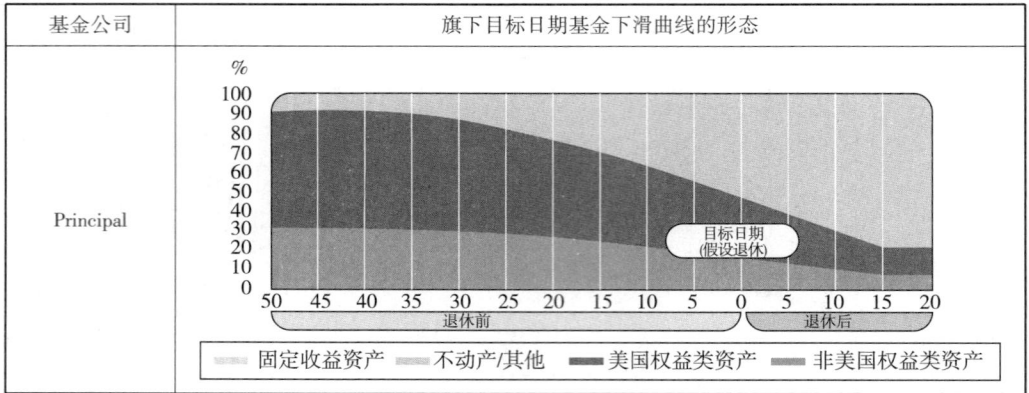

资料来源：根据各家基金公司最新招募说明书整理。

从本文研究的 7 家基金公司目标日期基金的下滑曲线来看，它们都是以时间为横轴，以大类资产配置比例为纵轴。有的下滑曲线只将资产划分为权益和固定收益两大类（如 Vanguard 和 T. Rowe Price）。其余下滑曲线将资产类别进行了更细致的划分，例如，Fidelity 将权益类资产又细分为美国国内权益资产和海外权益资产，将固定收益类资产又细分为债券资产和短期现金资产；J. P. Morgan 单独列示了商品资产；TIAA－CREF 单独列示了房地产资产。如果只按权益和固定收益两大类资产进行划分，表 5 统计了 7 家基金公司目标日期基金的下滑曲线以下几个核心要素：初始权益比例、退休日期时的权益比例、最终稳定时的权益比例、退休日期后权益比例继续下降的时间。可以看到，各家基金公司的下滑曲线在初始权益比例上都采取了高比例（均超过 85%），而在退休日期时的权益比例、最终稳定的权益比例以及退休日期后权益比例继续下降的时间上都有较大的差异，这些差异体现了各家基金公司对目标日期基金核心资产配置思路的差异。

表 5   代表性目标日期基金下滑曲线核心要素比较

基金公司	初始权益比例	退休日期时的权益比例	最终稳定的权益比例	退休日期后权益比例继续下降的时间
Vanguard	90%	50%	30%	7 年
Fidelity	90%	50%~60%	24%	10~19 年
T. Rowe Price Retirement[①]	90%	55%	20%	30 年
T. Rowe Price Target	90%	42.5%	20%	30 年
American Funds	95%	55%	40%	25 年

---

① 虽然其余基金公司也不乏有多个目标日期基金系列的，但一般同一公司旗下下滑曲线形态通常是一样的。但 T. Rowe Price 旗下两个目标日期基金系列的下滑曲线形态不同，此处特别列出，分别为 T. Rowe Price Retirement Fund 系列（2002 年成立）和 T. Rowe Price Target Fund 系列（2013 年成立）。某种程度上可能反映出 2008 年国际金融危机对目标日期基金造成一定冲击后，部分基金公司倾向更保守的下滑曲线的变化。

基金公司	初始权益比例	退休日期时的权益比例	最终稳定的权益比例	退休日期后权益比例继续下降的时间
J. P. Morgan	86%	36%	36%	0 年
TIAA – CREF	95%	45%	35%	7 ~ 10 年
Principal	50%	45%	20%	15 年

资料来源：根据各家基金公司最新招募说明书整理。

2.2.2 下滑曲线的理论框架：考虑人力资本的生命周期资产配置理论

从本文研究的目标日期基金来看，下滑曲线均为"向下倾斜"的形态，那么下滑曲线为何向下倾斜？从直觉上，向下倾斜的下滑曲线确实符合人们的理解：随着年龄的增长，人们的风险承受能力逐渐降低，而向下倾斜的下滑曲线使组合的波动性也随时间的推移而逐渐降低，和人们的风险承受能力同向变化。但目标日期基金配置于权益类资产的比例随时间推移逐渐降低的理论依据在哪里？

研究下滑曲线的形态本质上是研究如何确定跨生命周期的最优资产配置策略。现代资产配置理论从 20 世纪 50 年代的马柯维茨静态资产组合理论开始，逐步发展出跨周期的资产配置理论，而博迪、默顿和萨缪尔森（1992）[①] 首次将人力资本引入长周期的最优资产配置框架，并推导出配置于权益类资产的比例应随年龄增长而降低的结论。在他们的模型中，假设个人开始具有的禀赋包括一定数量的金融资产和人力资本，该模型认为在每个时间点上，个人决定其消费的数量、金融资产投资在风险性资产上的比例以及可能获得的劳动收入"消费"在闲暇上的比例，以达到终身预期效用贴现值最大化的目标。他们的模型证明了在生命周期的任何阶段，拥有的人力资本供给弹性越高，在资产配置时越应该承担更高风险。而年轻人在人力供给的弹性上比年长者更大，因此更容易在出现金融投资损失时通过增加劳动供给而弥补投资损失，因此应配置更高比例的权益资产。这可以视作下滑曲线"向下倾斜"的理论来源。

2.2.3 "到点型"和"穿点型"下滑曲线比较

根据不同的到期理念，目标日期基金可分为"到点型"（TO）和"穿点型"（Through）。其中"到点型"下滑曲线在目标日期时股债比例即达到最终稳定，保持不变；而"穿点型"下滑曲线在目标日期后股债比例仍旧持续调整。"穿点型"下滑曲线主要是为了降低长寿风险，考虑到实际情况中投资者退休后会逐步从基金账户中提取作为退休养老金，而不是在退休时点一次性提取，同时按照美国人的平均寿命，在目标日期达到退休年龄后，通常还有 20 年甚至更长的退休期间，因此为了满足整个退休周期内的养老需求，基金管理人会相对缓慢地调整权益类资产的配

---

① Bodie, Merton and Samuelson. *Labor Supply Flexibility and Portfolio Choice in a Life Cycle Model* [J]. Journal of Economic Dynamics and Control, 1992, 16 (3 – 4): 427 – 449.

比直至达到最终稳定的配置比例，而不会在到达目标日期时迅速降低权益类资产的配比，以追求更长生命周期的相对较高的收益。而设置"到点型"下滑曲线的基金则更为保守，此类基金一般会在基金招募说明书中明确"主要是面向退休后追求当期收益和有限的资本增值，而不再追求较高的总收益的投资者"。

从本文研究的 7 家基金公司目标日期基金的下滑曲线来看，"穿点型"下滑曲线占据主流，包括 Vanguard、Fidelity、T. Rowe Price、American Funds、TIAA - CREF、Principal 等；而"到点型"下滑曲线仅有 J. P. Morgan 采用。

基金资产配置随时间推移而调整的示例

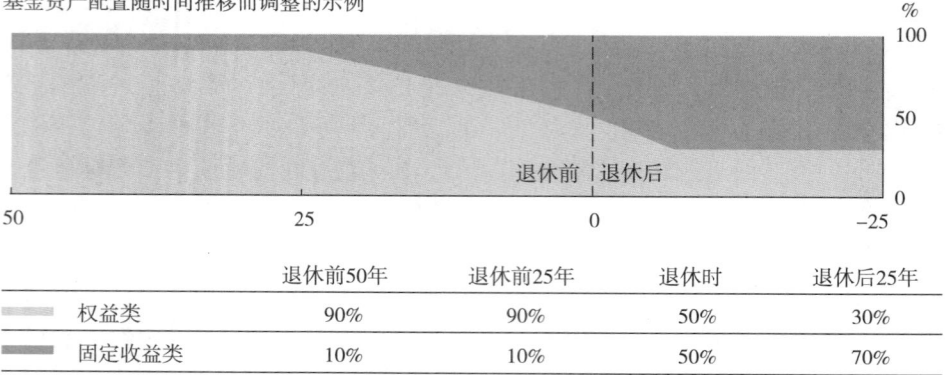

	退休前50年	退休前25年	退休时	退休后25年
权益类	90%	90%	50%	30%
固定收益类	10%	10%	50%	70%

图 5　Vanguard 旗下目标日期基金的下滑曲线

Vanguard 基金设置的下滑曲线是典型的"穿点型"，在距离目标日期 50 年以前权益类资产的配置比例高达 90%，到达退休日期时权益类资产的配置比例仍高达 50%，但在之后七年内就降至最终稳定的 30%，调整速度很快，为退休后的投资者降低了风险，在"穿点型"下滑曲线中相对而言比较保守。

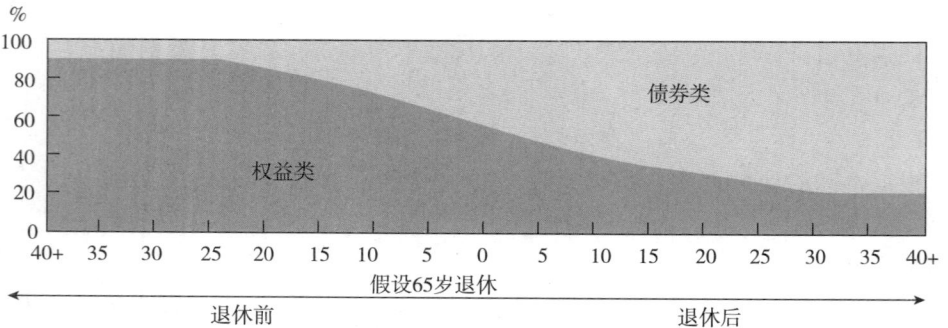

图 6　T. Rowe Price 旗下目标日期基金的下滑曲线

T. Rowe Price 的下滑曲线也属于"穿点型"，且相对比较激进。在距离目标日期 40 年之前权益类资产的配置比例也高达 90%，而在目标日期到达时为了规避长寿风险，权益类资产的配置比例仍然高达 55%，之后 30 年内缓慢调整，最终稳定在 20%。相对 Vanguard 而言调整周期较长，在投资者退休后仍会面临较高的风险，适合相对更加激进的投资者。

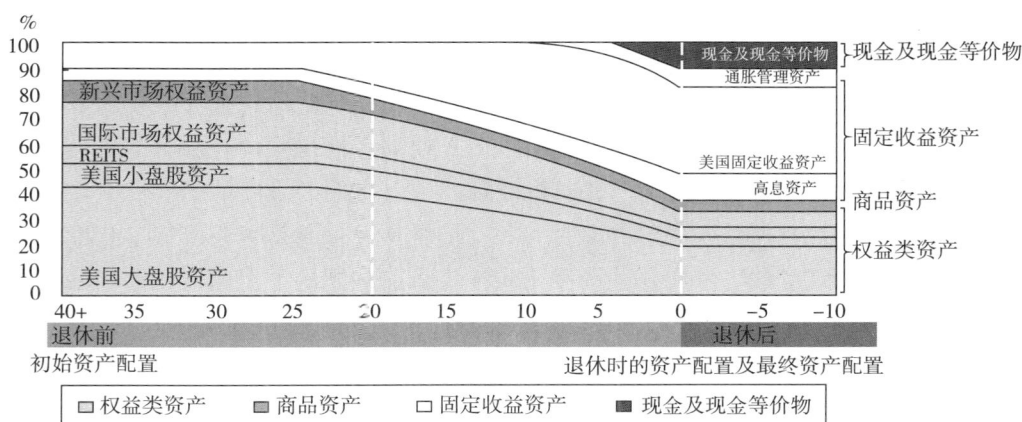

图 7　J. P. Morgan 旗下目标日期基金的下滑曲线

J. P. Morgan 的下滑曲线属于"到点型"。距离目标日期 40 年之前权益类资产的配置比例高达 86%，到达目标日期时则降至 36%，且此后一直保持不变。

虽然美国市场采用"穿点型"下滑曲线的目标日期基金较多，但孰优孰劣并无明确结论。到目前为止，"穿点型"和"到点型"下滑曲线的选择体现了基金公司资产配置的不同理念，使得对应的目标日期基金实际上内含了差异化的风险特征，适合于不同风险承受能力的投资者。"穿点型"下滑曲线更高概率能对抗长寿风险，但也具有更高的波动性。2008 年国际金融危机的股市下跌中，部分接近目标日期的目标日期基金出现大幅亏损，促美国业界开始重新关注具有相同目标日期的目标日期基金的风险差异性问题①。

2.2.4　美国监管机构对下滑曲线监管的思考

基于下滑曲线在目标日期基金中的核心地位，在目标日期基金在养老金投资中扮演的角色日益重要以及在 2008 年国际金融危机中价值经历一定波动的背景下，美国证监会②、美国劳工部等监管机构开始考虑是否应对下滑曲线等目标日期基金的核心要素进行进一步的规范，以防控风险，保护养老金投资者的利益。

美国证监会于 2010 年发布了一份针对基金公司宣传推介目标日期基金的相关要求的征求意见稿③，其中提及目标日期基金的宣传推介材料（如招募说明书）应以表格、图例等形式向投资者说明基金资产配置如何随时间推移而变化（即需披露以

---

① U. S. Securities and Exchange Commission. *Recommendation of the Investor Advisory Committee Target Date Mutual Funds*〔EB/OL〕. https：//www. sec. gov/spotlight/investor – advisory – committee – 2012/iac – recommendation – target – date – fund. pdf.

② 即 U. S. Securities and Exchange Commission。

③ *Investment Company Advertising. Target Date Retirement Fund Names and Marketing*，SEC Release Nos. 33 – 9126〔EB/OL〕. https：//www. sec. gov/rules/proposed/2010/33 – 9126. pdf.

资产配置比例为维度的下滑曲线①）。考虑到以资产配置比例为维度的下滑曲线可能无法充分揭示目标日期基金的风险，美国证监会于 2014 年又进一步针对 2010 年的修法草案重新征求意见②，其中就目标日期基金的宣传推介材料是否应披露以标准化的基金风险衡量指标为维度的下滑曲线③，作为以资产配置比例为维度的下滑曲线的替代或补充，以便向投资者充分展示目标日期基金的风险向社会征求意见。从目前的实践来看，基金公司目前已普遍将以资产配置比例为维度的下滑曲线以图表等形式展示在目标日期基金的招募说明书等宣传材料中；但是否应以标准化的基金风险衡量指标为维度的下滑曲线进行补充或替代目前常规的下滑曲线，业内并未形成统一意见。例如，美国 ICI 在 2014 年对美国证监会再次征求意见的反馈中提到：ICI 强烈支持 2010 年的草案中向参与者增加目标日期基金信息披露的建议（包括用平实的语言介绍以资产配置比例为维度的下滑曲线等），但基于风险的多维特性，我们认为以标准化的基金风险衡量指标为维度的下滑曲线作为以资产配置比例为维度的下滑曲线的替代或补充，可能会使参与者感到困惑甚至被误导④。

两轮征求意见的目标指向是通过对 1933 年《证券法》和 1940 年《投资公司法》相关条款的修改，加强对目标日期基金的监管。截至目前，修法事项虽暂未落地，但可从上述监管动态中看到美国市场对目标日期基金风险关注度的逐渐提高。这对于我国刚刚开始起步的养老目标型目标日期基金的发展具有一定的启示意义。

2.3 运作方式

目标日期基金的运作方式包括 FOF 和非 FOF 两种形式，并以 FOF 形式为主。根据美国 ICI 的统计，97% 的目标日期基金主要采用 FOF 形式⑤，例如，Vanguard、Fidelity 和 T. Rowe Price 的目标日期基金都在其招募说明书的主要投资策略中提到"本基金主要通过投资自身旗下的其他基金来实现投资目标"。采用非 FOF 形式的代表有 Wells Fargo 旗下的目标日期基金，该系列基金采用了一种类联接基金的 Master/Gateway® 结构来实现投资目标。具体而言，在这种运作方式下，每一只目标日期基金均为一只 Gateway 基金，每一只 Gateway 基金将几乎全部资产投资于一只或多只 Wells Fargo 专设的 Master 信托组合，每一只 Master 信托组合投资于一揽子证券（如债券、股票或短期工具等）以代表对应资产类别的投资。Master 信托组合只面向

---

① 以资产配置比例为维度的下滑曲线：asset allocation glide path。

② Investment Company Advertising. *Target Date Retirement Fund Names and Marketing*, SEC Release Nos. 33 - 9570 [EB/OL]. https：//www. sec. gov/rules/proposed/2014/33 - 9570. pdf.

③ 以标准化的基金风险衡量指标为维度的下滑曲线：glide path illustration for target date funds that is based on a standardized measure of fund risk。

④ *ICI Submits Comment Letter in Response to DOL's Request for Comment on Its Target Date Fund Disclosure Proposal* [EB/OL]. https：//www. ici. org/pdf/28240. pdf.

⑤ 参见 ICI 2017 *Investment Company Fact Book*，第 93 页。

Gateway 基金销售，不面向大众销售。

2.3.1 母基金的管理模式：主动型 vs 被动型

按是否进行主动管理，目标日期基金母基金层面的管理模式可分为主动型和被动型两种，其中主动型为主流。

目标日期基金在母基金层面采取主动型运作意味着资产配置可进行适时的调整以应对市场的变化，更有利于兼顾长期的战略资产配置和中短期的战术资产调整。此类目标日期基金通常在招募说明书中约定长期的战略资产配置在市场中性情形下将遵循下滑曲线描述的资产配置结构，但基金管理人仍可根据对短期市场的判断，有限度地在下滑曲线描述的资产配置结构的基础上进行适当的调整。例如，T. Rowe Price 约定可以采取主动配置策略进行调整，但不超过下滑曲线的 ±5%；Fidelity、American Fund 和 TIAA – CREF 则约定偏离下滑曲线不超过 ±10%。

母基金层面采用被动管理模式的目标日期基金相对较少，主要是从分散风险，降低运作成本的角度出发，追踪某一个目标日期指数。例如，Wells Fargo 在 2006 年变更旗下的主动目标日期基金 Wells Fargo Advantage Outlook Fund 为追踪 Dow Jones Global Target Date Index 的被动目标日期基金，更名为 Wells Fargo Dow Jones Target Date Fund。如前文所述，Wells Fargo 旗下目标日期基金并非纯粹的 FOF 形式，而是采用类联接基金模式。为实现对 Dow Jones Global Target Date Index 的有效跟踪，该公司旗下每一只目标日期基金均按照标的指数下滑曲线的资产配比投资于 Wells Fargo 旗下的三只 Master 信托组合①（固定收益组合、股票组合和短期现金组合），最终实现对标的指数的跟踪。但是纯被动管理模式使基金面对市场的变化缺乏灵活性，在同类产品中竞争优势不明显。因此，2017 年 7 月，Wells Fargo 为优化旗下目标日期基金的投资策略，又放弃了纯被动的母基金管理模式。由基金的董事会投票通过，旗下目标日期基金进一步调整为以 Smart Beta 为主的主动量化投资策略，并再次更名为 Wells Fargo Target Date Fund。

2.3.2 子基金的挑选范围：内部型 vs 非内部型

按投资的子基金是否仅为本公司旗下的基金，以 FOF 形式运作的目标日期基金可分为内部型和非内部型。

内部型目标日期基金仅从本公司旗下的基金中挑选子基金；非内部型目标日期基金挑选子基金则不限于本公司旗下的基金。本文研究的 7 家公司的目标日期基金系列除 J. P. Morgan 外均选择采用内部型模式挑选子基金。J. P. Morgan 采取的是非内部型形式，具体为本公司旗下主动型子基金和外部公司旗下被动指数型子基金相结合的策略。

2.3.3 子基金的运作方式：主动型 vs 被动型

根据投资理念不同，以 FOF 形式运作的目标日期基金挑选的子基金又可分为主

---

① 三只 Master 信托组合分别为：Wells Fargo Diversified Fixed Income Portfolio、Wells Fargo Diversified Stock Portfolio、Wells Fargo Diversified Shot – Term Investment Portfolio。

动型和被动型。传统上，目标日期基金子基金选择以主动管理型为主。但近些年由于管理成本低、透明度高，选择被动型子基金的目标日期基金更受到投资者的青睐，规模增长更快。根据晨星的统计，2012 年以被动型子基金为主的目标日期基金净流入规模首次超过主动型的同类，到 2016 年净流入目标日期基金的资金中三分之二流向了以被动型子基金为主的目标日期基金[①]。一些基金公司因此在已经成立了配置主动型子基金为主的目标日期基金的前提下，又推出配置被动型子基金为主的目标日期基金系列。

表6   选择被动型子基金为主的目标日期基金

基金公司	目标日期基金	成立日期	子基金类型
Vanguard	Vanguard Target Retirement Fund	2003 – 10 – 27	被动
Fidelity	Fidelity Freedom Fund	1996 – 10 – 17	主动
	Fidelity Freedom Index Fund	2009 – 10 – 02	被动
TIAA	TIAA – CREF LifecycleFund	2004 – 10 – 15	主动
	TIAA – CREF Lifecycle Index Fund	2009 – 09 – 30	被动
J. P. Morgan	J. P. Morgan SmartRetirement Fund	2006 – 05 – 15	主动
	J. P. Morgan SmartRetirement Blend Fund	2012 – 07 – 02	权益部分为被动
Principal	Principal Lifetime Fund	2001 – 03 – 01	主动
	Principal Lifetme Hybrid Fund	2014 – 09 – 30	被动为主

资料来源：根据各家基金公司最新招募说明书整理。

2.4 投资范围

目标日期基金的核心投资范围为权益类资产和固定收益类资产，主要通过股票型基金和债券型基金进行配置。目标日期基金一般配置的股票型基金主要包括国内大中小盘股票基金、全球市场股票基金、新兴市场股票基金、股票指数基金等；债券型基金包括高息债券基金、浮息债券基金、房地产债券基金、通胀保护债券基金、新兴市场债券基金等。

同时，部分目标日期基金也包括商品基金、房地产基金（或 REITs）等另类资产，但一般投资比例并不高。例如，Fidelity 旗下目标日期基金配置了 Fidelity Series Commodity Strategy Fund，比例为 1.6% 左右；J. P. Morgan 旗下目标日期基金配置了 J. P. Morgan Commodities Strategy Fund 和 Schwab U. S. REIT Fund，比例分别在 2%~3%、1%~3%；TIAA – CREF 专门设立了直接投资 REITs 的 TIAA – CREF Real Property Fund LP，不对外公开，仅面向旗下目标日期基金，配置比例大约为 3%。晨星认为目标日期基金对另类资产配置比例不高的原因可能和该类资产的费用较高

---

①   参见晨星 2017 *Target – Date Fund Landscape*。

有关①。

此外，还有部分目标日期基金约定投资范围包括期货合约等衍生品。例如，Fidelity 旗下目标日期基金在招募说明书中约定可以出于现金管理的目的直接买卖期货合约。J. P. Morgan 旗下的两个系列目标日期基金组合中都包含部分股指期货或债券期货合约的多头/空头头寸。

同时，虽然目标日期基金主要以 FOF 形式运作，但部分基金仍然约定可直接投资于子基金投资的底层证券。例如，Fidelity 在招募说明书中约定可在调整基金比例的过程中，可以直接购买其他证券或衍生品。J. P. Morgan 旗下目标日期基金组合配置了美国国债。

2.5 目标日期基金的费率

从本文研究的 7 家基金公司来看，以 FOF 形式为主的目标日期基金（尤其是内部型 FOF），不少选择采取在母基金或子基金层面免收管理费等，以提高在同类中的竞争力。多数选择在母基金层面免收管理费，比如 Vanguard、T. Rowe Price、American Funds、Principal 旗下的目标日期基金不收取管理费，只间接承担投资子基金获取的费用。而 Fidelity 旗下主动系列 Fidelity Freedom Fund 则不同，它选择在母基金层面收取管理费，但在子基金层面豁免费用的模式。

表7　　　　　　　　　　　目标日期基金费率结构统计

基金公司	目标日期基金	管理费率（%）	子基金费率②（%）	年化总费率（%）	说明
Vanguard	Target Retirement Fund	0	0.13 ~ 0.15	0.13 ~ 0.15	被动系列
Fidelity	Freedom Fund	0.47 ~ 0.75	0	0.47 ~ 0.75	主动系列
	Freedom Index Fund	0	0.06 ~ 0.08	0.15	被动系列
T. Rowe Price	Retirement Fund	0	0.58 ~ 0.74	0.58 ~ 0.74	主动系列1
	Target Fund	0	0.42 ~ 0.59	0.58 ~ 0.75	主动系列2
American Funds	Target Date Retirement Fund	0	0.34 ~ 0.40	0.69 ~ 0.80	主动系列
J. P. Morgan	SmartRetirement Fund	0	0.43 ~ 0.51	0.72 ~ 0.90	主动系列
	SmartRetirement Blend Fund	0.25	0.20 ~ 0.25	0.54	权益采用被动
TIAA - CREF	Lifecycle Fund	0.10	0.38 ~ 0.45	0.63 ~ 0.70	主动系列
	Lifecycle Index Fund	0.10	0.07 ~ 0.10	0.35	被动系列
Principal	Lifetime Fund	0	0.62 ~ 0.72	0.87 ~ 1.03	主动系列
	Lifetime Hybrid Fund	0	0.37 ~ 0.43	0.39 ~ 0.45	被动为主

资料来源：根据各家基金公司最新招募说明书整理。

---

① 参见晨星 2017 *Target - Date Fund Landscape*。

② 子基金费率：Acquired Fund Fees and Expenses。

同时，近年来，原本已有配置主动型为主的目标日期基金的公司都顺应降费趋势成立了配置被动型为主的目标日期基金系列。被动型子基金的费用通常低于主动型子基金，比较表 7 中子基金费率（Acquired Fund Fees and Expenses）的数据可见一斑。比如 J. P. Morgan、TIAA - CREF、Principal 旗下都各有偏主动和偏被动两个目标日期基金系列，偏被动的目标日期基金系列获取的子基金费率分别为 0.20% ~ 0.25%、0.07% ~ 0.10%、0.37% ~ 0.43%，而偏主动的目标日期基金系列获取的子基金费率则分别高达 0.43% ~ 0.51%、0.38% ~ 0.45%、0.62% ~ 0.72%。

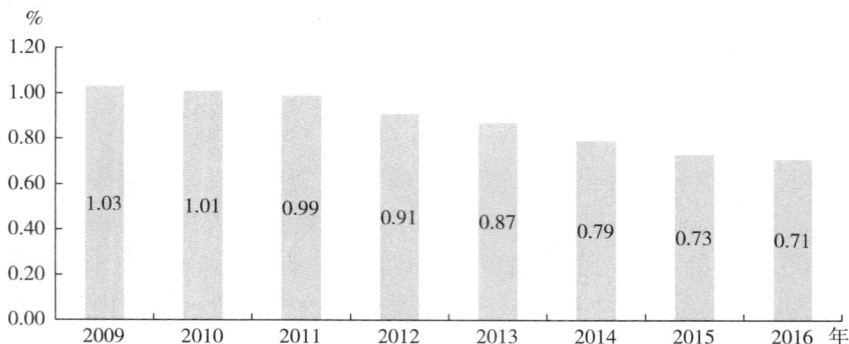

资料来源：晨星 2017 *Target - Date Fund Landscape*。

图 8　目标日期基金资产加权费率逐年下降

最后，美国近年来目标日期基金总费率的行业总趋势是逐年下降。晨星在针对美国市场目标日期基金 2017 年的年度报告中指出，2009—2016 年，目标日期基金按资产加权的费率逐年下降，从 2009 年的 1.03% 下降到 2016 年的 0.71%，下降幅度非常显著，反映的也是配置被动型为主的目标日期基金更受青睐的事实。

2.6　业绩比较基准

目标日期基金的业绩比较基准通常包括普通市场指数基准和基于下滑曲线的复合基准。

2.6.1　普通市场指数基准

从本文研究的 7 家基金公司的目标日期基金来看，一般都会选取一个或多个普通市场指数作为其业绩比较基准。不同基金公司选取的指数不尽相同，但基本都涵盖了权益市场指数和债券市场指数。比如美国规模最大的基金 Vanguard 同时选取了美国权益类的指数 MSCI US Broad Market Index 以及美国债券类的指数 Bloomberg Barclays U. S. Aggregate Bond Index 作为其业绩比较基准。还有一些目标日期基金则直接选取了第三方机构编制的目标日期指数作为其业绩比较基准，如 S&P Target Date Index、Lipper Mixed - Asset Target Date Funds Index 等。

表 8   普通市场指数基准

基金公司	普通市场指数基准	指数描述
Vanguard	MSCI US Broad Market Index	美国权益
	Bloomberg Barclays U. S. Aggregate Bond Index	美国债券
Fidelity	S&P 500 Index	美国权益
	Bloomberg Barclays U. S. Aggregate Bond Index	美国债券
T. Rowe Price	S&P Target Date Index	目标日期
American Fund	S&P 500 Index	美国权益
	MSCI All Country World ex USA Index	海外权益
	Bloomberg Barclays U. S. Aggregate Index	美国债券
	S&P Target Date Index	目标日期
	Lipper Mixed – Asset TargetDate Funds Index	目标日期
J. P. Morgan	S&P Target Date Index	目标日期
	Lipper Mixed – Asset TargetDate Funds Index	目标日期
TIAA	Russell 3000 Index	美国权益
	Bloomberg Barclays U. S. Aggregate Bond Index	美国债券
	S&P Target Date Index	目标日期
Principal	S&P Target Date Index	目标日期

资料来源：根据各家基金公司最新招募说明书整理。

2.6.2　基于下滑曲线的复合基准

同时，不少目标日期基金还会从子基金包含的资产类别中选取有代表性的市场指数，并结合自身的下滑曲线形态，构建复合业绩比较基准。每个复合基准对各子市场指数的权重在不同的时点会随自身下滑曲线资产配置比例的变化而动态变化。

表 9   基于下滑曲线的复合基准

基金公司	代表性的市场指数	资产类别
Vanguard	CRSP US Total Market Index	美国权益
	FTSE Global All Cap ex US Index	海外权益
	Bloomberg Barclays U. S Aggregate Float Adjusted Index	美国债券
	Bloomberg Barclays Global Aggregate ex – USD Float Adjusted RIC Capped Index	国际债券
	Bloomberg Barclays U. S. Treasury Inflation – Protected Securities（TIPS）0 ~ 5 Year Index	短期资产

基金公司	代表性的市场指数	资产类别
Fidelity	Dow Jones U. S. Total Stock Market Index	美国权益
	MSCI ACWI ex USA Index	海外权益
	Bloomberg Barclays U. S. Aggregate Bond Index	美国债券
	Bloomberg Barclays U. S. 3 Month Treasury Bellwether Index	短期资产
T. Rowe Price	Russell 3000 Index	美国权益
	MSCI ACWI ex USA Index	海外权益
	Bloomberg Barclays U. S. Aggregate Bond Index	美国债券
	Bloomberg Barclays U. S. 1 ~ 5 Year TIPS Index	通胀保护资产
TIAA	Russell 3000 Index	美国权益
	MSCI ACWI ex USA IMI Index	海外权益
	Bloomberg Barclays U. S. Aggregate Bond Index	美国债券
	Bloomberg Barclays U. S. 1 ~ 3 Year Government/Credit Bond Index	短期资产
	Bloomberg Barclays U. S. TIPS 1 ~ 10 Year Index	通胀保护资产

资料来源：根据各家基金公司最新招募说明书整理。

2.7　目标日期基金到期后的处理

目标日期基金通常为系列基金，随着时间的推移，系列基金中目标日期在前的基金将逐渐达到甚至超过对应的目标日期，达到目标日期后的处理成为目标日期基金特有的问题。

本文研究的 7 家基金公司中，Fidelity、J. P. Morgan、TIAA – CREF、Principal 在招募说明书中约定，一旦资产配置和收益基金一致，无须再经基金份额持有人投票，基金的董事会可根据最有利于份额持有人的利益，将上述目标日期基金并入收益基金①（Income Fund）。

另一部分则会经董事会同意后合并到其他基金中，比如 American Fund 没有成立与目标日期基金相对应的收益基金，招募说明书则约定超过目标日期 30 年后，可以但不必须将其合并到其他基金中。

少数目标日期基金并没有标明到期后将如何处理，比如 T. Rowe Price 只说明超过目标日期后会继续调整配置以平衡长寿风险和通货膨胀风险。

---

① 许多基金公司旗下的目标日期基金系列包括一只风险收益特征最低的收入基金（Income Fund），主要定位于为已退休人员持续投资的标的，相对于同一家公司旗下的其他目标日期基金，投资目标更强调当期收入，而非长期成长性。它的资产配置通常对应的是下滑曲线最右下端达到最终稳定后的比例。

3 目标日期基金的借鉴与对我国个人养老金发展的建议

结合前文美国目标日期基金在个人养老金账户的成功应用及产品设计分析的基础上，本文对我国第三支柱个人养老金发展与产品结合给出以下建议。

3.1 发展目标日期基金，并创造更多适合中国国情的养老理财工具

目标日期基金定位明确、简单易懂，投资者只需根据自己的退休日期购买目标日期基金，而其余的问题，包括如何进行资产配置、如何进行基金挑选、如何进行动态调整等，则全部由目标日期基金管理人一站式完成，基本上实现了养老资产合理分散、自动再平衡、组合风险随年龄下降等核心诉求，解决了投资者不知道如何选择基金的问题。因此从投资者的角度获得了认可。我国第三支柱个人养老金发展中应发挥产品创新的作用，发展目标日期基金，并借鉴其定位明确、简洁且一站式的产品设计思路，创造更多适合中国国情的养老理财工具。

3.2 将目标日期基金纳入可享受税收优惠的合格投资品种

美国的目标日期基金在 2006 年 PPA 法案的支持下被纳入合格默认投资选项（QDIA）后，才在养老金资产领域获得了巨大的发展。这说明目标日期基金虽然是以养老为目标设计的产品，但产品设计也需要与政策制定形成合力，才能最大限度地发挥产品的效力。我国第三支柱个人养老金制度设计时应考虑将目标日期基金纳入可享受税收优惠的合格投资品种，充分发挥该类基金在养老投资中的价值。

3.3 鼓励目标日期基金的发展和加强监管相结合

目标日期基金自 20 世纪 90 年代中期出现以来就在养老金市场中扮演重要的角色，但鉴于 2008 年国际金融危机时该类基金净值大幅波动的教训，美国证监会、美国劳工部等监管部门开始考虑是否应增强对目标日期基金信息披露的要求，使养老金投资者能充分理解目标日期基金的投资目标以及下滑曲线的形态等内容，从而对目标日期基金的风险有更加理性的认识。

我国养老目标型基金刚刚起步，鼓励目标日期基金的发展需和加强监管相结合。从充分保护投资者的利益出发，借鉴美国目标日期基金二十多年的发展经验，建议提高对目标日期基金下滑曲线等核心要素的监管要求和信息披露要求。例如，基金合同、招募说明书中应用平实易懂的语言向投资者说明基金资产配置如何随时间推移而变化等内容。

3.4 目标日期基金在国内应用时产品设计的细节还需根据中国的情况进行精细化打磨

海外目标日期基金到期后不少都有和收益基金合并的安排①，目前我国基金行业尚没有基金合并的先例。但目标日期基金到达目标日期且资产配置比例达到最终稳定以后的处理安排仍值得提前规划。一方面，目标日期基金作为系列基金，随着时间的推移，系列中的基金数量将逐渐增加；另一方面，系列中已到达目标日期且配置比例达到最终稳定的基金的组合结构将趋同且资产规模将逐渐降低。上述两方面都会提高基金管理的成本，为目标日期基金设计合理的到期后处理安排对降低管理成本、提高运作效率具有重要意义。

现阶段国内目标日期基金到达目标日期且资产配置比例达到最终稳定以后，可考虑转为收益基金的联接基金。同时，也可以考虑让目标日期基金到期后成为投资几只中央基金的低风险 FOF 基金②。最后，与收益基金合并也是可以考虑的选项，但需要监管层推动确定基金合并的具体实施细则③。

参考文献

［1］美国联邦法规第 29 章劳动法 2550 条第 404 款 c－5 项（29 CFR § 2550.404 c－5），Fiduciary relief for investments in qualified default investment alternatives。

［2］Fidelity. *Plan Design is Driving Better Outcomes*［R］. 中国证券投资基金业协会"生命周期基金业务培训班"培训材料，2015.

［3］Fidelity. *History of* 401(*k*)［R］. 中国证券投资基金业协会"生命周期基金业务培训班"培训材料，2015.

［4］Morningstar. 2017 *Target－Date Fund Landscape*.［EB/OL］. http：//corporate1. morningstar. com/ResearchArticle. aspx? documentId＝803362，2017.

［5］US Investment Company Institute. 2017 *Investment Company Fact Book*［EB/OL］. https：//www. ici. org/pdf/2017_ factbook. pdf.

［6］US Investment Company Institute. *Submits Comment Letter in Response to DOL's Request for Comment on Its Target Date Fund Disclosure Proposal.*［EB/OL］https：//www. ici. org/pdf/28240. pdf. 2014.

---

① 详见本文 2.7"目标日期基金到期后的处理"。

② 在该种模式下，中央基金可以设置为三只左右，分别构建覆盖主要投资市场的组合（如股票市场、债券市场、货币市场），而目标日期基金到达目标日期且资产配置比例达到最终稳定以后，可按照对应配置比例分别投向上述中央基金。中央基金只面向上述目标日期基金，不接受其他认申购。类似于本文 2.3 介绍的 Wells Fargo 采用的 Master/Gateway®结构。

③《公开募集证券投资基金运作管理办法》第五章"基金转换运作方式、合并及变更注册"已为公募基金合并预留了空间。

［7］ US Securities and Exchange Commission. *Recommendation of the Investor Advisory Committee Target Date Mutual Funds* ［EB/OL］. https：//www. sec. gov/spotlight/investor － advisory － committee － 2012/iac － recommendation － target － date － fund. pdf，2013.

［8］ US Securities and Exchange Commission. *Investment Company Advertising*：*Target Date Retirement Fund Names and Marketing* ［EB/OL］. https：//www. sec. gov/rules/ proposed/2012/33 － 9309. pdf . SEC Release Nos. 33 － 9126，2010.

［9］ US Securities and Exchange Commission. *Investment Company Advertising*：*Target Date Retirement Fund Names and Marketing* ［EB/OL］. https：//www. sec. gov/ rules/proposed/2014/33 － 9570. pdf. SEC Release Nos. 33 － 9570，2014.

［10］ Bodie Z，Merton R C，Samuelson W F，et al. *Labor Supply Flexibility and Portfolio Choice in a Life － Cycle Model* ［J］. Journal of Economic Dynamics and Control，1992，16（3 － 4）.

第三章　目标风险基金：产品设计与投资运作

中国证券投资基金业协会　黄钊蓬

工银瑞信基金管理有限公司　张　栋

摘　要　境内外理论和实践表明，资产配置是养老金投资的核心环节，而投资者由于缺乏专业知识、面临产品太多等原因导致养老金配置不合理，投资收益往往不尽如人意。在此背景下，目标日期基金、目标风险基金等养老金投资的一站式解决方案应运而生，受到养老金和其他投资者的普遍欢迎，2006 年被纳为美国养老金的合格默认投资产品（QDIA）。目标风险基金的发展历程表明，在缺少养老金第三支柱和默认产品等制度支持的阶段，目标风险基金或更易于被投资者接受。我们研读了美国 8 个基金管理人发行的部分目标风险基金的招募说明书和相关研究文献，结合目标风险基金的实际投资运作情况，撰写了这篇文章，以期为我国目标风险基金的发展提供参考。

目标风险基金（Target Risk Fund，TRF），也称生活方式基金（Lifestyle Fund），于 20 世纪 90 年代中期在美国兴起。顾名思义，目标风险基金旨在将基金的风险水平维持恒定，主要通过固定权益类资产和债券类资产在基金资产中的占比实现。目标风险基金的名称往往含"保守""平衡""激进"等用语，从而为相应风险偏好的投资者提供一站式的资产配置方案。

关键词　目标风险　资产配置　风险恒定　默认投资

1　目标风险基金的总体情况

截至 2017 年末，美国目标风险基金的规模达 3980 亿美元，自 1996 年以来总体呈快速增长的态势，年化增长率 22%。如图 1 所示，在 2006 年纳入 QDIA 的前十年和后十年，目标风险基金的规模均增长了约 1800 亿美元，增速并没有明显变化。

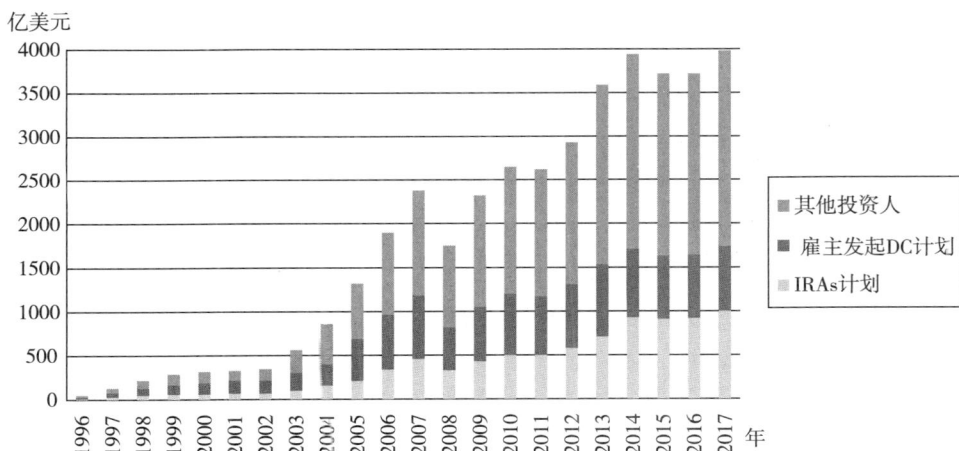

亿美元

资料来源：Investment Company Institute *Release*：*Quarterly Retirement Market Data*，*First Quarter* 2018，工银瑞信基金整理。

图1　目标风险基金规模和持有人结构变化

从持有人结构看，第三支柱 IRAs 计划和第二支柱 DC 计划等养老金投资者持有的目标风险基金约占基金总资产的一半，另一半为非税收优惠养老金计划的投资者持有。近十年，DC 计划投资者的持有规模基本稳定，IRAs 计划投资者和其他投资者的持有规模则逐年增长，在一定程度上说明纳入 QDIA 并未对目标风险基金的规模增长产生较大影响，目标风险基金的发展主要得益于第三支柱投资者和其他投资者的认可。

2　目标风险基金的产品设计要素

我们查阅了 Vanguard、John Hancock、Fidelity、J. P. Morgan、Principal、T. Rowe Price，BlackRock 及其旗下 iShares① 等 8 个管理人发行的目标风险基金的招募说明书，总结产品设计的共同点和差异。截至 2017 年末，这些目标风险基金的规模合计超过美国目标风险基金总规模的三分之一。

2.1　产品命名与风险分级

8 家机构目标风险基金的命名均体现了特定的风险偏好和资产配置两个核心要素，其中，6 家机构采用"成长"等风险偏好命名，5 家机构的产品名称中含有"资产配置"或相关词语，2 家机构在产品名称中直接标明了权益资产占比。

---

① 本文所研究的 iShares 发行的目标风险基金，投资顾问为 BlackRock。

表 1   部分目标风险基金的命名

机构	基金名称	目标权益仓位
Fidelity	Fidelity Asset Manager ® 70%	70%
Vanguard	Vanguard LifeStrategy Growth Fund Investor Shares	80%
J. P. Morgan	J. P. Morgan Investor Growth & Income Fund	70%
Principal	SAM （Strategic Asset Management） Conservative Growth Portfolio	60%~100% [①]
John Hancock	Multimanager Lifestyle Growth Portfolio	80%
BlackRock	BlackRock 80/20 Target Allocation Fund	80%
T. Rowe Price	Personal Strategy Growth Fund	80%
iShares	iShares Core Aggressive Allocation ETF	80%

目标风险基金一般是一个系列，由不同风险等级的基金构成。从 8 组目标风险基金看，主要根据权益资产的占比划分风险等级，从 3 个（T. Rowe Price）到 7 个（Fidelity）不等，随着风险等级的提高，基金的投资目标从追求当期的现金收入转向资产的增值。采用被动策略的两家机构（Vanguard 和 iShares）都是按照权益资产占比 20%（iShares 为 30%）、40%、60%、80% 划分为 4 个等级。7 家机构在同一年推出所有风险等级的目标风险基金，Fidelity 则比较特殊，7 个等级的目标风险基金是在 1988 年到 2007 年分次发行的。

如果按目标权益仓位 0~30%、30%~80% 和 80% 以上，将目标风险基金划分为低、中、高三档，我们发现，截至 2017 年底，8 组目标风险基金中，中风险等级规模最大，达 824.78 亿美元，占比 55%；高风险等级规模为 457.06 亿美元，占比 30%；低风险等级规模为 208.67 亿美元，占比 15%。

2.2 投资策略

2.2.1 产品类型

美国的目标风险基金主要是基金中基金（Fund of Funds，FOF），我们重点研究的 8 家机构的目标风险基金都采用了 FOF 的运作形式，其中 6 家在招募说明书中进行了明确说明。FOF 的子基金基本都选择本公司的产品。8 家机构中，Vanguard、iShares 的母基金、子基金均采用被动策略。Vanguard 在母基金层面按照既定的资产配置比例投资，不设投资经理，资产配置比例由基金管理人的委员会决定。iShares 则根据标的指数的构成，通过 ETF 构建代表性样本（Representative Sampling）进行被动投资。与 Vanguard 完全的被动投资不同，iShares 留有不超过 10% 的仓位用于投资期货、期权、掉期等衍生品和现金、现金等价物。

---

① Principal 目标风险基金的权益仓位使用区间界定，没有采用具体数值。

2.2.2 资产配置

8 家机构的目标风险基金均在招募说明书中明确股票、债券等大类资产配置的比例。其中，3 家机构注明资产配置比例偏离目标比例不超过 10%，1 家不超过 20%。Fidelity 的偏离范围则随风险等级（权益类资产占比）的提高呈现先扩大后缩小的趋势。Vanguard 和 J. P. Morgan 则没有说明偏离范围，从最新年报看，Vanguard 严格按照招募说明书的比例配置，J. P. Morgan 的部分基金严格执行了招募说明书中的目标资产配置比例，有些则进行了上浮或下浮，浮动比例不超过 10%。

配置的资产方面，8 家机构的目标风险基金在招募说明书中都表明将配置全球资产，Vanguard、John Hancock、BlackRock 和 T. Rowe Price 都说明旗下的目标风险基金将投资境外的股票和债券资产。5 家机构标明衍生品投资规定。包括 REITs 在内的房地产相关证券或资产、商品、垃圾债券也是普遍被提及的投资品种，T. Rowe Price 还可以有不超 5% 的比例投资对冲基金等私募基金。J. P. Morgan 和 Principal 都通过特殊基金（Specialty Funds）投资特定资产或特定策略的基金，如主要投资于商品的衍生品的基金、主要投资于 REITs 的基金等。这些特殊基金也面向公众发售。Fidelity 的目标风险基金主要投资于中央基金（Central Funds），这些中央基金不收取管理费，不对外发售，只供 Fidelity 内部的资产配置使用。

2.2.3 业绩比较基准

8 组目标风险基金均综合采用权益、固定收益市场指数，根据目标权益资产、固定收益资产的比例设定产品的复合业绩比较基准，并进一步细分了境内权益资产和境外权益资产的占比。

其中，iShares 从外部定制了相应的目标风险指数作为业绩比较基准。定制的目标风险指数定期进行优化。

表 2   **部分目标风险基金复合业绩比较基准**

基金名称	复合业绩比较基准构成
Fidelity Asset Manager® 85%	60% Dow Jones U. S. Total Stock Market IndexSM（U. S. stocks）+ 25% MSCI ACWI ex USA Index（foreign stocks）+15% Barclays U. S. Aggregate Bond Index（U. S. bonds and short term/money market instruments）
Vanguard LifeStrategy Growth Fund Investor Shares	8% CRSP US Total Market Index + 32% FTSE Global All Cap ex US Index + 14% Bloomberg Barclays U. S. Aggregate Float Adjusted Index + 6% Bloomberg Barclays Global Aggregate ex – USD Float Adjusted RIC Capped Index
J. P. Morgan Investor Growth Fund	Russell 3000 Index（90%）+ Barclays U. S. Intermediate Aggregate Index（10%）
Principal SAM（Strategic Asset Management）Strategic Growth Portfolio	70% Russell 3000 Index + 25% MSCI EAFE Index + 5% Bloomberg Barclays Aggregate Bond Index

续表

基金名称	复合业绩比较基准构成
John Hancock Multimanager Lifestyle Aggressive Portfolio	70% Russell 3000 Index + 30% MSCI All Country World ex – USA Index
BlackRock 80/20 Target Allocation Fund	MSCI ACWI Index（56%）+ MSCI USA Index（24%）+ Bloomberg Barclays U. S. Universal Index（20%）
T. Rowe Price Personal Strategy Growth Fund	56% Russell 3000 Index + 24% MSCI All Country World Index ex USA + 20% Barclays U. S. Aggregate Bond Index
iShares Core Aggressive Allocation ETF	S&P Target Risk Aggressive Index（SPTGAU）

3 费用、持仓情况和业绩表现

纽约大学教授 Edwin J. Elton 等人在 2016 年发表了一篇关于目标风险基金的研究报告①，填补了学术界、业界对目标风险基金研究的空缺。文中主要介绍了目标风险基金的特点及业绩表现，结合对前述 8 组目标风险基金特点和业绩的分析，我们将相关内容摘译并整理如下。

3.1 费用

纽约大学的研究将市场上的目标风险基金分为积极、平衡、保守三类，研究发现：第一，子基金层面的费用相差无几，母基金倾向于持有相同份额类别的子基金（如前端收费的母基金倾向于申购前端收费的子基金）；第二，母基金层面，不同基金份额类别，收取的总费用相差较大，研究样本中最大相差 111 个基点；第三，总费用（Total Expense Ratio，TER）层面，即将母基金、子基金的费用均计算在内，总费用随风险等级的提高略有增长，主要是因为风险等级高的目标风险基金持有更多的权益类子基金，费用更高。

3.2 持仓情况

目标风险基金主要通过维持股票、债券、现金资产在基金总资产中的占比维持风险的恒定。纽约大学的研究分析了两个阶段目标风险基金的持仓，即基金成立后的第二年、第三年以及最近两年的持仓，发现：目标风险基金股票、债券、现金等大类资产在基金总资产中的占比始终是恒定的，占比的最大变化不超过 1%。此外，

---

① Edwin J. Elton, Martin J. Gruber, Andre de Souza. *Target Risk Funds* [J]. European Financial Management, 2016, 22 (4).

研究还发现，不同风险等级的目标风险基金的权益仓位比例并不重合，即某一风险等级（如成长型）的权益仓位始终高于较低级别的基金（如平衡型）的权益仓位[①]。

虽然股票、债券等大类资产占比维持恒定，目标风险基金在细分资产类别的配置则变化较大。比如境外投资的比例就大幅增加，根据风险等级的不同，美国的目标风险基金中，58%~73% 持有新兴市场的股票基金，24% 持有新兴市场的债券基金。另外，还有 28% 的目标风险基金投资了商品期货。2005 年仅分别有 1% 的目标风险基金投资市场中性策略的基金和投资全球房地产的基金，但到 2014 年，比例分别变为 25% 和 30%。

美国有 50 个管理人提供目标风险基金，研究发现，其中 46 家的目标风险基金由同一个基金经理团队管理。而且，同一个管理人的所有目标风险基金都持有相同的子基金，差异主要体现在，根据风险等级的不同配置子基金的比例不一样。

3.3 业绩表现

图 2 和图 3 分别展示了 8 家机构目标风险基金 10 年和 20 年的业绩表现情况，横轴是权益仓位，纵轴的左轴是年化收益率，纵轴的右轴是年化波动率。我们看到，目标风险基金的风险收益特征较清晰：过去 10 年，基金的年化收益率和年化波动率均呈提高趋势。过去 20 年，随着承担的风险（权益仓位）的提高，这一特征也十分明显，剔除国际金融危机的影响后，这一特征更加显著。

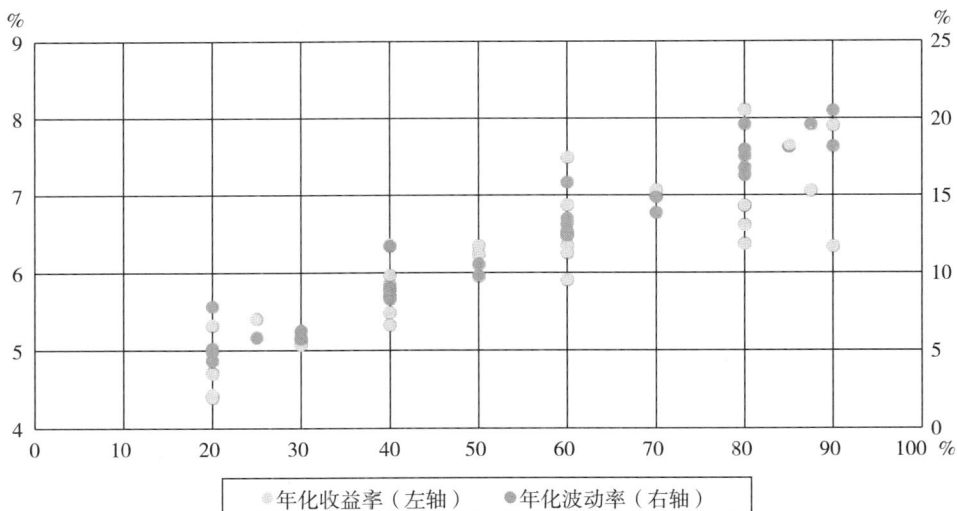

资料来源：Bloomberg，截至 2018 年 6 月底，工银瑞信基金整理。

图 2　美国目标风险基金的收益和波动情况（10 年）

---

① Edwin J. Elton, Martin J. Gruber, Ardre de Souza. Target Risk Fund [J]. European Financial Management, 2016, 22（4）.

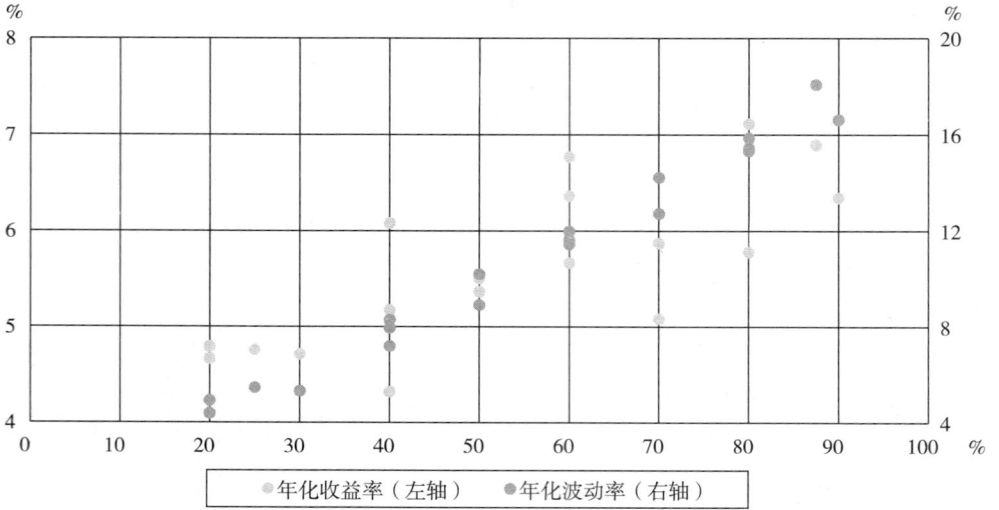

资料来源：Bloomberg，截至 2018 年 6 月底，工银瑞信基金整理。

图3　美国目标风险基金的收益和波动情况（20 年）

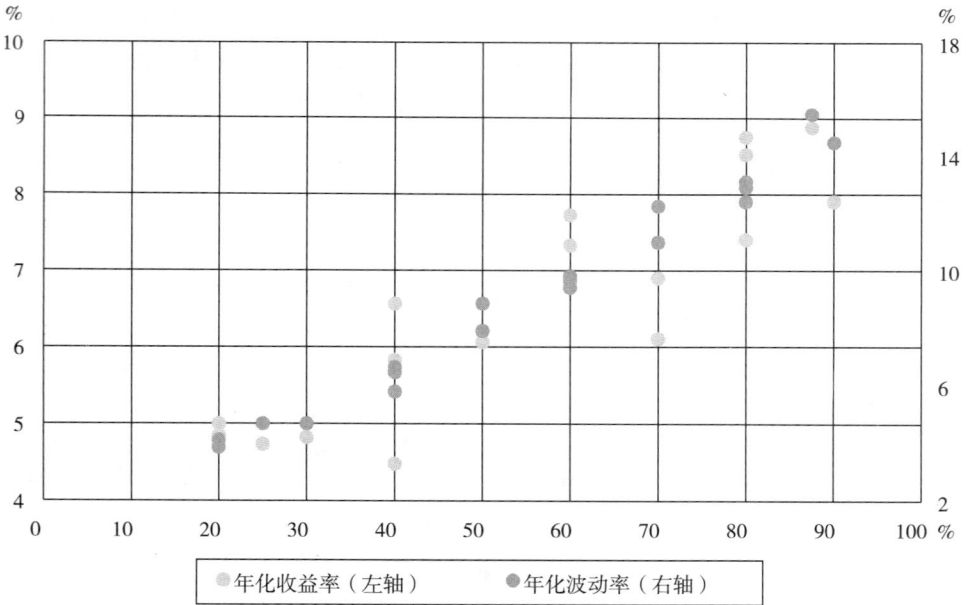

资料来源：Bloomberg，截至 2018 年 6 月底，工银瑞信基金整理。

图4　美国目标风险基金的收益和波动情况（20 年，剔除国际金融危机影响）

从同一基金管理人提供的基金看，以 Vanguard 的目标风险基金为例（见图 5），总体上也能反映上述特征。

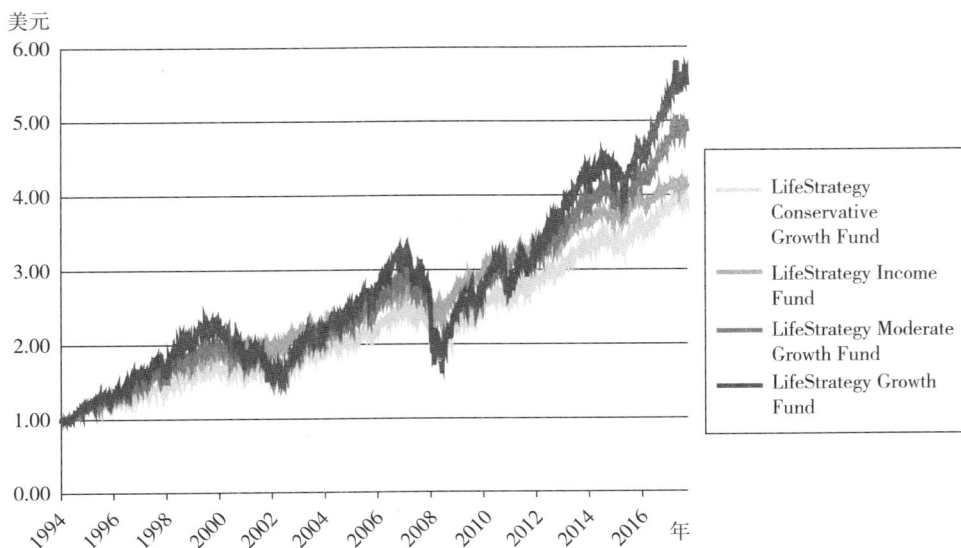

美元

LifeStrategy
Conservative
Growth Fund

LifeStrategy Income
Fund

LifeStrategy Moderate
Growth Fund

LifeStrategy Growth
Fund

资料来源：Bloomberg，截至 2018 年 6 月底，工银瑞信基金整理。

图 5　Vanguard LifeStrategy 系列目标风险基金自成立以来每一美元初始投资的增值情况

4　小结

除了普遍认知的股债恒定比例，本文试图发掘更多目标风险基金的特征，我们发现有两个主要特点：第一，不同于专注单一大类资产的普通公募基金，目标风险基金是资产配置的工具，从产品命名、采用 FOF 的形式、投资策略、业绩比较基准、投资团队构成、持仓变动等都体现了这一特点。第二，产品注重保持风险恒定，名副其实，从产品设计的权益仓位"界限分明"，产品成立之初和最近两年的实际持仓情况对比，到产品的十年风险收益特征等都反映了这一特点。此外，我们还看到，同是目标风险基金，各个管理人在产品设计和投资运作上各有特色。比如，Vanguard 和 iShares 同样采用被动策略，一个是不设基金经理，采用固定比例投资旗下 ETF 基金，不留主动投资仓位；另一个是采用定制指数，通过 ETF 选样跟踪指数的方法进行被动投资，留有最高不到 10% 的主动投资仓位。又比如 Fidelity 设计了中央基金，只供旗下各类 FOF 配置资产，降低主动管理的基金费率的同时，提升了资产配置效率。

目标风险策略和目标日期策略是全球多个国家和地区养老金默认投资产品的主要策略。但对于目标日期基金的关注却远远超过了目标风险基金，其主要原因是在 2006 年美国将这两类产品纳入 QDIA 后，目标日期基金以年均 1500 亿美元的速度快速增长，引起市场广泛关注。但目标日期基金的规模增速其实是在 2009 年之后才超过目标风险基金。纽约大学的研究表明，业绩表现上目标风险基金优于目标日期基金，学者认为不是业绩导致投资者更多地选择目标日期基金。我们初步分析认为，主要原因是在选择产品时，目标日期基金只需要根据退休年龄即可选择，目标风险基金则还需要判断投资者的风险偏好，而风险偏好的判断并不如退休年龄那么简单明了。这也再次说明在金融投资领域应用行为经济学的必要性。

但是，当没有默认产品的制度支持时，目标日期基金这种简易选择的优势就显得没有那么突出了，而且目标日期基金往往持有期限很长，当没有养老金制度的支持时，投资者的购买意愿会降低或很难长期持有。相反，从美国的情况看，在养老金默认投资产品的制度出台前，目标风险基金的增速快于目标日期基金。目标风险基金还有利于结合投资者的风险偏好、收入情况、财富规划等提供更加个性化的解决方案，在互联网基金销售和基金组合销售大发展的背景下，还可能焕发新的活力。我国首批 FOF 产品，多为目标风险基金产品。在首批获批的养老目标基金中，同样有部分管理人选择了目标风险基金的产品形式。希望此文能对我国目标风险基金的发展有所帮助，促进 FOF 产品和养老目标基金在中国的发展，推动公募基金进入资产配置时代，为百姓理财和养老金投资提供合适的产品。

参考文献

[1] Elton Edwin J. , Gruber Martin J. and de Souza Andre. *Target Risk Funds* [J]. European Financial Management，2016，22（4）：519 – 539.

第四章 养老金默认投资选择：QDIA 和 DIS

中国证券投资基金业协会 黄钊蓬 陈 浩

摘 要 传统经济学的研究中假设所有人在做决定时都是完全理性的，这一观念长期主导着诸多社会实践与制度设计。但近些年随着行为经济学的兴起，大家逐渐意识到现实并非如此，非理性决策在生活中随处可见。比如，由于现时偏好，人们会选择把钱在当下消费掉而非为将来的养老做储蓄。针对这些缺乏自我控制的行为特征，诺贝尔经济学奖获得者理查德·塞勒（Richard Thaler）提出"助推"理论。助推的原意是用胳膊、肘等身体部位轻推或者轻戳别人的肋部，以便提醒或者引起别人的注意。在行为经济学理论中，是指那些通过某些场景或者细节设计，帮助别人做出选择的推动力量。

养老金默认投资选择便是"助推"理论的一项现实应用。默认投资选择帮助投资者克服选择困难和惰性，引导将养老资金投资于适合的、长期的退休储蓄产品，进而解决养老金积累的问题。本文研究了美国养老金合格默认投资选择（Qualified Default Investment Alternative，QDIA）的规定 *Final rule of QDIA*，以及香港强制性公积金计划的预设投资策略（Default Investment Strategy，DIS）的规定《2016 年强制性公积金计划（修订）条例》，以介绍 QDIA 和 DIS 的含义、产品及特点。希望通过研究养老默认投资选择在实践中的具体安排，以思考我国养老金第三支柱个人养老金的发展路径。

关键词 默认投资选择 QDIA DIS 第三支柱

1 美国养老金合格默认投资选择（QDIA）

1.1 QDIA 基本情况

1. 美国《养老金保护法案》与 QDIA

自美国在 20 世纪 70 年代推出 401（k）、IRA 等个人养老金制度以来，由于个人面对过多的产品不会选择而将养老金闲置或者选择了不适当的养老金融产品，个人养老金发展相对缓慢。为此，美国劳工部在 2006 年出台的《养老金保护法案》中推出了养老金合格默认投资选择（Qualified Default Investment Alternative，QDIA），雇主可以免责将雇员的养老金投向这些产品。QDIA 帮助投资者克服人的惰性，引导将养老资金投资于适合的、长期的退休储蓄产品，此后，个人养老金以及共同基金规模快速增长。

根据法律规定，QDIA 是一种投资选择，当参与人或受益人有机会对其养老计划账户中的资金做出投资决定，却因某些原因未能做出时，他所加入的养老计划中的受托人代表他选择的投资替代方案即为 QDIA。美国养老金发展经历了从待遇确定型（DB）计划向缴费确定型（DC）计划、个人自主参与的养老金计划（IRA）的转变。在 DB 模式下，雇主为雇员投资养老金，并在雇员退休后支付固定待遇。随着发展增速放缓和老年人口增加，这种保障待遇的模式难以为继，转向以个人自主投资的 DC 计划和 IRA 计划。个人根据所处年龄阶段、风险收益偏好选择投资产品，可以更好地实现养老金资产的长期增值。然而，由于个人缺乏金融知识，对各类金融产品"望而生畏"，将养老金闲置，或者选择了错误的养老金融产品（如年轻时过于保守、年老时过于激进），个人养老金投资效果不佳。在此背景下，美国劳工部推出 QDIA，鼓励员工将养老计划中的资产投资于适合的、长期的退休储蓄产品。

2. 受托人应为养老金计划提供 QDIA

配合 QDIA 的推出，美国法律规定养老金计划的受托人可在计划中指定一只默认基金。依据《雇员退休收入保障法》（ERISA）的规定，受托人在代表参与人或者受益人做出投资行为时，必须尽到顾（Care，密切关注）、灵（Skill，操作灵活）、慎（Prudence，谨慎小心）、勤（Diligence，勤于本职）四项义务。计划发起人（Plan Sponsor）有权利在投资方案中指定一只默认基金作为默认投资替代，受托人需要审核这个方案是否符合法规要求，即是否可以作为"合格"默认投资替代，这样受托人不用对因投资 QDIA 造成的损失负责（受托人免责）。

3. QDIA 投资管理人的要求

依照 ERISA 的规定，QDIA 的管理人必须满足 2 个条件（ERISA section 3（38）条款规定）：首先是受托人；其次，必须要按照《1940 年投资顾问法》进行注册或者按各州投资顾问法不同的要求进行注册。目前，QDIA 的投资管理人可以是基金管理人、银行、保险公司、信托公司、承担受托人职责的计划发起人（但应符合 ERISA section 402（a）（2）条款的规定）。

虽然雇主可以免责将参与人的养老金投向 QDIA，但投资管理人在使用 QDIA 的资产进行投资时，需按法规规定提前通知参与人，要求如下：

第一，至少在 QDIA 方案生效日，或进行第一笔投资发生日前 30 天通知参与人；

第二，每个计划年度（Plan Year）赋予参与人是否继续保持原有 QDIA 的投资选择的机会，在新的 QDIA 计划年度方案生效前（在合理日期内）至少提前 30 天通知。

美国劳工部把提前通知的时间定为 30 天是为了更好地配合 1986 年"国内税收

法规"（Internal Revenue Code）中管理"获准提款"（Permissible Withdrawal）的规定。如果参与人在选择一种 QDIA 后不能免税提款，那么他们应当尽量在第一时间得到消息，使其有充足的时间退出计划。

4. QDIA 的豁免条款

90 天限制：从向 QDIA 注资当日算起，参与人或受益人在 90 天之内可自由转账或者撤资，不会受到任何强加的限制，也不会产生惩罚性费用或其他支出（因投资操作本身而产生的费用不算在内，如 12b–1 费）。90 天之后不再有效。90 天的期限规定是参考了"国内税收法规"（Internal Revenue Code），其中规定参与人可以在 90 天之内，计划允许的情况下把资金取出，并且不用缴纳 10% 的附加税（72（t）Code 规定）。

5. QDIA 的投资限制

除了法规中规定的豁免情况，雇主发行的有价证券不允许出现在 QDIA 中。美国劳工部不认为 QDIA 中包含雇主发行的有价证券是值得鼓励的，但同时觉得完全禁止是不必要的且是复杂的。因此，美国劳工部规定了以下几种豁免情况：

（1）符合《1940 年投资公司法》已注册的投资公司所持有的雇主有价证券

虽然计划发起人没有自主选择权把雇主有价证券纳入 QDIA 中，但是计划发起人可以间接通过制订投资方案来行使自主选择权，从而使投资管理人按照其制订的投资方案将雇主有价证券纳入 QDIA 中。

（2）雇主以对等缴费的方式配给员工的雇主有价证券，或者经参与人或受益人授权在投资管理服务对 QDIA 方案拥有自主选择权之前持有的雇主有价证券

美国劳工部强调符合法规的雇主有价证券只能组成 QDIA 的一部分，而不是全部。

1.2 QDIA 所包含的产品

QDIA 的角色与职能可由符合《1940 年投资公司法》的已注册投资公司承担，也可由符合以下定义的投资产品或投资基金承担：

1. 一类投资基金或投资产品[①]，应用被广泛接受的投资理念，风险分散程度足以将大量资产损失概率降到最低，根据参与人的年龄、预计退休日期和预期寿命来调整投资组合的资产配置比例。随着所设定目标日期的临近，逐步降低资产的风险，适应参与人或受益人在生命不同阶段的风险承受能力，以实现资产的最大增值。

示例产品：目标日期基金或生命周期基金

关键词：时间

2. 一类投资基金或投资产品，应用被广泛接受的投资理念，风险分散程度足以

---

① 一类投资基金或投资产品可以是"独立"形式的，也可以是 FOF 形式的。美国劳工部认为，如果是 FOF 形式的，那么货币市场或者其他类似保本产品等均可成为组成部分。

将大量资产损失概率降到最低，通过混合持有权益类资产和固定收益类资产，使参与人在不同年龄段所面对的目标风险级别均在合理范围内，以实现长期资产保值或增值。

示例产品：平衡基金（Balanced Fund）

关键词：风险

美国劳工部要求受托人在确定目标风险级别时，必须考虑年龄因素，其他因素可由受托人自行决定。

3. 一种受托人直接管理的投资管理服务（定制账户，类似专户），应用了目标日期基金和平衡基金的投资策略。

示例产品：Professionally managed account

关键词：受托人直接管理

只有当投资管理服务对参与人或受益人的账户拥有自主选择权的时候，这个投资管理服务才有资格成为 QDIA 的一部分。

4. 一类投资基金或投资产品，回报率合理（不论其是否有担保）且具有一定的流动性。这类基金或投资产品必须以保证资产的货币计量价值为目的，受政府良好的监管，并且纳入参与人 QDIA 方案的时间不得超过 120 天。

示例产品：货币市场基金（Money Market Fund），稳定价值型产品①

关键词：120 天期限

美国劳工部认为，在员工最可能选择退出方案时（第一笔缴款发生日起 120 天内），应当提供计划发起人一个机会来将近于零风险的投资选择纳入其 QDIA 之中。

5. 一类投资基金或者投资产品，设计目的旨在保证本金不亏损的情况下，收益大致与"中间投资级债券"一致。同时具有流动性方便提款或转入其他投资选择。这类投资基金或者投资产品需符合以下要求：

（1）参与人或受益人在提款时不得被强制收取解约费用或者因提款行为而产生的其他费用；

（2）必须由受到州、联邦政府良好监管的金融机构对此类投资基金或者投资产品的本金与收益做担保；

（3）这类投资基金或者投资产品被纳入 QDIA 的时间不得晚于 2007 年 12 月 24 日。

美国劳工部认为设计这样的"祖父免责式"条款适应了当时的需求，使计划发起人在还没有法规可参照时已纳入 QDIA 的稳健型产品得以保留。

6. 一类投资基金产品或者投资组合模型，只要符合 *Final rule of QDIA* 的要求，就被允许以可变年金形式或相似合约的形式，以及以集合信托基金形式为参与人或

---

① 稳定价值型产品需要符合以下 3 个条件：（1）要以保本为目的；（2）回报率合理；（3）要有一定的流动性。

受益人提供与目标日期基金、平衡基金两类投资策略和投资目标一致的产品。

至于此类投资基金或者投资组合模型是否提供年金购买权、投资保障、死亡收益保障或者其他附属权益等不影响其加入 QDIA。

美国劳工部认为应当鼓励在退休基金产品中的创新与灵活性。

1.3　稳定价值型产品和货币市场基金未被永久纳入的原因

美国劳工部拒绝在 QDIA 中永久性加入稳定价值型产品和货币市场基金（期限在 120 天以上）的原因如下：

1. 美国劳工部认为，从短期来看，稳定价值型产品或货币市场基金确实有资格被纳入 QDIA，但是从长期来看，由于投资风格保守，所能够产生的回报并不如其他风格相对积极的基金。

2. 美国劳工部认为，如果法规允许将其纳入，很多雇主在为参与人制订 QDIA 方案时，会因为其保本的属性，风险相对较低，而偏重选择这类产品作为 QDIA 产品，但由于风险和收益相匹配原则，到参与人退休时却得不到足够的退休收入，长期反而会阻碍其被纳入 QDIA 方案。

3. 美国劳工部认为，如果不加限制地允许此类产品加入 QDIA，参与人或受益人会认为政府和雇主既然制定法规允许 QDIA 纳入此类产品，那么一定对此类产品的长期收益做了担保。长期来看，这种想法所造成的负面影响将会是巨大的。

1.4　QDIA 的作用

Final rule of QDIA 的发布主要是基于美国养老市场发展一段时间之后的经验和教训的总结。实践证明，"合格默认投资选择"的制度安排，克服了参与人的"惰性"以及"选择困难"，大幅提高了养老金计划的参与率。

对计划发起人而言，QDIA 的设置可以减少其对参与人或受益人投资能力不足而做出决策时的担忧，长期来看也可以增加养老金计划的收益能力，帮助提高参与人退休后的生活水平。对参与人或受益人来说，若不做出选择，可以自动加入养老计划，减少了因缺乏专业投资能力而进行产品选择的困扰，另外也帮助其积累了退休储蓄。

2　香港强制性公积金的预设投资策略（DIS）

2.1　DIS 基本情况

1. 香港强制性公积金

香港强制性公积金（Mandatory Provident Fund，以下简称强积金或 MPF），是港英政府于 1995 年 7 月 27 日通过《强制性公积金计划条例》，香港政府在 2000 年 12

月 1 日正式实行的一项以雇佣为基础的退休保障制度。除了少数人士获豁免外，凡年满 18 岁至未满 65 岁的一般雇员、临时雇员以及自雇人士，均须参加强积金计划。由于强积金制度旨在协助就业人群为退休生活做好储蓄准备，因此计划成员必须根据《强制性公积金计划条例》的规定，年满 65 岁才可提取累算权益。截至 2018 年 6 月 30 日，强积金覆盖了 72% 的就业人口，约为 260 万人，资产净值总计达 8519 亿港元①。

强积金具有强制缴费、完全积累、市场化运营、个人投资选择的特点，且以信托方式进行管理。核准受托人是强积金计划的主要营办商，承担全部受托责任。同时，计划设有保管人、计划管理人、投资管理人及中介人角色，分别负责基金托管、行政管理、投资管理以及计划销售。目前，总共有 17 个核准受托人和 32 个强基金计划。

2. DIS

2017 年 4 月 1 日起，《2016 年强制性公积金计划（修订）条例》正式生效，要求每个强积金计划都必须提供一个预设投资策略（Default Investment Strategy，DIS）。DIS 是强积金制度的一项重要改革，旨在改善强积金基金收费高、选择难等问题，为计划成员提供更好的退休保障。DIS 主要为不懂得或不想打理强积金的计划成员设计，计划成员如果没有做出投资选择，其计划中的资金将会按照 DIS 来做出投资。截至 2017 年 3 月 21 日，约有 61 万个强积金账户没有做出投资指示②。已做出投资选择的计划成员也可以主动将 DIS 设为自己的投资选项。所有强积金计划下的预设投资策略设计都大致相同。

3. DIS 的成分基金

DIS 由两只成分基金构成：核心累积基金和 65 岁后基金。两只基金均为混合资产基金，按不同比例投资于环球不同的市场、不同的资产类别，以降低投资风险。

表 1 DIS 的成分基金③

基金类型	投资范围
核心累积基金（CAF）	约 60% 投资于风险较高的资产（主要为全球股票），其余为风险较低的资产（主要为全球债券）
65 岁后基金（A65F）	约 20% 投资于风险较高的资产（主要为全球股票），其余为风险较低的资产（主要为全球债券）

核心累积基金将约 60% 的资产净值投资于较高风险的资产（较高风险资产一般

---

① 强制性公积金计划管理局. 强制性公积金计划统计摘要［EB/OL］. http：//www. mpfa. org. hk/eng/information_centre/statistics/mpf_schemes_statistical_digest/files/June% 202018% 20Issue. pdf.

② 强制性公积金计划管理局. 强积金预设投资策略 4 月 1 日推出 积金局呼吁计划成员了解详情［EB/OL］. http：//www. mpfa. org. hk/sch/information_centre/press_releases/7230_record. jsp.

③ 见强制性公积金计划管理局官网，http：//minisite. mpfa. org. hk/DIS/sc/characteristics/index. html.

指全球股票或类似投资），约 40% 的资产净值投资于较低风险资产（较低风险资产一般指全球债券或类似投资），而 65 岁后基金会将约 20% 的资产净值投资于较高风险资产，约 80% 的资产净值投资于较低风险资产。两项预设投资策略基金均采纳环球分散的投资原则，并运用不同类别的资产，包括环球股票、固定收益、货币市场工具和现金，以及强积金法列允许的其他类别资产。

根据《强制性公积金计划条例》的规定，在实际的投资执行过程中，允许核心累积基金和 65 岁后基金投资于较高风险资产的比例在 5% 的范围内浮动。

2.2 DIS 的特点

1. 随成员年龄自动降低投资风险

如果强积金计划成员是按 DIS 进行投资，受托人会随计划成员接近退休年龄逐步为其强积金降低风险。由于年轻的计划成员距离退休日期较远，投资年限相对较长，所以承受金融市场波动的能力更强，因此 OECD 的专家建议这些计划成员可承担相对较大的投资风险，以获取较大的预期回报。反之，接近退休年龄的计划成员须在较短的投资期内应对投资周期的转变，一旦资产价值大跌，他们只能以有限的时间收复失地，所以他们能承受风险的能力相对较弱，因此应降低投资风险。

总括而言，根据预设投资策略：

（1）当成员未满 50 岁时，所有累算权益及未来投资将会投资于核心累积基金。

（2）当成员年龄在 50 岁至 64 岁之间时，受托人会根据表 2 中所列的百分比，每年自动为成员调整核心累积基金及 65 岁后基金之间的投资比例一次，即逐步减持核心累积基金且相应增持 65 岁后基金。

（3）当成员年满 64 岁时，所有累算权益和未来投资将会投资于 65 岁后基金。

表 2   预设投资减低风险列表[①]

年龄	核心累积基金占比	65 岁后基金占比
50 岁以下	100.0%	0.0%
50 岁	93.3%	6.7%
51 岁	86.7%	13.3%
52 岁	80.0%	20.0%
53 岁	73.3%	26.7%
54 岁	66.7%	33.3%
55 岁	60.0%	40.0%
56 岁	53.3%	46.7%

---

①   见强制性公积金计划管理局官网，http：//minisite. mpfa. org. hk/DIS/sc/characteristics/index. html。

年龄	核心累积基金占比	65 岁后基金占比
57 岁	46.7%	53.3%
58 岁	40.0%	60.0%
59 岁	33.3%	66.7%
60 岁	26.7%	73.3%
61 岁	20.0%	80.0%
62 岁	13.3%	86.7%
63 岁	6.7%	93.3%
64 岁及以上	0.0%	100.0%

注：随成员年龄自动降低投资风险的安排一般会于成员 50 岁至 64 岁每年的生日当日进行。由于基金价格会随市场变动，表 2 所列两只基金的投资比例可能于受托人执行自动降低投资风险的安排后有所改变。即两只基金的比例会于降低投资风险一刻时处于表 2 的百分比，但不会全年处于表 2 的同一百分比。

2. 收费设有上限

考虑到基金的收费及开支水平将对长期的投资表现有重要影响，强积金计划管理局对 DIS 中两只成分基金的管理费用和经常性实付开支设置了上限。

表3　　　　　　　　　　　　　　　DIS 的收费上限[①]

核心积累基金及 65 岁后基金的收费	
管理费用 （包括受托人及投资经理等的费用）	经常性实付开支 （包括年度审计费、印刷费及邮资等）
不可高于基金每年净资产值的 0.75%	不可高于基金每年净资产值的 0.2%

两只成分基金的管理费用（包括受托人及投资经理等的费用）不得高于基金每年净资产值的 0.75%，经常性实付开支（包括年度审计费、印刷费及邮资等）不得高于基金每年净资产值的 0.2%。

3. 分散投资环球市场

核心累积基金及 65 岁后基金以分散投资方式，投资于全球不同市场，并且会投资于不同的资产类别，包括：股票、定息债券、货币市场工具、存款以及强积金法例允许的其他投资。

2.3　DIS 的通知

1. 预设投资策略实施前通知书

受托人在 2016 年 12 月至 2017 年 1 月，须向所有强积金账户持有人发出预设投

---

① 见强制性公积金计划管理局官网，http://minisite.mpfa.org.hk/DIS/sc/characteristics/fee.html。

资策略实施前通知书（DPN）。DPN 旨在向成员提供 DIS 的详细资料，包括其特点、投资目标、风险、收费、资产分配，以及对成员的强积金投资可能造成的影响。成员在收到受托人发出的 DPN 后，如有任何疑问，可随时向受托人进行咨询。

2. 预设投资策略重新投资通知书

受托人须于 DIS 推出后，即 2017 年 4 月 1 日的六个月内向符合特定条件的强积金账户持有人发出预设投资策略重新投资通知书（DRN）。如果受托人不同意按照 DIS 进行投资，须在 DRN 发出日期后的 42 日内，填写 DRN 附带的表格，明确自己的投资指示并回复至受托人。若受托人在 DRN 发出后的 42 日内未收到持有人的回复，会在 14 日内把持有人账户中的强积金改为按 DIS 进行投资，后续新存入该账户的强积金也将按 DIS 进行投资。

2.4　DIS 的作用

DIS 旨在为计划成员提供一个简单、设有收费上限并会随计划成员接近退休年龄而自动降低投资风险的投资策略[①]。DIS 的推出主要起到三个方面的作用，一是解决参与人面对数量众多的基金产品不会选的问题；二是帮助人们克服惰性，为没有做出投资选择的参与人提供一个科学的投资安排；三是通过设置收费上限，降低参与人的投资成本，提升长期收益。

3　对我国养老金第三支柱发展的启示及引入默认安排的思考

3.1　QDIA 与 DIS 的共同特点

美国的 QDIA 与香港强积金的 DIS 均属于第二支柱范畴，是以受托人为执行主体的一种默认投资安排。主要目的是帮助计划参与人克服惰性及选择困难，通过合理的投资与积累，为养老做出更好的安排。不同之处在于 QDIA 的执行主体为雇主本身，而 DIS 的执行主体为强积金计划管理局核准的 17 家受托人。背后是法律框架的不同。

值得注意的是，美国和香港推出默认投资制度均是在现有法律已解决第二支柱覆盖率的基础上做出的进一步安排。香港的《强制性公积金计划条例》强制雇主与符合条件的雇员参加强积金计划并进行缴费。美国的法律虽不强制雇主为雇员建立职业养老金计划，但美国的雇主为了规避雇员退休时没钱养老导致的法律风险以及出于吸引人才的目的，有充足的动力为雇员建立计划。2006 年出台的《养老金保护法案》允许雇主把雇员自动加入职业养老金计划中而无须雇员确认，使雇主可以采

---

① 强制性公积金计划管理局. 预设投资策略记者会重点［EB/OL］. http：//www. mpfa. org. hk/tch/main/speeches/files/2016 - 12 - 12 - speech - c - NE D. pdf.

用自动加入大幅提升其员工的参与率。

因此，我们可以看到 QDIA 与 DIS 作为默认投资安排有三个特点，一是在立法层面已解决第二支柱覆盖率的基础上做出进一步安排；二是受托人为执行主体；三是参与人具备个人投资选择权。

3.2 对我国第三支柱的启示

通过了解美国劳工部推出 QDIA 与香港强积金计划管理局推出 DIS 背后的考虑和制度安排，对我国发展第三支柱个人养老金带来以下几点启示。

国家应尽快针对养老金进行立法。美国和香港养老金体系的发展和默认投资选择的引入都离不开法律的推动。而我国养老金政策制定的依据为政府文件和部门规章，缺乏养老金相关的上位法。应尽快通过订立养老金相关的法律明确各方的职能、权利和义务，为各项养老金制度的推动提供法律依据。

重视权益投资的作用，积极发挥公募基金优势，抵抗通胀风险及长寿风险。QDIA 的产品包括目标日期基金、平衡基金和货币市场基金等；DIS 是由两只混合基金构成，两者均是以公募基金为基础。同时，QDIA 限制了参与人持有货币基金的期限，DIS 则规定参与人在 50 岁前全部投资于权益占比 60% 的核心累积基金中，均考虑到权益类资产在长期投资中的作用，防止收益过低而无法抵御通胀风险和长寿风险。

加大第三支柱基金产品供给，为个人提供全生命周期的投资解决方案。QDIA 与 DIS 均提供了全生命周期的一站式投资方案，QDIA 中包含了目标日期基金，DIS 则通过受托人每年为投资者调整两只成分基金的投资比例来实现随投资者临近退休年龄逐渐降低投资组合风险。

充分发挥基金销售机构的作用，帮助个人选好、选对产品。QDIA 和 DIS 都是为了帮助投资人克服选择困难、惰性及非理性决策而设计的。在我国的第三支柱个人养老金实践中，应充分发挥销售机构的作用，通过智能投顾、客户服务等方式引导投资人做出正确的投资决策，选好、选对产品。

多方协同，增强投资者教育，提升百姓尽早为养老做储备的意识。和 QDIA 与 DIS 相比，第三支柱个人养老金缺少雇主与受托人的干预，完全由个人来进行决策，因此投资者教育工作就显得尤为重要。监管部门、行业组织、基金公司、销售机构等市场参与者应多方协同，共同努力做好投资者教育工作，帮助投资者尽早树立正确的养老储蓄观念。

3.3 对我国第三支柱引入默认投资选项的思考

我国正在建立以账户为核心的第三支柱个人养老金体系，将来个人可以在第三支柱个人养老金账户中投资保险、基金、银行理财等多种金融产品。建设第三支柱个人养老金的目的是鼓励百姓为个人养老做好充足的准备，核心是要解决养老金积累的问题。但在实际执行中可能会遇到这样或那样的问题，从而影响实现养老金积累的目标。

可以看到，美国和香港并不是在政策实施的初期就引入默认投资选择。而是经过一段时间的制度实践，通过观察和总结参与人的实际行为特征，发现其中存在的问题，进而设计出解决这些问题的具体方法。故而 QDIA 和 DIS 虽然在设计出发点上存在一定的相似忄，但是具体措施却不尽相同，各有特点。

因此，我国不必急于在第三支柱践行的初期就推出默认投资选择。可先让制度执行一段时间，在此期间通过收集参与人的行为数据来观察和总结问题所在，再根据实际情况设计出符合我国国情的默认投资安排。在分析实践数据的基础上进行制度设计将更具说服力和针对忄。根据美国和香港的实践经验，在第三支柱个人养老金实际运行中可重点观察两个方面的问题：一是如何进行选择，是否过度集中于投资低风险的产品或者高风险的产品；二是不进行投资选择的情况。

3.4 我国第三支柱实行默认投资选择的路径探索

第三支柱个人养老金是以账户为基础、个人为责任主体的养老储蓄计划，在香港和境外的实践中不存在受托人的角色，因此缺乏实施默认投资选择的执行主体和法律依据。受托人角色在默认投资安排中需起到两项关键的作用：一是为参与人确认默认的产品，以 QDIA 为例，雇主作为受托人首先需确认默认的产品类型是目标日期基金、目标风险垚金还是其他产品；选定了产品类型后还需确认其产品提供商。二是履行告知义务及提供相应服务，以 DIS 为例，核准受托人在 DIS 实施前需要尽到通知义务，告知未做出选择的强积金计划参与人 DIS 的详细规则，如果参与人有任何疑问可咨询受托人；在 DIS 生效后也需定期告知参与人具体的投资情况。

在现有法律规则框架下，未来我国第三支柱个人养老金推出默认投资选择的逻辑应是在部门规章下进行政策的微观调整，在第三支柱个人养老金体系下设置可履行"受托人"职能的角色。在此提出两种可行路径，抛砖引玉。

路径一：在金融产品销售机构的基础上建立金融产品投资顾问制度，让投资顾问为第三支柱个人养老金账户履行默认投资选择的"受托人"职能。该路径的核心是推行买方代理机制，并明确规定投资顾问的职责与义务。买方代理是指投资顾问不从卖方也就是产品的提供方收取费用，而是从买方也就是第三支柱个人养老金投资者处按资产增值的一迂比例收取费用。买方代理实现了投资顾问与投资者的利益绑定，是投资顾问站在投资者利益最大化角度提供服务的基础。如此，投资顾问就从根本上产生了为投资者选好选对产品的动力。但仅有买方代理是不够的，还需在制度中严格规定投资顾问的职责与义务，防范潜在的利益冲突与短期利益冲动等问题。

路径二：为特定的金融产品销售机构（如银行、券商等）发放二级公募产品牌照，允许此类机构发行具备资产配置功能的基金中基金（Fund of Fund，FOF）产品。由此类机构履行第三支柱个人账户的"受托人"职能，将其自家发行的 FOF 产品作为第三支柱个人养老金的默认投资选择。由于受托人即默认产品提供人，此路径的核心是出台默认投资产品的严格规范，详细规定默认产品的类型、形态、目标、运作方式和执行规范等，具体可参考香港的 DIS；此外，还需要制定详细的后续监管规则，实时监控默认产品的运行情况。

参考文献

［1］强制性公积金计划管理局. 强制性公积金计划统计摘要［EB/OL］. http：//www. mpfa. org. hk/eng/information_centre/statistics/mpf_schemes_statistical_digest/files/June%202018%20Issue. pdf.

［2］强制性公积金计划管理局. 强积金预设投资策略 4 月 1 日推出 积金局呼吁计划成员了解详情［EB/OL］. http：//www. mpfa. org. hk/sch/information_centre/press_releases/7230_record. jsp.

［3］强制性公积金计划管理局. 预设投资策略记者会重点［EB/OL］. http：//www. mpfa. org. hk/tch/main/speeches/files/2016 - 12 - 12 - speech - c - NED. pdf.

第五章 英国国家职业储蓄信托（NEST）产品设计与选择研究

广发基金管理有限公司 彭维瀚 孙 瑜

摘 要 英国国家职业储蓄信托（NEST）是《养老金法案（2008）》"自动加入"制度不可或缺的配套内容，极大地提高了英国职业养老金的参与率和储蓄额。NEST 公司具有特色的"1＋N"产品系列，在"简单、低成本、多元配置"的运作原则下，不但满足了多类人群的异质性养老需求，而且通过承担适当风险获得了较好的投资业绩。本文希望通过对 NEST 公司治理、计划安排、产品结构设计及其投资运作的情况介绍，能在产品设计和资产配置方法上给国内资产管理机构带来启发。

关键词 国家职业储蓄信托（NEST） 自动加入 退休日期基金 产品设计

1 国家职业储蓄信托的基本情况

为提高中低收入人群参与率，提高市场运作效率，英国《养老金法案（2008）》规定，2012 年英国政府成立国家职业储蓄信托（National Employment Savings Trust，NEST），供未设立第二支柱职业养老金的企业提供"自动加入"（Auto Enrollment）选择，雇员和自雇者均可自愿加入。

1.1 机构性质

NEST 是一家具有信托性质、非政府部门的公共组织（Non – Department Public Body，NDPB），由政府出资设立，但日常经营决策不受政府部门的干预。在 NEST 构建初期，英国就业和养老金部（DWP）为其提供了一笔贷款以维持日常运作。秉承其公共服务性质，NEST 以超低管理费为账户提供投资管理服务，以帮助雇主履行"自动加入"职业养老金计划的义务。

1.2 组织架构

NEST 具有一系列严格的公司治理政策和程序，设立了包括《公司治理准则》（*Corporate Governance Statement*）、《公司计划》（*Corporation Corporate Plan*）等在内的多项制度。NEST 采用公司式的治理结构，包含董事会、雇主委员会、雇员委员会以及管理层。

其中，董事会由 1 名主席和 14 名委员构成①，并且内设审计、投资、风控等 7 个委员会，工作职责在《NEST 职权范围》中有明确要求，并受《董事会行为准则》的政策约束。董事会主要负责制定 NEST 的发展战略及业务目标，同时监督计划按照参与者利益最大化的方向运行。雇主委员会与雇员委员会②根据《养老金法案（2008）》的要求成立，旨在充分了解雇主、雇员的需求。管理层由董事会委任，负责 NEST 公司的日常经营管理，包括 1 名执行总裁、7 名执行总监以及 1 名总顾问。详细的组织结构如图 1 所示。

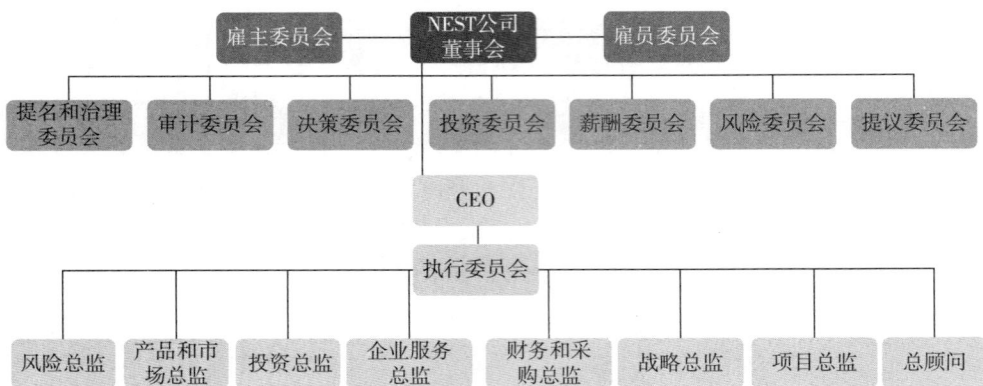

资料来源：NEST 官网。

图 1　NEST 公司组织结构

1.3　覆盖人群

NEST 坚持"非歧视性"原则，无论企业规模大小，都可以选择加入 NEST。同时，一些没有被"自动加入"的雇员也有权向雇主提出申请，而自雇者可以以个人名义参与计划，另有少部分个人通过财产继承成为 NEST 会员。

NEST 虽然为雇主履行"自动加入"义务提供了一个便捷、合规的工具，但雇主并非一劳永逸。除了要将薪酬发放体系与 NEST 对接，还需负责职业养老金计划的日常管理，以及会计核算、日常通知等。大约有 3/4 的雇主会请薪酬系统供应商、会计师、金融顾问等专业机构为其提供支持或代理服务，而 NEST 也为这些机构提供了接入途径——NEST Connect，方便其高效地服务客户。值得一提的是，NEST 与以上主体的交互几乎都是通过互联网等线上方式完成的，很少使用纸质文件。

截至 2017 年 3 月 31 日，32.7 万户雇主的 450 万名雇员（含自雇者）拥有 NEST 账户，接入 NEST Connect 的第三方机构已超过 15000 家。

---

①　首批委员由政府任命，任期 5 年。

②　成员通过公开招聘，任期 2~4 年，可连任。

表 1   **NEST 计划的参与人数和资产规模**

指标	2017 年数量或规模	2016 年数量或规模
参与计划的雇主	32.7 万户	8.6 万户
参与计划的雇员（含自雇者）	450 万名	290 万名
接入 NEST Connect 的第三方机构	超过 15000 家	8900 家
计划资产规模	17 亿英镑	8.27 亿英镑
参与者退出率①	8%	7%

资料来源：NEST 官网，截至 2017 年 3 月 31 日。

1.4 账户缴费及费用

1. 缴费基数

缴费基数是雇员年收入落在"合格收入区间"（Qualifying Earnings）的金额②。合格收入区间由英国就业和养老金部每年审核制定，2017—2018 财年为 5876 ~ 45000 英镑。

只有当雇员年收入大于"自动加入门槛"时，才会被"自动加入"，目前的"自动加入门槛"是 10000 英镑。例如，如果一名雇员年收入为 15000 英镑，将会被"自动加入"，其缴费基数为年收入超出合格收入区间下限的部分，即 9124 英镑③。如果一名雇员年收入为 8000 英镑，小于"自动加入门槛"但大于合格收入区间下限，不会被"自动加入"，但雇员有权提出加入要求，那么他的缴费基数为 2124 英镑④。

表 2   **"自动加入"机制收入门槛及合格收入区间**   单位：英镑

税务年度	2012—2013	2013—2014	2014—2015	2015—2016	2016—2017	2017—2018
合格收入区间下限	5564	5668	5772	5824	5824	5876
自动加入门槛	8105	9440	10000	10000	10000	10000
合格收入上限	42475	41450	41865	42385	43000	45000

资料来源：英国养老金监管局。

2. 缴费比例与上限

如果是通过雇主加入计划，雇主和雇员都可以向雇员的 NEST 账户中缴费，其中雇员缴费由雇主从薪资中代扣代缴。

---

① 资料来源：《养老金法案（2008）》 凡是年龄在 22 岁到法定退休年龄（State Pension Age，SPA）之间，年收入在 1 万英镑以上，没有参加任何职业养老金计划的雇员，雇主都有责任将其"自动加入"符合标准的养老金计划，并承担部分缴费，但雇员可以在自动加入后选择退出。此退出率即为雇员选择退出的比率。

② 采用"合格收入区间"确定缴费基数是最主流的方式，除此之外，雇主也可以通过其他方法来确定缴费基数，但需要取得养老金监管局认证。

③ 计算公式为：15000 英镑 − 5876 英镑。

④ 计算公式为：8000 英镑 − 5876 英镑。

雇主和雇员缴费，以及政府采用先扣税后返还的方式进行的补贴，全部计入雇员的个人账户。按照规定，目前 NEST 雇主、雇员和政府补贴的最低缴费比例分别为 2%、2.4% 和 0.6%；从 2019 年 4 月起，上述三者的最低缴费比例提升到 3%、4% 和 1%。在最低缴费比例基础上，雇主也可以选择多缴①。有些雇主为了吸引和留住优秀人才，会全额承担雇员个人账户的最低缴费（甚至超出最低缴费）。

3. 自雇者缴费

自雇者可以以个人名义在线注册 NEST 账户，但需要填写信息进行资格审核。账户开立后，缴费通过在线支付即可完成。缴费由个人承担，也可以自行决定缴费的频率与金额，但缴费不能低于 10 英镑。

4. 收费机制

目前，NEST 仅对计划参与者收取 0.3% 的年管理费。另外，对每次新缴费收取 1.8% 的费用，主要用于偿还政府债务②。除此之外，NEST 不会再收取任何额外费用，与提供类似服务的养老金计划相比，拥有较高的性价比。

2 国家职业储蓄信托"1+5"的产品布局

为了满足不同参与者的个性化需求，NEST 采用"产品化"的投资管理方式，提供"1+5"的产品系列供投资者选择。"1"指默认基金，是一系列（49 只）退休日期基金（Retirement Date Fund），还有其他 5 种备选基金。上述产品均采用基金中基金（FOF）模式，底层基金选自外部资产管理机构，而 NEST 的内部投资团队主要负责顶层资产配置和风险管理。截至 2017 年 12 月底，NEST 共计提供 54 只基金③。

2.1 总体投资目标和投资理念

为了确保投资过程有规可循，NEST 公司专门制定了《NEST 投资准则》④（*Statement of Investment Principles*，SIP）。准则中对受托人如何管理计划资产提供了详细的指引。根据 2015—2018 年投资准则，NEST 的投资目标主要参考通货膨胀率（CPI），力求扣除费用后的投资收益能够战胜通货膨胀，不同产品又有更具体的投资目标。投资理念上，NEST 注重风险收益匹配，提倡多元化投资，强调战略资产

---

① 另外，之前 NEST 曾规定年度缴费上限，如 2016—2017 财年缴费上限为 4900 英镑。不过 2017 年 4 月后已经废止。

② NEST 平台在成立之初受到了政府的贷款资助，以保证 NEST 平台的低成本运营，之后每次新增缴费都要提取一定比例用于还款，这一费用将在 NEST 运营实现收支平衡时取消。

③ 包括 1 只起步基金（Starter Fund）、1 只退休后基金（Post-retirement Fund）、NEST2017—2063 退休基金（每年一只，共 47 只）、其他备选基金 5 只。

④ 投资准则每三年审查一次，由董事会、雇主委员会、雇员委员会共同参与。

配置（见表3）。

表3 NEST 的 8 条投资理念

序号	投资理念
1	了解计划参与者的特点和需求是开发投资策略的关键
2	作为长期投资者，必须兼顾社会责任投资
3	从长期看，通过承担一定的投资风险来换取回报
4	多元化是分散风险的重要工具
5	资产配置决定长期收益
6	结合资产价格、经济形势和市场环境进行战术性调整，有助于增强长期收益
7	被动投资通常比主动投资更有效（但实际上 NEST 并不只进行被动投资）
8	NEST 良好的治理结构和投资机制，是对参与者利益的核心保障

资料来源：NEST 官网。

2.2 退休日期基金

NEST 认为目前全世界范围内均面临投资者平均金融素养（Financial Literacy）不高的问题，大部分投资者缺少财务规划，没有进行主动资产配置的意愿，甚至常常陷入财务困境。此外，加上个体行为存在偏差，使财务规划更难以制定与实施，进而影响整个社会的生产效率提升[1]。在此背景下，NEST 于 2011 年推出了 NEST 退休日期基金作为投资默认选择[2]，如果参与者没有主动选择其他基金，则默认同意将养老储蓄投入退休日期基金。从 22 岁到 62 岁，对应退休年份，NEST 设立了相应的退休日期基金，所以 NEST 共提供 49 只默认基金（含起步基金和退休后基金）。当参与者注册 NEST 账号时，系统根据参与者达到法定养老金领取年龄的时间为其推荐适合的基金。当然，参与者可以更改 NEST 退休年龄，相应地匹配到其他 NEST 退休日期基金中[3]。

从业绩来看，通过动态风险管理调整投资组合，NEST 退休日期基金的收益表现比单一资产类别或者严格按照三阶段时间表切换投资组合的方式表现得更加平稳。超过 90% 的人"自动加入"退休日期基金后不再进行转换，而 99% 的参与者都将资金投资于退休日期基金中[4]。

2.2.1 投资目标与关键要素

退休日期基金的投资目标是扣除费用后的长期投资收益超过通货膨胀率

---

① 见 NEST 官网，http：//www. nestinsight. org. uk/nest – insight – partner – us – research/。

② 资料来源：《照料参与者的钱》（*Looking after Members Money*），https：//www. nestpensions. org. uk/schemeweb/NestWeb/includes/public/docs/looking – after – members – money，PDF. pdf。

③ 资料来源：《照料参与者的钱》（*Looking after Members Money*），https：//www. nestpensions. org. uk/schemeweb/NestWeb/includes/public/docs/looking – after – members – money，PDF. pdf。

④ 见 NEST 官网，https：//www. nestpensions. org. uk/schemeweb/NestWeb/includes/public/docs/Defaqto – guide – on – how – to – analyse – auto – enrolment – default – funds，PDF. pdf。

（CPI）。具体的关键要素包括①：

1. 业绩目标：在扣除长期管理成本之后，大多数 NEST 基金取得超过通货膨胀的收益率；

2. 将生命周期划分为基础期（Foundation）、成长期（Growth）和成熟期（Consolidation）3 个阶段；

3. 主动管理各类风险；

4. 投资方案定制化，基于特定的 NEST 目标群体的调研证据进行针对性研究；

5. 对于年长的成员，力求资金投向与他们退休时领取资金的方式和时机相匹配；

6. 尽可能减少对会员，尤其是对年轻人和接近退休人士的极端投资风险冲击；

7. 确保 NEST 的退休日期基金投资到广泛而多元化的资产类别中。

2.2.2　退休日期基金的三阶段目标

NEST 退休日期基金根据生命周期的三个阶段设置了下滑曲线，每个阶段的风险预算和收益目标都不同。NEST 根据每个阶段的具体特点与投资目标，结合宏观经济环境和市场条件来调整基金中的投资组合，获得一定风险下的最优回报。表 4 汇总了 NEST 退休日期基金各阶段的目标。

基础期的重点目标是在保证本金安全的同时实现目标收益率与通货膨胀率同步，并最大限度地降低发生极端投资波动的可能性。成长期旨在快速地提高退休基金的规模，阶段性目标是使投资产品最大限度地实现多样化。成熟期的目标是做好退休员工的提现准备，因而在此阶段高风险的资产将逐渐被剥离，尽可能锁定收益，以确保基金在接近退休前不发生较大回撤。

表 4　　　　　　　　　　　　NEST 退休日期基金各阶段的目标

阶段	目标
基础期 （1～5 年）	（1）侧重保值，目标收益率与 CPI 同步 （2）长期目标波动率为 7% （3）降低发生极端投资损失的概率 （4）综合考虑经济环境和市场环境，在适当时间承受适量风险
成长期 （约 30 年）	（1）扣除费用后的目标收益率为"CPI + 3%" （2）长期目标波动率为 10%～12% （3）多元化投资 （4）力争基金规模平稳增长 （5）通过承担一定的风险提高投资回报率，但要尽量避免极端投资损失

① 资料来源：《NEST 着手投资方法》，https：//www. nestpensions. org. uk/schemeweb/nest/nestcorporation/news – press – and – policy/press – releases/nest – sets – out – investment – approach. html。

阶段	目标
成熟期 （约 10 年）	（1）逐渐将投资组合从成长期产生回报的资产转移到年金追踪资产 （2）逐步降低波动性，并在设计年金时考虑跟踪误差 （3）在不与上述目标发生冲突的情况下，继续扩大实际投资组合 （4）进一步降低受资冲击的可能性

资料来源：NEST 官网。

2.2.3 下滑曲线（Glide Path）

下滑曲线是目标日期基金（Target Date Fund）的重要特点，从结构看，NEST 退休日期基金在下滑曲线的设计上与美国富达、先锋、普信等存在细节差异：NEST 的纵坐标不是资产配置比例，而是各阶段承担的风险水平，旨在至少保持资产增长超过通货膨胀率的同时，避免不可预测损失的出现。

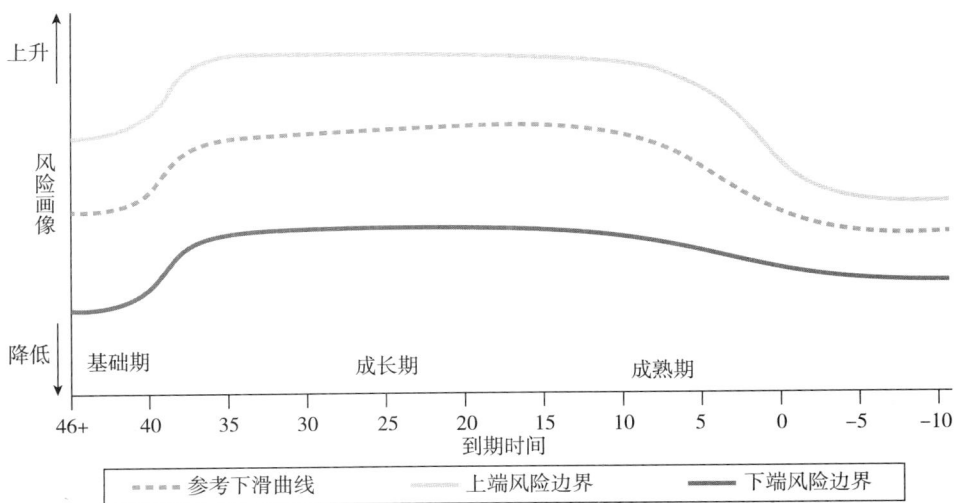

资料来源：NEST 官网。

图 2   NEST 退休日期基金下滑曲线

2.2.4 起步基金与退休后基金

1. NEST 的起步基金

如果参与者在 22 岁之前加入了计划，他们的默认投资选择将被设定为 NEST 起步基金。该基金不具备三阶段特点，而只将资产投资于 NEST 退休日期基金的基础期。

2. NEST 的退休后基金

已经到期的 NEST 退休日期基金将会转换为退休后基金，除非参与者告诉 NEST 其退休年龄发生了变化，否则投资者在达到法定退休年龄后未从 NEST 中取出的基金将被投资于退休后基金。退休后基金投资于成熟期的 NEST 退休日期基金，如果参与者其后明确告诉 NEST 将钱取出的时间，那么这笔钱也可以投资于相应的退休日期基金。值得注意的是，因为退休后基金策略相对保守，如果参与者退休后仍将养老金长期闲置在 NEST 平台，可能不是最好的选择。

2.2.5　退休日期基金间的转换

不同退休日期基金间的转换非常简单，并且是免费的。

2.3　其他备选基金

除了默认的退休日期基金，NEST 还对计划参与者进行了广泛的调查分析，针对个性化需求开发了其他 5 只基金产品。总体来看，NEST 在产品设计上，一方面满足投资者需求，另一方面注重风险与收益匹配，几乎每只产品都有明确的投资目标和风险水平，基本上覆盖了各个年龄、各种风险偏好，而且兼顾了道德准则、宗教信仰方面的特殊投资需求。

2.3.1　道德基金（Ethical Fund）

1. 目标群体

道德基金专门为注重社会责任投资的参与者开发，以满足关心组织对环境和社会的影响的那些人的需求，所有的投资均在道德框架的约束下进行，并基于人权和劳工问题、环境和生态、公司治理（反腐败、反受贿）、军备和武器和舆论等要求，筛选出符合标准的公司[①]。

2. 基金设计

英国市场上多数道德基金都只投资于单一的资产类别，而 NEST 道德基金是英国为数不多的具有动态多资产配置和三个阶段风险生命周期的道德基金，基金设计与退休日期基金相似，有下滑曲线和三个阶段的划分，只是在标的选择上略窄一些。

投资范围如下：

（1）对世界有整体促进作用或正向作用的全球范围的公司股票；

（2）被定义为"道德公司"的债券；

（3）通胀保护型债券（与消费者价格指数挂钩的英国政府债券，TIPS）；

（4）英国可持续性房地产（Sustainable Property）。

3. 下滑曲线与生命周期

NEST 道德基金的生命周期分为基础期、成长期和成熟期，与退休日期基金类似。目前，NEST 使用生命周期矩阵，在各个阶段之间进行资产配置，实现动态管理，如表 5 所示，三个阶段并不是割裂的：最开始，资金全部按基础期的投资目标

---

① 参考的规范和标准如《渥太华条约》（1997 年）、《奥斯陆公约》（2012 年）、《联合国保护、尊重和救济框架》《国际劳工组织职业基本原则和权利》《经合组织跨国公司准则》《碳披露规范》《经合组织反贿赂公约》等，见 NEST 官网，https://www.nestpensions.org.uk/schemeweb/NestWeb/includes/public/docs/NEST-ethical-fund-brochure.pdf。

进行投资，从倒数第 42 年开始，基金将资金按照"8020"的比例在基础期和成长期中分配，且随着到期日的临近逐渐增加成长期的占比，至倒数第 38 年时资金完全配置于成长期为止；离到期日还剩 10 年时，资产开始按照成长期和成熟期的标准进行逐年调整，直至退休前一年，道德基金的资产将完全配置于成熟期。

表 5　　　　　　　　　　　道德基金的生命周期矩阵　　　　　　　　　单位：%

	46 年以上	42	41	40	39	38	10	9	8	7	6	5	4	3	2	1
基础期	100	80	60	40	20	—	—	—	—	—	—	—	—	—	—	—
成长期	—	20	40	60	80	100	90	80	70	60	50	40	30	20	10	0
成熟期	—	—	—	—	—	—	10	20	30	40	50	60	70	80	90	100

资料来源：NEST 官网。

相比于退休日期基金，NEST 道德基金每阶段的风险都更高。截至 2017 年第三季度，道德基金基础期、成长期、成熟期持有股票的比例分别为 45.4%、60.5% 和 20%。下滑曲线由各个阶段的风险画像（Risk Profile）决定，从基础期到成长期是线性的，转换在 5 年内完成，而从成长期到成熟期的转换在 10 年内完成①。

2.3.2　伊斯兰教法基金（Sharia Fund）

1. 目标群体

此基金为有伊斯兰教信仰的参与者开发，投资于由专家委员会确认的契合伊斯兰教法的产品，不会涉及酒、烟草、金融服务、色情、武器、猪肉制品、赌博、休闲/媒体、收取或支付巨额利息等领域的公司。

2. 基金设计

该基金只投资于符合伊斯兰教法的股票，目标是超越通货膨胀率。由于分散风险的选择很少，所以相比于其他基金来说，该基金的风险更高。

从最新的数据来看，该基金 100% 投资于汇丰人寿 Amanah 退休基金（HSBC Life Amanah Pension Fund），该基金是一只被动指数基金，追踪指数为道琼斯伊斯坦Titans 100 指数，该指数的成分股是由道琼斯伊斯兰教法监督委员会认可的全球最大的 100 家公司股票。目前，NEST 也在研究其他符合伊斯兰教法的资产类别②。

2.3.3　低成长基金（Lower – Growth Fund）

1. 目标群体

该基金为低风险偏好的参与者开发，只投资于货币市场，投资基准是 7 天伦敦银行同业拆借利率。也就是说，低成长基金的目标是保值，但是低收益率可能无法

---

① 资料来源：《投资执行文件》（Investment Implementation Document）（截至 2017 年第三季度），https：//www. nestpensions. org. uk/schemeweb/nest/aboutnest/investment – approach/other – fund – choices/fund – factsheets. html。

② 资料来源：《照料参与者的钱》（Looking after Members Money），https：//www. nestpensions. org. uk/schemeweb/NestWeb/includes/public/docs/looking – after – members – money，PDF. pdf。

跟上通货膨胀，所以根据 NEST 的观点，退休基金保值压力较小，但也极大地减少了资产大幅增长的可能性，长期将资金留在低成长基金中并不太合适[①]。

2. 基金设计

低成长基金主要投资于低风险的投资品，如超短期投资级债券、短期投资级债券等。该基金的收益率较低，因而可能无法弥补成本。

2.3.4　高风险基金（Higher Risk Fund）

1. 目标群体

该基金为高风险偏好的参与者开发，相当于投资于退休日期基金的成长期，资产组合中的股票比例非常高，基金风险、收益均高于退休日期基金。

2. 基金设计

高风险基金的长期目标波动率为 17%。该基金通过投资不同类型的公司以实现风险分散。投资范围包括股票（如小市值公司股票、新兴市场股票等高风险权益资产）、世界各地的房地产、外国政府债券、公司债券等。

此外，在参与者退休前 10 年，他们投资的高风险资产将自动转换到与退休日期相对应的退休日期基金中[②]，以保存过去所积累的收益，确保这部分资产在退休后能如愿转换成现金或退休年金。如果成员想继续将钱留在高风险基金中，则需要变更退休日期的设定。

2.3.5　临退休基金（Pre – retirement Fund）

1. 目标群体

临退休基金专为即将退休的参与者设计，主要服务于临退休人员的取现需求。NEST 发现参与者通常将四分之一的储蓄以现金形式取出，其余的以年金形式取出。

2. 基金设计

基金资产的 75% 投资于固定收益产品，25% 投资于货币市场，长期目标波动率为 4%。

临退休基金的投资范围包括与通胀挂钩的英国国债、低风险的公司债券，以及货币市场投资工具，利率大约是现金存款利率。

2.4　NEST 产品的风险等级

风险管理是养老金投资必不可少的程序，也是投资者适当性的必然要求。按照监管要求，NEST 通过直观明了的方式，提醒参与者各基金的风险。根据欧洲证券和市场管理局（ESMA）的指导意见，应该按照年化波动率划分为 7 个风险等级，1

---

① 资料来源：《照料参与者的钱》（*Looking after Members Money*），https：//www. nestpensions. org. uk/schemeweb/NestWeb/includes/public/docs/looking – after – members – money，PDF. pdf。

② 资料来源：《照料参与者的钱》（*Looking after Members Money*），https：//www. nestpensions. org. uk/schemeweb/NestWeb/includes/public/docs/looking – after – members – money，PDF. pdf。

表示非常低的风险，7 表示非常高的风险①。

目前，退休日期基金（基础期）投资的长期波动率目标为7%，退休日期基金（成长期）投资的长期波动率目标为 10%~12%，低成长基金长期波动率目标为0.5%，高风险基金长期目标波动率为 17%，伊斯兰教法基金长期目标波动预期为22%等②。如图 3 所示，低成长基金处于风险最低的 1 级别，临退休基金、道德基金、高风险基金分别处于 3、5、6 等级，伊斯兰教法基金由于只投资于全球股票资产，处于风险等级的 6 级，而 NEST 默认基金的风险等级为 4~5 级，风险适中。NEST 不提供风险等级为 7 的基金。

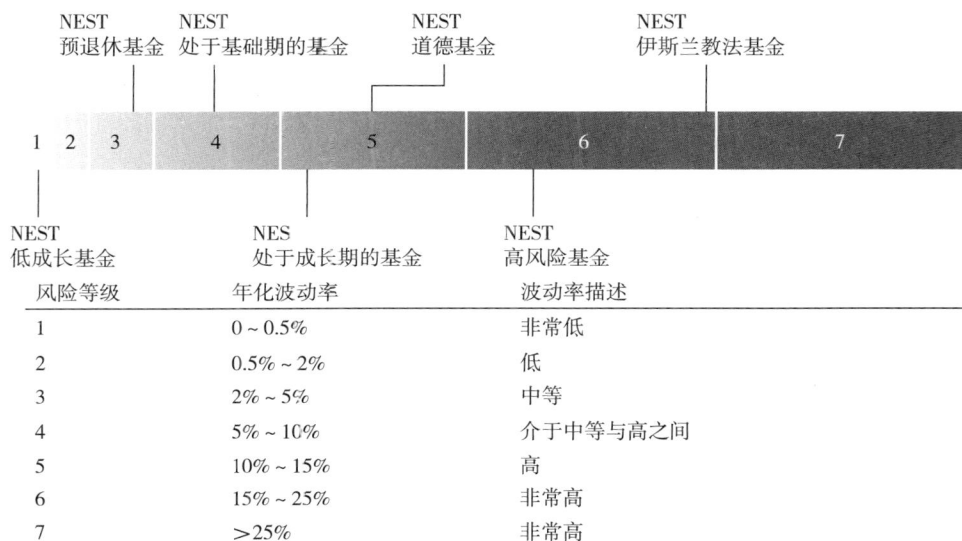

风险等级	年化波动率	波动率描述
1	0~0.5%	非常低
2	0.5%~2%	低
3	2%~5%	中等
4	5%~10%	介于中等与高之间
5	10%~15%	高
6	15%~25%	非常高
7	>25%	非常高

资料来源：NEST 官网。

图 3 NEST 各基金的风险等级

值得一提的是，为了起到风险警示作用，NEST 在基金名字的设置上颇有讲究。举例而言，为了明确风险，NEST 的"高增长基金"以"高风险基金"（Higher Risk Fund）命名，以警示参与者这只基金将承担比退休日期基金更高的波动率。

---

① 见 NEST 官网，https：//www.nestpensions.org.uk/schemeweb/nest/aboutnest/investment - approach/other - fund - choices.html。

② 资料来源：《照料参与者的钱》（*Looking after Members Money*），https：//www.nestpensions.org.uk/schemeweb/NestWeb/includes/public/docs/looking - after - members - money，PDF.pdf。

3 NEST 产品的外部管理人与资产配置

3.1 投资管理人

NEST 底层基金选自外部资产管理机构，选择模式是按照细分资产直选基金，一般而言，一类细分资产最多选择两家机构作为投资管理人。2011 年 1 月，NEST 进行了首次 5 只基金的委托[①]。截至 2017 年第三季度，共有 10 家机构的 20 只基金作为 NEST 的底层基金。各机构与其管理的基金情况如表 6 所示，不同基金管理人所管理的产品侧重有所不同，比如 NEST 投资房地产通过英国法通保险资产管理公司（LGIM），而气候感知基金（Climate Aware）则通过瑞士联合银行集团进行投资。

表6   **NEST 的投资管理人与底层基金**

管理机构	底层基金名称	基金类型
瑞士联合银行集团（UBS）	UBS Life World Equity Tracker Fund	被动
	UBS Life Climate Aware World Equity Fund	被动
东方汇理资管 （Amundi）	NEST Equity Risk Management Fund	主动
	Amundi Funds Global Emerging Blended – IE	主动
	Amundi Money Market Fund – Short Term GBP	主动
BMO 全球资管	F&C Responsible Global Equity Fund	主动
	F&C Responsible Sterling Bond Fund	主动
汇丰银行（HSBC）	HSBC Amanah Global Equity Index Fund	被动
	HSBC GIF Economic Scale Index Emerging Markets Equity Fund	被动
北美信托银行（Northern Trust）	Northern Trust Emerging Markets Custom ESG Equity Index Fund	被动
道富银行（State Street Global Advisors）	SSgA UK Conventional Gilts All Stocks Index Fund	被动
	SSgA UK Index Linked Gilts over 5 Years Index Fun	被动
贝莱德集团（BlackRock）	Blackrock Institutional Sterling Ultra Short Bond Fund	主动
	BlackRock Aquila Connect Cash Fund	主动
皇家伦敦资管 （Royal London）	Royal London Investment Grade Short Dated Credit	主动
	Royal London UK Corporate Bond Pooled Pension Fund	主动
摩根大通集团（JP Morgan）	JP Morgan Life High Yield Opportunities Fund	主动

---

① 瑞士联合银行集团（UBS）、道富银行（State Street）和贝莱德集团（BlackRock）三家机构的 5 只产品入选。

续表

管理机构	底层基金名称	基金类型
英国法通保险资产管理（LGIM）	LGIM Managed Property Fund	主动
	LGIM Hybrid Property Fund（70% UK direct property，30% Global listed property）	主动
	Global Real Estate Equity	被动

资料来源：《投资执行文件》，截至 2017 年第三季度。

3.2 资产配置

由于全部产品采用 FOF 的管理方式，NEST 公司本身的投资能力主要集中在资产配置上。NEST 公司在投资理念中就提出，"资产配置决定长期收益""多元化是分散风险的重要工具"。

目前 NEST 主要投资于 4 种大类资产：股票、债券、货币和房地产。每一类资产又做了进一步细分，如将股票划分为发达市场、新兴市场等。在资产细分的基础上，NEST 会对每个类别挑选出 1 ~ 2 只外部机构管理的底层基金，最终按照各产品的资产配置比例将资金投资于这些基金。

在具体实践中，除了明确资产类型，确定资产配置比例也至关重要。从 NEST 的产品设计判断，资产配置比例主要依据各产品的目标收益及承担的风险水平来确定，同时会结合经济环境和市场环境进行动态调整，也会综合运用风险管理、估值等技术手段。如表 7 所示，截至 2017 年第三季度末，NEST 整体在股票上的配置比例为 52.6%，其中被动型股票投资共计 49.4%；债券占比 30.8%，其中主动投资与比共计 30.6%；货币资产占比 1.5%，投资房地产占比 15.2%。

表 7　　　　　NEST 总资产配置情况（截至 2017 年第三季度末）[1]

大类资产	细分资产	基金类型	配置比例	合计
股票	全球发达市场股票	被动	35.8%	52.6%
	全球发达市场股票（气候意识）	被动	9.4%	
	股票对冲风险	主动	2.9%	
	全球道德股票	主动	0.2%	
	伊斯兰标准股票	被动	0.1%	
	新兴市场股票	被动	4.2%	

---

[1]　资料来源：《投资执行文件》（截至 2017 年第三季度），https：//www. nestpensions. org. uk/schemeweb/nest/aboutnest/investment – approach/other – fund – choices/fund – factsheets. html。

续表

大类资产	细分资产	基金类型	配置比例	合计
债券	英国国债	被动	0.1%	30.8%
	英国指数国债	被动	0.1%	
	超短期投资级债券	主动	4.0%	
	短期投资级债券	主动	6.6%	
	英国企业债	主动	13.0%	
	道德企业债	主动	0.1%	
	新兴市场债券	主动	4.7%	
	全球高收益债券	主动	2.2%	
货币	低风险高流动性	主动	1.5%	1.5%
房地产	英国房地产	主动	0.0%	15.2%
	混合地产	主动	11.4%	
	全球房地产	被动	3.8%	

资料来源：NEST 官网。

NEST 官网发布的季度投资报告显示，截至 2017 年 12 月底，其中 4 种基金的具体资产配置如图 4 至图 7 所示。

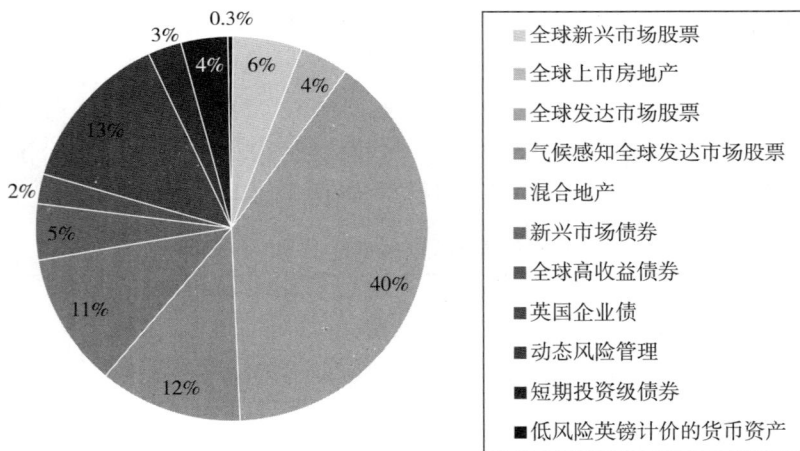

资料来源：《NEST 季度投资报告》，截至 2017 年 12 月末。

图 4　退休日期基金（成长期，2040）资产配置情况

0.4%

4%

20%

16%

60%

- 全球道德股票
- 英国房地产
- 道德的英国企业债券
- 动态风险管理
- 低风险英镑计价的货币资产

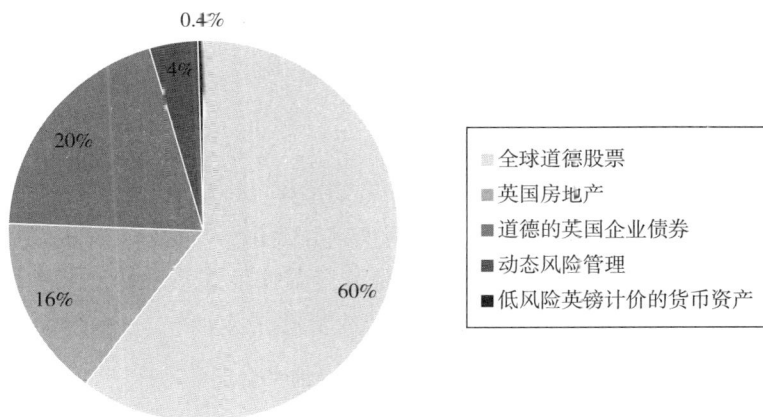

资料来源：《NEST 季度投资报告》，截至 2017 年 12 月末。

图 5　NEST 道德基金的资产配置情况

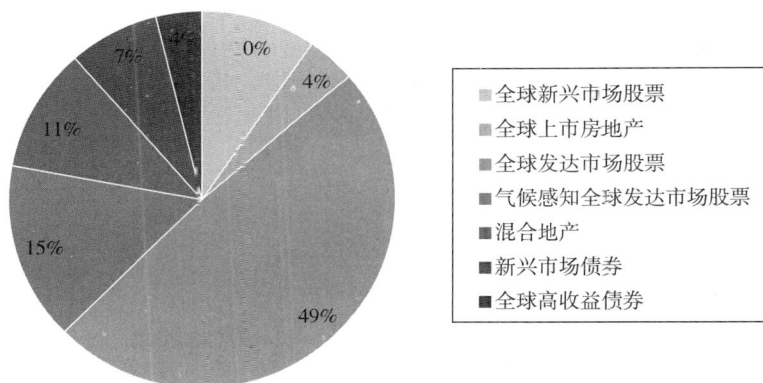

7% 4% 0%

4%

11%

15%

49%

- 全球新兴市场股票
- 全球上市房地产
- 全球发达市场股票
- 气候感知全球发达市场股票
- 混合地产
- 新兴市场债券
- 全球高收益债券

资料来源：《NEST 季度投资报告》，截至 2017 年 12 月末。

图 6　NEST 高风险基金资产配置情况

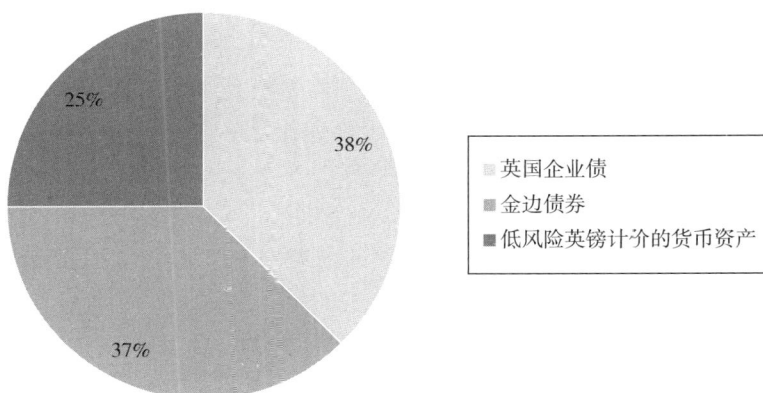

25%

38%

37%

- 英国企业债
- 金边债券
- 低风险英镑计价的货币资产

资料来源：《NEST 季度投资报告》，截至 2017 年 12 月末。

图 7　NEST 预退休基金资产配置情况

此外，NEST 伊斯兰教法基金的资产 100% 配置于伊斯兰标准股票。NEST 低成长基金的资产全部配置于低风险高流动性的货币类资产。

3.3　收益率分析

NEST 的 6 种基金覆盖各种投资目标和风险偏好，不同的风险与相应水平的收益匹配。NEST 以风险预算为锚，实现风险回报率最大化。从运行效果来看（见表 8），6 种基金实现的波动率均低于长期目标波动率，而收益率水平持续领先于基准收益率，1 年、3 年、5 年和成立以来的收益率均达到投资目标[①]。

表 8　　　　　　　　　　　　　NEST 基金产品及关键指标[②]

基金名称	基准/投资目标	长期目标波动率	实现年化波动率	成立以来年化收益率	近 1 年年化收益率	近 3 年年化收益率	近 3 年基准年化收益率
退休日期基金——基础期（2060）	CPI	7%	4.8%	8.0%	6.5%	8.6%	1.3%
退休日期基金——成长期（2040）	CPI + 3%	11%	6.6%	10.5%	9.8%	11.3%	4.6%
退休日期基金——成熟期（2022）	CPI	—	5.6%	8.5%	6.1%	8.7%	1.3%
道德基金	CPI + 3%	13%	6.9%	11.7%	13.3%	12.6%	4.6%
伊斯兰教法基金	道琼斯伊斯兰市场指数	22%	11.7%	14%	14.1%	15.1%	15.6%
低成长基金	7 天伦敦银行同业拆入利率	0.5%	0.2%	0.5%	0.9%	0.6%	0.3%
高风险基金	高于退休日期基金	17%	9.3%	12.2%	11.2%	13.5%	4.6%
临退休基金	—	4%	4.3%	5.2%	3.3%	3.3%	1.6%

注：投资目标为扣除费用之后的收益率。NEST 伊斯兰教法基金本身投资于指数型基金 HSBC Life Amanah Pension Fund，该基金追踪的指数即为道琼斯伊斯兰市场指数（Dow Jones Islamic Titans 100 index）。

资料来源：NEST 官网。

---

① NEST 伊斯兰教法基金略微落后基准道琼斯伊斯兰市场指数的收益率，3 年年化超额收益率为 −0.5%，5 年年化超额收益率为 −0.1%。

② 参见《NEST 季度投资报告》（*NEST Quarterly Investment Report*），https：//www. nestpensions. org. uk/schemeweb/nest/aboutnest/investment – approach/other – fund – choices/fund – factsheets. html。表 8 中除退休日期 2060 和 2022 基金的数据截至 2017 年第三季度末外，其余基金的截止日期均为 2017 年 12 月末。

4 总结与借鉴

英国国家职业储蓄信托（NEST）是《养老金法案（2008）》"自动加入"制度不可或缺的配套内容，极大地提高了英国职业养老金的参与率和储蓄额。

1. "默认＋备选"的产品设计满足参与者不同的行为偏好

首先，对基金管理者而言，默认投资选择条款易于实现投资的规模效应，已潜在地节省了投资者教育成本。对计划参与者而言，默认投资降低了参与者的选择难度，采用退休日期基金的形式，按照参与者的年龄科学地平衡收益和风险，实现个人养老账户的合理配置。

其次，在降低选择难度的同时，也可以兼顾参与者的多样化养老投资需求。NEST 通过提供备选基金的方式给那些希望发挥主动性的参与者提供选择的机会。虽然只有 5 只备选基金，但是兼顾投资者年龄、道德偏好、宗教信仰等多方面特性，在很大程度上满足了不同群体的养老金投资需求。

2. 依据退休日期为参与者提供精准匹配的多元化投资配置

NEST 基于计划参与者的退休日期，对基金如何增值保值进行投资研究。首先，为确保投资的准确匹配，计划参与者应当如实告知其退休日期。如果参与者计划在15 年内退休，他需考虑是否愿意在约定的退休日期提取资金；若要提前或推后提取资金，参与者还需提前告知，以便 NEST 根据资金提取日及时调整投资方案。其次，NEST 退休日期基金选择了不同久期和风险的底层资产，既包括大型跨国公司的股票、新兴市场的公司股票，也包括英国或其他国家的政府债券、英国公司债券等，采用混合投资策略依据宏观经济变动和基金到期日进行随时调整。通过这种方式，从分散投资中为计划参与者提供更加稳定可期的收益。

3. 独特的基础期"下滑曲线"设计培养参与者的储蓄习惯

NEST 默认基金采用了"下滑曲线"设计，分为三个阶段。与通常的"下滑航道"中权益占比一降到底的方式略有不同。NEST 的退休日期基金在第一阶段的权益仓位是由低到高变化的，目的是在控制风险的前提下实现稳健起步，从而吸引更多的参与者加入其中。同时，资金运作初期良好的收益表现又能够进一步增进参与者的信心，从而培养参与者的养老金储蓄习惯。事实证明，NEST 全产品线均获得了良好的投资业绩，保证了投资者持续参与养老金计划。虽然雇员可以"用脚投票"，但实际上 NEST 的退出率稳定在 7%～8%，这说明 NEST 的产品充分赢得了市场的青睐与认可。

参考文献

［1］ NEST Corporation. *National Employment Savings Trust Corporation annual report and accounts* 2015 – 2016 ［EB/OL］. （2016 – 07 – 07）. https：//www. nestpensions. org. uk/schemeweb/NestWeb/includes/public/docs/NEST – Corp – ARA _ 2015 _ 2016, PDF. pdf.

［2］ The National Archives. *Pensions Act* 2008 ［EB/OL］. （2018 – 11 – 26）. https：//www. legislation. gov. uk/ukpga/2008/30/contents.

［3］ NEST Corporation. *National Employment Savings Trust Corporation annual report and accounts* 2016 – 2017 ［EB/OL］. （2017 – 07 – 03） . https：//assets. publishing. service. gov. uk/government/uploads/system/uploads/attachment_data/file/625655/print – ready – nest – annual – report – and – accounts – 2016 – 17. pdf.

［4］ NEST Corporation. *Statement of investment principles April* 2015 *to March* 2018 ［EB/OL］. https：//www. nestpensions. org. uk/schemeweb/NestWeb/includes/public/docs/statement – of – investment – principles, PDF. pdf.

［5］ Nestinsight. *NEST Insight is looking for employers to partner with us on research initiatives* ［EB/OL］. （2017 – 04 – 18） . http：//www. nestinsight. org. uk/nest – insight – partner – us – research/.

［6］ NEST Corporation. *Looking after Members Money* ［EB/OL］. （2017 – 04 – 17） . https：//www. nestpensions. org. uk/schemeweb/NestWeb/includes/public/docs/looking – after – members – money, PDF. pdf.

［7］ NEST Corporation. *How to analyse auto – enrolment default funds* ［EB/OL］. （2017 – 01）. https：//www. nestpensions. org. uk/schemeweb/NestWeb/includes/public/docs/Defaqto – guide – on – how – to – analyse – auto – enrolment – default – funds, PDF. pdf.

［8］ NEST Corporation. *NEST quarterly investment report* ［EB/OL］. https：//www. nestpensions. org. uk/schemeweb/nest/aboutnest/investment – approach/other – fund – choices/fund – factsheets. html.

［9］ NEST Corporation. *The NEST Ethical Fund* ［EB/OL］. https：//www. nestpensions. org. uk/schemeweb/NestWeb/includes/public/docs/NEST – ethical – fund – brochure. pdf.

［10］ NEST Corporation. *Investment Implementation Document July – Sept* 2017 ［EB/OL］. https：//www. nestpensions. org. uk/schemeweb/dam/nestlibrary/investment – implementation – document – July – Sept_2017. pdf.

专题篇

编者按

  2018 年是我国公募基金行业诞生 20 周年，也是我国第三支柱起航之年。20 年来，公募基金从无到有、从小到大，坚守"受人之托、代人理财"的初心，成为普惠金融的典范和服务实体经济的重要载体，为养老金第二支柱和社保基金的保值增值发挥了重要作用。基于"信托责任"的制度安排，公募基金成为我国"大资管"行业中投资者权益保护最为充分、市场最为规范、系统性风险因素最少的子行业。在老龄化日益严峻和社保支付压力日益加剧的背景下，公募基金行业是否有足够的能力为个人养老金第三支柱发展保驾护航，针对个人怎样进行投资者教育才能由"养儿防老""储蓄养老"的旧观念转变为"投资养老"的新理念，资管机构、托管机构、销售机构、投顾机构、自律组织在个人养老金第三支柱发展过程中发挥了怎样的作用，市场机构如何更好地帮助个人投资者实现养老金资产管理等是我们非常关注的问题。

  基于此，专题篇安排了 6 章内容回答上述问题。第一章《我国公募基金行业发展情况介绍》主要介绍了公募基金行业的行业特点，回顾了我国公募基金行业 20 年来的发展情况，公募基金在养老金资产管理中发挥的作用，最后指出了公募基金行业未来发展方向。第二章《托管机制如何保障个人养老金安全》涉及养老金托管和安全问题，全文着重论述养老金资产管理中引入托管机制的作用及意义。第三章《公募基金与个人养老金财富管理》回答了公募基金能否成为个人财富管理及资产保值增值的有效工具，以及个人如何通过公募基金实现养老金财富管理等问题。第四章《个人养老金投资者教育实施路径》阐述了个人养老金投资者教育的主要内容，在借鉴成熟市场经验的基础上提出了我国个人养老金投资者教育的具体建议。第五章《投顾服务在个人养老金中的作用与实践》研究分析了美国投顾业务的监管政策、市场规模、业务模式以及在养老金第三支柱中的重要作用，在此基础上对投顾业务在我国未来个人养老金的业务模式与发展路径提出了相关建议。第六章《境外自律组织在个人养老金中发挥的作用》总结了各国各地区自律组织在个人养老金中发挥的作用，以期为我国自律组织进一步探索服务第三支柱的实践提供建议。

第一章　我国公募基金行业发展情况介绍

中国证券投资基金业协会　黄钊蓬　刘净姿

摘　要　从 1998 年到 2018 年，我国公募基金行业从无到有、从小到大，坚守"受人之托、代人理财"的初心本源，坚持"组合投资、强制托管、公开披露、独立运作、严格监管"的制度理念，凭借长期积累的主动管理能力和风险控制能力，成为普惠金融的典范和服务实体经济的重要载体。本文介绍了我国公募基金行业 20 年来的发展历程、行业特点、在养老金资产管理中发挥的作用，并和美国公募基金行业进行对比，指出发展过程中存在的问题并展望了未来的发展方向。在我国养老金体系改革完善和资本市场迈入新阶段的关键时期，公募基金行业应该不忘初心，砥砺前行，做现代化经济体系、多层次资本市场和可持续养老金体系的建设者。

关键词　公募基金　资产管理　个人养老金　投资管理

2018 年是我国公募基金行业诞生 20 周年，也是改革开放 40 周年。从 1998 年到 2018 年，公募基金行业在党中央、国务院和证监会的关怀和领导下，从无到有、从小到大，坚守"受人之托、代人理财"的初心本源，坚持"组合投资、强制托管、公开披露、独立运作、严格监管"的制度理念，凭借长期积累的主动管理能力和风险控制能力，成为普惠金融的典范和服务实体经济的重要载体。特别是基于"信托责任"的制度安排，公募基金成为我国"大资管"行业中信托关系落实最为充分、投资者权益保护最为有效、管理最为规范、风控最为严格的子行业。本文将就基金行业的行业特点、发展情况以及未来发展方向进行介绍。

1　公募基金行业概览

1.1　我国公募基金行业的发展历程

1.1.1　行业发展初期（1998—2002 年）

1997 年 11 月，国务院颁布《证券投资基金管理暂行办法》，为我国公募基金行业的规范发展奠定了法律基础。1998 年 3 月 27 日，经证监会批准，新成立的南方基金管理公司和国泰基金管理公司分别发起设立了规模为 20 亿元的两只封闭式基金——

基金开元和基金金泰。此外，1998年和1999年分别有5家基金管理公司获准设立，这10家基金管理公司是我国第一批基金管理公司，也被市场称为"老十家"。在封闭式基金成功试点的基础上，2000年10月，证监会发布并实施了《开放式证券投资基金试点办法》，揭开了我国开放式基金发展的序幕。截至2002年底，开放式基金发展到17只，募集规模566亿份，到2003年底开放式基金的数量已超过封闭式基金，成为公募基金的主要形式。开放式基金的发展为我国基金行业的发展和创新注入了新的活力。

1.1.2 行业快速发展阶段（2003—2007年）

2003年10月28日，第十届全国人大常委会第五次会议审议通过了《中华人民共和国证券投资基金法》，基金业的法律规范得到重大完善，从此公募基金行业进入快速发展阶段，尤其是2006年、2007年受益于股市繁荣，公募基金得到有史以来最快的发展，截至2007年底，市场中共有368只证券投资基金，资产管理规模合计32786.17亿元，基金投资者户数超过1亿户，基金业的影响力显著提升。另外，在基金产品创新方面，先后出现了生命周期基金、QDII基金等多种创新品种，多家基金公司获得了QDII业务的试点资格，公募基金行业进入全球投资时代。这段时期，公募基金规模、业绩、产品业务创新等方面都快速发展，同时也出现了产品结构不合理、同质化严重、基金业人才流失等问题。

1.1.3 行业平稳发展及改革探索阶段（2008—2014年）

2008年开始，受国际金融危机的影响，我国经济增速放缓，股市大幅调整，基金行业进入平稳发展及改革探索阶段。这一时期，基金监管机构不断坚持市场化改革方向，在放松管制的同时加强行为监管。2012年12月28日，全国人大常委会通过了修订后的《中华人民共和国证券投资基金法》，对统一监管标准、投资范围、业务运作等多个方面进行了修改和完善。此外，基金公司业务和产品创新不断向多元化发展，基金公司除了开展公募业务外，还开展了专户管理等私募业务、设立子公司开展专项资产管理和销售业务、设立香港子公司从事RQFII等国际化业务，此外，企业年金、社保基金、特定客户资产管理等业务开始有了较快发展，混业化与大资管的格局初步形成。

1.1.4 行业防范风险和规范发展阶段（2015年至今）

2015年，证券市场的剧烈波动以及理财市场上风险事件的发生，将基金行业的一些不规范行为和风险暴露出来。因此，从2015年下半年开始，基金行业进入防范风险和规范发展阶段。一方面，严格整治公募基金公司及其子公司出现的不合规行为，如资产管理计划中违规提供保本保收益安排、杠杆倍数超标、违规结构化、委托不符合条件的第三方机构提供投资建议等，并颁布了一系列法律法规，对基金子公司进行全方位约束。另一方面，规范分级、保本等特殊类型基金产品，发展基金中基金（FOF）产品和养老目标基金，增加基金业产品种类，有利于满足投资者多样化资产配置需求，有效分散投资风险。基金产品逐渐呈现货币化、机构化的特点。

截至 2018 年第二季度末，我国公募基金资产管理规模达 12.7 万亿元。

1.2 公募基金行业的制度优势

公募基金是指通过公开发售基金份额，将众多不特定投资者的资金汇集起来，形成独立资产，委托基金管理人进行投资管理，基金托管人进行财产托管，由基金投资人共享投资收益、共担投资风险的集合投资方式。因此，公募基金是以信托关系为基础的理财产品，秉持信托精神，保障基金投资者合法权益、维护公众投资者的信心，是 20 年前成立之初确立的行业根基。当前基金行业的发展成就，得益于 20 年的坚守，得益于以投资者保护为核心构筑的一整套制度。

1. 逐日盯市、每日估值，保障基金财产透明。在日常运作上，公募基金逐日盯市、每日估值，采取与上市公司类似的信息披露安排，保障基金运作透明规范，风险事件能被及时发现。

2. 双重受托关系，保障基金财产的安全性。公募基金基于信托关系，坚持投资者利益至上，引入基金管理人和基金托管人的双重受托安排。基金管理人负责基金财产的投资运作，基金托管人负责基金财产的安全保管，并按照规定对基金管理人的投资运作进行监督。这种双重受托安排为投资者的基金财产安全提供了充分的保障。

3. 不刚性兑付，不保本保底。引导投资者树立"卖者有责、买者自负"的理性投资理念，避免国家在极端情况下需要为个人投资失败兜底的情况出现。国家外汇管理局副局长、中国人民银行金融稳定局原局长陆磊曾在公开场合表示，在资产管理业务中做得最为成功的、几乎不存在刚性兑付的就是过去若干年发展得非常好的公募基金。因为公募基金全面借鉴国际规则，具备全面的、最严格的监管制度安排，在我国的各类金融产品中，公募基金是运作 20 年来唯一没有发生重大风险事件的金融产品。

此外，公募基金在运作模式上也有显著优势。基金销售机构、销售支付机构、份额登记机构、估值核算机构、投资顾问机构、评价机构、信息技术系统服务机构、律师事务所和会计师事务所等基金市场服务机构通过自己的专业服务参与基金市场，基金监管机构则对基金市场上的各种参与主体实施全面监管，基金自律组织在促进同业交流、提高从业人员素质、加强行业自律管理、促进行业规范发展等方面起到推动作用。

1.3 公募基金在金融体系中的地位与作用

1. 为中小投资者拓宽投资渠道。对资金有限、投资经验不足的中小投资者来说，很难做到组合投资、分散风险。从目前来看，各类资管产品对合格投资者的认定和最低投资门槛的要求不尽相同：私募产品和信托计划的投资门槛为 100 万元，银行理财产品为 1 万元，券商集合资产管理计划投资金额限定型和非限定型分别不低于 10 万元和 5 万元，基金公司单一客户资产计划和保险单一定向资产计划投资金额均不低于 3000 万元，其他资管计划的门槛基本是都是 100 万元，但是公募基金的购买起点可以低至 1 元，能够把众多投资者的小额资金汇集起来，由专业的投资机构进行投资管理，为中小投资者充分参与证券市场开辟了投资渠道。

2. 优化金融结构，促进经济增长。公募基金作为重要的机构投资者，将投资者的资金汇集起来投资于证券市场，扩大了直接融资的比例。公募基金能够将储蓄资金转化为生产资金，引导社会资源合理配置到符合国家长期发展需要的高新技术及新兴行业和企业中去，为实体经济发展注入相对稳定的资金来源。

多年来，基金管理公司代表其所管理的基金，从维护持有人利益出发，认真履行职责，为推动上市公司完善治理、合规经营和提升质量，促进资本市场发展，推动实体经济的发展，发挥了积极作用。

3. 有利于发挥定价功能，保障证券市场的稳定和健康发展。公募基金能够在股市中给上市公司定价，在债市中给发债企业的融资成本定价。公募基金在投资管理的过程中，对所投资证券进行深入研究与分析，有利于促进信息的有效利用和传播，有利于市场合理定价，提高市场有效性和资源的合理配置，使企业从公募基金获得资金支持，基金持有人间接成为上市公司股东和企业债权人，通过企业成长分享收益。公募基金也成为资本市场不断变革和金融产品不断创新的源泉之一。

2 公募基金与养老金协同发展

2.1 境外：公募基金成为境外养老金投资的主要产品，带动养老金快速发展及资本市场长期繁荣

1. 美国、英国、加拿大等国个人养老金投向公募基金情况

（1）美国个人养老金约一半投向公募基金

美国作为全球养老金规模最大的国家，2017 年末养老金总规模达 28.2 万亿美元，其中，DC 计划和 IRAs 规模达 16.9 万亿美元，占美国养老金规模的 60%，这两部分主要投向银行存款、基金、保险、债券、股票等。截至 2017 年末，投向公募基金的比例分别为 59% 和 47%，总体呈现银行存款逐年下降、基金逐年上升、保险长期占比较低的趋势。具体来看，养老金投资股票基金的比例为 30.51%，投资混合基金（含 FOF）的比例为 12.5%。养老金持有的公募基金中，股票基金和混合基金（含 FOF）合计占比达 52.27%。

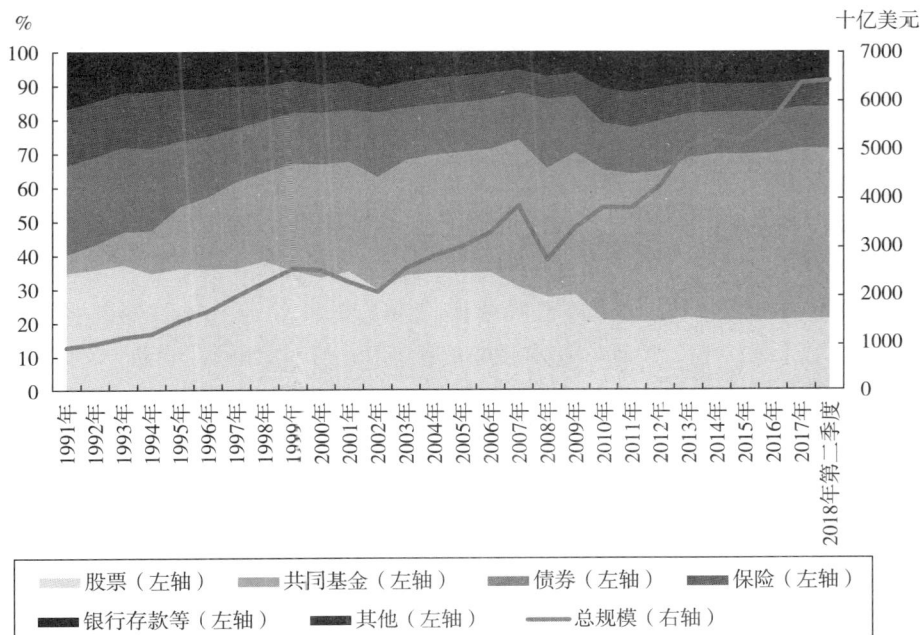

资料来源：美联储。

图 1 美国第二支柱 DC 计划资产配置情况

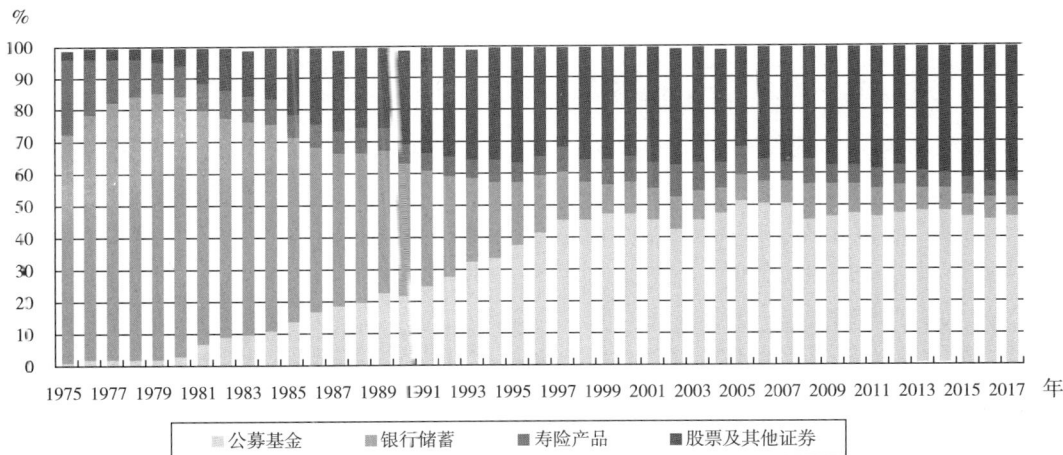

资料来源：美国投资公司协会（ICI）统计数据。

图 2 美国第三支柱 IRAs 资产配置情况

（2）英国：公募基金是私人养老金投资的主要产品

根据 OECD 组织 2017 年报告，英国私人养老金（第二、第三支柱）的各类资产配置中，公募基金占比最大，为 27%，其次为固定收益票据和债券（25%）、权益类产品（14%），公募基金为英国私人养老金提供了不可替代的重要投资品种。

此外，2008 年英国通过了《养老金法案》。根据规定，对于符合相应条件且没有参加任何职业养老金计划的个人，雇主都有责任将其"自动加入"到符合标准的职业养老金计划，且从 2012 年开始，通过英国国家就业储蓄信托（National Employment Savings Trust，NEST）投资。2011 年，NEST 经由广泛的研究咨询，提供了 6 种产品选择方案[1]（高风险基金、低成长基金、道德基金、伊斯兰教基金、预退休基金和目标日期基金），全部为基金产品，目标日期基金和道德基金以 FOF 形式运作。

为帮助参与者管理资金，NEST 将默认投资选择设置为目标日期基金[2]，目前 99% 的参与人选择了此类基金，超过 90% 的参与人"自动加入"目标日期基金后没有进行转换。

（3）加拿大第三支柱个人养老金主要投向公募基金

加拿大的第三支柱是由政府提供税收支持、个人自愿参与的退休储蓄计划，由两个不同的个人税收优惠养老储蓄账户制度构成，分别是注册养老金储蓄计划（Registered Retirement Savings Plans，RRSP）和免税储蓄账户（Tax - Free Savings Accounts，TFSA）。

截至 2015 年末，RRSP 投资公募基金的比例为 52%，2005 年以来，公募基金一直是 RRSP 资金配置的主要投资标的，占比一直在 45% 以上，并呈现逐年提升的态势。截至 2015 年末，TFSA 资产主要配置于股票及债券、公募基金、定期存款和一般储蓄存款，其中以公募基金为主，占比为 35%，2009 年以来，公募基金配置比例逐年提高，从最初的 13% 提高 22 个百分点至 35%。

个人养老金较大比例投资公募基金的国家，其个人养老金也得到了飞速的发展。从发展结果来看，OECD[3] 的数据显示，截至 2016 年末，全球私人养老金规模（含第二支柱和第三支柱）超过 38 万亿美元，个人养老金较大比例投资公募基金的美国、加拿大，以及借鉴美国模式进行养老金改革的英国，从 1996 年私人养老金资产分别只占本国 GDP 的 58%、43% 和 75%，增长到 2016 年分别占本国 GDP 的 135%、159% 和 95%。美国 2016 年末 IRAs 资产已由 1974 年的不足 10 亿美元增长至 7.85 万亿美元，占养老金总资产的比重由 0.3% 增长至 28%，成为美国退休资产的最大来源。

---

① 2011 年 NEST 官网公开其投资方式，https：//www. nestpensions. org. uk/schemeweb/nest/nestcorporation/news - press - and - policy/press - releases/nest - sets - out - investment - approach. html。

② 详见 https：//www. nestpensions. org. uk/schemeweb/nest/aboutnest/investment - approach/other - fund - choices. html。

③ 摘自 OECD 全球养老金市场 2017 年报告，私人养老金含第二支柱和第三支柱，第三支柱没有单独统计。

2. 公募基金得到广泛认可，成为境外养老金默认投资的主要产品，为便利个人养老金投资提供一站式解决方案

1978 年以来，美国系列养老金法案的实施极大地促进了公募基金的蓬勃发展，尤其是目标日期基金和目标风险基金，展现出了长期表现比较稳健、有合理的收益前景以及能够抵御通货膨胀等特点。经历了十年的运营后，在 2006 年《养老金保护法案》（PPA）中，上述产品被美国劳工部纳入"合格默认投资选择"（QDIA），在老百姓不敢选、基金太多不好选的情况下，雇主可以默认将雇员的养老金投向这些产品，根据老百姓不同的年龄和风险承受能力，提供一站式解决方案。随后，中国香港、英国、智利等地也都将公募基金作为个人养老金投资的默认选择。

近年来，随着全球经济增长放缓，保险收益率持续下行，在养老金投资中，欧洲以保险产品为主导的模式也逐渐向美国以公募基金为主导的模式转型。

3. 公募基金与个人养老金互相促进，带来资本市场的长期繁荣

以美国为例，多年来，在 IRAs、401（k）等制度安排下，个人养老金与公募基金互相促进，资产规模稳步增长，反映美国资本市场总体情况的标准普尔 500 指数、主要由高新企业股票组成的纳斯达克指数和美国 GDP 也呈现同步增长的趋势。

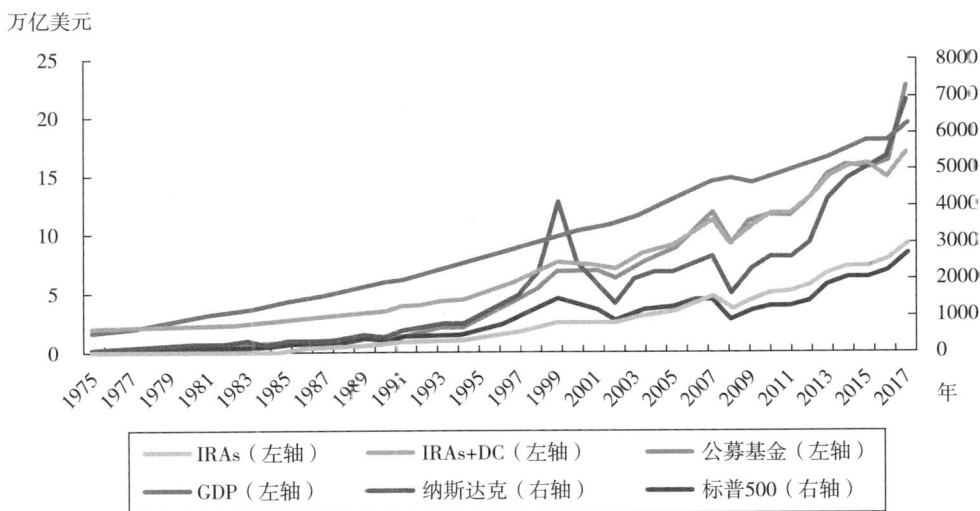

资料来源：美国投资公司协会（ICI）统计数据。

图3　个人养老金与公募基金共同推动了美国资本市场和经济的繁荣

2.2　我国：公募基金是养老金投资管理主力军，养老金为公募基金提供稳定资金来源

1. 全国委托管理的养老金，近 50% 由公募基金管理

截至 2017 年末，我国养老金总规模约为 8.53 万亿元。第一支柱基本养老金规模为 5.02 万亿元，第二支柱企业年金规模为 1.29 万亿元，社保基金规模约 2.22 万

亿元①。其中，全国委托管理的企业年金、社保基金规模超过 2.57 万亿元，由基金公司管理的规模达 1.46 万亿元，占委托管理规模的比例超过 60%。从管理资格上看，社保基金、企业年金、职业年金、基本养老金的投资管理人是获得养老金投资管理全资格的机构，公募基金占比 91%。因此，公募基金是我国养老金投资管理的主力军。

2. 全国社保基金投资收益稳健，企业年金公募基金投资收益排名第一

社保基金超过一半资产由 18 家境内投资管理人管理，其中基金公司占 16 席，管理资产占委托管理资产的 78%。截至 2017 年末，公募基金投资管理人助力社保基金实现自成立以来年均 8.44% 的投资收益率，累计投资收益额达 10074 亿元。其中，2017 年投资收益率高达 9.68%。

目前，企业年金有历史投资业绩的 22 家投资管理人中，有基金业投资管理人 11 家，有保险业投资管理人 9 家，有券商业投资管理人 2 家。人力资源社会保障部自 2012 年起开始公布企业年金投资管理数据，基金业投资管理人年化平均投资收益率达 6.33%，排名第一，三类投资管理人中只有基金业投资管理人的投资收益超过行业平均水平。

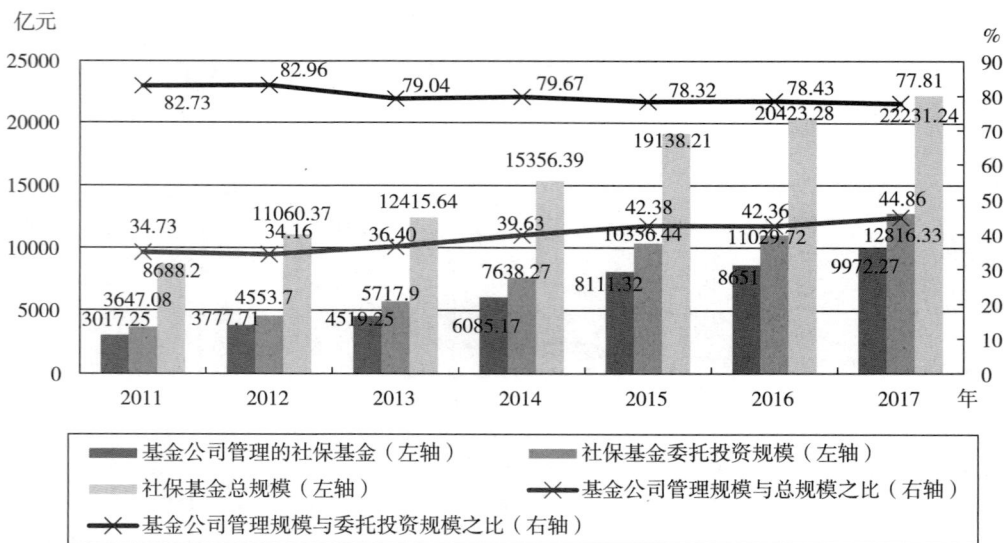

资料来源：中国证券投资基金业协会，《全国社保基金理事会社保基金年度报告（2017 年度）》。

图 4　基金管理公司管理社保基金情况②

---

① 社保基金规模里包含其中两部分（1. 社保基金会受相关省（自治区、直辖市）人民政府委托管理的做实基本养老保险个人账户中央补助资金及其投资收益；2. 广东省人民政府、山东省人民政府委托社保基金会管理的部分企业职工基本养老保险基金结余资金及其投资收益）与基本养老金的规模有部分重复。

② 基金公司管理规模与委托投资规模之比逐年下降，与近年来社保境外投资资产规模增幅较大，且在其委托的 37 家境外投资管理人中仅 3 家为境内基金公司等因素有关。

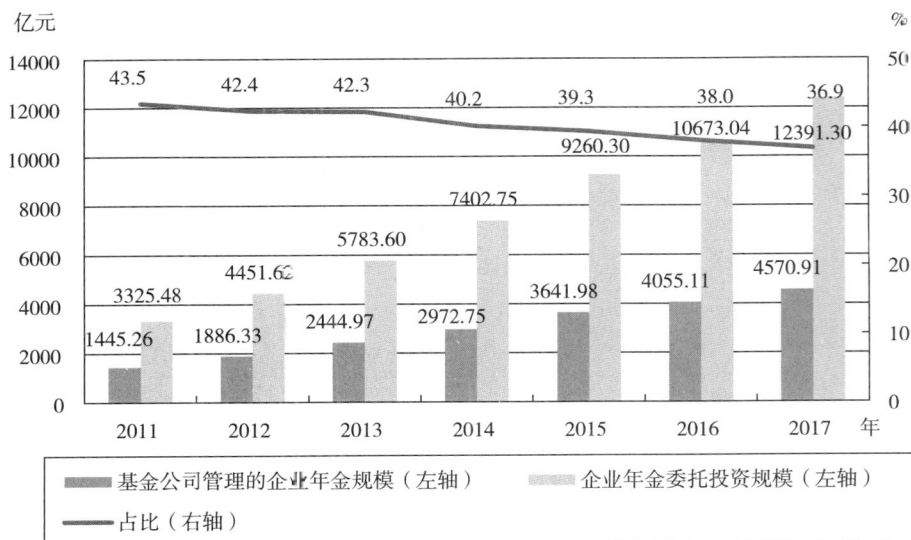

资料来源：《2017 年度全国企业年金基金业务数据摘要》。

图 5　基金管理公司管理企业年金情况

表 1　　　　　　　　　　　　2012—2017 年企业年金投资收益率

类别	2012 年	2013 年	2014 年	2015 年	2016 年	2017 年	2012—2017 年 年均收益
基金业投资管理人	6.01%	3.65%	9.85%	10.20%	2.97%	5.55%	6.33%
保险业投资管理人	5.45%	3.83%	8.93%	9.85%	3.09%	4.63%	5.94%
券商业投资管理人	5.61%	2.91%	9.20%	9.44%	2.93%	5.26%	5.86%
行业平均	5.68%	3.67%	9.30%	9.88%	3.03%	5.00%	6.06%

注：基础数据来源于人力资源社会保障部、各家投资管理人官网；收益率为组合规模加权收益率，包括权益组合、固定收益组合及其他组合；年均收益为历年平均收益的几何平均数；行业平均数据为历年人力资源社会保障部公布数据。

3. 养老金长期资金属性明显，资产增速稳定，近年保持高位

截至 2018 年 6 月末，16 家公募基金受托管理的境内养老金，占 16 家管理人管理的长期公募基金规模（即公募基金股＋混＋债的规模）23988 亿元的 80%，占基金行业长期公募基金规模的 49%。从规模增速来看，16 家管理人的公募基金规模增速波动较大，而养老金规模增速更加稳定，2012 年以后养老金资产规模年均增速保持在 20% 以上。

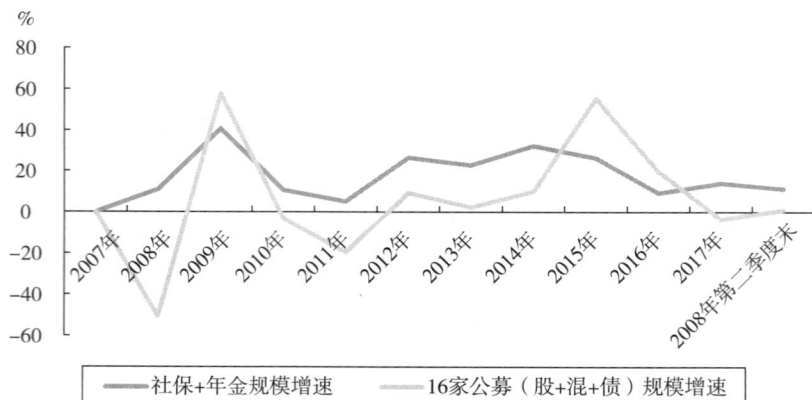

资料来源：中国证券投资基金业协会，Wind。

图6　16家基金公司养老金和公募基金（股＋混＋债）资产增速对比

3　我国公募基金行业发展情况和特点

3.1　管理规模持续增长，管理机构日益多元

中国公募基金行业近几年发展迅速。截至2018年第二季度末，公募基金管理机构管理的公募基金规模达12.7万亿元，基金管理公司及其子公司专户业务规模达12.33万亿元。公募基金公司的股东背景日益多元，除了券商、信托和银行等传统机构之外，私募基金和专业投资人员也参与设立了公募基金公司。同时，公募基金业务实行牌照管理，允许符合条件的券商、保险资管等金融机构开展业务。截至2018年7月底，公募基金管理人已发展至133家，包括118家基金管理公司、13家证券公司、2家保险资产管理公司。此外，基金托管机构已达43家，有超过400家基金销售机构。

3.2　产品种类日趋多样

截至2018年7月底，公募基金数量达到5325只。为满足不同投资者的多元需求，公募基金行业立足本土特点，进行了很多影响深远的产品创新。例如：拥有传统指数基金特点，并有实物申购赎回机制、一级和二级市场并存的ETF基金；为解决普通投资者由于资金量限制难以在一级市场申购ETF而引入的ETF联接基金；为弥补封闭式基金在二级市场交易时容易出现大幅折价交易这一不足而创新开发的LOF；立足国情，为满足投资者参与海外市场的需求而应运而生的QDII基金等。2017年，证监会推出首批基金中基金（FOF），进一步加强了公募基金的资产配置功能。特定客户资产管理、养老金管理等业务也快速发展，提升了基金业服务财富

管理的能力。2018 年 3 月，证监会推出《养老目标证券投资基金指引（试行）》，通过资产配置策略，为处于不同生命周期和具有不同风险收益偏好的投资者提供差异化的养老公募基金产品。20 年来，公募基金不断改革创新，产品类型日趋多样化。目前已经涵盖了全球各类主流品种，以股票、债券、混合和货币市场基金为基础，逐步将商品、黄金等品种纳入投资范围，投资策略日益多元。

3.3 投资业绩稳定增长

自首只开放式基金成立到 2018 年 6 月底，偏股型基金的年化收益率平均达到 14.89%，超过同期上证综指平均涨幅 8.71 个百分点；债券型基金的年化收益率平均达到 7.06%。公募基金利润总额累计达到 2.23 万亿元，累计向持有人分红约 2.06 万亿元。

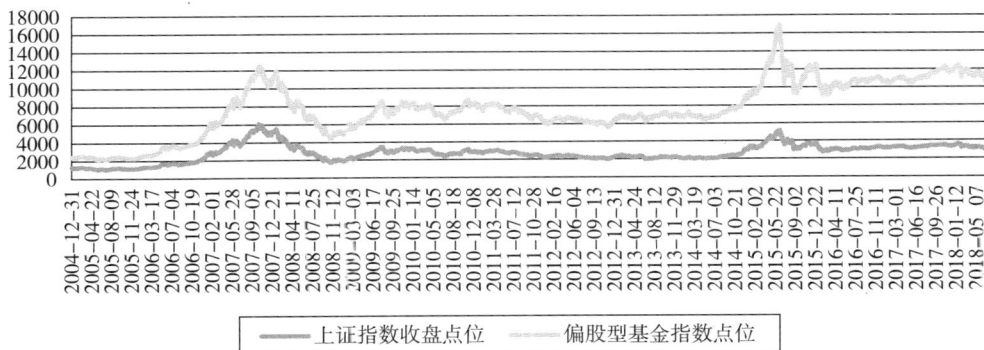

图 7　偏股型基金年化收益率 **14.89**%

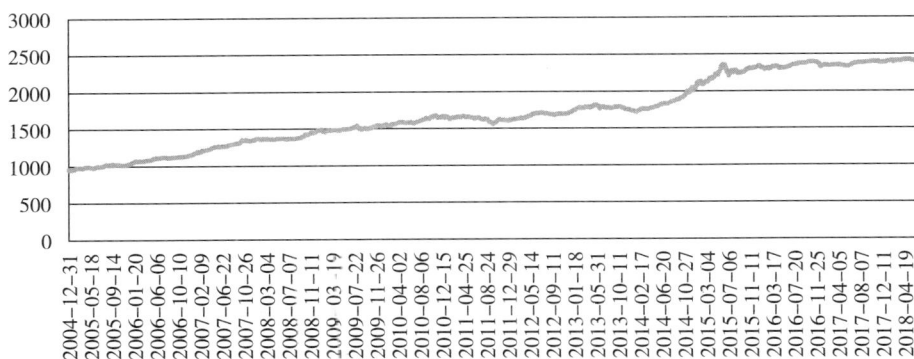

图 8　债券型基金年化收益率 **7.06**%

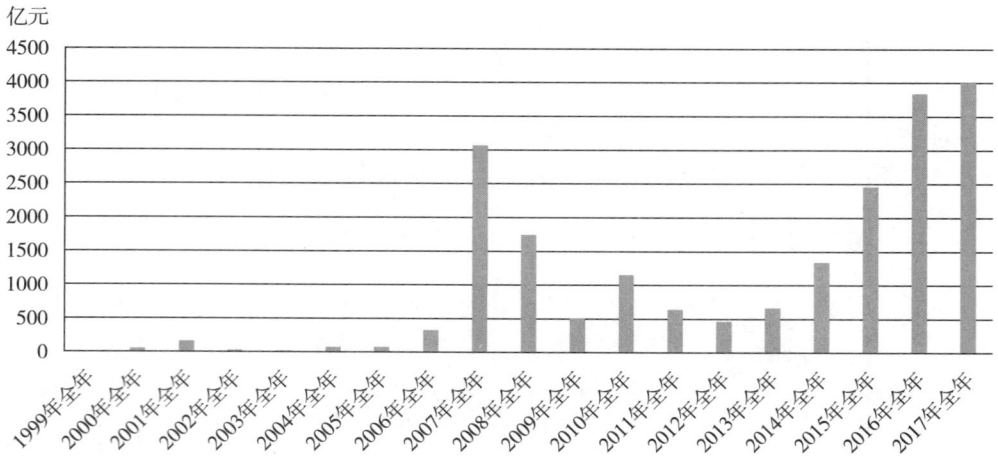

资料来源：中国银河证券基金研究中心。

图9　公募基金累计分红2.06万亿元

3.4　投资者覆盖面广泛

借助覆盖线上线下、场内场外的多元化基金销售渠道，公募基金日益成为我国家庭最重要的理财工具之一。截至2017年底，公募基金个人有效账户数达到2亿户，其中85%的基金账户资产规模在5万元以下。公募基金持有人超过5.6亿人，公募基金已经成为普惠金融的典型代表，为数以万计的消费者提供了金融便利。此外，公募基金是我国养老金投资管理的主力军，通过管理基本养老金、企业年金、职业年金和未来的第三支柱个人养老金，能够推动养老金通过投资资本市场分享我国经济增长成果，让中小投资者通过持有养老金的形式分享资本市场的收益。

3.5　监管机制日益完善

公募基金在行业成立伊始便充分借鉴国际经验，通过《中华人民共和国证券投资基金法》确立了行业运行的基础框架。公募基金以保护投资人及相关当事人的合法权益、规范基金活动、促进基金和资本市场的健康发展为监管目标，以保护投资人利益、适度监管、高效监管、依法监管、审慎监管、公开、公平、公正监管为监管原则。20年来，公募基金监管的重要成就表现在：第一，健全了基础制度，行业政策环境不断优化；第二，强化了监管能力，合规经营水平不断提升；第三，强化了创新导向，服务实体经济和居民理财能力不断增强；第四，加强了风险防范，牢牢守住不发生系统性风险的底线。

3.6　对外开放水平不断提高

公募基金行业在资本市场开放的浪潮中走向国际化，各种跨境业务模式的出现，丰富了境内外投资者的投资渠道和投资产品。截至 2018 年第二季度末，我国中外合资公募基金公司共有 44 家，其中 21 家在香港设立了专业子公司。有 10 只香港基金获准在内地公开发售，52 只内地基金获准在香港公开发售。此外，QDII 基金也得到了飞速发展。截至 2018 年第二季度末，QDII 基金共有 139 只，规模达到 821.64 亿元。截至 2018 年 7 月末，国家外汇管理局特批 QDII 总额度 1032.33 亿元，分配给基金公司的额度为 353.70 亿元。

4 公募基金行业的中美对比

4.1 基金规模：美国是全球最大的公募基金市场，我国仍有巨大的发展空间

从 1924 年美国第一只共同基金诞生算起，美国开放式基金发展已有近百年的历史。2017 年底，美国公募基金总规模约为 22.5 万亿美元。同时美国也是全球规模最大的开放式基金市场，开放式基金（包括 ETF）总规模占全球开放式基金总规模的 45%，美国公募基金规模占 GDP 的比重约为 117%[①]，管理了 23% 的家庭金融资产，已成为美国金融体系的重要组成部分和居民财富管理的主要工具。

相比之下，我国公募基金从 1998 年开始经历了 20 年的发展，从 1999 年到 2017 年底，我国管理规模达 11.6 万亿元，其中开放式公募基金规模为 11 万亿元，约合 1.7 万亿美元，仅占全球开放式基金总规模的 3.4%。我国公募基金占 GDP 的比重为 14%，远低于美国同期水平。从我国公募基金在金融体系以及在居民财富管理中的地位来看，目前仍然处在起步阶段，具有很大的发展空间。

4.2 产品结构：美国以权益型长期投资产品为主，我国以低风险的短期投资产品为主

美国开放式基金以长期投资基金为主，其中股票型基金占比 59%，债券型基金占比 21%，混合型基金占比 7%，货币基金占比 13%。这种产品结构与美国经济社会和资本市场发展阶段密切相关，主要受以下因素影响：一是利率市场化的稳步推进，货币基金收益的优势逐步消失；二是养老金制度的逐步完善，带来了持续稳定的长期资金，投资者通过持有基金产品，获得了较好的长期收益；三是权益型产品特别是低费率的指数化产品，以及适合作为默认养老投资工具的生命周期产品的蓬勃发展，为权益型产品发展带来了新的驱动力。

而中国公募基金产品结构与美国正好相反。2017 年底，中国股票型基金、债券

---

① 相关数据来自世界银行，2017 年美国 GDP 为 19.39 万亿美元。

型基金和混合型基金分别占比 7%、13% 和 17.6%，而货币基金占比高达 61%①。这种产品结构的形成主要受以下因素的影响：一是股市波动大，投资者体验不佳；二是长期养老制度安排有待完善，投资者投资期限短；三是储蓄向理财转化的理念尚未普及，投资者风险偏好低；四是在我国"大资管"格局下，还面临着银行理财产品、保险万能险、信托产品等刚性兑付、预期收益率产品的竞争；五是利率市场化程度较低，货币基金仍具备很强的吸引力，特别是余额宝等互联网渠道产品大大加大了货币基金的推广。

4.3 产品数量：美国市场成熟且产品数量众多，我国正处于快速发展阶段

2017 年，美国开放式基金数量达 10272 只②，大大超过纽约证券交易所和纳斯达克上市公司的数量（5807 家③）。尽管美国公募基金市场非常成熟和相对饱和，基金管理公司对产品发行也十分审慎，但基金新发数量仍然较多，近十年来平均每年新发行基金 812 只。我国自 2014 年实施基金注册制以来，公募基金进入快速发展阶段，2017 年新发基金 871 只，总量达 4691 只（上海证券交易所、深圳证券交易所上市公司数量达 3588 家），基金数量快速增长。

4.4 产品类型：美国基金产品类型极为丰富，我国基金产品同质化严重，基金品种有待不断丰富

得益于基础市场各类金融工具的发展，美国基金产品类型丰富、定位明确、风格清晰。股票型基金，按照投资风格可分为成长、价值、平衡等，按照投资区域分又可分为美国本土、特定区域、全球等。混合型基金可根据风险收益特征，分为高、中、低风险等。债券型基金可根据投资标的品种，分为投资级债、高收益债、国际债、政府债、政府部门债、州政府公债、国家公债等。货币基金可根据是否收税，分为应税和免税。ETF 可根据投资管理模式，分为主动和被动；也可根据投资标的进行细分类别划分。FOF 以资产配置为导向，可分为目标日期基金、目标风险基金等，也可按投资目标分为养老基金、教育基金等类型。此外，还有 REITs、商品等另类投资的品种。

相比来看，中国已拥有股票、混合、债券、货币，以及 ETF、LOF 等主流基金品种，基金总量和新发数量已形成一定规模，但是考虑到机构定制、渠道定制等因素，以及投资品种、投资策略的限制，实际上，我国基金产品的同质化程度较高，产品类型远远不够。

---

① 其他类型基金占比 1.4%。
② 详见 2018 *Investment Company Fact Book*。
③ 资料来源：前瞻数据库，https://stock.qianzhan.com/us/trade/ussc03.html。

4.5 客户结构：美国共同基金以家庭个人为主，我国机构投资者占据半壁江山

截至 2017 年末，5490 万户美国家庭（占总数的 44%），即 9400 万个人（占总人口的 30%）持有共同基金的 90%，机构投资者仅持有 10%。但是个人投资者持有的货币基金只占其持有的公募基金的 10%。从中国的情况看，公募基金在 2014 年以前以个人投资者为主，近两年来逐步演变成以机构投资者为主。2017 年底，我国公募基金中，机构投资者占比 48%，个人投资者占比 52%。但是剔除货币基金后，机构投资者占比 61%，个人投资者占比 39%，机构投资者远远超过个人投资者。总体来看，我国呈现出以机构投资者为主，且偏好低风险产品的特征。

4.6 人才队伍：美国基金行业人才长期且稳定，我国行业人才流动性高

美国基金公司的收入来源多样化，包含基本工资、奖金、递延补偿金、股票或期权奖励，具有一定的激励性。由于长期的考核、奖励机制的作用，投资经理在具有较长从业年限的同时，普遍具备较高的稳定性，例如，先锋基金、摩根大通资管、太平洋投资管理等投资管理公司的投资经理在本公司服务年限均超过 15 年，其中摩根大通资管投资经理留任率超过 95%。

相比来看，我国公募基金行业从业人员超过 1.9 万人，投研人员占比 35% 左右，在任基金经理 1777 人中，硕士及以上学历占比 93.8%。但是核心人才供给无法满足行业扩容速度，投资经验丰富的基金经理数量不足，平均任职年限为 3.24 年，任职年限超过 10 年的基金经理仅占比 3%。因基金经理个人利益与公司股东、投资者利益未形成有效捆绑，基金行业近几年离职率维持在 20% 左右。

5 我国公募基金行业未来发展方向

中国公募基金行业发展的 20 年，是坚持"市场化、法治化、国际化"原则，不断改革发展创新的 20 年。作为改革开放下我国资本市场发展的产物，中国公募基金行业仍然存在以养老金为代表的机构投资者发展缓慢的结构不均衡问题，以及与人民群众日益增长的金融需求不匹配问题。在我国养老金体系改革完善和资本市场迈入新阶段的关键时期，公募基金行业应该不忘初心，砥砺前行，做现代化经济体系、多层次资本市场和可持续养老金体系的建设者。

一是继续坚守资产管理业务本源，保持"受人之托、代人理财"的理念不改变，不断强化勤勉尽责义务，切实转变行业发展理念，从注重资产管理规模的短期增长转变到注重高质量可持续均衡性发展，提升投资管理能力，扎实做好主动管理业务，着力推动权益类基金发展。

二是紧扣供给侧结构性改革的主线，积极践行长期性、有价值、可增长的责任投资，提升基金行业服务实体经济的质量和效率，研究推出投资于不动产和基础设施类 ABS 的公募基金产品，为实现中国经济可持续发展、中国投资者可持续收益发挥有益、有效、有恒的作用。

三是长期推动基金行业与养老金深度融合，协调发展，将实体经济发展成果惠泽于民。稳步推进基金中基金（FOF）、养老目标公募基金产品发展，促进基金行业主动、积极发挥主动管理、组合投资能力，为养老金提供专业化投资工具。同时，积极推进个税递延养老制度落地，建立个人养老账户，鼓励养老金以公募基金为主体开展大类资产配置。

四是继续深化基金行业法治建设，做好风险防控工作。不断完善行业法规体系建设，提高监管能力，提升行业自律。主动加强金融监管协调配合，切实落实"大资管"新规，抓紧制定行业配套细则，促进行业稳步有序规范，同时，加强基金公司风险内控，标本兼治，主动防范化解风险，有效消除风险隐患。

五是积极稳妥推进基金业对外开放，持续提升行业国际化水平。按照我国金融业对外开放的总体部署及相关承诺，依法审慎推进合资基金公司设立审批，制定出台行业机构"走出去"监管规则，培育具有国际竞争力的资产管理机构。

参考文献

［1］中国证券投资基金业协会 . 证券投资基金（第二版）［M］. 北京：高等教育出版社，2017.

［2］ICI. 2018 *Investment Company Fact Book*.

［3］中国证券投资基金业协会 . 中国证券投资基金业 2016 年年报 .

第二章　托管机制如何保障个人养老金安全

中国银行　李其真

摘　要　本文介绍了托管的起源及发展，以及托管机制在金融生态系统中发挥的重要作用，着重讲述了养老金资产投资中引入托管机制的作用及意义。现阶段，我国国民养老还是以第一支柱基本养老金为主，在整个养老金体系里占比近80％，第二支柱企业年金、职业年金占比约为20％，以个人自主养老为基础的第三支柱正在逐步构建。托管机制在养老金资产投资运营过程中发挥着重要作用，一是引入托管机构作为独立第三方，规范治理结构；二是通过投资监督，防范资金挪用；三是通过核算估值，确保资产完整与信息透明；四是加强风险控制，防范运营风险。资产托管人"受人之托、忠人之事"，作为独立第三方，通过专业、高效的服务，不仅为养老资金的资产管理创造了价值，更促进了我国养老金体系的稳定发展，为建设一个普惠、透明、高效的养老金体系保驾护航！

关键词　托管机制　养老金体系　个人养老金

养老金制度是维系现代社会运转的基本制度之一，既是社会稳定的安全阀，也是经济增长的助推器。自2000年中国进入人口老龄化社会以来，我国人口老龄化速度逐步加快，人口年龄结构老化迅速。从未来的发展趋势来看，中国人口老龄化将持续很长一段时间，在未来几十年间我国将会面临老龄化急剧加速的挑战。近年来，我国在养老保障改革领域取得了一系列实质性进展，我国已初步建立起以基本养老金、企业年金/职业年金以及个人养老金为"三大支柱"的养老金体系。

我国国民养老还是以第一支柱基本养老金为主，在整个养老金体系里占比近80％，第二支柱企业年金、职业年金占比约为20％。近年来，基本养老金替代率不断降低和个人账户空账运行的挑战日益严峻，企业建立企业年金的能力还很低，新增比例也在不断下降，在基本养老金、企业年金和职业年金之外，我国正在逐步构建以个人自主养老为基础的第三支柱。目前，我国已试点推出个人税收递延型商业养老保险产品，并积极推动基金行业做好养老金投资管理工作。

一直以来，托管机构在我国养老金体系建设中都发挥着重要作用，托管机构作为独立第三方，对受托管理养老资金的管理人形成外部制约的机制，有效防范管理人的道德风险，提高受托资产的安全性，在社会经济健康发展中扮演了保卫者、监督者和协调者的角色。

1 托管概述

1.1 托管机制介绍

托管（Custody）的本源是"保管"（Safekeeping），始于对实物资产的保管。托管机制是托管机构作为独立的第三方，以安全保管委托人（投资者）资产、监督投资管理人的投资管理行为为基础，围绕投资管理人的投资管理等经济活动提供交易监督、会计核算、资产估值、信息披露等服务的一项制度安排。

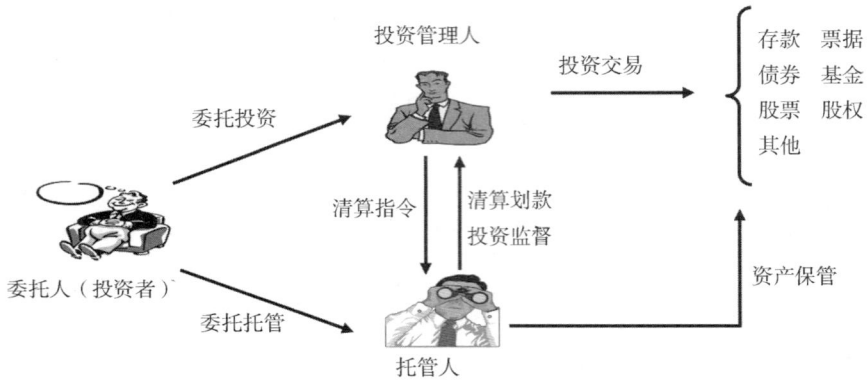

图1　托管机制示意图

1.2 托管的起源及发展

资产托管业务是在基金托管业务的基础上发展起来的，而基金托管业务的历史起源于美国。在美国，基金托管业务是紧密伴随着共同基金诞生、发展与成熟的。

资产管理最早诞生于英国，1868年在伦敦成立了第一只专门为小额投资人取得规模经济的投资目的的共同基金——"海外和殖民地政府信托"（the Foreign and Colonial Government Trust）。此后，在美国也出现了类似的投资信托基金，如1889年成立的"纽约股票信托"（the New York Stock Trust）、1893年成立的"波士顿个人财产信托"（the Boston Personal Property Trust）等。第一次世界大战后，从1920年开始，美国经济进入高速增长阶段，随着美国个人财富的增加，其对投资的热情也不断上涨，从而为美国证券市场带来前所未有的黄金十年，即"沸腾的20年代"。在此期间，美国的共同基金业也得到了前所未有的发展，从1924年开始至1929年的五年中，建立了56只封闭式基金，到1929年大危机发生时，共有89只公开发售的封闭式投资信托基金，所持有的资产价值总额约为30亿美元。与此相比，同期纽约证券交易所股票价值总额为 870 亿美元。但是，由于缺乏必要的监督和约束，这些封闭式投资信托基金沉溺于高风险投资，甚至出现了滥用投资者赋予的投资职能的行为，比如基金经理用基金购买自己个人持有的股票、业绩造假、不向外界披露基金所持有的投资组合等。封闭式基金的投机行为、不规范操作，使股市崩溃时基金持有人受到的伤害远大于普通股票持有人。从 1929 年末到 1930 年末，道琼斯工业平均指数下跌 34%，而封闭式基金价格从平均溢价 47%，降低到平均折价 25%，下跌了 72 个百分点。随后，罗斯福总统推出了四部对美国证券市场，乃至世界证券市场有着重要意义的法律——1933 年的《证券法》、1934 年的《证券交易法》、1940 年的《投资公司法》《投资顾问法》，其中《投资公司法》明确规定"基金必须将证券交给如下之一的合法的托管人"。自 1940 年引入托管后，美国共同基金业务的发展得到了规范，可以说，是托管机制的引入给了共同基金第二次发展机会，而托管业务也伴随着基金业务的发展而不断发展。

国际托管人制度在美国 1940 年《投资公司法》确立之后历经多年，形成了以委托人、管理人、托管人三者共同协作互相监督的治理结构。在产品类型上，从最初的证券投资基金扩展到养老保险基金、信托基金、另类投资基金、政府基金等其他多种类型产品。当前，全球前 50 家托管银行共托管了数百万亿美元的资产，诸如 JP 摩根、道富银行、纽约梅隆银行、法国巴黎银行、瑞士联合银行等机构均是全球资产托管业务的中坚力量。

1.3 托管业务的主要内容

托管机构作为独立机构，依据法律规定和托管合同的约定，对委托资产提供托管服务。资产托管业务能有效地保障托管资产运作的安全性和独立性，从制度设计上严格控制信托关系下可能产生的道德风险和信用风险，是完善信托关系结构的制度基础与载体。

托管是一种金融服务，基础的托管服务主要围绕客户投资、融资、交易三大需求，作为具有社会公信力的独立第三方，依据法律法规规定，接受委托人的委托，对委托人的委托资金提供安全保管、资金清算、资产估值、会计核算、投资监督、信息披露等服务。随着各资产管理机构业务的发展，对托管机构提供的服务已不仅仅局限于托管基础类服务，还包括绩效评估、信息提供、资金管理等高附加值的增值服务。

表 1　　　　　　　　　　　**托管基础服务**

托管基础服务	
账户管理	为托管资产开设各类资金账户和证券账户，并对不同客户的账户做独立分隔处理
指令管理	为管理人提供指令发送渠道、指令接受确认、指令执行状态跟踪及沟通等服务

托管基础服务	
清算交收	按照托管合同的约定，根据管理人的投资指令，及时办理资金清算和证券交收
公司行动	为托管资产收集被投资企业派发股息、合并、债息配发、红股等公司行动信息，通知投资管理人，协助其发送公司行动指令，并收取公司行动权益
会计核算	对托管资产进行会计核算，严格按照有关规定编制会计报表，定期与管理人核对
资产估值	按照合同约定和行业惯例，完成对托管资产的估值工作，并复核管理人的估值结果
信息披露	对于公募类产品，定期按照法规要求完成对投资管理人编制的报表、报告、招募说明书、分红公告等披露报告的审核
税务管理	为境内外客户提供税务咨询、税务申报、代扣代缴、退税接收及税务报表等服务
外汇兑换	为 QDII、QFII/RQFII 等跨境托管资产提供外汇买卖服务
对账服务	为管理人提供银行、交易所、银行间及 OTC 市场各类资金和证券的核对服务

表 2 托管增值服务

托管增值服务	
绩效评估	为托管资产的不同投资组合提供业绩分析、业绩归因分析、风险分析，投资组合及特定投资工具的市场风险状况分析，VaR 分析预测，定期向管理公司提供绩效评估和风险分析报告
投资监督	监督管理人对托管资产的管理运作，发现管理人违反法律、行政法规及有关规定的，通知其改正；未能改正的，拒绝执行指令并向委托人和监管机构报告
外包服务	为资产管理人提供募集资金监管、份额登记、TA 资金清算、核算估值、信息披露、绩效评估、报表报告等服务
信息资讯	根据客户需求，对客户资金或资产端的多元化投融资需求提供咨询服务和解决方案，邀请专业人士就宏观经济形势、行业发展以及资产管理等方面举办培训

1.4 托管在金融生态系统中的作用

金融生态是指金融行业的各相关要素围绕投融资主体的需要，通过规制、信息交互、分工合作及竞争，形成了相对平衡、动态调整的系统，执行经济资源配置的功能。在金融生态的各要素之中，金融监管构建了狭义的金融环境，规制金融市场和金融机构，保护投融资主体，指引金融生态的变迁；金融市场是土壤，提供了投融资主体和金融机构交易的场所，丰富金融生态的内涵；金融渠道是媒介，桥接投融资主体、金融市场和金融机构，顺畅金融生态中的资金链和信息流；金融机构是主角，消弭投融资主体的信息不对称，通过金融产品和服务创新，不断满足投融资需求，实现资源的优化配置，促进金融生态的丰富和发展。各金融机构通过分工，共同为投融资主体服务，创造价值。

在金融生态系统中，托管机构对促进正反馈机制，提高系统稳定性发挥了重要作用。托管机制能够在中国金融市场直接融资发展的过程中，解决金融机构与投资者之间的信息不对称，增加安全性和透明度，为金融生态的各要素增信，强化生态系统正反馈；减少金融机构特别是资产管理机构的自身利润最大化与维护投资者利益之间的矛盾，从而减少生态系统的负反馈，降低或缓释风险。托管机构作为独立的第三方，以安全保管客户资产、监督投资管理行为为基础，围绕客户投资管理等经济活动提供交易监督、会计核算、资产估值、信息披露等服务。同时，在日益开放的环境下，托管人通过合规性管理、现金管理、外汇兑换等增值服务，增强金融生态系统抵御境外资金、市场波动等外力冲击的能力。

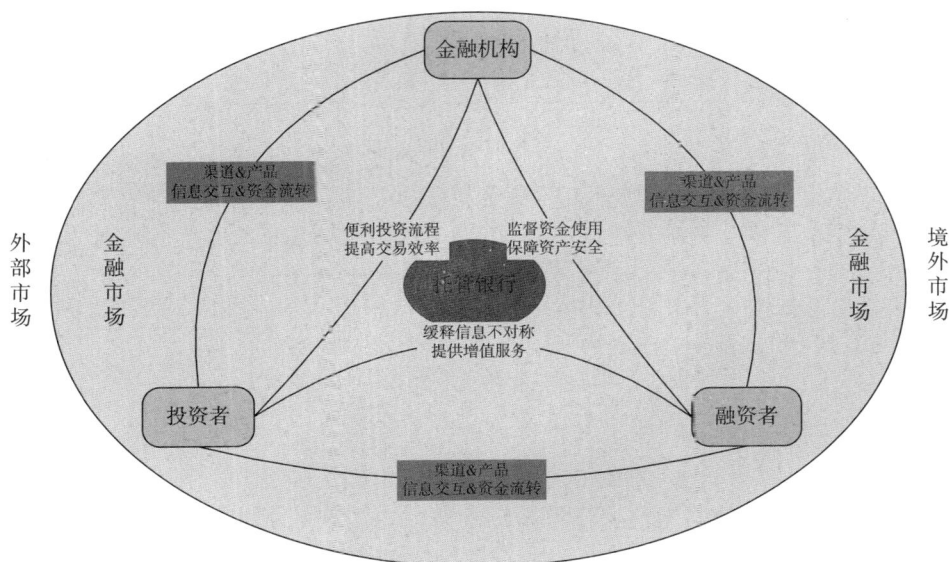

图2　托管在金融生态系统中的作用

1.5　我国资产托管业务的历史、现状及发展

商业银行是中国最早开办资产托管业务的机构。1998年，随着证券投资基金的诞生，我国借鉴美国等国家托管业务的经验，在证券投资基金业务中引入商业银行托管服务，旨在安全保管基金财产，防止基金财产挪作他用，保障基金份额持有人的合法权益。由于托管在证券投资基金中的积极意义，后续逐步被广泛运用于其他各类投资业务中，托管产品种类与服务范围日益丰富，在传统的公募基金、保险、券商、信托、银行理财、养老金、QFII、QDII 跨境托管等的基础上不断细分，朝更加精细化、个性化方向发展。分级基金、REITs 基金、期权专户、资产证券化、养老保障产品、私募股权基金、QFLP、QDLP、QDIE 等托管，服务沪港通等新产品、新服务不断涌现，托管机制向经济金融领域更加广泛、深入的层面渗透。

20 年来，随着资产管理行业的发展，商业银行托管产品类型不断丰富，托管规模持续高速增长，托管收入成为商业银行中间业务收入的重要组成部分。2013 年底，证监会向证券公司颁发首张证券投资基金托管牌照，是托管机构类型从商业银行扩展到券商的重要里程碑。

截至目前，中国有 26 家商业银行、16 家券商，并且中国证券登记结算有限公司获得了证监会颁发的证券投资基金托管资格，各类托管人共 43 家。不同类型的托管人各具特点，但商业银行以其覆盖广泛的网络、方便快捷的结算系统、雄厚的客户资源以及长期积累的丰富托管经验，在托管行业内占据绝大多数市场份额。目前，资产管理行业约 95% 的规模托管在商业银行。[①]

亿元

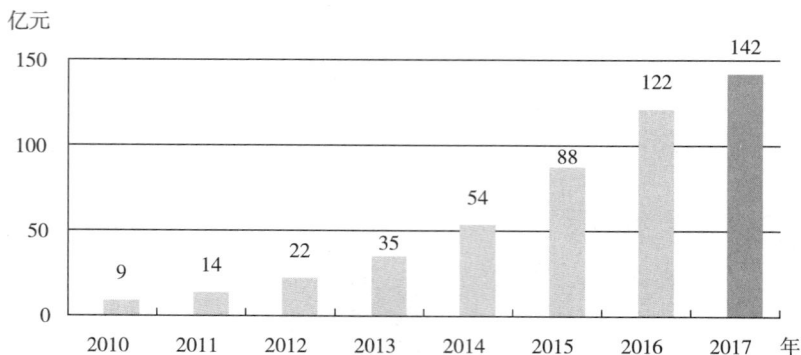

资料来源：中国银行业协会托管业务专业委员会，不包含券商托管数据。

图 3　银行业托管规模（2010—2017 年）

未来，各类托管机构将根据其特点形成其在细分市场上的竞争力。券商将与商业银行竞争托管市场份额，商业银行之间的竞争也将更加激烈。托管机构董事会和管理层对托管业务的战略定位、托管系统的研发能力和投入水平、托管业务人员的数量和质量以及托管机构各相关板块之间的协同能力将是决定竞争力的关键因素。

2　托管在养老金资产投资管理中的现状及作用

2.1　托管在我国养老金体系中的现状

截至 2017 年末，我国开展养老金托管业务的托管银行有 10 家，托管规模为 3.79 万亿元，托管费收入为 16.65 亿元。2017 年养老金托管规模排名前六的依次是：交通银行、工商银行、建设银行、中国银行、农业银行及招商银行。五大银行始终保持养老金托管业务的优势。

2.2　托管在养老金资产投资管理中的作用

托管机构在第三支柱个人养老金的健康发展中扮演了保卫者、监督者和协调者

---

① 资料来源：中国银行业协会托管业务专业委员会。

的重要角色。养老金资产的受众面广、业务范围交叉融合，托管机构的介入使养老金资产的所有权、使用权与保管权分离，在解决交易各方的信息不对称、降低交易成本、撮合交易方面发挥了积极作用。

1. 安全保管资产，实现养老金资产有效隔离

托管机构通过资金账户的预留印鉴控制、账户划款执行确认及分级权限配置等方式，确保投资管理人的投资行为与托管机构的账户操作行为相互隔离，从而确保账户资产处于安全状态。托管机制的引入使各管理机构之间形成一种相互制约的关系，并形成了科学的治理结构，实现了养老金资产的有效隔离，从而防范养老金资产被挪作他用，有效地保障了个人养老金资产的安全性。

2. 监督管理人投资运作，保障养老金资产利益

托管机构通过建立与投资管理人之间的高效、顺畅的沟通机制提升投资运作效率，保障个人养老金资金合法合规投资运作。对于投资管理人的具体投资行为，托管机构依据组合投资方针政策指引实施投资监督。托管机构监督管理人投资运作的内容主要包括：对于有关法规条例或协议所规定的基金或委托资产在股票市场、债券市场和货币市场投资比例、投资品种的限制；对于各比例限制可以设定预警界限，一旦风险达到预警界限，则系统会自动提示预警信号；生成各种稽查报表，上报有关监管部门或资产委托机构；另外，托管机构还可以根据管理人的特殊需求，增加监控内容并生成有关报表等。托管机构通过为养老基金资产提供安全、高效、专业的事前投资监督和事后投资监督服务，保障"养老钱"的利益不受损害。

3. 定期估值、高效交收，保障养老资金投资准确透明

托管机构通过进行银行存款、备付金、保证金、场内外证券持仓的账实核对，并对实物资产进行定期盘点和对账，能够及时、较全面地掌握养老金资产的投资状况。托管机构定期提交养老金投资产品的托管报告，有效保障信息披露的准确性和透明性。同时，托管机构通过推动托管资产清算交收的自动化和效率化，实现资金实时高效划拨。

4. 严密的风险控制，确保养老金资产管理安全运行

对风险的控制和应对是保持养老金安全运营的重要课题，对托管机构的整体机制和处理经验都有着较高要求。商业银行注重风险管理建设，通过建立全面、多层次、严格的风险管理体系，确保养老金资产管理服务安全运行。托管银行从制度约束、系统控制、流程管理、合同规范、岗位牵制与权限控制和检查审计等多个方面，建立全程、全员、全面的养老金资产风险管理体系，确保养老资金的合规经营。同时，全面开展专门针对养老金资产托管业务的操作风险与控制评估工作，进一步完善资金交收等托管业务应急预案，开展针对养老金托管业务的内控检查工作，推进养老金托管业务产品指引、合同管理、运营管理、应急管理等规章制度建设工作，坚持"尽责、规范、稳健、审慎"的内控原则，完善养老金托管业务风险管理体系。

5. 强大的信息系统支持，保障养老金资产管理运营

系统支持是托管服务质量及效率的重要基石。商业银行重视信息系统建设，在系统建设方面投入了大量资源，逐步建设成功能齐全、运作高效的托管业务系统，承载了众多企业与个人的养老金管理业务，能够保障养老金业务的平稳、高效运营。

3 我国个人养老金领域托管相关建议

养老资金相对于其他个人资金而言比较集中、期限较长、稳定性较强。不论是第一支柱、第二支柱还是第三支柱养老金都有以下几个特色：一是比较稳健的资产，二是长期持久的资产，三是有税收优惠或法律上、制度上的安排。从世界各国情况来看，养老金都是资产管理机构第一大投资来源，而且资金量大。因此，如何保障养老资金的投资运作合规、透明、安全显得尤为重要。托管机构在养老金领域的托管服务应尤为注意下述几个方面。

3.1 强化投资监督功能

养老金不断将当期储蓄的一部分转化为一个长期资金池，由专业机构配置于股票、债券或直接投资于公司股权或项目，追求长期稳健收益。因此，在投资运作上，个人养老金的期限、投资领域等均有别于其他类型的资产投资形式。个人养老金资金期限较长，在投资运营上可以通过直接或间接的方式，广泛投资于本国乃至全球有长期回报能力的企业。

为保障养老金参与人能平等地享有经济增长的成果，托管机构需从投资运营托管机制方面做出前瞻性设计，系统地考虑养老金对机构组织形式、内部管理、合规风控、业绩标准等方面的要求，主动匹配养老金资金长期限性、稳健性的特点和需求，协助建立养老金投资的专业标准和投资文化，保障养老金产品专业化、专属化，契合养老金持有人的风险收益需求。

3.2 严格核算估值，确保资产完整与信息透明

个人养老金投资覆盖面广，关系到每一个参与个体，养老金资金的投资资产安全、完整、真实至关重要。养老金投资产品及时、准确的估值能更好地保护每一个参与个体的合法权益。

托管机构需进一步提高估值的合理性和可靠性。托管机构需进一步完善与投资人、交易所等多个外部系统的直连与对接，高效、准确地完成交易所数据读取和与管理人之间的账务、报表自动核对和反馈工作。托管机构还可根据与客户的约定、行业内通行准则及市场规则等进行相应的参数设置，对读取的交易及行情等外部数据进行处理，生成记账凭证，出具估值表、余额表等。同时，通过系统间的数据推送功能，完成账实核对和自动付费业务等，确保会计核算业务的安全、精准、高效，

保证个人养老金投资运作的透明、准确、可靠。

3.3　加强风险防控、防范运营风险

养老金作为社会稳定的安全阀，在国家经济与社会发展中发挥着独特的作用，养老金的投资需要一个更加健康、稳定的市场，托管机构在这个市场中将起到防控风险、维护投资者利益、确保投资资产安全的作用。

托管机构需建立全面、全程、全员的风险管理，健全托管业务风险责任制和规章制度，强化风险所有者观念，将托管业务风险第一责任分解到产品准入、客户营销、合同签署、账户开立、清算交收、核算估值、投资监督等各个业务环节及各个岗位，运用操作风险管理工具对操作风险进行识别、评估和控制。同时，还需进一步加强托管业务内部控制和检查及外部审计，加强托管业务持续性计划和应急计划管理，力求实现事前、事中、事后风险控制措施有机结合。托管机构需构建严格的内部风险控制体系，设置风险隔离、自我监控、交互监控、灾难备份四道防线，加强对养老金投资资产的风险防控，为建立更加完善的社会养老金体系搭建优质平台，与资本市场互为支撑、良性发展并有机衔接，保障个人养老金投资的合法性、合规性、透明公开！

参考文献

［1］乔纳森·尼．半路出家的投资银行家：华尔街10年变迁内幕［M］．北京：中信出版社，2008.

［2］中国银行业协会．中国资产托管行业发展报告［M］．北京：中国金融出版社，2012.

［3］许金铭．托管业务的风险管理［J］．中国外汇，2004（11）：48－49.

［4］樊飞舟．商业银行发展资产托管业务的思考［J］．金融理论与实践，2012（8）：110－114.

第三章　公募基金与个人养老金财富管理

招商银行　总行投资类产品研发团队

摘　要　在人口老龄化及养老金体系发展不完善的背景下，我国第三支柱正式起航，个人养老金投资管理成为普遍关注的课题。个人养老金投资属于财富管理范畴，从财富管理的内涵和方法出发，通过深入研究境内外市场，我们发现公募基金已成为个人财富管理及资产保值增值的有效工具。个人养老金作为保障个人退休后养老生活的储备，具有长期性、逐步累积性、收益稳健性、低流动性和主体生命周期性等特征。公募基金依据灵活的运作机制、长期优异的业绩、有效的风控能力及产品创新能力等，具备了满足个人养老金投资需求的条件，有能力在个人养老金投资管理中发挥重要作用。在个人养老金投资操作中，建议使用体系化标准优选产品，采取资产配置策略，并多维度选择投资顾问以获得专业建议。

关键词　财富管理　公募基金　个人养老金　养老目标基金　投资顾问

1　什么是财富管理

1.1　财富管理的内涵

目前学术界并没有对财富管理给出一个普遍性的定义。哈罗德·埃文斯基在《财富管理——理财经理客户投资管理指南》中对"财富管理"的解释是：财富管理是金融规划的一个领域，致力于客户金融资源的有效管理，帮助其实现人生的投资目标。此定义基于客户的角度，是当前大众对于财富管理的普遍理解。

从财富管理市场参与主体的角度来看，主要包括产品需求方、产品供给方和销售服务机构。产品需求方就是客户，他们掌握着财富，希望通过有效管理服务实现各种目标。产品供给方是指商业银行、券商、基金公司、保险公司等机构。销售服务机构，即投资顾问，是指商业银行、第三方理财等产品销售服务机构，其主要职能是将资产管理产品与客户有效匹配，是财富管理服务中最核心的部分。

对产品需求方而言，财富管理就是用钱来生新的钱或达到财务目标的过程。产品供给方承载着设计产品、提供财富管理工具的职能，即将客户的资金投资于可以产生预期收益的资产，需有效地管理来自市场、流动性等的风险。销售服务机构为客户提供投资顾问服务，即为客户提供资讯服务与建议，帮助客户将资金合理地投资于不同的金融产品以达到投资目标。因此，销售服务机构应当明确金融产品投资结构、识别金融产品风险，并积极参与到金融产品设计中，前瞻性地发现和管理风险。

综上所述，财富管理服务是风险管理的过程，应满足客户有效管理生命周期各个阶段风险的需求，其中资产管理机构的重心应该放在如何解决投资环节的风险，销售服务机构则需找出适合的金融产品提供组合服务，帮助客户有效管理风险。

1.2 财富管理的方法论

诺贝尔经济学奖得主美国经济学家弗兰科·莫迪利安尼提出的生命周期消费理论是财富管理的经典方法论。该理论认为，人的一生按照时间顺序可以划分为青年、中年、老年三个阶段，理性人会对家庭收支进行跨期管理，以便在整个生命周期内实现消费的最优配置。在实践中，有理财金字塔模型和理财规划理论两种应用方法。

理财金字塔模型是根据金融产品的风险收益特征，将金融产品划分为不同风险等级，再结合客户需求进行规划配置的方法。

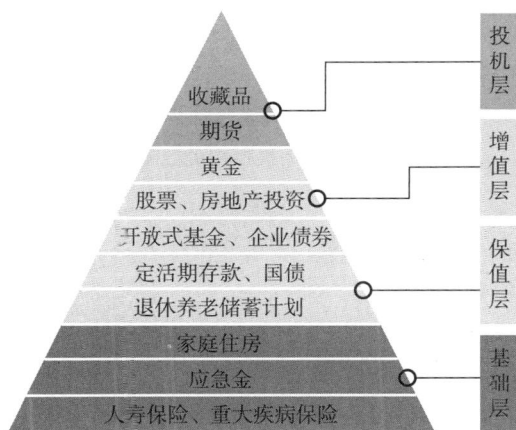

图1 理财金字塔模型

在理财金字塔模型中，第一阶是基础层，对应保障基本生存需求，主要包括人寿保险、重大疾病保险、应急金、家庭住房等；第二阶是保值层，对应人生未来的需求，主要包括退休养老储蓄计划、定活期存款和国债等；第三阶是增值层，对应资产增值需求，主要是股票、房地产投资、黄金等；第四阶是投机层，包括收藏品和期货等。从第一阶至第四阶，产品的风险程度逐渐上升，目标回报也相应提升。根据理财金字塔模型，财富规划应当建好地基，优先保障基本生存需求的配置，再用闲置资金参与高风险产品的投资，这样才能保持稳健的投资格局。

理财规划理论的研究重点是通过分析人一生中的资产负债及现金流匹配情况，根据理财目标进行整体规划，解决人生的财务缺口问题。在人的一生之中，收入与支出的关系随年龄的变化、职业的发展而演变，这决定了在人生的不同阶段，收入与支出不可能实时相等，相反，两者间不匹配则是大概率事件。因此，理财规划理论提出在人生的不同阶段，都要进行一系列财务规划和管理，以此实现人一生中的现金流管理。

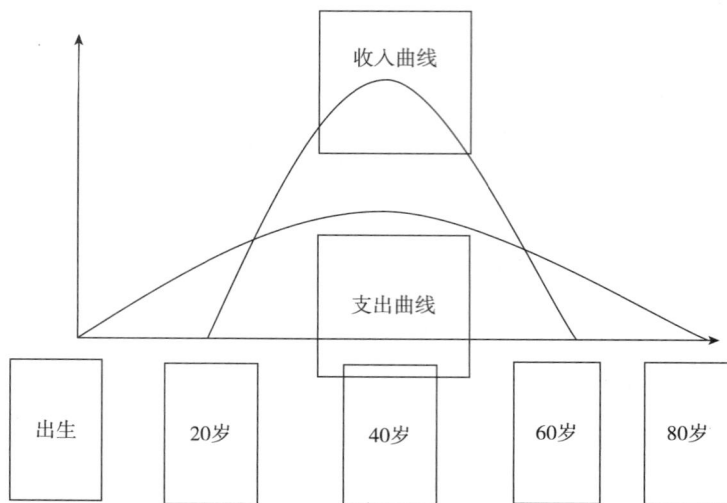

图2　理财规划模型中的收支关系

2　公募基金在个人财富管理中的作用

2.1　公募基金成为个人财富管理的重要工具

目前，公募基金以其丰富的种类、标准化运作、灵活的机制，已经成为个人财富管理的重要工具。

1. 投资类型丰富，支持多策略多资产的组合配置

经过 20 年的发展，目前公募基金的投资标的已基本实现全市场、各大类资产覆盖，包括境内外主要股票市场、债券市场、REITs、商品等，为居民开展真正的全球化资产配置提供了坚实的基础。

2. 标准化程度高，有坚实的市场信任基础

源于过去 20 年持续的严监管要求，公募基金目前已成为资产管理行业中标准化程度最高的资产，拥有完善透明的信息披露机制，持续 20 年的投资者教育也带来了坚实的信任基础，目前已成为个人财富管理的重要工具。

3. 产品起点低，成为普惠金融工具

公募基金认购起点低，一般介于 1～1000 元，相较于银行理财（1 万元）、信托（100 万元）、私募（100 万元）等其他财富管理工具而言，是真正的普惠金融，参与资格广泛，受到普通投资者的青睐。最新数据显示，截至 2017 年底，境内公募基金持有人数已经超过 3.4 亿人，占比达到 24.5%。

4. 产品流动性机制灵活，满足普通投资者多样化需求

公募基金尽管无法像股票一样实现即时交易，但对普通的个人投资而言，T＋2至 T＋4 的流动性基本能够满足需求。经过多年演化，公募基金在流动性方面已经有灵活多样的机制设计，这也是公募基金成为个人重要的财富管理工具选择的原因之一。

2.2 公募基金成为个人实现财富增值的主要途径

2.2.1 公募基金相比各类投资工具长期收益优势显著

从 2005 年至 2017 年各类资产的长期收益率来看，如图 3 所示，偏股混合型基金年化收益高达 16.39%，远超同期其他大类资产的表现，几乎是房地产年化收益率的 2 倍，是个人实现财富稳定增值的有效途径。

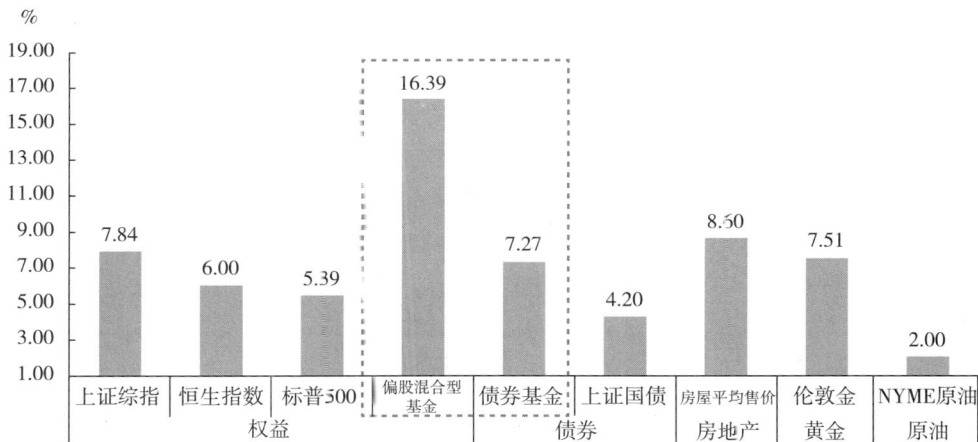

注：1. 统计时长为 13 年（2004 年 12 月 31 日至 2017 年 12 月 31 日），数据取自 Wind；

2. 房地产数据采用全国房屋平均销售价格计算，数据来自国家统计局。

图 3　各类资产长期年化收益率对比

2.2.2 公募基金已成为个人财富增值的重要途径

截至 2017 年底，公募基金数量达到 4841 只，管理资产规模将近 12 万亿元，公募基金持有人超过 3.4 亿人，公募基金累计向持有人分红约 1.7 万亿元，公募基金

利润总额累计达到 2.23 万亿元①。

作为我国养老金投资管理的主力军，公募基金正在有效推动养老金通过投资资本市场分享经济增长成果。截至 2017 年底，公募基金管理公司受托管理各类养老金超过 1.47 万亿元。根据全国社保理事会公布的数据，全国社保基金自 2001 年以来年平均收益率达到 8.37%，企业年金自 2007 年以来年平均收益率达到 7.57%。公募基金作为社保基金、企业年金和基本养老金的主要管理者，为养老金的保值增值作出了重要贡献，直接或间接地帮助个人实现了财富稳定增值。

2.3 境外经验看公募基金在个人财富管理中作用凸显

2.3.1 共同基金在美国市场持续保持稳定增长

根据美国投资公司协会（ICI）最新发布的《2017 年美国基金业年鉴》（2017 *Investment Company Fact Book*）的数据，截至 2016 年底，美国注册投资公司共管理了 19.2 万亿美元的资产，而共同基金承载了 16.3 万亿美元的资产，成为其中最重要的组成部分。在过去 19 年里，共同基金管理规模稳步增长，年复合增长率超过 6%。

表1　　　　　　　　　　1998—2016 年美国注册投资公司资产结构　　　　　单位：十亿美元

年份	Mutual funds[1]	Closed – end funds[2]	ETFs[3]	UITs	Total[4]
1998	5525	156	16	94	5790
1999	6846	147	34	92	7119
2000	6965	143	66	74	7247
2001	6975	141	83	49	7248
2002	6383	159	102	36	6680
2003	7402	214	151	36	7803
2004	8096	253	228	37	8614
2005	8891	276	301	40	9509
2006	10398	297	423	50	11168
2007	12000	312	308	53	12974
2008	9621	184	531	29	10365
2009	11113	223	777	38	12151
2010	11834	238	992	51	13114
2011	11633	242	1048	60	12983
2012	13054	264	1337	72	14727
2013	15049	279	1675	87	17090
2014	15873	289	1975	101	18238

① 资料来源：银河证券。

年份	Mutual funds[1]	Closed – end funds[2]	ETFs[3]	UITs	Total[4]
2015	15650	261	2101	94	18106
2016	16344	262	2524	85	19215

注：数据主要用于向 ICI 提供统计信息报告的投资公司。这些投资公司的资产占投资者资产的98%。由于凑整的原因，以上分项加和项可能不完全等于各项总和。

1. 共同基金数据不包含主要投资于其他共同基金的共同基金（FOF）。

2. 封闭式基金包括优先份额。

3. 2001 年以前的 ETF 数据由 Strategic Insight Simfund 提供。ETF 数据包括没有在 ICA1940 注册的投资公司，但不包括主要投资于其他 ETF 的 ETF。

4. 全部投资公司资产包括持有其他封闭式基金或 ETF 的共同基金。

资料来源：ICI 和 SIS。

2.3.2 个人投资者（家庭）成为共同基金的绝对主力

在共同基金持有人结构方面，散户（家庭）是美国市场中主要持有公募基金的人群，在 16.3 万亿美元整体共同基金规模中占比高达89%，长期基金中散户的比例更是高达95%。机构投资者（比如非金融企业、金融公司、非营利组织）在共同基金市场中占比较小，仅占约11%，且机构的主要投资目标为现金管理，如在机构投资者持有的 1.7 万亿美元规模中，约61%为货币基金。

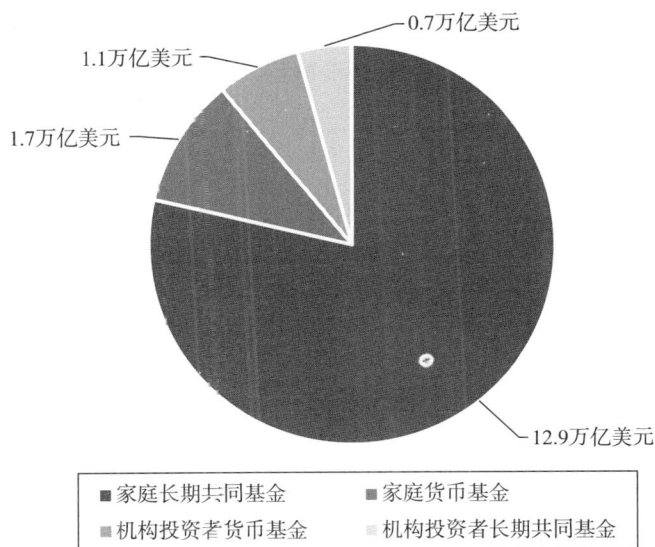

注：1. 全部共同基金资产为 16.3 万亿美元，全部长期基金资产为 13.6 万亿美元，全部货币市场基金资产为 2.7 万亿美元；

2. IRA 账户、DC 计划、企业年金、529 计划和教育储蓄账户所购买的共同基金都计入家庭持有范围；

3. 长期共同基金包括股票、混合资产债券、债券基金等，组合资产未计入；

4. 数据截至 2016 年。由于四舍五入，图中各分量之和可能不等于总量。

图 4　美国家庭持有共同基金资产结构

2.3.3 个人投资者（家庭）对共同基金的"依赖性"越来越高

截至 2016 年底，美国注册投资公司大约管理了 22% 的家庭金融资产，从 1980 年开始这一趋势持续强化，资产占比从 3% 一路上升至 22%，家庭对共同基金的"依赖性"不断提升。这一现象从侧面说明了共同基金为美国家庭带来了良好的财富增值体验，促使其成为美国家庭配置的主要选择。

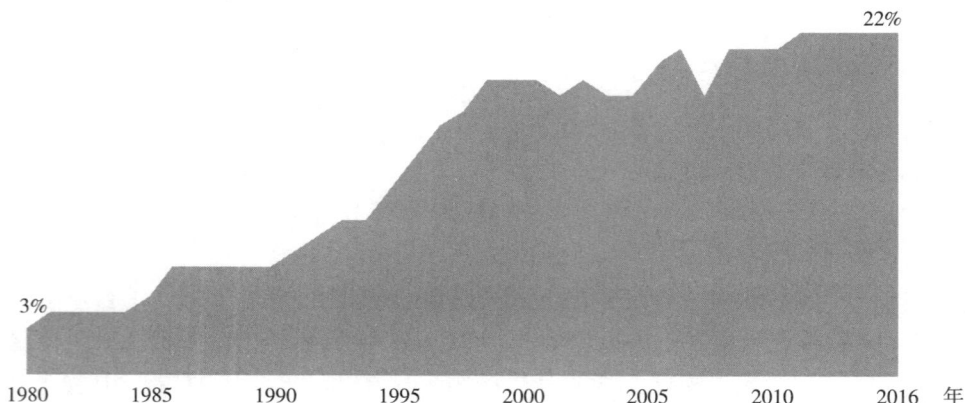

注：美国注册投资公司持有的家庭金融资产包括 ETF、封闭式基金、UIT 和共同基金。共同基金包括其管理的雇主发起式固定缴费养老金计划（employer – sponsor DC plans）、IRAs 和年金。

资料来源：ICI 和 FRB。

图 5　1980—2016 年美国注册投资公司持有家庭金融资产份额变化情况

2.3.4 养老（长期投资）是个人投资者购买共同基金的主要目标

回顾美国基金业的发展历史，促成基金业大发展的主要推动力就是养老需求，以个人退休账户（IRAs）、缴费确定型计划（DC）以及 401（k）计划为代表的养老金资产快速增长，推动个人投资者不断加大基金配置比例。

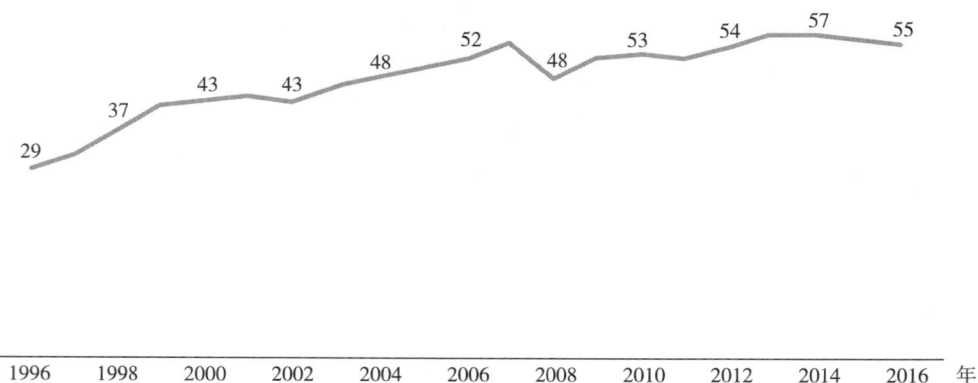

图 6　1996—2016 年共同基金在家庭退休账户中的占比（%）

如图 7 所示，截至 2016 年末，IRAs 在家庭金融资产中的占比为 10.4%，其中 47% 的资产由共同基金管理。有 9.3% 的家庭金融资产在 401（k）及其他缴费确定型计中，这一比例在 1996 年为 8.2%。共同基金管理了这些计划中 55% 的资产，较 1996 年 29% 的管理比例增长了近一倍。

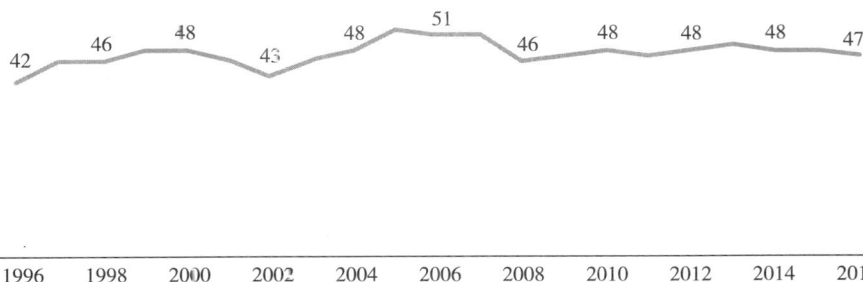

注：该类养老金计划包括私人雇主发起的规定缴费计划（包括 401(k) 计划）、403(b) 计划、457 计划，以及联邦雇员退休系统储蓄计划。

资料来源：ICI，美联储董事会、美国劳动部、政府规定缴费机构协会、美国生活保险理事会、国内税务署收入数据部。详见 ICI 发布的《2016 年第四季度美国养老金市场分析报告》。

图 7　1996—2016 年 IRAs 中共同基金资产的占比（%）

3　如何运用公募基金进行个人养老金投资

3.1　个人养老金投资的目标

养老金制度作为社会稳定的安全阀，是现代社会的基本制度之一。我国养老金制度是三支柱养老金体系：第一支柱为基本养老金，第二支柱为企业年金、职业年金，第三支柱是个人养老金。第一支柱基本养老金的目标为确保国民基本养老安全，第二支柱企业年金、职业年金的目标为增加养老收入来源，第三支柱个人养老金的目标为加强自我保障能力。随着我国人口老龄化加剧及追求高质量生活水平，居民通过个人养老金来提升养老保障水平的需求日益增长，未来将在养老金体系中扮演越来越重要的角色。

1. 缓解人口结构产生的养老压力

我国人口老龄化加剧，养老金体系面临巨大的压力。截至 2017 年底，我国老年人口达到 2.41 亿人，占总人口的 17.3%。根据联合国的预测，2050 年前后我国老年人口将达到 4.87 亿人，占总人口的 34.8%。此外，我国人口结构决定了赡养比较高并将持续提升，到 2020 年将上升为 23.68%，到 2040 年则将上升为 37.9%。

随着人口老龄化趋势加剧，财政补贴压力不断加大，第一支柱基本养老金替代率和第二支柱的补充作用均逐步下降，难以支撑养老金体系运转。因此，作为第三支柱的个人养老金必须发挥更大的作用，缓解人口结构带来的养老压力。

2. 解决资金缺口保证老年生活质量

国际经验表明，当养老金替代率大于 70% 时，退休后可维持退休前的生活水平。然而，我国基本养老金替代率持续下降，从 1997 年的 73% 下降到 2014 年的 45%，难以保障居民有质量的晚年生活。通过个人账户的形式，将个人风险承受能力和实际投资中承担的风险有效匹配，进而提高投资期间的回报，可有效解决退休后可能存在的资金缺口问题。

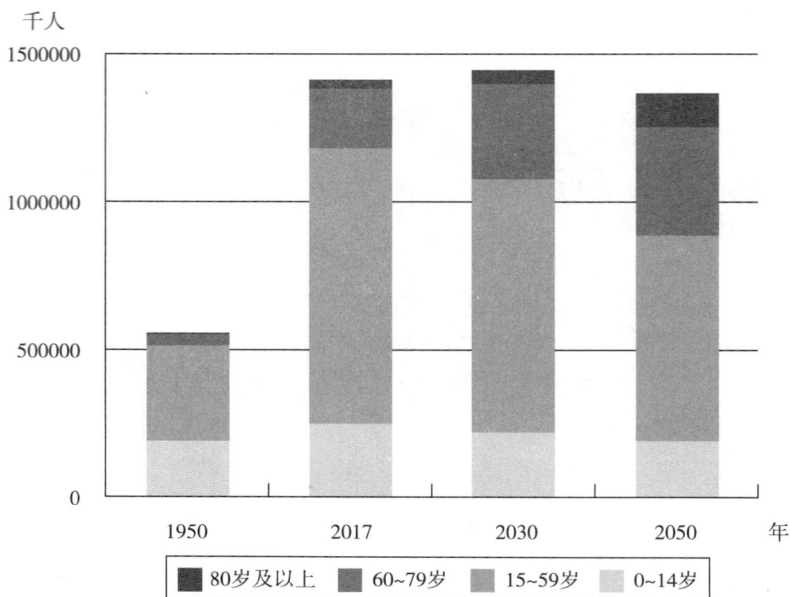

图 8　我国人口结构发展趋势

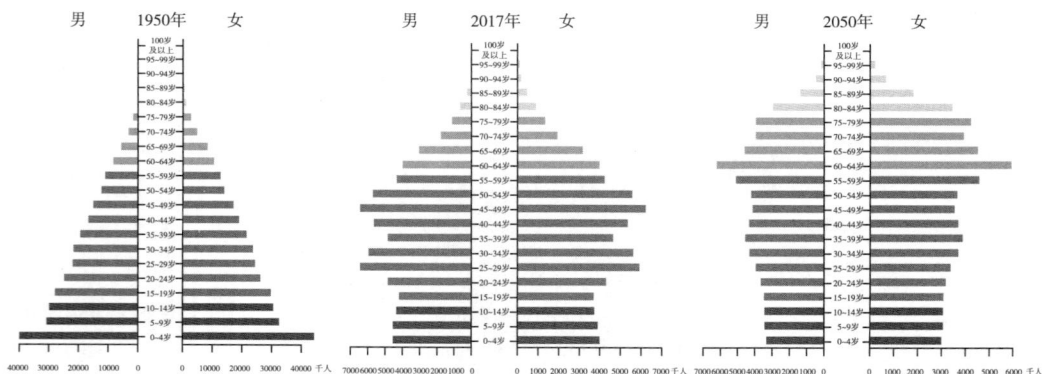

图 9　我国各年龄段人口发展结构趋势

3. 解决财富传递风险实现资产传承

除此之外，个人养老金采取独立账户运作，法律权属关系清晰；就个人资产而言，方便实现资产的传承，可以适度规避个人财富传承的风险。

3.2　公募基金是满足个人养老金投资需求的路径

3.2.1　个人养老金投资的特征

个人养老金投资是以保障个人退休后养老生活进行的储备投资。由于退休养老是刚性需求，是特定目的、特定场景下的特定需求，这就决定了与一般的投资相比，个人养老金投资有其独特特征。

1. 长期性

从养老金储备的过程来看，个人养老金储备一般是从 35 岁左右开始，在约 30 年的较长周期中，每月或每年存储资金，在达到法定退休年龄时一次性支取或者转变为年金定期支取，以便满足退休后 20～30 年的养老生活需要。

因此，从时间周期来看，养老金的储备是个长期过程，属于跨生命周期的资金存储与投资安排，具有长期性特征。

2. 逐步累积性

根据跨生命周期财富曲线，养老金存入阶段是财富快速积累阶段，也是人生中资金支出较大的阶段，投资者积累养老金的周期也是家庭消费快速增长期，投资者需要在支出金额与留存金额之间进行权衡与分配，一次性留存大量资金的可行性和必要性不高，一般采取定期留存方式完成养老金储备。因此，个人养老金投资具有逐步累积的特征。

3. 收益稳健性

从个人养老金储备目的的角度来看，养老金具有安全性、收益性双重诉求，整体来看就是收益的长期稳健性要求。从风险的角度看，个人养老金对应养老刚需，需确保资金安全。从收益的角度看，个人养老金具有长期储备特征，养老资金将在较长周期内面对通货膨胀和资产贬值风险，需要能战胜通货膨胀并追求满意的投资回报。从时间的角度看，个人养老金属于长钱，属于长周期层面的稳健，在短周期内则可以承受部分资产价格波动，这为养老金配置风险资产获取更高收益提供了条件。

4. 低流动性

从收入分配的角度来看，养老金的积累阶段也是人生中财富快速积累的阶段，在此过程中个人养老金储备仅为收入的一部分，非特殊情况下不存在支取的需求。从政策引导的角度来看，监管机制会强化个人累计养老金留存意愿，比如美国 401（k）计划就规定，在 59.5 岁之前个人不得提取账户中的养老金，否则会给予税收惩罚。

因此，个人养老金都具有低流动性特征，积累期间的投资管理流动性压力较低，可以支持投资较长期限的资产，支持投资短期无效但长期有效的风险资产。

5. 主体生命周期性

从参与者结构的角度来看，参与投资者具有不同的年龄、不同的退休年龄、不同的风险承受能力和养老金存取安排等特点，形成投资主体的生命周期性这一属性。然而，从年龄与风险承受能力的角度来看，处于同一年龄层的客户又有基本一致的风险承受能力，并在相近时间达到退休年龄产生资金需求。

同一年龄层的参与者资金存入动作一致，风险承受能力相近，支取行为可预测，因此整体负债端稳定，为管理人立足资产负债匹配进行长期投资创造了条件。

3.2.2 公募基金可以有效满足养老金投资需求

针对个人养老金投资的特征，专业服务机构应以客户需求为导向，寻求适合的投资工具以匹配投资者需求。实际上，公募基金在面对个人养老金投资需求时，可以有效实现养老金跨期资产管理需求。

从长期的角度看，公募基金经过长期的创设、运行、调整，具有存续期限长、机制设计灵活的特点。根据《中华人民共和国证券投资基金法》的规定，开放式公募基金并无固定存续时间，不出现特殊情况下将永久保持运行。开放式公募基金申购起点低，申购无时间限制，投资者可以随时申购，支持客户多层频率定期申购。因此，从长期逐步累积的角度看，公募基金可以有效匹配个人养老金需求。

从稳健的角度来看，长期来看公募基金取得了令人满意的回报。从境外市场来看，1802 年到 2012 年，美国股票资产的年化收益率是 8.1%，长期国债年化收益率为 5.1%，短期国债年化收益率为 4.2%，黄金年化收益率为 2.1%，美元年化收益率为 1.4%。在这 210 年中，普通股多样化组合的年化复合投资收益率为 6%~7%。从境内市场来看，公募基金成立 20 年来，偏股型基金年化收益率为 16.5%，债券型基金年化收益率为 7.2%，为投资者创造了良好的回报。

从风险的角度来看，通过优选资产、长期投资，权益投资的收益预期将极大改善，特别是持续持有 10 年以上的年化收益率改善明显。从 1991 年以来深证综指买入并持有 10 年的历史收益情况来看，股票长期投资的收益特征，符合长期投资安全性和有效保持增值的目标，指数年化投资收益分布范围是 0.79%~28.34%。按照年化收益率 90% 概率分布区间计算，深证指数年化投资收益区间是 3.17%~23.00%。因此，从风险的角度来看，拉长投资期限虽然无法消除短期波动，但能够在长期熨平收益曲线，公募基金在风险可控的情况下可获得稳健收益。

从生命周期的角度来看，公募基金包括纯债基金、二级债基、混合基金、偏股基金、指数基金等多个投资品类，整体上可满足不同阶段、不同风险承受能力的投资者的需求。特别是目前各投资管理机构报批的养老目标日期 FOF 基金，采取 2035、2045 的目标日期设置，采取到期前只可存入不可取出的流动性安排，匹配不同年龄阶段人群的养老配置需求。以 FOF 基金的形式存在，有效扩大了投资范围，同时起到双层风险分散的作用，可以帮助投资者在承担适度风险的条件下获得匹配的收益回报。在投资策略上使用"下滑曲线"策略将客户年龄与权益投资比重进行动态管理、合理匹配，随着目标日期临近而逐渐增加低风险资产的比重。

整体来看，通过灵活的管理机制满足个人养老金长期、定期买入的需求，通过 FOF 形式开展资产配置做到多元投资、风险分散，在复利效应下实现资产增值，通过资产与负债的匹配管理提高成本效率，通过专业团队管理持续以长期优异的业绩帮助投资者实现养老目标，保持有品质的养老生活，公募基金具备满足个人养老金投资特别需求的条件。

3.3 如何使用公募基金进行养老金投资

整体来看，在使用公募基金进行养老金投资的过程中，主要涉及产品选择和参与方式两大核心问题，其中产品选择主要解决如何选择产品的问题，参与方式主要解决如何进行投资操作的问题。从实践结果来看，通过使用正确的选基理念、完整的评价体系优选基金并做好资产配置，坚持长期定期定额投资，可以取得优异的回报。在这一过程中，多维度选择专业的投资顾问十分重要。

3.3.1 产品选择

1. 产品选择的两个方向

根据前文的论述，个人养老金有长期性、逐步累积性、收益稳健型、低流动性、主体生命周期性等特征，针对以上特征，在使用公募基金做个人养老金投资时，可以选择现有公募基金产品与组合，也可以直接选择养老目标基金。

养老目标基金以长期稳健增值为目的，采取稳健的资产配置策略，控制基金下行风险，追求基金长期稳健增值，是个人养老金投资者较好的投资工具之一。具体来看，养老目标基金通过设计下滑路线进行与客户生命周期匹配的合理稳定的资产配置；通过合同限制人为频繁操作，避免追涨杀跌的情况；养老目标基金投资范围广泛，从美国来看可投资价值股、成长股、非美发达国家、非美新兴国家、其他资产、外国债券、高收益债券、现金、TIPs 等资产；从绩效的角度看，养老目标基金采用相对合理的资产配置模型，相比其他产品绩效更好，波动性更小，从美国的数据来看，1954 年以后任何 25 年期间美国股指滚动收益从未低于债指收益。因此，养老目标基金适合个人进行养老金投资。

然而，无论是采取直接选择现有产品的方式，还是采取使用养老目标基金的方式，实际上都涉及资产配置和优选基金这两个核心问题。其中资产配置主要解决大类资产配置的问题，期望通过大类资产配置的组合变化应对市场；优选基金则期望建立基金筛选评价办法，通过完整实用的标准解决从众多基金产品中择优配置的问题。整体上看，在资产配置的框架下，通过精选基金的配置和调整，意在持续优化投资绩效。

2. 资产配置方法

1952 年，马柯维茨（Harry M. Markowitz）发表了学术论文《资产组合选择——投资的有效分散化》，发展了在不确定条件下选择投资组合的理论，概念明确、可操作性强，逐步演变成为现代金融投资理论的基础。该论文明确定义了投资者偏好，将边际分析原理运用于资产组合的分析研究，并将相关性研究作为大类资产配置研究的核心，力争通过大类资产配置，控制好资产组合的风险，实现资产组合风险的降低，以获取稳健回报。这一方法有效地解决了如何合理运用、组合资金的难题，阐明了在风险一定时取得最大收益的方法，从理论上清晰地描述了大类资产配置，为资产配置投资提供了基础，尤其是在长期资金投资领域占据举足轻重的地位。

资产配置涉及资产选择、相关性分析、资产配置比例的动态管理等，普通客户难以有效运用。因此，在投资实践中，服务机构可将人工智能技术与公募基金投资服务相结合，为客户提供智能化大类资产配置服务，将原本相对复杂的资产配置、资产组合及资产动态调整等更加简单和清晰地服务于大众客户，可以有效提升客户基金组合配置的体验，满足个人客户养老金投资的需求。

3. 优选公募基金

基金精选同样是专业的系统性工程，不仅需要对市场上的各种基金产品进行科学分类，对其历史业绩、持仓情况进行定量分析，还需要对基金经理与投研团队进行深入的尽职调查与长期跟踪，把定性因素与定量因素结合分析。

关于公募基金选择有诸多方法，归纳起来，集中在产品维度——评估风险调整后收益，以及基金经理维度——界定投资风格。

风险调整后收益（Risk – adjusted Returns）的基本思路就是对收益加以风险调整，以实现对收益和风险的综合考量。现代投资理论的研究表明，风险的大小在决定组合表现上具有基础性的作用。风险调整后收益率就是一个可以同时对收益与风险加以考虑的综合指标，以期能够排除风险因素对绩效评估的不利影响。

例如，我们进行基金比较时，不能简单地以区间收益率高低评判优劣，仅看区间收益率是不严谨的。倘若一只基金波动很大，稳定性不足，而我们恰好看到它表现最好的区间，就很可能做出错误的评价。换句话说，它持续获得优异绩效的概率不好评判。

有没有方法可以衡量这种不确定性呢？这时我们引入风险的概念。我们通常用"标准差"这个统计量来考量基金表现的波动性。简单地说，它可以告诉你一只基金未来收益率有多大概率落在某个区间范围内。标准差越大，基金表现越不稳定，也就是风险越大。

威廉·夏普在 1990 年提出了一个检验指标，叫作夏普比率（Sharpe Ratio），是用基金的收益率减去无风险利率，除以该基金收益率的标准差，这样就可以计算出基金每承担一个单位的波动，能够获得多大的收益。这就是风险调整后收益的概念。

（1）夏普比率

夏普比率的分子是投资组合的收益率和无风险收益率的差值，分母是投资组合的波动率，用公式表达就是：

$$\text{Sharpe Ratio} = \frac{R_P - R_F}{\sigma_P}$$

其中，R_P 为投资组合收益率；R_F 为无风险收益率（比如现金和短期国库券的投资收益率）；σ_P 为投资组合风险（变化性、收益率的标准差，通常年化）。

夏普比率是衡量风险调整后收益的行业标准之一，也是最经典、最广泛使用的指标。原则上，夏普比率越高越好。

但事实上基金的投资风格和策略是不同的，不同风格和类型的基金不能简单地进行比较。因此我们要有一个参照物，即"业绩基准"，根据不同的投资策略，基金应该和自己的业绩基准做比较，这时我们就会用到信息比率（Information Ratio）。

（2）信息比率

信息比率使用的是相对收益率和跟踪误差的角度。用公式表示就是：

$$信息比率（IR） = \frac{投资组合的收益 - 基准收益}{跟踪误差}$$

跟踪误差（Tracking Error）是投资组合收益和基准收益的标准差。我们将分子称为超额收益率（超过业绩基准的收益率），分母就是超额收益率的标准差。

风险就是波动性、不确定性，可分为有利不确定性和不利不确定性。比如，一只基金下个月的收益率有可能是上涨 10%，也有可能是下跌 10%，上涨的情况对投资者来说是一件"好事"，如果将这种不确定性计入风险调整，则相当于一种"惩罚"，这时我们就有了索提诺比率（Sortino Ratio）。

（3）索提诺比率

索提诺比率是夏普比率的一个扩展，不同的是它区分了波动的利害。在计算投资组合的风险时不考虑上行波动，只考虑下行波动。用公式表达就是：

$$Sortino\ Ratio = \frac{R_P - R_B}{6_D}$$

其中，分母是下行标准差（Downside Deviation），是标准差的一种变形。

另外，还有一个常用的数据——卡玛比率（Calmar Ratio）。

（4）卡玛比率

卡玛比率同样衡量的是相对收益和下行风险，不同的是它使用最大回撤率来衡量风险。卡玛比率越高表示基金承受每单位最大损失获得的报酬越高。用公式表示就是：

$$Calmar\ Ratio = \frac{R_P - R_B}{D_{Max}}$$

其中，分母是最大回撤率。

以上是衡量风险调整后收益最常用的四个指标，实践中如何选择取决于投资者的投资目的和偏好。

基金经理的投资风格指基金经理在构建投资组合和选择股票的过程中所表现出的风格。按照不同分类标准，可划分为价值/成长/平衡风格，大盘/中盘/小盘风格及交叉风格等。

投资风格的决定因素有以下五个：第一，股票投资比例的大小。股票价格涨跌的可变性决定了基金净值的可变性。一般而言，配置股票比例越高的基金产品，其风格特征越表现为激进。第二，重仓股票的投资价值。观察基金重仓股的变动，可以在一定程度上了解到基金净值的变化状况，特别是其净值涨跌幅度。第三，基金管理人的投资策略。为了追求基金投资收益最大化，基金管理人会采取及时灵活的投资策略来实现投资目标，策略运用会影响基金投资风格。第四，基金规模大小和变化。例如，基金规模过大，就不利于成长风格投资。同时，基金规模频繁变化也会影响基金风格的稳定性。第五，基金收益分配政策。不同的基金管理人配置基金资产的不同，呈现出不同的风险收益特征。

3.3.2 定期定额投资

作为追求稳健投资收益的个人养老金投资，定期定额投资是较为适合的投资方式。

1. 基金定投是零售客户进行公募基金配置的有力武器

公募基金，特别是权益型公募基金具有高收益高风险特性。公募基金最大的风险来源是波动性，最大的收益来源也是波动性，公募基金二十年的投资实践表明，偏股型公募基金平均能够取得年化 16.18% 的投资回报率。但是，广大基民们却鲜有能够赚取到相应的回报率，其中一个重要原因就是个人投资者的"追涨杀跌"行为，在基金净值的波动过程中，投资者很难进行理性决策。

同时，中国居民一直以来都有储蓄的良好习惯，这决定了我国居民低风险的投资偏好。所以，零售客户很难做出直接投资高风险偏股型基金的决定。

基金定投则可以搭建起低风险零售客户与高风险偏股型基金之间的沟通桥梁。基金定投具有分批进场、分散风险的天然优势。通过分批买入，能有效降低单位投资成本；通过小额投资，达到分期理财的目标；通过定期扣款，形成纪律性投资，克服"追涨杀跌"的人性弱点。因此，基金定投是零售客户进行公募基金投资的合理工具。

2. 基于市场波动的定期不定额定投以及"聪明定投"

鉴于我国 A 股市场"牛短熊长"的特性，传统定期定额投资盈利体验不足。于是，在传统定期定额投资的基础上，衍生出基于市场波动而动态调节定投金额的定期不定额定投。

定期不定额定投通过动态对比市场指数涨跌情况来纪律性实现"市场高位少投、市场低位多投"的倒金字塔投资功能，可有效提升定投胜率，增强投资者的盈利体验，可有效激励普通投资者坚持定投。

基于定期不定额投资的优势，有销售机构开发了"聪明定投"功能。"聪明定投"是有别于传统基金定投的智能化定投，结合市场走势，通过提前设定实现在市场大幅偏离均线或者点位中枢时智能调节定投金额，同时考虑客户适度止盈需求，在定投收益率达到一定水平时及时提醒客户，从而提升客户体验。

此类定投功能主要包括以下两种模式：

（1）均线法智能定投。即根据指数相对均线的偏离程度来调节定投金额，指数大跌时多定投，指数大涨时少定投：当指数相对均线未出现较大偏离时，按基准金额扣款；当指数运行在均线之上并偏离较大时，定投金额减量；而当指数运行在均线之下并偏离较大时，则定投金额加量。

（2）区间点位智能定投。即首先设置指数的区间点位，分为中枢区间、超买区间、超卖区间。当指数运行在中枢区间时，按基准金额定投；当指数运行在超买区间时，每期定投金额减半；当指数运行在超卖区间时，每期定投金额加倍。

3.3.3 实践效果

1. 精选基金的实践效果

通过建立基金筛选标准体系，发掘具有超额收益能力和稳定性突出的基金品种，通过配置并辅以动态调整，可以获得超越市场的绩效表现。以市场上知名度较高的招商银行五星之选精选基金为例，2013年至2018年第一季度末，权益类指数累计涨幅为 205.37%（同期沪深 300 涨幅仅为 50.99%），债券类指数累计涨幅为 76.74%（同期中证全债指数仅上涨 24.05%）。精选基金组合显著跑赢市场表现。

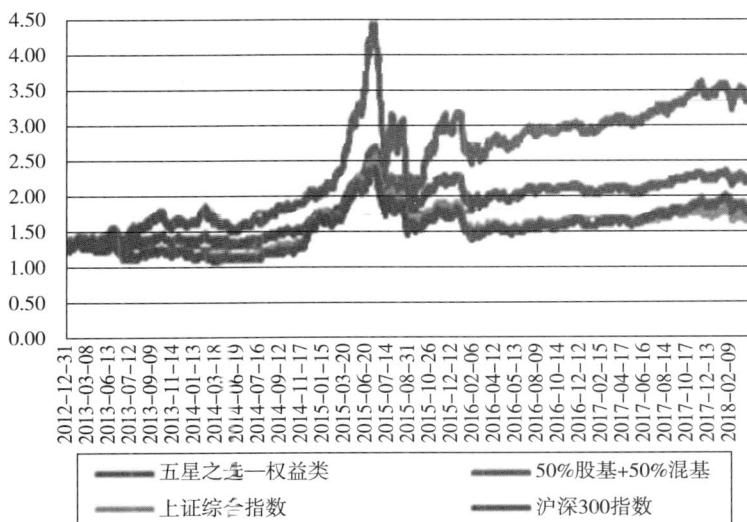

图 10　招商银行"五星之选"权益类基金指数

图 11　招商银行"五星之选"固定收益类基金指数

2. 目标日期基金的实践效果

从美国市场上现存的大约 1100 只目标日期基金产品的情况看，在业绩的角度，目标日期基金的收益率在 4.91% ~ 8.49% 之间波动，平均收益率为 6.66%。其间，CPI 均值处于 1.88% ~ 3.78% 之间，平均通胀率为 2.51%。因此，整体上目标日期基金可以跑赢其工作期间通胀率，达到有效的资产保值增值目标。

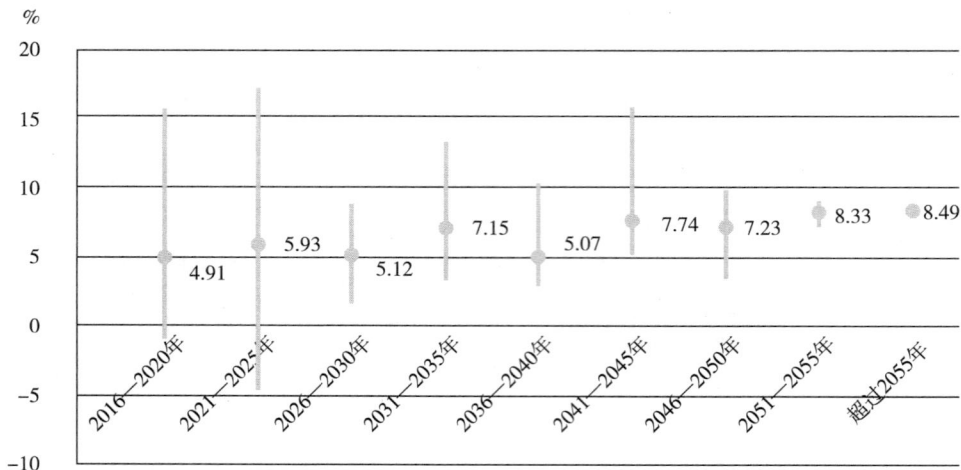

资料来源：彭博，数据截至 2017 年 11 月 30 日。

图 12 美国市场目标日期基金的收益率分布

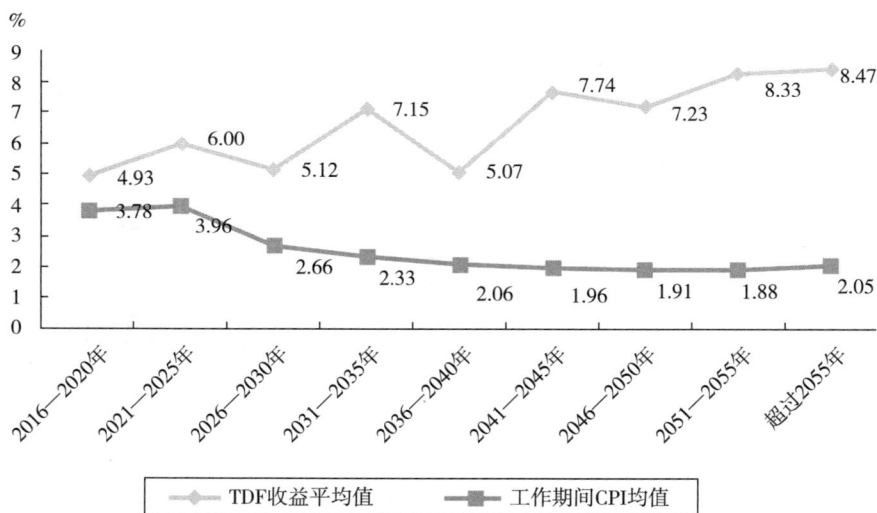

资料来源：彭博，数据截至 2017 年 11 月 30 日。

图 13 美国市场目标日期基金收益与 CPI 比较

3. 资产配置的实践效果

通过资产配置，明确基金投资的资产类别以及各类资产的投资比例，在既定的波动风险下实现最优投资回报。具体包括明确可投资资产类别、各类资产的最优配置比例并根据经济和资本市场的变化调整各类资产的投资比例等。以 2002—2017 年境内权益与债券资产为投资标的，按照不同的资产配置比例、设置不同的持有时间周期进行对比观察。

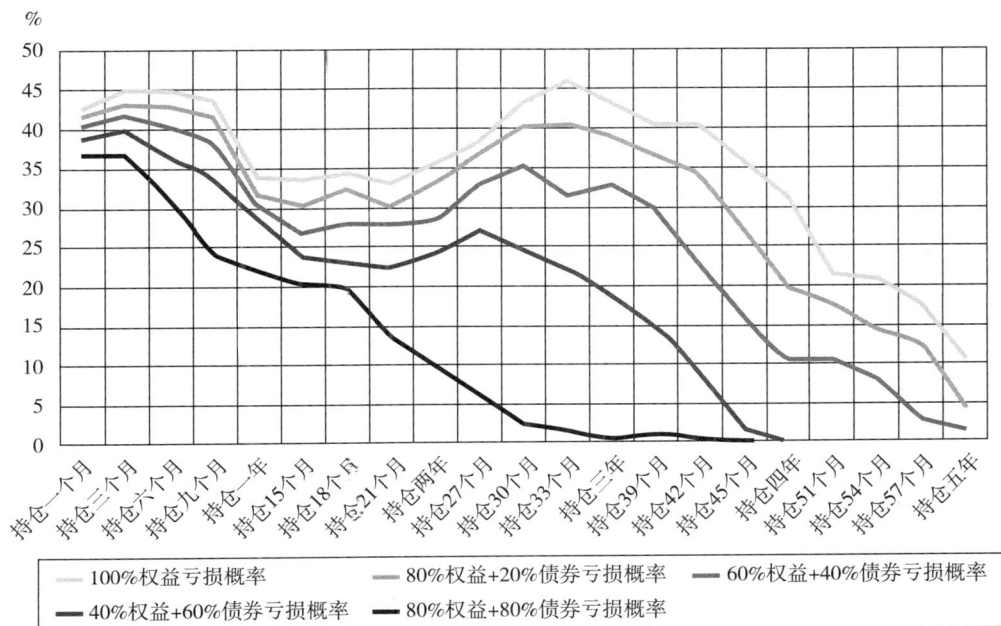

图 14　持有权益及债券资产的亏损概率

分析发现：

（1）在相同持有时间的条件下，通过债券与权益资产配置亏损概率出现下降。

（2）在相同持有时间的条件下，债券占比与亏损概率下降幅度正相关。例如，从持仓三年来看，按照 20% 权益、80% 债券持仓亏损概率几乎降低为 0，而按照 40% 权益、60% 债券持仓亏损概率约为 20%。

因此，根据各大类资产之间的相关性，通过资产配置可以有效规避风险，达到稳定投资绩效的目标。

4. 基金定投的实践效果

A 股波动性较大，通过基金定投的方式可以熨平市场波动，有效分散风险，获得满意的投资收益。数据显示，自 2003 年开始编制公募基金指数以来，定投混合型基金指数的年化收益率达到了 14.07%，定投股票型基金指数的收益率为 13.49%；同类型指数中，大陆股指定投收益率要显著高于香港市场和美国市场。而历年 CPI 涨幅均值是 4.27%，从长期来看，定投收益率轻松跑赢通货膨胀。因此，这一策略可以有效地实现个人养老金保值增值目标。

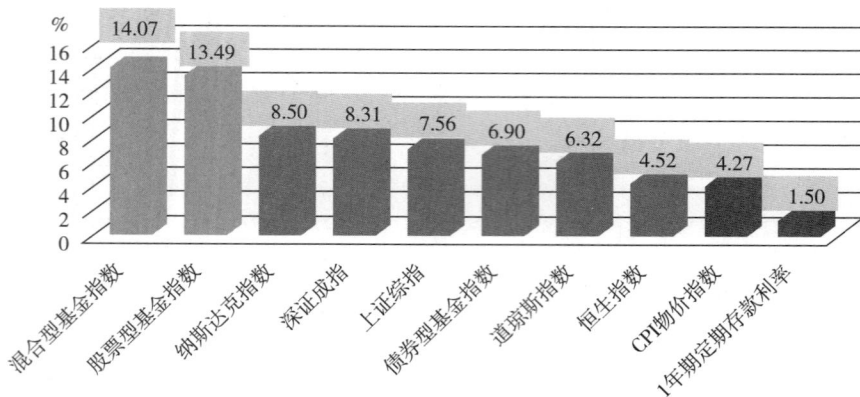

图15　定投各类指数的年化回报情况

3.3.4　优选财富管理服务机构

虽然公募基金可满足个人养老金的投资需求，但是我们发现公募基金的筛选对专业能力要求非常高。一方面，国内公募基金数量多，截至 2017 年底，我国公募基金数量接近 4700 只，而 2014 年底这一数字才 1892 只，短短三年时间，公募基金数量增加了 148%。另一方面，同一类型的公募基金业绩分化明显，以偏股混合型基金为例，2017 年表现最好的基金净值上涨 56%，而表现最差的基金净值却下跌28%，市场风格多变、基金经理稳定性较差以及对相对排名的过分追逐共同导致了这一巨大的裂口。在这样一个复杂多变的市场中，个人投资者因为缺乏专业能力，想要通过公募基金实现个人养老金的投资目标显然非常困难，这就需要专业的财富管理机构或者投资顾问帮助个人投资者完成基金产品的选择。

面对众多养老产品，即便是类似的策略产品，不同机构也有不同的构建方法，需要投资顾问或者专业的财富管理机构为客户提供组合建议。因此，专业的财富管理机构或者投资顾问在个人养老金投资中的重要性不言而喻。

截至 2016 年末，全国共有基金代销机构 381 家，其中商业银行 141 家，独立基金销售机构 107 家，证券公司 99 家，期货公司 18 家，保险公司和保险代理公司 9家，投资咨询公司 7 家，但是面对众多的财富管理机构，应该如何选择财富管理机构呢？

首先，选择财富管理机构最重要的标准是其核心价值观。一个优秀的财富管理机构的核心价值观应该是"以客户为中心，以持续为客户创造价值为己任"，只有通过持续不断地为客户创造价值才能赢得客户的信任。如果一家财富管理机构的核心价值观仍然停留在自身经营利益方面，很难将客户利益放在首位，其结果必然是引导客户追逐热点、频繁交易，最终导致高买低卖，难以实现最初既定的投资目标。

其次，选择财富管理机构时还需要关注其投资顾问能力，这是持续帮助客户实现盈利的基础，包含产品选择能力和专业投资建议能力。面对产品的净值波动，需要财富管理机构及时与客户进行高频的交流和沟通，建立信任交互，避免客户短期的非理性决策；同时，需要对客户的财富规划实时检视，了解客户真实的财富管理需求，并对财富规划进行不断调整，最终实现财富规划目标。

参考文献

［1］哈罗德·埃文斯基著，张春子等译．财富管理：理财顾问客户投资管理指南［M］．北京：中信出版社，2011.

［2］王洪栋．财富管理与资产配置［M］．北京：经济管理出版社，2013.

［3］弗兰科·莫迪利安已．莫迪利安尼文萃［M］．北京：首都经济贸易大学出版社，2001.

［4］中国证券投资基金业协会．基金服务养老金第三支柱建设［EB/OL］. http://www. amac. org. cn/xhdt/zxdt/391991. shtml.

［5］Investment Company Institute. 2017 *Investment Company Fact Book* ［EB/OL］. http：//www. icifactbook. org/.

［6］姚余栋，孙博，董克用．中国养老金融发展报告（2017）［M］．北京：社会科学文献出版社，2017.

［7］人力资源社会保障部，国家统计局．2017年度人力资源和社会保障事业发展统计公报［J］．中国人力资源社会保障，2017.

［8］Markowitz, Harry M，朱菁，欧阳向军．资产组合选择和资本市场的均值：方差分析［M］．上海：上海三联书店，2006.

第四章　个人养老金投资者教育实施路径

东方证券资产管理有限公司　万　晶

摘　要　投资者教育不仅是投资者保护的重要内容，也是构建长期稳定市场秩序的必要条件。随着中国居民财富的增加，人口老龄化现象的凸显，养老金第三支柱的建立与发展迫在眉睫。在个人养老金市场越发受到重视的同时，个人养老金投资者教育也逐渐受到关注。本文阐述了个人养老金投资者教育的主要内容，包括养老投资理念的推行及更新、养老资产配置的方法和目标、不同养老金产品的收益及风险特征以及投资者权益保护注意事项；介绍了成熟市场的金融机构、交易所、行业协会等市场参与者的实践经验；分析了个人养老金教育的特点与具体形式；并在上述内容的基础上，提出了我国应以政策层、执行层和评估层的层次框架开展个人养老金投资者教育的具体建议。

关键词　个人养老金　养老金投资　投资者教育

1　个人养老金投资者教育的概念与内容

1.1　个人投资者教育的基本概念

投资者教育（Investor Education）指的是主要面向个人投资者传播投资知识、培养投资技能、传授投资经验、提示投资风险、倡导理性投资理念、告知权利保护及其途径、提高投资者素质的一项系统的社会活动。

个人养老金投资者教育，是指针对个人养老金投资者进行有目的、有计划、有组织地传播有关养老金投资知识、培养有关投资技能、倡导理性投资观念、提示相关投资风险的一项系统的活动。养老金投资相对于一般投资，具有涉及投资者全生命周期、缴纳额度与收入挂钩、有税收优惠、与投资者的退休安排及风险偏好密切相关的特点，因此在一般投资者教育的基础上有其独特之处。

养老金投资者教育与一般投资者教育的主要差异在于：

1. 养老金投资者教育贯穿全生命周期。人生的不同阶段都需要进行投资教育，并且不同阶段所面对的问题及需求并不一样。养老金投资还与投资者的医疗健康投资、保险投资等诸多方面紧密相连，是全生命周期的过程。

2. 养老金投资者教育更复杂。海外成熟市场的养老金投资涉及多类账户（如401（k）、IRA 等）、不同的税收政策、不同的风险和产品选择等，投资者教育更具专业性和复杂性。

3. 养老金投资者教育具有一定的可预见性。资本市场投资具有很大的不可预见性，相较之下养老金投资的确定性更强一些。很多机构提供养老金投资者教育时都会同时提供退休计算器，针对投资者的年龄、收入水平、风险偏好、退休计划以及市场环境等给出不同的养老规划和投资建议。

1.2 个人投资者教育的主要内容

1.2.1 投资理念教育

在投资理念方面，首先要协助投资者树立"养老需投资"的意识。根据经济合作与发展组织（OECD）的建议，退休后所得替代率至少要达到 70%，才够维持退休前的生活水准。而目前养老金体系第一支柱基本养老金的替代率仅有 40% ~ 45%，希望确保更好的生活质量依然需要个人的养老资产储备。目前银行存款仍是中国人传统的个人养老资产储备方式，但银行存款很难抵御通货膨胀的压力，因此需要通过科学的养老金投资对未来提供保障。

养老金投资的目标是在国家基本养老保障的基础上进行补充，保障退休后的生活水平。完成这一目标需要投资者及早建立长期投资理念和适当的投资策略。对此，首先要让养老金投资者意识到养老投资是一项长期投资：一方面，要有充分的时间积累，才能享受长期投资的复利效果；另一方面，要注重投资的长期价值，对于投资的短期波动应摆平心态。

此外，养老金投资极为个性化。通过投资者教育，个人养老金投资者可以更好地了解自身的投资需要，通过对不同类型产品、各种类型资产可能面临的风险、各类型金融服务机构的了解，明确如何从自身年龄、收入、风险偏好等各方面的角度出发，选择适合自己的养老金投资产品。

1.2.2 资产配置教育

出于其功能的特殊性，养老金投资为长期投资。在长期投资中，资产配置的重要性更为凸显。资产配置是指以投资者的风险偏好为基础，通过定义并选择各种资产类别、评估资产类别的历史和未来表现，来决定各类资产在投资组合中的比重，以提高投资组合的收益—风险比。

合理的资产配置是养老金实现长期投资目标和控制风险的重要手段。海内外大量研究证明，资产配置是决定投资组合收益的支配性力量。在 1986 年的论文《投资组合绩效决定》中，Brinson 和 Beebower 通过对美国 91 只大型退休基金 1974—1983 年的研究表明，资产配置对获利的影响在 90% 以上。资产配置教育的重要性不言而喻。

在需求端，随着我国居民财富的增加，可配置资金增加；同时在供给端，随着金融创新的深化，可投资产品增加，养老金投资市场逐渐丰富，资产配置的选择增加。而美国富达基金在研究其养老金投资者的行为时发现，当投资者面临过多的产品选择并且产品过于复杂时，会表现出明显的焦躁和困惑，并最终选择不投资这些产品。投资者教育有必要向投资者普及各类资产的收益、风险特征等，促使其从自身收益及风险偏好出发，进行合理的资产配置。

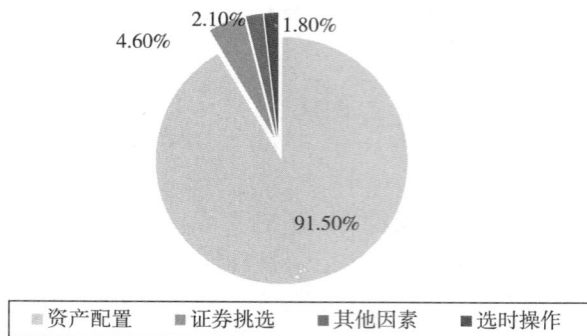

资料来源：Brinson G P, Beebower G L. *Determinants of Portfolio Performance* ［J］. Financial Analysts Journal, 1986, 42 （4）: 39 – 44.

图1　获利影响因素

1.2.3　风险意识教育

风险揭示工作应做到深处，落到实处。投资者教育需要清楚明白地向投资者揭示风险的存在以及风险的程度，而不能将投资者教育简化为推介产品，更不能成为变相的市场推广活动。养老型产品虽然更为稳健，但并不是保本投资，依然存在风险。对此，要对个人养老金投资者进行充分到位的风险教育，协助投资者树立正确的风险意识。

1.2.4　权益保护教育

个人投资者的行权、维权意识及能力相对薄弱。作为资本市场中的弱势群体，个人投资者会受到不法分子违法违规行为的侵害。在许多情况下，个人投资者并不完全明确自己的权利，或是轻视甚至忽视自身的合法权利。维权意识的淡薄不仅使个人投资者自身利益受到损害，也助长了资本市场违法行为的滋长。对此，投资者教育要提高投资者的自我保护能力，依法利用有效的渠道和手段维护自身权益。

2　个人养老金投资者教育的意义

目前，我国国家保障的基本养老保险约占养老金总数的80%，第二支柱企业年金、职业年金仅占约20%，第三支柱个人养老金尚处于萌芽阶段。而在同期养老金体系较为成熟的国家，三大养老支柱所占的比例通常为5∶3∶2或者4∶3∶3。根据海外发达市场的经验，养老金投资市场是第三支柱发展的重要载体。相对于欧美成熟国家来说，我国的个人养老金市场尚处于新兴状态，大多数投资者对这一领域的了解极为有限。对此，进行个人养老金投资者教育势在必行。

2.1 建立个人养老投资观念

个人投资者教育要帮助投资者建立养老投资的意识。目前，我国居民的养老观念仍停留在国家养老、子女养老和储蓄养老的层面，这些方式难以维持资金购买力保值，必将影响退休后的生活质量，因此能够分享到社会财富长期增长的资产类投资将成为重要补充。个人养老金投资者教育的首要任务是帮助居民建立为养老而投资的意识。随着养老金产品的逐步面世，越来越多的人从传统养老观点中摆脱出来，接触和了解以投资的方式来保障养老的全新理念。只有投资者建立起个人养老的投资意识，养老金投资市场才有发展的基础。

2.2 完善养老投资理念

养老金市场是一个长期投资市场。养老金资产的积累与投资应该尽早开始，需要几十年的时间；而赎回往往在投资者退休后。因此，相对于一般类型的投资来说，长期性更为明显。对此，养老投资产品在产品设计上也遵循了长期性的原则。例如，养老目标基金设置封闭期或投资者最短持有期限，避免短期频繁申购赎回对基金投资策略及业绩产生影响。因而需要个人投资者建立长期投资理念，而非投机。

同时，随着各类养老金产品的逐步面世，个人投资者拥有了更多的选择。投资者教育首先要让投资者意识到多样化的投资选择，初步掌握必要的新业务和新产品的知识，从而逐渐理解养老投资的方式，完善养老投资理念。

2.3 提高养老投资能力

个人养老金投资者之所以需要持续的投资者教育以及进行特别保护，其中一个原因就是他们普遍缺乏资本市场的专业知识，投资能力不足。提高养老投资能力在某种意义上也是保护投资者的合法权益。对此，投资者教育需要帮助投资者了解不同类型养老金产品的特点、各类型资产的风险收益特征以及各类型服务机构的异同。通过投资者教育，个人养老金投资者可以更好地了解自身的投资需要，选择适合自己的养老金投资产品。同时，在市场出现波动时，保持较为平和的心态，减少非理性行为的出现。

2.4 健全养老投资风险意识

相对于其他投资，养老金投资更追求收益的稳健性，更需要在投资之前对风险进行充分揭示，在承受能力内选择投资方式及投资标的。但风险与收益总是并存的，即使在稳健的配置策略下，也要有风险意识，避免刚兑心理。

如果投资者缺乏正确的风险意识，在投资的过程中可能会面临因风险不匹配、资产配置不当而导致的提前赎回等不适当行为，影响投资收益。持续性的风险教育将从根本上引导投资者对投资采取更为理性的参与态度，助推养老金市场建立健全风险防范和化解的自我调节机制。

3 个人养老金投资者教育的海外经验

3.1 多层次投资者教育体系

美国经过多年的发展，已经形成了多层次、满足投资者各种需求的相对成熟的养老金投资者教育体系，主要由监管机构、自律组织、证券中介机构等组成，这些机构组织从多方面多角度努力推动美国养老金投资者教育事业的发展。

3.1.1 监管机构

美国证券交易委员会（SEC）以投资者的利益为导向，投资者教育内容侧重于退休政策的介绍和养老基础知识的普及，主要起到基础教育的作用。它印发了大量的基础教育资料，种类达三四十种，投资者既可免费索取纸质材料，也可在网站上浏览电子材料。这些资料基本涵盖了投资者关心的所有问题，包括投资基本知识、各种投资产品的介绍、投资者权益保护指南以及投资者如何了解产品的披露资料等。

3.1.2 自律组织

美国自律组织除了提供基础养老金知识的介绍，包括账户类型、退休政策等之外，也提供各具特色的服务。美国金融业监管局会提供更有针对性的专业投资者教育，为投资者教育活动和研究提供资助等；美国金融业监管局和消费者金融保护局还提供偏精算方面的服务模块；美国投资公司协会则提供了很多的研究报告和宏观数据分析等，其专业性高，可供研究和机构投资者使用。

1. 美国金融业监管局（FINRA）

美国金融业监管局是美国最大的证券业自律监管机构，除常规的养老金基础知识介绍外，还提供更有针对性的专业投资者教育，另外，还为投资者教育活动和研究提供资助等。

美国金融业监管局设立的投资者教育基金，主要向各种投资者教育活动提供资助，并在大学商学院中设立奖学金，资助再融资和证券市场运作方面的深层次研究；基金会还积极研究投资者需求，推动投资者教育项目的创新，并对已经开展的项目进行后期项目评估。

针对养老金投资者，美国金融业监管局专门设置了相应模块进行投资者教育，如以退休为目的的长期资产配置，针对个人收入、储蓄、年龄等实际情况提供的养老金投资建议，并且可以就具体问题寻找各领域的专家进行咨询。

2. 美国消费者金融保护局（CFPB）

美联储下设消费者金融保护局（CFPB），该机构的一个重要职能是开展消费者金融知识教育。CFPB 通过网站提供基础金融知识、金融消费课程，为公民一生中重要的人生阶段提供金融筹划知识；针对不同人群提出金融规划，其中专门设有退休计划模块，对投资者进行关于退休及养老方面的知识教育，并且针对投资者的收入、年龄等给出退休规划和投资建议。

3. 美国投资公司协会（ICI）

美国投资公司协会为美国投资基金业的行业组织，其会员为所有在 SEC 注册的投资公司、投资公司的投资顾问及其承销人。ICI 注重为投资者提供充分的信息和资料，包括基础知识和各种基金产品的介绍。

ICI 在其网站为投资者提供了丰富的养老金投资相关信息，如退休保障的相关法律法规、最新的国内监管动态和国际信息、养老金计划类型等，以及关于养老金市场的相关数据统计及研究报告，为投资者更全面系统地认识养老金体系提供了途径。ICI 还通过电子邮件向投资者提供咨询服务。同时，还配合监管机构和会员公司进行专题的投资者教育活动。另外，ICI 还专门设立了投资者教育基金会。

3.1.3 证券中介机构

美国证券市场的中介机构，如证券公司、经纪人、证券咨询机构的服务非常发达，尽管目前网上交易越来越多，但大多数美国人的投资还是通过经纪人完成，或者在咨询投资顾问后进行，因此证券中介机构承担着大量的投资者教育工作。

美国基金公司对于个人养老金投资的教育对象可分为直接教育对象和间接教育对象两类。其中，直接教育对象为个人投资者。间接教育对象为投资顾问，他们能够利用自身优势帮助基金公司把投资者教育推广到各个企业，提高养老金投资者教育的普及率。

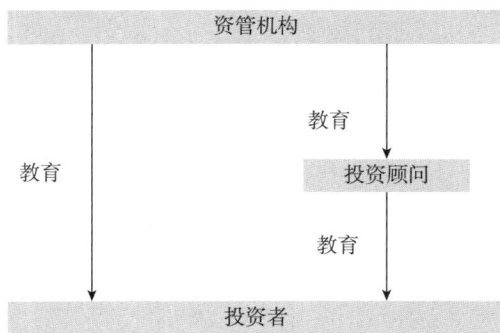

图 2　美国个人养老金投资者教育对象

1. 直接针对投资者的教育

对于养老金投资者的教育包含了对养老意识的培养、养老账户的优惠政策及如何利用、如何规划以保障养老生活质量、如何定期管理自己的账户等，而不仅仅是如何进行资产配置。

以世界最大的基金公司之一先锋集团为例，截至 2018 年 6 月 8 日，先锋集团的官网信息显示，其养老金投资者教育网页中合计有 8 大类问题、31 篇专题讲解，其中，只有 2 类问题涉及如何投资，只有 5 篇专题讲解如何投资。由此可见，先锋集团对于养老金投资者教育的重点在于养老而不在于投资。

养老金投资者的专业性较低，因此对于投资者的养老金投资教育信息需要涵盖从初期到末期的方方面面，且需要通俗易懂，结合图片与视频来进行讲述，避免单一的文字表述。

2. 针对投资顾问的教育

对于直接针对投资者的教育，线下面对面的形式相比线上的形式效果更好，但是成本过高，覆盖面有限。而让投资顾问参与到养老金投资者教育中有两个方面的优点：一方面，分摊成本到各个投资顾问；另一方面，由于投资顾问渠道丰富，对养老金投资者教育的覆盖面也会更广。基金公司对投资顾问进行养老金投资教育是能够实现共赢的一套方案。

此外，由于企业在第二支柱中扮演的重要角色，很多机构会与企业联合起来进行养老金投资者教育。通过企业去传播养老金长期投资理念，树立价值投资观念，并与企业一起参与到养老金投资过程中，其覆盖率和效果都可事半功倍。

3.2 创新投资者教育形式

在养老金投资者教育的形式上，海外成熟市场采用的是传统形式与创新形式相结合。

1. 传统形式如纸质手册、网站、线下讲座、线上文库、定期推送，依然起着重要作用。由于养老金投资者被动型居多，美国的基金针对投资者的教育以线下讲座为主，辅以线上资料及定期推送，不过成本较高。线上的投资者教育，更多的是依赖于定期推送的形式，定期以电子邮件的形式为养老金投资者推送投资者教育内容。

2. 利用多媒体技术丰富投资者教育形式。随着互联网新媒体的发展，投资者教育形式不断丰富。美国先锋集团利用移动设施和移动技术，使投资者教育简单易用。富达集团通过浅显的图表、视频等方式，主要向投资者普及复利的作用，帮助投资者理解各资产类别的收益和波动特征，选择适合自身特点的资产类别。香港投资者教育中心曾与香港电台合作推出《回到未来钱》的 8 集电视剧，内容包括投资、储蓄、退休及财务规划等主题。

在国内智能手机的普及率及互联网金融的发展超越美国的背景下，可以利用手机 APP 的形式方便投资者管理自己的养老金账户，并针对每个账户的资产配置、个人资料、收入情况等大数据进行个性化的投资者教育内容推送，可极大地降低成本，提高普及率。

3.3 丰富和完善的投资者教育内容

综合当前投资者教育的理论和实践，投资者教育主要包含三个方面的内容：投资决策教育、资产管理教育和市场参与教育。美国养老金投资者教育主要涵盖以下几个方面的内容。

1. 养老金投资决策教育

养老金投资决策主要受到社会环境和个人背景两个方面的影响。美国养老金市场具有一定的复杂性，涉及三支柱、多类型账户体系，并且不同年龄、资产的投资者，其风险承受能力存在差异。投资决策教育首先普及养老金市场基础知识、宣传相关法规政策，改善投资决策的影响变量。

2. 养老金资产管理教育

养老金投资与每个个体的一生都息息相关，资产的管理也是贯穿一生的长期过程，养老金投资者教育不仅针对投资者的证券市场投资行为，也应该是个人财务计划及养老计划等资产的长期配置与管理。

3. 养老金市场参与教育

市场参与包含投资者权利保护和投资者利益实现。养老金市场不仅仅追求市场化效率，更强调公平属性。投资者权利保护是营造一个公正的政治、经济、法律环境，在此环境下，每个投资者在受到欺诈或不公平待遇时都能得到充分的法律救助。投资者利益实现指投资者的声音能够上达立法者和相关管理部门。为此，针对投资者进行的养老金投资风险教育、风险提示以及为养老金投资者维权提供的有关服务已经成为开展养老金投资者教育的重要内容。

虽然个人养老金投资者教育的重点始终围绕着投资理念教育、资产配置教育、风险意识教育以及权益保护教育，但不同机构应该根据自身优劣势及面对的受众特点，有针对性地对教育内容进行选择及改进，例如，美国富达集团选择了三个重点推进教育，即"3A原则"，即定期缴费的金额（Amount）、选择的账户类型（Account）和选择投资的资产类别（Asset Mix）。

3.4 合作拓宽投资者教育渠道

为了拓展投资者教育的覆盖面，提高投资者教育的效果，海外各类资产管理、交易所等相关机构纷纷选择与各类组织合作，普及投资者教育。具体包括：

1. 与企业合作：美国先锋集团将养老金投资者教育与企业培训相结合，同时为企业提供定制化的投资者教育方案，以促进投资者教育的持续和深入。

2. 与政府部门和监管等自律组织合作：纳斯达克与美国最大的劳工组织美国联合会及最大的教育组织全国教育协会进行合作，开展针对退休或即将退休人群的投资教育。这两个组织拥有数百万名会员，与之合作可以使投资者教育达到事半功倍的效果。

3. 与大学合作：纽约证券交易所与知名大学合作，在互联网上举办讲座，由交易所的专业人员与投资者探讨有关交易所和证券知识的相关问题；香港投资者教育中心与香港理工大学合作推出面向退休人士的金融理财知识课程。

3.5 有效地开展调研及评估

精准的内容改进往往离不开有效的调研，对投资者的需求进行调查以及对已开展的投资者教育进行效果评估也是一个重要环节。在这一点上，纳斯达克对两个方面进行调查研究：一方面是投资者需求，包括投资者行为特征、对金融教育的需求、金融文化程度以及投资者交流渠道等；另一方面是对已经开展的项目进行评估，包括项目是否增强了投资者相关意识，行为是否发生变化等。并在此基础上创新投资者教育的内容。

4 我国个人养老金投资者教育具体实施路径

4.1 实施框架

深化个人养老金投资者教育，推动其制度化、长期化和科学化，这需要多层次、全方位的实施框架。具体可分为政策层、执行层和评估层，三个层级从政策制定、推进、具体实施及评估多方面努力，从而形成养老金投资者教育的良好机制及生态。

1. 政策层

政策层为政府及相关机构，其责任在于以下几个方面：（1）完善相关法律法规。我国资本市场尚不成熟，在监管机制、法律体系上尚有不完善的地方，对此政府及监管机构需要完善政策制定和实施机制，在政策中明确投资者教育参与主体与职责。（2）培育投资者教育专家队伍。目前投资者教育大多通过证券、资产管理机构、媒体等社会组织开展，缺乏对经济、金融、资产管理及相关法律法规都熟知的相关专家，在教育方式上缺乏科学的论证。对此，有必要依靠政策层的力量，培养投资者教育的专家队伍，提高投资者教育的整体水平。（3）建立基金确保资金投入。在建立健全投资者教育规章制度的同时，政府相关部门还应积极探索设立专项投资者教育基金，保证投资者教育活动开展的资金投入。

2. 执行层

执行层为投资者教育的实际执行主体，主要有以下几种类型：（1）政府部门，参与基础的投资者教育工作。（2）营利性证券中介组织，如证券公司、资管公司、基金公司与代销机构等。此类机构在业务经营过程中直接面对投资者，对投资者的需求和状况较为了解，具有开展投资者教育的先天优势，可以将投资者教育融入业务中的各个环节并根据实际需要灵活变动。（3）证券交易所、行业协会、投资者服务中心等非营利性组织，相对于前者，这类投资者教育更具有普适性，主要向大众介绍投资的基本知识。

3. 评估层

除了投资者教育知识的宣传外，投资者教育中还应有一个环节是对投资者教育效果进行反馈并对内容形式进行改进。从我国目前的情况来看，现有投资者教育机制较为重视对投资者的信息灌输，而不注重投资者信息的反馈。教育评估须由多层次承担开展，营利性证券中介组织主要负责针对性的评估，即就某一次投资者教育活动的效果进行调研；行业协会、投资者服务中心等负责全方位的评估，针对前一阶段整体的投资者教育活动进行调研反馈，覆盖面较广。

4.2 教育内容

养老金个人投资者的教育需要结合养老金投资的特点进行开展，主要包括以下三个方面的重点内容。

4.2.1 养老投资理念的推行及更新

随着第三支柱个人养老金发展的重要性逐渐凸显，个人养老投资观念的树立和更新是第三支柱发展的必要前提。具体来说，个人养老投资者应具备三个方面最基本的养老观念。

1. 养老投资不仅仅局限于养老储蓄，而应转变为养老增值的概念。养老投资可大致分为两个阶段。前一阶段为退休之前，即养老金的积累期。在积累期，仍有经常性的收入，因此投资的主要目标不是保本，而是增值，将资产放大；后一阶段为退休之后，即养老金的使用期，此时应注重风险，快速降低投资组合的风险。投资者教育应不断加深投资者对养老投资的理解，助其树立正确的投资观念。

2. 把短期投资观念转换为长期养老储备的概念。投资者教育需要向投资者充分宣传长期投资的概念，减少短期的偏向博弈行为，避免在市场低潮期出现大规模赎回的现象。

3. 养老金投资并不是保本投资，具有风险，且不同养老金产品的风险特征有所区别。投资者教育需要让个人投资者清楚地认识到不同投资方式的风险及收益特征差异，结合自身需求，选择适合的投资产品。

在实践中，行业内已有公司通过线下投资者教育系列活动、线上多媒体平台及公众媒体，持续进行长期投资理念的引导工作，将长期投资与克服人性弱点、分享市场和企业长期成长收益的理念传递给越来越多的投资者，并收获了一批贯彻长期投资理念的投资者。该公司自2015年8月起启动了线下投资者教育系列活动，主要为解决投资者实际收益与金融产品收益之间存在的巨大差异。结合过往多年的事实，很多产品净值获得了较高涨幅，但多数投资者却没有获得相应的收益，投资者难以克服人性的弱点，陷入追涨杀跌的怪圈，即使选到了好的投资品种也很难实际获利，所以比投资标的更重要的是投资者正确的理财观，长期投资理念十分重要。

4.2.2 养老资产配置的方法和目标

投资者在进行养老资产的配置时，应充分考虑个人的实际情况，如目前收入水平、退休时间、预期寿命等。以目标日期基金为例，随着投资者退休日期的临近，权益类资产的投资比例将不断下降，固定收益类资产的投资比例持续上升，从而降低整体组合风险。随着金融市场不断创新，养老投资产品种类不断丰富，不同养老金产品有着较大的差异。举例来说，对比养老目标基金与传统储蓄，储蓄风险极低，但其收益也相对较低；而养老目标基金投资于权益、固定收益等多类资产，具有一定风险，但长期收益往往高于储蓄行为。对养老资产配置方法和目标的说明，有助于帮助个人养老投资者有效地选择理想的投资组合，获得期望收益。

行业内有公司在投资者教育工作中，将长期投资与合理资产配置结合，通过线下投资者教育系列活动进行现场交流，线上微信公众号、官网、公众媒体等发布视频及专栏文章，全方位开展投资者教育工作，倡导投资者不要仅关注收益，最重要的是关注产品背后投资逻辑的持续性、波动风险和投资周期，引导投资者结合自身情况，制订合理的投资理财计划，不同需求、不同投资周期的钱适合不同的投资品种。目的在于让投资者真正理解合理资产配置是贯彻长期投资的关键，对获取长期复利回报举足轻重。长期投资和合理资产配置这两个要点也是养老金投资者教育的关键。

4.2.3 投资者权益保护注意事项

保护投资者权益是投资者教育的重要出发点。

一方面，资产管理机构应践行投资者适当性管理原则，并将相关内容落实到投资者教育中。投资者适当性管理制度是资本市场一项保护投资者权益的基础制度，基本逻辑是"将适当的产品销售给适合的投资者"。在这一过程中，资产管理机构应提醒投资者认真阅读和了解相关产品的文件和风险揭示书，了解存在的风险，客观负责地评估自己的抗风险能力，避免盲目投资。

另一方面，除了规范经营的各类资产管理机构外，市场上也有一些不法机构，进行非法集资等行为，严重损害了投资人利益。为了保护投资者权益，投资者教育应当致力于提高投资者维权意识与能力，帮助投资者掌握与应用维权手段。

4.3 具体形式

个人养老金投资者教育需要各方共同努力，结合个人养老投资的特点、投资者的情况和可供使用的资源，建立多维度立体的教育体系。具体路径可从需求方和供给方两个角度进行分析。

4.3.1 需求方

对投资者教育的需求方来说，需要进行有针对性的分层教育。

第一类为面向直接投资者的教育。对此，可以结合投资者可获取信息的渠道进行分析，选择有效的教育形式。如前所述，在深圳证券交易所的调查报告中，个人投资者获取信息的渠道主要是手机上的网络媒体以及电脑上的网络媒体。因此在传统纸质材料的基础上，对投资者进行教育应充分发挥微信、手机 APP 等移动端以及 PC 端网页的信息传播优势，对投资者进行持续、长期的教育。

第二类为面向与投资者直接接触的投资顾问的教育。这是实现有效投资者教育不可缺少的一环。投资顾问较多地与投资者进行接触，其传递的信息能直接有效地对投资者造成影响。对此，除了对投资顾问进行严格的岗前培训和岗位培训外，还可通过技术手段提高工作效率，如提供方便投资顾问使用的资讯平台和小软件，比如组合分析软件、具有寻找类似产品的功能的资讯平台等。

4.3.2 供给方

供给方应充分发挥不同组织的优势，全方位地开展投资者教育。

第一类为政府层面，可参与组织分别针对企业雇主和直接投资者的投资者教育。第三支柱个人养老金的建立除了依靠金融产业链上的各大机构外，离不开政府机构的引导和教育。例如，社保机构可以组织针对性的培训活动：针对企业雇主，第三支柱的建立发展也将缓解企业所主导的第二支柱的压力，因此可借此激励企业雇主激发员工参与个人养老金投资的积极性。针对直接投资者，可以进行基础性的教育活动，普及养老金投资的基本概念、方式、优点等。

第二类为非营利性组织，如证券交易所、行业协会，两者处在监管第一线，而市场监管与投资者教育如同一枚硬币的两面。对此，证券交易所及行业协会可以在几个方面充分发挥作用：（1）由于投资者教育执行层中的中坚力量（营利性证券中介组织）多半有自己的利益诉求，可以考虑由行业协会等非营利性组织牵头组织统一投资者教育课件，比如指定或联合有责任的中介组织来尝试定义投资者教育的标准课程；（2）建立投资者教育资源共享平台，如上海证券交易所在2017年打造的"百川众学"平台，发布了40多家会员单位及新闻媒体的投资者教育教材；（3）充分调动社会资源，通过与主流媒体、业界大咖等的合作，形成协会—行业—社会三位一体的合力，从而扩大活动影响力。

第三类为养老金产品的管理者和销售者，即包括银行、券商、公募基金、券商资管、保险等在内的各类金融中介机构。这类机构能较好地与投资者进行直接交流，可以将投资者教育渗透于日常业务中。首先，在开户、交易、营销等各个环节，向投资者介绍个人养老投资的相关知识，同时充分揭示风险。其次，通过多平台多媒体进行多种形式的养老投资教育，向投资者宣讲养老投资的基础知识。通过线上多媒体形式的展示，线下可以通过组织各种主题沙龙、专题讲座的形式传播相关知识。此外，各种服务机构还需要加强与养老金投资相关的服务功能，加快实现社保账户管理机构、保险、基金、银行等各类养老产品的切换功能。

根据证监会和中国证券投资基金业协会关于投资者教育的指引，行业已经有公司建立了较为完善的投资者教育体系，将投资者教育上升至全公司重要层面，投研部门、销售部门、管理部门都将开展投资者教育工作、引导投资者进行长期投资作为重要的考核标准之一，通过多渠道多角度帮助投资者树立健康的投资观。

有了投资者教育的初心、引导逻辑，了解到应帮助客户规避的认知误区后，资产管理机构可以耐心、反复、持续地给服务发布渠道、服务提供者、教育机构及投资者传递正确的理念，并结合实践巩固认知，尤其重要的是重视对服务提供者的投资者教育，他们是由点及面的关键。

4.4 评估机制：可持续、易统计、标准化

美国财政部于 2004 年发布的关于如何定义成功的投资者教育计划的文章中，从内容、传播、影响、持续性四个角度总结了成功的投资者教育的 8 项特征，分别为：着重教育储蓄、信用管理、房屋所有权与养老计划相关问题；有明确的目标用户；利用当地的传播渠道有效传播；后续跟踪投资者并重复教育；确立明确的教育目标，建立可量化的衡量标准来检测是否达到目标；后期的回访得到投资者肯定；能简单地被复制再传播；能够持续地进行。比较这 8 项特征发现，中国现存的投资者教育体系缺乏对投资者教育效果的后续跟踪及量化衡量是否达到预期目标。

评估教育成效是投资者教育的重要环节，它能根据投资者教育项目带来的影响做出评价，并为制订其他投资者教育计划提供参考，需要做到可持续、易统计和标准化。评估主要分为以下两类。

1. 阶段性评估

阶段性评估主要由各大资产管理机构开展。阶段性评估指的是针对某一次的教育活动，采取问卷、访谈、网络调查等形式进行评估。评估的内容可以集中于投资者教育活动与投资者需求是否匹配、活动形式的可接受度、对投资者行为的改变程度等。

2. 定期全面评估

全面评估可借鉴我国香港及澳大利亚的做法，每隔 3~5 年，委托专业投资机构对前一阶段的投资者教育进行全面评估。香港证监会委托专业市场调查公司对前三年的投资者教育情况进行调查，评估所有投资者教育活动的成效。澳大利亚证券和投资委员会（ASIC）为了评估现有的投资者教育存在哪些不足，调查了 150 个组织、100 个左右的网站，从而对完善现有教育内容提出建议。

参考文献

［1］黄浩，张中强. 关于深化证券投资者教育的思考［J］. 广西青年干部学院学报，2003，13（2）：59－60.

［2］工商时报. 退休后所得替代率须达 70%［EB/OL］. http：//www. chinatimes. com/newspapers/20170513000185－260210.

［3］黄洪. 商业保险应是中国养老保障第三支柱主要提供者［EB/OL］. http：//finance. sina. com. cn/roll/2018－03－24/doc－ifysqfxp7871402. shtml.

［4］德盛国际投资咨询. 资产配置的核心意义是什么？［EB/OL］. http：//www. sohu. com/a/224585450_100109890.

［5］杨洋. 资产配置再平衡——中国家庭财富未来十年成败的决定性因素

［EB/OL］. http：//bbs. pinggu. org/thread － 3640947 － 1 － 1. html.

［6］钟蓉萨. 创新开展投资者教育　多渠道探索实现方式［J］. 清华金融评论，2014（12）：25 － 28.

［7］中国保险网. 加快建立第三支柱个人养老账户制度　税延养老金试点箭在弦上［EB/OL］. http：//insurance. jrj. com. cn/2017/10/11104723214429. shtml.

［8］李茜.“多支柱”养老金体系亟待构建［EB/OL］. http：//www. financial-news. com. cn/shanghai/201711/t20171123_128341. html.

［9］荆晨. 美国：多层次投资者教育保障投资者权益［EB/OL］. http：//www. chinadevelopment. com. cn/news/zj/2017/12/1199913. shtml.

［10］Fidelity. 美国个人退休账户及富达的投资者服务经验［EB/OL］. http：//www. sohu. com/a/211833022_498957.

［11］刘肃毅. 证券投资者教育的国际经验与趋势［EB/OL］. http：//www. csrc. gov. cn/pub/shenzhen/xxfw/tzzsyd/zqtz/201307/t20130723_231615. htm.

［12］上海证券交易所投资者教育中心. 着力加强投资者教育工作　推动证券市场稳定发展［EB/OL］. http：//www. p5w. net/stock/news/zonghe/200706/t1044999. htm.

［13］尚福林. 持续深入地开展投资者教育造就成熟理性的市场投资者［J］. 大众理财顾问，2007（10）：16 － 17.

［14］杨欣，章辰磊. 上海证券交易所投资者教育实践与深化［J］. 投资者，2018（1）.

［15］王开国等. 中国证券市场发展与创新研究［M］. 上海：上海人民出版社，2002.

第五章　投顾服务在个人养老金中的作用与实践

嘉实基金管理有限公司　张　之　胡　迪

摘　要　投资顾问业务是指证券公司、证券投资咨询机构接受客户委托，按照约定向客户提供证券及证券相关产品投资建议，并直接或者间接获取经济利益的活动。近年来，随着个人理财业务的发展，投顾业务在我国的市场规模和地位逐渐提高，但客观来看，仍存在供应主体单一、盈利模式待改善、投资者教育不足、法律约束尚不完善等问题。在推进我国养老金第三支柱建设的背景下，市场对于投顾服务的需求必然不断增长。本文认为，为了更好地普及个人养老投资理念，我国有必要大力发展投顾服务市场，提高服务供应主体的数量和质量，为养老金支柱结构的改善做好储备。

参考美国实际经验，本文具体分析了美国投顾业务的监管政策、市场规模、业务模式及其在养老金第三支柱中的重要作用。以此为鉴，本文也对投顾业务在我国未来的发展提出了相关建议与意见。首先，我国应进一步完善对于投顾服务的法律法规，明确其市场定位、功能、委托事项、责任和义务等基本属性；其次，加强投顾队伍的建设，建立以客户为导向的综合投顾服务体系，结合智能投顾等先进手段，为投资者提供简单且多样化的产品和服务；最后，加强对投资者的教育，引导投资者进行理性投资，以此提高整体市场的投资效率。

关键词　投顾服务　养老金第三支柱　个人退休账户（IRA）　买方代理

1　投顾服务概述

1.1　投顾服务的基本情况

1.1.1　投顾服务的定义及发展历程

投资顾问业务起源于美国，其前身是金融机构开展个人理财业务过程中，客户经理对客户的个人投资指导和综合资产运用进行咨询。随着第二次世界大战后美国经济的复苏和社会财富的积累，个人理财业务步入了快速发展阶段，投顾业务也得到了广泛开展。同时，为了强化证券市场管理，美国政府建立了联邦证券法律体系。美国《投资顾问法》对"投资顾问"的定义为：以获取报酬为目的，直接或通过出版物形式提供证券价值分析或买卖证券投资建议的任何人；或者以获取报酬为目的并作为特定商业活动的一部分，发表或提供证券分析意见或报告的任何人。

在我国，随着金融服务机构的业务转型，投资顾问业务近年来得到迅速发展。目前，国内主要有三类机构针对个人客户提供投资顾问业务，分别为证券公司营业部、证券投资咨询公司以及商业银行私人银行部门，本文主要针对证券行业的投资顾问业务进行分析。

传统的金融服务机构业务主要依靠佣金生存，目前已经无法适应当下的市场环境，因此实现由"通道"向"服务"的转型成为业界的一致诉求，而投资顾问业务的开展在提升服务能力、形成差异化竞争的大背景下，正在成为金融服务转型的突破口。目前，我国境内证券市场尚无对投资顾问单独立法，对证券资产管理与证券投资咨询分开管理。证监会在《证券投资顾问业务暂行规定》中，证券投资顾问业务被明确界定为证券投资咨询业务的一种基本形式，业务范畴的具体定义为：证券公司、证券投资咨询机构接受客户委托，按照约定，向客户提供证券及证券相关产品投资建议，并直接或者间接获取经济利益的活动。

1.1.2 关于投顾服务的相关法律法规和监管政策

自 20 世纪 90 年代以来，我国出台了一系列与投资顾问服务相关的政策和法律法规，对证券行业投资咨询业务进行监管和制约。1999 年全国人民代表大会常务委员会颁布的《中华人民共和国证券法（修订版）》明确了证券公司、证券投资咨询机构是从事证券投资咨询业务的两类法定主体，只有在国务院证券监督管理机构批准后才可以从事投资咨询业务。2010 年证监会颁布的《证券投资顾问业务暂行规定》中，明确了投资顾问业务的具体业务范畴和从业人员的要求。2018 年 4 月，由中国人民银行、银保监会、证监会、国家外汇管理局联合发布的《关于规范金融机构资产管理业务的指导意见》中，首次将智能投顾纳入监管范围，并对智能投顾业务做出了具体的监管规定。

表 1 投资顾问相关政策法规一览

时间	出台单位	政策名称	相关内容
1999 年	全国人民代表大会常务委员会	《中华人民共和国证券法（修订版）》	第一百二十五条规定，经国务院证券监督管理机构批准，证券公司可以经营证券投资咨询业务；第一百六十九条规定，投资咨询机构从事证券服务业务，必须经国务院证券监督管理机构批准
2010 年	证监会	《证券投资顾问业务暂行规定》	向客户提供证券投资顾问服务的人员，应当具有证券投资咨询执业资格，并在中国证券业协会注册登记为证券投资顾问

时间	出台单位	政策名称	相关内容
2018 年	中国人民银行等部委	《关于规范金融机构资产管理业务的指导意见》	运用人工智能技术开展投资顾问业务应当取得投资顾问资质，非金融机构不得借助智能投资顾问超范围经营或者变相开展资产管理业务

资料来源：公开信息，嘉实基金整理。

1.1.3 投顾服务的市场规模

从个人投资者可配置资产规模来看，根据招商银行与贝恩公司联合发布的《2017 中国私人财富报告》，2016 年中国个人持有的可投资资产规模达到 165 万亿元，2014—2016 年年均复合增长率达到 21%，预计 2017 年底可投资资产规模将达到 188 万亿元。由此可见，个人财富管理规模在快速增长，而其中专业的投资顾问业务应当也存在着巨大的发展空间。

从投顾服务供应端来看，截至 2018 年 5 月，我国共有 97 家券商开展投顾业务。但目前投资顾问业务服务对象的范围有限，主要是高净值个人投资者。此外，投顾服务业务的主要收入来源是差别佣金和投资顾问费用，2017 年全年实现净收入 33.96 亿元，较上年减少 16.58 亿元，同年我国证券公司的总营业收入为 3113.28 亿元，投资顾问业务收入仅占 1.00%。

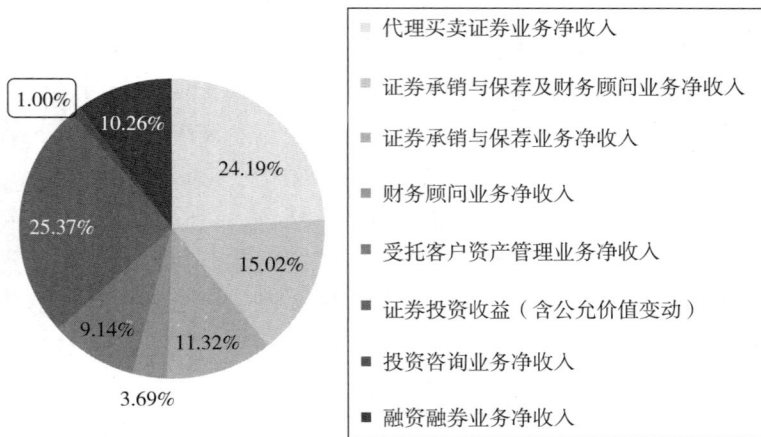

资料来源：Wind，嘉实基金整理。

图 1　2017 年证券公司各项业务收入结构

从投资顾问从业人员规模来看，《中国证券业发展报告（2017）》统计显示，2016 年证券行业的投资顾问共有 3.75 万人，其中供职于证券公司的投资顾问人数为 3.59 万人，占证券行业投顾总人数的 95.85%，占全部证券行业从业人员总数的 11.10%。由此可见，我国的投资顾问大多集中于附属证券公司的投资顾问业务部门，独立于证券投资咨询机构的投资顾问占比非常低，市场结构较为单一；且相比证券行业从业总人数而言，从事投顾服务的就业者所占的比重也较低。

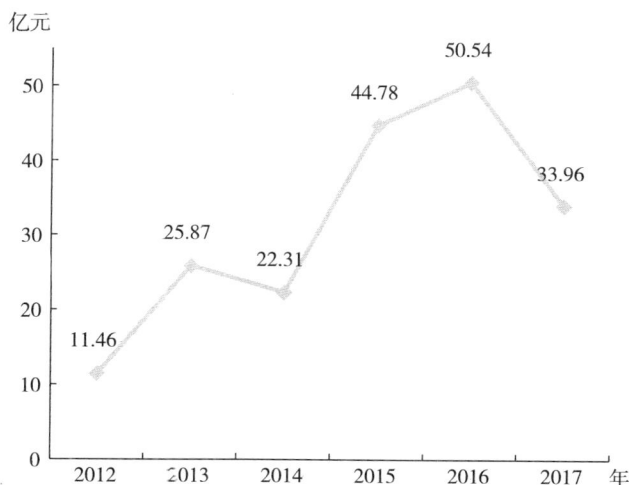

资料来源：Wind，嘉实基金整理。

图 2　证券公司投资咨询业务收入

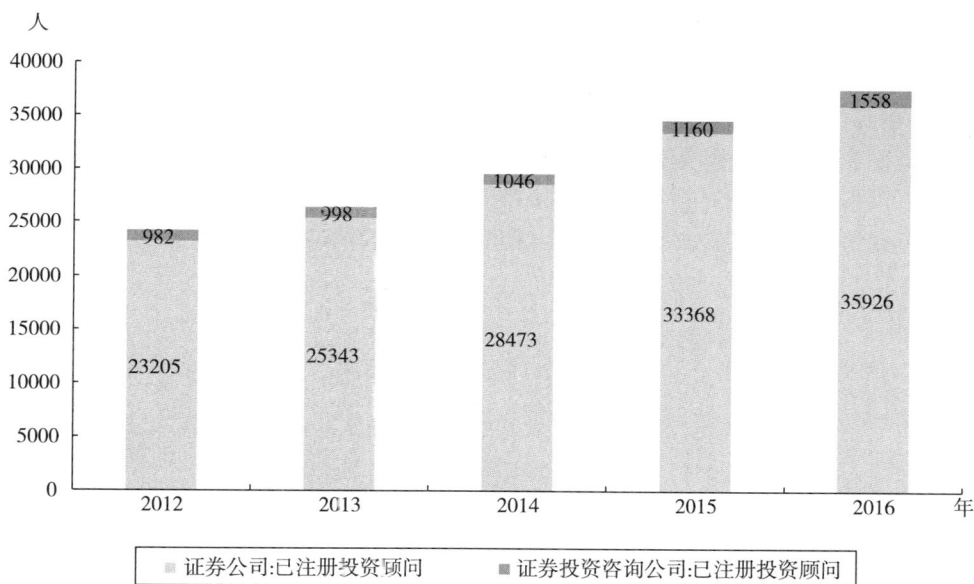

资料来源：Wind，嘉实基金整理。

图 3　2012—2016 年证券行业投资顾问从业人员数量

1.2　投顾服务的运作及盈利模式

1.2.1　投顾服务的运作模式

目前，我国证券公司开展投顾业务的基本运作模式是客户开户后，与券商单独签署投顾业务合同。证券公司投顾业务的运作模式中，证券公司总部负责投顾业务的统筹和协调，承担专业的职能和业务，以各类产品对营业部提供支持；营业部主要负责客户关系的维护和管理，并承担客户的营销、服务和产品销售职能，同时也可以依据自身客户群特点制定专门的执行标准，对投资顾问的人才储备有一定要求。

1.2.2　投顾服务的盈利模式

目前，我国投顾业务主要采取销售佣金返点的收费模式。这种模式下，投顾业务的发展主要靠提升产品销售量或者客户交易量。在佣金市场化改革、通道竞争激烈的背景下，券商佣金收入不断下滑，并且佣金收入本身也容易受到市场环境的影响而产生剧烈波动。此外，由于证券公司与商业银行所提供的投顾服务内容同质化，形式单一化，导致投资顾问服务在激烈的竞争中缺乏议价能力，盈利模式的实现缺乏有效载体，规模和盈利能力都难以有效提高。

2　投顾服务在海外个人养老金的实践经验

2.1　投顾服务在海外个人养老金的基本情况

2.1.1　海外养老金资产规模概况

根据韬睿惠悦（Wills Tower Watson）的统计数据，2016年全球养老金资产规模约为39.0万亿美元，其中美国养老金资产总规模高达25.2万亿美元，遥遥领先于全球其他国家的养老金储备规模。美国的养老金资产规模极其庞大，其运行和监管模式相对发展成熟，同时也是全球最早开展投顾业务的国家，因此本部分主要围绕美国投顾服务在其个人养老金业务中的发展现状及运作模式进行探讨与分析。

十亿美元

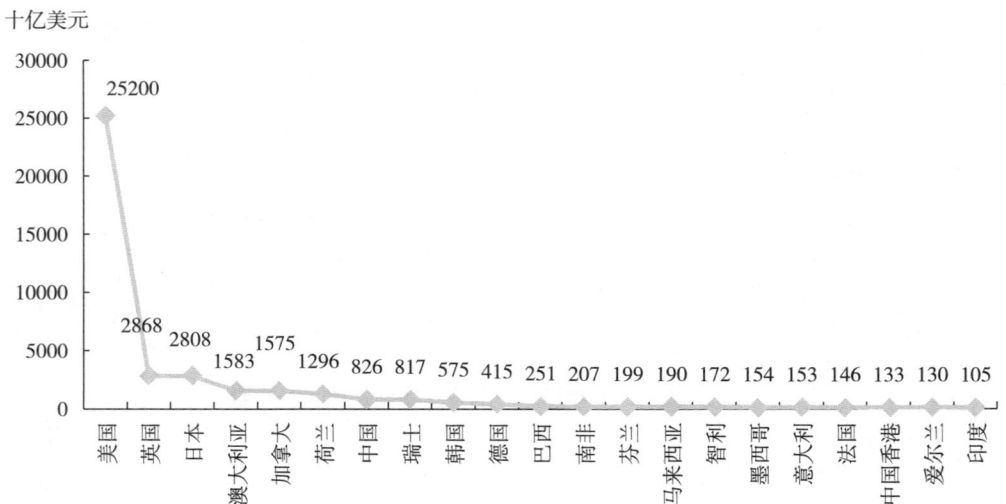

资料来源：韬睿惠悦（Will Towers Watson），嘉实基金整理。

图4　2016年各国（地区）养老金规模

2.1.2 投顾服务在美国 IRA 中的资产规模及收入规模

美国个人退休账户（Individual Retirement Account，IRA）因覆盖人群范围广、可以从雇主养老金计划转存，尤其是税收递延优惠等优点得以快速发展，具有较高的代表性。根据美国投资公司协会（ICI）发布的统计数据，截至 2017 年底，IRA 资产规模累计达 9.2 万亿美元，在美国养老金三支柱体系中规模占比已达 33%。

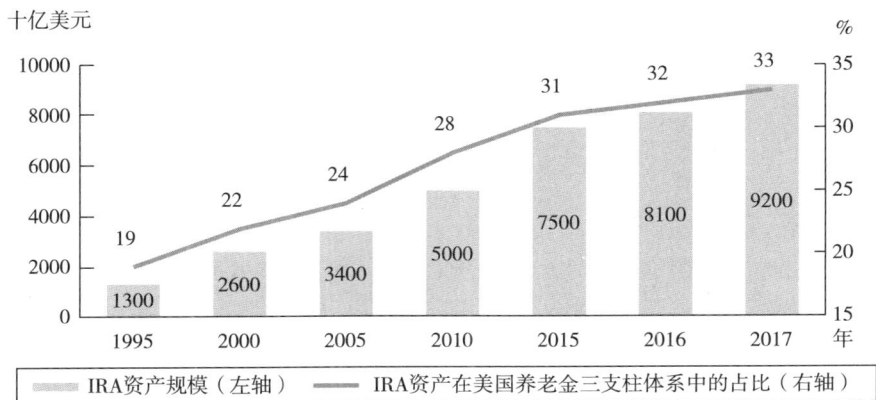

资料来源：2018 *ICI Fact Book*，嘉实基金整理。

图 5　1995—2017 年 IRA 资产规模及其在美国养老金三支柱体系中的占比

IRA 投资者是美国投顾业务的重要服务对象。根据美国证券交易委员会的数据，目前已经开展养老金投顾业务的证券投资咨询机构超过 2000 家。根据 ICI 的市场调查统计，制定退休资产的投资策略时，约有 68% 的个人或家庭会通过专业的金融机构获取投资咨询建议，据此估算，截至 2017 年底，享有投顾服务的 IRA 资产规模约有 6.3 万亿美元。按照美国市场平均投顾费率（0.99%）[①] 计算，2017 年美国投顾

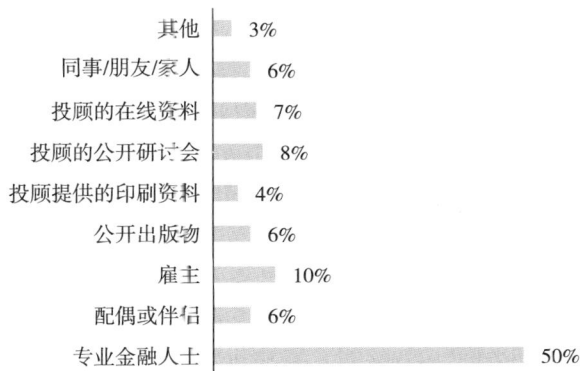

资料来源：ICI *Ten important facts about IRAs*，嘉实基金整理。

图 6　从雇主退休计划转存 IRA 时，个人投资者获取投资建议的主要渠道

[①] RIA in a Box. 2016 RIA Industry Study：Average Investment Advisory Fee is 0.99% ［EB/OL］. http：//www. riainabox. com/blog/2016 - ria - industry - study - average - investment - advisory - fee - is - 0 - 99 - percent.

业务从 IRA 业务中获得的管理费约为 619 亿美元。

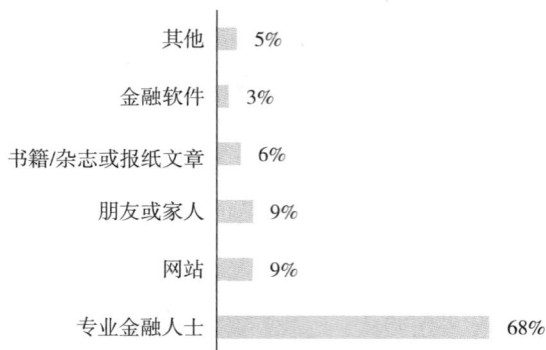

资料来源：ICI *Ten important facts about IRAs*，嘉实基金整理。

图 7　在制定策略管理退休的收入和资产时，个人投资者获取投资建议的主要渠道

2.2　投顾服务在美国 IRA 业务中的运作模式及特点

2.2.1　美国对投顾服务在养老金业务中的监管政策及法律法规

美国政府通过建立监管体系、出台相关政策、制定法律法规对投顾服务在养老金业务中的应用进行严格监管和制约。法律方面，美国证券交易委员会于 1940 年颁布《投资顾问法》，对投资顾问进行了相关法律约束。该法律对投资顾问的定义、注册、费用、反欺诈条款、披露义务、监督义务等进行了规定。特别地，《投资顾问法》给予了专职于养老金的投资顾问以一定的政策便利，如豁免了教会雇员养老金计划的投资顾问的注册义务，针对养老金投资机构（规模在 5000 万美元及以上）提供投资建议的投资顾问放宽了注册标准。此后，随着经济和金融市场的发展和结构变化，美国证券交易委员会也针对《投资顾问法》进行了适当的修改和补充，目前美国对于投资顾问的法律约束已比较完善。此外，美国针对性地出台了一系列法案对投顾服务在养老金体系中的应用进行完善，如 2017 年 4 月美国劳工部发布的《劳工部受托新规》（*Department of Labor Fiduciary Rule*）要求投资顾问将客户利益摆在首位，并且不能隐瞒任何潜在的利益冲突，投资顾问会因未将客户最大利益作为首要考虑被诉讼。

2.2.2　投顾服务在美国养老金中的运作及盈利模式

美国当前主流的投顾服务运作模式是销售分离、按管理资产规模持续付费的独立授权账户管理模式。20 世纪 80 年代，投顾业务的主要盈利来源仍是传统的销售/交易返点，但是截至 2011 年，美国市场 60% 以上的投顾业务采用的是无销售佣金、按管理资产规模付费的模式。目前，美国市场主要的投顾供应商基本都对 IRA 投顾业务取消了交易佣金收费（详见附表 1）。

盈利模式的变化主要由两方面因素驱动：一是证券公司及投资咨询机构转型的需求，传统的以销售/交易返点模式为主的投顾业务收入和利润会随市场剧烈波动，在市场亢奋时收入激增，在市场低迷时业务收入会断崖式下滑，严重影响了公司整体的稳健发展；二是相关法规政策的颁布加速了投顾商业模式的改变，1992年美国证券交易商协会（NASD）出台倡议性政策，针对为共同基金提供的销售/交易返点的投顾模式设置了年度总费率0.75%的上限，一定程度上限制了通过返点方式收费的投顾服务的积极性，成为投顾服务转型的催化剂。

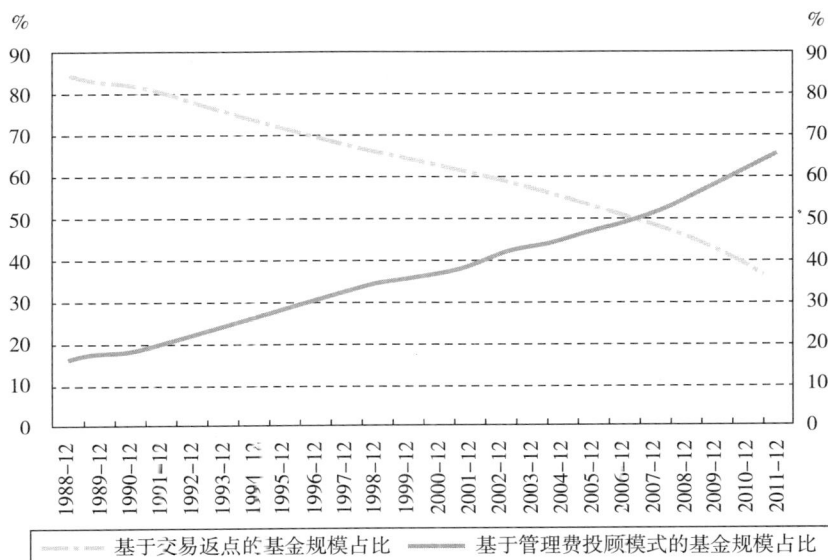

注：图中数据仅包含开放式基金和债券基金，不包含货币市场基金、封闭式基金和ETFs。

资料来源：A Perspective on the Evolution in Structure Investor Demand Distribution Pricing and Shareholders' Total Costs in the US Mutual Fund Industry，嘉实基金整理。

图8　美国市场基于交易返点与管理费投顾模式的基金规模占比

2.2.3　智能投顾在海外个人养老金业务中的应用

智能投顾近年来在美国得到迅速发展，截至2017年，智能投顾服务的资产规模达1400亿美元。随着互联网科技的发展，智能投顾在投顾服务业务中开始崛起。智能投顾可以根据现代资产组合理论，结合个人投资者的具体风险偏好与投资目标，通过后台算法与用户友好型界面的结合，为用户提供个性化的最优投资组合[①]。目前全美共有超过200家公司布局智能投顾业务，智能投顾业务规模从2010年的51只产品管理20亿美元的资产，迅速上涨至2017年的2148只产品管理1400亿美元的资产。

相比传统人工投顾，智能投顾具备以下三个方面的优势：第一，智能投顾对客户基本没有最低投资金额限制，同时相比传统投顾服务费率大幅降低（详见附表2）；第二，智能投顾的操作流程具有易操作、高透明的特点，个人投资者只需通过互联

---

① 宋海汤，浦鹏举．"互联网＋"下的养老金资产管理之海外的发展［EB/OL］．http：//m.jrj.com.cn/rss/uc/rss/2018/2/7/24077931.shtml.

网按照流程输入相关信息即可完成，其投资组合、投资产品和费用等信息都向投资者完全公开；第三，智能投顾能够精准刻画投资者的风险收益偏好，向其推荐适合的金融产品和服务，有效地进行资产配置，降低投资风险。这些优势使智能投顾可以服务于不同净值水平的客户群体，有利于满足广大普通投资者的投资需求。

百万美元

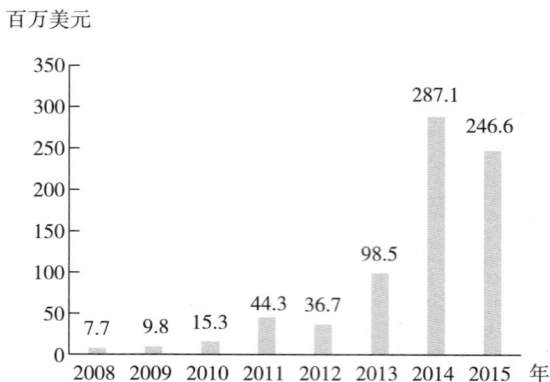

资料来源：公开信息，嘉实基金整理。

图 9　美国智能投顾行业融资规模快速增长

家

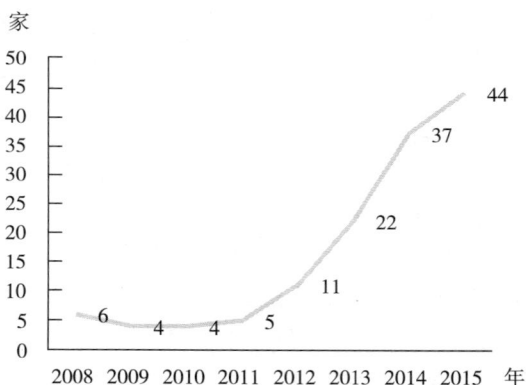

资料来源：公开信息，嘉实基金整理。

图 10　2008—2015 年美国成立智能投顾公司数量

　　由于美国家庭进行 IRA 账户的资产管理时对投顾业务的依赖度较高，智能投顾作为一种低成本、操作便捷的新型投顾方式在个人养老金业务中日渐发挥重要作用。第一，财富管理主体发生变化，长尾市场爆发，年青一代的养老投资需求开始增长。从未来看，占市场 80% 的长尾客户的财富管理需求加速萌生，以年青一代为代表的养老投资群体对智能投顾的认可度普遍较高，据统计，30 岁以下投资者更倾向于利用智能投顾管理个人养老资产。财富管理主体结构的变化所催生的需求为美国智能投顾市场的长期稳定发展提供了良好机遇。第二，市场的被动投资接受度提高，夯实了智能投顾发展基础。成熟市场下，受成本、收益、风险因素变化影响，主动管理型基金优势不再，被动投资被普遍接受，而智能投顾推荐产品往往以被动投资产品为主，因而很好地契合了市场投资风格的转变。第三，智能投顾在个人养老金应用中兼备多重优势，使其能在个人养老金管理中发挥重要作用。智能投顾的重要价值在于突破传统投顾模式下人力数据处理能力的边界，通过实时的数据收集处理、精密的算法模型等，推出创新性的增值业务，进一步挖据用户更深层次、多元化的投资需求，在大幅降低运营成本的同时，有效地提高了投资效率和回报率，从而满足了美国规模庞大的个人养老金市场管理的需求。

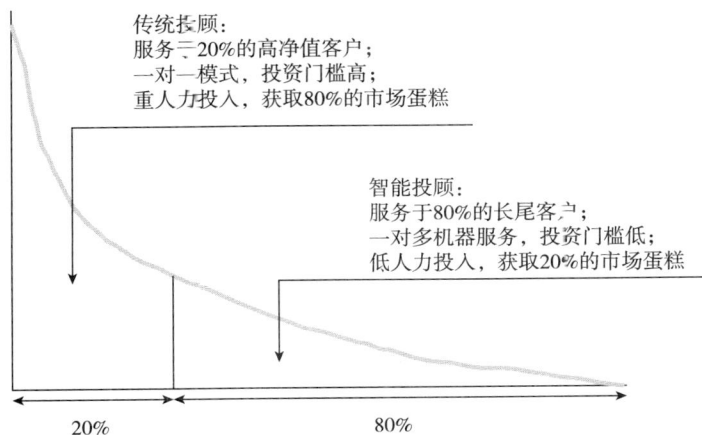

资料来源：智研咨询，嘉实基金整理。

图 11　智能投顾满足财富管理市场 80％的长尾用户需求

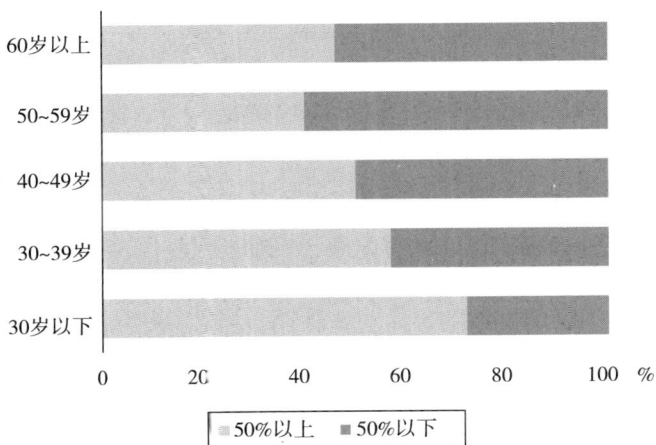

资料来源：智研咨询，嘉实基金整理。

图 12　各年龄段愿转向智能投顾的资产占总投资资产的比重

3 投顾服务在我国个人养老金中的作用

3.1 个人养老金采用投顾服务符合当前我国市场的发展现状

3.1.1 我国居民在个人养老投资方面的特点

1. 居民的养老资产储备意识较过去逐渐增强

随着中国老龄化程度逐步加剧，加上长期计划生育以及近期全面放开二孩政策形成的独特"422"（一对夫妻赡养四个老人和两个小孩）式家庭结构，人们逐渐意识到依靠"养儿防老"的传统方式难以为继，倍感需要依靠自身储备防老的压力。统计数据显示，当前超过 60% 的居民认为应该在 40 岁以前就开始进行养老储备，而不是等到退休之前，居民养老储蓄明显呈现年轻化趋势。

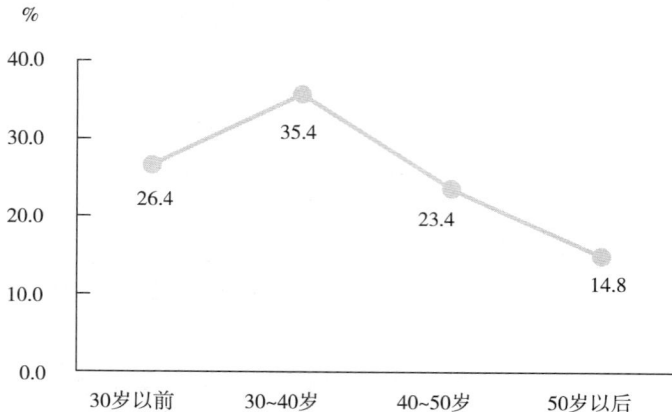

资料来源：《中国养老金融发展报告（2017）》，嘉实基金整理。

图 13 我国居民对养老储备认知开始时间

2. 居民对养老金融产品认知不足，养老投资方式的偏好单一

在影响居民养老投资决策的因素方面，花旗银行、友邦保险于 2015 年发布的《中国居民养老准备洞察报告》显示，我国居民普遍对养老金融产品缺乏认识，对理财产品普遍要求"低风险"和"高收益"。对资金安全稳健、保值增值要求较高，此外收益明确保证、灵活（可随时投入/取出）以及金融机构信誉好是选择养老金融产品考虑的重要因素（见图 14）。目前我国居民养老投资最为偏好的依然是储蓄或银行理财，较少投资者选择购买商业养老保险产品、股票或基金等方式进行养老投资（见图 15）。

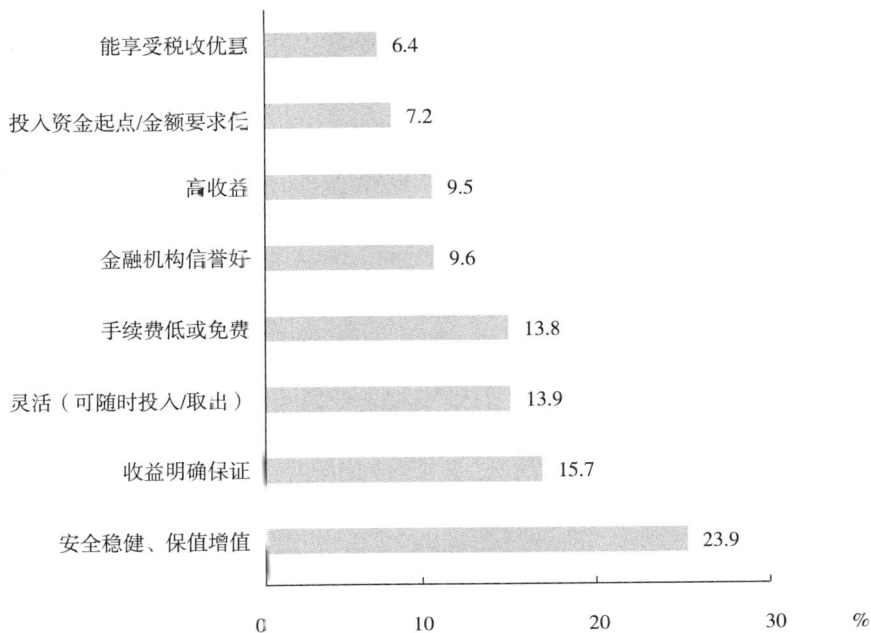

能享受税收优惠　6.4
投入资金起点/金额要求低　7.2
高收益　9.5
金融机构信誉好　9.6
手续费低或免费　13.8
灵活（可随时投入/取出）　13.9
收益明确保证　15.7
安全稳健、保值增值　23.9

资料来源：《中国养老金融发展报告（2017）》，嘉实基金整理。

图14　我国居民养老投资的影响因素

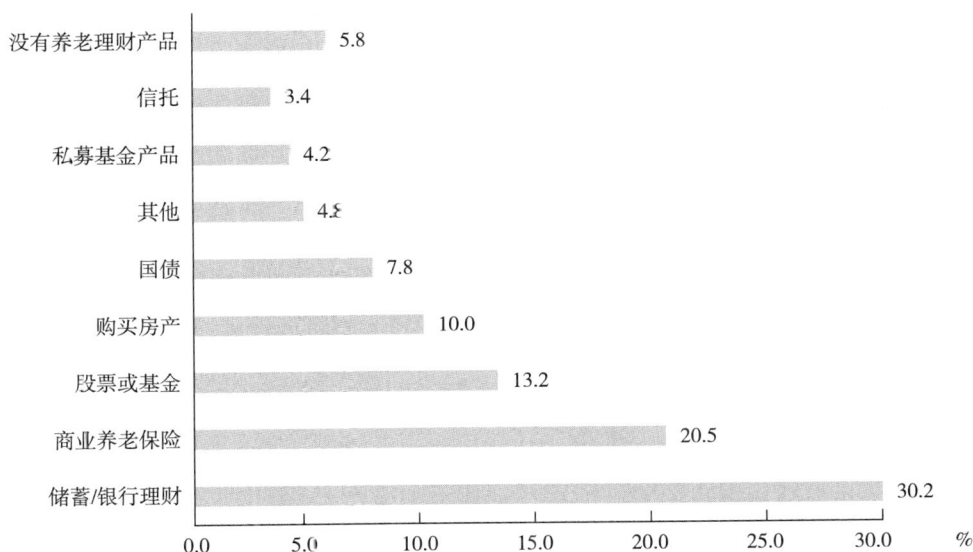

没有养老理财产品　5.8
信托　3.4
私募基金产品　4.2
其他　4.8
国债　7.8
购买房产　10.0
股票或基金　13.2
商业养老保险　20.5
储蓄/银行理财　30.2

资料来源：《中国养老金融发展报告（2017）》，嘉实基金整理。

图15　我国居民的养老投资方式偏好

3.1.2　投顾服务在个人养老金投资中能发挥重要作用

投顾服务是财富管理的高级阶段，是一对一和一站式的理财服务，具有很强的专业性和高效性，在个人养老金的管理上具有非常明显的优势。在个人养老金中，专业的投资顾问可以帮助个人做出养老规划以及普及关于养老理财产品的知识，所以投顾服务显得尤为关键和重要。第一，投资顾问能够对投资者进行深入的需求挖掘和方案匹配，会根据个人自身年龄、收入水平、风险承受能力等因素，综合考虑、合理规划个人养老金账户资产投资组合并进行灵活调整，帮助其实现养老金融的合理配置和理性化投资。第二，由于个人投资者资产配置能力参差不齐，在投资产品选择上可能出现过分保守或者过分激进的情况，而投资顾问相比缴纳养老金的个体，更占据信息优势、规模优势以及专业优势，因此投资顾问的研究对专业性不高的个体来说更具有参考价值和交易价值，能够有效地消除投资者与投资管理机构间的信息不对称。第三，相比其他专业的投资机构，投资顾问距离客户更近，更能了解客户的需求层次，因此能更好地分析投资者的交易行为和心理变化的过程。

3.2 投顾服务在我国个人养老金中的业务模式与实践路径

3.2.1 我国居民个人养老金应当选择"买方代理"的投顾服务模式

对个人养老金账户进行咨询顾问，或者授权进行直接管理，是一种财富管理的概念。广义的财富管理包含财富管理和资产管理两部分，狭义的财富管理则更注重定制和服务。

1. 由"卖方代理"向"买方代理"转变是投顾服务模式的必经之路

卖方代理模式下，投资顾问受其盈利模式的逐利驱使，带来了诸多问题：只有产品销售，没有管理服务，投资者的资产组合与理财需求不匹配；销售机构和人员的收入靠佣金，年年归零，很难进步；机构压力大，员工职业危机感强，不利于行业发展；无牌机构野蛮生长，骗钱"跑路"事件时有发生。这些问题也带来了严重的后果：投资者在财富管理中的基础问题——资产配置始终没有得到解决，整体配置与投资者需求不匹配；机构和投顾的收入来自产品销售佣金，代表产品制造方，不代表投资者，他们有动力向投资者推荐销售未必适合但佣金高的产品；投资者在销售人员的引导下，频繁申购赎回，增加投资成本，不但影响投资回报，而且阻碍了作为上游的资产管理行业的发展。这种围绕产品和产品销售的"卖方代理"模式在机制上不符合投资者的利益，在这种商业模式下，投资者的利益也就很难得到保护。

与"卖方代理"模式不同，"买方代理"模式不收取销售佣金，收入全部来自投资者支付的咨询服务费和账户管理费，投资顾问依据投资者的委托，在授权范围向投资者提供投资建议，或授权管理其投资账户。因此"买方代理"模式下，投资顾问和投资者真正实现了利益绑定，投资顾问要想增加收入，必须通过取信于投资者、服务好投资者，才能增加服务的客户、管理的账户数和账户的资产规模，是符合投资者利益的最佳制度安排。

2. "买方代理"是最符合个人养老的制度安排

在成熟市场，"买方代理"模式已经成为财富管理行业的最主流模式。例如在美国，根据规定，投资咨询顾问经过监管机构资格许可并根据投资者的授权，可以从事投资顾问业务和授权管理的投资业务。"买方代理"模式的合理性也符合经济学中的"激励相容"理论，即通过制度和契约安排，让博弈双方的利益能够实现共生共赢，打破利益冲突的窒梏。在"买方代理"模式下，投资顾问完全从投资者的利益出发，了解投资者的自身状况、投资目的、风险偏好和承受能力，制定匹配的投资策略和构建相应的投资组合，为投资者管理好财富。因为投资顾问的收入完全来自投资者，投资顾问所管理的资产规模越大其收入就越高，与投资者实现完全绑定，建立一种双方为了共赢而达成的契约关系，避免了投资者受到投资顾问的操纵而无法保护自己的利益。

3. "买方代理"投顾服务模式的实现路径

借鉴海外经验，授权管理投资顾问制度是更好地服务居民个人养老金投资的制度基础。授权管理，是指委托人或者客户将买卖证券的决定权交给金融机构或经纪人，由其决定买卖证券的品种、数量以及价格。授权管理投资顾问制度，则是指经投资者授权，投资顾问可以以投资者的名义管理其账户内的资产配置并实施投资决策的业务制度安排。

在授权管理投资顾问制度下，财富管理公司才可以更好地为客户开展定制账户的服务。第三支柱个人养老金业务正式开展后，居民将不得不面对个人养老账户的投资管理问题，而居民对资本市场与金融产品的认知是参差不齐的，对市场变化与投资风险的了解也较为缺乏。因此，如果投顾服务仅仅是向投资者提供相关建议，多数投资者很难对该建议进行评价，也难以做出决策。另外，如果投资建议涉及较为复杂的投资操作，投资者也难以对该项决策准确实施。

因此，授权管理制度下的定制账户方案，是"买方代理"投顾业务开展的重要服务措施，也为居民管理个人养老金账户提供了多样化的选择。随着投资者对养老投资重视程度的提升，客户会需要更加个性化的养老投顾服务，投顾服务应充分考虑投资者的年龄、预期寿命、风险承受能力、投资目的等个性化特征及需求，为客户提供定制账户管理服务，制订针对性的投顾服务及投资方案。

以美国为例，截至 2016 年底，美国市场授权管理账户的规模已超过 4 万亿美元。海外经验表明，以授权管理账户为代表的"买方代理"模式切实可行，且越来越受到市场各界的认可。

3.2.2 投顾服务应用于个人养老金投资仍存法律障碍

国内投顾服务的主要监管办法是《证券法》《证券、期货投资咨询管理暂行办法》和《证券投资顾问业务暂行规定》。其中，《证券法》第一百七十一条规定，投资咨询机构及其从业人员从事证券服务业务，不得代理委托人从事证券投资。《证券、期货投资咨询管理暂行办法》第二十四条规定，证券、期货投资咨询机构及其投资咨询人员不得代理投资人从事证券、期货买卖；不得与投资人约定分享投资收益或者分担投资损失。《证券投资顾问业务暂行规定》明确规定，投资顾问"辅助客户做出投资决策""不得代客户做出投资决策"。因此，国内的投资顾问只有建议权而没有决策权，国内持牌投顾机构不得开展全权账户委托。

国内投顾业务制度是从海外成熟市场借鉴而来的，与之相似，投资咨询业务按照客户类型分为发布证券研究报告业务和证券投资顾问业务。由于担忧投资咨询机构利用委托人的账户操纵市场或谋私，因此不允许持牌投顾机构开展全权账户委托。然而，美国市场投顾业务的开展大多都与公司资管业务紧密结合在一起，由于其颁布的《投资顾问法》并没有限制投顾以委托账户的形式开展业务，因此投资顾问可以在提供投资建议之外，对委托账户进行授权管理。

目前，我国证券投资顾问人员进行资产管理业务还存在实质性的法律障碍，导致各项业务或服务相对严格隔离管理的运行机制。这些因素制约了投资顾问业务的实质性推广与应用，而更多是一种以销售理财产品为主的模式，形成了当前偏销售化的"卖方代理"投顾服务模式。

4 投顾服务在中国个人养老金应用中的发展建议

当前我国投顾服务模式应用在个人养老金投资中仍存在养老金体系中个人养老金账户制度不完善，个人投资者参与养老主动权低，以及投顾自身发展模式不成熟几个方面的制约。随着我国 2018 年 5 月 1 日第三支柱个人税收递延型商业养老险试点启动，个人养老账户第三支柱努力建设完善，加上投顾服务模式已开始积极寻求转型，投顾服务应用在个人养老金中是大势所趋。处在跨越发展的历史机遇期，借鉴美国投顾服务在个人养老金中的实践经验，提前布局投顾服务的必要性显现。

4.1 政策建议

1. 将财富管理的"投资顾问"纳入法规，明确其市场定位和功能。鉴于投资顾问向投资者提供专业顾问服务的本质，建议在立法中明确投资顾问市场功能和原则性执业要求及规范。投资顾问是通过提供专业咨询顾问服务，提供有价值的分析意见和投资建议，帮助客户或在客户授权委托下做出投资决策。投资顾问的专业服务有利于金融市场信息供给和传播，增加市场透明度，促进投资者理性投资，发挥投资者教育的作用。

2. 借鉴国际经验，对财富管理的投资顾问的委托事项及范围做进一步明确，豁免投资顾问业务下个人投资者的授权管理模式。在资金流转安全且风险可控、可测以及可承受的前提下，推进授权管理的模式，如美国《证券法》规定，投资咨询顾问经过监管机构资格许可并根据投资者的授权，可以从事投资顾问业务和授权管理的投资业务。

3. 基于公平客观原则，建议对财富管理的投资顾问承担的责任和规则做出明确规定。即需要在法律中明确投资咨询业务中信息获取、投资分析、投资建议的免责制度，除非故意或重大过失或有违法违规行为，否则，不能因为分析结果或投资建议的误差追究相关从业人员及机构的行政或民事责任。

4.2 业务准备

1. 加强投顾队伍建设，建立以客户为导向的综合投顾服务体系

我国当前投顾团队整体实力不强且投顾人员规模小，人才缺口较大，面向的对象主要是高净值客户，仍无法满足未来广阔的养老金市场需求，因而仍需要扩大投顾队伍的专业服务水平和规模。从展业模式看，以佣金为导向的投顾服务不适合养老金这种长线投资，个人对于养老金投资有其不同的需求，投资顾问应根据客户特征提供以客户为导向的个性化服务，为养老金客户提供独立的授权账户管理服务。在激励机制上，投顾服务要改变以佣金为导向的盈利模式，在制定投顾考核方式时，应将考核指标与客户保值增值的状况挂钩，以收取账户管理费作为投顾激励机制。此外，公司应该整合全公司的业务线，打造以客户为中心调配公司资源的全方位投资顾问服务体系，为投资顾问建立强大的信息支持平台，更好地向客户最大限度地提供精准的个性化的养老金投资增值服务。

2. 提供简单多样化的产品与服务

有效的个人养老金投资不仅是投资配置的问题，而且需要制度及投资行为为其提供发展的基础。要做到从客户行为分析出发，为个人养老金客户提供便捷、综合的投顾服务。投资者在对个人养老账户进行投资决策时会受到专业知识的限制，专业的投顾服务就变得非常重要了。而个人养老金投资者所需要的一般是方便便捷地进行资产配置，因此投顾服务应做到简单便捷，符合投资者的投资习惯，为投资者解决选择难的问题。在产品设计上，要尽量符合中国市场特征及投资者的习惯与需求。在智能投顾发展的今天，投顾服务也可以结合互联网技术，便捷、智能地为投资者提供综合解决方案。

3. 智能投顾或将在养老金管理中发挥重要作用

随着人工智能、大数据、量化金融模型等各种技术的成熟，中国智能投顾行业将迎来快速发展期。当前，年青一代普遍倾向于在线财富管理模式。智能投顾的低费率、低门槛、个性化、智能化的理财方案，有助于解决当前居民投资散户化、非理性的困境。从养老金投资的发展来看，智能投顾也将发挥较大的作用。第二支柱企业年金放宽投资范围、赋予个人投资选择权是大势所趋。而第三支柱个人养老金，未来也很有可能以个人账户为基础，提供税收优惠，按照积累制运作。智能投顾可以根据个人风险偏好、财务状况、年龄提供资产配置及自动再平衡方案，解决个人养老金投资管理的困境。同时，智能投顾有利于推动个人养老金账户管理透明化，提供低成本投资方式，符合长期投资理念。

4.3 投资者教育

加强对个人投资者的教育服务。当前我国市场仍然以个人投资者为主，其专业知识结构尚不完整，个人投资者进行投资时往往只看到短期效果，对养老金投资管理的重要性也认识不足，非理性投资的情况广泛存在。因此，投资顾问应引导、教育树立投资者长期投资观念，通过较长期限投资权益类资产来获得收益。同时向投资者解释提前做好个人养老投资的重要性，传导正确的养老投资理念，向投资者普及复利的作用，帮助投资者理解各资产类别的收益和波动特征，以及再投资和再平衡的重要性，以便投资者可以选择符合自身特点及目标的投资产品。投顾人员应与客户建立科学的交流机制，为客户提供全方位的养老投资服务。

附表1   **2017年针对IRA客户的主要投顾供应商**

投顾公司	适用对象	服务特点	最低投资金额限制
Merrill Edge	没有最低金额限制	一流的客户服务	无
Ally Invest	活跃交易者	较低的管理费	无
E * Trade	没有最低金额限制	对IRA账户免除500美元的最低金额限制	无
Wealthfront	被动投资者	首笔5000美元免管理费	500美元
TD Ameritrade	适用各种投资者	免交易佣金；290多只ETFs，4100多只基金	无
Betterment	被动投资者	提供电话人工投顾咨询服务，收费较高	无
Charles Schwab	适用各种投资者	免交易佣金；240多只可选ETFs，4300多只可选基金	1000美元
Interactive Brokers	活跃交易者	对频繁交易者有管理费折扣	5000美元
Fidelity Invests IRA	低成本的投资者	免交易佣金；91只可选ETFs，3700多只可选基金	无
Vanguard	低成本的投资者	免交易佣金；70只可选ETFs，2800只可选基金	无

资料来源：公开信息，嘉实基金整理。

附表2   **美国智能投顾业务主要供应商**

智能投顾公司	适用账户	要点	年费	最低账户金额门槛
Wealthfront	应纳税账户	节税优惠	账户余额的0.25%	500美元
Wealthsimple	社会责任投资者	自动调整资金组合；免开户费	账户余额的0.40%~0.50%	0
Betterment	应纳税账户	将目标设置型工具应用于资产配置	账户余额的0.25%~0.40%	0
Ellevest	多样化的投资组合	目标设置型工具	账户余额的0.25%~0.50%	0

智能投顾公司	适用账户	要点	年费	最低账户 金额门槛
Charles Schwab	—	投资顾问咨询无限制；强调综合管理能力	0.28%	25000 美元
Blooom	401（k）	以固定费率管理 401（k）账户	10 美元/每月	0
Motif	多样化的投资组合和社会责任投资者	预先构建投资组合	佣金：4.95 美元/每笔份额	0
Vanguard	多样化的投资组合	以客户为导向的投资组合	账户余额的 0.30%	50000 美元

资料来源：公开信息，嘉实基金整理。

参考文献

［1］ICI. 2018 *Investment Company Fact Book* ［EB/OL］. http：//www. icifactbook. org.

［2］RIA in a Box. 2016 *RIA Industry Study：Average Investment Advisory Fee is 0. 99%* ［EB/OL］. http：//www. riainabox. com/blog/2016 – ria – industry – study – average – investment – advisory – fee – is – 0 – 99 – percent.

［3］花旗银行，友邦保险. 中国居民养老准备洞察报告 ［R］. 2015.

［4］孟繁永. 美国证券投资顾问服务市场发展及借鉴 ［J］. 证券市场导报，2012（10）：73 – 77.

［5］朱海扬，浦鹏举. "互联网 +" 下的养老金资产管理之海外的发展 ［EB/OL］. http：//m. jrj. com. cn/rss/uc/rss/2018/2/7/24077931. shtml.

［6］姚余栋，孙博，董克用. 中国养老金融发展报告（2017）［M］. 北京：社会科学文献出版社，2017.

［7］徐宝成. 智能投顾美国先行 ［J］. 金融博览：财富，2017（8）：52 – 55.

［8］招商贝恩. 2017 中国私人财富报告 ［R］. 2017.

［9］中国产业信息网. 2017 年中美智能投顾行业发展现状及未来发展趋势分析 ［EB/OL］. http：//www. chyxx. com/industry/201708/546474. html.

［10］中国证券业协会. 2017 中国证券业发展报告 ［EB/OL］. http：//www. sac. net. cn/yjcbw/zqhyfzbg/fzbg2017/.

第六章 境外自律组织在个人养老金中发挥的作用

工银瑞信基金管理有限公司 张 栋 易 帆

摘 要 第三支柱的发展一方面离不开合理的顶层设计，另一方面也高度依赖各个市场参与者的通力协作。然而，受制于自身视角与信息获取渠道的局限性，参与养老的社会公众、养老金管理行业和政策制定者三者之间不可避免地存在一定程度的信息沟通方面的壁垒，而这种信息的不对称很有可能会导致个人养老机制的整体失效。在境外成熟市场中，行业自律组织立足行业，面向政策制定者与公众，很好地解决了这一信息不对称问题。他们以独立自主的研究为基础，为政策制定者进行第三支柱顶层设计和发展路径的探索提供了重要依据，帮助养老金与资产管理形成良性的互动，从而在解决养老问题的同时进一步促进了资本市场的稳定发展，形成了参与养老的个体与资产管理行业的互利共赢。目前，我国正处于第三支柱顶层设计和实践起步的关键阶段，我们通过对全球主要市场的研究，总结了各国各地区自律组织在个人养老金中发挥的作用，以期为我国自律组织进一步探索服务第三支柱的实践提供建议与线索，为我国第三支柱的建设和多层次养老保障制度的形成作出更多贡献。

关键词 境外自律组织 第三支柱

一、自律组织的概述

（一）自律组织产生的理论基础及其职能定位

自律组织的产生还应从市场经济环境下市场与监管的博弈谈起。在传统的西方经济学框架下，社会资源的调配与优化配置完全通过资本市场的力量自发完成，但1929—1933 年的大萧条使人们认识到市场也会失效，仅仅靠市场的力量调配资源并不合理，需要政府或中央银行的监管与干预才能实现经济的平稳发展。因此，各国政府和中央银行均不同程度地开始了对经济的干预。然而在具体实践中，政府的干预虽然调节了市场，减少了经济的负面因素，却在某种程度上损害了市场经济机制下产生的红利，带来了资源的错配与经济行为的扭曲。在这一背景下，为解决市场与政府之间的信息壁垒，同时在尽可能小地损害市场经济红利的前提下达到最好的监管实践与政府干预，"行业自律"的监管理念应运而生。自律组织的存在有利于形成更加有效的资本市场，从而促使股权与债务的融资成本趋于合理化，支持经济的发展与扩张。①

自律组织一般是一个行业权威机构，负责自身成员的管理，在多数情况下以社会组织的形态存在，其定位一般介于政府与行业之间。面向政府时，背靠行业，将行业的声音传达给政府，降低政府和立法机构在政策制定和执行方面出现偏差的概率。面向行业时，发挥其"自律"属性，制定各种行业准则，约束会员机构的行为。各会员机构需要通过遵守自律组织的各项守则和规定，维持自身的会员身份，否则将会受到自律组织的纪律处分或者除名。自律组织的最终目的是在政府与行业之间扮演协调者的角色，帮助行业实现可持续健康发展。

（二）境外自律组织的认定与发展情况

目前，世界各国、各行业对自律组织尚未有一个统一的认定。在不同的市场和体制下，其存在的作用与职能定位也有所不同。

某些情况下，法律对自律组织有十分严格的定义。例如，美国《证券法》第十九条②明确了自律组织在监管体系中的地位，要求所有自律组织须向美国证监会进行报备，并对自律组织制定法规以及实施制裁等各种行为的手续进行了明确。在美国《证券法》的框架下，自律组织主要指证券、期货交易所及注册的证券、期货协会，以及注册的清算机构等。

然而在更多情况下，自律组织的界定仍然比较模糊，许多行业协会虽未经过法律或政府的明确认定，但在其运作目的与行为上也具有一定的自律特征。例如，美国投资公司协会（Investment Company Institution，ICI）致力于鼓励遵守高道德标准，促进公众理解，并增进基金及其股东、董事和投资顾问的利益；而欧盟地区的基金与资产管理协会（European Fund and Asset Management Association，EFAMA）则是欧洲投资管理行业的代表组织，代表 28 个成员协会和 62 个公司会员，具有与 ICI 类似的组织特性。德国投资基金协会（German Investment Funds Association，BVI）代表行业面向政界与监管机构，解决所有与《德国资本投资法》（German Capital Investment Code）相关联的问题，代表德国基金行业的利益。这类行业协会不仅具有自律组织的一定特征，且无论是在第三支柱的顶层设计还是在实践发展阶段，都对第三支柱的建立与发展发挥了巨大作用，对我国自律组织支持第三支柱发展具有很强的借鉴意义。因此，我们也将其列入本次研究范围之内。

表 1 中，我们列示了境外几个具有典型代表意义的自律组织及其职能。

---

① John Carson. Self – Regulation in Securities Markets［EB/OL］. http：//siteresources. worldbank. org/FINAN-CIALSECTOR/Resources/WPS5542_Self_Regulation_in_Securities_Markets. pdf.

② SECURITIES EXCHANGE ACT OF 1934，Section 19，http：//legcounsel. house. gov/Comps/Securities% 20Exchange% 20Act% 20Of% 201934. pdf.

表1   先进市场主要自律组织

国家或地区	自律组织名称	职能
美国	ICI（Investment Company Institute）	支持建立行业良好的社会信誉； 保障基金、投资者、投资顾问等的利益； 提高公众对于投资基金和投资公司的认识
美国	FINRA（Financial Industry RegulationAuthority）	通过对经纪交易商的有效管理，致力于投资者保护与市场公正性的体现； FINRA并不是政府的一部分，而是受美国国会授权的非营利性组织，通过确保经纪交易商行业公平诚信地运作，达到保护投资者的目的
欧盟	EFAMA（European Fund and Asset Management Association）	支持建立单一欧盟市场，帮助欧洲范围内的投资机构拥有平等的机会； 促进有关基金行业的科学研究； 促进欧盟各个机构代表之间积极沟通，共建高效而专业的监管环境； 为保护机构和个人投资者，在各成员中充当咨询机构，以便其就标准达成一致
德国	BVI（German Investment Funds Association）	帮助基金公司在国内及国际上维护自身合法权益； 在监管层制定相关法规时充当顾问角色； 政界、监管层与资本投资方在监管问题上的中心联络点
法国	AFG（The French asset management association）	维护协会成员及其管理的资管计划和客户的利益； 作为法国政府和欧盟的合作方参与相关法规的制定； 为会员提供法律、税务、会计和技术方面的支持； 在公司治理、绩效评估、投资研究、培训等方面制定行为准则
加拿大	IIROC（Investment Industry Regulatory Organization of Canada）	编写高标准的行业监管准则； 进行财务合规审查并设定会员单位最低资本要求，以确保公司有足够的资金来满足其业务的特定性质和规模； 进行业务行为合规性审查，以检查会员单位是否有适当的程序来管理客户的账户，以确认其提供的投资建议和交易可以良好地反映客户的需求； 检查交易公司的交易程序； 进行市场监督和交易审查分析； 调查交易商、交易参与人员和其他市场参与者可能发生的不当行为，并对其进行相应的处罚
中国台湾	SITCA（Securities Investment Trust & Consulting Association of the R. O. C.）	向投资者进行基金投资宣传，包括介绍各类型基金品种、投资公司监管法规介绍等； 提供基金合法销售机构查询服务； 为投资人进行投诉提供渠道和服务

二、境外自律组织在个人养老金中做出的努力

(一) 制定行业自律准则，净化市场环境

第三支柱的发展，核心是在合理公平的前提下，最大化地满足个体的养老需求，这离不开一个成熟的金融服务市场与长期健康向上的资本市场环境。

首先，自律组织规范了第三支柱投资者所直接接受的相关金融服务。第三支柱直接面向个人，其参与者不能像第二支柱雇主发起计划的参与者一样接收到来自雇主的充分引导，所有的投资行为高度依赖个人的有限认知。对于大多数个人，资本市场还是一个相对陌生的领域，个体对于养老投资往往比较盲从，难以在自身有限的知识结构下进行有效的资产配置、管理人筛选和投资择时。最糟糕的情况下，一些养老参与人由于对资本市场的风险缺乏充分的认知，所进行的投资与自身的养老需求发生严重偏离，导致严重的亏损和养老投资的失效。

因此，为个人养老投资者提供合理适当的服务（包含投资建议以及相应的金融产品等），辅助其做出适当的投资决策至关重要。但提供此类服务的金融企业往往是逐利的，需要外界对金融企业的金融服务进行有效的管理和规范。而法律和政府监管机构的监管措施与角度往往更加注重原则性与审慎性，难以有效地对细节进行精准管理，甚至在某些特殊情况下由于对行业了解不足或沟通不利，反而会带来负面影响。

相较来看，自律组织立足行业，通过对会员机构和从业人员的资质管理，以及各类自律准则的发布，直接约束市场参与者的行为，为行业制定了更高的从业与道德标准，净化了金融服务市场的环境，既增强了养老参与人的投资信心，又保持了行业的创新活力。

其次，自律组织对资本市场的健康发展起了重要作用，使长期投资有效满足养老的需求。第三支柱与第二支柱的投资目的与第一支柱存在一定差异，其目标并不是保障居民退休后的基本生活需求，而是改善退休后的生活质量，达到理想的退休替代率。因此，第三支柱的投资更加依赖一个长期健康向上的资本市场，尤其是权益市场。而各国交易所作为自律组织的一种，在上市公司的监管、信息披露等方面的规则制定与监管执行起了重要作用，有效地降低了信息不对称所产生的低效率市场。

此外，自律组织对会员单位和从业人员的规范，也有效地避免了市场操控等不合理行为的发生，促进了一个有效、健康资本市场的形成。

(二) 立足行业，面向政策制定者，传递行业声音

在这一方面，各个国家和地区的自律组织在支持第三支柱方面所做出的努力比较具体，我们将分别举例进行阐述。

1. 美国

美国是全球最先进的个人养老市场之一。IRA 的诞生应追溯到 1974 年《雇员养老收入保障法》（*Employee Retirement Income Security Act of* 1974，ERISA）的颁布，经

过近半个世纪的发展，截至 2018 年第一季度，美国养老第三支柱个人养老账户的资产总规模已达到 9.17 万亿美元，其中公募基金的规模达到了 4.28 万亿美元，占比达 46.68%。在这一发展过程中，自律组织立足行业，面向监管与立法机构，发挥了巨大的作用。

ICI 是全球领先的基金行业自律组织，成立至今已有 78 年的历史。1940 年美国颁布了《投资公司法》（*Investment Company Act of* 1940），明确了投资公司的业务范围和职责，ICI 的前身——全国投资公司委员会（National Committee of Investment Companies）也随之诞生。该组织诞生之初旨在帮助管理投资公司在《投资公司法》的框架下开展基金投资，经过多年的发展转变，已转变成集投资者教育、行业与监管层沟通、行业数据发布研究以及向监管层提供政策建议于一身的多职能综合性基金行业自律组织。

（1）解读税收递延政策的合理性、优越性

在美国，第三支柱的发展已经进入了比较成熟的阶段，但其规模的进一步扩容与健康发展都高度依赖合理的税收优惠的激励，甚至可以说，税收递延政策是美国整个补充养老市场的基石。然而，现行的以税收递延为主的税收激励机制在美国多年以来一直受到来自各界的挑战与批评，批判者指责税收递延让高收入劳动者更容易获取税收福利，加剧了社会资源的不公平分配，导致富人更富、穷人更穷。基于上述理论，主张取消税收递延或以别的税收优惠方式（包含退税、税额减免等）替代税收递延的声音与提案层出不穷。

对此，ICI 出版了专门的书籍《美国如何支持养老》[①] 以及一系列相应的研究报告，通过科学、客观的研究成果对上述观点进行了驳斥。该书通过严谨的假设构建量化模型研究证明：高收入劳动者从税收递延中获益更多并不是因为他们从每一美元的缴费中获益更多，而是因为他们进行了更多的缴费；税收递延作为一种特殊的税式支出，加强了个体的储蓄和个体参与劳动的动机，抵消了所得税制度本身对经济行为的扭曲。无论是从税收的公平性、对经济发展的促进作用还是从制度的可实施性而言，税收递延相对于其他替代性税收优惠政策都具有更强的优越性。

（2）向立法机构提供税法建议

ICI 曾向立法机构对一些潜在的具体税法变更发表意见与主张。例如，2017 年 11 月，ICI 致信参议院金融委员会的参议员 Ron Wyden，强烈建议删除 2017 年《政府减税与就业法案》（*Tax Cut and Job Act of* 2017）中要求纳税人采用先进先出法纳税的条款，并说明了原因。

总体来看，多年以来 ICI 通过研究辅助政策制定者制定合理的基金相关税收政策，有助于投资者实现长期的投资目标，也使 ICI 成为全美范围内该领域最重要的

---

① Investment Company Institute. *How America Supports Retirement* [EB/OL]. https：//www.ici.org/pdf/rpt_16_america_supports_retirement.pdf.

组织之一。

（3）助力解决养老投资产品的监管政策统一性问题

ICI 同样关心养老投资产品中的监管政策统一性问题。例如，在美国，集合信托（Collective Trust，也称 Collective Investment Fund）一直受通货审计官办公室（Office of the Comptroller of the Currency，OCC）监管，而不像公募基金一样受《投资公司法》（Investment Company Act）的限制，但其在投资上和产品形态上都与公募基金十分相似，只是在销售范围上相对于公募基金更为狭窄，仅允许销售给一些机构养老金客户。相似的产品面对不同的监管标准，可能会导致投资行为的扭曲和监管套利的空间，对行业竞争的公平性也会带来潜在问题，更有甚者可能会影响整个投融资行为的有效性。①

1996 年美国证监会（Security and Exchange Commission，SEC）发文（SEC Release No. 34 - 37009）就 1995 年《私人证券诉讼改革法案》（The Private Securities Litigation Reform Act of 1995）向公众征求意见，其中涉及了此项内容。ICI 就此向 SEC 发起回应，说明集合信托计划和专门账户免于被定义为投资公司的依据是 1970 年修订的《投资公司法》（Investment Company Act of 1970），当时尚不存在 401(k) 计划和 ERISA，因此，这一立法决策有时代的局限性。而现在公民养老的投资选择已经非常丰富，上述两类计划豁免于《投资公司法》的做法已经不适合，应被认定为投资公司，并按照投资公司的标准进行监管。

综上所述，在美国，自律组织通过独立研究的发布，政策征求意见的反馈等形式，影响养老金融产业相关政策的制定，所涉及与关注的范围不仅涵盖资产管理行业产品与市场本身，还向外延展至税收等多个领域。

2. 法国

法国基金行业自律组织 AFG 通过撰写退休储蓄白皮书②，从经济环境、承接产品和税收制度三个方面将本国市场与国外市场进行对比，分析了第三支柱发展不成功的原因，并提出了具体的改善措施：（1）开发一种全新的养老产品，采用更加灵活的参与与退出机制，并加强税收优惠等；（2）加强企业养老储蓄的发展，包括将企业养老范围扩大至公务员以及非法国的欧洲员工等；（3）为公众提供更多的养老产品信息，包括更多地发布未来养老金数据、社会保障信息以及新型的养老产品信息等。

3. 欧盟

相对于美国，欧洲的第三支柱发展相对落后，目前主要依赖基本养老金。欧盟

---

① Government Accountability Office. *Functional Regulation An Analysis of Two Types of Pooled Investment Fund*[EB/OL]. https://www.gao.gov/assets/150/144290.pdf.

② Association Française de la Gestion Financière. *Livre Blanc - L'Epargne Retraite - Décembre* 2016 [EB/OL]. http://www.afg.asso.fr/wp-content/uploads/2017/01/AFG_LivreBlanc_EpargneRetraite170109_.pdf.

在发展第三支柱中面临的问题比较个性化，主要源于其成员国在税收和政策等方面的自主性与人口之间高流动性的矛盾。由于在欧盟境内，人口流动是自由的，个体在更换了居住国后，其第三支柱的资产难以随之进行有效转移，在一定程度上降低了个体参与第三支柱的积极性。因此，2015 年以来，欧盟一直致力于推动面向全欧洲的"泛欧个人养老金产品"（Pan – European Personal Pension Product，PEPP）。

在 PEPP 顶层设计的过程中，欧洲各国的自律组织和 EFAMA 均积极向欧洲保险和职业养老金管理局（European Insurance and Occupational Pensions Authority，EIO-PA）反馈意见，内容涉及产品的跨国销售、产品形式、投资策略和税收政策等多个方面。

此外，EFAMA 还参加了欧盟委员会组织的听证会，讨论如何克服障碍让更多的人参与 PEPP。随后，EFAMA 邀请欧盟委员会保险和养老金负责人、各国的专家等召开了为期两天的会议，明确了代销机构的重要地位，并对 PEPP 的产品形式应采取类 UCITS 模式达成一致。此外，EFAMA 还组织各国当局相关负责人、欧洲投资者及服务商以及欧洲联盟证券交易所召开圆桌会议，旨在进一步推动 PEPP 的建设。

（三）定期发布数据，研究投资者行为以及发展趋势

随着人类社会的发展，大数据分析已经由"未来发展的趋势"渐渐转化为公共管理与商业等各个领域中不可或缺的元素。同样，发展第三支柱也离不开大数据的支持。在实际操作过程中，各种养老金融服务的提供者受制于资金或规模，往往在数据获取方面存在一定的壁垒，在数据运用的视角上也不可避免地存在各自的局限性，难以全面、客观地呈现第三支柱的发展状况与趋势。

自律组织面向整个行业，且不受盈利动机的干扰，有能力同时也更适合承担起数据的统计与发布，并以此为基础向全社会发布独立客观的研究报告，供各方参考。

1. 美国

（1）定期更新数据，描绘 IRA 的总体发展情况

ICI 在官网上设置了专门的板块①，每季度向公众更新美国养老金融市场的各项数据统计，包含总体资产规模、不同类型养老金的规模、投资于公募基金的规模等。更细化地看，ICI 的统计还包含了第三支柱下不同 IRA 账户的规模情况和资金的流入流出，以及对养老目标日期基金和目标风险基金的发展状况的专题统计。

（2）不定期更新数据，体现 IRA 的结构性变化

ICI 不定期发布《IRA 持有人的额外信息》②，更加专注于第三支柱发展的内部结构，如 IRA 持有人结构以及资金投向的细节等。持有人结构的统计维度包含年

---

① *Investment Company Institute. Quarterly Retirement Market Data* ［EB/OL］. https：//www. ici. org/research/stats/retirement.

② *Investment Company Institute. Additional Data on IRA Ownership* 2017 ［EB/OL］. https：//www. ici. org/pdf/per23 – 10a. pdf.

龄、收入水平、教育水平、婚姻状况等。养老投资的统计维度包含风险承受的意愿，进行养老投资所使用的机构类型、产品类型等。

（3）基于数据对 IRA 的发展状况与趋势进行分析

除了上述基础数据的发布与更新，ICI 还基于这些数据对养老市场与投资者行为的转变趋势进行总结，供各方参考。例如，ICI 曾发布报告，详细研究了在美国居民的养老储蓄中第三支柱的 IRA 目前所处的位置[1]。此外，ICI 不定期地发布"传统 IRA 投资者档案"[2] 和"罗斯 IRA 投资者档案"[3]，内容上不仅涉及不同年龄阶段下、不同类型 IRA 投资者的缴费与支取行为，还以具体的事件作为立足点（如金融危机），对不同年龄段投资者行为的转化进行专题性分析。在 ICI 投资公司年鉴中，也设置了养老的专门章节，以披露美国养老市场的发展状况与趋势。

上述数据和研究的发布大大提升了行业发展的透明度，读者通过阅读 ICI 发布的报告能够很直观地对第三支柱在美国的发展情况进行比较深入的了解。对于养老资产管理公司而言，可以充分评估市场容量与投资者行为转化的趋势，制定合理的发展战略，形成优化的投资实践；对个人而言，此类信息的获取有利于其了解整个社会养老规划的趋势，合理重视和安排自身的养老计划；对政策的制定者和执行者而言，能让其行为更具有针对性，降低政策影响与初始意图发生偏离的可能性。

2. 欧盟

在欧洲，EFAMA 在其年度报告《欧洲资产管理》[4] 中对整个欧洲的养老基金数据进行统计和分析，包括养老基金整体的规模变化、养老基金在欧洲各国的增量等诸如此类的宏观数据，并分析养老金产品的政策为各国资产管理行业带来的影响。但由于欧洲第三支柱发展的阶段仍相对落后，其数据发布在广度上和深度上都明显落后于 ICI。

（四）面向投资者，普及个人养老金的相关知识

一般来讲，对绝大多数公众而言，养老的概念更多停留在一个比较抽象的层面。第三支柱下，个体对于养老投资以怎样的方式进行、要达到怎样的目的往往比较盲目，甚至对于政府颁布的一些支持性政策对自身的影响、如何分享政策的红利的认知也比较模糊。因此，在第三支柱发展过程中，尤其是发展初期，要实现整个体系的良性运转，向公众普及相关知识就十分重要。在这一方面，世界主要国家与地区

① Investment Company Institute. *The Role of IRAs in US Households' Saving for Retirement*, 2017 ［EB/OL］https：//www. ici. org/pdf/per23 - 10. pdf.

② Investment Company Institute. *The IRA Investor Profile：Traditional IRA Investors' Activity*, 2007 - 2015 ［EB/OL］. https：//www. ici. org/pdf/rpt_17_ira_traditional. pdf.

③ Investment Company Institute. *The IRA Investor Profile：Roth IRA Investors' Activity*, 2007 - 2015 ［EB/OL］. https：//www. ici. org/pdf/rpt_17_ira_roth_investors. pdf.

④ European Fund and Asset Management Association. *Asset Management In Europe* ［EB/OL］. https：// www. efama. org/Publications/Statistics/Asset% 20Management% 20Report/EFAMA% 20Asset% 20Management% 20Report% 202017. pdf.

的自律组织均做出了巨大努力。

1. 美国

在美国，FINRA 通过发布《提前退休讲习 101》①，向公众介绍如何理性地安排养老投资，揭示相应风险，以及决策过程中有哪些因素是值得考量的，并向公众科普和解读美国国税局（Internal Revenue Service, IRS）对提前支取的相关政策。FINRA 的投资者教育并非针对投资策略，而是更多地以养老资源的合理分配和投资者利益的保护为落脚点。

ICI 则以其官网为窗口，为公众普及第三支柱相关知识：在"常见问题"（Frequent Asked Question）板块②中对 IRA 账户是什么以及 IRA 在美国的发展情况向公众做了介绍；开设"参与者教育"板块向公众介绍参与第三支柱的短期福利与长期福利③；设置养老信息中心（Retirement Resource Centre），将美国的养老金体系及发展状况以"公路地图"的形式亲民而直观地展现给公众④。在此基础上，ICI 还以社交网络为媒介不定期地向公众推送参与第三支柱相关的信息，如收入水平所对应的 IRA 缴费策略、不同的个体应如何理性选择适合自己的 IRA 等。

2. 加拿大

在加拿大，其行业自律组织加拿大投资行业监管组织（Investment Industry Regulatory Organization of Canada, IIROC）在其发布的《特别养老计划》⑤ 中对整个加拿大的养老金体系进行了全面介绍，其中着重介绍了其第三支柱的注册退休储蓄计划（Registered Retirement Savings Plans, RRSP）。该报告通过具体的例子，向公众呈现了 RRSP 税收优惠的机制、参与缴费的资格、申领和提前支取的税收处理办法及转换机制。

3. 德国

在德国，自律组织 BVI 同样采用"常见问题"的方式向公众普及本国的里斯特（Riester）计划，包括适合参加里斯特计划的人群、是否允许继承以及相应的税收处理等。除此之外，BVI 还制作了在线的里斯特计算器（Riester – Rechner）⑥，用直观

---

① Financial Industry Regulatory Authority. *Early Retirement Seminars* 101 ［EB/OL］. http：//www. finra. org/investors/early – retirement – seminars – 101 – smart – tips – spotting – retirement – scams.

② Investment Company Institute. *Frequently Asked Questions About Individual Retirement Accounts*（*IRAs*）［EB/OL］. https：//www. ici. org/pubs/faqs/faqs_iras.

③ Investment Company Institute. *Invest in Your Future Through an IRA* ［EB/OL］. https：//www. ici. org/viewpoints/view_18_tax_day_ira.

④ Investment Company Institute. *Roadmap to Retirement* ［EB/OL］. https：//www. ici. org/pdf/roadmap_retirement. pdf.

⑤ Investment Industry Regulatory Organization of Canada. *IDA Wealth Watch*, *Special Retirement Planning Edition* ［EB/OL］. http：//www. iiroc. ca/Documents/2005/505DE5A8 – 808F – 4DCE – AF64 – A83BD4589054 _en. pdf#search = retirement.

⑥ The German Investment Funds Association BVI. *RIESTER – RECHNER* ［EB/OL］. https：//www. bvi. de/altersvorsorge/riester – rente/riester – rechner/.

的方式帮助投资者进行养老规划，投资者通过填写自己的职业、年收入、每年的投资额以及子女的数量、年龄，即可计算出退休时可以拿到的养老金。

综上所述，各国自律组织在向公众普及相关知识和第三支柱方面主要聚焦于税收优惠和第三支柱的账户制度，部分自律组织的普及工作直接延伸到了对公众投资行为的引导。

（五）小结

总体而言，各国家或地区行业自律组织在第三支柱中发挥的作用大小不尽相同，发挥作用的角度也存在差异。

对自律组织而言，行业自律和净化行业是最基本的职能，但这一基础职能对第三支柱的影响比较间接，很难说明这些具体措施是如何促进第三支柱发展的。但可以确定的是，健康的金融服务市场和一个稳定向上的资本市场均离不开自律组织的努力，这些因素在客观上对个人养老金第三支柱的稳步发展起到了推动作用。在政策建议和第三支柱普及方面，美国和欧洲的自律组织均做了大量工作。由于美国的第三支柱发展已较为成熟而欧洲的第三支柱正处于顶层设计阶段，欧洲自律组织对政策的建议相比美国也更加直接，但在数据分析和行业趋势研究方面相对落后于美国。总体而言，自律组织的存在很好地提高了行业与政府、行业与投资者之间的沟通效率，对第三支柱的发展起到了重要作用。

三、当前我国自律组织在个人养老金中发挥的作用

随着我国资本市场的蓬勃发展，已有一批具有很强专业素养的自律组织成长起来，主要包括中国证券投资基金业协会、中国银行业协会、中国保险业协会和中国证券业协会等。

表2 我国主要自律组织

名称	会员单位	主要职能
中国证券投资基金业协会	基金管理人、基金托管人、基金服务机构	教育和组织会员遵守有关证券投资的法律、行政法规，维护投资人合法权益； 依法维护会员的合法权益，反映会员的建议和要求； 制定和实施行业自律规则，监督、检查会员及其从业人员的执业行为，对违反自律规则和协会章程的，按照规定给予纪律处分； 制订行业执业标准和业务规范，组织基金从业人员的从业考试、资质管理和业务培训； 提供会员服务，组织行业交流，推动行业创新，开展行业宣传和投资人教育活动； 对会员之间、会员与客户之间发生的基金业务纠纷进行调解； 依法办理非公开募集基金的登记、备案

续表

名称	会员单位	主要职能
中国银行业协会	银行业金融机构、各省银行业协会	以促进会员单位实现共同利益为宗旨，履行自律、维权、协调、服务职能，维护银行业合法权益，维护银行业市场秩序，提高银行业从业人员素质，提高为会员服务的水平，促进银行业的健康发展
中国保险业协会	保险公司、保险代理人、保险经纪人、保险公估机构	督促会员依法合规经营。组织会员签订自律公约，制定自律规则，约束不正当竞争行为，维护公平有序的市场环境；组织制定行业标准；代表行业参与同行业改革发展、行业利益相关的决策论证，提出相关建议；维护行业合法权益；主动开展调查研究，及时向监管部门和政府有关部门反映保险市场存在的风险与问题，并提出意见和建议；建立会员间信息通联工作机制，促进业内交流
中国证券业协会	证券公司、证券投资咨询公司、证券资信评级机构、证券公司另类投资子公司、证券公司私募投资基金子公司	教育和组织会员遵守证券法律、行政法规；依法维护会员的合法权益，向中国证监会反映会员的建议和要求；收集整理证券信息，为会员提供服务；制定会员应遵守的规则，组织会员单位的从业人员的业务培训，开展会员间的业务交流；对会员之间、会员与客户之间发生的证券业务纠纷进行调解；组织会员就证券业的发展、运作及有关内容进行研究；监督、检查会员行为，对违反法律、行政法规或者协会章程的，按照规定给予纪律处分

上述自律组织在我国第三支柱的建设中发挥了重要作用。

1. 撰写研究报告，介绍第三支柱在先进市场的发展情况，向行业和投资者普及第三支柱相关知识。例如，中国证券投资基金业协会发布多篇"声音"系列研究报告，对境外个人养老市场进行了全面的研究，具体涵盖养老金体系、养老金投资产品和个人养老投资策略等。

2. 面向行业进行各类培训，对行业承接第三支柱资产管理业务进行引导，加强理论基础的建设。例如，中国证券投资基金业协会举办多次以养老金投资为主题的培训，从养老金的投资、销售、产品等多个方面普及境内外先进实践，受到行业的广泛好评。

3. 举办各类会议，促进政界、学界、行业、投资者等各相关方之间在构建第三支柱体系方面的互动，宣传第三支柱建设的重要性，加强第三支柱在各界的影响力。例如，中国银行业协会、中国证券投资基金业协会等均成立了养老金专业委员会，委员会举行定期会议邀请社会各界专业人士，进行意见的交流，以碰撞出第三支柱在中国的最佳实践。

四、境外自律组织发展对我国的借鉴

综上所述，我国自律组织在个人养老金中发挥的作用在范围上和深度上与欧洲更为类似，相对而言更侧重于对海外经验的借鉴和对政策制定者的建议，这与我国第三支柱的发展阶段密切相关。

目前，我国正处在第三支柱建设的顶层设计阶段，税收优惠、投资品准入等多个方面的配套措施是否合理有效将在很大程度上决定我国第三支柱未来的具体形态与发展潜力。因此，我国的自律组织在这一阶段不遗余力地协助政府部门总结研究境外先进经验，促进政界和行业与学界的沟通与交流，消除信息壁垒。

同时，第三支柱的发展是高度路径依赖的，这其中离不开政府部门对社会保障发展战略的动态调整和行业在投资服务提供过程中对个人养老需求的敏锐反应。在这个过程中，各个子行业的自律组织有望延展自身职能，对养老投资行业进行持续的研究与分析，将观点输出至投资者、行业和政府部门，为各方的决策提供依据，进而对我国第三支柱的健康发展持续发挥作用。

另外，在投资者教育和投资者保护工作上，各个行业协会同样大有可为。第三支柱的发展在客观上必将推动大资管行业客户基础的进一步扩容，如何引导投资者理性做出投资决策、实现养老目标，同时有效地保护投资者的合法权益，真正实现"卖者尽责、买者自负"是我国后续即将面对的挑战，也是我们即将迎来的机遇。作为自律组织在这一洪流中应当有效地协助监管净化行业环境，促进资本市场健康发展，最终实现我国多层次社会保障体系与资本市场的良性互动与长效发展。

借 鉴 篇

编者按

  自 20 世纪 80 年代开始，发达国家相继面临人口老龄化、财政困难、全球化挑战等难题，传统养老模式压力重重，因而掀起了养老保险制度改革热潮。1994 年，世界银行出版了《防止老龄危机——保护老年人及促进增长的政策》，首次提出了建立养老金的"三支柱"模式，并且在世界范围内得到广泛传播和认同。其中政府提供税收激励、个人自愿参加的养老计划模式，即第三支柱个人养老金，不断发展壮大。

  发达国家的养老金第三支柱发展已经相对比较成熟，可以为我国建设个人养老金制度提供宝贵的经验。"他山之石，可以攻玉"，因此，我们特意引入借鉴篇，简要介绍美国、加拿大、英国、德国、意大利、新西兰、法国、中国台湾、日本、澳大利亚、韩国 11 个国家和地区的第三支柱个人养老金制度发展经验。在本篇中，每一章均简要介绍该国（地区）养老金体系及第三支柱个人养老金发展历史，全面分析个人养老金制度体系，概述个人养老金的资产管理情况，最后对我国发展第三支柱制度提出有价值的建议。

第一章　美国个人养老金制度经验

富国基金管理有限公司　黄奥博

摘　要　美国第三支柱个人养老金制度已较为成熟。近年来，基于账户模式的美国个人养老金计划规模持续增长，其制度经验值得研究和借鉴。本文重点从美国个人养老金制度和资产管理等方面对美国个人养老金市场进行了研究，希望对我国建立第三支柱个人养老金制度提供一定的参考。最后，在对美国第三支柱个人养老金制度和资产管理情况进行分析的基础上，本文对我国第三支柱个人养老金发展给出如下建议：（1）税收优惠应基于账户；（2）尊重个人投资选择权；（3）充分发挥基金在第三支柱养老金投资中的作用；（4）重视权益投资的作用；（5）应对我国第二支柱与第三支柱的联动安排予以规划；（6）发展智能投顾，助力个人养老金投资。

1　美国养老金体系概述

传统观点认为美国的养老金体系可被划分为三个支柱，分别为第一支柱社会保障、第二支柱雇主发起式养老金计划以及第三支柱个人养老金账户。美国 ICI[1] 认为美国的养老金体系可进一步划分为五个层次，除传统的三个支柱（社会保障、雇主发起式养老金计划、个人养老金账户）外，还包括自有住房及其他资产。

第一支柱社会保障为强制性联邦公共养老金，即老年、遗属及残障保险（Old Age Survivors and Disable Insurance，OASDI）计划。联邦公共养老金在联邦政府层面进行全国统筹，以税收的形式强制征收，雇主和雇员各按工资的 6.2%[2]缴纳，合计12.4%。养老基金由美国财政部委托给联邦社会保障基金信托委员会统一管理运作，主要投资于量身定制的特种国债。

第二支柱和第三支柱较好地补充了基本保障养老金对中高收入人群收入替代率不足的部分，常被统称为私人养老金。美国养老金的第二支柱为雇主发起式养老金计划，目前为待遇确定型（Defined Benefit，以下简称 DB 型）和缴费确定型（De-

---

[1]　即美国投资公司协会（Investment Company Institute），以下简称美国 ICI。
[2]　详见《美国国内收入法》第 3101 款、第 3111 款。

fined Contribution，以下简称 DC 型）两种模式并存。20 世纪 70 年代以前，企业养老金计划以 DB 型为主，但 80 年代开始，随着美国联邦税法的调整，为雇员建立积累制个人养老金账户可享受税收优惠后，越来越多的雇主发起式养老金计划开始采取 DC 型。目前 DC 型已成为主流模式，典型代表为私人部门雇主发起式 401（k）计划：企业和个人共同缴费，政府提供税收优惠，计划遵循市场化运作模式，计划参与者具有投资选择权。

第三支柱为个人养老金计划。个人养老金计划由政府给予税收优惠政策，面向纳税人，鼓励通过自愿向个人养老金计划存入资金，为退休后的养老金进行储备。个人养老金计划的主流模式是账户模式，存入个人养老金账户的资金可以进行自主选择的投资运作。美国第三支柱个人养老金计划的典型代表为账户模式下的传统 IRA 账户和罗斯 IRA 账户。

截至 2014 年末，根据美国联邦社会保障基金信托委员会的统计，美国第一支柱养老金规模为 2.8 万亿美元①。截至 2017 年末，根据美国 ICI 的统计，美国养老金体系中第二支柱和第三支柱的资产规模达 27.93 万亿美元，其中雇主发起式养老金计划资产达 16.8 万亿美元（其中 DB 计划 9.14 万亿美元，DC 计划 7.69 万亿美元）；第三支柱个人养老金账户资产为 8.92 万亿美元，占比超过 30%；此外，还有 2.2 万亿美元的其他年金资产②。

万亿美元

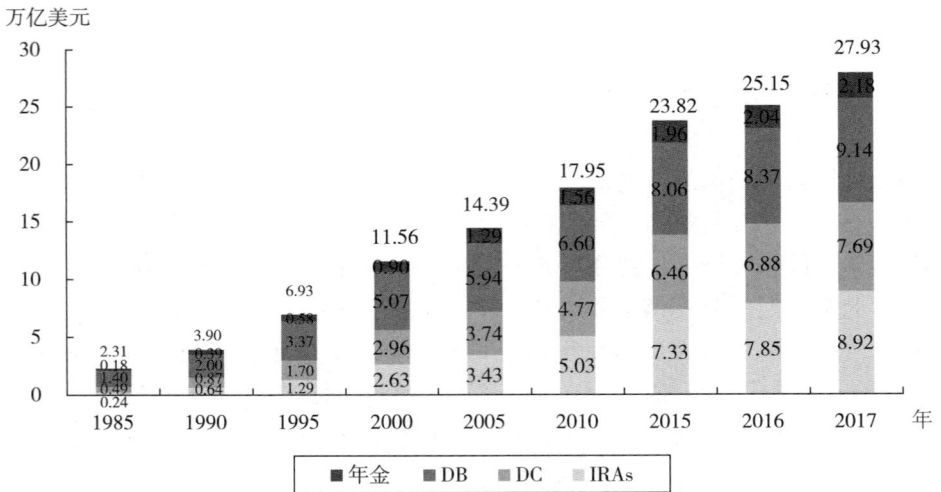

资料来源：美国 ICI。

图 1　美国私人养老金规模分布

---

① 资料来源：美国社保保障署 SSA 网站，http：//www. ssa. gov。
② 详见美国 ICI *The US Retirement Market*，*Fourth Quarter* 2017。

2　美国个人养老金制度的概况和历史演进

2.1　美国个人养老金制度的概况

美国第三支柱个人养老金制度的顶层设计可以归纳为政府提供税收优惠政策，引导纳税人自愿储备，以补充和衔接第二支柱养老金制度的一种养老金制度安排。从 1974 年美国首次系统地规范养老金的法案《雇员退休收入保障法》[1]（ERISA 法案）引入个人养老金制度至今，美国第三支柱养老金制度已发展为较为丰富的体系。

从运作模式来看，美国的第三支柱安排包括账户模式和保险模式[2]，统称为个人养老金计划（以下简称 IRA 计划）。两种模式一直平行发展，但账户模式下的资产占第三支柱规模的绝对主体[3]。

从税收优惠模式来看，美国的第三支柱分为以税前收入投入（享受税收递延）的传统 IRA 计划和以税后收入投入（投资和支取免税）的罗斯 IRA 计划。两类 IRA 计划可满足不同人群的养老需求。

从与第二支柱雇主发起式养老金安排的关系来看，美国的第二、第三支柱养老金制度形成了良好的互补和联通。首先，未参与第二支柱养老金计划的纳税人可以通过 IRA 计划进行补充养老；其次，第二、第三支柱养老金计划项下资产可以互转（尤其是在工作变动或退休时）[4]。

---

[1]　*The Employee Retirement Income Security Act*，以下简称 ERISA 法案。

[2]　账户模式是指通过开立个人养老金账户（Individual Retirement Account，IRA），存入资金并进行自选择的投资管理实现养老资产储备的模式；保险模式是指通过购买个人养老保险（Individual Retirement Annuity），定期缴纳保费，待达到法定或退休年龄后获取养老年金或一次性养老金的养老储备模式。详见本文第三部分的介绍。

[3]　根据美国 ICI *The US Retirement Market*，*Fourth Quarter* 2017 表 7 的数据，由人寿保险公司管理的 IRA 资产从 1980 年开始就低于 10%，截至 2017 年，由人寿保险公司管理的 IRA 资产仅占全部 IRA 资产的 5%。

[4]　传统 IRA 计划框架下还有细分类别——SEP IRA 计划和 SIMPLE IRA 计划等，兼具第二支柱和第三支柱养老金的属性。为了鼓励小企业为雇员建立养老金计划，美国国会先后于 1978 年和 1996 年两次对 IRA 规则进行修订，在传统 IRA 计划框架下创设了 SEP IRA 和 SIMPLE IRA 两类细分的 IRA 计划类型。其中，SEP IRA 计划适用于部分企业及自雇者等，可为业主自己及其雇员提供退休计划。SIMPLE IRA 计划则只适用于雇员不足 100 人的小企业，它对雇主缴费要求非常严格。因此，上述两类 IRA 计划虽基于个人养老金账户的框架，但实属于雇主发起式养老金计划范畴。鉴于本文主要讨论第三支柱个人养老金制度，因此后文对上述两类特殊的 IRA 计划不再做展开讨论。

2.2 美国个人养老金制度的历史演进

2.2.1 1974 年通过 ERISA 法案，标志着个人养老金制度的建立及传统 IRA 账户的诞生

1974 年通过的 ERISA 法案对《美国国内收入法》① 新增第 408 款——个人养老金账户（Individual Retirement Accounts，IRA），标志着美国个人养老金制度的建立。

ERISA 法案引入的 IRA 体系，因为其引入时间最早且运作最广泛，常被称为传统 IRA 计划，可享受税收递延优惠。传统 IRA 计划主要有两个方面的作用：一是为没有被第二支柱雇主发起式养老金计划覆盖的个人提供税收优惠储蓄计划；二是通过保留工作变动或退休之后的转滚存（Rollovers）资产对雇主发起的养老金系统起补充作用。

2.2.2 1997 年通过《纳税人减税法案》②，标志着罗斯 IRA 计划的诞生

传统 IRA 计划推出后，可享受的年度税前额度一直较低③，且对拥有第二支柱养老金计划的中高收入者向传统 IRA 计划存入资金的税前扣除设有限制④。

为完善中高收入者的个人养老金制度，1997 年通过的《纳税人减税法案》对 IRA 体系引入了另一类税收优惠模式的 IRA 安排——罗斯 IRA⑤ 计划。在罗斯 IRA 计划下，存入资金时不享受税前扣除，但投资收益和支取时将享受免税政策。罗斯 IRA 更适合缴纳当期所得税能力更强的中高收入投资者。

2.2.3 2001 年通过《经济增长和税收减免协调法案》⑥ 后，个人养老金计划的限制逐渐放松，税收优惠上限不断提高

2001 年通过的《经济增长和税收减免协调法案》（EGTRRA 法案）鼓励 IRA 发展，第二支柱养老金计划账户和第三支柱 IRA 计划之间相互转入资金的限制得到放松，并规定逐步提高存入额度和税收优惠上限。

自 2001 年 EGTRRA 法案之后，许多养老金计划账户与 IRA 计划之间相互转入资金的限制得到放松。绝大多数养老金计划在满足一定条件后都可以转滚存入 IRA 账户中，大多数养老金计划也可以接受来自 IRA 账户的资金。

---

① Internal Revenue Code，下同。

② *Taxpayer Relief Act of* 1997，该法案对《美国国内收入法》新增第 408A 款——罗斯 IRA 账户（Roth I-RAs），标志着罗斯 IRA 账户的诞生。

③ 例如，ERISA 法案最初只允许未参与第二支柱养老金计划的纳税人享受 IRA 税前抵扣优惠，同时约定享受税前扣除的年度额度为年度收入的 15% 且最多不超过 1500 美元，可见当时 IRA 制度的税收优惠主要针对的是低收入人群。1981 年通过的《经济复苏税收法案》将税前扣除上限提高至 2000 美元，直到 2001 年都没有变化。

④ 1986 年《税收改革法案》限制了中高收入者向传统 IRA 计划存入资金时的税前扣除优惠。

⑤ 1997 年《纳税人减税法》对《美国国内收入法》新增第 408A 款——罗斯 IRAs（Roth IRAs）。

⑥ *Economic Growth and Tax Relief Reconciliation Act of* 2001，以下简称 EGTRRA 法案。

EGTRRA 法案规定，所有 IRA 账户的存入额度上限在 2002 年提高至 3000 美元，2005 年提高至 4000 美元，2008 年提高至 5000 美元。同时，EGTRRA 方案增加了税前抵扣额度上限随生活成本调整的条款①。根据美国国内收入署②（IRS），2015—2018 年最新的年度税前抵扣额度上限为 5500 美元③。此外，为了让更多年老的雇员储蓄资金养老，EGTRRA 法案规定自 2002 年起，50 岁以上的纳税人额外享有 1000 美元的税前抵扣额度。即目前 50 岁以上人士能够享受的税收递延上限是每年 6500 美元。IRA 制度允许单个纳税人开立多个 IRA 账户，但所有传统 IRA 账户和罗斯 IRA 账户需共享上述存入额度和税收优惠上限。

3　美国个人养老金制度的具体安排

本部分着重从账户模式、税收优惠、账户转换、投资选择、投资顾问、监管安排、保险模式等方面对美国个人养老金制度进行介绍。

3.1　个人养老金的账户模式

从运作模式来看，美国第三支柱个人养老金安排同时包括账户模式和保险模式，统称为 IRA 计划。但账户模式下的资产占 IRA 计划规模的绝对主体④。《美国国内收入法》第 408（a）款对 IRA 计划的账户模式进行了约定。

根据第 408（a）款的规定，个人养老金账户是指完全为个人或其受益人利益在美国设立或组织的信托（或托管账户⑤，可视同为信托），且需满足特定要求，主要包括：

（1）除接受满足法规要求的转滚存缴费（如从第二支柱养老金计划转入）和不超过税前扣除额度上限范围内的现金缴费外，不允许接受任何其他缴费；

（2）由银行或其他合格机构担任受托人；

（3）信托基金的任何部分都不得投资于人寿保险合同。

3.2　个人养老金的税收优惠政策

3.2.1　税收优惠模式

美国个人养老金制度的核心是税收优惠政策。根据税收优惠模式的不同，美国

---

① 详见《美国国内收入法》第 219（b）（5）（C）款 Cost – of – living adjustment。

② Internal Revenue Service，以下简称 IRS。

③ 详见 http://www.irs.gov/retirement – plans/plan – participant – employee/retirement – topics – ira – contribution – limits。

④ 根据美国 ICI *The US Retirement Market，Fourth Quarter* 2017 表 7 的数据，由人寿保险公司管理的 IRA 资产从 1980 年开始就低于 10%，截至 2017 年，由人寿保险公司管理的 IRA 资产仅占全部 IRA 资产的 5%。

⑤ Custodial accounts。详见《美国国内收入法》第 408（h）款。

个人养老金制度主要包括传统 IRA 和罗斯 IRA 两类计划。

传统 IRA 计划可享受 EET 模式[①]的税收递延优惠。传统 IRA 计划给予满足条件的个人一定的年度税前扣除额度，个人在额度范围内向传统 IRA 账户存入的资金可在当年纳税收入计算时享受税前扣除；同时，存入账户内的资金可进行投资，投资收益也可享受延期纳税；最后，当个人达到法定年龄并从传统 IRA 账户支取资金时才需缴纳所得税。

罗斯 IRA 计划采用的则是当期缴税的 TEE 模式[②]。个人向罗斯 IRA 账户存入资金时不享受当期的税前扣除优惠，需以税后收入存入；存入账户内的资金可进行投资，投资收益享受免税待遇；个人从罗斯 IRA 账户提取本金或者在达到一定年龄（59.5 岁）和开户时间（5 年）要求后从罗斯 IRA 账户提取投资收益时无须缴纳收入税。

由于税收优惠政策与资金存入和支取直接相关，以下将从资金存入和支取两个方面介绍相关规则及对应环节的税收优惠具体安排[③]。

3.2.2 存入规则

传统 IRA 计划规定 70.5 岁以下且有应税收入的人可以开设账户；罗斯 IRA 计划对年龄没有限制，但对账户拥有者调整后的总收入有一定限制。账户拥有者可以在开设账户后的任何时间存入本金，但针对不同的账户拥有者，有不同的上限要求。

表1　　　　　　　　　　　　　不同 IRA 计划存入规则

内容要点	传统 IRA	罗斯 IRA
开设条件	（1）70.5 岁以下； （2）本人或配偶有应税收入	单身、户主或分居且分别提交报税表：调整后总收入小于 133000 美元； 已婚且提交联合报税表或丧偶：调整后总收入小于 196000 美元； 已婚且分别提交报税表：调整后总收入小于 10000 美元
资金来源	个人税前收入	个人税后收入
税收优惠环节	存入环节	支取环节
税收优惠政策	本金从应税所得中扣除	投资收益免税

---

① EET 模式是指在存入环节不征税，投资环节当期免税，只在最后支取环节征税。

② TEE 模式是指在存入环节征税，投资环节和支取环节都免税。

③ 根据美国 IRA 计划的相关法规，保险模式下 IRA 计划的税收优惠政策和账户模式下是大体相当的，且由于账户模式为美国 IRA 计划的主流，因此下文以账户模式为主介绍美国的个人养老金制度安排。

内容要点	传统 IRA	罗斯 IRA
存入上限	以下两者中的最小值： （1）50 岁以下约账户拥有者上限为 5500 美元；50 岁及以上的账户拥有者上限为 6500 美元。 （2）应税收入①	单身、户主或分居且分别提交报税表： 调整后总收入小于 118000 美元，50 岁以下的账户拥有者上限为 5500 美元；50 岁及以上的账户拥有者上限为 6500 美元； 调整后总收入在 118000 美元到 133000 美元，存入上限减少② 已婚且分别提交报税表： 调整后总收入为 0，50 岁以下的账户拥有者上限为 5500 美元；50 岁及以上的账户拥有者上限为 6500 美元； 调整后总收入在 0～10000 美元，存入上限减少 已婚且提交联合报税表或丧偶： 调整后总收入小于 186000 美元，50 岁以下的账户拥有者上限为 5500 美元；50 岁及以上的账户拥有者上限为 6500 美元； 调整后总收入在 186000 美元到 196000 美元，存入上限减少
是否可以超出存入上限	超出部分每年额外缴纳 6% 的税收，且税额不超过所有类型 IRA 资产的 6%	超出部分每年额外缴纳 6% 的税收

资料来源：美国 IRS *Publication* 590 - A。

此外，并非按照限额存入传统 IRA 账户的资金就可享受完全税前抵扣。根据 IRA 账户拥有者是否加入了雇主发起式养老金计划、纳税申报状态以及调整后的总收入等，传统 IRA 账户可享受的税收优惠进一步划分为存入资金可全额税前抵扣、仅可部分抵扣或不得抵扣三类。总体而言，对于参与了雇主发起式养老金计划或收入更高的纳税人，更有可能不能享受全额抵扣。

---

① 此应税收入不包含存入雇主养老金计划的本金；对于提交联合报税表的已婚所有者，应税收入指夫妻双方的总收入，但不包含配偶存入 IRA 计划的本金。

② 有具体计算公式，可参见美国 IRS *Publication* 590 - A 第 44 页，http：//www.irs.gov/publications/p590a，下同。

表 2   传统 IRA 账户存入资金的税前抵扣政策

是否参加雇主发起式养老金计划	申报状态	调整总收入①	税收优惠
参加	单身或户主	≤62000 美元	全额减免
		62000~72000 美元	部分减免
		≥72000 美元	不减免
	已婚或丧偶，提交联合报税表	≤99000 美元	全额减免
		99000~119000 美元	部分减免
		≥119000 美元	不减免
	已婚，分别提交报税表	<10000 美元	部分减免
		≥10000 美元	不减免
未参加	单身、户主或丧偶	任何金额	全额减免
	已婚，且配偶未参加雇主发起式养老金计划	任何金额	全额减免
	已婚，提交联合报税表，且配偶参加雇主发起式养老金计划	≤186000 美元	全额减免
		186000~196000 美元	部分减免
		≥196000 美元	不减免
	已婚，分别提交报税表，且配偶参加雇主发起式养老金计划	<10000 美元	部分减免
		≥10000 美元	不减免

资料来源：美国 IRS *Publication 590-A*。

3.2.3 支取规则

传统 IRA 账户要求账户拥有者在 70.5 岁之后必须每年从中支取一定金额以上的养老金，并且需按当时税率缴税，支取不足的部分需额外缴纳 50% 的税；罗斯 IRA 账户支取本金时没有时间和金额限制；在达到一定年龄（59.5 岁）和开户时间（5 年）要求后提取投资收益时也无须缴纳收入税。

表 3   不同 IRA 计划支取规则

内容要点	传统 IRA	罗斯 IRA
合格支取条件	70.5 岁时的隔年 4 月 1 日开始支取一定限额以上的养老金	（1）账户中的资金连续存满五年及以上（2）59.5 岁及以上或参与人发生残疾、死亡时支取
支取不足	不足部分需额外缴纳 50% 的税	无须缴税

---

① 包含应税收入、投资收益、股票分红等其他收入。

内容要点	传统 IRA	罗斯 IRA
提前支取	59.5 岁之前支取需缴纳 10% 的税（第一次购房、因身体残障失业、医疗费用超过调整后总收入的 7.5% 等除外）。	本金无须缴税或罚金； 合格支取部分免税； 非合格支取将被征收 10% 的罚金（第一次购房、因身体残障失业、医疗费用超过调整后总收入的 7.5% 等除外）
取款时是否要缴税	本金及投资收益按照取款时的税率缴税	若满足合格支取条件则投资收益免税

资料来源：美国 IRS *Publication* 590 – B。

3.3 IRA 计划与雇主发起式养老金计划的转换

美国的第三支柱 IRA 计划并非独立存在的，而是和第二支柱养老金计划形成了良好的互补和联通。目前，美国的法规允许合格的 IRA 计划和雇主发起式养老金计划之间可以通过转滚存操作实现资产的转换，同时保留税收优惠的权利。

IRA 计划可通过转滚存（Rollovers）的方式为换工作的雇员留存其在雇主发起式养老金计划中享受到的税收优惠，使原计划中的资产可以继续增值保值。

表 4 **IRA 账户与雇主发起式养老金计划的转换**

转自＼转入	传统 IRA	罗斯 IRA	政府 457（b）计划	合格雇主发起式养老金计划（如 401（k）计划、DB 计划等）
传统 IRA	是，且 12 个月内仅限 1 次，60 天内转入不收税	是，且必须 60 天内连同收入一起转入	是，且必须是分开的账户	是
罗斯 IRA	否	是，且 12 个月内仅限 1 次	否	否
政府 457(b)计划	是	是，且必须连同收入一起转入	是	是
合格雇主发起式养老金计划（401(k)计划、DB 计划等）	是	是，且必须连同收入一起转入	是，且必须是分开的账户	是

资料来源：美国 IRS *Publication* 590 – A。

由于 IRA 账户的直接转滚存可以享受税收减免政策，账户持有者可以将 IRA 账户作为一个中间账户，将其在雇主发起式养老金计划中的资产转移至另一养老金计划，而不用支付额外的税收。

表5 从养老金账户内支取与转滚存的对比

内容要点	从合格的养老金账户内支取	直接转滚存入 IRA 账户
留存比例	20%	无
额外税收	59.5 岁之前支取需缴纳 10% 的税	无
归为收入的时间	支取时计入收入	从 IRA 账户支取时计入收入

资料来源：美国 IRS *Publication* 590 - A。

3.4 个人养老金计划的投资选择

个人对 IRA 账户下的资金具有自主投资选择权。《美国国内收入法》对 IRA 账户能够投资于哪些资产没有设置白名单，只有一些限制性规定。若 IRA 账户资金运用违背了限制性规定，IRA 账户将不再享有税收优惠待遇。例如，若要保持税收优惠待遇，IRA 账户不得投资于人寿保险合同和收藏品（Collectibles）①，也不得有禁止性交易行为②。

3.5 个人养老金计划的投资顾问

美国的个人养老金计划允许由投资顾问提供投资建议。在给养老金计划提供投资顾问这个层面上，第三支柱和第二支柱的养老金计划适用大体类似的规则。

3.5.1 投资顾问的主体资格要求

《美国国内收入法》要求养老金计划的投资顾问必须负有诚信义务③（Fiduciary）。养老金计划投资顾问需为如下主体之一④：

（1）按照美国 1940 年《投资顾问法》注册的投资顾问，或按照州法律注册的类似投资顾问；

（2）银行或类似金融机构，但投资建议必须由银行或类似金融机构的信托部门做出；

（3）合格经营的保险公司；

（4）按照美国 1934 年《证券交易法》注册为经纪商或自营商的个人或实体（Person）；

（5）上述机构的附属机构或符合特定法规要求的上述机构的员工、代理人或注册代表。

---

① 如果 IRA 账户资金用于投资收藏品，将被视为从账户中支取，可能会被征收 10% 的提前支取税。详见《美国国内收入法》第 408（m）款。

② 禁止性交易是指对 IRA 计划中资金的不适当使用（如将 IRA 账户中的资金投资于不适当个人（包括本人、直系亲属或利害关系人等）相关的资产，详见《美国国内收入法》第 4975 款。

③ 诚信义务（Fiduciary）的界定可参见《美国国内收入法》第 4975（e）（3）款。

④ 详见《美国国内收入法》第 4975（f）（8）（J）款。

3.5.2 投资顾问的建议模式

《美国国内收入法》要求，养老金计划需事先对投资顾问提供的投资建议建立适当的投资建议安排①。投资建议可采用两种模式：（1）主动投资建议模式；（2）基于计算机模型的投资建议模式。

该法规规定，若采用主动建议模式，投资顾问收取的佣金或费用不得与投资建议相挂钩。

该法规对采用计算机模型建议模式的要求也进行了约定。例如，计算机模型需获得美国劳工部授权的认证；需基于广泛认可的投资理论；需充分考虑了养老金计划参与者的相关信息（包括年龄、生命预期、退休年龄、风险承受能力、其他资产或收入来源、投资偏好等）需符合养老金计划的投资范围和投资目标；需公平和公正，不得使投资顾问的关联方获得不当得利；需对养老金计划允许使用的投资标的进行全面评估，不得不适当地偏重部分投资标的等。

3.5.3 投资建议安排的审计要求

《美国国内收入法》要求个人养老金计划的投资顾问安排需接受独立审计②。虽不必像第二支柱的投资顾问那样接受年度的定期审计，但仍需接受独立审计。目的是敦促个人养老金计划的投资顾问持续负有诚信义务。审计的具体时间和安排由美国劳工部制定。

3.5.4 投资顾问的信息披露义务

《美国国内收入法》要求养老金计划的投资顾问向养老金计划相关方履行信息披露义务③。例如，投资顾问提供投资建议前，需向养老金计划的持有人或受益人披露信息。主要包括：

（1）与投资顾问有重大关联关系的个人或实体；

（2）养老金计划各种投资标的的历史业绩情况；

（3）投资顾问或其任何附属机构从投资顾问服务中可获得的费用和佣金；

（4）拟投资证券或资产与投资顾问或其附属机构存在重大关联和契约关系的，需提前披露；

（5）养老金计划的持有人或受益人信息将被使用或披露的情形和方式；

（6）投资顾问提供的投资建议服务的具体模式或种类；

（7）向养老金计划持有人或受益人明示"投资顾问对养老金计划负有诚信义务"。

信息披露的表述需清晰、简洁，能够让一般的养老金计划参与者理解。同时，信息披露的内容需准确而全面。

---

① Eligible Investment Advice Arrangement，详见《美国国内收入法》第 4975（f）（8）（A）-（C）款。
② 详见《美国国内收入法》第 4975（f）（8）（E）款。
③ 参见《美国国内收入法》第 4975（f）（8）（F）款、第 4975（f）（8）（H）款。

对投资顾问费用的披露需严格遵照美国劳工部确定的模板。

3.6　美国个人养老金制度监管安排

美国 IRA 计划主要受美国财政部下设的国内收入署（IRS）和美国劳工部的监管。

1. IRS 在 IRA 计划的监管中扮演了主要的角色，监管的依据主要为《美国国内收入法》。一方面，IRS 需要对涉及 IRA 计划的税收政策执行进行监管。由于美国是以个人报税为主的纳税体系，因此，IRS 对纳税人的监管主要关注报税申报中涉及 IRA 计划资金存入、支取、转滚存等操作的税务影响是否符合 IRA 计划相关的法规。另一方面，IRS 还需要对 IRA 计划是否符合合格养老金计划进行持续监管。例如，合格的 IRA 账户都需包含一个受托人或托管人，而 IRS 则承担了审批托管人资格的责任：除银行可以担任 IRA 账户的受托人外，其余非银行机构若想承担受托人或托管人的职责，均需获得 IRS 的批准①。

2. 美国劳工部对第三支柱个人养老金的监管相对间接，是基于对第二支柱养老金监管的自然延伸，监管的依据主要为 ERISA 法案。美国劳工部在第二支柱养老金监管上主要强调对雇员权益的保护、对养老金计划发起人、受托人、投资顾问等诚信责任的监督等。由于美国第二、第三支柱养老金制度有着深刻的联动和互补关系，且税收优惠政策和投资运作遵循类似的框架，因此，美国劳工部对雇主发起式养老金计划的部分监管规则适用于第三支柱，不少自然延伸成为对 IRA 计划的规范。例如，本文 3.5 介绍的个人养老金计划投资顾问制度就同时适用于第二、第三支柱养老金计划。可以看到，美国劳工部在规范 IRA 计划投资顾问的审计要求、信息披露义务、程序化投资顾问服务的资质等方面，都负有监管责任。

3. ERISA 法案同时要求美国财政部和美国劳工部在涉及养老金计划相关的监管上进行相互协调。ERISA 法案第 3003 款提到：就涉及养老金计划相关法律的修改等事项，美国财政部和美国劳工部应向对方进行充分咨询。

3.7　个人养老金的保险模式

美国的 IRA 计划除前文所述的账户模式外，也给保险模式预留了空间。但根据美国 ICI 的统计，截至 2017 年底，保险模式的 IRA 计划资产占全部 IRA 计划资产的比例仅为 5%②，并非被广泛运用的模式。《美国国内收入法》第 408（b）款对年金保险模式进行了详细约定。个人养老保险（Individual Retirement Annuity）是指由保险公司发行的满足特定要求的养老保险合同，采用契约型模式。在保险模式下，缴费

---

① 详见美国 IRS *Publication* 590 - A。

② 详见美国 ICI *The US Retirement Market*, *Fourth Quarter* 2017。

的投向本身已限定为保险公司发行的养老保险合同（年金合同或捐赠合同）①，因此在该模式下，养老待遇主要取决于保险合同的约定，个人投资选择权不如在账户模式下灵活。

4 美国个人养老金资产管理情况

4.1 IRA 计划的行业概况

个人退休金账户作为美国居民养老储蓄的重要载体，开设便利且运作成本低，其运营管理模式经过几十年的发展已经非常成熟。根据美国相关法规的规定，可以为 IRA 计划提供投资顾问的主体主要包括投资顾问、银行、保险公司和证券经纪商②，和目前美国 IRA 计划的主要投资管理机构是对应的，主要包括共同基金公司、商业银行、人寿保险公司以及证券经纪商等。

美国 IRA 计划中采用信托结构的账户模式占绝对主体，仅有较小部分的养老金资产采取契约型的保险模式管理。主要是因为，信托模式使养老金资产能够安全隔离，并且运作透明，监管严格，操作灵活。截至 2017 年底，全部 IRA 计划资产规模为 8.9 万亿美元，其中由人寿保险公司管理的资产规模仅为 4290 亿美元，占比仅为 5%③，可见账户模式下的 IRA 资产占绝对主体。

4.2 IRA 账户的管理流程

IRA 账户给予了个人投资选择权。美国相关法规没有对 IRA 账户的投资设置过多的限制④，但在实际运作中，受托人根据自身管理能力的不同，会对 IRA 账户的投资范围做进一步限制。例如，主流的受托人允许 IRA 账户投资的标的包括共同基金、存款、股票、债券等；而一些提供纯被动受托服务的受托人（如一些信托公司）则允许 IRA 账户投资于更广泛的投资标的，如房地产、票据、贵金属、外汇、私募资产等⑤。作为美国 IRA 市场最大的提供商，以下以富达（Fidelity）集团为例介绍 IRA 账户的管理流程。

在 IRA 账户管理结构上，富达集团将其分成四层⑥：

第一层是客户的注册账户，记录账户的类型。

---

① 养老保险合同（年金合同或捐赠合同）：Annuity Contract, or an Endowment Contract。
② 详见本文 3.5 "个人养老金计划的投资顾问" 的具体介绍。
③ 详见美国 ICI *The US Retirement Market*, *Fourth Quarter* 2017 表 7 的数据。
④ 详见本文 3.4 "个人养老金计划的投资选择" 的具体介绍。
⑤ 上述 IRA 账户常被称为 "Self - directed IRA"，例子见 https://www.trustetc.com/self - directed - ira/what - is - it。
⑥ 详见《个人养老金的投资、产品和市场培育经验》，http://www.amac.org.cn/sy/392669.shtml。

第二层是代理人平台，提供 IRA 所有者的交易、清算、投资再平衡，同时使用富达集团的信托计划来保证资产的安全性，并提供合适的税务报告。

第三层是投资选择，帮助客户从股票、债券、基金、专户、年金等投资工具中选择投资组合，其中包含了富达和非富达的公募基金产品。

第四层是统一的销售平台，包括富达集团的销售代表、电话专线、网站和手机 APP。

4.3　IRA 账户的资产结构

4.3.1　共同基金在 IRA 账户中扮演了关键角色

20 世纪 80 年代，民众选择在银行开立 IRA 账户，主要投向银行存款等低风险收益产品。随着美国资本市场的发展和投资者的成熟，居民转向投资于共同基金，以期获得更高的回报，从而规避长寿风险。

1981 年，IRA 政策放开限制，允许所有 70.5 岁以下的个人开设 IRA 账户时其规模为 370 亿美元，其中高达 73% 投资于银行和储蓄存款，同期投资于共同基金的规模占比不到 7%；而到 2017 年底，IRA 计划资产规模达到 8.92 万亿美元，其中投资于银行和储蓄存款的比例仅为 6%，而同期投资于共同基金的比例为 48%，规模达到 4.29 万亿美元。

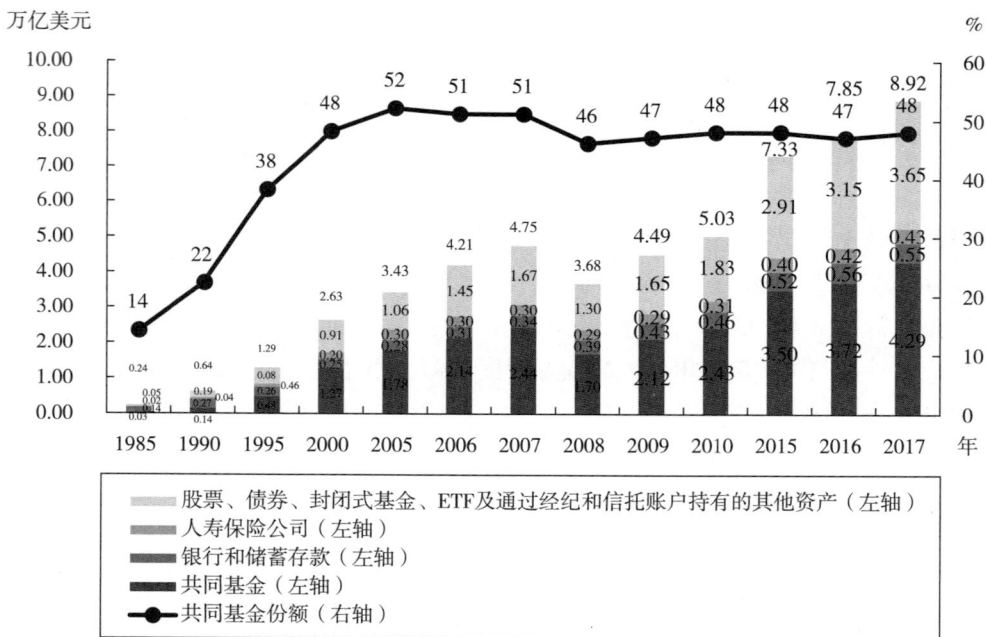

资料来源：美国 ICI。

图 2　IRA 账户资产分布

4.3.2 权益基金占比较高，尤其是国内权益基金

根据投资标的不同，IRA账户投资的共同基金包括国内权益基金、海外权益基金、混合型基金、债券基金以及货币基金，其中混合型基金包括目标日期基金和目标风险基金。

整体来看，IRA账户投资的共同基金中，权益基金占比最多，尤其是国内权益基金。截至2017年底，IRA账户投资的权益基金规模为2.4万亿美元，占IRA账户投资的共同基金资产的56%，其中国内权益基金规模为1.8万亿美元，占IRA账户投资的权益基金的75%；另外，混合型基金占IRA账户投资的共同基金的22%，债券基金占比16%，货币基金仅占比6%。过去五年（从2013年到2017年）权益基金占比基本稳定在55%左右。IRA账户权益资产占比较高体现了养老金的长期资金属性与风险偏好特征。

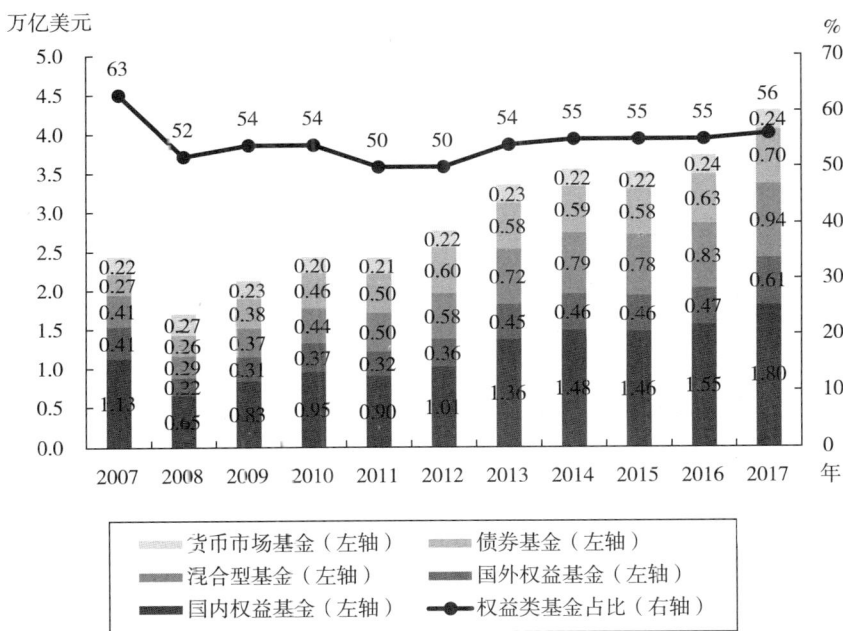

资料来源：美国ICI。

图3　IRA计划投资的共同基金资产分布

4.3.3 混合基金中目标日期基金和目标风险基金备受欢迎

在混合基金中，目标日期基金和目标风险基金成为备受IRA计划投资者青睐的配置型基金。

2006年美国《养老金保护法案》将目标日期基金、目标风险基金等四类产品设定为雇主发起式DC计划的合格默认投资选择（QDIA），使其上述两类基金得以在美国第二支柱养老金计划中迅速发展，尤其是目标日期基金。第三支柱IRA账户虽然没有合格默认投资选择机制，但由于第三支柱有大量资产来源于第二支柱的转滚存，同时许多纳税人通过第二支柱养老金计划熟悉了目标日期基金，因此在IRA账

户下仍然愿意配置目标日期基金。自 2007 年以来，IRA 账户投资的目标日期基金规模迅速增加。截至 2017 年底，IRA 计划持有的目标日期基金达到 2220 亿美元的规模，相比 2006 年《养老金保护法案》出台前增加了 1970 亿美元。

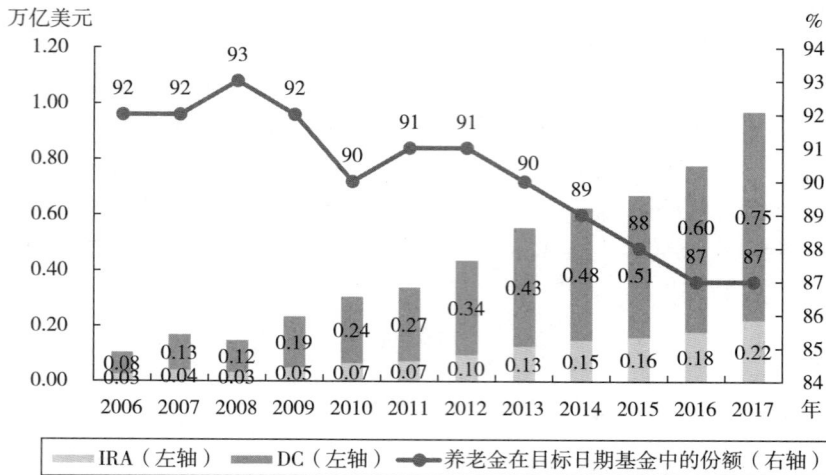

资料来源：美国 ICI。

图 4　养老金资产持有目标日期基金的规模

目标风险基金通常在成立之初设定预期风险水平，通常用"收益型""保守型""稳健型""积极型"等标识不同风险水平的基金。

IRA 账户中目标风险基金的规模同样在 2006 年以后得到扩大，增速较平稳。2014 年至 2017 年目标风险基金的规模呈现稳定趋势，截至 2017 年底，IRA 账户中目标风险基金的管理规模基本稳定在 1000 亿美元。

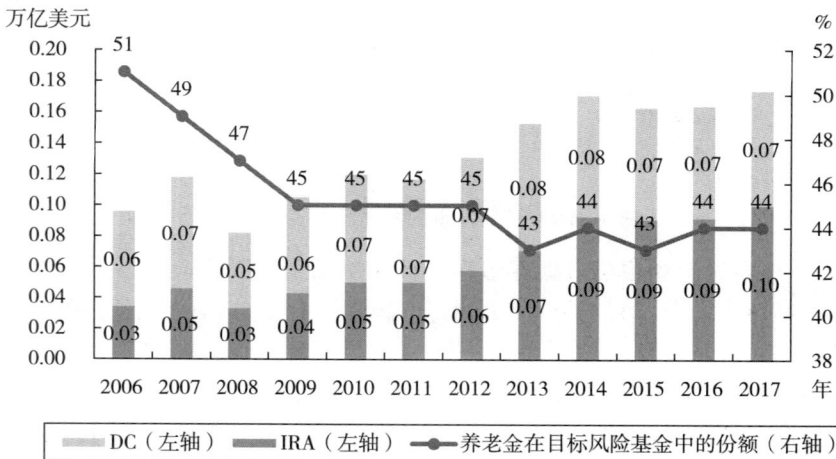

资料来源：美国 ICI。

图 5　养老金资产持有目标风险基金的规模

4.4 IRA 账户的投资收益

IRA 计划从长期来看投资收益体现出较好的保值增值效果，且投资收益率和标普 500 指数的收益率有较高的相关性。我们以美国 ICI 公布的数据为基础，以年度 IRA 资产规模的增长扣除年度净现金流入，作为对 IRA 计划整体收益情况进行考察的方法[①]。就可得的最新数据测算，传统 IRA 计划最近 15 年、10 年、5 年[②]的年化复合收益率分别为 5.5%、8.7% 和 15.8%，而同期标普 500 指数的年化复合收益率分别为 2.3%、5.4% 和 13.0%。由上述测算可见，IRA 计划中长期体现出较好的保值增值效果。

表 6　　　　　　　　IRA 账户中长期年化复合收益率测算　　　　　　单位:%

	近 15 年（2000—2014 年）	近 10 年（2005—2014 年）	近 5 年（2010—2014 年）
传统 IRA 账户	5.5	8.7	15.8
标普 500 指数	2.3	5.4	13.0

资料来源：根据美国 ICI 数据测算。

同时，就最近 15 年（2000—2014 年）传统 IRA 计划每年的投资收益率与标普 500 指数的年收益率进行相关性测算，发现两者具有高度的相关性，相关系数达到近 95%。

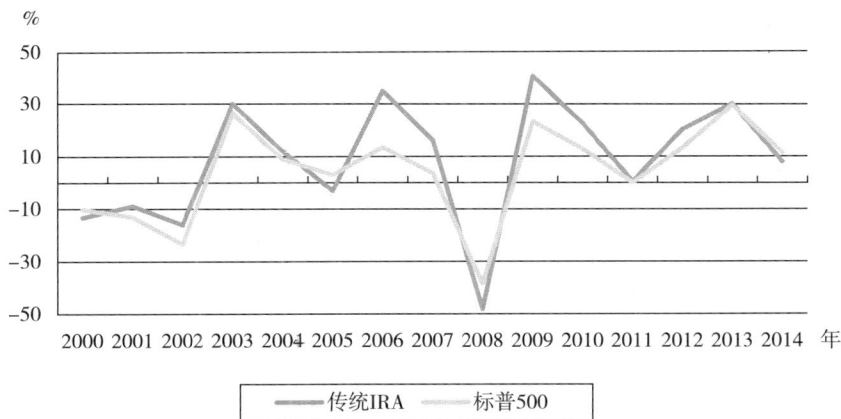

资料来源：根据美国 ICI 数据测算。

图 6　IRA 计划年度投资收益率与标普 500 指数的年收益率

---

① 假设 IRA 计划的资产规模变化由两个方面的因素共同作用：一是年度净新增资金；二是投资收益。

② 最近 15 年、10 年、5 年分别指 2000—2014 年、2005—2014 年、2010—2014 年，原始数据使用美国 ICI *The US Retirement Market*，*Fourth Quarter* 2017 表 9 的数据。1999 年之前数据不全，2015 年以后数据暂缺，故对截至 2014 年底的数据进行测算。

5 对我国的借鉴与启示

结合前文对美国第三支柱个人养老金制度和资产管理情况的介绍，本文对我国第三支柱个人养老金发展给出如下建议。

5.1 税收优惠应基于账户

税收优惠政策是推动养老金计划发展的关键因素。美国个人养老金制度在设计之初就同时允许账户模式和保险模式进行公平竞争，而近半个世纪的发展实践证明账户模式是更被广泛认可的模式。因此，我国在发展第三支柱个人养老金时，应重视基于账户的税收优惠政策。例如，通过实行基于账户的递延纳税，可引导个人长期投资。

5.2 尊重个人投资选择权

美国个人养老金市场的实践表明，账户模式之所以更被认可，不仅因为其有运作透明、监管严格、操作灵活等优势，还因为其更有利于让投资者进行充分自主的投资选择。一方面，个人拥有自主选择权可以让其更加深度地参与和关注个人养老金资产的运作情况，从而提高个人养老的意识，真正实现政府养老向个人养老的转变。另一方面，投资者拥有自主选择权也为银行、基金、保险、券商等各类投资管理机构发挥各自优势，通过市场化竞争，最大限度地满足不同类型人群的养老需求提供了基础。因此，我国在发展第三支柱个人养老金时，可以对合格的投资管理机构或其发行的产品制定一些规范要求，但建议尊重个人的投资选择权。

5.3 充分发挥基金在第三支柱养老金投资中的作用

美国个人养老金发展的经验表明，共同基金发挥了重要作用。基金作为标准、透明的普惠投资工具，是理想的养老投资工具，近半个世纪美国个人养老金资产从存款、保险等低风险资产逐渐向基金转移的历史发展脉络证明了这一点。近 20 年来，共同基金在美国个人养老金资产中的占比保持在近 50% 的水平。因此，我国在发展第三支柱个人养老金时，应充分发挥基金在第三支柱养老金投资中的作用。例如，可考虑将刚刚推出的养老目标基金（如目标日期基金、目标风险基金等）和部分业绩稳健良好的基金纳入可享受税收优惠的合格投资品种，充分发挥基金在养老投资中的价值。

5.4 应重视权益投资在第三支柱养老金投资中的作用

美国个人养老金市场的经验表明，权益投资发挥了重要作用。随着对养老理解的深入，美国普通投资者逐渐意识到养老不仅是防范投资的本金损失，更重要的是投资增值要能抵御长寿风险。目前，权益基金和混合型基金（主要规模为目标日期基金）占美国第三支柱养老金投资的基金资产的比例达到78%，且个人养老金账户投资收益和标普500指数的收益率呈现较高的相关性[①]，使美国个人养老金资产增长较好地抵御了长寿风险，起到了保值增值的效果。因此，我国在发展第三支柱个人养老金时，应充分重视权益投资的作用，有序引导个人养老金参与权益投资，实现养老资产和权益市场的相互促进。

5.5 第二支柱和第三支柱养老金政策应有效联动，互相补充和促进

美国第三支柱个人养老金制度另一个值得借鉴之处是它充分考虑了和第二支柱雇主发起式养老金制度的互补和衔接。第二支柱和第三支柱养老金政策有效联动，既使全社会更多的个人能受惠于私人养老金制度[②]，又使作为一个整体的私人养老金制度更加完善、更具包容性，从而最大限度地减轻政府养老的负担。因此，我国在建立第三支柱个人养老金制度时，应对第二支柱与第三支柱的联动安排予以规划。例如，可以参照美国相关经验允许第二支柱养老金计划资金在一定条件下转移至第三支柱个人养老金账户下，或能对激活我国第二支柱养老金发展发挥关键效应。

5.6 发展智能投顾，助力个人养老金投资

美国的个人养老金制度中对基于计算机的智能投顾也给予了充分的规定，这也值得借鉴。中国人口众多，通过人工智能技术实现"千人千面"，可以根据个人风险偏好、财务状况、年龄提供资产配置及自动再平衡方案，满足个性化需求，解决个人养老金投资管理的困境。

---

① 具体参见本文4.4"IRA账户的投资收益"。
② 可理解为将第二支柱、第三支柱养老金视为一个整体的养老金制度安排。

第二章 加拿大个人养老金制度经验

泰达宏利基金管理有限公司 王彦杰 胡俊英

摘 要 加拿大政府于 1957 年就建立了以税收优惠政策鼓励个人为自身养老提前进行储蓄的个人养老金制度，目前有 RRSP 和 TFSA 两个计划。本文以加拿大个人养老金制度为主题，首先简单介绍加拿大三支柱养老金体系。其次，重点研究了加拿大个人养老金的账户制度安排、税收模式及相关政策、提取模式、个人投资选择权、投资顾问发挥的作用以及监管模式，研究发现：加拿大第三支柱的两个计划均以账户为载体，且均采用多账户体系，参与人可以设立多个账户；加拿大第三支柱 RRSP 和 TFSA 分别采取 EET、TEE 的税收模式，税收政策在加拿大养老金第三支柱的发展过程中发挥了重要作用；在个人养老金提取方面，RRSP 仅在三种情况下可以提取，限制较多，而 TFSA 领取更为便捷，参与人可以在任何情况下领取且没有额度限制；在产品选择上，加拿大第三支柱参与者可以自由选择公募基金、保险产品、银行存款等产品；同时还发现投资顾问在加拿大第三支柱的发展中发挥了重要作用。再次，整理加拿大个人养老金资产管理的配置结构和趋势。复次，对加拿大第三支柱个人养老金参与情况进行了梳理。最后，总结可借鉴经验并提出建设我国个人养老金制度的相关建议。

关键词 个人养老金 账户制 税收政策 资产管理 投资顾问

1 加拿大养老金体系概述

加拿大政府于 1927 年颁布了第一部养老保障法案《老年人养老金法案》（OAPA），标志着加拿大养老保障制度的初步建立。经过近百年的演变和发展，加拿大养老保障制度逐渐形成了层次清晰的三支柱养老金体系，包括公共养老金、职业养老金及个人自愿养老储蓄计划三大支柱，三支柱养老金体系基本覆盖了加拿大绝大多数家庭。截至 2016 年末，加拿大养老金三支柱资产管理规模合计 3.80 万亿加元[①]，第一、第二、第三支柱的占比分别为 10%、55% 和 35%，2000 年以来资产

[①] 数据明细详见"表 1 加拿大养老金三支柱基本信息"。

管理规模一直保持平稳增长，年复合增长 6.6% 。

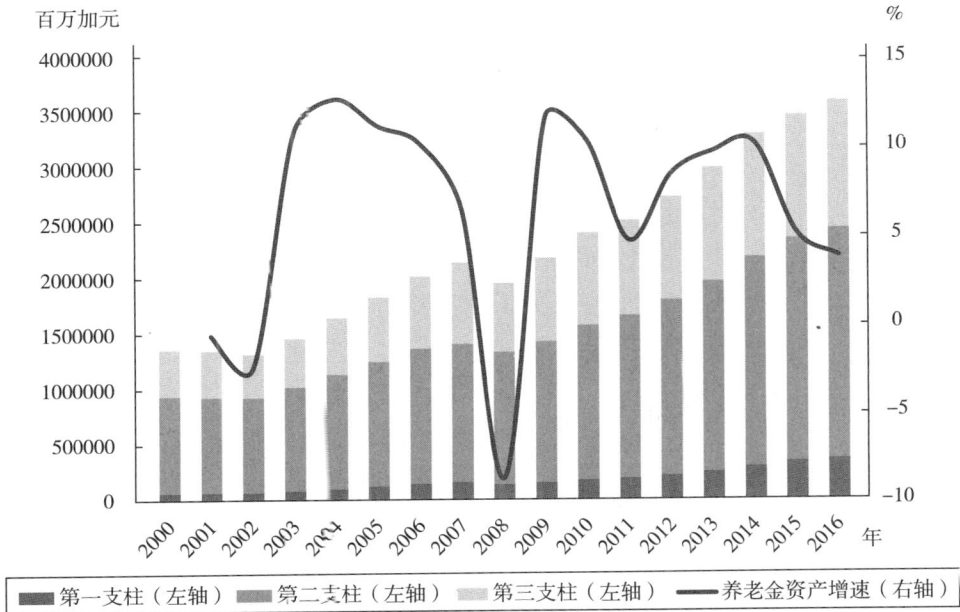

注：第一支柱只含 CPP 和 QPP，2016 年第三支柱和合计数据中 TFSA 的数据均为 2015 年数据。

资料来源：加拿大统计局。

图 1　加拿大养老金资产管理规模情况

1.1　第一支柱公共养考金

第一支柱公共养老金提供老年保障金（Old Age Security Pension，OAS）以及政府强制性养老金计划，包括了老年保障金（OAS）、保证收入补贴（Guaranteed Income Supplement，GIS）以及加拿大养老金计划（Canada Pension Plan，CPP）和魁北克养老金计划（Quebec Pension Plan，QPP）。

1. 老年保障金（OAS）

老年保障金（OAS）以及保证收入补贴（GIS）由国家财政拨款，实行现收现付制。针对老年人逐渐恶化的财务状况，加拿大政府于 1927 年通过了《老年人养老金法案》（OAPA）。由于实际覆盖率不高，叠加人口渐趋老龄化，加拿大政府于 1952 年出台了普惠型的《老年保障津贴法案》（Old Age Security Act，OASA）。任何现居于加拿大，拥有加拿大国籍或永久居留权，并且于 18 岁以后居住于加拿大满 10 年的 65 岁以上人士皆可申请。2017 年 OAS 最高支付额为每月 585.49 加元。最初目标是希望达成 15% 的所得替代率。2014—2016 年，约有 560 万加拿大公民领取了老年保障金。

2. 保证收入补贴（GIS）

为了为低收入的老年保障金领取者提供额外补助，以满足他们日常的生活需要，

1967 年加拿大政府新增了一项补助计划，即保证收入补贴（GIS），GIS 为免税补贴。保障对象是除了 OAS 之外，没有其他收入来源或者收入来源很低的老年居民。

3. 加拿大养老金计划（CPP）和魁北克养老金计划（QPP）

1965 年，加拿大政府出台了《加拿大养老金计划法案》和《魁北克养老金计划法案》，开启了国家强制执行的养老金计划。CPP 是强制性的待遇确定型（Defined Benefit，DB）养老金计划，于 1966 年正式实施。加拿大政府规定每个年满 18 周岁在加拿大工作且年收入达到 3500 加元的人，都必须参加 CPP。QPP 的结构和操作模式与 CPP 极为相似，由魁北克政府管理。CPP 目前覆盖了超过 90% 的加拿大劳动力人口（魁北克省外）。如果把 QPP 覆盖人群也算上，那么参加第一支柱的人口约为 2000 万人[①]。

1.2　第二支柱职业养老金

第二支柱是一种雇主注册养老储蓄计划，是由私营或公共部门的雇主或工会为向符合条件的成员提供养老金而建立的养老储蓄计划。2000 年以来第二支柱资产规模占比一直维持在 60% 左右，是加拿大三支柱养老金最重要的构成部分。目前以两种类型为主：待遇确定型计划（DB）和缴费确定型计划（Defined Contribution Plan，DC）。

目前加拿大的第二支柱职业养老金计划主要有以下三种形式：

1. 注册养老金计划（Registered Pension Plan，RPP）。该计划早在 20 世纪初就开始推行，是加拿大雇主发起式养老金计划最主要的形式。养老金一般要到退休年龄才能领取，提前领取会被下调养老金水平，延后领取则会适度提升养老金水平。

2. 集合注册养老金计划（Pooled Registered Pension Plan，PRPP）。联邦政府于 2013 年 1 月开始推行 PRPP 计划，该计划与 RPP 计划较为相似，只是覆盖人群不同，PRPP 计划主要针对自雇人士或雇主还未为其购买企业养老金的人群，且资产必须交由第三方基金公司、保险公司或银行等机构来管理。如果雇主选择参与该计划，员工可通过其雇主参加 PRPP。如果雇主选择不参加 PRPP，员工也可以直接向 PRPP 提供商申请。

3. 团体注册养老储蓄计划（Group RRSP）。它和注册养老金储蓄计划（Registered Retirement Savings Plan，RRSP，下文会详细介绍）几乎完全一样，唯一的区别就是 Group RRSP 是由雇主建立的。雇主通常会提供多个投资计划供雇员选择。雇主和雇员均可向雇员的养老金账户中自愿缴费。

1.3　第三支柱个人自愿养老储蓄计划

第三支柱为个人自愿养老储蓄计划，是由政府提供税收支持、个人自愿参与的

---

① 详见 http：//ar．cppib．com/en/。

退休储蓄计划，是近年来加拿大养老金资产增长很重要的来源，2000 年以来（除 2002 年）第三支柱管理规模占加拿大养老金资产规模的比例均在 30% 以上。加拿大第三支柱由两个不同的个人税收优惠养老储蓄账户制度构成，分别是注册养老金储蓄计划（RRSP）和免税储蓄账户（Tax‑Free Savings Account，TFSA），目的是鼓励个人提早安排规划个人退休账户，积累足够的余额，以提高退休后的生活水平。

RRSP 于 1957 年立法成立，是专门为养老退休储蓄设计的。加拿大居民可以把税前的部分收入存入 RRSP 账户里，投资阶段不需纳税，只有到退休后从账户领取阶段才开始征税，实行的是 EET 模式。TFSA 开始于 2009 年，定位为一般储蓄账户，是一种灵活的、注册的、多功能的储蓄方式，可以使加拿大人获取免税的投资收益，更容易满足终身储蓄需求。

表 1　　　　　　　　　　加拿大养老金三支柱基本信息[①]

三支柱养老金体系	名称	资产规模（十亿加元）	资金来源	制度模式	运作模式
第一支柱	老年保障金（OAS）	362.28	政府财政	现收现付制	DB
	保证收入补贴（GIS）		政府财政	现收现付制	DB
	加拿大退休金计划（CPP）		雇主和雇员共同出资	部分积累制	DB
	魁北克退休金计划（QPP）			部分积累制	DB
第二支柱	注册养老金计划（RPP）	2090.07		部分积累制	DB、DC
	集合注册养老金计划（PRPP）			积累制	DC
	团体注册养老储蓄计划（Group RRSP）			积累制	DC
第三支柱	注册养老金储蓄计划（RRSP）	1150.98	个人自愿	积累制	DC
	免税储蓄账户（TFSA）	193.59	个人自愿	积累制	DC

资料来源：http：//www5.statcan.gc.ca/cansim/a26?lang = eng&retrLang = eng&id = 3780117&&pattern = &stByVal = 1&p1 = 1&p2 = ‑1&tabMode = dataTable&csid。

2　加拿大个人养老金制度安排

2.1　账户制度安排

加拿大政府于 1957 年就建立了以税收优惠政策鼓励个人为自身养老提前进行储蓄的个人退休储蓄账户制度，比美国 1974 年建立的第三支柱 IRA（Individual Retirement Account）早了近 20 年。目前，加拿大个人自愿养老储蓄计划由 RRSP 和 TFSA 两个计划构成。参与人根据自身收入状况和投资意愿，在银行、信用合作社、信托

---

① OAS、GIS 由于是政府财政拨款没有资产规模数据，除 TFSA 的数据截至 2015 年末外，其余计划的截止时间均为 2016 年末。

公司、基金公司或保险公司开立账户或创建一个自主管理的注册养老金计划，并在加拿大税务局进行注册登记享受税收优惠。RRSP 定位于退休储蓄账户，专用于退休养老，但在购房和终身学习计划时可临时支取。TFSA 定位于一般储蓄账户，用途不限于退休养老，其账户资金还可用于抵押、紧急支出等用途。两个计划在投资产品、投资方式、管理机构、缴费方式等方面基本一致，但在税收模式、缴费额度、提取方式等方面有所差别。

加拿大第三支柱的两个计划均是针对账户而设计，以账户为载体，缴费、投资、领取等都基于账户展开。RRSP 和 TFSA 均采用多账户体系，参与人可以设立多个账户。在账户制下，个人缴费全部纳入账户中，投资也通过账户进行，退休后也从该账户领取养老金，税收优惠也在账户层面实施。账户制实行资产积累独立运作，可以准确记录账户持有人的缴费、投资、领取和纳税信息，还可以跟随持有人转移，提升了制度的灵活性和吸引力，提高了缴费激励和保障水平。虽然参与人可以设立多个账户，但由于都需在税务部门登记，且多个账户的缴费额不能超过总额度，保证了税源不流失。

表 2　　　　　　　　　　　加拿大个人自愿养老储蓄计划

第三支柱	覆盖群体	定位	账户体系	用途
RRSP	71 岁以下	退休储蓄账户	多账户	退休养老
TFSA	18 岁及以上①	一般储蓄账户	多账户	不仅为退休养老而设计；资金可用于退休、抵押、紧急支出等

资料来源：*RRSPs and Other Registered Plans for Retirement*；*Tax – Free Savings Account*（*TFSA*），*Guide for Individuals*。

RRSP 允许年龄在 71 岁以下的纳税人在银行等金融机构建立基于税收优惠的注册养老储蓄计划，纳税人可以在法定限额内为自己或为其配偶以及同居伴侣的 RRSP 账户供款。加拿大政府允许纳税人建立多个 RRSP 账户，根据缴款来源、目的和投资限制等的差异，可分为个人基本账户（Basic RRSP）、配偶或同居伴侣账户（Partner or Spousal RRSP）、团体账户（Group RRSP）以及自管账户（Self – directed RRSP）四种。

表 3　　　　　　　　　　　加拿大 RRSP 账户类型

RRSP 账户类型	适用范畴
Basic RRSP	适合刚开始进行 RRSP 计划，积累资产不多的参与者，该种账户投资选择范围较窄②
Partner or Spousal RRSP	适用于为其配偶或同居伴侣缴费的参与者

---

① 个别省份为 19 岁及以上。
② 一般主要投资保证投资证书（GIC）、加拿大储蓄债券（CSB）和公募基金。

RRSP 账户类型	适用范畴
Self – directed RRSP	适合于参与者 RRSP 账户累积资金较多且自己有时间、精力和投资能力的参与者，且该账户管理费用较高，不适合一般参与者；投资范围广
Group RRSP	通常由雇主、工会或专业协会组织发起，该账户投资限制大[①]

资料来源：*RRSPs and Other Registered Plans for Retirement*。

2008 年国际金融危机之后，为进一步鼓励个人退休储蓄，加拿大政府于 2009 年创立了一种新的更为灵活的、采取 TEE 模式的 TFSA 计划，覆盖 18 岁及以上的加拿大居民。与 RRSP 类似，TFSA 也允许参与者设立多个账户，2009 年 TFSA 计划推出的当年就设立了 529.07 万个 TFSA 账户，人均持有 1.09 个账户，到 2017 年 TFSA 账户数已达 1699.92 万个，人均持有账户数增至 1.34 个。

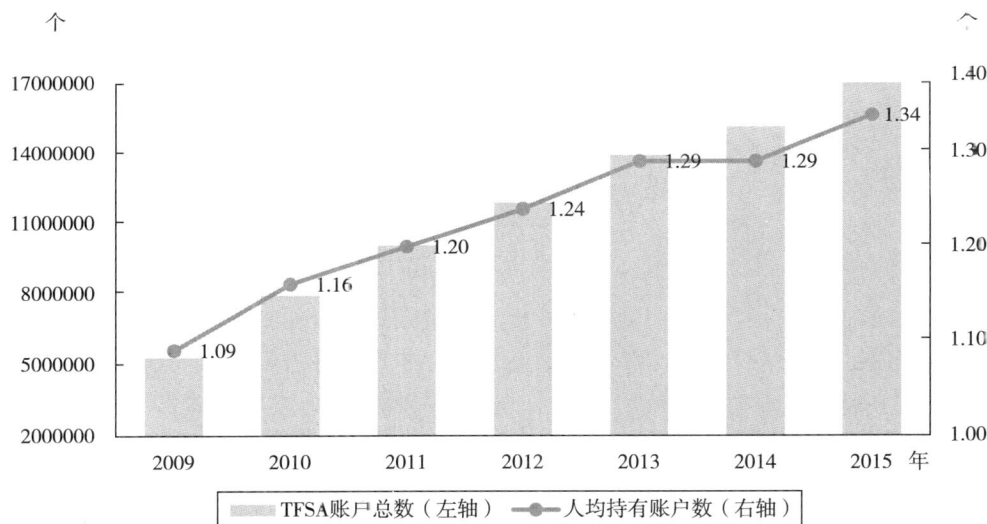

资料来源：http://www5.statcan.gc.ca/cansim/a33? lang = eng&spMode = tables&themeID = 70008&RT = TABLE。

图 2 TFSA 账户总数与参与者人均持有数

2.2 税收政策

税收政策在加拿大养老金第三支柱的发展过程中发挥了重要作用。加拿大第三支柱 RRSP 和 TFSA 两个账户体系采用了不同的税收制度设计，以满足不同人群的需要。且在税收优惠政策中，加拿大政府采取了金额制和比例制相结合的方式，兼顾了激励与公平，增加了制度弹性。

---

① 投资范围有限，不如 Basic RRSP 和 Self – directed RRSP 的投资产品多，由于是雇主发起，归为第二支柱。

表4   不同账户体系税收政策

账户	税收政策	额度管理	缴费方式
RRSP	EET	金额制与比例制；挂钩收入的限额，一般为上年收入的18%	无特别规定，与普通投资一样，个人可一次性投入全部资金购买所选投资产品，也可分期累积购买，还可用"成本分摊法"的方式，定额定投购买；可以是现金缴费，也可以是经过评估的金融资产
TFSA	TEE	金额制	

资料来源：*RRSPs and Other Registered Plans for Retirement*；*Tax - Free Savings Account*（*TFSA*），*Guide for Individuals*。

2.2.1 RRSP 的税收政策

RRSP 采用 EET 模式，在该制度下，纳税人在银行、保险、基金等金融机构设立 RRSP 账户并在加拿大税务局（CRA）注册获得减税额度，在缴费阶段和投资阶段免税，领取阶段征税，账户中的投资收益，包括利息、分红、股息等都不列入当年应税收入范围。领取金额作为退休金按照家庭收入总额核算纳税，因为退休后通常收入会减少，这会使实际缴纳的税款减少，甚至不用缴税，达到减税和延税的功能。

RRSP 税收优惠采取金额制和比例制相结合的方式，即缴费金额与收入挂钩且有额度限制，只有低于所得税法规的最高限额才能享受递延缴税的安排，参与人向配偶及同居伴侣的缴费均包括在限额之内。总限额计算方法为，本年度 RRSP 新额度为前一年度收入的一定比例，2017 年该比例为 18%[①②]，加上或者减去退休金调整，以及以前年度累积未使用的供款额度。缴费方式上，加拿大政府并无特别规定，参与人可以在一年的任何时间参与或缴费，可一次性投入全部资金购买所选投资产品，也可分期累积购买，还可用"成本分摊法"的方式，定额定投购买，但每年 3 月 1 日前的缴费可以抵扣前一年的纳税。形式上，可以是现金，也可以是经过评估的实物资产[③]或其他金融资产的公允价值入账。

RRSP 的缴费额度不定期地根据通胀水平进行调整，2017 年可以享受 RRSP 税收优惠的缴费上限为 26010 加元，较 2000 年增加 4010 加元。

表5   RRSP 账户当年额度上限   单位：加元

年份	2010	2011	2012	2013	2014	2015	2016	2017
RRSP 账户当年额度上限	22000	22450	22970	23820	24270	24930	25370	26010

资料来源：*RRSPs and Other Registered Plans for Retirement*。

---

① 缴费、投资、领取三个阶段，每个阶段都可以采取征税（Tax，用 T 表示）和免税（Exempt，用 E 表示）表示，EET 表示缴费、投资阶段免税，领取阶段收税；TEE 表示缴费阶段收税，投资和领取阶段免税。

② RRSP 与 RPP、PRPP 缴费上限合计共用。

③ Canada Revenue Agency. *RRSPs and Other Registered Plans of Retirement*［EB/OL］. https：//www. canada. ca/en/revenue - agency/services/forms - publications/publications/t4040/rrsps - other - registered - plans - retirement. html#P173_11915.

当然享受税收优惠政策的前提是遵循其操作规则，在一些情况下个人可能会面临税收罚款，如提前提取、从事禁止交易、缴费超过限定金额等，以保障 RRSP 资金运作的规范性和长期性。例如，除合同终止、购房计划（Home Buyer's Plan，HBP）和终身学习计划（Lifelong Learning Plan，LLP）外，提前提取均需缴纳代扣税，代扣税额如下：取出数额小于等于 5000 加元时，预扣 10%；取出数额为 5001～15000 加元时，预扣 20%；取出数额大于等于 15001 加元时，预扣 30%；需要注意的是，如果参与人在归还 HBP、LLP 的款项时，如果每年还了规定应该还的部分，则不纳税，如果只还了部分应该还的款项，没有还的部分还要算到纳税人的收入中纳税；RRSP 规定，对超出当年缴费上限的部分每月按 1% 的税率进行缴税；投资产品方面，如果参与人投资了非合格投资品和被禁止的投资品，参与人需要根据其公允价值的 50% 进行缴税。

2.2.2 TFSA 的税收政策

2009 年加拿大政府又推出了以 TEE 为模式的 TFSA，TFSA 和 RRSP 在税收制度设计上刚好相反，参与人以税后收入存入 TFSA 账户，取出时无论是本金还是投资收益、资本利得均无须缴税，而且资金在任何时候取出都不会有惩罚机制。

与 RRSP 计划设定额度与收入挂钩不同的是，TFSA 实行的是金额制，缴款额度与收入水平无关，而通过对每年免税供款数额进行限制的方式影响税收优惠额度。TFSA 推出首年，缴费上限定为 5000 加元，2013—2014 年升至 5500 加元，2015 年一度升为 10000 加元，自 2016 年至今，额度调整为 5500 加元①。额度如果当年未完全使用可无限期累积，且如果将之前的累积取出来的话，被使用的额度还会自动补还到下一年。在缴费方式和形式上 TFSA 与 RRSP 一样，可以一次性投入也可多次缴纳，可以现金或经评估的资产公允价值入账。

表6　　　　　　　　　　　　　TFSA 账户当年额度上限　　　　　　　　　　　　单位：加元

年份	2010	2011	2012	2013	2014	2015	2016	2017
TFSA 账户当年额度上限	5000	5000	5000	5500	5500	10000	5500	5500

资料来源：*Tax - Free Savings Account*（*TFSA*），*Guide for Individuals*。

与 RRSP 账户不同的是，参与人仅有在 TFSA 账户缴费超过限额后（任何超过扣除限额 2000 加元的部分均按每月 1% 征税），以及投资于非合格品和禁止性投资产品时才有税收惩罚，其他情况下 TFSA 账户均无税收罚款，此外 TFSA 覆盖的群体是加拿大居民，非加拿大居民则按照每月 1% 的税率进行缴税。

2.2.3 不同账户间资金转移的税收政策

由于持有者可能持有多个 TFSA 账户或同时持有 TFSA 账户和 RSPP 账户，因此常常涉及不同账户之间储蓄额转移的问题。例如，从 RSPP 账户转移至 TFSA 账户

---

① TFSA 的年度缴费上限会根据通货膨胀的情况进行调整，最少以 500 加元的额度增加。

时，对 RRSP 账户而言相当于部分额度被撤回，撤回部分需要被计入持有人当年应税收入并对此缴税；而对 TSFA 账户而言相当于持有人转入了一笔新额度，需以公允价值对此进行计算额度。对于不同 TFSA 账户之间的转移，则不需计入持有人当年的供款限额中。除去特定转换和分配等特殊情形下（包括持有人不同 TFSA 账户之间的转换、持有人婚姻破裂或实质上夫妻关系破裂或发生意外涉及的 TFSA 转换，持有人向其他受益人通过 TFSA 账户对供款收益进行转移），当年从 TFSA 撤回的额度只能在下一年才能重新计入当年供款限额之中。因此，持有人将当年从 TFSA 账户提前支取的额度再次转回至原有账户时，由于会占用当年的缴款额度，可能涉及二次缴税的问题。具体来说，若转回后未超出 TFSA 账户当年限额，则不需缴税；但是若转回后超出当年额度，则需同样按照 1% 的税率对超额部分进行缴税。

2.3　投资选择权

RRSP 和 TFSA 都允许个人根据自身的风险收益偏好，自主、灵活地配置资产，个人在投资产品的选择上有很大的自由，公募基金、股票、债券、年金保险产品等符合一定特征的产品都是可以选择的。个人可以直接投资银行、基金、保险公司提供的产品，也可以自己进行资产配置，直接投资股票等。在规划个人养老金账户的时候，个人拥有产品的投资选择权。

2.4　养老金提取

RRSP 和 TFSA 在资金提取时存在较大差异，TFSA 领取更为便捷，参与人可以在任何情况下领取且没有额度限制。而 RRSP 的提取规则更加严格，正常情形下只有在 71 岁后关闭账户时才能领取，此外，购房计划（HBP）和终身学习计划（LLP）也可以提取，但需在规定时间范围内归还。下面介绍 RRSP 提取的三种情况。

1. 账户中止。目前加拿大税务局规定当账户拥有人年龄达到 71 岁时，必须关闭账户，并将 RRSP 账户积累的资金取出，或转移到注册退休收入基金（Registered retirement income funds，RRIF）账户或购买年金。由于从 RRSP 里领取的资金都将纳入当年收入，需要缴税，多数参与人会在提取时转入 TFSA 或 RRIF 或购买年金，从而享受养老金退税政策。

2. 购房计划（HBP）。允许第一个购房者及配偶①每人可以从各自的 RRSP 账户中取款，最高取款限额为每人 20000 加元。购房者必须在不少于 15 年内每年将提取款项平均地归还到 RRSP 账户内②。

3. 终身教育计划（LLP）。从 1999 年起，71 岁以下的 RRSP 计划参与人可以从

---

①　如果配偶和纳税人联名购房。

②　如果每年还了应该还的部分，则不纳税；如果只还了部分应该还的款项，没有还的部分还要算到纳税人的收入中纳税，不能推迟到之后年度还。

RRSP 中取款来资助自己或配偶①读书，提取部分不需纳税。在任何一个年度，最多只能取出 10000 加元，多取出的金额必须纳税，取款的总额不能超过 20000 加元。所取出的款项必须在不少于 10 年期间内平均归还到 RRSP 账户内②。

表 7　　　　　　　　　　　　**RRSP 和 TFSA 账户提取政策**

	RRSP	TFSA
提取	71 岁之后关闭账户，必须提取或转存。购房计划和终身教育计划可提前支取，但需分别在 15 年内和 10 年内还清	任何时间都可以提取，且无限额
罚金	规定情形外均缴纳代扣税	无
对其他养老金制度安排的影响	RRSP 对 OAS 几乎没有影响或影响不大，对 GIS 有较大影响	不影响保障养老金的提取。退休后，仍然从政府那里领取 OAS 和 GIS

资料来源：*RRSPs and Other Registered Plans for Retirement*；*Tax - Free Savings Account*（*TFSA*），*Guide for Individuals*。

因 RRSP 和 TFSA 账户均为个人自愿性储蓄养老计划，一般情况下对其他支柱下的养老金领取无影响。TFSA 作为一般储蓄账户，不影响其他制度下的收入提取。在 RRSP 下，参与人 71 岁时账户关闭后提取的收入计入当年收入，可能因此失去针对低收入或无收入老年人 GIS 的领取资格。

2.5　监管

加拿大联邦政府第三支柱的法规和运营由联邦政府负责监管，其他人员的第三支柱由各州政府分别负责监管。因此，第三支柱各州的监管者不同。加拿大税务局（CRA）负责相关税务方面的安排和管理。

2.6　投资顾问的作用

投资顾问在加拿大第三支柱的发展中发挥了重要作用。加拿大投资基金协会（Investment Funds Institute of Canada，IFIC）2011 *Report on the Value of Advice* 显示，没有理财顾问帮助的人和有理财顾问帮助的个人，在长期养老金储蓄累积的资产上有非常大的不同，例如对 18～25 岁的投资者而言，有投资顾问的群体，进行退休储蓄的比例为 45%，而无投资顾问的群体，进行退休储蓄的比例仅为 23%。投资顾问的作用在 RRSP 和 TFSA 上尤为明显。这说明仅有个人养老金账户制度、税优优惠政策等制度设计还不够，投资者教育、专家顾问建议方面也有非常大的需求。

---

①　LLP 可以是参与人，也可以是其配偶，但只能适用其一，不能同时是参与人及配偶，也不能是参与人的子女；但参与人一生中可以多次参与 LLP，只要 LLP 还完款项，就可以再次参与。

②　参与人可以提前把款项还完，如果还款金额少于规定的最低还款额，差额部分要纳税；参与人可以在一定条件下取消 LLP，这时还款到 RRSP 不用纳税。

3 个人养老金资产管理情况

自推出以来，加拿大第三支柱两个账户体系下的资产管理规模均不断增长。经过多年的发展，截至 2016 年末，RRSP 的资产规模为 1.15 万亿加元①，2000 年以来年均复合增长率为 6.5%；2009 年以来 TFSA 计划总规模从 181.56 亿加元增长至 2015 年的 1935.87 亿加元②，增长近 10 倍，人均规模从 5931 加元增长至 15206 加元。不断增长的养老金资产管理规模，有力地保障了老年人退休后的生活水平，根据加拿大政府 2011 年的统计，第三支柱的替代率大约为 35%③。

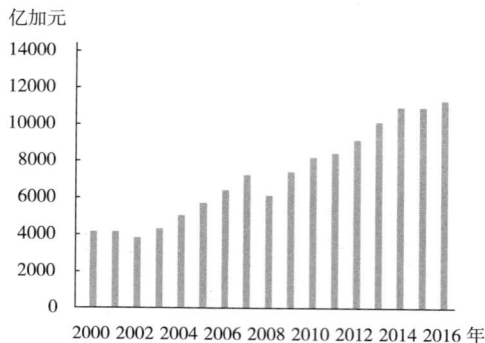

资料来源：加拿大统计局。

图 3 RRSP 总规模

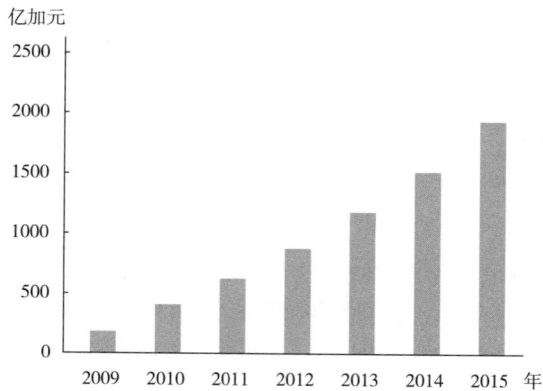

资料来源：加拿大统计局。

图 4 TFSA 总规模

---

① 资料来源：加拿大统计局，http：//www5. statcan. gc. ca/cansim/a26？lang = eng&retrLang = eng&id = 3780117&&pattern = &stByVal = 1&p1 = 1&p2 = -1&tabMode = dataTable&csid。

② 资料来源：加拿大政府，https：//www. canada. ca/content/dam/cra – arc/migration/cra – arc/gncy/stts/tf-sa – celi/2015/tbl03 – eng. pdf。

③ 详见 http：//data. worldbank. org/indicator/SP. POP. 1564. TO. ZS？locations = CA。

在投向上，RRSP 和 TFSA 均规定了合格投资品，也对非合格投资品和禁止的投资品进行了说明。合格投资品包括货币、担保投资凭证、政府债券、公司债券、公募基金、公司分红以及其他在股票市场上可以交易的证券，其他为非合格投资品。禁止的投资品主要包括以下三部分：一是受益人的债权；二是受益人持有比例在 10% 以上的股权、债权、合伙企业、公司及信托计划等；三是受益人持有的与其权益不对等的股权、债权、合伙企业、公司及信托计划等。境外资产方面，2005 年之前个人只能将 RRSP 资金的 30% 投资于境外资产，2005 年之后全面取消了这项限制条款。

从实际投向来看，RRSF 资金已配置的资产包括定期存款、加拿大储蓄债券、信托产品、股票、债券、公募基金和年金保险产品等，截至 2015 年末，RRSP 资产配置以公募基金为主，占比高达 52%，其次是个人自主投资，投资范围可能是股票、债券等，占比合计为 25%，定期存款、年金和储蓄存款的占比分别为 8%、7% 和 6%，其余合计占比约为 2%。从投资标的变化趋势来看，主要体现为无风险的存款类资产配置比例下降和公募基金配置比例的提升。2005 年以来，公募基金一直是 RRSP 资金配置的主要投资标的，占比一直在 45% 以上，并呈现逐年提升的态势。存款中定期存款的配置占比逐渐下滑，活期存款配置比例上升至 6%。自主类投资等其他类型资产的配置比例变动不大。

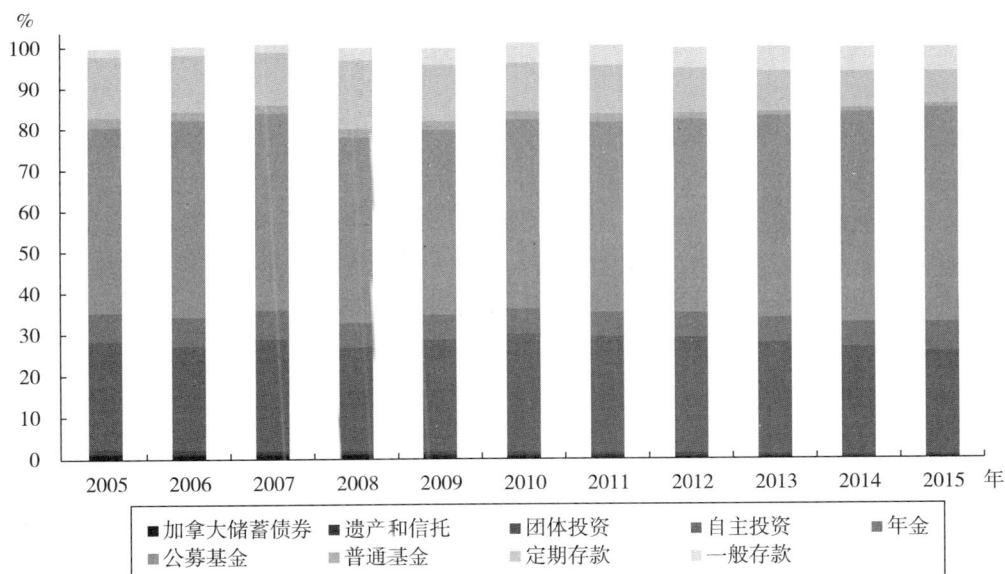

注：普通基金是除公募基金以外的其他基金；自主投资不含存款和基金。

资料来源：*Investor Economics*，宏利资产（香港）整理。

图 5　RRSP 的投资工具

从投向来看，TFSA 也可投资于各种多元化的金融产品和投资工具，法规中对于

TFSA 投资范围的限制与 RRSP 相似，可投资于各种多元化的金融产品和投资工具。但实际情况是由于 TFSA 账户资金可用于短期支付所需，逐渐以随时可以兑现类型产品为主。截至 2015 年末，TFSA 资产主要配置于股票及债券、公募基金、定期存款和一般储蓄存款，其中以公募基金配置为主，占比 35%，其次是股票和债券，合计占比 29%，定期存款和一般储蓄存款均占比 18%。从投资标的变化趋势来看，存款等无风险资产配置占比逐年下降，债券、基金和股票等风险资产配置比例逐年提高，尤其是公募基金的配置比例大幅提高。2009 年以来，公募基金配置占比逐年提高，从最初的 13% 提高 22 个百分点至 35%，定期存款和一般储蓄存款配置占比逐年下滑，由最初合计占比 60% 降至 36%，降幅约为 40%。

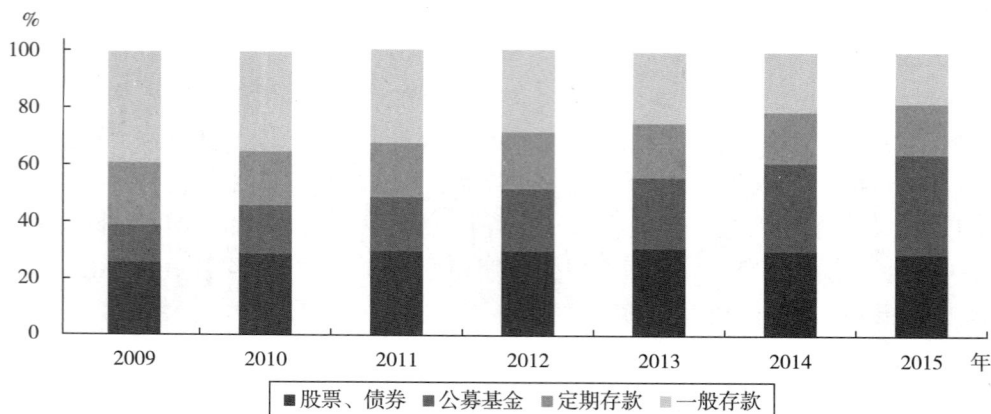

资料来源：*Investor Economics*，宏利资产（香港）整理。

图 6　TFSA 的投资工具

整体来看，加拿大个人养老金投向是多元的，公募基金因为其运作透明规范，投向清晰，申购赎回灵活度高，强制托管，信息披露完善，长期投资回报稳健良好等优势，成为第三支柱个人养老金账户最主要的投资标的。

4　加拿大第三支柱参与情况

根据加拿大统计局 2016 年的人口普查，2015 年加拿大 1400 万户家庭中有 65.2% 至少参加三种注册储蓄账户（RRSP、RPP 和 TFSA）中的一种。平均而言，2015 年有 35% 的家庭向 RRSP 缴费，40.4% 的家庭向 TFSA 缴费。从年龄分布来看，35~54 岁的家庭更倾向于向 RRSP 缴费，而 35 岁以下和 55 岁以上的家庭更倾向于选择向 TFSA 缴费；从收入分布来看，收入越高的家庭通常向三种注册储蓄账户缴费的概率越高，而高收入家庭更倾向于向 RRSP 缴费，如税后收入在 10 万~15 万加元的家庭中有 63.8% 选择 RRSP，而选择 TFSA 的家庭比例为 52%。相对而言，低收入家庭更倾向于向 TFSA 缴费，如税后收入在 4 万~5 万加元的家庭中有 13.3%

向 RRSP 缴费，而选择 TFSA 的家庭比例为 37.1%。

表8　　　　　　　　加拿大 RRSP、TFSA 和 RPP 计划参与情况　　　　　　单位:%

	RRSP、RPP 或者 TFSA	RRSP	RPP	TFSA	RRSP、RPP 和 TFSA
平均	65.2	35	30.1	40.4	9.3
年龄区间					
15~24 岁	45	14.3	15.1	33.5	3.1
25~34 岁	67.9	37.3	34.8	42	10.7
35~44 岁	72.2	45	41.4	35.9	11.4
45~54 岁	74.2	47.6	43	38.8	13.3
55~70 岁	65.4	36.5	27.3	42.7	9.6
≥71 岁	45.6	4	1.6	43.7	0.4
税后家庭收入					
≤10000 加元	17	2.6	1.1	14.9	0.1
10000~19999 加元	19.5	2.5	1.6	17	0.1
20000~29999 加元	32.9	6.3	4.2	26.6	0.3
30000~39999 加元	46	13.3	11.1	32.4	1.2
40000~49999 加元	57.8	21.5	18.9	37.1	2.9
50000~59999 加元	66	28.1	25.3	40.4	4.6
60000~69999 加元	73.1	35.2	31.7	43.2	6.7
70000~79999 加元	78.8	41.9	38	45.3	9.3
80000~89999 加元	83.3	48.3	43.7	46.9	12
90000~99999 加元	86.6	53.8	48.6	48.3	14.7
100000~149999 加元	91.2	63.8	56.8	52	21.3
150000~199999 加元	94.3	74	60.8	58.3	29.1
200000~249999 加元	93.8	77.7	54.2	62.3	30.2
≥25 万加元	91.2	75.3	38.5	64.1	22.7

注：数据截至 2015 年末。

资料来源：加拿大统计局 2016 年人口普查。

从参与情况变化趋势来看，国际金融危机前后 RRSP 参与人数差距较大，2003—2007 年 RRSP 参与人数逐年增长，2007 年达到历史顶峰 629 万人。国际金融危机以后，参与人数下降较多，截至 2016 年，参与人数下降至 594 万人。从趋势变化来看，2000 年以来 RRSP 参与人数占加拿大总纳税人口的比重一直处于下降趋势，从 29.11% 下降至 22.53%。虽然 TFSA 推出仅仅不到 10 年，但是自推出后参与人数不断增长，至 2015 年加拿大超过 1273 万人至少拥有一个 TFSA，远超 RRSP 的参与人数。TFSA 参与人数占纳税人口的比重从 28.1% 增长至 2015 年的 48.62%，参与人数几乎占了纳税人口的一半。

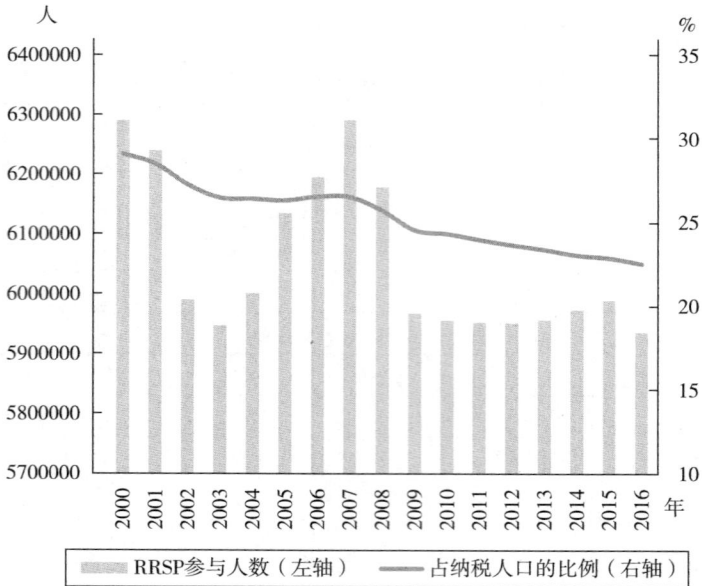

资料来源：加拿大统计局。

图 7　RRSP 参与人数及其占纳税人口的比例变化情况

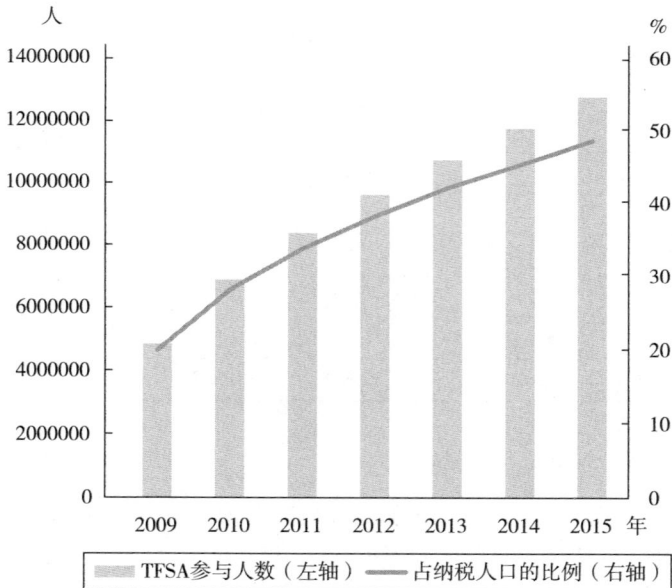

资料来源：加拿大统计局。

图 8　TFSA 参与人数及其占纳税人口的比例变化情况

从整个参与者的年龄分布变化情况来看，RRSP 参与者的整体年龄正呈老龄化趋势。一方面，44 岁以下的年轻人群体数量在 RRSP 总人数中的占比呈下降趋势，总占比从 2000 年的 56% 下降至 2016 年的 45%。另一方面，45 岁以上人群占比逐年增加，尤其是 55 岁以上参与数量占比从 2000 年的 16% 增加至 2016 年的 29%。不断增长的老年人口占比意味着退出 RRSP 的人群增加和资金流出规模的增加。TFSA 由于成立时间不长，趋势变动不明显，55 岁以上参与数量占比一直保持在 50% 以上。

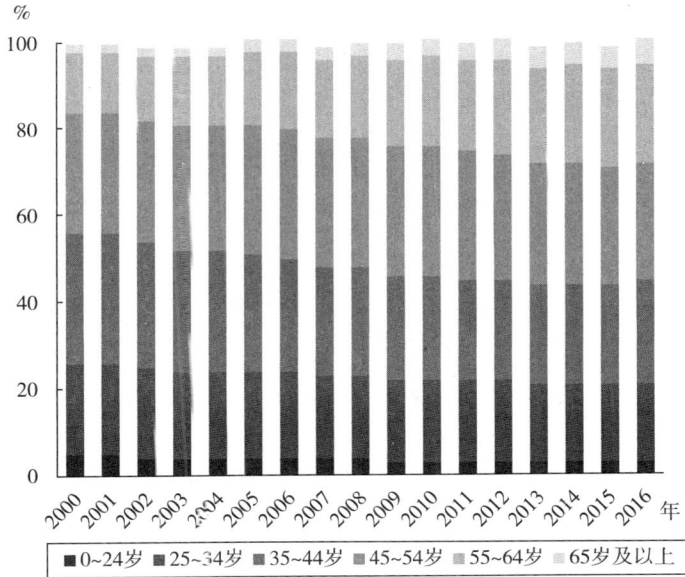

资料来源：加拿大统计局。

图 9　RRSP 参与者年龄分布比例变化情况

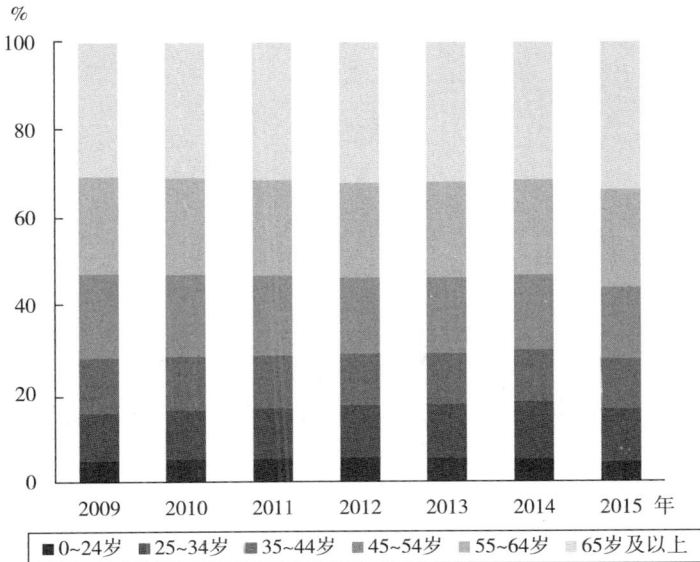

资料来源：加拿大统计局。

图 10　TFSA 参与者年龄分布比例变化情况

2000 年以来，伴随着人口老龄化趋势的加剧，加拿大 RRSP 参与人的平均年龄呈逐级抬高的趋势，一般 4～5 年会抬高 1 岁。目前，参与人的平均年龄从 2000 年的 43 岁抬高到了 46 岁。

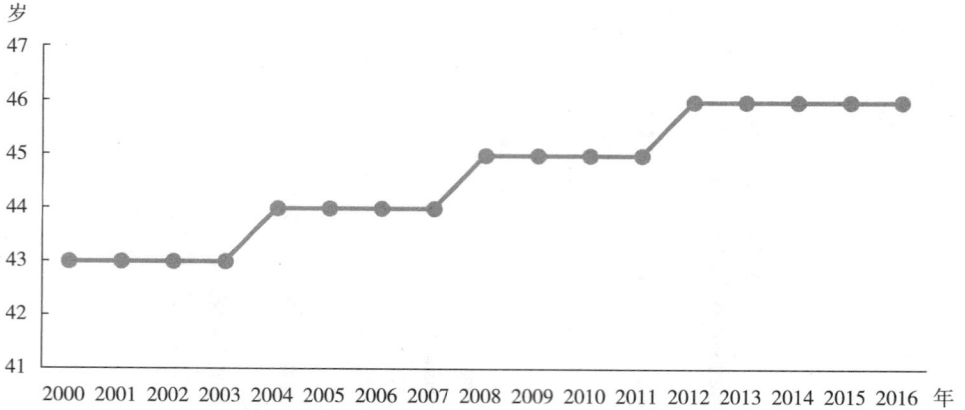

资料来源：加拿大统计局。

图 11　RRSP 计划平均参与者平均年龄

从参与者收入分布变化情况来看，高收入群体的占比不断增长。国际金融危机以来，总收入在 8 万加元及以上的群体占比从 2007 年的 23% 增长至 2016 年的 37%，成为主要参与群体，同时总收入在 4 万加元以下的群体占比由 31% 下降至 18%。RRSP 参与人数据表明，在工资收入和总收入分化的背景下，低收入群体自愿养老储蓄的意愿和能力在收入增长乏力的情况不断下降。

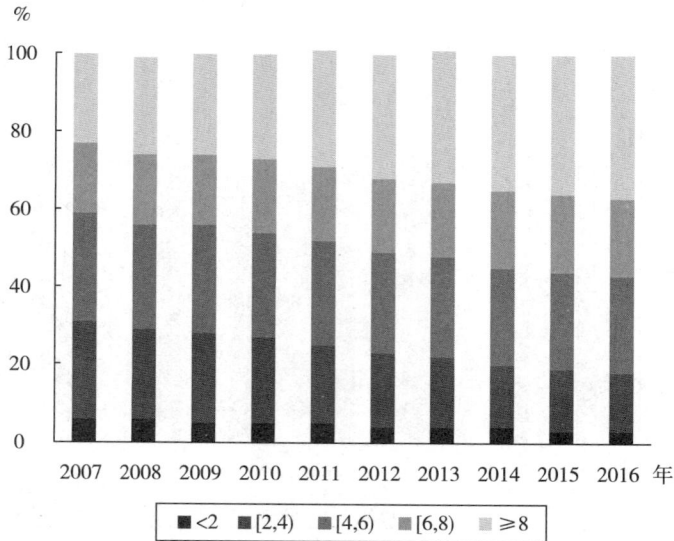

资料来源：加拿大统计局。

图 12　RRSP 不同收入水平比例变化情况

与 RRSP 不同的是，TFSA 低收入群体占比要高于 RRSP。收入在 2 万~4 万加元的群体是 TFSA 计划的主要群体，占比一直维持在 30% 左右。收入在 2 万加元以下的低收入群体占比要高于 RRSP，维持在 15%~19%。同时，与 RRSP 类似，近年来 TFSA 高收入群体占比也在不断扩大，收入在 8 万加元以上的群体占比从 2009 年的 20%，增长至 2015 年的 27%。

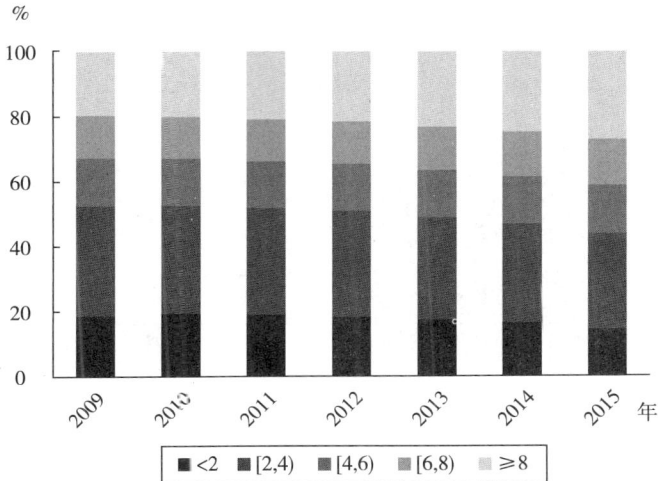

资料来源：加拿大统计局。

图 13　TFSA 不同收入水平比例变化情况

缴费额方面，RRSP 整体缴费额比较平稳，只有在经济衰退和国际金融危机时年度缴费额有所下降[1]。而 TFSA 人均缴费额从 2009 年的 4194.80 加元，增长至 2015 年的 7826.36 加元。提取方面，TFSA 提取灵活，参与人可以在任何时间提取且没有额度限制。2009 年以来，TFSA 提取额小幅增长，但提取额与年度缴费额之间的差距越来越大，2015 年两者之间相差近 400 亿加元，这也是 TFSA 账户资金不断累积的重要原因。

总体来说，加拿大居民参与 RRSP 和 TFSA 的比例较高，65.2% 的家庭选择了 RRSP、RPP 和 TFSA 中的一种。高收入群体倾向于参与 RRSP，而参与人的平均年龄逐步提高，44 岁以下的年轻人群体数量在 RRSP 总人数中的占比呈下降趋势。由于 RRSP 在提取、纳税额度等方面限制较多，以及与第二支柱 RPP、PRPP 共享额度，其参与率呈现下降态势。相较于 RRSP，低收入群体是 TFSA 的主要群体，与 RRSP 类似，TFSA 的参与人年龄以年长者为主，这说明年长者因为临近退休对于养老储蓄的需求更为迫切。在 TFSA 下，由于随时可以提取、缴费和提取年龄也不受限制、终身累积额度等灵活性设计，推出以来，其参与水平不断提升。

---

[1]　通常情况下，RRSP 参与人到退休后才能提取，所以退休之前提取额较少，未找到相关数据。

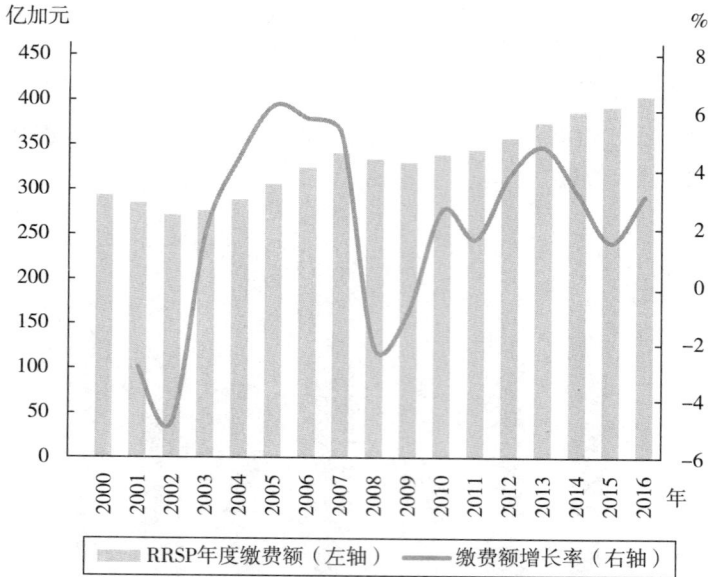

资料来源：加拿大统计局。

图 14　RRSP 年度缴费额及增长率

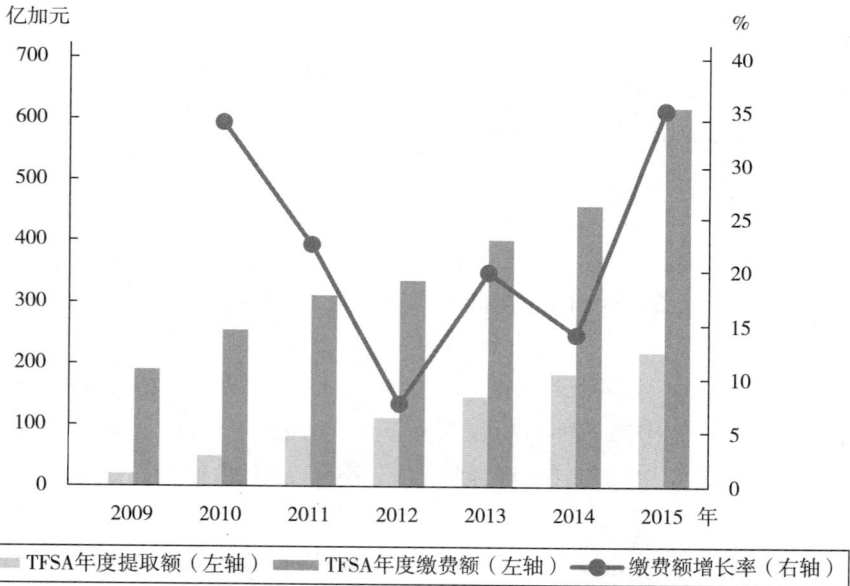

资料来源：加拿大统计局。

图 15　TFSA 年度缴费额及增长率、提取额

　　需要注意的是，税收政策是个人自愿养老储蓄计划参与率增加的重要因素，此外还有很多其他因素会造成个人参与意愿的增加，如社会政策、金融体系的成熟程度、监管体系、信息披露程度、制度本身的灵活度等。加拿大居民对于金融体系、

资本市场的信任度很高，如在金融海啸之后，加拿大大多数金融机构都没有出现融资困难或倒闭状况，慢慢培养了加拿大居民对金融体系的信任；加拿大也有一个强有力的监管体系，还有执法系统；此外，加拿大对投资产品上的信息披露要求非常高，个人很容易看到所投产品的相关信息；加拿大第三支柱随着制度的发展，逐步增加了灵活性设计安排等。这些因素都会提高个人参与养老储蓄计划的意愿。

5 借鉴和启示

5.1 实施多种税收优惠模式，兼顾不同群体需求

加拿大第三支柱有 RRSP 和 TFSA 两种账户形式，税收模式分别是 EET、TEE，两种模式各有优劣势，相互补充，从实际运作来看，中高收入人群更倾向于 RRSP，而低收入人群更愿意参与 TFSA。我国第三支柱试点实行 EET 模式，EET 模式在个人加入养老金计划时免税，提高了个人参与的积极性，也不会对财政造成较大的压力，对个人的激励作用较大。但由于我国纳税人口数量较小，实际享受税收优惠的人群有限，未来还可以考虑同时实施 TEE 的前端税收优惠模式，TEE 模式下，虽然缴费阶段收税，但是投资阶段和领取阶段免税。两种税收模式可以兼顾不同群体的需求，鼓励个人进行退休养老储蓄。

5.2 制度的灵活性设计有助于提升参与率

加拿大的第三支柱制度设计上，可以通过向账户借款买房、借款缴纳学费、为配偶缴费和缴费额度累积等灵活性设计增加制度的吸引力，提高参与率。在 TFSA 下，由于终身累积额度、随时可以提取、提取和缴费年龄也不受限制等灵活性设计，推出以来，其参与水平不断提升，2015 年加拿大超过 1273 万人至少拥有一个 TFSA 计划，远超 RRSP 参与人数（RRSP 在提取、纳税额度等方面限制较多，这也是其参与率不高的原因之一），且 TFSA 参与人数占纳税人口的比重从 28.1% 增长至 2015 年的 48.62%，参与人数几乎占了纳税人口的一半。我国正处于养老金第三支柱顶层设计的关键时期，2018 年 4 月 2 日财政部发布《关于开展个人税收递延型商业养老保险试点的通知》，我国从 2018 年 5 月 1 日起开展第三支柱试点，在第三支柱制度设计上，我国可借鉴国际经验并根据试点的实际运行情况，在全面铺开时，增加灵活性、人性化的设计安排，如当个人出现教育、重大疾病以及购买住房等紧急支出时，允许参加者临时提取，以提高实际参与率。

5.3 应将第二、第三支柱税收优惠政策打通，加大税收优惠力度

从国外发展第三支柱的经验来看，税收优惠政策是各国推动第三支柱发展的重要因素，加拿大在税收优惠政策上较为灵活，RRSP 的税收优惠额度和第二支柱

RPP、PRPP 合计共用，便于个人账户累积及转移，增加了制度吸引力。我国第二支柱企业年金计划也实施了税收优惠政策，但是目前企业年金个人税收优惠仅为 4%，企业缴费税收部分为 5%，激励效应有限，且企业年金是由企业自愿建立的，个人即使有积极性也无法参与，可以考虑打通企业年金和个人养老金账户的税收优惠政策，且加大税收优惠力度，对于没有企业年金计划但有积极性的个人，通过个人养老金账户来享受税收优惠，增强制度吸引力。第二、第三支柱个人享受的税收优惠打通后，个人缴费税收优惠额度合并提供给了个人，充分考虑了不同群体的公平性，也有利于第二、第三支柱个人账户的衔接。同时第二、第三支柱税收优惠政策打通后，税务部门可以结合三个支柱的缴费率、替代率进行综合考虑，统一调配税收优惠资源，避免政府税收优惠政策的碎片化，也可以降低政府税收收缴的损失，减轻政府财政负担。

5.4　尽早且持续开展投资者教育

由于多年来对投资者的教育及资本市场的高成熟度，加拿大的个人投资者已可以接受长期养老投资的理念和风险与回报匹配的产品类型，培养了对公募基金等风险产品的高接受度。而我国目前投资养老的意识还很弱，很多个人把养老金投资的安全性简单理解为绝对保本，认为应该将绝大多数资金配置到短期且收益稳定的产品中，导致长期回报很低，无法抵御通胀风险和长寿风险。因此，提高社会公众养老金融素养，唤醒民众的养老金规划和投资管理意识至关重要。投资者教育任重道远，应该由人力资源社会保障部、证监会、行业协会等政府部门牵头，结合境外经验，联合媒体、投资管理人、销售渠道一同尽早且持续推进。

5.5　推动投顾业务的发展

第三支柱的参与主体是个人，且养老金强调长期投资，个人作为缴费主体同时又是投资主体，既要面临如何开户、如何缴费、税收优惠等制度方面的问题，又要面临如何结合个人的生命周期特征进行长期投资，包括资产配置的安排、投资产品的选择、投资调整的依据和背后考虑的因素等，非专业的参与人很难对上述问题有清晰的认知，这就需要专业的养老金顾问进行专业指导。尤其在第三支柱制度刚推出时，个人很可能由于惰性或专业度不够等因素缺乏主动了解的动力，导致参与率低下，为第三支柱的进一步推进带来阻碍。而养老金顾问业务的发展有助于提高个人储蓄养老的参与积极性、投资效率和服务体验，亟待发展和培育。

参考文献

[1] 董克用，姚余栋. 中国养老金融发展报告（2017）[M]. 北京：社会科学文献出版社，2017.

［2］中国证券投资基金业协会. 个人养老金制度与实践［EB/OL］. http：//www. amac. org. cn/xhdt/zxdt/390522. shtml.

［3］Canada Revenue Agency. *RRSPs and Other Registered Plans for Retirement* ［EB/OL］. https：//www. canada. ca/en/revenue – agency/services/forms – publications/publications/t4040/rrsps – other – registered – plans – retirement. html#P173_11915.

［4］Canada Revenue Agency. *Tax – Free Savings Account（TFSA）, Guide for Individuals* ［EB/OL］. https：//www. canada. ca/en/revenue – agency/services/forms – publications/publications/rc4466/tax – free – savings – account – tfsa – guide – individuals. html.

第三章　英国个人养老金制度经验

广发基金管理有限公司　孙　瑜　彭维瀚

摘　要　英国个人养老金制度的发展过程，是不断重新划分国家、企业和个人责任的过程，也是不断将制度化繁为简的过程，同时还是不断推动养老金服务市场发展壮大的过程。英国是老牌"福利国家"，面对养老危机时当机立断进行改革，一方面持续削减第一支柱养老金替代率以减轻国家负担，另一方面加速完善第二、第三支柱养老金制度，承接养老需求。从结果来看，英国养老金改革成效显著，个人养老金市场迅速发展。这既得益于英国发达的资本市场，也跟英国政府的积极倡导和政策激励密切相关。作为养老金体系建设的标杆国家，英国再一次为世界提供了养老金"私有化"的模板。

关键词　英国养老金体系　制度沿革　存托养老金（Stakeholder Pension）　经验借鉴

1　英国养老金体系概述

1.1　英国养老金体系介绍

英国的养老金体系是建立在 1942 年《贝弗里奇报告》的基础上，经过数次重大的改革调整，英国的养老保障制度形成了由国家养老金计划、职业养老金计划和个人养老金计划共同组成的典型三支柱模式。国家养老金计划包括国家基本养老金计划（Basic State Pension，BSP）和第二养老金计划（State Second Pension，S2P），其共同特点是由政府提供，并由政府承担兜底责任。职业养老金计划（Occupational Pension）和个人养老金计划（Personal Pension Plan，PPP）均属于私人养老金计划，采用市场运作的模式。与大多数国家类似，英国的国家养老金仅发挥基础保障功能，解决员工退休后的基本或最低生活需要；职业养老金和个人养老金则用来满足退休员工更高的退休待遇需求。

为缓解不断加剧的养老金压力，英国政府倡导"个人责任、公平、简单、可负担、可持续"的原则，对养老金制度不断进行简化。2012 年 10 月起，符合条件的雇员都要被"自动加入"工作型养老金计划（Workplace Pension）①，并设立了国家职业储蓄信托计划（National Employment Saving Trust，NEST）作为投资平台，旨在减轻国家养老金负担的同时提高职业养老金的覆盖率。从 2016 年 4 月 6 日起，英国政府将国家基本养老金（ESP）计划和第二养老金计划（S2P）改革为新国家养老金（new State Pension，nSP）②。在新国家养老金制度下，累积缴费 35 年才能领取全额养老金，否则就要被削减；达到法定退休年龄时，累积缴费不低于 10 年③，并且领取的养老金待遇不得低于在原国家养老金制度计算方式下领取的待遇水平。

表 1 英国养老金制度体系

第一支柱	新国家养老金计划（new State Pension，nSP）	DB 型
第二支柱	职业养老金计划（Occupational Pension）	DB 型、DC 型、混合型
第三支柱	个人养老金计划（Personal Pension Plan，PPP）	DC 型为主
	团体个人养老金计划（Group Personal Pension，GPP）	
	存托养老金计划（Stakeholder Pension Scheme，SHPs）	
	自主投资型个人养老金计划（Self – Invested Personal Pensions，SIPPs）	

资料来源：综合官网信息整理。

1.2 英国养老金发展现状

1.2.1 老龄化水平较高，并且稳中有升

来自《世界人口展望（2017）》④ 的数据显示，截至 2017 年底，英国的人口共计 6618.2 万人，列世界第 21 位，其中 60 岁及以上人口占总人口的比例为 24%。2015—2020 年的预计生育率较低，为 1.87，位列全球倒数水平，而平均预期寿命较高，达 81.8 岁。世界银行的数据⑤显示，进入 2000 年以来，英国 65 岁及以上人口占总人口的比例持续上升，截至 2016 年底，已达 18.35%。据英国统计局的估计⑥，未来 40 年，该指标将在 2026 年和 2036 年分别提高至 20.5% 和 23.9%，预计到 2046 年，英国的 65 岁及以上人口占比将高达 24.7%。

---

① 工作型养老金主要是指雇主设立的养老金，包括职业养老金和可以由雇主统一设立的个人养老金，如存托养老金计划。

② 按照"老人老办法、新人新办法"的方式，1951 年 4 月 6 日以前出生的男性和 1953 年 4 月 6 日以前出生的女性，适用原国家养老金制度；1951 年 4 月 6 日及以后出生的男性和 1953 年 4 月 6 日及以后出生的女性，适用新国家养老金制度。整理自英国政府网站，https：//www.gov.uk/government/publications/your – new – state – pension – explained/your – state – pension – explained。

③ 按规定，每周领取的最低标准为 148.40 英镑。

④ 详见 https：//esa.un.org/unpd/wpp/publications/Files/WPP2017_KeyFindings.pdf。

⑤ 详见 https：//data.worldbank.org/indicator/SP.POP.65UP.TO.ZS。

⑥ 详见 https：//www.ons.gov.uk/peoplepopulationandcommunity/populationandmigration/populationestimates/articles/overviewoftheukpopulation/july2017。

1.2.2 整体上养老金缺口大，个人养老金体系较为发达

根据著名保险机构 Aviva 于 2016 年 9 月发布的报告，英国是欧洲养老金缺口较大的国家之一，其养老金缺口已达 3650 亿欧元。从替代率来看，英国的国家基本养老金毛替代率为 22.1%，位列 OECD 统计的 50 个国家中的倒数第 2，而同期 OECD国家的平均替代率为 40.6%；私人养老金方面，英国补充性自愿储蓄养老金的替代率为 30%，已超过国家养老金的替代率，仅次于南非（48.8%）、爱尔兰（38%）、加拿大（34.2%）和美国（33%）。从规模来看，据 OECD 统计，截至 2016 年底，英国私人养老金规模位列世界第 2，为 2.27 万亿美元，占 GDP 的 95.3%，而世界平均水平为 10.9%。上述数据表明，私人养老金在英国养老金体系中占据了重要位置。

1.2.3 提供税收优惠和专业平台，增强私人养老金激励

据英国养老金政策研究所测算，2014—2015 财年英国对职业养老金计划和个人养老金计划的税收优惠总额达 343 亿英镑，约占 GDP 的 1.9%。据计划，2016—2017 财年养老金税收减免总额预计为 386 亿英镑[①]。慷慨的税收优惠政策提高了职业养老金计划和个人养老金计划的缴费积极性，进而增加了可用于投资的基金积累。为鼓励职业养老金发展，英国政府一方面建立了"自动加入"机制，另一方面通过建设 NEST 平台接入专业机构，方便其更高效地服务客户。NEST 平台成立后，职业养老金覆盖面由 2012 年的 46.5% 显著提升到 2016 年的 67.6%。

2 英国个人养老金制度的历史演进

2.1 引入

英国一直以老牌高福利国家著称，但从 20 世纪 70 年代开始，人口老龄化和经济滞胀给英国政府带来了巨大的养老金压力，之后英国政府将收缩公共养老金责任与鼓励私人养老金发展相结合，启动了一系列养老金私有化改革。

与职业养老金计划的悠久历史相比，个人养老金计划发展相对较晚。自 1956 年起，保险公司开始为自雇人士提供个人养老金计划。然而，直到 20 世纪 80 年代，个人养老金计划才真正成为广大公众的选择。

1986 年，英国颁布了《社会保障法》，引入个人养老金计划（Personal Pension Plan/Scheme，PPP 或 PPS）。个人养老金计划由建房互助协会（Buildings Society）、

---

① 资料来源：英国皇家税收与关税局的统计报告 *Personal Pensions Statistics*，*HM Revenue and Customs*，*February* 2018，https：//www.gov.uk/government/statistics/personal－pensions－estimated－number－of－individuals－contributing－by－gender－and－age。

银行、保险、基金等金融机构负责设计并提供给个人选择①，实行个人积累制，采用 EET 的税收优惠模式，在特定条件下给予最高 7.8% 的税收返还。个人养老金计划可由个人自主建立，也可由雇主为雇员提供参与途径。

2.2 发展

1999 年，英国的《福利改革和养老金法案》明确定义了存托养老金计划（SHPs），并要求雇主必须向雇员提供。起初，仅有职业养老金计划可以作为国家收入关联养老金计划（SERPS）的替代选择。直到 2001 年，存托养老金计划（SHPs）作为一种低成本的 DC 型养老金计划，成为协议退出国家收入关联养老金计划（SERPS）② 后的另一种替代选择。

2.3 扩大

从 2001 年起，拥有五个以上（含）雇员的雇主，如果不能为雇员提供职业养老金计划或为雇员向个人养老金计划提供特定水平的缴费，那么就必须为雇员提供存托养老金计划（SHPs）。

2004 年，《养老金法案》规定，成立养老金监管局（TPR），取代了职业养老金监管局（OPRA），赋予其全面的权力去管理和调节信托型养老金计划；成立了职业养老金计划和个人养老金计划的登记处；对养老金受托人和提供养老金咨询的专业人士强制增加了信息披露的要求；建立了养老金权益保护基金（PPF），当雇主破产，而现有职业养老金计划不足以提供足够的福利保障时，养老金权益保护基金将为雇员提供补偿。

3 英国个人养老金制度安排

3.1 计划类型

自 20 世纪 80 年代养老金私有化制度开放以来，英国个人养老金计划主要采用两种模式：一是居民直接参加养老金提供商的养老金计划；二是由雇主提供参与途径并代扣代缴，通常被称为集体形式的个人养老金计划（GPP）或雇主赞助的个人养老金计划。雇主通常也会向 GPP 缴费，但此类计划不由雇主经营，一般也不由单一雇主专享，可同时向公众发售，因此虽然 GPP 有时被称为公司养老金，但其实上

---

① 资料来源：英国皇家税收与关税局的统计报告 *Personal Pensions Statistics*，*HM Revenue and Customs*，24th *February* 2017 以及英国伦敦大学伯克贝克学院教授 David Blake 的研究文献 *The United Kingdom Pension System：Key issues*。

② 2002 年之后雇员可以自由选择加入雇主提供的职业养老金计划、国家第二养老金计划（S2P）或个人养老金计划三者中的一个。其中，S2P 是 2002 年替代了 SERPS 而来的。

与传统意义上的第二支柱职业养老金有较大区别。

除了零散的小型计划以外，目前英国的个人养老金计划主要包括面向中低收入群体且具有低费率特征的存托养老金计划（Stakeholder Pension scheme，SHPs）和面向高收入群体且更为灵活的自主投资型个人养老金计划（Self – invested Personal Pensions，SIPPs）[①]。

存托养老金计划（SHPs）是一种 DC 模式的个人养老金计划，可以享受税收优惠，最低缴费额比较低且相对灵活，其最大的特点是政府设置了封顶管理费用，以更好地服务中低收入群体。该计划可以由雇主提供，雇员也可以自己直接参加。英国政府规定，存托养老金计划必须为个人投资者设置默认投资基金。存托养老金计划提供方必须满足国家的相关标准，如收费的限制。

自主投资型个人养老金计划（SIPPs）是一种养老金"打包产品"。由于 SIPPs 是专为那些希望通过处理和转换投资来管理自己养老基金的人设计的，因而 SIPPs 的投资选择更加灵活，相应地，其对投资能力的要求和费率也高于其他个人养老金，更适合投资经验丰富的参与者。

另外，英国财政部于 1998 年在工党政府的领导下，颁布了"ISA 条例"（The Individual Savings Account Regulations），并在 1999 年 4 月 6 日正式推出了个人储蓄账户（The Individual Savings Accounts，ISA）。ISA 是一种设计简便、享受税收优惠的个人储蓄账户，主要采用 TEE 的税收优惠模式。经过历届政府的多次完善，ISA 已经具备多种形式，其中在 2017 年引入的终身个人储蓄账户（Lifetime ISA，LISA）可以用于养老储蓄，可视为英国个人养老金的一种灵活补充。

3.2 覆盖范围

据英国税务与海关总署（HMRC）的估计，2011—2012 财年有 840 万人为个人养老金计划缴费[②]。从 OECD（2017）[③] 的数据来看，截至 2016 年底，劳动年龄（15～64 岁）人口中，英国私人养老金计划的总覆盖率为 43%[④]。

个人养老金计划的参加人员一般包括：

（1）雇主没有为雇员提供职业养老金计划，或者雇员选择协议退出雇主的职业养老金计划者；

（2）参加了职业养老金计划的雇员也可自由选择参加个人养老金计划；

[①] 资料来源：英国政府官网，https：//www.gov.uk/personal – pensions – your – rights；英国伦敦大学伯克贝学院教授 David Blake 的研究文献 *The United Kingdom Pension System：Key issues*；英国 1999 年《养老金法案》（*Welfare Reform and Pensions Act* 1999）。

[②] 资料来源：英国统计局报告 *Pension Trends – Chapter 7：Private Pension Scheme Membership*，2013 *Edition*。

[③] 资料来源：*Pensions at a Glance* 2017：*OECD and G20 indicators*，http：//www.oecd.org/publications/oecd – pensions – at – a – glance –19991363.htm。

[④] 强制和半强制、职业养老金、个人养老金等具体类别的详细数据不可考。

（3）参加了国家第二养老金计划，但想要选择协议退出国家第二养老金计划（S2P）者[①]；

（4）自雇者（没有资格参加国家第二养老金计划，因此不涉及协议退出问题）；

（5）没有工作的人。

3.3 领取条件

无论是否退休，个人养老金计划一般都允许参与者在年龄达到 55 岁之后、75 岁之前随时领取养老金。但是，在身患重病或从事特殊职业（如专业运动员）等情况下，也可以提前领取。年龄超过 75 岁，一般不允许继续推迟领取养老金。

3.4 税收政策

总体而言，英国私人养老金的税收可以概括为 EET 模式，养老金缴费免税，投资阶段的基金收益免税，但大部分私人养老金计划在领取时需要征税。

2004 年出台的《财政法案》于 2006 年 4 月 6 日生效，为了简化英国个人养老金的税收制度，提出了一系列修正措施，将所有养老金计划都纳入管理范围。

3.4.1 缴费——免税

雇主如果向个人养老金计划提供补充缴费，则将全部雇员的工资总额作为缴费基数。如果被英国税务与海关总署认定合格，这部分缴费将全额免除企业所得税。雇主以雇员的名义进行缴费将得到额外的税收优惠。

一般情况下，个人缴费可以立即全额获取基础税率（20%）税收减免；但在特定情况下，如果个人适用于更高的所得税税率（40%），高出的税收减免需在年底向 HRMC 申请，通过税收返还的方式获得。

个人可以获得的税收减免总额取决于两个标准：每年的津贴标准（AA）及终身的津贴标准（LTA）。这些标准适用于所有私人养老金计划。

个人可以向任何私人养老金计划缴费并享受税收优惠，年最高免税缴费额度即为每年的津贴标准，2017—2018 财年的标准均为 4 万英镑。超过这个额度的缴费将按照个人的边际税率征税。

从 2016 年 4 月起，英国政府将一种递减的机制引入每年的津贴标准。从年收入 15 万英镑到年收入 21 万英镑，收入每增加 2 英镑，每年的津贴标准减少 1 英镑。这意味着，年收入 15 万英镑及以下，可以获得 4 万英镑的缴费免税额度；但如果个人收入达到或超过 21 万英镑，则最多只能获得 1 万英镑的缴费免税额度，超过之后就要按照边际税率征税。

在领取退休待遇之前，个人的所有养老金还要经过终身津贴标准的审核。终身津贴标准旨在限制个人在工作期间获得的缴费免税总额度。如果私人养老金积累超

---

① 2016 年以后国家第二养老金计划已不存在。

过了终身津贴标准，超过部分，如果作为养老金使用，需要支付额外 25% 的税收；如果一次性领取使用，需要支付额外 55% 的税收。终身津贴标准在 2016 年 4 月由之前的 125 万英镑降低为 100 万英镑，2018 年的最新标准为 103 万英镑[①]。

3.4.2 投资收益——基本免税

英国为养老基金的积累提供了一个相对优惠的整体税收环境，缴费收入和投资利息免税，对于实现的资本利得收入也免税。但具体来看，养老金积累阶段也不是完全免税的。投资阶段是否免税取决于养老金的投资范围。直接投资于债券、地产或货币资产的基金是完全免税的。但从 1997 年开始，来自股票的分红收入按照公司所得税税率征税。

3.4.3 领取——纳税

从 55 岁起，25% 的 DC 模式（个人养老金基本都为 DC 模式）的养老金可以免税一次性领取。剩余的部分可以按照个人意愿灵活领取，或者将其全部或部分用于购买养老产品，如年金产品、再投资产品（Flexi-access drawdown）或者其他提供收入的金融产品。因为养老金灵活领取（Pension Flexibility）政策自 2015 年 4 月才开始实施，目前关于产品设计和种类仍在市场逐步探索之中。这部分退休金收入需按照领取时的边际税率纳税[②]。

3.5 监督机构

1. 就业与养老金部[③]（Department for Work and Pensions，DWP）：负责个人养老金相关政策的制定和调整，并为个人养老金业务开展提供指导意见。

2. 税务与海关总署[④]（HM Revenue & Customs，HMRC）：负责对个人养老金相关税收优惠问题进行解释，收集并披露税收信息、养老金计划和管理人的注册登记。

3. 养老金监督局[⑤]（The Pensions Regulator，TPR）：负责监督受托管理的养老金计划及养老金受托人。养老金监督局的经费来源于对养老金计划的收费。

---

① 详见 https：//www. gov. uk/tax-on-your-private-pension/lifetime-allowance。

②

年应税收入（含领取的养老金）	税率
11850 英镑及以下部分	0
11851~46350 英镑部分	20%
46351~150000 英镑部分	40%
超过 150000 英镑部分	45%

2018—2019 税务年度（2018 年 4 月 6 日到 2019 年 4 月 5 日）的免征额标准为 11850 英镑，但如果总收入超过 100000 英镑，收入每增加 2 英镑，免征额相应降低 1 英镑，直至免征额降低为零。

③ 详见 https：//www. gov. uk/government/organisations/department-for-work-pensions。

④ 详见 http：//www. hmrc. gov. uk。

⑤ 详见 http：//www. thepensionsregulator. gov. uk。

4. 金融市场行为监管局①（Financial Conduct Authority，FCA）：负责相关金融牌照的注册，对金融市场进行行为监管，并对审慎监督局监督范围之外的金融机构进行审慎监管。

5. 审慎监督局②（Prudential Regulatory Authority，PRA）：负责对约 1500 家银行、建筑协会、信用合作社、保险公司和主要投资公司进行审慎监管。

6. 养老金权益保护基金③（Pensions Protection Fund，PPF）：当发生特殊情况导致养老金基金资产不足以为 DB 模式养老金计划成员或受益人提供给付时，养老金权益保护基金将为他们提供补偿金。

7. 养老金监察委员会④（Pensions Ombudsman）：负责协调养老金计划管理人与养老金计划参与成员之间的矛盾与纠纷。

4 英国个人养老金资产管理情况

4.1 行业概况

根据英国国家统计局的资料，在英国有超过 5000 家公司专门从事养老基金管理，包括为提供养老金而组织的基金、计划和专为特定成员提供的项目，既有 DB 模式也有 DC 模式。还有另外 1380 家公司作为一般的基金管理机构，通过单独收费或签订合同的方式，为参与的个人和企业提供投资组合和基金管理，包括共同基金、投资基金和养老基金的管理。

4.2 方案设计与流程管理：以存托养老金（Stakeholder Pensions）为例

4.2.1 缴费来源

存托养老金计划（SHPs）的目标人群是年收入在 10000 英镑到 20000 英镑的居民。雇员可以选择自主参加存托养老金计划，或参加雇主提供的计划。如果雇主提供存托养老金计划，一般会选定养老金公司，并且确定缴费比例。雇主也可以选择向该计划缴费。

4.2.2 最低标准

政府对设立存托养老金计划规定了最低标准⑤。具体如下：（1）受限制的管理

---

① 详见 https：//www.fca.org.uk/。

② 详见 https：//www.bankofengland.co.uk/prudential - regulation。

③ 详见 http：//www.pensionprotectionfund.org.uk。

④ 详见 http：//www.pensions - ombudsman.org.uk。

⑤ 详见 https：//www.pensionsadvisoryservice.org.uk/about - pensions/pensions - basics/contract - schemes/stakeholder - pension - schemes。

费用；（2）免费的计划转移；（3）设置缴费额最低标准，高于该标准则可以灵活选择缴费额；（4）如果放弃主动选择，将自动投资于默认基金。

4.2.3 适用人群

几乎所有人都可以选择参加，包括公司职员、劳务工人、自由职业者和不工作的人，并且也允许为自己的父母、子女或者没有工作的配偶缴费。对自由职业者或低收入人士来说，灵活缴费、很低的最低缴费限额都比较有利。可以按月或按周将钱存入存托账户，甚至可以在任何想要缴费的时候进行一次性缴费。

4.2.4 参与方式

1. 工作期间：在养老金计划中积累的缴费通常投资于股票和其他投资品种，主要目标是确保在退休前形成足够的基金积累，一般提供多种基金产品供选择。

2. 退休时：一旦停止工作选择退休，雇员可以从存托养老金计划中支取养老金。即使雇员没有退休，只要年龄达到 55 岁，也可以选择使用养老金账户中的资金。

4.2.5 转移接续

如果参与人换工作或者不再工作，存托养老金可以转移。参与人可以选择继续向原计划缴费，新雇主也可以决定向原计划缴费。如果决定停止向 SHPs 缴费，个人可以将养老金资产留在原雇主那里，通过投资继续增长，但可能会产生额外的费用。

4.3 个人养老金投资运营监管

在英国，所有的养老金计划都必须严格遵守审慎人原则，养老金计划的行政管理人（Scheme Administrator）① 必须在税务与海关总署进行注册。

经 2000 年《金融服务与市场法案》（*Financial Services and Markets Act* 2000）授权的机构，诸如银行、保险公司、单位信托公司、互济会等都可以提供 DC 模式的个人养老金计划。个人养老金计划必须选择投资该计划自行管理的不同基金或者由外部投资经理管理。

4.4 投资范围

从 OECD（2017）② 的数据来看，2016 年英国私人养老金资产配置中，权益类资产占比约为 20%，不及 OECD 平均水平。

1. 存托养老金计划（SHPs）

存托养老金通常由参与者决定养老金投资方向。为了使决策尽可能简单高效，

---

① 英国存托养老金计划的行政管理人主要负责计划注册登记、税收申报、信息披露、合规运营等。

② 资料来源：*Pensions at a Glance* 2017：*OECD and G20 indicators*，http：//www.oecd.org/publications/oecd - pensions - at - a - glance - 19991363. htm。

养老金机构通常提供一系列基金，个人可以从中选择最合适的策略。如果放弃主动决策，养老金机构通常会将养老金投资于默认基金，存托养老金计划必须提供默认基金，以尽可能满足大部分的投资需求。其中，生命周期基金是默认基金最常用的选择，这种基金按照生命周期理论的投资模式，随着退休年龄的临近，自动降低高风险资产的投资比重。

2. 自主投资型个人养老金计划（SIPPs）

一般 SIPPs 基金允许投资于下列资产：（1）单位信托；（2）政府债券；（3）基金；（4）可交易的养老保险单；（5）某些国内储蓄与投资产品；（6）银行或建房互助会储蓄存款；（7）商业地产（如写字楼、商店和厂房）；（8）在英国或海外证券交易所交易的股票和股权。

另外，不同的 SIPPs 供应方会提供不同的投资方案，除上述产品外，也会有其他可选的投资标的。特别值得注意的是，SIPPs 投资于民用住宅一般不得享有税收优惠。但在特定的限制条件下，通过特定的集合投资形式如房地产投资信托投资于民用住宅，可以享有税收优惠。

4.5 资产规模

从资产规模来看，截至 2016 年底，英国私人养老金规模达 2.27 万亿美元，占其 GDP 的 95.3%，占 OECD 养老金市场份额的 6.0%。而同期 OECD 国家私人养老金占该国 GDP 的比率，简单算术平均为 50.00%，加权平均为 83.0%[①]。2016—2017 财年，英国个人养老金计划一共获得缴费 248 亿英镑，高于 2015—2016 财年。2015—2016 财年共形成缴费 243 亿英镑。自 1990—1991 财年以来，私人养老金雇主支付的比例从 20 世纪 90 年代初的约 9% 上升到 2016—2017 财年的 61%。

2015—2016 财年，参与个人养老金的人数已增至 900 万人。这是自统计开始以来的最高水平，高于 2014—2015 财年的 790 万人。

---

① 资料来源：*Pensions at a Glance 2017：OECD and G20 indicators*，http://www.oecd.org/publications/oecd - pensions - at - a - glance - 19991363.htm。

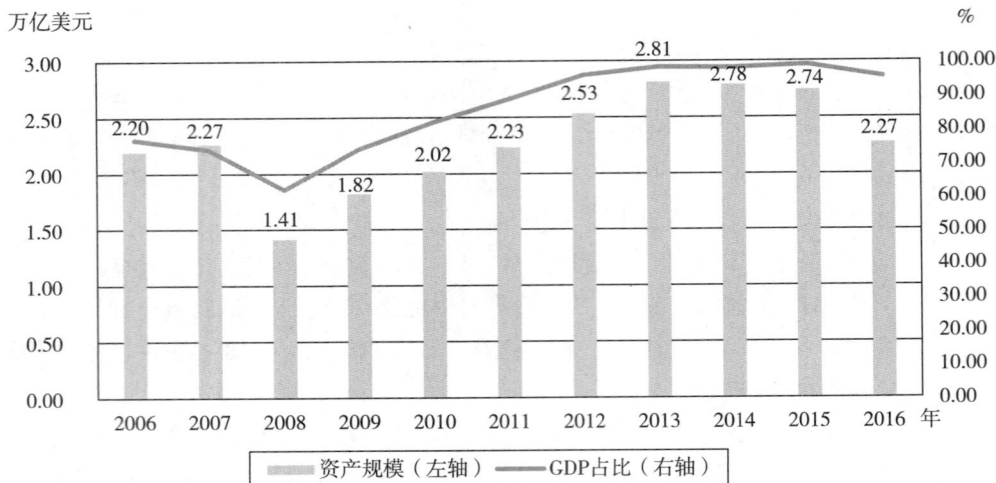

注：数据截至 2016 年底。

资料来源：OECD 统计报告 *Pension Markets in Focus*（2017）。[①]

图1　英国私人养老金资产规模

2006—2007 财年至 2011—2012 财年，每个人的平均年度投资有所增加（最高为每人 3690 英镑），然后在 2014—2015 财年降至每人 2540 英镑。2015—2016 财年，每个人的平均年度投资增至 2690 英镑。

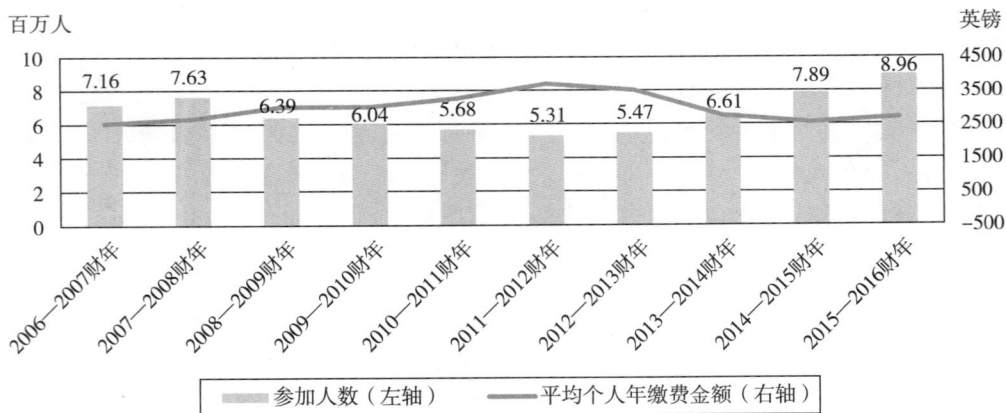

资料来源：OECD 统计报告 *Pension Markets in Focus*（2017）。[②]

图2　英国个人养老金的投资数量及投资数额平均值

---

① 详见 http：//www. oecd. org/pensions/private – pensions/pensionmarketsinfocus. htm。

② 详见 http：//www. oecd. org/pensions/private – pensions/pensionmarketsinfocus. htm。

4.6 资产结构

从英国私人养老金的整体资产配置情况来看，共同基金占到了最大比重（27%），其次为公共部门和私营部门发行的票据和债券（25%）及其他（22.2%），说明英国共同基金为私人养老金投资提供了不可替代的重要渠道。

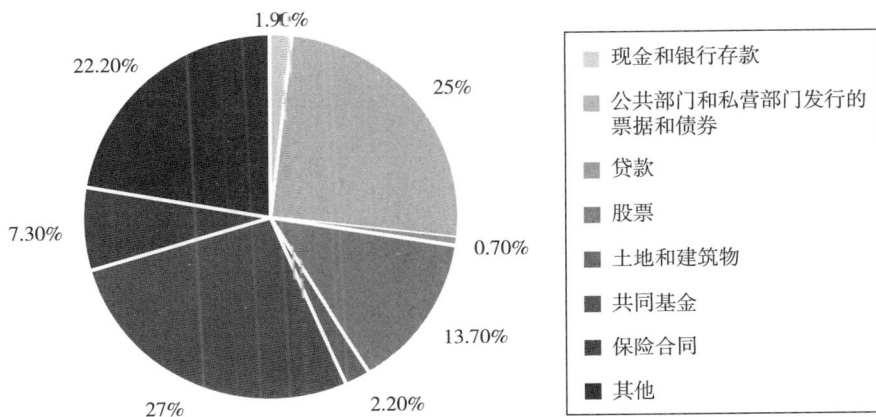

图例
现金和银行存款
公共部门和私营部门发行的票据和债券
贷款
股票
土地和建筑物
共同基金
保险合同
其他

资料来源：OECD 统计报告 *Pension Markets in Focus*（2017）[①]。

图3 英国私人养老金资产配置情况

4.7 投资收益：历史收益情况

根据 OECD 的统计报告，受国际经济危机的影响，2008 年私人养老金市场的收益整体不佳，英国私人养老金市场也未能幸免，收益为负（-13.3%），但也高于同期美国私人养老金的收益表现（-26.5%）。整体上英国私人养老金市场的波动不大，但从 2009 年开始，收益率有逐步降低的趋势，这与国际经济危机后各国经济持续低迷的事实比较吻合。

---

① 详见 http：//www.oecd.org/pensions/private - pensions/pensionmarketsinfocus.htm。

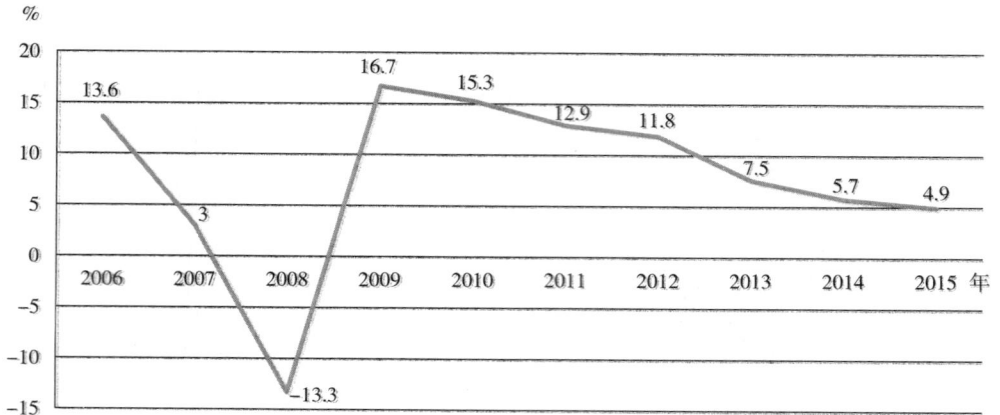

资料来源：OECD 统计报告 *Pension Markets in Focus*（2017）[1]。

图 4　英国私人养老金投资收益率

5　对我国的借鉴与启示

5.1　合理引导，建立规范的个人养老金市场

英国个人养老金市场连续多年推行不同的法律法规，导致多种不同的产品模式并存，并且多数在缴费形式、投资收益、管理费用等方面设计不同。这常常造成个人多种养老模式并存，既有旧的固定缴费计划，也有"自动加入"的新计划，这在一定程度上造成了英国养老金制度的混乱和无序，也不易于国家层面的统一管理。英国政府已经逐渐意识到了这一点并开始逐步将制度合并，中国在未来的第三支柱养老金建设中应充分认识并吸取这一教训。借鉴英国的经验，政府在体系改革中应加大干预的力度，例如英国政府关于"自动加入"的规定对提高养老金的覆盖率起到了至关重要的作用。同时，对于鼓励民众储蓄从而主动承担养老责任，政府强有力的税收优惠政策也功不可没。

5.2　强化实力，提高养老金市场的服务水平

个人养老金计划的提供商应致力于提高自身的受托管理水平和投资能力建设，提升养老金管理体系的运作效率。例如，英国的标准人寿致力于借助信息技术，在分销、产品设计和投资能力等方面进行全面提升，让中小型公司的雇员也可以很容易地建立他们的个人养老金计划，甚至专门建立了一个可以帮助雇员在 6 分钟内建立个人养老金计划的系统，不仅在"自动加入"机制的实施过程中抢占先机，还帮

---

① 详见 http：//www.oecd.org/pensions/private-pensions/pensionmarketsinfocus.htm。

助政府降低了养老金计划的成本，在拓展自身业务的同时促进了养老金体系的不断优化。

5.3　共担责任，建立政府、企业和个人相互配合的良性机制

随着英国 DB 模式淡出舞台，"自动加入"的 DC 模式规模不断扩大，英国的养老金制度正处于转型期。政府越来越多地鼓励民众对自身的养老问题负责，这势必会引发一系列社会层面的转变。无论是从实践经验还是从理论的角度看，养老成本问题并不会随着私有化而得到彻底解决。横向看，这是一个成本如何在政府、企业和个人三者之间进行分摊的问题；纵向看，这是一个在不同代际人口之间分摊养老成本的问题。政府需要立足整个养老金体系建设来看待成本分摊及可持续性等问题，而不应仅仅拘泥于政府本身的负担。从英国的经验中可以看出，"凡事预则立，不预则废"，只要提前打好基础，按照既定日程推进，一个有效的养老金体系建成后，将会对改善民生起到非常积极的作用。英国的养老金制度经过了不断的发展变革，虽然过程中也遇到了诸多问题与挑战，但是通过不断改革和重新定位，英国三支柱模式的养老金体系比较合理地把养老责任在国家、雇主和雇员之间做了分配，在兼顾公平与效率，平衡政府与市场的作用等方面，总体效果非常显著。

第四章　德国个人养老金制度经验

广发基金管理有限公司　彭维瀚　孙　瑜

摘　要　与传统的养老金三支柱体系略有不同，德国养老金在 2004 年被定义为"三层次"体系，以解决覆盖面不足、结构不合理等问题。受制于传统保险思想，德国的个人养老金发展比较滞后。2001 年德国养老金制度的结构性改革正式推出"里斯特养老金"，这也成为德国最具代表性的个人养老金产品，并以其广泛的投资品种选择、优惠的税收及补贴政策以及灵活的存取方式受到居民的青睐。虽然目前以"里斯特养老金"为代表的个人养老金也面临投资收益不足、规模停滞等难题，但在机构监管、政策倡导和产品设计等方面对中国个人养老金建设有很大的借鉴意义。

关键词　里斯特养老金　德国养老金体系　DWS TopRente 产品　经验借鉴

1　德国养老金体系概述

1.1　德国养老金体系介绍

自 2005 年 1 月 1 日起，德国养老金架构从传统意义上的三支柱体系被重新定义为"三层次"体系[①]。其中前两个层次享受政府补助，第三层灵活自由。政府保障与参与者的自发选择相互配合，互为补充。

表 1　　　　　　　　　　　德国三层次的养老金体系[②]

层次	内容
第一层	享受政府税收优惠的基本养老金 —法定养老保险[③] —吕鲁普养老金

---

① 于秀伟．德国新型个人储蓄性养老保险计划述评［J］．社会保障研究，2013（3）.

② 内容根据 http：//www. safima‑net. de/kc‑altersvorsorge/进行了一定简化。

③ 农民养老金和特定职业养老金（医生、建筑师、公证人、律师和税务顾问等）比照法定养老保险运行，因而也被划归到第一层次基本养老金的范畴。

续表

层次	内容
第二层	享受政府税收优惠的补充养老金 —企业补充养老金 —里斯特养老金
第三层	非税收优惠的个人自发建立的养老金

资料来源：德国《老年收入法》（2005），广发基金整理。

三层次的德国养老体系有如下特点：

首先，原来的第一支柱法定养老保险面向雇佣劳动者，个体劳动者无法享受国家的退休福利。2004 年推出吕鲁普计划，专门为个体劳动者提供了一种享受政府大数额、高比例退税的养老计划，因而在德国，吕鲁普计划也被称为"个体劳动者养老金""基础养老金"。变革后的第一层囊括法定养老保险和吕鲁普养老金两部分，真正体现了基础保障的内涵，并在一定程度上体现了"群体公平"。

其次，第二层囊括了原有第二支柱的企业补充养老计划和本应划归第三支柱的里斯特计划，作为第一层的补充。一方面，在国际比较中，德国原有的"三支柱"比例失衡非常突出，企业补充养老部分仅占到老年人退休收入的 5%。将里斯特养老金加入其中，与企业补充养老共同作为第二层可以较大程度地缓解体系的不均衡发展问题。另一方面，里斯特养老金与企业补充养老覆盖的群体重合度较大，对提高雇员退休收入方面起到了举足轻重的作用。

最后，第三层是第二层的继续补充，包括原则上不能享有国家税收优惠政策的个人养老金产品。

1.2 德国养老金发展现状

1.2.1 养老金投资过于保守，增值效果不明显

目前，德国三层次养老金体系无法满足老年人的基本需求。据联邦劳动局的统计，2015 年，有接近 100 万名退休老人为了弥补养老金的不足而继续工作，该人数较 2010 年上涨了 22%。其中，收入越低的人群，选择重新工作的比例越高[1]。经合组织（OECD）秘书长安赫尔·古里亚（José Ángel Gurría）指出："德国作为国际上建设养老体系优秀典范的时代因其最新的养老政策已一去不复返。如果不再做好长期建设养老体系的打算，应对好国民的老龄化趋势，那么有意义的改革将会付诸东流[2]。"

---

[1] 人民日报．养老金池捉襟见肘 德国养老成了"老大难"［EB/OL］．http：//news．china．com/international/1000/20161031/23830804_1．html．

[2] 详见 https：//www．merkur．de/politik/oecd – kritik – rente – rentenreform – deutschland – zr – 3371972．html。

1.2.2 德国老龄化加剧，养老金缺口巨大

一方面，预计到 2030 年，德国人口规模将从现在的 8200 万人减少到 7700 万人，到 2060 年将进一步缩减到 6500 万人。届时，每三个人中就有一位 65 岁及以上的老人。到 2040 年，领取养老金与缴纳养老金的人数比将从 53% 增至 73%①。另一方面，根据著名保险机构 Aviva 于 2016 年 9 月发布的报告，德国养老金池捉襟见肘，养老金缺口已达 4610 亿欧元，占其 GDP 的 15%，成为欧盟养老金缺口最大的国家②。

1.2.3 不断尝试养老金体系改革，引入纯 DC 形式

德国政府已经注意到了上述问题，对其养老金体系开启了新一轮改革。最新的《职业养老金改善法》（BetrAVG）引入了纯 DC 计划③，这反映出德国正逐渐扭转保本保收益的固化思维、拥抱市场；而通过不断扩大个人养老金的投资范围④，覆盖保险产品之外的基金、证券投资产品等举措，使资产配置更加多样化；同时，改革中的相关法案还专门针对性别平等权、分配不均等问题做出了相应调整，使整个养老金体系更加可持续化。

2 德国个人养老金制度的历史演进

德国是现代社会保障制度的发源地⑤，但是在养老金领域，德国人显得十分传统和保守，特别是两次世界大战的集体记忆，对基金积累制的养老金具有很大的疑虑⑥。2001 年之前，战后德国的法定养老保险几乎是老年人的唯一退休收入来源⑦。根据 1999 年的数据，德国退休人员的总收入构成中，有 85% 来自法定养老保险，5% 来自职业养老金，10% 来自个人养老金，第一支柱的占比明显过高⑧。

20 世纪 90 年代，德国社会的迅速老龄化导致养老金的缴费率急剧增加，因为越来越少的缴费者供养着更多的退休人员。根据 1997 年的预测估计，当时的缴费率

---

① 网易新闻. 域外来风. "欧洲养老院" 陷入困境　德国养老也越来越不易 [EB/OL]. (2017 – 03 – 10). http://news.163.com/17/0310/14/CF63Q8BP00018AOQ.html.

② Aviva. Mind the Gap：Quantifying the pension savings gap in Europe [R]. 2016.

③ 在此之前，雇主被禁止提供单一的纯 DC 模式，而是必须确保最低的职业养老金支付待遇标准的 DC 模式。

④ 梁云凤. 德国系列经验报告之六——德国社会保障制度现状及其改革趋势 [J]. 经济研究参考，2011 (6)：62 – 66.

⑤ 郑秉文. 欧盟国家社保基金监管立法及其对中国的启示 [J]. 中国社会保障，2008 (11)：28 – 31.

⑥ 刘涛. 德国养老保险制度的改革：重构福利国家的边界 [J]. 公共行政评论，2014 (6)：7 – 27.

⑦ Bäcker G, Naegele G, Bispinck R, et al. Sozialpolitik und soziale Lage in Deutschland. Band 2：Gesundheit, Familie, Alter und Soziale Dienste. 5. Auflage [J]. Sozialpolitik Und Soziale Lage in Deutschland，2000：43 – 91.

⑧ 尼雪. 德国社会法体系及其养老保险法律制度评述 [J]. 辽宁大学学报（哲学社会科学版），2017 (6)：116 – 122.

略低于工资总额的 20%，到 2030 年将达到 30% 以上①。

为解决养老金支付体系的可持续发展问题、人口结构老龄化问题以及在养老体系内更好地实现社会公平，德国对养老金制度进行了一系列重要的改革。主要包括 2001 年里斯特养老金改革（Riester Reform）②和 2004 年重新定义德国养老金体系。

从这个时期德国养老金改革的动因来看，一方面，1992 年及 1999 年的改革没有解决现收现付制下德国法定养老保险制度的危机；另一方面，曾经试图通过法定养老金制度中的失业养老保险作为劳动力市场的调节器使部分失业人员提前退休，以达到缓解"两德统一"后出现的高失业率状况的做法，不仅没有达到预期的效果，相反还加重了养老体系的负担。在此背景下，2001 年 5 月，德国通过了以时任德国劳动与社会事务部部长里斯特的名字命名的养老金改革法案，正式开启了德国养老金制度的结构性改革。

2.1 里斯特改革

德国 2001 年的改革将名义上的三支柱体系做实，通过搭建多支柱的综合体系，达到稳定公共养老缴费率、降低法定养老保险替代率的目的。通过颁布《老年财产法》（AVmG）及其修正案引入了具有政府补贴和税收优惠的里斯特计划（Riester - Rente），养老产品的供给者是多元化的，满足认定资格的保险公司、银行、基金公司或德国建房互助储金信贷社都可以提供里斯特养老产品，个人或家庭可根据自身偏好自由选择购买，因此里斯特产品存在不同的形式，包括保险合同、银行储蓄合同、基金储蓄合同和里斯特住房储蓄合同（Wohn - Riester）。2010 年里斯特计划虽然在 16 岁到 64 岁人口中的覆盖率达到 30%，并且仍在增加，但研究表明，实际上对养老金领取者来说，里斯特计划的出现并没有完全抵消法定养老金的减少。另外，里斯特养老金的计算基础被认为过于复杂且不透明，增加了大众选择的难度。

2.2 2004 年的养老金改革

2002 年，德国政府成立了德国社会保障制度可持续融资委员会，主要负责经济和人口因素的预测，因其负责人为吕鲁普教授，因而该委员会也被称为吕鲁普（Bert Rürup）委员会。根据吕鲁普委员会给出的数据，2004 年德国政府启动了新一轮养老金改革计划，使人口结构的变化能够反映到养老金支付率中，减轻同期缴费人的压力，达到实现代际公平的目的；与此同时，里斯特养老产品的审批标准得到

---

① 资料来源：欧盟 *Pension Schemes*。

② 德国早在 20 世纪 50 年代就步入了联合国定义的老龄化社会，成为欧洲人口老龄化比较严重的国家之一，进入 80 年代后，少子高龄化趋势更为严重。20 世纪 90 年代的几次改革旨在缓解法定养老体系所面临的财政压力，延后问题的爆发，却不能从根本上解决问题。2001 年 5 月 11 日，由德国红绿联合政府提出的《老年财产法》（AVmG）获得了联邦议院通过，因瓦尔特·里斯特（Walter Riester）时任施罗德内阁的劳动和社会事务部部长，主抓此次改革，因而此次改革被称为"里斯特改革"。

简化，产品类型也更加灵活多样。另外，《老年收入法》（AltEinkG）还新增了缴纳养老金可以延迟缴纳个人所得税的内容，即缴纳养老金时可以免交个人所得税，在支取养老金的时候再进行纳税。同时，在这部法律中，依据不同种类的养老金在养老体系中所起到的不同作用、国家对其采取的不同税收政策，原有的养老金三支柱体系被重新定义为"三层次"体系。

重新界定后的三层次模式，不仅使法定养老金从最强支柱转变为体系的一个部分，也表明了德国未来养老金改革的走向：将德国 2001 年和 2004 年两次养老金改革的成果——里斯特养老金和吕鲁普养老金明确划入德国养老金体系，极大地提升了资本积累制在德国养老体系中的作用①。

2.3　后续改革

吕鲁普改革后，迫于人口老龄化的压力，2007 年，德国政府出台了《退休年龄法》（RV – AltAnpG），规定在 2012 年到 2029 年将退休年龄从 65 岁调整至 67 岁。

2013 年，为简化税收优惠产品的认证流程，提高投资者对养老产品的理解度，《养老金完善法案》要求吕鲁普养老金（Rürup）和里斯特养老金（Riester – Rente）的提供商使用相同的产品信息表。统一产品信息表的引入，使保险公司、银行、基金公司、建房互助储金信用社（Bausparkasse）② 提供的税收优惠产品变得更加透明，增强了产品之间的可比性。

2014 年，鉴于国内不断高涨的抵御老年贫困（Alterarmut）和重视社会公平的呼吁，以及政府支付公共养老金能力的改善，德国政府开始了基于社会公平价值考量的养老保障制度改革。

目前，待遇确定型（DB）模式仍是德国养老金体系的主要模式。缴费确定型（DC）模式在德国长期不受青睐，但是近年来受欧盟其他成员国养老制度变革的影响，德国扩展了补充养老金的覆盖范围，增加养老金制度的摊销，DC 模式逐渐受到重视③。从最新的法案变化来看，2017 年草拟、2018 年正式实施的《职业养老金改善法》（BetrAVG）第一条第二款规定④："雇主有义务为职工缴纳固定的职业养老金"，这相当于在德国职业养老金中引入了 DC 计划。

---

① 于秀伟. 德国新型个人储蓄性养老保险计划述评 [J]. 社会保障研究，2013（3）.

② 林义，周娅娜. 德国里斯特养老保险计划及其对我国的启示 [J]. 社会保障研究，2016（6）：63 – 70.

③ 郭琳. 中国养老保障体系变迁中的企业年金制度研究 [M]. 北京：中国金融出版社，2008：137.

④ 资料来源：德国《职业养老金改善法》，http：//www. gesetze – im – internet. de/betravg/BetrAVG. pdf.

表 2 德国养老金改革汇总

年份	法案	内容和影响
2001	《老年财产法》（AVmG）及其修正案（AVmEG）	（1）引入具有政府补贴和税收优惠的里斯特养老金计划（Riester – Rente），为保证养老金水平，引入补充养老计划，单一支柱转向多支柱体系[1]；（2）带来了三个实质性的改变：①强制年金化；②采用性别中性的年金计算方式；③市场成本的分摊。银行、基金和保险公司开发、推广里斯特养老金产品的成本必须至少在 10 年间分摊，以保护参与者利益[2]
2001	《养老金认证法案》（AltZertG）	明确规定了里斯特产品的认定标准，包括申请手续、费用、截止日期和信息披露等 11 项标准[3]，只有符合认定标准的里斯特产品才能获得国家补贴，同时规定认证机构为德国联邦中央税务局
2004	《老年收入法》（AltEinkG）和《养老保险可持续法案》（RVNG）	（1）引入延迟纳税制度，对里斯特计划进行几项变革（其中涉及审批标准的减少，规定审批标准数量由原先的 11 个降为 5 个，必须被年金化的资本额调整从 80% 降低为 70%[4]）；自此德国三支柱模式转变为三层次模式；（2）再一次调整了养老金待遇指数公式，加入可持续因子，调整了养老金提取费用和退休收入；（3）里斯特养老金计划得到了更多的税收补贴[5]
2007	《退休年龄法》（RV – AltAnpG）	规定在 2012 年到 2029 年将退休年龄从 65 岁调整至 67 岁，对于出生于 1964 年及以后的，法定退休年龄是 67 岁

---

① 华颖．德国 2014 年法定养老保险改革及其效应与启示［J］．国家行政学院学报，2016（2）：139 – 143.

② 但此项规定引起了经营机构的反对，它们认为分摊年限太长，造成企业经营负担过重。因此 2004 年改革规定，从 2005 年开始产品前期成本分摊年限从 10 年下降为 5 年，以提高经营机构和销售机构的热情。

③ 2001 年《养老金认证法案》规定了里斯特产品的认定标准，包括申请手续、费用、截止日期和信息披露等 11 项标准：（1）储蓄者必须自愿连续缴纳计划费用；（2）法定养老保险领取之前或 60 岁前（后改为 62 岁），计划不得向储蓄者支付养老金；（3）产品提供者必须承诺储蓄者缴费结束之后有足够的资金向他们支付养老金（至少是所缴纳费用本身），即产品提供者必须保证养老金资金一定的收益率；（4）产品提供者于退休之日起即向计划参与人按月连续支付养老金直至其死亡，月支付额可以保持恒定也可逐年递增；（5）计划参与者在 85 岁前可提前支付一部分资本，但提取方式只能按月连续进行，月提取量可恒定也可递增；85 岁之后，计划参与者必须用剩余资本购买养老年金，且年金首次支付额不得低于最后一个月支取额；（6）产品可包括补充性的生存养老金计划；（7）参与人的缴费必须进入个人养老金计划、银行账户或投资基金，不得挪作他用；（8）产品相关市场成本必须在至少 10 年内等额分摊；（9）产品提供者必须遵守透明性要求，按规定提供任何被要求的信息；（10）储蓄者有权终止计划缴费，终止后计划合约被取消，所积累的资本被转换成同一提供商或其他提供商另外的养老金计划；（11）参与人的养老金领取权受法律保护，不允许被撤销或非法侵占。

④ 简化后的五项标准包括：（1）简化申请流程，居民一次性申请即可。同时，有资格获得津贴的人可授权其养老金供应商每年代为提交申请即可。（2）里斯特产品需要审批的事项从 11 项缩减为 5 项，必须被年金化的账户余额调整为 70%（即 30% 可以一次性现金提取）。（3）储蓄者每年缴费数不得低于 60 欧元。（4）养老金产品和供应商信息透明度提升。要求提供更多的投资选择信息、资产组合结构和风险参数，要求供应商提供与同类产品的比较和测算信息。（5）产品的管理成本和营销成本的摊销期从 10 年缩短为 5 年。资料内容来自 German Federal Ministry of Health and Social Security《National Strategy Report on Old – Age Pension Provision 2005》。

⑤ 曹越．21 世纪以来欧洲典型国家养老金制度改革比较研究［D］上海：复旦大学，2014.

续表

年份	法案	内容和影响
2009	《养老金权利平等改革法案》（VAStRefG）	（1）从 2012 年起逐步降低法定养老保险缴费率。到 2012 年将缴费率降低到 19.6%，2012 年降为 19.2%，2014 年降为 19.0%[①]。 （2）讨论了伴侣双方在婚姻期间以及婚姻关系结束的有关养老金权利分配与补偿问题[②]
2013	《养老金完善法案》（Altv-VerbG）	引入统一产品信息表，以便参与者在签订合同之前有机会获得有关信息，包括风险级别、费用等关键信息
2017 年草拟，2018 年正式实施	《职业养老金改善法》（BetrAVG）	（1）职业养老金中引入了 DC 计划；（2）资助低收入雇员的雇主获得税收减免的金额，由原来的 4% 提高至 8%。同时，里斯特计划的基本补贴自 2018 年起从 154 欧元增加到 175 欧元

资料来源：德国财政局官网，论文及公开资料，广发基金研究整理。

3 德国个人养老金制度安排

3.1 计划类型

一般认为，德国三层次养老金体系中，第二层的里斯特养老金作为享受政府补贴和税收优惠的自愿储蓄型养老金，是更为典型的个人养老金制度。此外，第三层的个人自愿储蓄型养老金也属于个人养老金计划。

自愿储蓄型养老金是一种个人保障形式，一般作为法定养老金的补充，包括个人养老保险、投资性的寿险以及基金储蓄计划，这类产品可以用于养老，但并不一定强制用于养老目的，允许投资者随时变更投资计划。这种形式的好处在于灵活性和养老金形式的选择空间，个人可以综合考虑各种因素安排自己的养老金计划。

里斯特养老金由德国劳动与社会事务部前部长 Walter Riester 在 2001 年的养老金改革中提出并以他的名字命名，里斯特产品大大增强了私人养老金供给。为了获得政府补贴，参加计划的人必须每年至少缴纳 60 欧元，而要获得全额补贴，必须至少将年收入的 4% 作为缴费纳入计划当中。按照最新规定，每年最多可对 2100 欧元予以免税（含个人缴费和政府补贴）[③]。

投资里斯特养老金可以享受的政府补贴自 2008 年以来保持不变，对未婚人士而言，年补贴标准为 154 欧元；对于已婚夫妇且满足特定要求的，年补贴标准为 308

---

① 曹越，21 世纪以来欧洲典型国家养老金制度改革比较研究［D］.上海：复旦大学，2014.

② 资料来源：德国《养老金权利平等与改革法案》，https：//www.bgbl.de/xaver/bgbl/start.xav？start=%2F%2F*%5B%40attr_ id%3D%27bgbl109s0700.pdf%27%5D。

③ 详见 https：//www.howtogermany.com/pages/private-pension-plans.html。

欧元；对于 2008 年之前出生的儿童，年补贴标准为 185 欧元；对于 2008 年以后出生的儿童，年补贴标准为 300 欧元。另外，对于 25 岁以下首次参与者，会提供 200 欧元的一次性补贴。所有的缴费和政府补贴都免税。

3.2 覆盖范围

里斯特产品原则上对所有德国公民开放，但主要是下列人群可以获得国家的资助：法定养老保险的义务参与人及其配偶，公务员及其他公职人员，农民养老保险系统的义务参保人。德国经济研究院（DIW）在里斯特改革推行十周年之际的研究报告指出，目前共有 1500 万人参与了私人养老计划，要比德国当时预计的少了 60%①，即现在德国养老金的规模仅为预期市场的 40% 左右。而且近年来里斯特合约的增长十分缓慢，目标受众几乎饱和。2015 年底至 2017 年 6 月，里斯特合约总数仅增长了 2 万份②。

3.3 待遇领取

里斯特养老金只有在 62 岁以后才能领取，养老金可以按照终身年金的形式领取，也可以选择将部分养老金一次性取出（最高比例为 30%）。此外，在投资积累阶段，为了在德国购买、建造自住住房或者偿还已购房产的贷款，积累的养老金可以被提前领取。

3.4 税收政策

表 3　　　　　　　　德国第三支柱养老金的税收政策与金融产品对比

项目	里斯特养老金	传统个人储蓄养老计划
所属层次	第二层 享受政府税收优惠的补充养老金	第三层 个人自发建立的养老金
课税类型	税收递延型	非税收递延型
缴费阶段	直接补贴，免税（目前最高可享受免税的缴费金额为 2100 欧元）	税后收入缴费
领取阶段	养老金 100% 课税	只对收益部分课税
	年满 62 岁开始领取	个性化选择
	终身年金，按月支付；领取阶段开始后一次性领取不超过 30% 的已储蓄金额	个性化选择

① 《财经》. 德国养老改革启示：确立了三支柱体系 [EB/OL]. http://finance.sina.com.cn/world/20130923/094016821548.shtml.

② 资料来源：德国劳动与社会事务部（BMAS），http://www.bmas.de/DE/Themen/Rente/Zusaetzliche-Altersvorsorge/statistik-zusaetzliche-altersvorsorge.html?nn=67546。

项目	里斯特养老金	传统个人储蓄养老计划
金融产品	保险合同、银行储蓄合同、基金储蓄合同和里斯特住房储蓄合同	银行储蓄计划、股票、债券、基金、保险产品等
适宜人群	可受资助人群，特别适合低收入①雇员和多子女家庭	所有人

资料来源：公开资料，广发基金研究整理。

3.5 监督机制

德国联邦金融监督管理局（BaFin）是德国金融体系的综合性监管机构，成立于 2002 年，负责监督银行（2000 家左右）、金融服务机构（710 多家）、保险公司和证券公司，以保障金融机构能够发展壮大并提供更加优质的服务和更具竞争力的产品。除了 443 多家保险公司，BaFin 还监管 153 家养老金机构和 29 只养老基金，约 6000 家国内投资基金和 73 家资产管理公司（截至 2010 年 3 月）②。该机构的资金全部来源于向其监管的机构和公司收取的费用，不受联邦预算管理。德国联邦金融监督管理局的监督内容，主要包括以下几个方面：

（1）向管理层提出其认为适当的要求，以弥补缺陷；

（2）要求管理层提交有关经营的任何文件或资料；

（3）在某一时期将管理职责转移给指定人员；

（4）如果资金低于所要求的偿付能力额度，则要求其提交偿付能力计划；

（5）进行现场检查；

（6）撤回授权。

4 德国个人养老金资产管理情况

4.1 行业概况

里斯特产品的提供者是多元化的，满足认定资格的保险公司、银行、基金公司或德国建房互助储金信贷社都可以提供里斯特产品，知名商业养老金机构包括安联保险集团、德意志银行下属的零售资产管理机构、联合投资资产管理公司（Union Investment Asset Management）等，个人或家庭可根据自身偏好自由选择购买，因此里斯特产品存在不同的形式，包括保险合同、银行储蓄合同、投资基金合同和里斯

---

① 低收入雇员只需要每月存入 5 欧元，就可以加入里斯特计划从而得到政府的财政补贴。

② IOPS. Toolkit for Risk - Based Pensions Supervision ［EB/OL］. http://www.iopsweb.org/toolkit/Module0Introduction. pdf.

特住房储蓄合同（Wohn – Riester）。截至 2017 年 6 月，里斯特养老合约已达 1651 万份，其中约 20% 是基金合同。

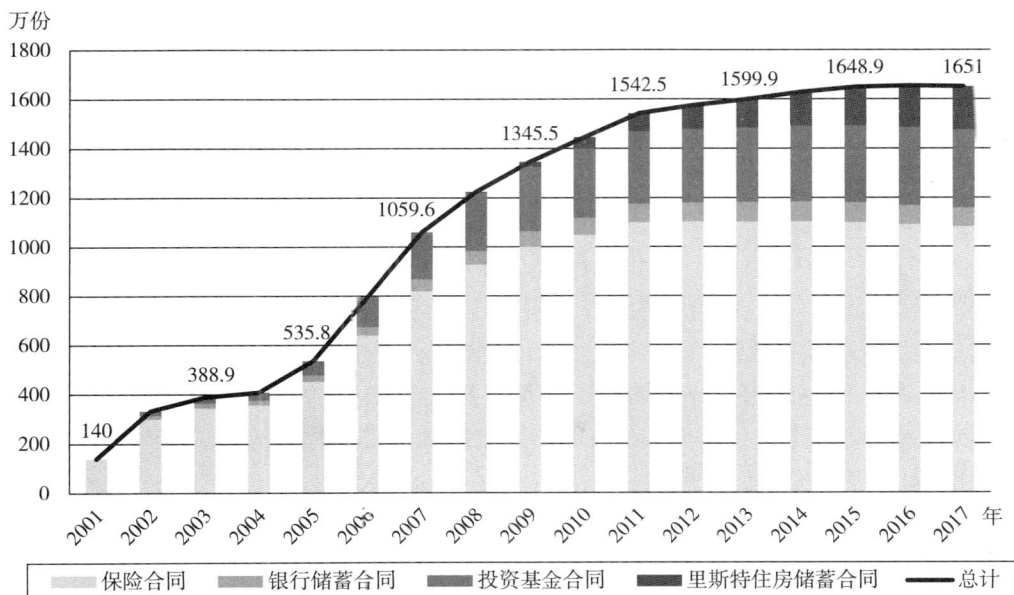

资料来源：德国劳动与社会事务部（BMAS）。

图 1　里斯特养老金合约数量及发展趋势

在四种合同中，保险合同形式的里斯特养老保险产品最受民众青睐。如图 2 所示，虽然有缓慢下降的趋势，但保险合同形式的里斯特养老保险产品仍占有市场份额的绝对优势，占比约为 65%；投资基金合同约占 19%。

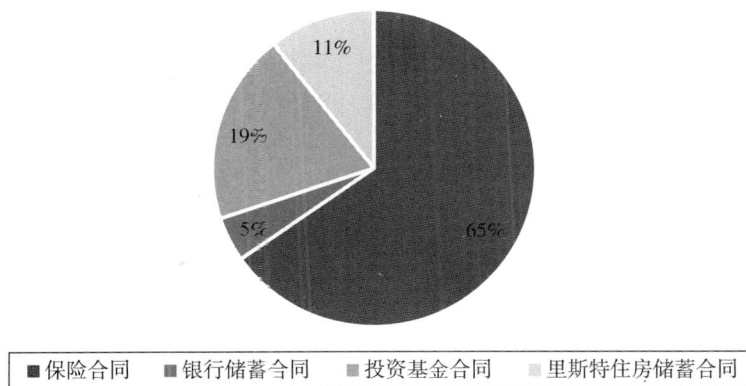

注：数据截至 2018 年 4 月 10 日。

资料来源：德国劳动与社会事务部（BMAS）。

图 2　里斯特养老金合约构成（2017 年）

4.2　资产规模

根据 OECD 的统计，德国私人养老金的覆盖面不及预期。2016 年德国私人养老金规模为 2239.06 亿美元，仅占 GDP 的 6.8%；而同期美国、加拿大和英国私人养老金占 GDP 的比例分别为 81%、86% 和 95.3%，荷兰相应占比甚至高达 181.8%[①]。

4.3　产品设计与风险管理——以 DWS TopRente 产品为例

德意志资产管理公司（die Deutsche Asset Management，DWS）是德意志银行的子公司，截至 2017 年 12 月 31 日，拥有超过 7000 亿欧元的管理资产规模，是全球领先的资产管理公司，致力于为个人和机构投资者提供范围广泛的投资解决方案，为客户提供全面的投资产品，由超过 500 名全球研究和投资专家研判市场趋势，为投资者谋利。DWS 产品高于平均水平的业绩表现和出色的服务使其在独立评级机构和奖项排名中处于领先地位[②]。本章介绍的 DWS TopRente 是德意志资产管理公司管理的两款里斯特产品之一。

DWS TopRente 为股债混合产品，主要针对年龄在 15～46 岁的参与者，尤其适合于周期在 20 年以上的长期投资，其投资理念同时考虑了风险因素和回报因素，对客户的缴费进行主动管理，并结合金融数学模型得出投资建议。数据模型将合同参数（如合同期限）列入考虑范围，之后再由基金管理部门决定是否执行该投资建议，或者根据目前的市场评估决定是否投资。同时，DWS TopRente 为投资策略提供了一个很好的参与股市获取收益的机会。

DWS TopRente 产品投资于本公司的两只底层基金，一是 DWS TopRente Dynamic 产品，二是 DWS TopRente Balance 产品，并可以在两个产品之间任意切换。其中 DWS TopRente Dynamic 产品的风格更为激进，初始的权益投资比例为 100%，并根据市场行情和退休年龄灵活做出调整；DWS TopRente Balance 产品以稳健策略为主，并追求适当的超额收益，其权益投资的上限比例为 60%。

DWS TopRente 具有以下特点：

1. 保本条款

保证参与者在领取时能够获得包括政府补贴在内的所有养老金缴款额。

2. 资产配置

DWP TopRente 的两只基金均为基金中基金（FOF）结构，通过资产配置技术，精选底层资产，以求获得风险调整后的最大回报。同时，对底层基金，尤其是其中的股票基金进行主动管理，其基金选择和占比将按照市场和母基金的实时评估进行

[①]　OECD. Pension Funds in Figures［EB/OL］. https：//www. oecd. org/pensions/private – pensions/Pension – Funds – in – Figures – 2017. pdf.

[②]　详见 https：//disq. de/2017/20171010 – FP – Fondsgesellschaften. html。

调整。

3. 政策优惠

作为一款里斯特产品，购买 DWS TopRente 可以获得国家补贴和税收优惠。另外，积累的里斯特资产可继承。

4. 资产结构及投资收益情况

DWS TopRente Dynamic 和 DWS TopRente Balance 都是全球性的 FOF 基金，一般都投资于 DWS 集团选定的股票基金、养老基金和其他共同基金，并广泛分散于不同地区、行业和货币市场。

DWS TopRente Dynamic 和 DWS TopRente Balance 基金的资产配置情况和历年投资收益情况如图 3 至图 6 所示。

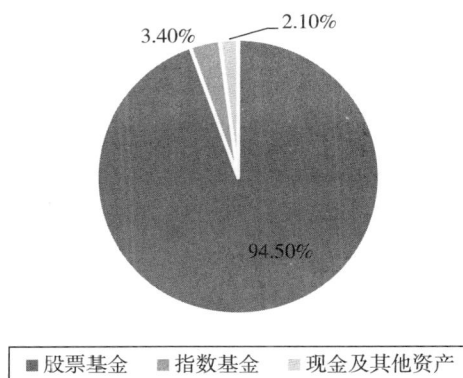

资料来源：DWS 公司官网整理。

图 3　DWS TopRente Dynamic 内部基金配置

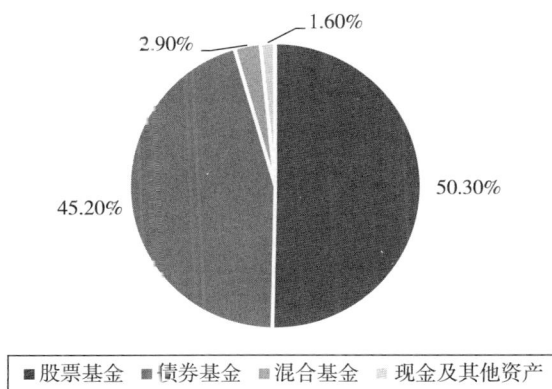

资料来源：DWS 公司官网整理。

图 4　DWS TopRente Balance 内部基金配置

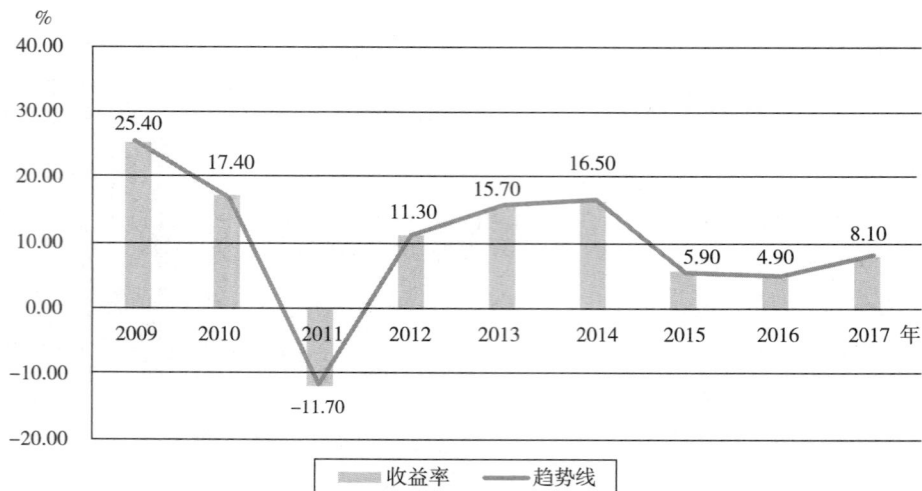

资料来源：DWS 公司官网整理。

图 5　DWS TopRente Dynamic 产品历年收益率[①]

资料来源：DWS 公司官网整理。

图 6　DWS TopRente Balance 产品历年收益率[②]

[①] 详见 https：//download. dws. com/download？elib－assetguid＝5343220d467f49b0b5e02b0e2d48192a。

[②] 详见 https：//download. dws. com/download？elib－assetguid＝ba69b75e34b648a8be2297f6044c7df9。

4.4　投资收益

德国个人养老金的投资存在收益率过低，保障力度不足的问题。虽然里斯特养老产品的设置初衷是多机构参与、多产品发行，但从实际运行的情况来看，保险合约占总规模的 2/3。而保险公司所收取的保费过高，以及保险产品收益率过低，导致个人养老金实际参与者能得到的回报率很低。德国学者 Kornelia Hagen 和 Axel Kleinlein（2012）在论文《里斯特运行的十年，没有理由庆祝》[①] 中指出，2001 年刚引入该计划时，保证收益率为 3.25%；2007 年该计划的保证收益率下降为 2.25%；2012 年，保证收益率再次下降为 1.75%。因而以保险合同为主的养老金计划，对于收益率的保障力度显然还不够。德国经济研究院甚至在其报告结尾揶揄道："与其参加政府鼓励的个人养老金计划，还不如把钱放在自家的存钱罐里。"[②]

5　对我国的借鉴与启示

我国的养老现状与德国改革前的情况类似，即养老金中法定养老部分占比过高，职业养老金和个人自愿储蓄的养老金发展不足，多支柱的养老保障体系畸变为"一条腿走路"。同时，我国人口的深度老龄化正加速爬坡，老龄化对中国人口不是一个高峰，而是一个长期持续的高原[③]。当今中国社会对养老金体系发展的需求十分迫切，在这方面德国的经验确实能起到一定的借鉴作用。从德国养老金改革的经验来看，养老金制度改革要经过充分的酝酿，一般要提前 10～15 年启动，而我国已经"没有太多犯错的机会"[④]。

同时，应当看到，德国的养老金体系尚在改革，加上其国民投资偏好过于保守，因此我们在借鉴德国养老金的组织运营经验时，宜严格筛选，谨慎地选择性借鉴，并应立足于我国的实际情况，进行相应的本土化改良和创新。从德国个人养老金中可以吸收借鉴的宝贵经验可以概括为以下三个方面。

1. 统一监管。德国形成了多部门参与、综合性监管机制设计。养老金激励机制的顺利实施离不开严格的监管。德国针对里斯特养老金计划，将银行监督局（BAKred）、保险监督局（BAV）、证券监督局（BAWe）三家机构合并成立统一监

---

① Hagen K, Kleinlein A. Ten Years of the Riester Pension Scheme: No Reason to Celebrate [J]. Diw Economic Bulletin, 2012, 2（2）: 3-13.

② 《财经》: 德国养老改革启示: 确立了三支柱体系 [EB/OL]. http://finance. sina. com. cn/world/20130923/094016521548. shtml.

③ 南方都市报. 中国老龄化不是高峰，是高原 [EB/OL]. http://money. 163. com/17/1210/05/D597S628002580S6. html.

④ 中国经济网第三支柱: 顶层设计的一小步是国家发展的一大步——钟蓉萨副会长在中国养老金融 50 人论坛 2017 年年会上的讲话 [EB/OL]. http://finance. sina. com. cn/roll/2017 - 12 - 12/doc - ifypnyqi4045083. shtml.

管组织——联邦金融监督管理局（BaFin）负责监管。上述举措直接表明：第三支柱的养老金事业不仅是保险行业单独一家的事情，还需要银行、证券、保险监管机构的通力合作，以及相关行政和管理机构如人力资源社会保障部、财政部等部委的大力支持，这对有效促进部门间协调联动、对个人补充性养老金的顺利实施及运转而言意义重大。

2. 广泛参与。鼓励各类金融机构广泛参与，增强养老金产品的金融属性。德国养老金产品形式多样，涵盖基金、银行存款、商业保险产品等不同风险、不同收益的产品，有利于满足不同群体的差异化需求。比如，老年养老金合约购买者对保障性需求较高，对他们而言，银行储蓄计划吸引力较大，但对收益性要求高而保障性要求稍弱的年轻人来说，具有更强营利性的基金等产品或许是更好的选择。里斯特计划在建立之初就将其界定为用于养老目的的金融产品，其供给主体也不局限于保险公司，银行、基金公司都可以开发相应的养老金计划。从专业机构（Stiftung Warentest）的调查结果来看，不同种类的里斯特产品相互补充，相得益彰。比如，银行有养老综合金融服务的先天优势、信誉优势、网点服务优势，以及账户管理及托管优势；公募基金在受托专业投资管理能力上优势明显。德国养老金产品形式多样，涵盖基金、银行存款、商业保险产品等不同风险、不同收益的产品，有利于满足不同群体的差异化需求。因而，如果里斯特计划最终能取得成功，在相当程度上要归功于脱离了传统养老金产品的思维，使其具有了金融产品的特性。

3. 平等对待。各类机构享有相同的产品准入条件。从德国的实践来看，以里斯特产品为例，不同金融机构享有同等的享受税收优惠的权利。根据《养老金认证法案》（AltZertG），所有申请发行里斯特养老金产品的机构（包括银行、基金公司、保险公司、建房互助储金信用社等）都必须向联邦中央税务局递交符合标准要求的统一产品信息表（PIB），联邦中央税务局将对此进行严格审查，无一例外。德国联邦财政部（BMF）官网上提供了该产品信息表的标准模板，填写内容包括产品名称、产品类型、风险级别、税收优惠等[①]，体现了"统一"产品信息表的特点。

个人养老金建设是一项系统性工程，需要市场上各类机构协调一致，共同发力，取长补短，相互配合。目前银行、证券、基金、保险等各方都在抓紧时间研究开发符合我国居民特点的个人养老金产品，或酝酿建立恰当的养老目标产品池、个人账户等。本文希望我国能同海外市场一样，在个人养老金产品的准入上体现统一性与包容性，让各机构接受严格而统一的产品认证审核，以此增强个人养老金产品的可比性与透明度，个人可以自由决定享受税收优惠的养老金投向哪类产品，提高居民的兴趣与参与度，逐步建立起我国的第三支柱个人养老金，直面养老"灰犀牛"，在老龄化"高原"到来的明天，也能老有所依、老有所养！

---

① 详见 http：//www. bundesfinanzministerium. de/Content/DE/Downloads/BMF _ Schreiben/Weitere _ Steuerthemen/Altersvorsorge/2017 – 02 – 21 – Muster – Produktinformationsblatt – Altersvorsorgevertraege – 2. pdf？ _ blob = publicationFile&v = 2。

第五章 意大利个人养老金制度经验

鹏华基金管理有限公司 徐力恒 杨泊远

摘 要 意大利的养老金体系由两大层次组成，包括强制性的公共养老保险计划以及自愿参与的补充养老金计划。其中，公共养老保险计划被称为第一支柱，而补充养老金（本文也称为个人养老金）计划则包含了第二支柱和第三支柱。其中补充养老金计划更为多样化，主要形式包括封闭型养老金（Closed Fund）、开放型养老金（Open Fund）、PIPs（Individual Pension Plan）和历史遗留养老金。

出于削减公共养老金福利的目的，意大利实施了一系列养老金制度改革以降低养老替代率。因此，意大利个人养老金计划得到了稳步发展。目前，意大利参与个人养老金计划的人数已经超过 700 万人。但是，个人养老金覆盖率的绝对水平仍然较低，目前尚不足 30%，而活跃缴费成员占总就业人数的比例只有 25% 左右。

本文综合介绍了意大利养老金体系，并着重概括了补充养老金的发展及现状，包括产品类型、参与人数、资产规模、管理机构、历史演进、制度安排、运作模式、投资情况、监管措施等。

借鉴意大利个人养老金发展的优劣，本文总结了其对我国的启示：（1）保留个人养老金适度的灵活选项；（2）设置保险覆盖，鼓励养老金以年金形式返还；（3）第二、第三支柱互通；（4）数量监管与审慎监管并举；（5）注重信息披露与投资者教育；（6）资产管理公司走专业化投资之路。

关键词 意大利 TFR 开放型养老金 封闭型养老金 PIPs

1 意大利养老金体系概览

1.1 养老金三大支柱

目前，意大利的养老金体系由两大层次组成，包括强制性的公共养老保险计划以及自愿参与的补充养老金计划。其中，公共养老保险计划被称为"第一支柱"，而补充养老金（本文也称为"个人养老金"）计划则包含了"第二支柱"和"第三支柱"。

图1　意大利养老三支柱概况

相比公共养老金，补充养老金计划更为多样化，主要有以下几种形式：（1）封闭型养老金（Closed Fund），又称契约型养老金，由企业或者工会发起成立，仅对特定群体开放；（2）开放型养老金（Open Fund），由银行、资产管理公司或者保险等机构发起成立，成员不限于特定群体，既可针对集体，也可针对个人；（3）PIPs（Individual Pension Plan），由保险机构发起，只针对个人投资者；（4）历史遗留养老金，主要是指1993年124号法规出台之前成立的职业养老金，① 由于其成立得较早，很难符合现有的监管框架。

区分第二、第三支柱的一个重要依据是养老金缴费的来源。具体来看，封闭型养老金要求雇主和雇员同时缴费；开放型养老金中，针对集体的计划一般要求雇主和雇员同时缴费，而针对个人的计划则完全是个人自愿，不要求雇主缴费；PIPs只针对个人投资者，和雇主没有任何协议关系；历史遗留养老金则被认为是一般意义上的职业年金。

综上所述，可以认为封闭型养老金、针对集体的开放型养老金以及历史遗留养老金是第二支柱；而针对个人的开放型养老金以及PIPs是第三支柱。COVIP（Pension Funds Supervisory Commission）是所有补充养老金计划的监管机构，即养老基金监管委员会。

1.2　公共养老金负担

众所周知，意大利是欧洲老龄化最为严重的国家之一。根据意大利统计局的数据，截至2017年1月1日，意大利总人口为6057万人，比上年同期减少8.6万人，自2007年以来连续9年负增长。2016年新出生人口从上一年的48.6万人减少至47.4万人，死亡人口从64.8万人降至60.8万人。意大利人口老龄化进程持续，2016年65岁及以上人口超过1350万人，占全国总人口的22.3%，比上一年增加

---

① 1993年124号法规是意大利首个关于补充养老金的立法，详见 http：//www. covip. it/wp－content/uploads/D－lgs－n－124－del－19931. pdf。

0.3 个百分点。2016 年，意大利育龄妇女平均生育年龄提高至 31.7 岁，平均兰育率从上年的 1.35 降至 1.34。因此，养老体系负担极重。

然而，意大利公共养老金体系却显得十分"慷慨"——第一支柱替代率高、覆盖范围广，因此给财政带来了巨大的负担。意大利国家社会保险局（INPS）数据显示，截至 2016 年末，第一支柱覆盖 2496 万名劳动者，占适龄劳动力的 86.3%，占非失业劳动力的 97.7%。[1]

出于削减公共养老金福利的目的，意大利实施了一系列养老金制度改革（1992 年、1995 年、1997 年、2004 年、2007 年、2009 年）[2]。从这以后，养老替代率开始逐年下降（详见表 1）。以缴纳养老金达到 35 年、年龄达到 65 岁的劳动者为例，2010 年时替代率有 70% 以上，到了 2030 年将下降到 60% 左右。

表 1 私人部门劳动者第一支柱总体替代率 单位:%

年龄（岁）＼领取养老金的时间	2010 年	2020 年	2030 年	2040 年	2050 年
缴纳养老金 30 年					
63	59.1	52.5	47.7	45.2	44.4
缴纳养老金 35 年					
60	71.5	58.8	52.6	48，8	47.9
63	71.5	62.1	57	52.8	51.8
65	71.5	64.8	60.4	56	54.8
缴纳养老金 40 年					
63	81.6	71.8	66.5	61	59
65	81.6	74.5	69.9	64.7	62.5

资料来源：AVIVA 2016。[3]

时至今日，意大利依然是养老负担最重的国家之一。根据 OECD 的数据（详见表 2），2013 年意大利公共养老福利支出占 GDP 的比例达到 16.3%，高于 OECD 国家平均的 8.2%、日本的 10.2%，仅次于希腊的 17.4%；而且从 1990 年到 2013 年，意大利公共养老金支出占 GDP 的比重仍然呈现快速上升趋势。由此可见发展个人养老金在意大利的迫切程度。

---

[1] 详见 INPS 发布的 2016 年年报 *INPS XVI RAPPORTO ANNUALE* 2017。

[2] 具体的法案是 503/1992、335/1995、449/1997、243/2004、247/2007 以及 102/2009。

[3] 参见报告 *Gap Pensionistico E Pil：italia，Tra I Migliori D'Europa*。

表2 各国公共养老金支出占 GDP 的比例 单位:%

	公共养老金支出占 GDP 比例					占比变化
	1990 年	2000 年	2005 年	2010 年	2013 年	2000—2013 年
加拿大	4.2	4.2	4.0	4.3	4.6	9.1
法国	10.4	11.4	12.0	13.2	13.8	21.1
德国	9.5	10.8	11.1	10.6	10.1	−6.5
希腊	9.5	10.4	11.4	13.3	17.4	67.6
意大利	11.3	13.5	13.6	15.3	16.3	20.9
日本	4.8	7.3	8.5	10.0	10.2	40.5
英国	4.5	5.1	5.3	6.1	6.1	20.9
美国	5.8	5.6	5.7	6.6	7.0	24.6
OECD 平均	5.8	6.7	6.8	7.7	8.2	21.8

资料来源：OECD 报告 *Pensions at a Glance* 2017。

1.3 个人养老金的发展

得益于第一支柱福利水平削减，意大利个人养老金计划得到了稳步发展。目前，参与个人养老金计划的人数已经超过 700 万人，相比 2008 年，总数上差不多实现了 50% 的增长。[1] 但是，个人养老金覆盖率的绝对水平仍然较低，目前尚不足 30%，而活跃缴费成员占总就业人数的比例只有 25% 左右。

表3 2016 年意大利个人养老金参与情况

	实际成员数（人）	劳动力数量（人）	参与率（%）
个人养老金体系	7170000	25770000	27.8
	活跃缴费成员数（人）	就业人数（人）	参与率（%）
雇员	4653897	17310000	26.9
自雇工人	1160665	5447000	21.3
总计	5814562	22757000	25.6

资料来源：COVIP 2016。[2]

各类养老金计划发展也存在一定差异（见图 2 和图 3）。从参与人数来看，目前 PIPs 占比最大[3]，达到 42%，相比 2008 年增长将近 15 个百分点；封闭型养老金占比次之，已经从 2008 年的 42% 下降到 33%；开放型养老金占比相对较少，但比较

---

[1] 2008 年个人养老金参与人数为 4854000 人，参见 *Pension Funds in Italy*，http://www.iopsweb.org/resources/48238257.pdf。

[2] 参见 http://www.covip.it/wp-content/uploads/MAIN-DATA-ON-SUPPLEMENTARY-PENSION-FUNDS-2016.pdf。

[3] PIPs 分新老两类，以 252/2005 号法规为界。

稳定，大概在 16% 左右。从资产规模来看，无论是封闭型养老金、开放型养老金还是 PIPs，都实现了稳步增长，其中 PIPs 增长幅度相对最大。①

值得一提的是，在个人养老金发展的初期，封闭型养老金占比最大。这是可以理解的。封闭型养老金仅对特定群体开放，企业或者工会代表是吸纳成员的主力，他们会在工作地点附近展开宣讲，因此更容易覆盖到绝大多数的工人。但是，从目前的趋势来看，针对个人的养老保险潜力更大，这与其附加保障功能有很大关系。

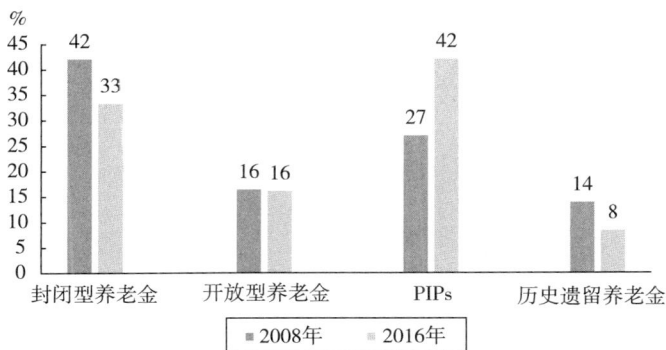

资料来源：COVIP 2008，2015。

图2 不同个人养老金参与人数占比

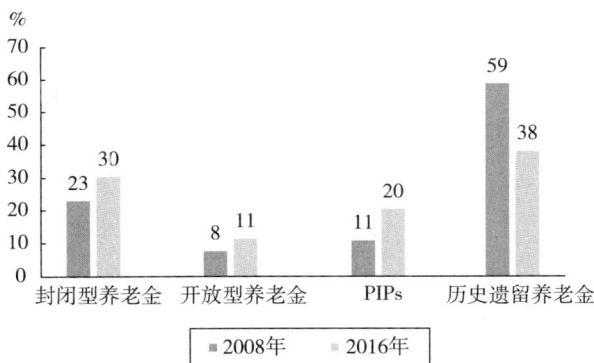

资料来源：COVIP 2008，2016。

图3 不同个人养老金资产规模占比

第三支柱中，无论是开放型养老金还是 PIPs，近年来净值规模和覆盖成员数都实现了稳定增长（见图4和图5）。截至2016年，两者的净值规模从伊始的上亿欧元提升到了百亿欧元，覆盖的成员数量也超过了百万人。目前，PIPs 的净值规模与覆盖成员数大概是开放型基金的3倍。

---

① 历史遗留养老金因为历史久远，所以资产管理规模存量较大，但此类基金不是本文分析的重点。

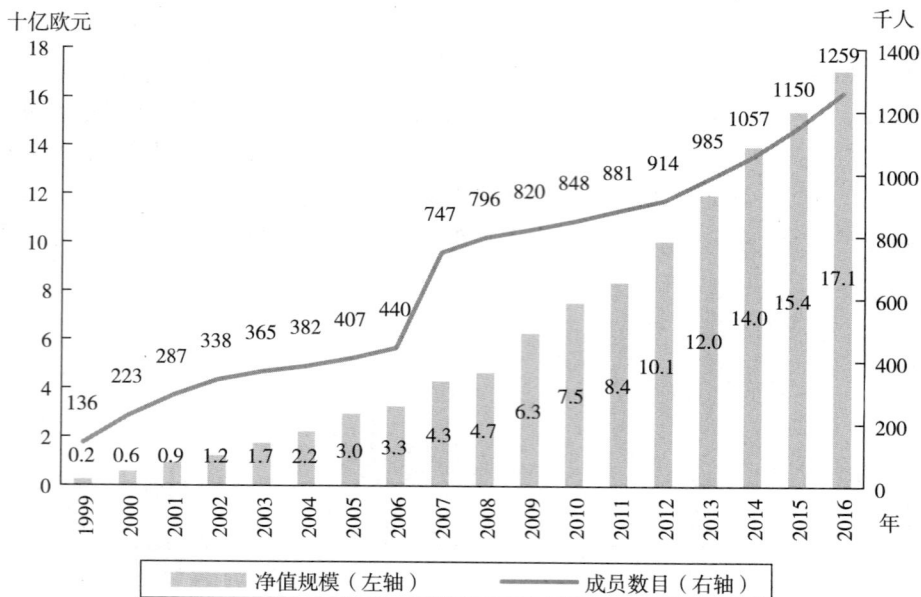

资料来源：COVIP 2016。

图 4　开放型养老金发展情况

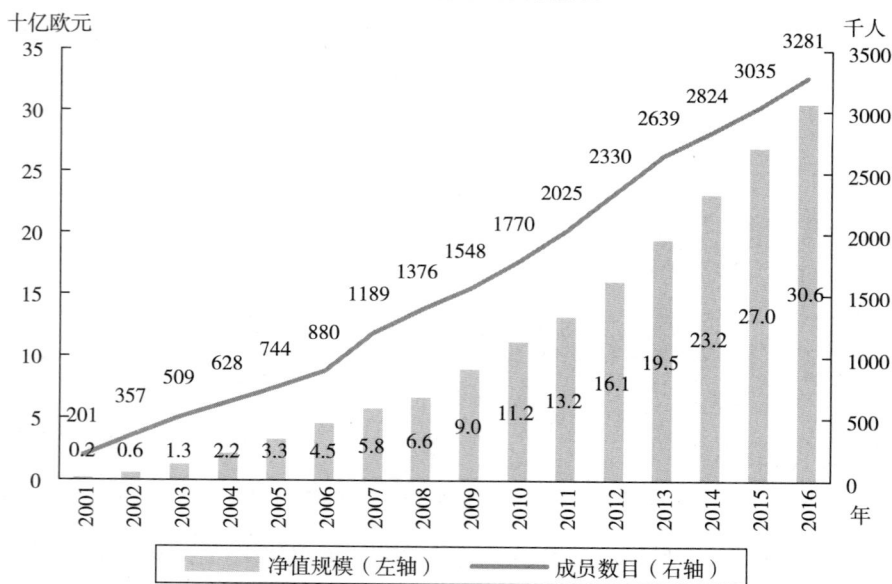

资料来源：COVIP 2016。

图 5　PIPs 发展情况

　　正如前面所提到的，开放型养老金可以由银行、资产管理公司以及保险等机构发起。拆分机构类型，可以看到，保险公司覆盖人数和资产规模的份额分别为 63% 和 57%；而资产管理公司分别为 35% 和 40%（见图 6 和图 7）。

　　从覆盖人数和资产规模的增长率来看，保险公司和基金公司旗鼓相当，但从市场份额来看，仍然是保险公司占优。究其原因，主要是保险公司在渠道分发方面具有显著的优势。2002 年，全部 80 只开放型个人养老基金中有 45 只是保险公司发起的；到了 2008 年，80 只开放型个人养老基金中由保险发起的进一步上升至 57 只。[①]

值得注意的是，意大利个人养老金投资采用委托管理的模式，即使是保险公司成立的个人养老金，一般也会委托给基金公司进行管理，特别是同一集团下的基金公司。因此，保险主要体现渠道优势，而资产管理公司更多地体现专业化的资产管理能力。

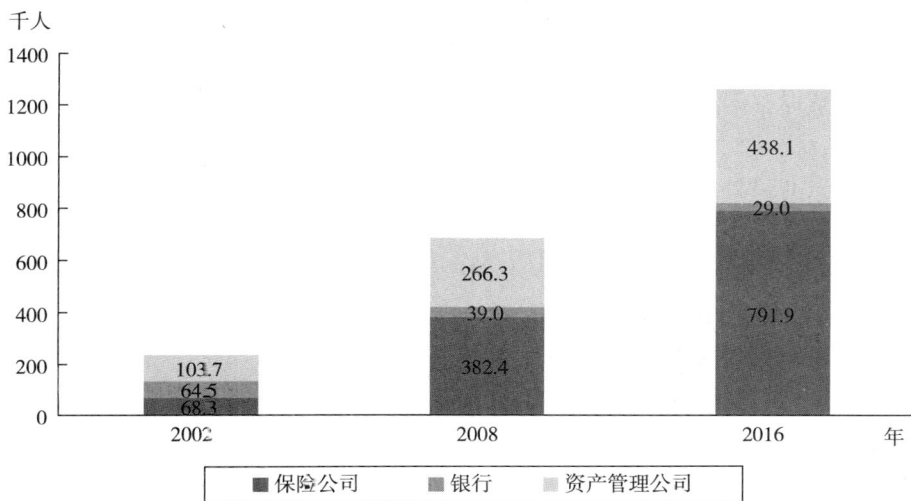

资料来源：COVIP 2016。

图 6　不同机构的覆盖人数

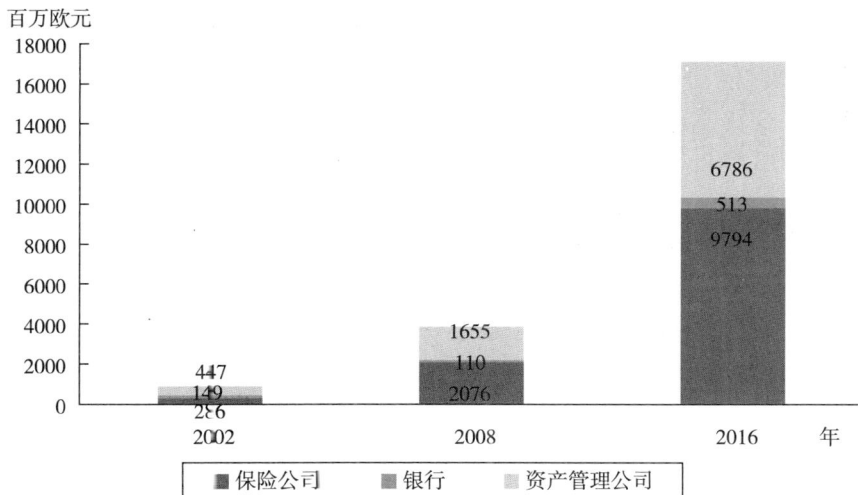

资料来源：COVIP 2016。

图 7　不同机构的资产规模

---

① 参见 *Pension Funds in Italy*，http：//www. iopsweb. org/resources/48238257. pdf。

2 意大利个人养老金制度的历史演进

观察意大利个人养老制度的历史演进，可以发现，124/1993 号和 252/2005 号法规奠定了个人养老基金规范运作的基础。

1. 1993 年的 124 号法规

1993 年，意大利发布了首个关于补充养老金的法规（124/1993），在法律层面定义了个人养老金，并建立起了初步的监管框架。1993 年之前设立的补充养老金计划，对于缴费以及福利的制定较为随意，此法规主要对其后成立的个人养老金计划予以规范。

2. 1995 年的 335 号法规①

1995 年，意大利颁布了 335 号法规，也被称作"迪尼改革"。这次改革主要有以下成果：第一，第一支柱公共养老金的积累方式逐渐向缴费确定型（DC）制度转变；第二，引入弹性退休制度，严格限定退休标准，对提前退休行为制定了惩罚措施；第三，推出税收优惠政策鼓励个人养老金的发展。第一支柱替代率逐年下降，为第二、第三支柱的发展创造了空间。

3. 2005 年的 252 号法规②

2005 年，意大利政府通过了 252 号法规，以代替 124/1993 号法规。其中对个人养老金制定了专门的规则，并且提高税收优惠力度进一步鼓励第二、第三支柱的发展。

另外，此法规决定将原本的 TFR（Termination Indemnity Payments，离职补偿金）③ 改版成为完全的积累制。雇员将有 6 个月的选择期，其间必须决定是将 TFR 继续留在雇主处，还是转移到新型的实行积累制的职业养老计划中，后者可以提升未来退休时的待遇。自此，补充养老金计划成为 TFR 的优先选项，资产规模日益增加。

4. 2011 年的"蒙蒂改革"④

2011 年实行的养老金改革被称作"蒙蒂改革"。改革确定要全面实行名义账户制，无论是否属于 1995 年改革的豁免对象，从 2012 年起，公共养老金计划必须全部遵循缴费确定的原则。自此，意大利公共养老金待遇取决于劳动者整个职业生涯的工资水平、缴费水平和缴费年限，并受到经济社会发展状况的影响（主要通过重估系数、转换系数、人口预期寿命等因素体现）。这以后，公共养老金福利进一步

---

① 详见 https：//didattica. polito. it/zxd/cms_data/attachment/30/legge%20335%20dm%20282_86. pdf。

② 详见 http：//www. covip. it/wp‒content/uploads/A. 016. Decreto‒25213. pdf。

③ 关于 TFR 下文会做详细介绍。

④ 参见《意大利养老金改革及启示》。

降低，劳动者对于个人养老保险的需求大增。

5. 2017 年的泛欧个人养老金计划①

2017 年泛欧个人养老金计划（PEPP）细则推出。PEPP 是欧盟委员会在 2017 年 3 月提出的消费者金融服务行动计划的一部分。它是一种新的跨境投资工具，投资者可以通过保险公司、银行或资产管理公司跨境购买。

对投资者来说，在原本公共养老金和职业养老金的基础上，PEPP 提供了一个新的简单、透明又经济实惠的退休储蓄选择。对资产管理公司来说，它们能够通过获取更大的市场份额来降低成本，整体上将提升欧洲养老金市场的规模效应，并促成各国税制的趋同。

当然，PEPP 只是刚刚开始它的立法之旅。就像每一个类似的规则一样，PEPP 必须通过通常的议会、理事会和委员会，才能确定最终的规则。

3 意大利个人养老金制度安排

尽管意大利的个人养老金形式多样，但制度上有诸多共同特征。以下主要从 TFR 默认选项安排、福利制度、财税制度等方面进行展开。

3.1 TFR 默认选项安排

制度上鼓励 TFR 流入补充养老金计划，是意大利个人养老金发展的契机。

TFR 设立的初衷是在对离职员工进行补偿（类似于离职补偿金。1982 年起，意大利《劳动法》明确要求：私人企业必须每年计提员工工资的 6.91% 作为储备，在员工离职时对其进行一次性补偿。在那个年代，企业一般将其留作日常经营使用，同时，企业需要保证该笔资金的购买力水平不下降——通常需要实现的收益是无风险利率加上一定比例的（工资）通货膨胀率②。

渐渐地，TFR 担负起了社会保障网的功能。特别是满足一些条件时，这笔钱可以提前付给员工，具体的条件包括：（1）特殊的医疗开支；（2）工人为自己或为其子女购置房产；（3）职业培训等，当然，给付的前提是工人入职满 8 年。

发展到 2007 年，政策上开始鼓励 TFR 流入补充养老金计划。员工对 TFR 的去向有选择权，既可以将其投入到补充养老金计划，也可以将其留在公司；如果选择后者，那么 TFR 会自动存到意大利国家社会保险局的基金池。③ 如果员工不做任何选择，那么默认选项是将 TFR 投入集体性的养老金计划，只有当员工不满足集体性养老金的资质时，TFR 才会进入意大利国家社会保险局的账户。

---

① 详见 https：//blog. kpmg. lu/pepp－can－it－save－europes－pension－problems/。

② 例如，1.5% 的无风险利率 + 0.75 × 年末通货膨胀率。

③ 一般公司人数大于 50 人。

3.2　福利制度

养老金福利既可以在退休时支取，也可以在某些特定的条件下提前支取。如果加入养老金计划达到 8 年，那么投资者最多可以支取个人养老金的 75%，为自己或为其子女购置首套房产；投资者也可以支取不超过 30% 的个人养老金，满足任何用途。较为人性化的是，如果投资者的家庭产生了一笔医疗开支，那么在任何时候，他都可以支取 75% 的个人养老金用于覆盖。

这种养老金给付的安排，意味着投资者可以实现组合式的用途。例如，投资者一边可以支取 30% 的个人养老金，满足任意用途；此外，还可以支取不超过 45%（总共不超过 75%）用于购置房产。此后，投资者可以偿还这笔花费，重建养老金头寸。

意大利养老金支取选项的灵活性，成为 TFR 流入的先决条件。正如前文所述，TFR 充当着社会保障网的角色；这意味着，如果要引导 TFR 流入补充养老金体系，就要保证补充养老金体系发挥相似的保障功能，尽管这可能会扭曲养老储蓄的初衷。

所有的养老金计划都为投资者提供了购买年金保险的选项。封闭型养老金通过招标的方式选择保险公司提供保险产品；对于开放型养老金，如果本身就是由保险公司发起的，那么可以自行提供产品，否则需要与其他保险公司签订合同；PIPs 都是由保险公司发起的，因此只需自行提供产品。所有年金保险都是保本的——至少保证实现无风险利率的收益。保险数额可以追加，可以通过投入一部分基金收益的方式。

投资者退休时，可以将全部或者部分个人养老金转成年金保险，剩余部分以现金形式一次性提取。除了养老金福利之外，养老金计划本身会附带一定的保险覆盖（如针对身故、重疾等）[①]，这在开放型养老金和 PIPs 中更为普遍。养老金计划存在提前终止的情况，具体包括：投资者失去参与该养老金计划的资格（比如换工作，新的雇主没有封闭型养老金资格）、超过 48 个月中断工作，此外还包括投资者身故或永久性残疾等。

3.3　财税制度

财政方面，意大利采用 ETT[②] 体系来提高投资者参与补充养老金计划的积极性。该体系下，个人养老金缴费可以享受税收优惠，但是资本利得及最终福利仍然需要纳税。

首先，个人养老金缴费可以抵扣个人所得税，但有额度限制，每年最高不超过

---

①　保险覆盖一般分为选择性的和强制性的，选择性的需要投资者自行花费，而强制性的则通过养老金计划支出。

②　一种延迟纳税（Tax – Deference）的制度。

5164.57 欧元；① 其次，资本利得会被征税，税率为 11%；最终福利也会被征税，税率每年递减：投资者参与养老金计划满 16 年以后，税率会从最高的 15% 逐年减少至最低的 9%。

对最终福利的征税并不是双重征税。事实上，需要缴税的那部分最终福利，等价于养老储蓄阶段抵扣个人所得税的那部分缴费额；未抵扣个人所得税的缴费额和资本利得在过程中已经被征税了，不会被双重征税。此外，还有其他一些政策优惠（详见表 4）。

表 4　　　　　　意大利补充养老金体系相关政策优惠

税收优惠上限	最高可抵扣 5164.57 欧元/年
资本利得税减免	降低至 11%
税收递延	最终收益要缴纳 15% 的税率，每年递减，最低可降到 9%
印花税	免征
托宾税	免征
FoF 不双重收费	投资内部基金不收取管理费
雇主缴费	对于集体性的养老金计划，雇主有义务为员工缴纳补充养老金
泛欧养老金产品	鼓励成员国为新泛欧养老金产品保留与现有国家产品相同的税收待遇。鼓励成员国就现有的个人养老金产品税收交流经验，因为这将有助于税收制度的融合

资料来源：*Pension Fund in Italy* 2019。

4　意大利个人养老金资产管理情况

4.1　运作模式

4.1.1　运作主体

不同个人养老金计划的运作主体存在根本性的差别。但相同的一点是，这些基金成立时都需要获得监管机构 COVIP 认证。

封闭型养老金是独立法人，拥有自有资本及具体的组织形式，封闭型养老金运作时，要先建立董事会，董事会需要决定投资策略和指导政策，并且挑选投资经理、托管行以及行政服务单位。

而开放型养老金和 PIPs 都不是独立法人，开放型养老金反映的是某种信托关系，发起人本身就是能够管理资产的银行、资产管理公司或者保险，但需要委任托管行；而 PIPs 反映的一种保险合约关系，服从补充养老金计划的规则，自行实施投资，无须委任托管行。

---

① 计算该上限时，雇主的缴费部分也是被计入的。

值得一提的是，PIPs 的合约形式有两种：一种是利润加成型（with - profit）；另一种是单位净值型（unit - linked）。[1] 前者是在保证无风险利率收益的基础上，加上一定的利润分成；后者完全不保证收益。PIPs 一般会附加额外的保险覆盖，针对身故、长期照料或者残疾等。如果将两种 PIPs 产品打包，能够构建出更加灵活的风险组合。

4.1.2　治理结构

运作主体差异，带来治理结构的不同。

封闭型养老金需要有董事会，董事会的设立基于平权原则——平等地由雇主和雇员代表组成，代表着成员的核心利益。

而开放型养老金的治理结构缺乏利益代表人。根本原因在于，此类基金对个人和集体完全开放，纳入的成员可能归属不同的组织。尽管没有利益代表，但是开放型养老金会由独立的第三方行使监督权，恰当地平衡基金发起人和成员的权利，确保基金运作不违背成员利益。

PIPs 的治理结构中也需要第三方监督，这点与开放型养老金类似。

4.1.3　募集

养老基金招募成员的方式各有不同。

对于封闭型养老金，企业和工会代表是招募成员的主体，招募过程不收取任何费用。募集资金来源于雇主、雇员的缴费以及 TFR。

对于开放型养老金，集体性的招募一般由企业雇佣的专家推动，而个体的招募则是销售渠道的任务。募集资金来源于雇主、雇员的缴费和 TFR。如果以个人形式加入的话，缴费取决于个人意愿。

对于 PIPs，产品销售主要依靠保险的渠道。缴费形式比较灵活，可以趸缴也可以期缴，不涉及雇主。

TFR 会以默认选项的方式流入个人养老金计划。基金必须设立一个专门的保本子基金承接 TFR，子基金要在不亏本的前提下尽可能实现收益目标。

4.1.4　投资管理

委托投资是个人养老金投资的重要特征。

封闭型养老金没有直接管理能力，在制定战略资产配置及相关投资政策以后，一般要委托管理人执行投资。同时，投资管理人又可以进行子委托，将子基金交由相关资产领域的专家管理。委托合同中会标明跟踪的指数，并以跟踪误差波动（Tracking Error Volatility）衡量风险；也有一些合同以在险价值（Value at Risk）衡量风险。

除了已经提到过的保本子基金之外，子基金类型还包括纯债、混合、平衡和权益等，共计 5 种。基金可以在投资者不同的生命阶段提供符合其风险偏好的子基金，例如，一般给年轻投资者或风险偏好较高者提供权益配比较高的子基金。子基金之

---

[1]　参见 *Italian institutional market outlook*。

间的流动性不高，大部分时间里投资者都专注于一种子基金。

开放型养老金和PIPs的发起人本身就具有资产管理能力，但也会委托其他投资经理管理子基金，这与封闭型养老金类似。

表5 意大利个人养老金资产管理情况运作模式

	运作主体	治理结构	募集	投资管理
封闭型养老金	独立法人	董事会平等地由雇主和雇员代表组成	企业和工会代表是招募成员的主体，招募过程不收取任何费用。募集资金来源于雇主、雇员的缴费以及TFR	没有直接管理能力，在制定战略资产配置及相关投资政策以后，一般要委托管理人执行投资
开放型养老金	非独立法人，信托关系	缺乏利益代表人，由独立的第三方行使监督权	集体性的招募一般由企业雇佣的专家推动，而个体的招募则是销售渠道的任务。募集资金来源于雇主、雇员的缴费和TFR。如果以个人形式加入的话，缴费取决于个人意愿	本身具有资产管理能力，但也会委托其他投资经理管理子基金
PIPs	非独立法人，保险合约关系	缺乏利益代表人，由独立的第三方行使监督权	产品销售主要依靠保险的渠道。缴费形式比较灵活，可以趸缴也可以期缴，不涉及雇主	本身具有资产管理能力，但也会委托其他投资经理管理子基金

4.2 投资情况

4.2.1 资产配置

不同个人养老金计划在资产配置上有显著差异。2008年底的数据显示（经过子基金穿透，见图8和图9），封闭型养老金中最大的比例（75%）投资于债券市场，而开放型养老金和PIPs净值型产品中债券占比相对较小，分别为51%和28%；相应地，PIPs净值产品和开放型养老金中权益占比较高，分别达到32%和20%，封闭型养老金仅为15%左右。

到2016年，封闭型养老金中权益占比稍有提升，而开放型养老金投资UCITS[①]

① 证券集合投资计划（Undertakings for Collective Investment in Transferable Securities）：1985年，《申根协定》签订的同年，欧洲议会与欧盟委员会颁布了一系列法律指引，为欧洲各成员国的开放式基金建立了一套跨境监管标准。欧盟成员国各自以立法形式认可该指引后，本国符合UCITS要求的基金即可在其他成员国面向个人投资者发售，无须再申请认可。同时，指引也为各国监管机构信息共享与协作架设了初步框架。至此，欧洲分散在各成员国法律与监管制度下的证券投资基金，首次被纳入统一的信息披露与监管体系之下，基金得以更便利地跨越国境，在整个欧洲市场范围内进行推广销售。

的比例则有所上升（26.6%）。从意大利的经验可以看到，境外资产和权益资产在个人养老金配置中作用有所提升。

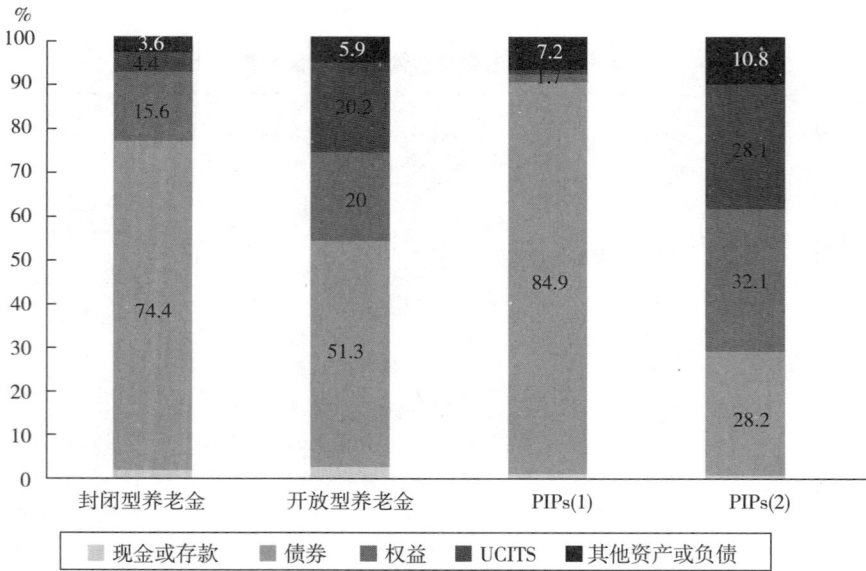

资料来源：COVIP 2008。

图8　2008年底个人养老金底层资产分布

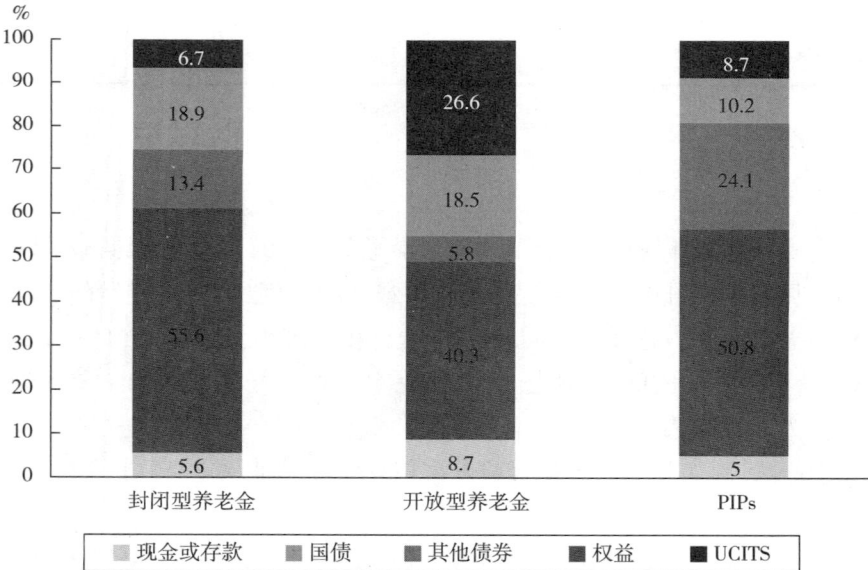

资料来源：COVIP 2016。

图9　2016年底个人养老金底层资产分布

从资产的地域分布来看（见表6），意大利的个人养老金中境外资产比重相当大。无论是封闭型养老金和开放型养老金，境内资产的占比都不到30%；PIPs的境内资产占比稍大一些，但是仍不到50%。拆分资产类别，可以看到，除了政府债券中本国占到一定比例以外，其他资产中本国占比都十分微小。

表6	个人养老金底层资产的地域分布		单位:%
	占比		
	封闭型养老金	开放型养老金	PIPs
国债	55.6	40.3	50.8
其中国内	26.2	24.3	40
其他债券	13.4	5.8	24.1
其中国内	1.1	1	4.7
权益	18.9	18.5	10.2
其中国内	1	1.4	0.6
总体	100	100	100
其中国内	28.3	26.7	45.4

资料来源：COVIP 2016。

4.2.2 投资收益

个人养老金投资收益方面，除了2008年和2011年，[①] 其他年份皆实现正收益。其中PIPs中的利润加成型产品收益率最为稳定，但绝对水平不高，一般在3%左右；PIPs中净值型产品权益仓位较高，波动最为明显（见图10和图11）。

从子基金收益情况来看，尽管权益类资产波动相对较大，但回撤幅度仍然得到了控制，2008年国际金融危机时下跌幅度在30%以内（同年意大利国内股指下跌幅度接近50%），2011年欧债危机时下跌幅度只有5%左右（同年意大利国内股指下跌幅度接近25%）。权益资产回撤幅度较小，一方面得益于地域层面的分散，另一方面是因为对投资的审慎监管走到了良好效果。

---

① 分别对应国际金融危机和欧债危机。

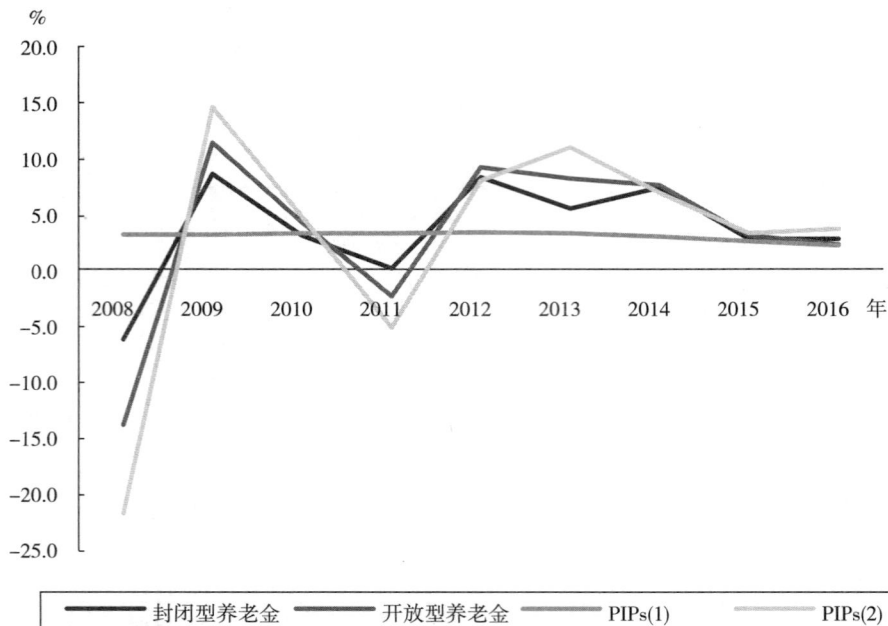

注：数据截至 2016 年底。

资料来源：COVIP。

图 10　个人养老基金收益率①

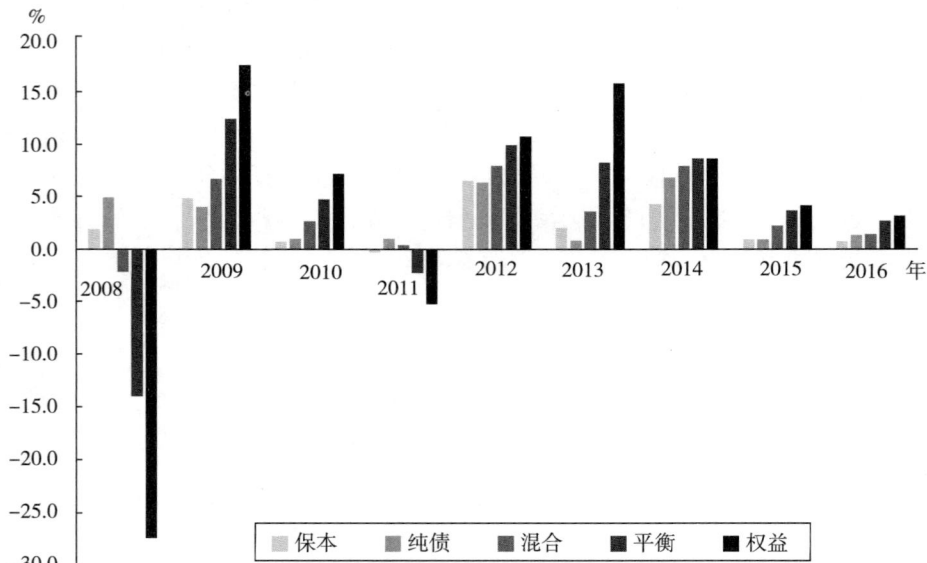

注：数据截至 2016 年底。

资料来源：COVIP。

图 11　开放型养老金子基金收益率

---

① 2016 年统计口径有所变化，PIPs 无法获得细分数据，并且其他资产或负债的占比可以忽略。

4.3　监管措施

4.3.1　对养老基金信息披露的监管

COVIP 是所有补充养老金计划的监管机构，其主要职责是确保补充养老金体系正常运转。

COVIP 非常重视基金信息披露的透明度，这不仅体现在事前，也体现在事中。事前来看，投资者需要在不同的养老金计划中做出选择，因此，必须要求养老金计划清晰地披露其特征；事中来看，投资者关心自己的投资行为究竟能带来怎样的退休福利，因此必须要求养老金计划定期甚至实时地披露投资详情。

基金的事前披露主要有两部分：一部分是基金特征描述；另一部分是养老情景分析。基金特征描述包括以下信息：加入该养老金计划所需资质（如有）、缴费频率、子基金特征①及过往业绩、基金成本等。② 而养老情景分析则是根据不同的场景（包括缴费率、积累期时长、被选子基金、退休年龄、性别等），对投资者退休福利做出估算；投资者可以通过基金发起人设立的网站模拟各种情景，以便确定适合自己的参数。

对基金的事中披露也有相应规定。首先，基金发起人必须为成员提供定期报告（一般是年报），其中需要提供养老金投资行为及结果的相关细节，同时还要发送一份"千人千面"的退休福利估算——假设投资者能够保持既定的投资路径直至退休。此外，基金发起人需要确保投资者在官方网站上能够查询关于养老金计划的所有信息及个人要素。COVIP 明确要求，投资者能够实时地查询个人账户下的资产信息。

COVIP 对基金披露要求较高，主要是为了帮助投资者选择合适的养老金计划，并对投资行为进行跟踪。过程中，投资者转换养老金计划是被允许的，但必须满足最低两年的参与时间要求。

4.3.2　对养老金投资的监管

考虑到养老金特殊的经济属性和社会属性，对投资行为进行规范是相当重要的。目前意大利养老金投资有法可循，主要有两部法规：一部针对封闭型养老金和开放型养老金，即 703/1996 号法规③；另一部针对 PIPs 产品，即 209/2005 号法规④。

703/1996 号法规对养老基金的资产配置有一系列数量化限定。这些数量化限定归纳起来，实现了以下几个目的：一是最大限度地保证养老金投资的安全性；二是保证养老基金适度的流动性；三是防止潜在的利益冲突（或利益输送）。

举例来说，对非 OECD 国家上市或者非 OECD 国家注册的公司限定较为严苛的

---

① 包括所投证券的种类和风险暴露程度等。
② 基金的成本通过 ISC 指数进行衡量。
③ 详见 http：//www.covip.it/wp－content/uploads/Z961121B01_03.pdf。
④ 详见 https：//www.ambientediritto.it/Legislazione/consumatori/2005/dlgs%202005%20n.209.htm。

投资比例，体现了安全性的原则；对封闭式共同基金限定投资比例，体现了对适度流动性的要求；对养老基金成员发售的证券限定投资比例，体现了对利益输送的防范，详见表7。

表7 意大利补充养老金数量化监管

证券类别		投资限制
银行存单、现金和短期票据		资产占比不超过基金总资产的20%
封闭式共同基金		资产占比不超过基金总资产的20%；资产占比不超过所投资基金资产净值的25%
在欧盟、美国、加拿大和日本的交易所上市证券	企业注册于OECD国家	比例不受限制
	企业并非注册于OECD国家	资产占比不超过基金总资产的5%
在欧盟、美国、加拿大和日本以外的交易所上市证券	企业注册于OECD国家	资产占比不超过基金总资产的50%，个股占比不超过基金总资产的10%，非OECD国家企业或者国际组织发行的债券资产占比不超过基金总资产的10%
	企业并非注册于OECD国家	不允许投资
同一企业或者集团发行的证券①	在欧盟、美国、加拿大和日本的交易所上市的证券	资产占比不超过基金总资产的15%
	在欧盟、美国、加拿大和日本以外的交易所上市的证券	资产占比不超过基金总资产的5%
养老基金成员发售的股份	封闭型养老金	资产占比不超过基金净资产的30%
	非封闭型养老金	资产占比不超过基金净资产的20%

资料来源：根据703/1996号法规整理得到。

除了数量化的限定之外，养老金投资必须满足"审慎人规则"。"审慎人规则"不对养老基金的资产配置（如投资品种、投资比例）做数量化的限定，但要求投资管理人的任何一个投资行为都要考虑到各种风险因素（包括成本），就像一个谨慎的商人对待自己的财产那样，为养老基金构造一个最有利于分散和规避风险的资产组合。

"审慎人规则"体现在投资目标的确定、投资工具的选择及使用等方面。养老金投资的目标必须是在合理的风险水平下最大化净收益。养老金允许的投资工具仅限于债券、股票、开放型与封闭型（Mutual and Close End）基金、衍生品证券以及现金和银行存款等。对于投资工具的使用是有限制的，举例来说，（1）逆回购，融入、融出证券是允许的；（2）房地产投资必须是以参与房地产封闭式基金的形式；（3）借贷、担保和卖空交易是禁止的；（4）以支付养老金所用货币计价的资产，必

---

① 此项投资限制不适用于OECD国家发行的债券。

须达到基金净资产的 1/3。

5 对我国的借鉴与启示

5.1 保留个人养老金适度的灵活选项

意大利个人养老金有灵活选项。在一些条件下，养老金可以提前支取，用途包括但不限于医疗开支、购置房产等，因此个人养老金兼具一定的社会保障属性。

但是，个人养老金的灵活性应当适度，否则可能会扭曲养老储蓄的初衷。结合意大利的经验，如果允许投资者提前支取养老金，那么规则上需要对具体用途以及最短缴费年限加以限制，同时，还要允许投资者偿还提前支取的养老金。

5.2 设置保险覆盖，鼓励养老金以年金形式返还

意大利大多数个人养老金合约中都附带保险功能，针对身故、长期照料、残疾等情形进行赔付，这在保险公司发行的 PIPs 产品中尤为常见。个人养老金以增值为主要目的，如果结合一定的保险功能，能够增加产品的吸引力。

此外，意大利个人养老金计划附带年金保险投资的选项，不仅如此，还允许投资者追加年金保险投资——通常是将额外的投资收益转成年金保险。退休时，养老金福利并非一次性返还，其中一部分将转成年金保险。

养老的实质是在人生各个时点上获取稳定的现金流。以年金形式返还而不是一次性返还，更加符合养老的本质。意大利实践经验表明，投资者退休时普遍偏好一次性提取补充养老金，为此，需要有相应的鼓励政策对投资者行为加以引导。

5.3 第二、第三支柱的互通

意大利 TFR 具有长期性。企业每年需要计提员工工资的一定比例纳入 TFR，一般等到员工离职时才会返还。意大利因势利导，设置了默认选项，将 TFR 引流到个人养老金计划，促进了个人养老金的发展。同时，相关规定要求：承接 TFR 的子基金必须是保本的，这样才不至于损害 TFR 的保障功能。

尽管中国没有 TFR 相关制度，但是允许职工个人离职或退休时将企业年金转入个人养老金计划仍能够促进第三支柱的发展。

5.4 数量监管与审慎监管并举

考虑到养老金特殊的经济属性和社会属性，意大利养老金投资有法可依。

法规一方面有数量化限定，如对部分可投资产的比例做严格限制；另一方面也明确要求管理人坚持"审慎人规则"——对投资过程中的各种风险、成本因素予以充分考量。

5.5　注重信息披露与投资者教育

意大利非常重视基金信息披露的透明度，不但帮助投资者选择合适的养老金计划，也帮助他们及时知晓投资的结果及对养老金福利产生的影响。

当然，投资者教育也非常重要。运作养老金的机构通过举办定期培训等方式，让投资者知晓退休后可能面临的风险，促使其尽早进行个人养老金规划。

5.6　资产管理公司走专业化投资之路

意大利养老金投资的一个重要特征是委托投资。意大利资产管理公司在发起个人养老金方面相较于保险没有优势，主要原因是保险公司具有强大的渠道销售能力。但在实际投资过程中，保险公司仍将大部分子基金委托给资产管理公司进行管理，体现了基金公司专业化的管理能力。

未来，基金公司应继续强化自身的专业化管理能力，努力提供工具型产品，以此满足多样化的养老金配置需求。

第六章　新西兰个人养老金制度经验

汇添富基金管理股份有限公司　李宏纲

摘　要　近年来我国人口老龄化问题越发严重，主张通过建立以税收优惠、个人账户、多样化投资为主要特征的第三支柱个人养老金来减轻基本养老保险的负担、提高养老金替代率的呼声越来越高。因此，2018 年 2 月人力资源社会保障部会司其他有关部门成立了工作领导小组，启动了建立养老金第三支柱个人养老金的工作。而新西兰同样面临人口老龄化问题，但在老龄化的进程中，新西兰的养老金体系随之进行了形式多样的改革。现如今新西兰已经建立了"双层"养老金体系，第一层为新西兰超级年金，其无须遵行缴费并且发放给所有符合年龄和居住要求的老年人，具有普惠效用；第二层为 DC 型个人养老金 KiwiSaver，其为新西兰超级年金提供了较好的补充，有效地缓解了老龄化带来的养老金替代率下降问题。本文从历史演进、制度安排和资产情况等几个方面对新西兰个人养老金的建立和运作进行了研究，试图从中能够找到一些对我国第三支柱个人养老金具有借鉴意义的经验和方法。

关键词　个人养老金　新西兰　KiwiSaver　政府补贴

1　新西兰养老金体系概述

新西兰是南太平洋一个富庶的岛国，总人口 484 万人。根据世界银行的数据，2016 年新西兰人均 GDP 为 39424 美元，高于日本、法国、意大利等发达国家，更是中国的近 5 倍。基于富裕的经济条件，相对于世界银行所提倡的三支柱模式，新西兰建立了"双层"养老金体系。这一体系包括两个层次，一是非缴费型公共养老金制度，即世界银行所说的"零支柱"，发放给所有符合年龄和居住要求的老年人统一标准的养老金，称为新西兰超级年金（New Zealand Superannuation，NZS）。二是 20C7 年起建立的 DC 型个人养老金——KiwiSaver，这是公共养老金之外，维持新西兰养老金体系健康稳定发展的又一有力支撑，相当于世界银行所说的"第三支柱"。

1.1　新西兰超级年金概况

新西兰同世界上多数发达国家一样，面临着人口老龄化问题。而新西兰超级年金采取的是非缴费型普惠年金模式，所有公共养老金的支出均来源于当期一般税收，居民不需要专门为公共养老金进行缴费。随着老龄化的加剧，养老金的可持续性和代际公平性将面临巨大挑战。为了保证养老金的代际公平与可持续，2003 年新西兰政府建立了新西兰超级年金基金（New Zealand Superannuation Fund）。新西兰政府每年将一定的财政盈余投入该基金进行提前储备，以应对未来老龄化高峰时养老金面临的支付压力，这与我国的全国社会保障基金有类似之处。截至 2009 年 6 月，新西兰财政共向新西兰超级年金基金拨付 148.8 亿新西兰元，并自那时起暂停向其拨付资金至 2020 年，2020 年以后资金拨付将再次启动。自 2009 年至 2020 年虽然财政并未向超级年金基金拨付资金，但是由于其年收益较高，其资产规模仍保持快速增长，至 2017 年底其资产规模达到 379.11 亿新西兰元。

1.2 KiwiSaver 概况

KiwiSaver 是新西兰政府 2007 年起建立的 DC 型个人养老金，其账户体系主要由新西兰税务局建立，而账户的资金主要以信托的形式由市场化的资产管理公司负责投资管理，并受到新西兰金融市场管理局（FMA）的监管。在各种激励政策的促进下，近年来 KiwiSaver 的资产规模飞速增长，从 2013 年底的 95.55 亿新西兰元增长到了 2017 年底的 495.99 亿新西兰元，并于 2015 年首次超过了新西兰超级年金基金的规模，成为新西兰最为重要的个人养老金资产。而参与 KiwiSaver 缴费的人数也从 2008 年 6 月的 71.66 万人增长到了 2017 年 6 月的 276.10 万人，年均增长 16.17%，覆盖劳动人口的比率也从 2008 年的 22% 增长到了 2017 年的 73%。根据新西兰税务局 2015 年对于 KiwiSaver 的评估报告中给出的数据，对 KiwiSaver 的投资者而言，来

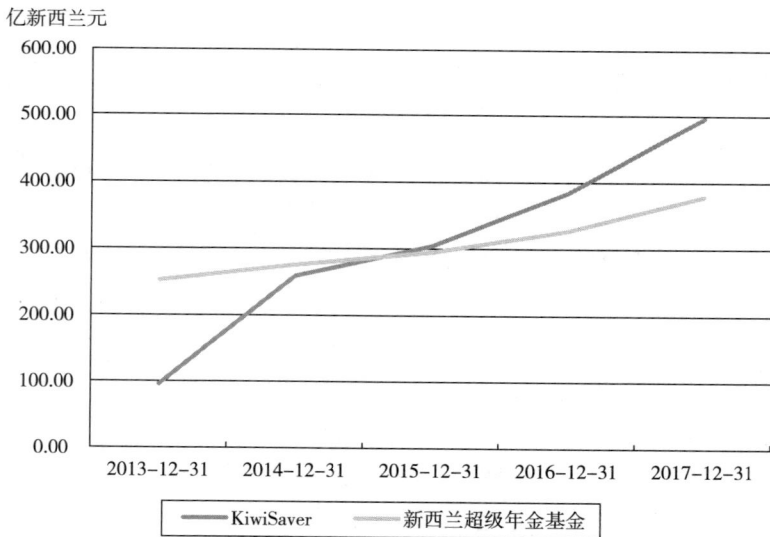

数据来源：新西兰金融市场管理局（FMA）。

图 1　新西兰 KiwiSaver 与超级年金基金资产规模

自 KiwiSaver 的收入占退休后总收入的比例达到了 25%，成为其退休后的第二大收入来源，而第一大收入来源仍是公共养老金，占比为 44%。

2 个人养老金制度的历史演进

2.1 公共养老金的改革与困境

1898 年，新西兰颁布了首部有关养老金的法案——《老龄年金法》。该法案提出，新西兰政府将为年满 65 岁且在新西兰居住满 25 年的老年居民无偿提供老龄年金，但想要领取老龄年金需要接受相应的财产调查，有一定财产和收入者领取的年金数额将有所降低。在这之后的 120 年中，随着经济的发展和社会的变化，新西兰政府又对养老金体系进行了各种改革，这些改革大致可以分为以下三个阶段。

第一阶段是从 20 世纪 30 年代至 60 年代，这一阶段采取的改革措施多是为了扩大养老金的覆盖范围并提升养老金待遇。首先是 1938 年通过了《社会保障法》，该法案主张新西兰政府应积极进行干预和资助，推行普惠性的老年福利。此后新西兰出现了两个层次的公共养老金，第一个层次是老龄补助金（Age Benefit），主要发放给那些 60 岁以上接受财产和收入调查并且符合相应标准的居民；第二个层次是普惠超级年金（Universal Superannuation），主要发放给那些 65 岁以上不具有领取老龄补助金资格的居民，但其待遇较老龄补助金低得多。

第二阶段是从 20 世纪 70 年代至 90 年代。在这一时期由于非缴费型养老金福利水平的提高给政府的财政带来了巨大的压力，于是新西兰政府便试图通过改革来缓解这种压力。在此期间，经过多方博弈，新西兰的零支柱养老金政策框架已基本稳定，其主要特征包括以一般税收为筹资渠道、对全体老年居民采取统一的支付额、以年龄和居住时长而非收入高低为领取条件等，如今被称作新西兰超级年金（New Zealand Superannuation）。

第三阶段是从 20 世纪 90 年代至今。这一阶段的改革多是针对养老金的第三支柱，即自愿的个人养老金储蓄，下一部分将对此进行详细介绍。

2.2 个人养老金的出现与发展

根据联合国的标准，65 岁及以上老年人口数占总人口的比例超过 7% 时则意味着这个国家成为老龄化国家，而 2015 年新西兰这一比例已达到 15%，老龄化已非常严重，但联合国预测这一比例仍将持续增加，到 2085 年时这一数字将会达到 2015 年的两倍！越发严重的老龄化趋势使新西兰政府为支付养老金而承担的财政负担越来越重，新西兰政府在超级年金上的支出由 1990 年的 47.75 亿新西兰元增加至 2012 年的 98.55 亿新西兰元，但养老金的替代率却在这期间有所下降。同时由于 20 世纪 70 年代至 90 年代新西兰政府建立养老金第一和第二支柱的改革受到了严重阻碍，于是新西兰政府开始积极尝试通过推行自愿缴费的第三支柱来增加居民的储蓄率，以抵消人口老龄化对养老金带来的不利影响，同时避免民众对强制储蓄的反对。在这种情况下，KiwiSaver 应运而生。

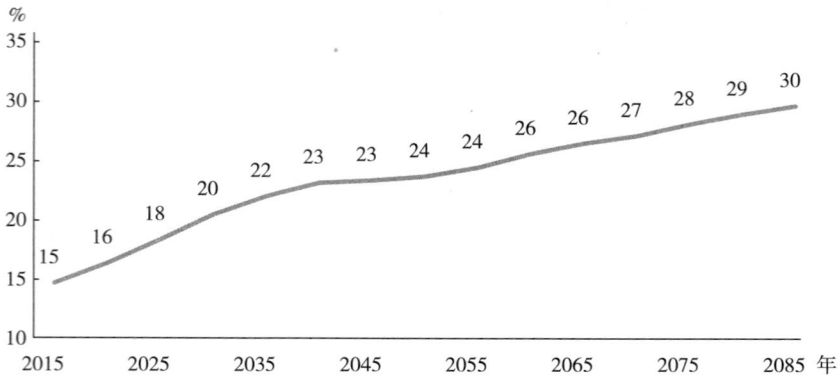

资料来源：UN。

图2　新西兰 65 岁以上人口所占比例

　　2007 年 7 月 1 日 KiwiSaver 正式建立，作为新西兰由政府创设的统一的个人养老金计划，KiwiSaver 在激励措施、加入机制和投资管理等方面进行了创新。在创立时对 KiwiSaver 定位是成为新西兰公共养老金的补充，旨在通过提高新西兰居民的储蓄率来提升养老金的替代率，以提升老年人退休生活质量，同时减轻国家财政的负担，增强国家养老金体系的可持续性。同时 KiwiSaver 的制度设置也十分灵活和亲民，给予参与者很大的自主决策空间，以免引起民众的抵制情绪。

3　个人养老金制度安排

3.1　激励政策

3.1.1　丰厚的政府补贴

　　新西兰政府每年为 KiwiSaver 的缴费人提供缴费金额 50% 的雇员补贴（补贴上限为 521.43 新西兰元），新西兰税务局每年会将相应的补贴金额直接转入该雇员的 KiwiSaver 账户，以鼓励人们增加缴费。当参与者按照每年工资的一定比例进行缴费，但缴费额没有达到 1042.86 新西兰元时，其可以额外进行自愿缴费，使其缴费能够获得最高额度的政府补贴。而没有工作的人或自雇者只要年龄在 18 岁以上也可以享受同样的待遇。

3.1.2　雇主配套缴费

　　KiwiSaver 计划的参与者可以根据自身财务状况，自主选择按照其每年税前收入的 3%、4% 或 8% 的比例进行缴费。但同时 KiwiSaver 规定，一旦有雇员按照上述比例向 KiwiSaver 缴费，那么其雇主也必须按照最低 3% 的比例为该雇员进行配套缴费。这使 KiwiSaver 成了由政府、雇主和雇员三方共同参与的养老储蓄体系。它将这三方有机地结合起来，在调动各方积极性的同时，也减轻了各方的压力。由图 3 可以看出政府在其中的贡献逐年下降，取而代之的是雇主的贡献，2017 年政府、雇主、雇员三方对 KiwiSaver 的贡献比例分别为 13%、33% 和 54%。

虽然雇主由于强制配套缴费制度的存在而在 KiwiSaver 缴费中承担起越来越重要的角色，但是根据新西兰税务局 2010 年的一项调查，大多数雇主（81%）并未因为 KiwiSaver 的实施而改变其对雇员的工资政策，而另一项 2014 年的调查也表明员工倾向于认为来自雇主的 KiwiSaver 缴费是一项"额外"的收入。

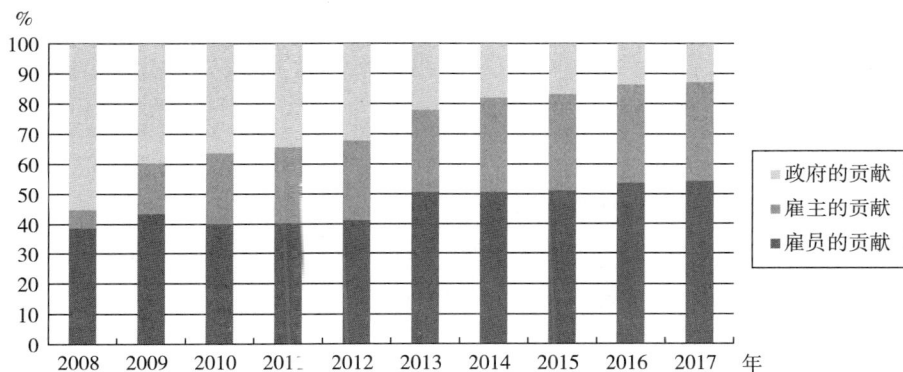

资料来源：KiwiSaver 官方网站。

图 3　历年来各方对 KiwiSaver 的贡献比例

3.1.3　税收规定

需要注意的是，虽然 KiwiSaver 缴费是按照税前工资的一定比例从参与者的工资中扣除，但是对于包含 KiwiSaver 缴费在内的全部收入，新西兰居民都需要缴纳个人所得税，投资收益同样需要缴税。但当参与者退休时提取资金则不需要缴税。也就是说，对 KiwiSaver 缴费没有税收递延效果。例如，某人税前月收入为 4000 新西兰元，其选择按照 8% 的比例进行 KiwiSaver 缴费，同时假设其适用的所得税税率为20%，这时该人实际能拿到手的工资为 2880 新西兰元，这其中扣除了 320 新西兰元的 KiwiSaver 缴费和 800 新西兰元的个人所得税。

3.2　加入与退出规则

3.2.1　自动加入机制

1. 开始新工作的人，如果年满 18 岁会自动加入 KiwiSaver；但临时雇员或者临时农工不会自动加入；

2. 已经参加工作的人，可选择通过计划提供商或者通过雇主加入 KiwiSaver，也可以不加入；

3. 自雇者或者没有工作的人，可以通过联系 KiwiSaver 计划提供商加入。

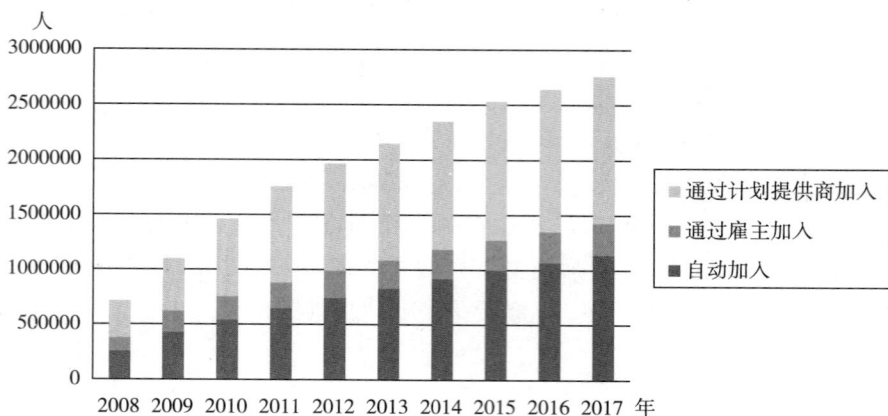

资料来源：KiwiSaver 官方网站。

图 4　通过不同方式加入的人数

3.2.2　自由退出和暂停缴费

1. KiwiSaver 为自动加入的参与者提供退出自由，参与者需要在自动加入后 2~8 周内提出申请，KiwiSaver 将返还其已经缴纳的资金；

2. 通过雇主或计划提供商主动选择加入 KiwiSaver 后不能退出，但是在 12 个月以后可以选择暂停缴费并进入缴费假期。

3.2.3　宽松的提取条件

1. 正常提取（满足下列之一即可）

（1）有资格领取新西兰超级年金（年满 65 岁，从 20 岁起已在新西兰居住 10 年且 50 岁后至少已居住 5 年）；

（2）在 60 岁后加入 KiwiSaver，且缴费已满 5 年。

2. 提前支取（满足下列之一即可）

（1）购买首套住房（首次缴费 3 年后，同时 KiwiSaver 账户中至少要保留 1000 新西兰元）；

（2）永久移居到海外；

（3）遭遇严重的财务困境；

（4）罹患重大疾病。

3.3　投资计划的设计与选择

3.3.1　投资计划的设计

不论是自动加入还是通过其他方式加入 KiwiSaver，参与者都可以自主选择投资的基金。根据风险和收益不同，主要分为货币型基金、保守型基金、平衡型基金、成长型基金和激进型基金五种类型，各计划提供商根据这一标准制订各自的基金设计方案。新西兰最大的计划提供商 ANZ 旗下的 KiwiSaver 计划在保守型和平衡型、平衡型和成长型之间又加入了保守平衡型和成长平衡型两种类型的基金，以更好地匹配养老金投资者的年龄与风险偏好。由于激进型基金 90% 以上的资金都需要投资于股市，风险较高，因此 ANZ 并没有提供激进型基金的选择，对 0～35 岁的 KiwiSaver 参与者，ANZ 都建议其选择成长型基金，以帮助其通过资产配置来实现养老金的保值增值。

表 1   不同类型基金的特征

基金类型	目标投资组合				目标收益率[①]（20 年内允许负收益时间）	建议最少持有时间	建议投资年龄	费率
	现金及现金等价物	固定收益证券	上市房地产	股权				
成长型基金	4%	16%	12%	68%	5.0%（4.9 年）	7 年	0～35 岁	1.11%
成长平衡型基金	6%	29%	10%	55%	4.2%（4.6 年）	6 年	36～45 岁	1.06%
平衡型基金	10%	40%	8%	42%	3.5%（4.1 年）	5 年	46～55 岁	1.01%
保守平衡型基金	15%	50%	6%	29%	2.5%（3.7 年）	5 年	56～60 岁	0.96%
保守型基金	20%	60%	3%	17%	1.7%（3.5 年）	4 年	61～64 岁	0.96%
货币型基金	100%	0%	0%	0%	取决于新西兰 90 天银行票据指数		65 岁及以上	0.42%

资料来源：ANZ。

3.3.2 基金类型的选择

1. 通过计划提供商加入 KiwiSaver：计划提供商往往会根据参与者提供的年龄或风险容忍度来帮助其选择投资基金的类型，并随着参与者年龄的增加而建议其进行适当的调整。

2. 通过雇主加入 KiwiSaver：将默认采用雇主挑选的投资方案，但投资者也可以根据计划提供商的建议或者自己的偏好进行更改。

3. 自动加入 KiwiSaver：自动加入后如果参与者未自主选择投资方案，则其资金将被投资到默认投资计划提供商提供的默认基金。默认基金一般是保守型基金或货币型基金，它们往往风险和收益都很小，主要投资于现金、现金等价物及固定收益证券。KiwiSaver 有 25 家计划提供商，其中 9 家为默认投资计划提供商，默认投资计划提供商需要进行额外的披露，并且他们提供的默认型基金投资计划还将受到更严格的监管。

---

① 目标收益率是通货膨胀调整后的收益率。

3.3.3　选择方式的趋势

近年来随着居民理财意识的提高，他们逐渐意识到长期来看权益类投资往往能获得更高的收益，在风险可接受的情况下更多地进行权益类投资才能在将来退休时积攒更多的养老储备金。因此，越来越多的参与者积极参与到自己的养老金决策中，主动选择投资方案，而使用默认投资方案和雇主挑选的方案的人数所占的比例不断下降。

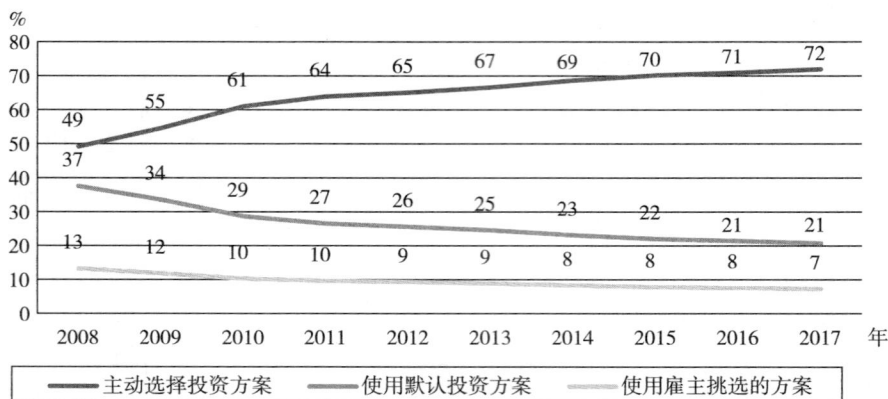

资料来源：KiwiSaver 官方网站。

图 5　使用不同方式设置投资方案的比例

3.4　投资账户管理

KiwiSaver 采取个人账户的方式对养老金进行管理，雇主们会根据新西兰税务局提供的指导手册填写相关表单为新加入的雇员建立属于他们的账户。新西兰税务局还建立了 KiwiSaver 的官方网站，每个加入 KiwiSaver 的雇员都在该网站拥有一个账号，只要登陆这个网站就能浏览到有关 KiwiSaver 养老金的权威信息，同时他们还可以使用自己的账号在该网站查阅和修改自己的 KiwiSaver 账户信息，包括查阅缴费记录、修改缴费比率、停止缴费等。

4　个人养老金市场资产情况

4.1　行业概况

KiwiSaver 的资产管理表现出较高的行业集中度，资产管理规模最大的四家公司 ANZ、ASB、AMP 和 WESTPAC 所管理的资产占到了 KiwiSaver 资产总额的 60% 以上。而近半数的公司所管理的资产却不足 10 亿新西兰元，占比小于 2%。同时可以发现，资产管理规模较大的公司都是默认计划提供商，所以获得默认计划提供商的资格变得格外重要，其将有助于计划提供商在行业竞争中获得优势。

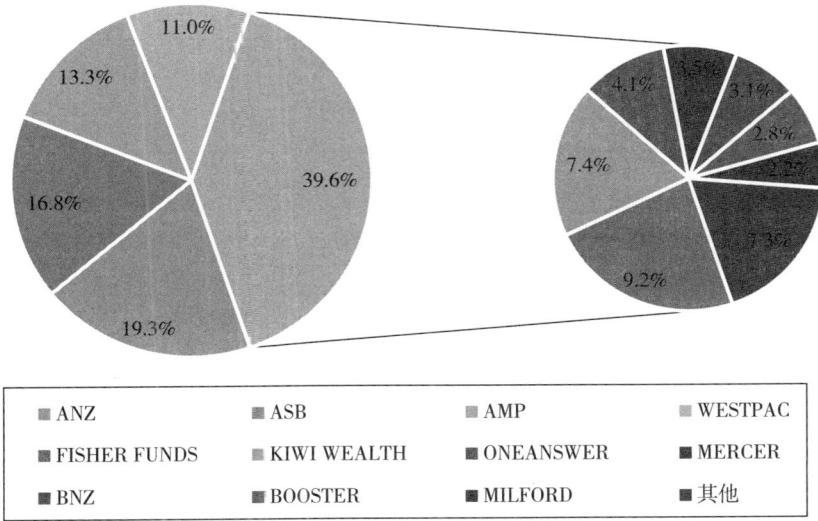

资料来源：新西兰金融市场管理局（FMA）。

图6　各养老金计划提供商的市场份额

4.2　资产结构

如前文所述，KiwiSaver各大养老金计划提供商主要提供货币型、保守型、平衡型、成长型和激进型五种类型的基金供投资者选择，这五种类型的基金可以看作是五种不同风险偏好的目标风险基金。根据KiwiSaver官方的标准并结合新西兰金融市场管理局提供的数据，本文整理了不同类型基金的规模数据，并统计了不同类型基金在各类资产上配置的平均比例。

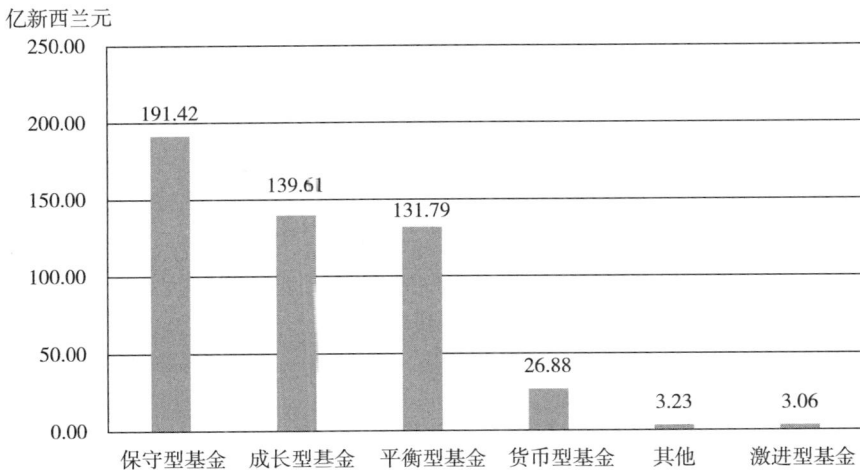

资料来源：新西兰金融市场管理局（FMA）。

图7　不同类型基金的规模

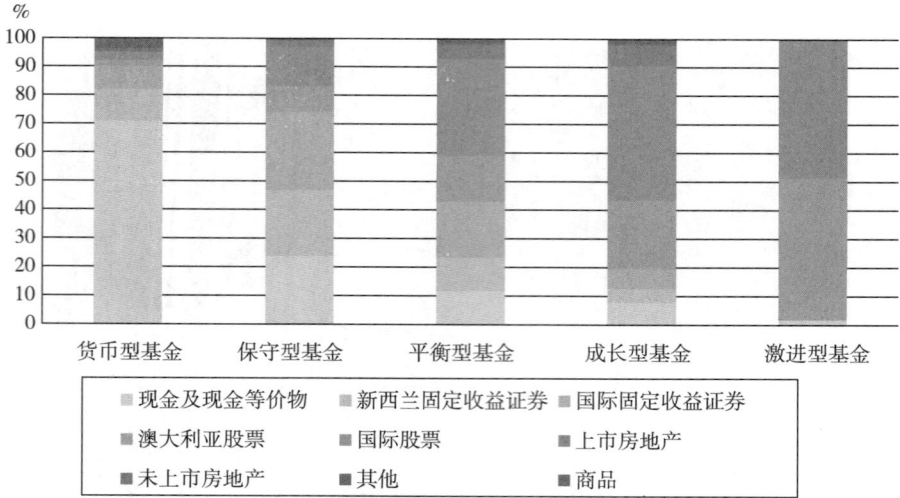

资料来源：新西兰金融市场管理局（FMA）。

图 8　不同类型基金的资产配置

除了目标风险基金，有的计划提供商还提供目标年龄型基金，如 Fisher Fund 提供的 GlidePath AGE 25/40/55 等基金，这些基金并不直接投资于底层资产而是采取 FOF 的形式投资于保守型、平衡型、成长型等目标风险基金，针对不同年龄投资者的基金在不同目标风险基金之间设置了不同的投资比例，并且计划提供商将随着投资者年龄的增长自动转变基金的类型。

表 2　　　　　　　　　Fisher Fund 不同 GlidePath 基金的资产配置

基金名称	资产配置	基金年均费率
GlidePath AGE 25	100% 激进型基金	1.29%
GlidePath AGE 40	32% 激进型基金 68% 成长型基金	1.21%
GlidePath AGE 55	11% 成长型基金 89% 平衡型基金	1.06%
GlidePath AGE 65	17% 平衡型基金 83% 保守型基金	0.99%
GlidePath AGE 75	92% 保守型基金 8% 货币型基金	0.95%

资料来源：Fisher Funds Management Limited。

4.3　投资收益

不同类型的基金风险不同，收益自然也有差距。货币型基金风险最小，历史上其从未出现过负收益的情况，但平均年收益也较小，约为 2.6%。保守型基金只在 2009 年受国际金融危机影响出现过负收益，其余时间收益虽有所波动但也较为稳定，其年均收益率为 4.5% 。平衡型、成长型、激进型基金收益波动较大、风险较高，年均收益率分别为 5.7% 、6.7% 和 6.6% 。

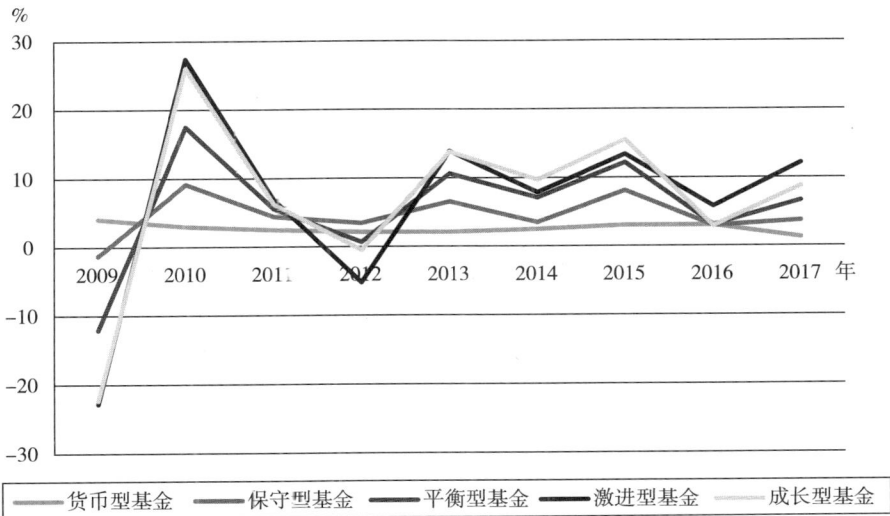

资料来源：新西兰金融市场管理局（FMA）。

图 9　不同类型基金的收益情况

4.4　投资流程与风险管理

KiwiSaver 的投资流程如图 10 所示：雇员通过雇主为其建立养老金账户；雇主定期将雇员的 KiwiSaver 缴费从其工资中扣除并连同雇主的缴费通过新西兰税务局建立的账户体系转入养老金计划提供商；养老金计划提供商负责养老金的投资管理，并在雇员退休时根据其账户中的资产数额向其支付养老金。

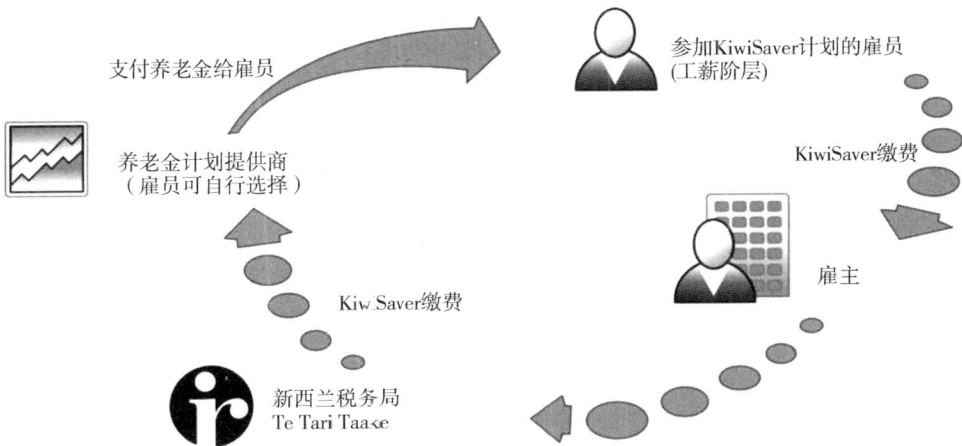

资料来源：新西兰税务局。

图 10　KiwiSaver 投资流程

KiwiSaver 养老金计划本质上是一个信托，每个养老金计划除了养老金计划提供商作为管理人，负责投资管理养老金资产，还有一个受托人作为雇员利益的代表，负责监督管理人的执行情况。新西兰金融市场管理局认为市场风险是正常的投资风险，KiwiSaver 最主要的风险并非来源于此，其认为管理人缺乏责任心、勤勉和能力来实施他们的投资策略才是最主要的风险。这就要求受托人在管理人进行投资的过程中时刻对其进行监督，看是否其做到以下几点：

（1）拥有适当且详细的投资策略；

（2）具备谨慎、责任心、勤勉来进行研究和分析；

（3）具备谨慎、责任心、勤勉来管理投资组合；

（4）遵循其投资政策和目标说明（SIPO）或其他类似文件进行投资；

（5）遵循信托合同的条款。

具体而言，新西兰金融市场管理局认为受托人对投资管理人的监督应包括以下几个方面的内容：

1. 详细的基于风险的监督计划。包括：

（1）监督计划应既适用于单个投资管理者又适用于整个养老金计划，并应定期审查和及时调整。

（2）受托人应清楚地了解投资管理策略及单个投资管理者和整个养老金计划的具体风险，并制定与之相匹配的监督策略。

（3）一些 KiwiSaver 计划的投资管理结构可能会使投资风险的监控和管理更为复杂。受托人应根据投资计划的结构和复杂程度制定合适的监督原则和汇报要求。

2. 定期审查，以确保受托人了解适用于每个 KiwiSaver 计划的投资风险。包括：

（1）确保监督计划清晰地聚焦于监督投资管理风险，并规定相关的监督流程。

（2）确保管理人通过合适的投资治理框架来制定投资策略，并监控管理人的投资决策与这些策略保持一致性。

（3）对管理人的投资策略是否包含足够多的细节描述以及这些描述是否与养老金计划提供的要约材料中所包含的描述相一致有明确且及时的评价。

3. 对关键风险及与其相关的控制措施的评估流程。包括通过适当的压力测试获得对管理人风险控制有效性的信心，这种有效性体现在管理人的风险控制能够充分识别风险因素并已对识别出的风险采取了缓释措施。

4. 使用积极主动的监测工具。包括：

（1）定期与管理人员举行正式会议和非正式会议，讨论投资策略的实施情况以及其是否符合 SIPO 的要求。

（2）定期评估 SIPO 是否包含了足够多的细节。

（3）定期监督管理人投资策略与信托合约的一致性。

（4）定期获取管理人的业绩表现，看其是否符合 SIPO 的限制、绩效基准和目标。

5. 使用来自管理人的信息。包括：

（1）要求管理人编写定制的报告。该报告应提供足够的资料，让受托人在适当情况下测试投资是否仍在指引的范围内，同时应定期审查报告适用性。

（2）要求管理人制定相关预案以应对可能出现的问题，并制定日后对相关问题进行改进的流程。

4.5 养老金投资运营监管

新西兰政府制定了一系列有关 KiwiSaver 的监管法规，表 3 列出了具体相关的法案及其涉及 KiwiSaver 的相关内容。

表 3   新西兰政府有关 KiwiSaver 的监管法规

法案名称	颁布时间	涉及 KiwiSaver 的内容
《KiwiSaver 法》	2006 年	该法案对 KiwiSaver 养老金计划的覆盖人群、缴费规则、计划提供机构及要求均做出了详细的定义与法律约束，是 KiwiSaver 计划监管的纲领性法案
《养老金计划法》	1989 年	大多数 KiwiSaver 计划被认为是注册养老金计划，因此 KiwiSaver 的方案将受到《养老金计划法》中各种规定的约束
《金融交易报告法》	1996 年	除默认投资计划以外的 KiwiSaver 投资计划正常遵循该法案。默认投资计划不需要遵循该法案中有关识别新成员的部分，但是在《KiwiSaver 法》的影响下，默认计划提供商仍然需要为识别新成员的身份而做出应有的努力
《所得税法》	2007 年	该法案规定了通过新西兰证券投资实体（PIE）和境外证券投资获得投资收益如何征税的规定。此法案与《税收管理法案》一起，列出了代扣所得税（Paye）的规定，明确了计算 KiwiSaver 缴费时应包括的薪资所得的范围
《税收管理法》	1994 年	该法案与《所得税法》一同明确了代扣所得税（Paye）的规定，同时还明确了税务局从雇主那里收集缴费信息并将其转交给方案提供者的方式
《投资顾问（披露）法》	2008 年	这项法案规定了向公众提供投资建议或从公众那里获得资金或财产的中介人需要披露的信息
《金融市场管理局法》	2011 年	这一法案建立了金融市场管理局，该机构负责对金融部门的监管，包括监督养老金计划管理者和受托人以及监督财务顾问的行为
《金融市场行为法》	2013 年	该法案的第 396 条对成为众筹资金管理人的具体要求与条件进行了规定，也是 FMA 针对 KiwiSaver 及其他自愿型养老金计划进行监管的基本纲领。此外，KiwiSaver 和其他自愿型养老金计划的提供机构也必须受到该法案的全面约束，规范其在金融市场的行为
《KiwiSaver 预算措施法》	2015 年	这一法案取消了政府给予每位新加入成员 1000 新西兰元补贴的措施

资料来源：新西兰议会，新西兰税务局。

除了制定与 KiwiSaver 相关的政策法规，新西兰政府也会行使对 KiwiSaver 运营的监管职能，行使这一职能的主要是新西兰金融市场管理局（FMA）和新西兰税务局两个机构。

新西兰税务局监管的对象主要是雇主，其主要关注的是雇主是否能够及时登记符合自动加入机制的新雇员、是否能够按时上传信息、是否按时扣除雇员的 KiwiSaver 缴费并进行雇主缴费等方面。如果雇主未能按照规定履行上述义务，新西兰税务局将对其进行处罚。处罚标准为小型企业每月 50 新西兰元，大型企业每月 250 新西兰元。

而新西兰金融市场管理局主要监管的是除雇主以外的其他参与方的行为，其重点关注的内容具体包括以下几个方面：

1. 投资：管理者必须在计划资产的投资中保持谨慎、勤勉和专业，并按照规定的投资政策和目标进行投资。2013 年，FMA 完成了对 KiwiSaver 计划受托人如何监控管理人员投资活动的初步审查，重点是流程和控制。审查结果是 FMA 向 KiwiSaver 计划受托人发出了指导性说明，并确定了应该进行哪些进一步的监督工作。

2. 基金单位净值：单位净值计算错误可能会对投资者造成不利影响。FMA 会关注 KiwiSaver 计划受托人如何监督管理人进行基金估值。

3. 信息披露：FMA 将审核 KiwiSaver 计划提供商提交的文件，并结合其投资政策和目标（SIPO）检测其投资策略是否得到适当披露以及披露文件是否可以被投资者理解。FMA 针对发行人的有效披露指引强调了从谨慎但非专业投资者的角度看产品透明度的必要性。作为年度工作计划的一部分，FMA 将监督发行人是否适应了该指引。

4. 基金费率：FMA 制定了两套新的规定，分别旨在提高基金管理费用的透明度和统一费用计算标准，使投资者能够更好地对不同的基金进行比较。

5. KiwiSaver 计划受托人：受托人作为对基金管理人监督的第一道防线，其责任对于 KiwiSaver 计划的有效运作至关重要。FMA 对 KiwiSaver 的情况时刻保持关注，作为其持续监督受托人的一部分。同时，FMA 也将尽可能清晰地表明其对 KiwiSaver 计划受托人的期望。

6. 指导和建议：FMA 已经发布了关于 KiwiSaver 销售和分销的指导，并将监控分销商如何适应指导。FMA 希望分销商能够监控销售实践并避免不适当的客户激励措施，并且其会根据反馈意见向客户发布非咨询或咨询服务的信息，并在发生误销时采取相应措施。

除了这些重点关注的内容，FMA 还将与新西兰税务局一同管理新养老金计划的注册、旧养老金计划的清算以及养老金计划的合并。同时其还负责管理默认计划监督小组，该小组负责监督 9 个默认养老金投资计划。

5　对我国的借鉴意义

KiwiSaver 出现之前，新西兰的养老金体系和我国的养老金体系存在很大的相似之处。两国都是单一支柱的公共养老金独大，其他支柱发展缓慢或根本不存在。并且两国都面临人口老龄化的挑战，养老金体系的持续性面临威胁。对单一支柱的改革在两国也都遇到了形式各样的阻碍，往往一种养老金体系一旦形成便会形成严重的路径依赖。即使随着社会的发展其已经不能适应民众的要求，但是一项对原有制度的大幅改革一般会牵扯较多人的利益，特别是对待遇确定型养老金的改革还涉及代际公平问题，因此也较难推进。而一旦失败，在西方国家还可能会造成政党败选、政府首脑下台等问题，即便在我国也有可能会引起社会不稳定、引发群众对政府的不满。而新西兰的 KiwiSaver 计划最终形成，可谓是多方权衡后的最佳结果，其针对鼓励居民参与和推广难、选择难等问题，采取了许多卓有成效的措施，值得我国学习和借鉴。

5.1　政府补贴与税收政策

新西兰政府采取的方法与一般国家给予税收递延优惠有很大不同，KiwiSaver 的缴费并不具有税收递延效果，政府完全是通过丰厚的补贴来鼓励人们参与 KiwiSaver。而在我国，由于居民收入还不够高，与世界其他发达国家还有相当大的差距，仍有大量的人月收入在个税起征点以下，这就使我国个人所得税税源不丰富。此外，我国的征税机制还不完善，全民纳税意识还不够强，征税多是被动的方式，如表 4 所示，根据调查，我国个人所得税贡献者主要是国有企业职员，有相当数量的私有企业员工及个体人员主动履行自己纳税的义务意识淡薄，私营个体个人所得税流失率高达 70.9%，其实际税负甚至不足国有企业职员的一半。这将使我国发展税收递延型养老金的吸引力可能不如税收体系较为健全的发达国家。但是如果借鉴新西兰 KiwiSaver 的模式，由政府直接补贴来带动居民参与热情，将有可能取得更好的效果。同时，新西兰政府还设置了 521.43 新西兰元补贴上限，以避免高收入人群享受过于高额的补贴，以此来维护社会公平，这同样值得借鉴。

表 4　　　　　　　　　　不同单位性质的样本纳税人个税流失率

所有制形式	平均收入（万元）	实际征收的个税（万元）	理论上应征收的个税（万元）	个税流失率（%）	实际税负（%）	对税收的贡献度（%）
国有控股	4.95	454.2	740.3	38.65	5.8	34.2
集体控股	4.42	52.82	139.1	62.03	3.3	4
私营个体	3.45	203.7	700	70.9	2.2	15.3
外商独资	8.39	199.1	334.3	40.45	11.7	15

所有制形式	平均收入 （万元）	实际征收的个税 （万元）	理论上应征收的个税 （万元）	个税流失率 （%）	实际税负 （%）	对税收的贡献度 （%）
港澳台独资	5.53	10.37	27.91	62.84	4.4	0.8
中外合资	6.52	76.05	188.7	59.7	7.4	5.7
其他	3.57	5.89	20.51	71.28	2.2	0.4

资料来源：《个人所得税收入流失率抽样调查》《税务研究》。

5.2　自动加入机制解决推广难的问题

KiwiSaver 的自动加入机制强制所有满 18 岁的新员工自动加入 KiwiSaver，但同时又给了人们选择退出的机会。这一方面保证了群众自主决策的权利，另一方面又会让很多本身没有养老储备计划和想法的人参与到这一活动中来。正如 2017 年诺贝经济学奖得主泰勒在其著作《助推》中说的那样：助推行为充分尊重人们的选择权，但是通过改变一些小的因素，使人们能够更方便地做出有利于自己的决策。设置自动触发行为便是一种典型的助推，KiwiSaver 的自动加入机制便是这一思想的典型应用。

5.3　投资顾问和默认选择解决选择难的问题

虽然 KiwiSaver 为参与者提供了主动参与到投资决策中的机会，但同时也造成了许多不具备投资知识的投资者难以选择合适的投资计划的问题。KiwiSaver 的计划提供商在这方面作出了很大的贡献，在投资者加入 KiwiSaver 时，计划提供商会收集他们的年龄、风险偏好、投资目标等信息，并根据这些信息帮助投资者进行决策。KiwiSaver 的计划提供商还提供了相关财务顾问服务，由于财务顾问具有专业的知识，并能与养老金投资者进行更深入的交流，他们会给投资者提供更加合适的养老金理财建议。即便投资者既不愿意向计划提供商提供过多的个人信息，也不愿花费时间和精力去选择方案，各种默认方案也会为其带来适当的收益以帮助其抵御通货膨胀。不过投资者自己也有义务了解 KiwiSaver 投资计划的详情，并对自己做出的任何投资决策负责，而政府在这一过程中明确并不承担投资损失的责任，只是履行相关监管职责。例如，其要求各养老金提供商必须在资料中明确说明投资者需要承担的不同类型的风险、各类基金风险的大小，并向参与者告知各方需要承担的责任，还要求默认投资计划提供商披露更多的信息等。借鉴这些做法有助于培养起投资者的风险意识，使他们对金融市场有更多的了解，并提升其决策的自主性，对于打破我国如今大多数养老产品刚性兑付的情况也具有指导作用。虽然投资者需要承担自己的投资决策带来的风险，但最终的投资组合还是由专业的基金公司构建和操作，这将使投资者能够实现投资的分散化，并有效地避免非理性投资行为导致的养老金损失。

参考文献

［1］Inland Revenue Department. *KiwiSaver evaluation：Final summary report*［R］. New Zealand，2015.

［2］Financial Markets Authority. *Periodic Disclosure Statement files*［EB/OL］. https：//fma. govt. nz/news – and – resources/reports – and – papers/compare – KiwiSaver – data/.

［3］ANZ. *ANZ KiwiSaver Scheme product disclosure statement*［EB/OL］. https：//www. anz. co. nz/personal/.

［4］Fisher Funds TWO. *Fisher Funds TWO KiwiSaver Scheme product disclosure statement*［EB/OL］. https：//ff2KiwiSaver. co. nz.

［5］Financial Markets Authority. *Kiwisaver Annual Report*［EB/OL］. https：//fma. govt. nz/news – and – resources/reports – and – papers/statutory – reports/KiwiSaver – report/.

［6］晏华，夏太彪，陈建东. 个人所得税收入流失率抽样调查［J］. 税务研究，2016（11）。

第七章 法国个人养老金制度经验

广发基金管理有限公司 彭维瀚 孙 瑜

摘 要 法国养老金体系由国家基本养老金主导的特点非常突出，这造成了沉重的财政负担，令法国政府深受其苦。法国积累制的个人养老金制度"先天不足、后天畸形"，虽然反复改革，但阻力重重，收效甚微，也给法国私人养老金的发展留下了后遗症：制度繁复、散乱，参与规模却都不大。并且，乐于思考、热爱幻想似乎是法国人的天性，其养老金制度设计比大多数欧洲国家都更加复杂，无论是投资政策还是税收政策都进行了专门设计。究竟如何对症下药地改革才能妥善解决养老问题，对目前的法国而言显然教训多过经验。"前车之鉴，后车之覆"，反观当下的中国养老金体系，当可借鉴一二。

关键词 法国养老金体系 个人退休储蓄计划（PERP） 运营监管 经验借鉴

1 法国养老金体系概述

1.1 法国养老金体系介绍

经过历史上的多次改革，法国形成了三支柱养老金体系，包括法定养老金、补充养老金和自愿型额外养老金三个部分①（详见表1）。

具体而言，第一支柱是现收现付的基本养老金制度（Régime Général），按经济—职业类别划分为四大类：一是覆盖私营工商业部门雇员的"总制度"；二是覆盖农业人口的"农业制度"；三是覆盖农业领域以外的非劳动者，即个体从业者的"非雇员非农业人员制度"；四是一些在现行养老金制度建立之前就已经存在的、被统称为"特殊制度"的行业养老金制度，其中以十余个公有部门制度为主，如公务员制度、法国国营铁路公司制度等。另外，为应对现收现付制下第一支柱的巨大支付压力，法国政府于1999年成立了法国退休储备基金（Fonds de Reserve Pour les Retraites，FRR），作为法国养老金第一支柱的补充和长期战略储备，在2020年以前不做任何动用；从2020年到2040年，将法国储备基金逐渐融入成为基本养老金的

---

① Gabriela Gublin Guerrero. *Système de retraite en France* [J]. BSI Economics, http://www.bsi-economics.org/images/systemfraepggg.pdf.

一部分，以填补基本养老金的收支缺口。

第二支柱是强制性的补充养老金制度（Régime Complémentaire），包括管理人员补充养老制度（AGIRC）和雇员补充养老制度（ARRCO）[①]，以及专门保障国家公务员、军人、医护人员以及法官等公职人员养老权益的公共部门补充养老保险制度（RAFP）。此外，企业集体退休储蓄计划（PERCO）也常常被纳入第二支柱进行讨论。应该强调的是，法国的强制性的补充养老金制度也采用了现收现付制。

第三支柱是自愿型额外养老金制度（Régime Supplémentaire），主要包括个人退休储蓄计划（PREP）、专门部门的私人养老合约（Contrat Madelin）和人寿保险（L'assurance – vie）等[②]。其中，专门部门的私人养老合约包括为自雇人士设计的个人退休储蓄计划（Contrats Madelin TNS）及为农业人士设计的个人退休储蓄计划（Agricole）。

表1 　　　　　　　　　　　法国养老金体系

第一支柱	第二支柱	第三支柱
法定基本养老金制度	补充养老金制度	自愿型额外养老金制度
1. 私营工商业养老金 2. 农业人口养老金 3. 个体从业者养老金 4. 特殊制度养老金	1. 管理人员补充养老制度（AGIRC） 2. 雇员补充养老制度（ARRCO） 3. 公共部门补充养老保险制度（RAFP） 4. 企业集体退休储蓄计划（PERCO）	1. 个人退休储蓄计划（PERP） 2. 专门部门的私人养老合约（Contrat Madelin） 3. 人寿保险（L'assurance – vie）

资料来源：根据官方资料整理。

1.2 法国养老金发展现状

1. 现收现付制的第一支柱占据绝对主导地位，第二、第三支柱发育不足

法国养老金体系基于俾斯麦体系而建立，虽然法国已经形成了三支柱养老金体系，但是从比例来看，因为建立基金积累制养老金的多次尝试均告失败，法国的第二、第三支柱规模小、发育慢。而现收现付制的第一支柱养老金占据绝对的主导地位。

根据 OECD（2017）的统计，从私人养老金占 GDP 的比例来看，法国 2016 年的数据仅为 9.8%，远低于丹麦、荷兰、加拿大、爱尔兰、美国的水平及 OECD 各国的平均水平。根据 OECD *Pension Market in Focus* 2017 的数据，法国近 90% 的基金积累制养老金资产以职业养老金的形式持有。个人养老金仅占基金积累制养老金的 10% 左右。但是，伴随着全球经济从繁荣转向衰退，法国经济也深受影响，充分就业难以实现，财政收入日渐不足，与此同时，福利开支却不断攀升，导致财政出现

[①] 详见 https：//www. la – retraite – en – clair. fr/cid3198509/retraite – salaries – regime – general. html。

[②] 详见 https：//www. previssima. fr/lexique/regime – de – retraite – supplementaire. html。

严重亏空，使法国的社会保障体系特别是作为其核心的养老制度逐渐面临持续性不足的难题。

2. 养老金计划层次较多，种类繁杂

法国养老金体系几乎覆盖了全部人口，但是，法国的养老金制度往往按照人群和工作性质进行划分，比较分散，达 500 多种，横跨第二、第三支柱，部分计划既允许雇主补贴，也允许雇员单独参加，性质比较难以界定；且制度标准复杂，缴费、投资选择和待遇领取都有一系列单独的设计，给法国养老金后期的改革造成越来越大的阻力。

3. 社会互济性强，社会贫困率较低

法国的养老金制度在管理上奉行"合作主义"原则，特别是强制性补充养老制度 ARRCO 和 AGRIC 由社会合作伙伴①即雇主和雇员代表直接管理，管理权控制在以法国总工会为代表的几大工会手里，政府只负责监督责任。传统上工会的强势地位导致法国的基金制养老金发展缓慢，多采用现收现付制。现收现付制的养老金制度具有很强的再分配属性，因此客观上提高了老年人的退休福利待遇。

根据 OECD 的数据统计，2014 年 OECD 国家 65 岁及以上人口的平均收入水平占总人口平均收入水平的 88%，而法国的数据是 103.4%，该指标不但表明法国退休人口收入水平整体上高于在职人口，而且在所有 OECD 国家中位居第一。

2 法国个人养老金制度的历史演进

第二次世界大战前，经过工会的长期斗争，法国政府在 1930 年建立了一个面向全体工薪者的基金积累制的养老金制度，然而在不久后发生的全球性经济危机（1929—1933 年）中，养老金价值大幅"跳水"，退休者的养老金权益遭受了极大的损失，法国人对此一直耿耿于怀。

第二次世界大战后，法国国力受到重创，重新建立的养老金制度遭到工薪阶层，尤其是管理层的强烈反对，因为新制度只提供基础水平的养老金待遇，与战前存在很大差距。法国政府为了让这部分群体统一加入国家养老金制度，同意他们与雇主协商建立类似企业年金形式的补充养老计划，即管理人员补充养老制度（AGIRC），从某种意义上讲，这是政府为补偿管理人员的福利损失而进行妥协的结果。与基本养老金制度一样，补充养老制度也采取现收现付模式，缴费由雇主和雇员共同承担。之后，为普通工薪阶层建立了类似的"雇员补充养老制度"（ARRCO）。1972 年，法国通过 12 月 29 日法令 *loi du 29 décembre* 1972，以法律形式将 AGIRC 和 ARRCO

---

① 社会合作伙伴由代表雇员的工会和代表雇主的组织共同构成。负责协商和签署属于劳动权益（工作条件、员工培养等）、失业及退休领域的协议，也可接受政府咨询。社会合作伙伴可以自主做决定，但政府也可参与决定过程。

确立为强制性的养老制度。

20 世纪 70 年代以后，法国经济开始逐渐从战后的创伤中恢复并走向繁荣，伴随着劳动人口的增加和工资水平的不断提升，第一支柱养老金的替代率也节节攀升，达到 70%，甚至在最高时达到 90%，居高不下的第一支柱替代率成为第二、第三支柱发展的阻碍，但如何改革却是摆在政府面前的棘手问题。1995 年，在时任总理朱佩的引导下推行的养老制度改革遭到工会的强烈反对，以失败告终，朱佩本人也不得不下台。此后近 10 年，养老金制度改革成为法国各届政府都不敢轻易触碰的"雷区"。

沉重的养老负担让法国的政府财政承受了巨大压力，到 2003 年时，财政赤字率一度超过 3%，这触碰了欧盟委员会的红线。在人口老龄化日益加剧的大环境下，欧盟委员会开始要求成员国采取行动，进行以养老金改革为重点的社会养老模式改革。几乎同时期，经济全球化成为趋势，这使得在法国的他国企业不断增多，其中很多企业将类似企业年金的养老金计划带入法国，以吸引和留住人才。菲永政府很好地抓住了这个时机，在 2003 年成功游说工会，并在发起的第三轮退休金改革中，"菲永法"推出了第二、第三支柱的养老计划——公共部门补充养老保险制度（RAFP）、企业集体退休储蓄计划（PERCO）和个人退休储蓄计划（PERP）。前者面向公职人员，第二种面向私营企业，后者面向全体劳动者，通过 EET 的方式提供激励。这次改革具有开创性质，奠定了目前法国养老金三支柱体系的基本框架。

值得一提的是，法国在 2010 年颁布的《税法总则》① 第 39 条和第 83 条规定，企业可通过自行动议、集体协商和内部公投等形式自愿为全体或部分雇员建立 DB 型或 DC 型年金计划。但这种"自愿建立"的方式取得的最终效果并不明显，除了少数财力雄厚的大企业特别是金融企业为管理层建立了 DB 型养老金外，大部分企业并没有表现出积极性。进入 21 世纪后，经济进入衰退周期，2008 年国际金融危机后欧洲经济发展大幅减速，传统的福利国家模式也问题频出，并在 2010 年欧洲主权债务危机中得到了最大爆发。在此背景下，法国劳动力市场逐步出现就业多样化趋势，非正规就业增多且成为常态。这种改变无疑为私人养老金提供了发展空间，企业集体退休储蓄计划的参与人数从最初的不到 2 万人发展至 2013 年的 18 万家企业近 200 万人，2014 年参与企业又增加了 1.1 万家；个人退休储蓄计划从创建之初的 120 万人增至 2013 年的 228.5 万人。

---

① 《税法总则》早在 1950 年就颁布实施，但第 39 条和第 83 条在 2010 年才颁布。

3 法国个人养老金制度安排

3.1 计划类型

法国的个人养老金计划包括面向全体的个人退休储蓄计划（PERP）、为自雇人士设计的个人退休储蓄计划（Contrats Madelin TNS）和为农业人士设计的个人退休储蓄计划（Contrats Madelin Agricole），以及人寿保险（L'assurance – vie）。

1. 个人退休储蓄计划

个人退休储蓄计划是一种长期储蓄产品，所有个人均可自愿参与，并可在银行、保险公司或互助保险机构（Organisme de Prévoyance ou Mutuelle）中任选机构进行注册。参与者可以自行决定缴款频率和金额。[①]

在退休前，向 PERP 的缴费将被锁定，并根据计划所有者想要承担的风险和目标积累额进行投资。退休后，投资总额用于购买年金（定期收入支付），根据合同条款，该年金可以全部转移给未亡配偶。

2. 专门部门的私人养老合约（Contrat Madelin）[②]

私人养老合约是由个人自愿参与的补充养老储蓄，随着"1994 年 2 月 11 日法令"（loi du 11 février 1994）的颁布而制定，主要面向非雇佣劳动者、非农业劳动者，即面向商人、工业从业者、手工业者、自由职业者、修道士。后来又专门增加了一种面向农业劳动者的私人养老金合约。

3. 人寿保险（L'assurance – vie）[③]

人寿保险是法国人进行养老储蓄的一种选择，享受税收优惠。其特点包括：缴费频率较为固定，参与人退休后，以年金形式领取养老金。若参与人死亡，账户所积累的金额可以继承和转移给指定受益人。大多人寿保险合同没有法定期限，部分合同会将期限限定为 8～20 年。

3.2 资产规模

根据欧盟委员会（EU）的统计，截至 2016 年底，个人退休储蓄计划（PERP）的资产管理规模为 123.8 亿欧元；自雇人士的个人退休储蓄计划的资产管理规模为 327.38 亿欧元；农业人士的个人退休储蓄计划的资产管理规模为 47.94 亿欧元。2016 年，法国人寿保险总额超过 16 亿欧元。

[①] 详见 https：//www. service – public. fr/particuliers/vosdroits/F10259。

[②] 详见 https：//www. haussmann – patrimoine. fr/financier_contrats_madelin_definition/。

[③] 详见 https：//www. retraite. com/assurance – vie/。

3.3 投资管理

无论是个人退休储蓄计划（PERP）和专门部门的私人养老合约（Contrat Madelin）还是人寿保险（L'assurance – vie），投资限制根据供应商和持有者的不同而有所不同。整体上有以下选择：

1. 投资于欧元基金（防御型投资）。主要特点就是最大限度地保障储蓄金安全。在合同结束时，管理机构必须向参与人返还全部缴费（扣除所有费用后），以及投资收益。但收益很少，基于 2 个要素：

（1）技术利率（Taux d'ntérêt Technique）：规定为政府债券平均利率（TME）的 75%；

（2）管理机构的利润分红：每年支付，但有时管理机构会平滑利润分红以保障每年都有最低投资收益。不过，无论如何，管理机构最多可拖延 8 年支付全部利润。

自 2010 年起，欧元基金的收益持续走低。尽管之前大多合同收益都接近 4%，2010 年以后却逐渐下滑至仅近 2.5% 的收益率，但是收益率是有保障且无风险的。

2. 投资于基金联接产品（激进型投资）。参与人自己承担金融风险，但是收益可能会远高于前一种。基金联接产品可以投资一种或多种金融产品，如股票、债券等。与投资单一基金不同的是，基金联接产品可在不取消合同的情况下将资产从一个合同转到另一个合同中。但每次转移都会产生费用。

对基金联接产品的 4 种管理方式：

（1）自主管理：参与人自己可决定如何将储蓄分配给不同投资产品。在合同期限内，参与人可以修改投资产品组合。

（2）根据参与人选择的投资产品的风险，金融专家负责管理和分配资金。有 3 种方式：一是"安全型"（Profil Sécurité），大部分储蓄投资于欧元基金或同类风险较低的产品，小部分投资股票（大概占 15%）；二是"均衡型"（Profil éQuilibré），大部分储蓄投资于欧元基金，30% ~ 40% 投资股票；三是"活力型"（Profil Dynamique），大部分储蓄投资股票。

（3）对投资产品进行定制化管理，与参与人年龄和投资策略相挂钩。参与人可以在二十多岁刚参与缴费时选择风险较大的投资方式，随着年龄的增加再逐渐调整投资使投资策略更为稳健。

（4）委托管理：根据投资特点，参与人全权委托给专业人员。这种管理模式将越来越普及。

3. 在认购时将高比例的资产投资于基金联接产品，之后随着持有人退休年龄的临近逐渐转换为欧元基金，既能避免养老金的损失，又能获得更多的收益（相比只投资欧元基金获得的收益而言）。从长远角度来看，这类合同在收益和安全性之间找到了更佳的平衡方式。

值得注意的是，虽然政府对投资没有最低收益率保证要求，但是一些提供商也会对欧元基金设置保证收益率的条款，而基金联接产品则没有。

3.4 基本运作模式——以 Cardif Multi – plus Perp 产品为例

PERP 目前共有 53 个产品，现选取其中比较典型的 BNP Paribas Cardif 公司的产品 Cardif Multi – plus Perp，以此为例介绍其基本运作模式。BNP Paribas Cardif 是法国巴黎银行（BNP Cardif）旗下设立的法国保险投资公司（la Compagnie d'Assurance et d'Investissement de France），成立于 1973 年 7 月。

1. 缴费方式

缴费方式较为灵活，可选择随时缴费（每次最低缴费金额为 150 欧元），或者固定缴费（每月至少 50 欧元）。参与者可以在任何时候进行额外缴费，修改固定缴费金额或中止合同。

2. 投资选择

根据参与者距离退休的时间长短及其对金融风险的敏感程度，提供 3 种投资方式。

（1）保守选择：缴费将被分配给 CAMGESTION 和 Cardif 欧元基金（le fonds en Euros Cardif）。

（2）自主选择：参与者自行选择投资策略并决定资产配置，公司提供海内外 70 多家顶级资产公司提供的 70 多个投资产品供参与者选择。

（3）选择投资顾问：公司甄选巴黎银行资产管理公司和富达国家的投资顾问为参与人提供定制化的长期养老金投资解决方案。参与人的资金会根据其退休时间配置到相应的股票、债券和货币资产中。

3. 特殊保障机制

如果参与者在退休前死亡，参与者积累的养老金资产会按规定返还：一是返还给配偶或任一指定成人，将以终身年金或为期至少 10 年的临时年金的方式进行返还；二是返还给未成年人，将以临时教育年金的方式进行返还，直至其年满 25 岁。

4. 待遇领取

PERP 合同到期，参与人最多可以一次性领取 20% 的积累额，剩下的 80% 将以年金的形式领取。一些特定情况下可以提前领取。

3.5 待遇领取与税收优惠

法国第三支柱享受的税收政策为 EET 模式，具体到各种计划类型又略有区别。

3.5.1 个人退休储蓄计划（PREP）

1. 待遇支付

PERP 领取时有 3 种形式：年金，一次性领取或两者组合（默认选择年金形式）。待遇支付时间与法定养老金相同，但在以下情况下可提前退休并领取：

（1）非雇佣劳动者、个人业主或企业终止活动（如个人公司被售卖、业主退休或死亡等情况）；

（2）二级或三级伤残；

（3）自雇停业清算。

PERP 产品所积累的资金也可以用于购买个人首套主要住房，但受益人所领取的资金需缴纳所得税。

2. 税收优惠

（1）缴费阶段：部分免税

参与者可以获得税收减免，封顶线为上年度收入总额的 10%。该封顶线最低不得低于上年度社会保障上限（PASS）的 10%，最高不得超过上年度社保会保障上限的 8 倍。上限金额每年都会发生变化，2016 年 PASS 扣除额为 38616 欧元。

（2）投资阶段：无条件免税

（3）领取阶段：征税

以年金形式领取的养老金，养老金在扣除 10% 后按个人收入的边际利率征税。此外，养老金还要缴纳普通社会保险捐税（CSG）（6.6%）、社会保险债务偿还税（CRDS）（0.5%）、健康缴费（1%）、独立自主贡献（CASA）（0.3%）。其中，部分 CSG 可从所得税中予以扣除（4.2%）。

参与者也可以选择一次性领取，最高可一次性提取 PERP 的 20%。在这种情况下，个人可以在以下 3 种领取和税收安排中进行自主选择。

选择一：一次性领取金额扣除 10% 后，按个人收入的边际税率征税。一次性领取金额要缴纳社会保障费。

选择二：一次性领取额按照 4 倍的附加税征税，附加税由一次性领取额的四分之一按个人适用的所得税边际利率征税后得出。在这种选择下，一次性付款金额也要缴纳社会保障费。

选择三：一次性领取金额按照 7.5% 的税率征税，同时须缴纳 CSG（6.6%）和 CRDS（0.5%）。在这个选项下，CSG 不可抵扣。该选项相对优惠，仅适用于未来放弃在该计划合同下采用一次性领取方式的情况。

3.5.2 专门部门的私人养老合约（Contrat Madelin）

1. 待遇支付

强制以年金形式领取。

2. 税收优惠

（1）缴费阶段：部分减免

税收减免限额取决于应税收入。如果应税收入低于年度社会保障上限（PASS），则税收减免限额的封顶线为 PASS 的 10%；如果应税收入介于 PASS 的 1 倍至 8 倍之间，则税收减免限额的封顶线等于应税收入的 10% 再加上应税收入超过 PASS 部分的 15%；如果应税收入高于 8 倍的 PASS，则税收减免限额的封顶线等于 8 倍 PASS 的 10% 加上 7 倍 PASS 的 15%。

（2）投资阶段：无条件免税

（3）领取阶段：征税

以年金形式领取的养老金，养老金在扣除 10% 后按个人所得的边际利率征税。每个人的扣除额标准（个人收入的 10%）不得低于 379 欧元且每个家庭的扣除额标准不得高于 3711 欧元。如果个人养老金低于 379 欧元，那么养老金全额免税。养老金也同样要缴纳普通社会保险捐税（CSG）（6.6%）、社会保险债务偿还税（CRDS）（0.5%）、健康缴费（1%）、独立自主贡献（CASA）（0.3%）。部分 CSG 可从所得税中予以扣除（4.2%）。

3.5.3　人寿保险（L'assurance – vie）

1. 待遇支付

（1）将所有缴费及利润一次性领取。

（2）渐进式地每次取出部分养老金。

（3）以终身年金的方式领取（可发放至投保人去世），发放频率可以按月、按季度或按年等。年金领取方式较为理想，能保证给参保人提供定期收入，但也存在一些劣势：在签署合同时很难预估未来年金领取的金额，年金金额将由合同结束时的死亡率表决定。具体来说，对那些超过死亡率表上人均寿命的人而言，这是一种非常有利的方式，他们获得的养老金将高于储蓄本金，相反，对那些未达人均寿命就死亡的人而言，这种方式就不太有利。

（4）将一次性领取和以年金方式领取相结合。参与人可决定一次性领取额和年金的比例，如 60% 一次性领取，40% 以终身年金的方式领取。这种方式既可以保证参与人在退休时定期获得收入，也可以在投保人去世时将部分资产转移给继承者。

2. 税收优惠

人寿保险的税率根据合同年限而不同：8 年及以上，税率为 7.5%，每人可税收减免 4600 欧元（夫妇可减免 9200 欧元）；4～8 年，税率为 15%；低于 4 年，税率为 35%。

马克龙政府实行的平税制（la Flat Taxe, ou PFU）旨在使金融产品税收制度更为简单。对于"小合同"（即积累金额不多的合同）的投保者而言，没有任何影响；但对那些储蓄金额高于 15 万欧元的个人（或高于 30 万欧元的夫妇）而言，以前根据合同期限而降低的解除义务的预扣税率将被统一税收所替代，即 30%。对期限短于 8 年的合同而言，优势显著；然而对期限长于 8 年的合同而言，税收将由 23%（（7.5%）统一税收（Prélèvement Forfaitaire）＋15.5% 的社会征收税（Prélèvements Sociaux））增加到 30%。

3.6　监督机制

法国社会事务、劳动和互助部（Ministère des affaires sociales, du travail et de la solidarité，类似我国人力资源社会保障部）①、法兰西银行（Banque de France，类似我国央行）、审慎监管与纾困局（ACPR）和公共财政总局（DGFIP，类似我国国家税务总局，隶属于法国经济财政部）等在监督和保障第三支柱养老金运营方面具有重要作用，其中审慎监管与纾困局在个人养老金的监管中占据核心地位，形成了"以社会事务、劳动和互助部为政策引导，审慎监管与纾困局为监管核心②，公共财政总局把关"的三足鼎立局面（法兰西银行为 ACPR 提供支持）。

1. 社会事务、劳动和互助部（Ministère des affaires sociales，du travail et de la solidarité）

2003 年，时任法国社会事务、劳动和互助部（以下简称社会事务部）部长弗朗索瓦·菲永（François Fillon）牵头提交并颁布了《菲永法》（Loi Fillon），在第 114 条中明确提出将之前的"个人养老储蓄"变更为"大众退休储蓄"③，自此个人养老金被纳入规范化的发展轨道。在养老金领域，该政府部门的职能主要体现在政策的制定方面：它制定和实施与社会保障机构、补充养老金机构、家庭补助金机构、疾病险机构、生育险机构运营管理相关的法律法规。社会事务部还与劳动部协同制定工伤事故及职业病相关的法律法规，与公共财政与行动部（Ministère de l'Action et des Comptes publics）共同制定颁布《社保融资法》（loi de financement de la sécurité sociale）并监督其后续的执行情况。④

2. 法兰西银行（Banque de France）

法兰西银行又称法国中央银行，工作核心是货币战略、金融稳定与集体经济服务。在个人养老金方面，法兰西银行虽然不直接监管保险业，但需要协助审慎监管与纾困局（ACPR）的监管工作，并向其提供资金、人员与信息支持。⑤

3. 审慎监管与纾困局（ACPR）

审慎监管与纾困局于 2010 年由银行委员会（Commission bancaire）、保险与互助保险监管局（ACAM）、保险公司委员会（CEA）及信贷机构及投资公司委员会（CECEI）合并成立，负责对银行业与保险业进行监管，在反洗钱、反恐怖主义、消费者保护和金融市场的稳定方面起着重要的作用。

ACPR 下设银行监管、保险监管、认证监管、风险分析与研究、国际事务等 15 个分部。其中保险监管部负责保险行业所有机构的监督，该部门还设立了保险行业

①　现为社会团结与卫生部（Ministère des Solidarités et de la Santé）。
②　从一定程度上讲，法兰西银行与审慎监管与纾困局在个人养老金监管上具备近似职能，因为后者的主席由法兰西银行兼任。
③　《菲永法》，https：//www. legifrance. gouv. fr/affichTexte. do？cidTexte = LEGITEXT000005635050& date-Texte =。
④　法国社会事务、劳动和互助部，http：//solidarites - sante. gouv. fr/ministere/missions - du - ministere/ar-ticle/missions - du - ministere - des - solidarite - et - de - la - sante。
⑤　审慎监管与纾困局的职能见 https：//acpr. banque - france. fr/lacpr/presentation/quest - ce - que - lacpr。

审慎与规章问题中心（pôle d'expertise sur les questions prudentielles et réglementaires en matière d'assurance），推动审慎监管与纾困局相关审慎规则的建立、发展与施行。[1]

在保险业的监管层面，其职能主要分为以下四个方面：（1）对保险业进行审慎监管，发放机构认证许可，之后对保险产品发行机构的运营情况和财务状况进行持续性的监督；（2）法国拥有银行保险这一类的大型公司，即公司同时开展银行和保险业务。这种双重活动会产生对应的风险，但这两种活动之间也可能会产生相互的溢出效应风险。为了更好地控制这些风险，ACPR 设立了专门监督银行保险集团的子机构。保险监管还依赖于在金融稳定框架内进行的研究，这些研究一方面可以提供有助于日常审慎监管的个体比较，另一方面可以分析行业和宏观经济风险。因此，ACPR 通过监督可能影响保险部门的风险来履行其维护金融稳定的使命；（3）预防和解决保险行业的困难，以帮助保险机构的恢复和重建[2]；（4）在欧洲和国际范围内开展其保险监管任务，并积极参与国际合作，融入国际规则的演变和发展中。[3]

4. 公共财政总局（DGFIP）

法国公共财政总局隶属经济财政部（MEF），行使税务和公共财政相关职能，具体而言，该部门设计和准备与税收有关的法律法规和适用的一般解释性说明，设计和编制有关征税、土地登记的立法和监管文本，确保其实施并执行相应的行政任务，它确保了各项税收的征缴和监管等。[4] 在个人养老金方面，PERP 提领时应当进行收入申报并按照与其他退休养老金相同的方式纳税。[5]

4 对中国的启示与借鉴

4.1 抽薪止沸，优先消解二元体制

法国在 2003 年改革之前，公共部门养老特权非常突出，表现为更加宽松的退休条件、低缴费率、更低的最低缴费年限以及更加优惠的核算基数。法国养老金体系基本上按照不同群体设计了相互分割的不同制度，其中公共部门的养老金水平比较

---

① 审慎监管与纾困局的组织机构见 https：//acpr. banque – france. fr/acpr/organisation/directions – du – controle – des – assurances。

② 该项职能在 2016 年颁布的《反腐败法Ⅱ》（loi Sapin 2）中提出。

③ 审慎监管与纾困局的职能见 https：//acpr. banque – france. fr/acpr/missions/superviser – le – secteur – de – lassurance。

④ 公共财政总局的职能见 https：//www. economie. gouv. fr/dgfip/dgfip – direction – au – coeur – vie – financiere – publique。

⑤ 个人退休储蓄计划征税见 https：//www. impots. gouv. fr/portail/particulier/questions/comment – sont – imposees – les – sommes – du – plan – depargne – de – retraite – populaire – perp。

高，公共部门也成为反对福利削减最激烈的团体，在历次养老金改革中充当抗议的主力军。法国政府深受其苦，经过 2003 年和 2010 年两次改革，才终于消除了除核算基数之外公共部门的其他养老金特权。

我国机关事业单位的问题与改革前的法国一般无二：机关事业单位的养老金替代率远远高于企业，而且机关事业单位工作人员在 2014 年之前甚至不需要缴纳养老保险费，完全依靠财政负担。在法国的改革进程中，可以发现对公共部门养老特权的消解是一个不变的趋势。目前中国政府正在以积极的态度进行机关事业单位的养老金改革，如通过职业年金等方式将二元养老体制合一。可以借鉴法国的经验，提前发布详细的公私并轨时间表，然后分批分阶段逐步消解，为私人养老金的发展扫清障碍。

4.2 循序渐进，谨慎确定保障水平

法国沿袭了典型的"福利国家"模式，但同时也是第一个出现人口老龄化的国家，这一矛盾加剧了法国的养老金改革矛盾。较强的"左派"传统使社会保障"越界"背负了社会福利的功能，但早期制定的过高的保障标准，一方面造成法国财政一直以来的"不能承受之重"，另一方面也在无形中培养了法国人对福利制度的依赖习惯，成为法国养老金第二、第三支柱发展滞后的重要原因所在。自 20 世纪 90 年代以来，不堪重负的法国政府为了让基本养老保险褪下福利的光环、回归社会保险的实质，一直在努力降低基本养老金的替代率，但积重难返，收效缓慢。

我国现行的养老金制度与之前的计划经济体制改革有关，天然具有"国家包办"的基因。随着我国老龄化进程加快，"未富先老"的特点已经越发凸显，因而在提升保障水平的迫切需求背后，其实同样隐藏着财政无法负担的风险。为了避免出现财政被养老金制度所累，我国需要明确基本养老保险的社会保险地位，谨慎削定基本养老保险的保障标准，为第二、第三支柱的发展预留空间，同时也避免将来不得不"由奢入简"，造成心理落差，伤害代际公平。因此，在当前全民共享经济改革发展成果的大形势下，我国社会保障制度的设计尤需谨慎，特别是基本养老保险的保障水平不宜盲目参照高福利，而应该结合国家经济发展以及人口结构的中长期预期来慎重选择。

4.3 因事为制，分类提供养老产品

法国政府为避免民众对福利削减的敏感性，有意在养老金制度改革过程中，针对不同群体设计了不同的养老金制度，多层次的养老金产品供给赢得了民众的参与热情。例如，法国的养老金第三支柱除了面向全员的产品，还有专门针对自雇者及农业劳动者群体设计的产品。在降低福利水平的大环境下，为"紧缩"政策增加了润滑度。

在提高养老金保障水平的过程中，我国可借鉴法国的经验，根据不同群体的养老利益，丰富养老金融产品，尤其在第三支柱方面大有可为。为风险规避型的低收入群体设计稳健性的养老金投资产品，为财力有余、投资经验丰富的高收入群体设计更加具有针对性的投资产品，鼓励更多地参与权益投资，能够为养老金改革赢得好感，也赢得时间。

第八章 中国台湾个人养老金制度经验

泰达宏利基金管理有限公司　王彦杰　胡俊英　陈则玮

摘　要　中国台湾地区养老保障制度起源于 20 世纪 50 年代，经过不断改革与进步，基本上建立了覆盖全社会的三支柱养老金体系，目前台湾第三支柱包括劳工退休金新制中的自选部分和私立学校教职员退休抚恤储蓄基金两部分。本文以台湾个人养老金制度为主题，旨在总结台湾个人养老金制度经验、产品制度和分析资产配置情况，首先简要介绍台湾三支柱养老金体系；其次，总结台湾个人养老金制度的历史演进；再次，以私立学校教职员退休抚恤储蓄基金为例重点研究了台湾个人养老金制度的运作架构，具体包括自主投资流程、账户制度安排、税收模式及相关政策、提取模式、投资顾问发挥的作用以及监管模式等；复次，介绍台湾个人养老金资产管理情况，台湾私立学校教职员退休抚恤储蓄基金以投资组合形式（FOF）运作，重点分析了投资组合筛选机制和流程、各投资组合的资产配置结构、趋势和收益情况；最后，总结可借鉴经验并提出我国个人养老金制度的相关建议。

关键词　个人养老金　税收政策　投资顾问　资产管理　投资组合　默认机制

1　台湾养老金体系概述

台湾养老保障制度起源于 20 世纪 50 年代，经过不断改革与进步，基本上建立了覆盖全社会的养老金体系，台湾养老金的第一支柱是社会保险养老金，第二支柱是职业养老金，第三支柱是个人自愿养老金。根据经济合作与发展组织（OECD）2011 年的调查，中国台湾养老金总覆盖率约为 70.2%，在 11 个亚洲国家及地区中仅次于日本的 75%。

1.1　第一支柱社会保险养老金

台湾养老保障制度是根据保障对象的职业来划分的，可分为劳工体系、军人体系、公教人员体系、农民体系及其他自由就业者或无业者。第一支柱法定社会保险养老金为劳工保险基金（以下简称劳保基金）、公教人员保险基金（以下简称公保基金）、军保基金、农保基金及不属于以上两者且年龄为 25 岁至 64 岁居民所投保的国民年金。

1．劳工保险基金

劳工保险是台湾实施的第一个社会保险制度，1950年建立，保障范围主要包括伤害、残废、生育、死亡及老年五种情况，形式上采取现金支付。经过多次修订后，失能、老年及死亡的支付方式增加了每个月年金领取的方式。劳工保险有效地保障了劳工基本生活稳定。

2．公教人员保险基金

为了保障公教人员的生活，增加其福利，台湾于1958年针对公教人员建立了公教人员保险机制，目前保障对象是公务人员、私立学校教职员及退休人员①，保障范围是残废、养老、死亡、直系亲属死亡、生育等。公教人员保险基金采取市场化投资运营，投资较为灵活。

3．军保基金

为了保障军人的福利，台湾于1953年针对军人建立了军人保险制度，保障范围是死亡、残废、退伍、生育留职停薪及直系亲属死亡等。投资运作上，之前军保基金主要是银行存款收取利息，2017年开始参照公教人员保险基金采用市场化投资运营的模式。

4．农保基金

为增进农民福利，促进农村安定，台湾于1985年针对农民建立了农民保险制度，保障范围是生育、伤害、疾病、身心障碍及死亡和老农津贴等。投资上，农保基金主要投资于银行存款、公债、"国库券"和公司债等风险相对较低的资产。

5．国民年金

台湾虽然有劳保、军保、公保及农保等以在职劳动者为对象的社会保险制度安排，但是25岁至65岁的居民仍然有很多未被纳入，而且这部分人中多数是经济弱势的家庭主妇或者无工作的居民，国民年金的设立正是为了弥补这一不足，以提高养老金覆盖率。台湾于2007年发布了所谓"《国民年金法》"，并于2008年10月1日正式实施。保障对象主要是未参加劳保、军保、公保的25岁至65岁的居民，以及15岁以上未满65岁的农民。国民年金的资金来源主要包括财政拨款、基金收益、政府责任准备款项、利息收入等。2008年国民年金设立初期主要以银行定期存款为主，2010年起国民年金进行市场化投资运营，投资范围大幅扩大。

1.2 第二支柱职业养老金

第二支柱法定职业养老金为劳工退休金新制与旧制（以下简称劳退新、旧制基金）、公务人员退休抚恤基金（公教退抚基金）。

1．公务人员退休抚恤基金

台湾公务人员的退休抚恤制度创立于1943年，之前费用均由政府负担，由于政

---

① 这里的退休人员指的是1985年6月底前退休或未领取养老金的人员。

治、经济环境的变化，政府的压力越来越大。1971 年台湾组成专项研究小组对公务人员退休抚恤基金进行改革，1985 年公务人员退休抚恤基金的缴费方式改为由政府和公务人员共同缴费。目前公务人员、教育人员、军职人员按照工资收入的 3%～12% 进行缴费，在每月应缴退休抚恤基金费用总额中，政府缴纳 65%，公务人员自己缴费 35%。

2. 劳工退休金新制与旧制基金

台湾劳工退休金制度包括 1984 年实施的所谓"《劳动基准法》"中的旧制和2005 年实施的所谓"《劳工退休金条例》"中的新制。

所谓"《劳动基准法》"于 1984 年制定，规定雇主应每月按照工资总额的 2%～15% 向劳工退休准备金专户中缴费，为待遇确定型（Defined Benefit，DB），雇主可以根据劳工工作年限、薪资结构、最近 5 年工作变动情况、未来 5 年退休劳工人数等因素制定缴费率，如果储备金不足以支付未来的劳工退休金，雇主需另外补足。

由于经济环境的变化，中小企业数量较多，DB 模式下企业压力越来越大，为了减轻企业负担，借鉴成熟国家的经验，台湾于 2002 年通过了所谓"《劳工退休金条例》"，建立了以个人退休专户为主、年金保险为辅的劳退新制。劳工退休金个人专户由劳保局设立，雇主每月按照工资收入的 6% 缴费，个人也可以在 6% 内自愿缴费，缴费额税前扣除。劳工满 60 岁即可申请领取退休金，缴费满 15 年及以上，可以按月领取；缴费未满 15 年，一次领取退休金。年金保险由雇主担任投保人，劳工是被保险人及受益人。台湾地区行政管理机构"劳工委员会"核准的保险机构可以参与，但受制于保单需要保证收益率高于台湾银行两年定存利率，目前尚未有保险公司提供此类年金保险。

1.3 第三支柱个人自愿养老金

第三支柱为劳工退休金新制中的自选部分，以及私立学校教职员退休抚恤储蓄基金（以下简称私校储金）。

劳工退休金新制投资经营情况整体稳健，近年来也通过成立劳动基金运用局改善市场化运行程度，但其投资绩效仍不及世界发达国家退休基金运营结果，台湾学者提出新制劳工退休基金可仿效私校储金自选平台，并在制度上采用自动加入机制与预设基金制度。劳退新制基金开放自选投资计划是为了让劳工有自主选择权，能够依据自己的年龄、风险偏好选择自己的退休金投资计划，劳工有充分的自由选择权。

私校储金率先于 2013 年引进自主投资计划，是台湾第一个自主投资的缴费确定型（Defined Contribution，DC）退休基金，其成立以来自主投资计划基金经营绩效稳健。为保障私立学校教职员工退休后生活，台湾地区立法机构于 2009 年 6 月通过所谓"《学校法人及其所属私立学校职员退休抚恤离职资遣条例》"，自 2010 年 1 月1 日起推行新制。相较于旧制缴费方式等的不同，新制下由教职员、学校及行政主管机构按月缴费，并为每个教职员设立退抚储金个人专户账户，个人具有产品自主选择权。

表1 台湾养老金三支柱体系基本信息

三支柱养老金体系	名称	管理规模（亿新台币）[①]	制度模式
第一支柱	劳工保险	6965.39	DB
	公教人员保险	2536.70	DB
	国民年金	2504.10	DB
	军人保险	—	DB
	农民保险	—	DB
第二支柱	公务人员退休抚恤基金	5793.27	DB
	劳工退休金旧制	8183.84	DB
	劳工退休金新制	16981.80	DC
第三支柱	劳工退休金新制自选部分	—	DC
	私立学校教职员退休抚恤储蓄基金	424.58	DC

注：数据截至2016年末。

资料来源：台湾退休基金业协会。

2　个人养老金制度的历史演进

2005年7月1日之前，台湾的劳工退休金是按1984年所谓"《劳动基准法》"建立的，根据有关规定，劳工退休金存放在"企业退休准备金专户"中，"企业退休准备金专户"的所有权属于雇主，无法随雇员转换工作而转移。由于台湾中小企业数量众多，是推动国民经济发展的重要力量，而根据台湾地区行政管理机构2005年的统计，台湾中小企业的寿命仅约为13.5年，而雇员转换工作频率约为8.3年，并且随着近年来雇员离职率的提升，大部分雇员不能满足所谓"《劳动基准法》"领取劳工退休金条件，为保障雇员老年退休经济生活，台湾于2005年7月1日开始实施所谓"《劳工退休金条例》"，其被称为劳工退休金新制。

和旧制相比，劳工退休金新制的最大突破就是建立可随工作变更而转移的个人退休金专户账户制度。劳工退休金新制强制要求雇主按照每月雇员收入的6%缴纳到雇员的个人退休金账户中，同时，雇员个人也可自愿最高缴纳收入的6%，账户内的缴费及投资收益为雇员日后的退休金。此外，由于新制实施后，劳工的退休金将直接和投资收益挂钩，因此新制也确定了台湾退休金制度从DB到DC的重大变革。然而，由于旧制已经实行多年，因此台湾为避免这次变革对广大劳工可能造成

[①]　军保基金和劳保基金未找到官方披露的资产规模数据。

的冲击或不适应，根据所谓"《劳工退休金条例》"的规定，新制实施开始，雇主必须按该新制条例建立劳工退休金，而在新制实施以前建立的劳工退休金，雇主和雇员则可自愿选择执行方式，如选择新制则将旧制中的资金整体移至新制的退休金账户中。

台湾学者提出劳工退休金新制可仿效私校储金自选平台，让劳工有自主投资选择权，并在制度上采用自动加入机制与预设基金制度，但目前依然处于理论研究阶段，尚未正式实施。由于劳工退休金新制自选部分尚未正式实施，以下第三支柱个人养老金均以私校储金为主来介绍。

表2 台湾劳工退休金新制和旧制的区别

项目	劳工退休金（旧制）	劳工退休金（新制）
依据	所谓"《劳动基准法》"	所谓"《劳工退休金条例》"
运作模式	DB	DC 个人账户为主，年金保险制为辅
主管机关	台湾地区行政管理机构"劳工委员会"	台湾地区行政管理机构"劳工委员会"
适用对象	适用所谓"《劳动基准法》"的台湾籍劳工	强制适用：（1）适用所谓"《劳动基准法》"的台湾籍劳工；（2）新制施行后进入职场的劳工（含临时工） 自愿参加：（1）从事劳动的雇主；（2）经雇主同意但不适用所谓"《劳动基准法》"的台湾籍工作者
领取条件	退休条件（劳工提出）：（1）在同一单位工作 15 年以上且年满 55 岁；（2）或在同一单位工作 25 年以上； 被迫退休（雇主提出）（1）年满 65 岁者；（2）身体残疾等不能胜任工作者	年满 60 岁才领取：工作不满 15 年，应一次领取；满 15 年及以上者，可按月领取
缴费额度	雇主缴纳每月工资总额的 2%～15%	雇主：缴纳工资总额的比例≥6%；劳工：缴纳工资总额的比例≤6%
税收优惠	无	个人账户制：员工自选部分缴费时免计个人所得税；年金保险制：年金保险制缴费时免计所得税
账户是否可以转移	否	是

资料来源：台湾退休基金业协会资料。

在台湾，私立学校对教育的贡献不低于公立学校，尤其是大专院校毕业生中每三个学生就有两个是私立学校培养出来的，但私立学校教职工的退休金平均只有公立学校教职工的四分之一。为使私立学校教职工能够与公立学校教职工享有同样的退休制度，台湾于 1980 年 8 月 8 日公布了所谓"《私立学校教职员保险条例》"，标准参照公务人员保险，教职工自己负担35%，其余由学校和政府平均分担，此条例使私立学校教职工有了第一层保障，对提高私立学校教职工的福利，促进私立学校的健康发展起到了很好的推动作用。

由于养老保障力度有限，私立教育协会持续向台湾地区教育事务主管机关提议，经过10年的努力，台湾地区教育事务主管机关又于1992年8月1日正式成立"私立学校教职员工退休抚恤基金管理委员会"①，统筹办理私立学校教职工退休抚恤的相关业务，也为私立学校教职工权益的保障跨出重要的一大步。各校高中以上按学费的3%缴费，初中、小学按杂费的2.1%缴费，董事会与学校分别缴纳1%的经费，成立私立学校教职员工退休抚恤基金，私立学校教职工有了第二层保障。近年来，为改善私立学校教职员退抚基金的财务缺口，台湾地区立法机构于2009年6月通过了所谓"《学校法人及其所属私立学校职员退休抚恤离职资遣条例》"，自2010年1月1日起推行新制。劳工退休金新制与私校储金新制已率先采用DC型，而私校储金新制更率先仿效世界成熟国家，引进自选平台，进行自主投资计划，台湾退休金改革开启了一个新的里程碑。

3　台湾个人养老金制度安排

3.1　自主投资流程

所谓"《学校法人及其所属私立学校教职员退休抚恤离职资遣条例》"规定，台湾地区主管机关应会同有关机关指导私立学校、学校法人及教职员代表组成私立学校教职员退休抚恤储金管理委员会（以下简称储金管理会），负责办理退抚储金的缴纳、领取、管理、运用、审议与退休、抚恤、离职及资遣审定等事宜。储金管理会选择投资顾问进行产品筛选，同时选择银行提供专属平台，各投资组合经审议通过后，置于银行专属平台。教职员工可登入专属平台进行操作，首先要进行身份确认，其次要进行风险等级评估②，再根据评估结果，选择对应风险等级的投资组合。私校储金专属平台整合了身份确认、风险属性评估、投资者教育、操作流程、理财咨询、投资组合、账户处理等一系列流程。此外，投资顾问需按月提供投资组合的绩效报表，供储金管理会追踪考核，而专属平台也需按月提供投资组合的绩效报表，报储金监理会及台湾地区教育事务主管机关备查后按季度公告。

---

① 私立学校如果参加私立学校教职员工退休抚恤基金管理委员会，须按照台湾地区教育事务主管机关的相关规定，制定"某校教职员工退休抚恤资遣办法"，学校董事会通过，向台湾地区教育事务主管机关申报后，方可加入基金会。

② 每个月1～15日可以重新评估风险等级及投资组合的转换。

```
                          计划开始

                          储金管理会

                        投资标的组合
                   （自行设计或委托投资顾问）  ←  定期评估绩效

                     投资策略执行小组审
                     议及董事会会议通过

                       投资标的组合上架              储金管理会
                                      退休理财  ←
   学校通知教职员完                       教育    ←
   成填写（第一次）                                委托理财
                        专属平台                  教育顾问
                   （储金管理会委托金融机构）

                否
   教职员未登入  ←      教职员是否登入

                            是                  1.教职员风险评估
   期限内仍未完成                               2.风险属性初评结果及
   转入低风险组合        专属平台线上作业   ←      相关说明       重
                                              3.风险属性       做
           咨询后                             4.风险属性分析表亲签  风
        重新建立线上作业    是否完成   否          后交给学校     险
                          线上作业              5.选定投资标的组合  属
        期限内未完成                              （须与风险属性相符） 性
       专属平台自动转档                                          评
                            是                               估

   保守型基金（低风险）    稳健型基金        积极型基金
     享有保证收益        （中风险）        （高风险）

                   每月系统自动执行投资作业

   教职员个人专户      储金管理会及其委托金融机构
   投资绩效报告        定期提供投资标的的相关报表

   邮寄对账报表或      储金管理会定期评估绩效及管理报表
    线上查询

                   相关报表提报储金监理会审查

                            结束
```

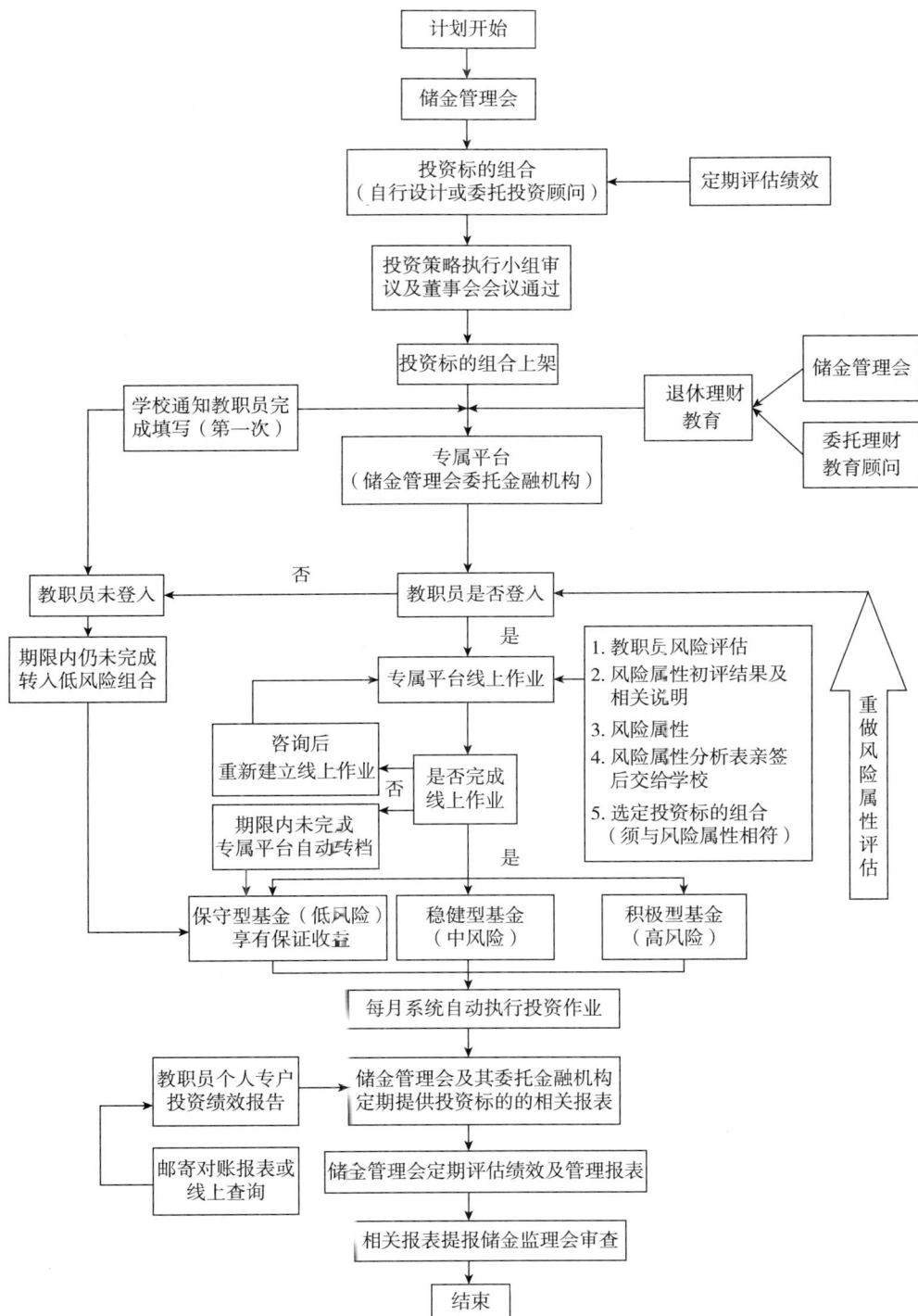

资料来源：《私立学校教职员自主投资运用实施计划手册》，略有删减。

图1 私校储金新制自主投资实施流程

3.2 账户制度安排

所谓"《学校法人及其所属私立学校教职员退休抚恤离职资遣条例》"规定，储金管理会应为私立学校及教职员分别设立学校储金准备专户及个人退抚储金专户，这也是私校储金最大的特色。储金管理会筛选银行作为账户管理平台，个人在平台上自行注册账户或雇主负责替雇员注册账户。个人账户制度的优点是可以随着个人工作变更而转移。教职员工在账户平台上进行个人风险偏好属性评估并根据评估结果进行产品风险匹配。个人缴费、投资、领取都是基于账户进行，个人也可以随时在账户中进行查询，及时了解退休金的金额及投资情况等，以便更好地进行老年生活规划。

3.3 养老金缴费、提取情况

储金管理会为私立学校及教职员分别设立学校储金准备专户及个人退抚储金专户。学校储金准备专户由私立学校①缴纳至储金管理会，其中私立高级中等以上学校缴纳学费的3%，私立中、小学缴纳杂费的2.1%。储金管理会将储金的三分之二缴入学校储金准备专户内，剩下的三分之一缴入原私校退抚基金（旧制），用于支付新制实施前教职员工退休金、抚恤金等。个人退抚储金专户是按照教职工2倍年薪的12%按月由学校、学校主管机构、教职员共同缴费，其中教职工缴纳35%，学校储金准备专户缴纳26%②，私立学校缴纳6.5%，学校主管机关③缴纳32.5%。

退休金提取有两种情况，教职工未满15年时，一次性提取；而当教职工满15年及以上时，提取方式有三种：一次性提取；定期提取；兼顾一次性提取和定期提取④，其中定期提取是通过投资年金保险以年金的方式提取。在提取方式的制度安排上，私立学校对因公病退休人员、亡故人员有一定灵活安排。

3.4 税收优惠政策

台湾私校自选投资平台采用 EET 模式，即缴费阶段和投资阶段免税，领取阶段收税。所谓"《学校法人及其所属私立学校教职员退休抚恤离职资遣条例》"规定，教职员工每月缴费享有税前扣除的免税优惠，且教职员如果配合学校增加缴费比例，只要缴费比例在规定范围内也可以税前扣除。教职员工退休领取养老金时，需要按

① 私立学校应于每学期开学两个月内缴费，如果超过固定日期，每超一日则要收取3%的滞纳金，滞纳金以最高应缴金额的1倍为限，滞纳金收入均归入学校储金准备专户。

② 每学期结束学校储金准备金专户如有结余，须按照学校教职工的年薪比例及任职天数加权，一次性向个人退抚储金专户缴纳。

③ 学校主管机构最高缴费年限为35年，如果教职工工作满35年，并担任教育工作满30年，最高缴费年限可到40年。

④ 具体提取兼顾的比例由台湾地区主管机关定。

照规定申报综合所得税，但因为退休时收入通常会减少，实际缴纳的税款会减少，甚至不用缴税，从而达到减税和延税的功能。

3.5 投资顾问

储金管理会采取公开招标的方式选择投资顾问公司，首家投资顾问公司为富兰克林投资顾问公司，第二家是富达投信台湾（富达国际的分支机构），然而由于投资顾问费用①过低，私校储金的投资顾问在短短四年间已更换三次，自2017年起私校储金的投资管理已由群益投信负责。投资顾问需要协助储金管理会设计投资方案，进行投资组合的初步筛选，并通过私校专属投资平台向教职工提供咨询服务，协助教职工进行理财投资判断，健全投资风险意识，建立养老金投资理念，帮助其更好地进行养老金投资规划。

3.6 监管

所谓"《学校法人及其所属私立学校教职员退休抚恤离职资遣条例》"规定，私立学校教职员工退抚基金最高主管机关为台湾地区教育事务主管机关，在直辖市或县（市）为直辖市政府或县（市）政府。且由台湾地区教育事务主管机关会同有关机关指导私立学校、学校法人及教职员代表组成储金管理会②，负责办理退抚储金的缴纳、领取、管理、运用、审议，以及与退休、抚恤、离职及资遣审定等事宜，对于投资管理人和资产保管人的遴选和自选平台的规划也由储金管理会负责。台湾地区教育事务主管机关和有关机构组成储金监理会，负责储金监督和考核。

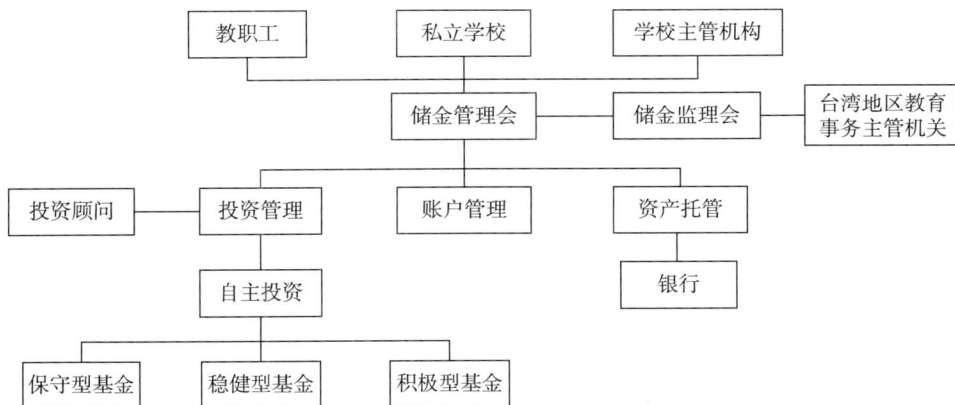

资料来源：根据《私立学校教职员自主投资运用实施计划手册》整理。

图2　私校储金运作架构

---

① 未找到投资顾问费用数据，该费用是由储金管理会预算支付，而不是教职员工支付。

② 目前有21位董事，其中学校董事7人、教职员工8人、专家学者6人。

4 个人养老金资产管理情况

4.1 发展概况

所谓"《学校法人及其所属私立学校教职员退休抚恤离职资遣条例》"规定，储金管理会应该根据储金规模设计不同收益、风险的投资目标组合，提供教职员选择，最早有保守型、稳健型和积极型三只 FOF 基金可以选择，2017 年 9 月 28 日增加了第四种选择——目标日期基金。自 2013 年 12 月私校储金开始自主投资以来，资产规模稳步增长，由 2014 年末的 290 亿新台币增长 105 亿新台币至 2016 年末的 395亿新台币，增幅高达 36%。分组合来看，保守型、稳健型和积极型三只基金以保守型基金为主，2016 年保守型基金规模达 353 亿新台币，占比为 89%，稳健型基金和积极型基金占比均不大。

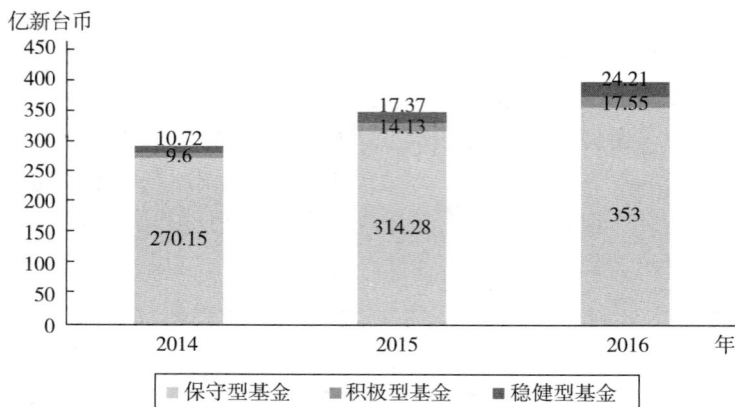

资料来源：私立学校教职员退休抚恤离职资遣储金管理委员会。

图 3 私校储金投资运作规模

4.2 投资组合筛选流程

私校储金以投资组合的形式运作，储金管理会委托的投资顾问公司需要设计投资方案，然后经储金管理会下设的投资策略执行小组审议，并经董事会通过。为避免投资产品数量太多，给教职员造成选择困难，投资顾问会进行初步筛选，从全球选出 520 只公募基金，再由投资策略执行小组进一步筛选出投资组合。根据 2017 年4 月第 4 届第 16 次董事会通过的投资组合投资流程来看，投资组合标的选择、新增和淘汰共有三个步骤：第一步，筛选适合投资的资产类别；第二步，从适合投资的资产类别中筛选具体基金标的；第三步，进行投资组合的再平衡。

在第一步筛选资产类别时根据理柏资讯资产类别分类，筛选标准为首先选择风险相对较低的资产类别；其次所选的资产类别投资标的要充足，根据这两个标准共筛选出 22 个资产类别；在此基础上，再进行研讨决议，共有 8 个资产类别纳入投资范围。

在第二步具体基金标的的筛选上，主要通过对满足一定年限①和资产管理规模②等的基金过去 3 个月、6 个月、12 个月基金风险调整后收益等能力的定量分析挑选出风险稳定、风险调整后收益优于同类型的基金。具体来看，首先选择风格稳定的基金，然后通过信息比率（Information Ratio）和索提诺比率（Sortino Ratio）来衡量基金风险调整后收益的获取能力，再通过贝塔系数（Beta Coefficient）来评估基金属于配置型产品还是进攻型产品，接着评估过去一段时间基金的绝对收益排名情况，最后赋予上述 4 种因子不同权重进行四分位排序，选择前两个分位的基金。

在第三步投资组合再平衡机制上，根据三只基金的规模情况，选择适合持有的基金数量，每季度对具体基金名单进行筛选，如果之前持有的基金未在新的名单中，则需要全部将之赎回，改为申购新名单中的基金。每月至少一次根据投资标的组合的资产配置情况，进行评估调整，避免因市场波动过度偏离既定资产配置比例。

4.3 投资产品与资产配置

私校储金将投资组合的资产类别按美国股票、欧洲股票、日本股票、亚太除日本外股票、中国台湾股票、全球高收益债及全球债券与货币市场共同基金等进行分类，主要目的是利用合理的资产配置方式，降低组合内各类资产的相关性，以取得长期稳健的投资报酬。私校储金的具体投资范围③包括：（1）购买公债、"国库券"、短期票券、受益凭证、债券、股票、以避险为目的的衍生性金融商品；（2）参加退抚储金人员的福利贷款及有关不动产设施投资；（3）经核准设立的创业投资事业公司；（4）经储金管理委员会报请台湾地区主管机关审定通过，有利于退抚储金收益的投资项目。

根据前文所述的投资流程，2013 年私校自选投资平台根据投资者风险承受能力的不同提供三只组合基金（FOF 形式）供投资者选择，包括低风险的保守型基金、中等风险的稳健型基金和高风险的积极型基金，2017 年 9 月 28 日起提供目标日期基金供选择。

4.3.1 保守型基金

保守型基金成立于 2013 年 3 月 1 日，其投资目标为在确保安全为首要目标的前提下，追求长期固定收益并分散风险。投资标的以债券型基金、货币基金等固定收益型基金为主，对股票型基金的配置限定在 20% 以内。该基金适合追求稳定收益、

---

① 基金成立年限在 5 年以上。

② 全球债券型、全球高收益债券型、全球股票型、美国股票型、欧洲股票型、亚太除日本外股票型基金的管理规模在 100 亿新台币以上；日本股票型、中国台湾股票型基金的管理规模在 20 亿新台币以上。

③ 详见所谓"《学校法人及其所属私立学校教职员退休抚恤离职资遣条例》"。

较为保守的投资者，但需要注意的是，保守型组合的投资收益不得低于台湾银行两年期定期存款利率，如果收益不足，由"国库"补足。

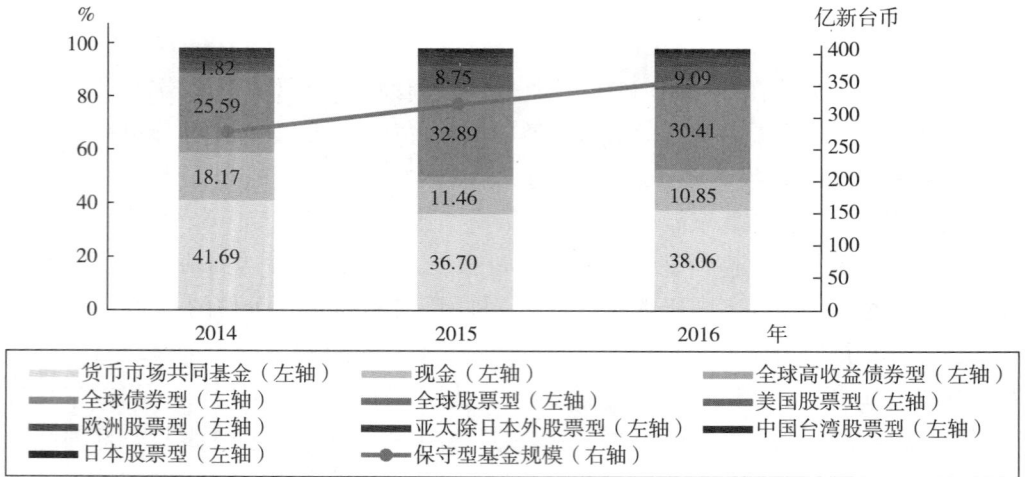

资料来源：私立学校教职员退休抚恤离职资遣储金管理委员会。

图4　保守型基金规模与资产配置

截至 2016 年末，保守型基金规模为 353 亿新台币，较 2014 年增加 82.85 亿新台币，占整个私校储金规模的 89.42%，占比较 2014 年略有下降。保守型基金资产配置以货币基金、现金和全球债券型基金等低风险资产为主，配置占比从 2014 年的 90.56% 下降至 2016 年的 84.24%，剩余部分为股票型基金，包括全球、美国、欧洲、中国台湾等股票型基金。从投资标的变化趋势来看，主要体现为无风险的现金、低风险的货币基金配置比例的下降，以及中国台湾本土外股票型基金尤其是美国和欧洲股票型基金配置比例的提升。现金类资产配置比例从 2014 年的 18.17% 下降近 8 个百分点至 2016 年的 10.85%，货币基金配置规模也略有下降。保守型基金股票型基金的配置比例较 2014 年提升近 6 个百分点，其中美国股票型基金的配置占比从 2014 年的 1.82% 提升至 2016 年的 9.09%，中国台湾本土和其他亚太地区股票型基金配置规模略有下降。

4.3.2　稳健型基金

稳健型基金的投资目标为致力于寻求长期资本增值，同时将投资回报的波动减至最低。该基金对股票型基金的配置比例在 30%～50%，可以进行全球资产配置。该基金适合追求中长期稳定收益且个性较为保守但仍可以承受适度风险的投资者。本组合投资收益盈亏由教职员工自己负担，政府不承担最后保障责任。

截至 2016 年末，稳健型基金规模为 24.21 亿新台币，较 2014 年增加 13.49 亿新台币，占整个私校储金规模的 6.13%。稳健型基金资产配置中现金、货币基金以及低风险的债券型基金配置占比较保守型基金低，2016 年上述基金的配置比例为 62.73%，股票型基金包括全球型、美国、欧洲等的配置比例为 37.27%。从投资标的变化趋势来看，低风险的货币基金配置比例上升，股票型基金尤其是美国股票型基金配置比例下降。2014 年以来，稳健型基金配置标的变化较大，货币基金配置从无到有且 2016 年配置比例高达 17.88%，债券类基金配置范围收窄，仅投资于全球高收益债券型和全球债券型基金。股票型基金配置比例从 2014 年的接近 50%，下降至 2016 年的 37.27%，无论是全球型、美国型还是欧洲型股票基金配置规模均有所下降，尤其是美国股票型基金规模下降较大。

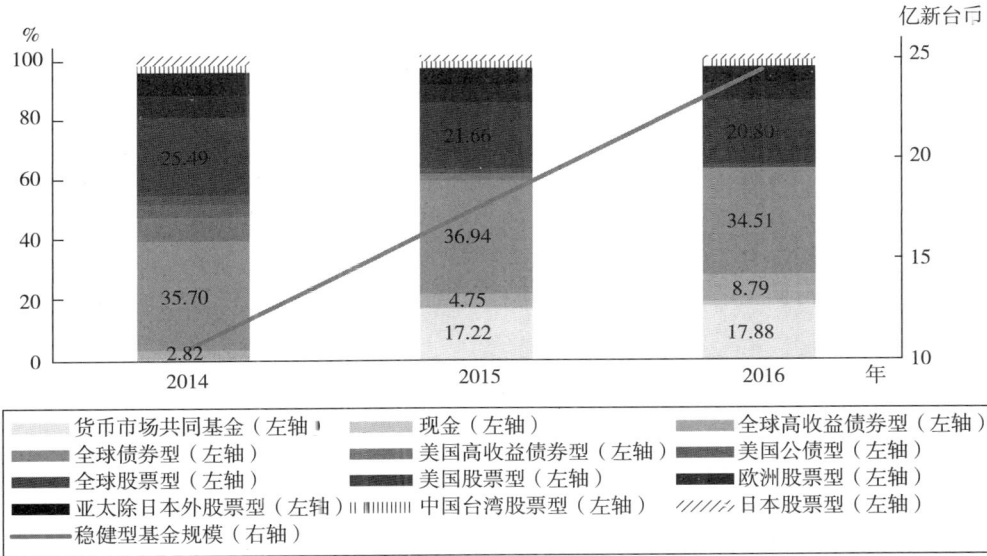

资料来源：私立学校教职员退休抚恤离职资遣储金管理委员会。

图 5　稳健型基金规模与资产配置

4.3.3　积极型基金

积极型基金的投资目标为在分散风险下，积极追求长期资本利得。该基金对股票型基金的配置比例在 40%~70%，以期提升整体收益率，当然相应的风险也较高。该基金适合追求高收益率及长期资本利得成长，可以承受较高风险的投资者。本组合投资收益盈亏由教职员工自己负担，政府不负担最后保障责任。

截至 2016 年末，积极型基金规模为 17.55 亿新台币，较 2014 年增加 7.95 亿新台币，占整个私校储金规模的 4.45%。积极型基金资产配置以股票型基金为主，配置比例在 40%~70%，债券型等低风险和无风险产品的配置比例较其他两只基金低。2016 年积极型基金资产配置于股票型基金的比例为 52.72%，其中，27.10% 配置于美国股票型基金，12.15% 配置于亚太除日本外的股票型基金，中国台湾本土股票型基金配置规模仅为 2.54%。从投资标的变化趋势来看，与稳健型基金资产配置规模变化类似，低风险的货币基金资产配置比例快速提升至 18.90%，股票型基金配置比例从 2014 年的 64.84% 下降至 2016 年的 52.72%。

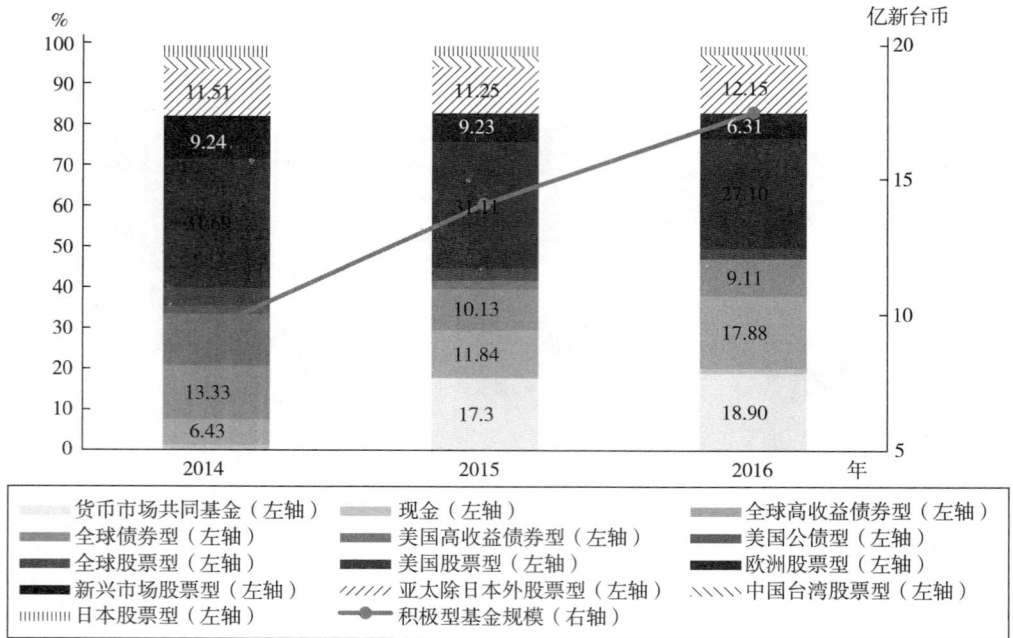

资料来源：私立学校教职员退休抚恤离职资遣储金管理委员会。

图6 积极型基金规模与资产配置

4.3.4 目标日期基金

值得注意的是，由于目前选择保守型基金的教职员工多达 89%，尽管保守型基金有两年定期存款收益保证，然而投资收益依然较低，长期下来很难抵御通货膨胀风险，不符合养老金长期投资、长期积累的原则。储金管理会于 2017 年 9 月 28 日教师节推出私校教职员工自主选择的第四个投资组合——目标日期基金，该基金是随着投资者年龄的增加而逐渐降低投资风险的投资策略，以现行的保守型、稳健型和积极型三种投资组合为基本组合，根据教职员工的年龄自动调整三种投资组合的配置比例，即年轻时积极型基金的配置比例高，随着年龄的增长，逐渐提高稳健型基金的配置比例，接近退休的时候，则落袋为安，选择保守型基金。

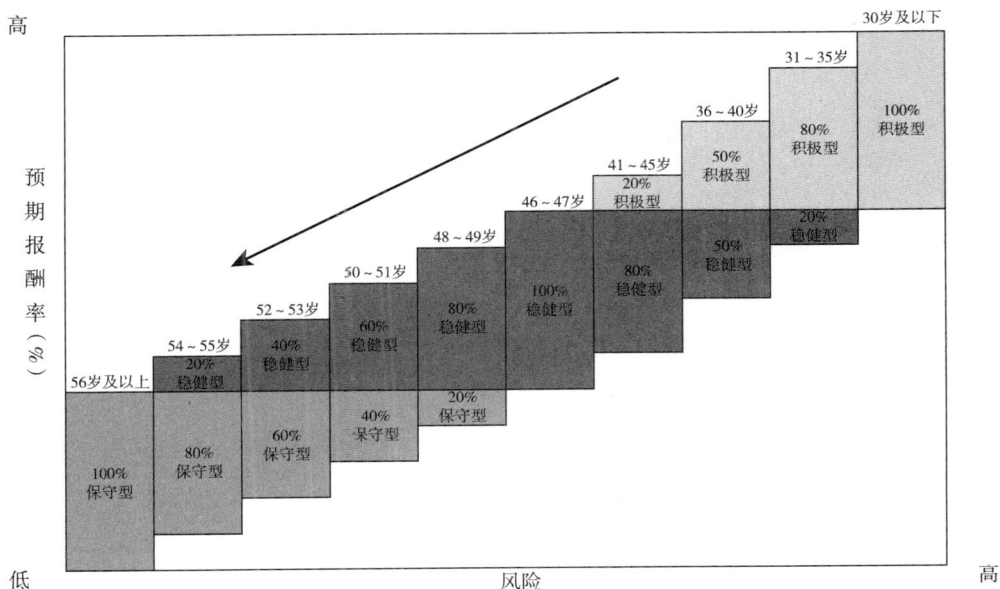

资料来源：私立学校教职员退休抚恤离职资遣储金管理委员会。

图 7   目标日期基金组合资产配置动态图

4.4   收益情况

私校储金采取组合运作的方式，通过采用合理的资产配置方式，降低组合内各类资产的相关性，以求获取长期稳健的投资回报。近 3 年，保守型基金、稳健型基金和积极型基金累计收益率分别为 6.15%、14.77% 和 16.26%，整体运作稳健①。从变动趋势来看，不同风险组合基金收益率均呈下降趋势，尤其是稳健型基金和积极型基金收益率伴随着股票型基金配置比例的下降以及货币基金配置比例的上升而大幅下降，整个组合投资收益率表现不甚理想。积极型基金资产配置中股票型基金的配置比例从 2014 年的 64.84% 下降至 2016 年的 52.72%，收益率从 2014 年的 9.41% 下降 7.21 个百分点至 2.20%，而同期台湾加权指数收益率由 2014 年的 8.08% 上升到 2016 年末的 10.98%。稳健型基金资产配置中股票型基金的配置比例从 2014 年的接近 50% 下降至 2016 年的 37.27%，收益率从 2014 年的 8.43% 下降 6.63 个百分点至 1.80%。

---

① 截至 2017 年末，保守型基金、稳健型基金、积极型基金成立以来累计收益率分别为 8.31%、27.77% 和 27.75%。

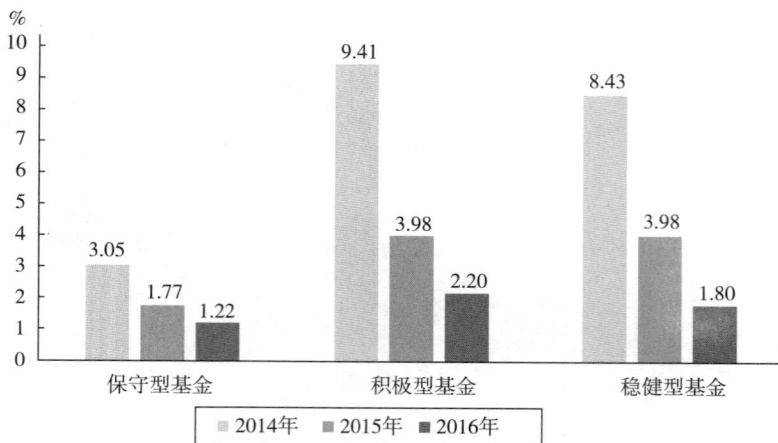

资料来源：私立学校教职员退休抚恤离职资遣储金管理委员会。

图8　私校储金投资组合收益率情况

5　借鉴和启示

5.1　产品结构简单清晰

台湾私校储金投资平台仅提供以 FOF 形式运作的 3 只目标风险基金和根据年龄不断调整的目标日期基金共 4 种选择，简单清晰的产品设置和较少的产品数量可以降低投资者选择的难度。第三支柱的参与主体是个人，个人作为缴费主体同时又是投资主体，面临着如何结合个人的生命周期特征进行长期投资的问题，包括资产配置的安排、投资产品的选择、投资调整的依据和背后考虑的因素等，非专业的参与人很难对上述问题有清晰的认知。目标风险基金和目标日期基金是可以有效解决上述问题的产品类型。首先，产品以 FOF 形式提供，可以帮助参与者解决具体资产配置问题；其次，提供不同风险类型和生命周期的 FOF 基金可以帮助投资者完成跨越生命周期阶段的品种选择问题。参与者可以根据私校储金投资平台统一测评的风险等级选择特定的风险类型产品，同时可随着年龄的改变重做风险属性的评估，以选择最适合当前风险承受能力的产品。大陆在第三支柱发展初期制定产品目录时选择的产品也应该结构简单清晰、风格稳健，数量也不宜过多，以降低选择难度。

5.2　个人选择引入默认机制

私立学校教职工在储金管理会规定期间未登入自主投资专户账户或者未完成风险属性评估的，个人储金专户会自动投向保守型组合，引入了默认机制。根据行为经济学的解释，个人会由于专业知识不够、可投资标的数量太多、惰性等原因闲置养老金账户资金或是不根据自身风险承受能力的变化改变投资标的。默认机制安排下，若参与者不做出选择，可以自动加入养老金计划，克服人的惰性以及产品选择困难，可以提高养老金计划的参与率和资金使用效率。考虑到大陆第三支柱刚刚启动，居民金融知识不足以及投资者普遍带有追涨杀跌的习惯，可以在第三支柱个人选择时引入默认机制，在一定时间内如果没有进行投资选择，自动设定为默认投资选项，以提高参与率，加大个人养老金积累。

5.3 引入投资管理机构竞争机制

台湾私校储金的投资管理仅导入单一平台，由储金管理会主导，未对基金、保险等市场机构放开，导致其主动参与意愿不强，大部分教职工选择保守型基金，并未合理规划养老金投资，导致长期回报很低，无法抵御通胀风险和长寿风险。倘若对基金等市场机构放开，将能有效地对参与者进行投资者教育，帮助其建立合理的养老金投资理念，更加科学地规划养老金投资，进一步改善退休后生活水平。另外，如果引入多家投资管理机构竞争机制，会加大投资管理人的竞争和压力，增加相关投入等，从而实现养老金投资的良性循环。

5.4 费率设置要合理，构建共赢生态

台湾私校储金的投资管理由储金管理会采取公开招标的方式来选择投资顾问公司，然而由于投资顾问费用过低，储金的投资顾问在短短四年间已更换三家，不同的投资顾问投资理念、投资方式会有所不同，频繁更换不利于收益率的稳定。养老金作为老百姓的养老钱，投资管理人、托管人等相关方让利给投资者，合理降低管理费或设计费率滑坡机制，是覆行社会责任，服务居民养老投资的有益举措，可以有效地降低养老金投资基金的成本，引导投资者进行长期投资。但投资管理人投资运作也有人力成本、系统投入等必要的费用，只有费用设置合理，投资管理人、托管人等参与主体实现共赢生态，才能为投资运作创造良好环境，从而保障参与人的长期利益。

参考文献

［1］台湾退休基金业协会. 劳工退休金新制开放劳工自选投资标的建议平台文件［EB/OL］. http：//www. pension. org. tw/.

［2］刘世恒. 台湾养老基金制度改革与监理问题研究［D］. 天津：南开大学，2013.

［3］董克用，姚余栋. 中国养老金融发展报告（2017）［M］. 北京：社会科学文献出版社，2017.

第九章 日本个人养老金制度经验

交银施罗德基金管理有限公司 夏华龙 刘喜勤 季 晟

摘 要 本文对日本个人养老金制度进行研究，通过对日本整体养老金体系、第三支柱制度及其演进、第三支柱的结构与资产投资等方面的分析，梳理该国个人养老金体系的构成、规则、资产管理模式与行业情况，并对我国第三支柱的建设提出有价值的借鉴建议。日本第三支柱个人养老金为 DC 模式，以个人账户为核心，通过自由的投资选择权和丰富的投资产品为居民构建了一种开放的自主养老储蓄模式，该模式为我国第三支柱的建设与完善提供了多方面的借鉴经验。

关键词 个人型 DC 年金计划（iDeCo） 国民年金基金协会 资产配置 投资基金

1 日本养老金体系概述

1.1 日本养老金体系架构

日本的养老金体系从整体上可分为公共养老金部分与私人养老金部分，其中公共养老金部分由国民年金（基础年金）与厚生年金保险组成；而私人养老金部分则由 DB 年金计划与 DC 年金计划组成。不同于传统的三支柱养老金体系，日本将其养老金体系划分为三层次，第一层为国民年金（基础年金），第二层为厚生年金保险，第三层则是整个私人年金部分。作为个人养老金的传统第三支柱在日本养老金体系中则以个人型 DC 年金计划作为主体，属于第三层的一部分。

此外，日本还存在国民年金基金与厚生年金基金两类由政府运作的边缘化养老金制度，国民年金基金是对国民年金（基础年金）的补充，只覆盖国民年金（基金）参保人群中的小部分且参保率极低；厚生年金基金是作为厚生年金保险的补充，在 2014 年 4 月以后日本政府规定不再设立新的基金计划，可视为制度的终止；以上两类边缘化年金制度并未被日本厚生劳动省纳入公共养老金与私人养老金范畴。

在私人年金部分中，除去个人型 DC 年金计划与国民年金基金，DB 年金计划、雇主型 DC 年金计划与厚生年金基金均属于职业型养老金，由雇主和员工共同参与建立。

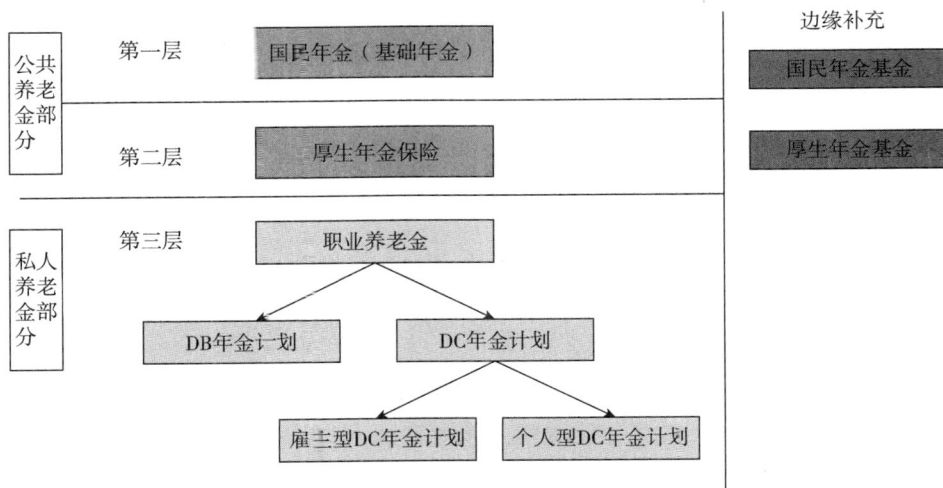

图1　日本养老金体系结构

1.2　各层次的介绍

1.2.1　第一层：国民年金（基础年金）

国民年金（基础年金）可以视为日本的基本养老保险，不管是从事哪种行业的人，都有资格加入第一层国民年金（基础年金）。国民年金（基础年金）的参保对象，包括除20岁以下被扶养者以外的所有日本国民以及在日本有住所的外国人，参保区间为20~60岁。在这一年龄段的人，包括学生在内都必须加入基础年金，参保具有强制性。截至2016年末，参与国民年金（基础年金）的人数为6731万人，积累资产规模121594亿日元。

国民年金（基础年金）参保对象，按其缴费方式和职业性质的不同而分为以下三类：第一号被保险人，指在日本国内有住所、年龄在20~60岁的除第二号被保险人和第三号被保险人以外的所有日本公民和外国人，私营企业（从业人员5人以下）主、个体经营者、农民和无业人员、学生等都必须加入基础年金制度；第二号被保险人，指加入厚生年金制度的参保人，民间企业的工薪阶层员工和公务员、私立学校教职工等均属于这一范围；第三号被保险人，指第二号被保险人的扶养配偶，在现行制度下，第三号被保险人没有缴费义务。

从国民年金（基础年金）保险费来看，国民按照所加入的年金制度不同，其保险费率和保险费额也不同。第一号被保险人的缴费实行定额制，保险费每年递增280日元，直到2017年月缴费额提升到16900日元为止。第二号被保险人的国民年金保险费与厚生年金合计并实行定率制。其缴纳的厚生年金保险费中，包括了国民年金（基础年金）保险费部分，保险费率每年递增0.354%，直到2017年为止固定为18.3%，由雇主和员工共同承担。国民年金（基础年金）的缴费可以作为扣除项在计算个人所得税前从计税基数中剔除。

从国民年金（基础年金）支付来看，第一号被保险人缴费期间超过 25 年（包括在学免缴期间），原则上可以从 65 岁开始领取老龄基础年金。但也可以做出选择，或者在 60~64 岁领取减额支付，或者在 65 岁以后开始领取增额支付。

国民年金（基础年金）采用现收现付与财政负担相结合的运作模式，财政负担每年支付金额的二分之一，剩余二分之一由当年保险费收入进行支付，若存在缺口则由积累基金进行支付，若产生盈余则盈余部分归入积累基金。积累基金由每年的盈余积累及投资收益共同构成，用于补足国民年金（基础年金）的支付缺口。

1.2.2 第二层：厚生年金保险

第二层的厚生年金保险原先分为厚生年金和共济年金，2015 年 10 月两者合并为现在的厚生年金保险。厚生年金保险是按照参保人员工作期间收入的一定比率来计算缴费额和支付金额，所以也叫作"收入比例部分"年金。厚生年金保险的参保对象是工薪阶层员工与公务员。加入厚生年金保险的同时也就加入了第一层国民年金（基础年金）。截至 2016 年末，参加厚生年金保险的人数总计 4266 万人，积累资产规模为 1736648 亿日元。

厚生年金保险的保险费，按参保人员的月标准工资和奖金乘以保险费率来计算。缴费由企业和员工各负担 50%。2004 年改革后，规定保险费率每年递增 0.354%，到 2017 年，月保险费率达到 18.3%，然后固定下来。厚生年金保险对产假、育儿（满 3 岁为止）期间的女员工，免缴保险费，其保险费全部由企业承担。厚生年金的缴费可以作为扣除项在计算个人所得税前从计税基数中剔除。

厚生年金保险的运作模式与国民年金（基础年金）相同，当年缴费用于支付当期领取金额，盈余部分用于积累基金，积累基金在当年支付产生缺口时进行补足。不同的是，厚生年金保险的领取金额包含了国民年金（基础年金）的应领取部分。

1.2.3 第三层：职业养老金

1. DB 年金计划

日本的 DB 年金计划即为待遇确定型职业养老金计划，由雇主建立，根据雇员的工作年限、工资情况与职位等级事先确定计划中每一位雇员退休时的领取待遇。同时，雇主需要参照未来 DB 计划整体的负债情况进行资产积累与投资管理，以匹配未来雇员退休时的资金支出。截至 2015 年末，日本 DB 年金计划的整体资产累积规模为 57 万亿日元，参与人数为 774.4 万人。

2. DC 年金计划

日本的 DC 年金计划即为缴费确定型养老基金计划，分为雇主型 DC 年金计划与个人型 DC 年金计划。雇主型 DC 年金计划即为雇主发起建立，由雇主与雇员共同缴费并委托金融机构进行专业投资管理的养老金计划，与我国企业年金相同。个人型 DC 年金计划即为只有个人缴费参与的缴费确定型养老金计划，个人可以在参加的年金计划中进行投资组合的配置，实现养老资产的积累。从三支柱养老金体系的角度看，个人型 DC 年金计划即为日本第三支柱的组成主体。截至 2017 年 3 月末，雇主型 DC 年金计划的参与者共计 5927698 人次，资产规模共计 1052524428 万日元；而个人型 DC 年金计划的参与者共计 451446 人次，资产规模共计 138141664 万日元。

雇主型 DC 年金计划的覆盖人群为企业单位员工，个人型 DC 年金计划的覆盖人群为国民年金（基础年金）的第一号、第二号与第三号被保险人。雇主型 DC 年金计划与个人型 DC 年金计划均采用 EET 税收模式，缴费阶段在一定额度内免征个人所得税，投资环节免税，在退休领取时对领取资金征收个人所得税。

2 日本第三支柱的历史演进

作为 DC 年金计划的组成部分，日本个人型 DC 年金计划（即第三支柱）是根据 2001 年颁布的《缴费确定型养老金法案》而建立的一种私人养老金制度。由于个人型 DC 年金计划是伴随着雇主型 DC 年金计划共同构建的，因此其成立的背景与目的需要通过 DC 型年金计划的整体历史意义与作用去看待。

日本建立 DC 型年金计划的初衷是解决厚生年金基金与 DB 型年金计划的不足与缺陷。首先，虽然厚生年金基金的覆盖范围应当包含任何企业的雇员，但部分中小企业并未替员工参与厚生年金基金，同时个体工商户等自雇人员也未主动加入，这导致了职业养老金储蓄在覆盖面上的缺漏。其次，当发生工作变动时，员工名下的养老金资产并不能顺利转移，也使劳动力迁移的措施变得更为复杂。最后，由于 DB 型年金计划的养老储蓄保障与企业自身的经营情况息息相关，在这样单类型的职业养老金体系下，雇员退休后的经济收入保障并不稳定充足。为了解决由厚生年金基金与 DB 型年金计划组成的职业养老金体系所产生的问题，日本政府通过颁布法规的形式构建 DC 型年金计划，通过缴费在个人权益下进行完全积累的模式来消除上述对养老储蓄具有负面效应的阻碍。

作为 DC 型年金计划的组成部分，个人型 DC 年金计划是在充分考虑了个人投资选择权与部分企业建立雇主型 DC 年金计划意愿不强的情况下配套实施的，起初是作为职业养老年金计划的补足，其初期的参与人群范围仅限于国民年金（基础年金）的第一号被保险人和厚生年金中未参与职业养老金计划的被保险人，从覆盖能力上并未达到支撑第三支柱的层面。

2017 年 1 月 1 日，日本厚生劳动省将个人型 DC 年金计划的覆盖人群进行了扩展，允许国民年金（基础年金）的第三号被保险人、职业养老金计划的参与人员、公务员等互助养老金参与者申请加入个人型 DC 年金计划，这也意味着日本的个人型 DC 年金计划从原先职业养老金计划的补充发展成了对居民进行覆盖的第三支柱个人养老金体系。

3 日本第三支柱制度安排

3.1 第三支柱制度架构

3.1.1 第三支柱个人养老金简介

日本第三支柱个人养老金即为第三层中 DC 型年金计划下的个人型 DC 年金计划，官方名称为 iDeCo，根据英语 Individual Defined Contribution 缩写而来。iDeCo 是根据日本政府 2001 年颁布的《缴费确定型养老金法案》而实施的针对个人的私人养老金制度，其由非营利性官方组织国民年金基金协会实施，该协会同时运营 iDeCo 的官方网站。

3.1.2 覆盖人群与缴费规则

iDeCo 建立时的覆盖范围仅限于国民年金（基础年金）的第一号被保险人和厚生年金保险中没有参与职业养老金计划的被保险人，目的是补足上述人群在职业养老储蓄方面的缺失。2017 年 1 月 1 日，日本政府对 iDeCo 的适用人群实施了扩展，国民年金（基础年金）的第三号被保险人、职业养老金的参与人员、公务员等互助养老金参与者被允许参加个人型 DC 年金计划；针对职业养老金中的雇主型 DC 计划参与者，其能够参与 iDeCo 的条件是必须在雇主型 DC 计划的合同中进行事先约定。

iDeCo 的缴费规则按照不同的人群而有所区分，具体内容可见表 1。

表 1   **iDeCo 的覆盖人群及对应的缴费规则**

实施机构	国民年金基金协会
覆盖人群	自雇人士 （不包括农民养老保险的参保人员与免缴国民年金（基础年金）人员） 厚生年金保险的被保险人 （包括公务员和私立教育系统人员等原共济制度的被保险人、职业年金计划参与者、被雇主型 DC 年金计划合同允许参加个人型 DC 年金计划的雇员） 全职主妇（丈夫）等 国民年金（基础年金）第三号被保险人

缴费规则	计划参与者类型对应的个人缴费额度
缴费额度	自雇人士 月缴费额：68000 日元（与国民年金（基础年金）共享缴费额度） 厚生年金保险的被保险人 已参与厚生年金基金或 DB 型职业年金计划的人员 月缴费额：12000 日元 已参与雇主型 DC 年金计划的人员 月缴费额：20000 日元 未参与雇主型 DC 年金计划、厚生年金基金或 DB 型职业年金计划的人员 月缴费额：23000 日元 公务员和私立教育系统人员等原共济制度覆盖人群 月缴费额：12000 日元 全职主妇（丈夫）等 月缴费额：23000 日元

资料来源：日本厚生劳动省官网关于 DC 年金计划的介绍。

3.1.3 领取及转移规则

iDeCo 的领取分为退休领取、伤残领取、身故一次性领取与退出一次性领取。退休领取即计划参与者在退休后从自己的资产账户领取养老资金，原则上达到 60 岁便能够领取，其可以选择 5 年以上有限时间内定期领取、终身领取或一次性领取三种模式；同时还规定，若达到 60 岁时连续缴费年限未满十年，则必须延长年龄进行领取。伤残领取与退休领取在领取方式上具有同样的三种选择，而身故领取与退出领取则均需采取一次性领取方式。

关于 iDeCo 与其他职业年金计划的资产转移，规定个人在发生工作变动时，若该人员是国民年金（基础年金）的参保者，则其原有的养老金资产可以转入 iDeCo；同时也允许个人在入职已建立雇主型 DC 年金计划的企业时将 iDeCo 资产转移至该企业的年金计划。

3.2 第三支柱的规定与安排

3.2.1 税收优惠

iDeCo 享受的是 EET 税收优惠政策，即当期缴费可以纳入个人所得税抵扣项，投资环节免税，在领取时按照收入情况征收个人所得税。针对领取时的征税，iDeCo 还具有配套的优惠政策，分期领取的金额可以纳入公共养老金扣除科目，若采用一次性领取，则领取人员可以利用退休收入扣除额度实现合理的税收减免。日本所得税采用累进税制，具体税率如表 2 所示。

表2 日本所得税税率表（累进税制）

年度应税所得金额（已扣除免征科目）	税率（%）	扣除数（日元）
195 万日元以下	5	0
195 万 ~ 330 万日元	10	97500
330 万 ~ 695 万日元	20	427500
695 万 ~ 900 万日元	23	636000
900 万 ~ 1800 万日元	33	1536000
1800 万 ~ 4000 万日元	40	2796000
4000 万日元及以上	45	4796000

资料来源：日本国税厅。

3.2.2 账户安排模式

iDeCo 的个人账户安排分为注册与运营两个环节。在注册环节，国民年金（基础年金）的第一号与第三号被保险人可以直接向国民年金基金协会申请个人账户开立注册，而国民年金（基础年金）的第二号被保险人可以由雇主统一代理在国民年金基金协会办理个人账户开立注册手续，同时该类人群也可以自行向国民年金基金协会提交注册申请。

在个人账户运营环节，不论是自行注册还是雇主代理的 iDeCo 参与者均能够从经核准的金融机构名单中选择一家服务提供商对个人账户进行管理。

3.2.3 个人投资选择权

iDeCo 下的投资选择权完全归属于计划参与者个人，纳入国民年金基金协会核准名单的金融机构将提供存款、投资基金、保险产品等金融产品供个人进行选择与配置。

3.3 第三支柱的管理结构

iDeCo 的个人账户采用的是信托管理结构，纳入核准名单的金融机构负责个人账户的管理与投资产品引入，同时有四家信息服务机构负责个人账户的信息记录保存与通知、交易指令的汇总、与投资产品管理机构的信息交互及支付金额的核定等工作。

个人账户下的投资产品分为投资基金、存款与保险三大类型。针对投资基金，国民年金基金协会定义不同的基金大类并在每一类型下设置相对应的细分基金产品，针对每一只细分基金产品，国民年金基金协会通过委托投资的模式将产品交由专业的基金公司进行管理，个人账户的管理机构根据基金分类进行对应的基金产品引入。针对存款，个人账户的管理机构可以引入经国民年金基金协会核准的储蓄类金融机构的存款产品。对于保险产品，个人账户的管理机构可以将同样经国民年金基金协会核准的保险金融机构的保险产品引入。计划参与者可以根据自身的风险偏好、投资经验与储蓄目标进行多样化的产品配置。

4　日本第三支柱资产管理情况

4.1　管理机构

4.1.1　国民年金基金协会

国民年金基金协会是官方的非营利性社会组织，设立于 1991 年，最初的目的是针对日本各地区的国民年金基金进行统一的协调与管理，根据 2001 年《缴费确定型养老金法案》第 2 条的规定，确定国民年金基金协会作为个人型 DC 年金计划（iDeCo）的实施与管理主体。在 iDeCo 的管理架构中，国民年金基金协会主要承担 iDeCo 计划加入者的资格审核、缴费资金的收支管理、缴费限额的控制管理、个人账户管理机构与信息记录机构的事务委托、投资产品的事务委托等职能。

4.1.2　个人账户管理机构

个人账户管理机构为经过国民年金基金协会核准的金融机构，一般为银行、证券公司与保险公司，其主要负责 iDeCo 个人账户的开立、投资产品的引入、产品信息披露、风险提示等职能，向计划参与者提供账户管理方面的服务与投资产品的展示。此类金融机构一般具有较多的分支机构与服务网点，且在主营业务中具有较强的账户管理能力与资金结算能力。

表3　　　　　　　　　　　个人账户管理机构清单

全国性账户管理机构	地方性账户管理机构
爱和谊日生同和财产保险	北洋银行
日本永旺银行	北海道银行
冈山证券	青森银行
货币设计（MYDC）	Michinoku 银行
Sawakami 投资基金	岩手银行
直布罗陀寿险	秋田银行
日本·养老金·导航	莊内银行
信金中央金库	东邦银行
住友人寿保险	筑波银行
索尼人寿保险	足利银行
日本兴亚财产保险	栃木银行
日本兴业财产保险 DC 证券	群马银行
第一人寿保险	常阳银行
大和证券	京叶银行

全国性账户管理机构	地方性账户管理机构
中央劳动金库	横滨银行
东京海上日动火灾保险	第四银行
日本人寿保险	北越银行
野村证券	北陆银行
富国人寿保险	北国银行
松井证券	山梨中央银行
Monex 证券	八十二银行
瑞穗银行	大垣共立银行
三井住友海上火灾保险	十六银行
三井住友银行	静冈银行
三菱 UFJ 银行/三菱 UFJ 信托银行	骏河银行
明治安田人寿保险	百五银行
日本邮政银行	滋贺银行
乐天证券	南都银行
Resona 银行	纪阳银行
SBI 证券	池田泉州银行
SBI 福利·系统	中国银行（中国地区：日本的地域名称）
	广岛银行
	山口银行
	百十四银行
	伊予银行
	爱媛银行
	西日本城市银行
	福冈银行
	十八银行
	肥后银行
	大分银行
	宫崎银行
	鹿儿岛银行
	琉球银行

资料来源：缴费确定型年金教育协会。

4.1.3 投资产品管理机构

投资产品管理机构的职能是接受国民年金基金协会的委托，对由协会预先设计的 iDeCo 金融产品进行投资管理，并定期提供相应产品的投资管理结果与信息。投资基金的管理机构一般为基金公司和资产管理公司等投资机构，其在资产配置、权益投资、固定收益投资、货币市场投资等方面具有较强的能力。存款与保险产品的管理机构则分别为银行和保险公司，主要负责管理以保本属性为主的金融产品。

表4　　　　　　　　　　　　　投资基金管理机构清单

投资基金管理机构清单	
三菱 UFJ 国际投资基金	乐天基金投资顾问
东京海上资产管理	Resona 资产管理
One 资产管理	日本生命资产管理
三井住友资产管理	野村资产管理
三井住友信托·资产管理	明治安田资产管理
日光资产管理	野村资产管理
大和证券投资基金	SBI 债券投资管理
冈山资产管理	SBI 资产管理
富达投资基金	财富设计
道富全球顾问	赛松投资基金
朝日生活资产管理	青空投资基金
日本兴亚财产保险资产管理	Amundi（日本）
施罗德投资管理	PGIM（日本）
景顺资产管理	奥斯科克斯
信金资产管理投资基金	Pictet（百达）基金投资顾问
农林中金共同联合资产管理	大和住银基金投资顾问
高盛资产管理	Commons 投资基金
Sawakami 投资基金	德意志资产管理公司
贝莱德（日本）	罗素投资
信用资产管理投资基金	资本国际
贝亚林格斯（日本）	摩根大通资产管理公司
投资组合公司	Sparks（星火）资产管理
瑞银资产管理	伯恩斯坦联合

资料来源：缴费确定型年金教育协会。

4.1.4　信息记录机构

信息记录机构为四家系统信息提供商，接受国民年金基金协会的委托承担 iDe-Co 的相关信息记录保存与通知、汇总各类交易指令并与投资产品的管理机构进行信息交互、支付领取金额的核定等职责。四家系统信息提供商分别为 SBI 福利系统有限公司、日本兴亚财产保险 DC 证券有限公司、日本投资者解决方案和技术有限公司、日本记录存储网络有限公司。

4.2 资产配置结构

根据国民年金基金协会的统计口径，iDeCo 下的资产被分为三大类别，分别是存款、保险和投资基金。其中，投资基金又被分为混合型基金、境内债券基金、境内股票基金、境外债券基金、境外股票基金、货币基金和其他信托结构投资产品；保险则细分为生命保险与意外保险两类。

从国民年金基金协会公布的 2015 年 3 月末至 2017 年 3 月末的统计数据来看，在 iDeCo 总资产规模中，投资基金在三年间的占比分别为 35%、34% 和 35.1%；存款的占比分别为 38.8%、38.9% 和 38.6%；保险的占比分别为 25.9%、26.8% 和 26%。可以看出，相对于投资基金与存款，iDeCo 的参与者对于保险产品的偏好程度较低，其更依赖于产品切换更为便捷的投资产品。表 5 为 2015 年 3 月末至 2017 年 3 月末 iDeCo 下的资产分布情况。

表 5　　　　　　2015 年 3 月末至 2017 年 3 月末 iDeCo 资产规模分布

	2015 年 3 月末		2016 年 3 月末		2017 年 3 月末	
	规模（万日元）	占比（%）	规模（万日元）	占比（%）	规模（万日元）	占比（%）
投资基金	38562132	35	41337839	34.0	48446612	35.1
境内股票基金	12530446	11.4	13243531	10.9	15094173	10.9
境内债券基金	2932386	2.7	3767529	3.1	4517151	3.3
境外股票基金	7152910	6.5	7258711	6.0	9457325	6.8
境外债券基金	3460029	3.1	3726467	3.1	4129540	3.0
混合型基金	10171537	9.2	10778711	8.9	12966469	9.4
货币基金	961882	0.9	997034	0.8	264454	0.2
其他产品	1352942	1.2	1565857	1.3	2017500	1.5
存款	42696774	38.8	47237454	38.9	53274464	38.6
保险	28552705	25.9	32525401	26.8	35887411	26.0
生命保险	11318026	10.3	13044432	10.7	13773088	10.0
意外保险	17234679	15.7	19480969	16.0	22114324	16.0
空闲资金	246040	0.2	400244	0.3	533176	0.4
资产合计	110057651	100	121500938	100	138141664	100

注：当投资基金的标的为 REITS、雇主单位发行的股票或商品类资产时归类为其他产品。

资料来源：《缴费确定型年金计划统计报告》。

通过表 5 的数据可以看出，境内股票型基金、境外股票型基金和混合型基金在投资基金规模中占比始终超过 70%，其在 iDeCo 总资产中平均占比达到 25% 以上，是 iDeCo 参与者进行基金投资的主要配置产品，这也从数据角度反映了日本第三支柱投资者对于权益投资的认可度，说明权益资产的运用是进行养老储蓄增值的有效方法。同时，投资基金占比超三分之一和只有基金产品涉及权益资产投资的事实表明，基金投资及其对于权益资产的运用对养老资产的保值增值作用在日本第三支柱中得到了肯定与体现。

根据 2017 年 3 月末的数据，iDeCo 中投资基金的配置比例是与计划参与者的年龄密切相关的，基金投资的高峰出现在 30~49 岁年龄段群体中，平均占 iDeCo 总资产的比重达 40%，这也说明在日本第三支柱中，基金投资是个人财富加速累积阶段的首选养老储蓄积累方式。

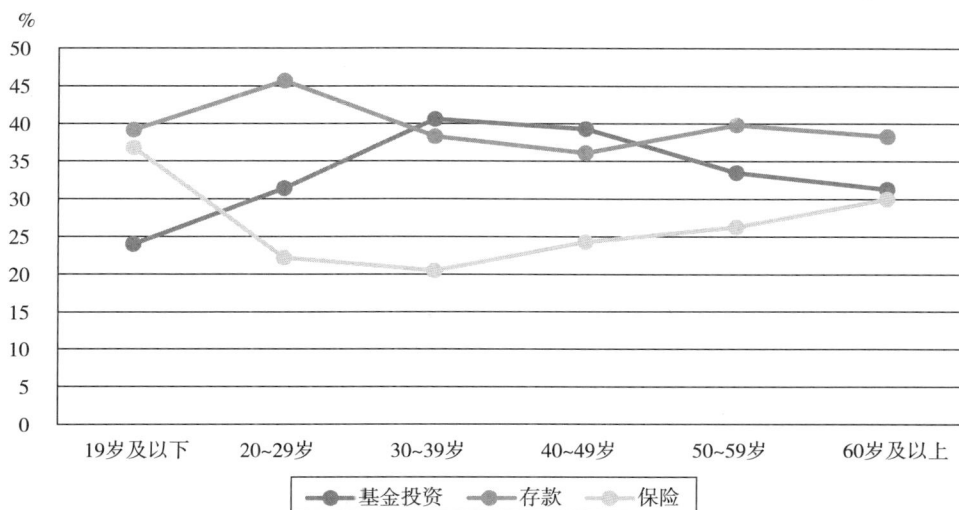

资料来源：《缴费确定型年金计划统计报告》。

图 2　2017 年 3 月末日本 iDeCo 不同年龄段资产配置情况

图 2 中关于 iDeCo 不同年龄段资产配置的分布情况表明，日本第三支柱参与者在生命周期中对于资产类型的选择较为合理，在财富积累初期与末期配置较多的存款与保险来确保养老资金的安全，同时在财富积累加速阶段将投资重心转移至投资基金以保证养老资金的有效增值，这也说明日本第三支柱市场对于基金产品提升养老资金收益回报的作用的认同。

4.3　投资收益

根据三菱资产智能公司关于 DC 年金计划投资基金的数据报告，截至 2017 年 12 月末，在过去三年间 iDeCo 下的境内股票基金年化收益率接近 12%，境外股票基金年化收益率接近 6%，新兴市场股票基金年化收益率约为 6.5%；境内债券基金年化收益率约为 1%，境外债券基金年化收益率稍低于 -1%，新兴市场债券基金年化收益率约为 0.5%；平衡型基金年化收益率稍高于为 4%；境内 REITS 基金年化收益率约为 -1%，境外 REITS 基金年化收益率接近 2%。2014 年 12 月末至 2017 年 12 月末 iDeCo 下各类型投资基金的年化收益率与波动率情况如图 3 所示。

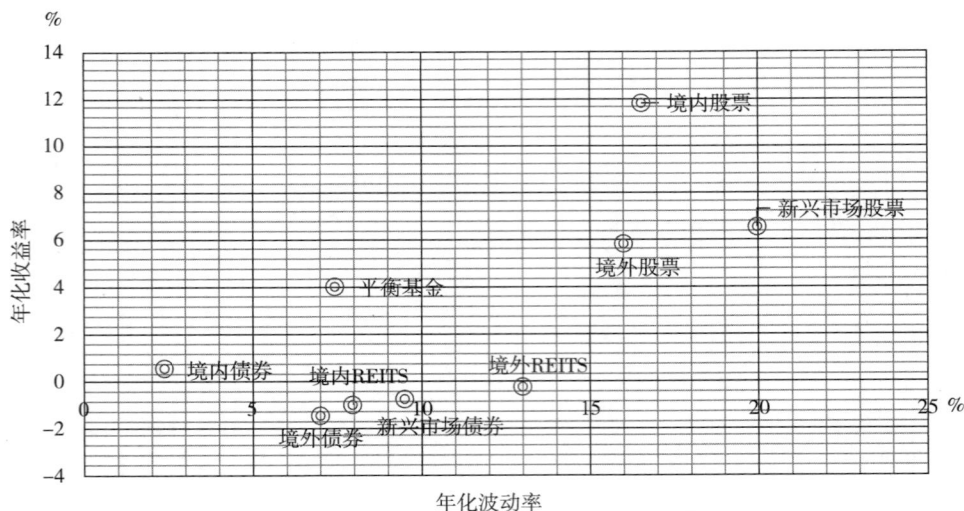

资料来源：《DC 计划投资基金概况》。

图3 2014 年 12 月末至 2017 年 12 月末 iDeCo 投资基金收益情况

从 2014 年到 2017 年的投资情况看，涉及权益投资的大类基金均实现了正收益，其中境内股票基金的年化收益率最高；与权益类投资的基金相比，固定收益类基金的投资情况普遍较差，仅境内债券基金在三年间实现了正的年化收益，其余类型的固定收益类基金均未实现正收益。

4.4 养老金投资运营监管

日本 iDeCo 的监管可以从三大主体机构的角度对监管工作进行区分和职责划分，三大主体机构分别为厚生劳动省、国民年金基金协会和金融厅（FSA）。

4.4.1 厚生劳动省

厚生劳动省作为日本养老金体系的制度建设与规划部门，主要负责 iDeCo 的制度建设与监管，其监管工作围绕第三支柱的制度执行展开，从宏观层面控制 iDeCo 在 2001 年《缴费确定型养老金法案》的制度框架下进行运作，制定参与 iDeCo 的规则与条件并监督国民年金基金协会实施，同时定期披露 iDeCo 整体的运作情况与政策变动。

4.4.2 国民年金基金协会

作为 iDeCo 的实施运营主体，国民年金基金协会主要针对参与者的申请、缴费限额与领取条件、个人账户运营机构的合规运作、投资基金管理机构的基金组合类型进行监管。针对开立计划、缴费与领取，国民年金基金协会在日常工作中需要审核申请参与 iDeCo 个人的资质条件、控制核定参与者缴费的额度，审批领取账户资金的个人资格与条件。在个人账户运营方面，国民年金基金协会负责制定运营个人账户的金融机构清单，根据准入条件与委托合同监控清单内的金融机构对个人账户进行合规运营。对于投资基金，国民年金基金协会根据制定的不同基金类型的策略与资产比例规定，结合委托合同的要求对投资管理机构的基金组合进行资产与策略层面的控制。

4.4.3 金融厅（FSA）

iDeCo 下投资基金具体的投资管理则由金融厅按照正常的金融产品投资监督工作开展。日本金融厅设立于 2001 年 7 月，在 2008 年 1 月日本中央政府机构调整中，金融厅成为内阁府的直属机构，承担全部金融相关制度设计、检查监督等职能。金融厅的管辖范围包括：金融制度的规划草拟；针对银行、证券公司、保险公司等民间机构和证券交易所等市场相关者进行检查和监察；制定证券市场交易的法规与法律；企业会计基准的设立以及其他与企业财务相关的事项；针对注册会计师、监察法人等的监督；通过参与国际机构运作以及参加两国或多国间的金融协议，来确立与国际相融合的金融行政体制。

iDeCo 中投资基金涉及制度执行、资产配置、投资交易、运营结算及风险合规等多个环节，其具体的监管工作也由金融厅内的各主要机构分别执行，涉及机构有总务规划局、检查局、监督局和证券交易监督委员会，其相关职能如下。

1. 总务规划局

总务规划局的职责分为与金融厅全辖相关的综合协调性事务及与金融相关法令、制度的规划和草拟两部分。在起草金融相关法令、制度等时，通过各种审议会上专家的讨论，以及充分利用听证会等形式，广泛听取社会各界的意见和建议。

2. 检查局

检查局的职责是根据《银行法》等各种法律法规对金融机构等实施检查。它的任务是"确保金融机构业务的建全性以及适当性，检证金融机构法律法规的遵守状况以及各种风险管理状况，指出问题点"。根据检查局的检查结果，由监督局采取相应的措施。

3. 监督局

监督局的职责是对金融机构等实施监督，通过对各金融机构的业务运营是否健全进行恰当的监督，避免金融机构所担负的资金中介和结算机能等发生障碍。通过现场检查和非现场检查的方式不断收集与金融机构相关的信息，随时把握详细的金融机构业务状况，积累各种信息并能够迅速和有效地实施分析。通过这些措施，尽早促进金融机构等自主地向确保健全经营的方向发展。

4. 证券交易监督委员会

该委员会以谋求证券交易以及金融期货交易的公正，保持投资者对证券市场以及金融期货市场的信赖为使命。

5 对我国的借鉴和启示

从 2001 年 DC 年金计划法规颁布至今，日本第三支柱个人养老金（iDeCo）从职业年金计划的补充分支发展成了覆盖范围广泛的独立个人养老金体系，其成功的演进过程依赖于三个方面，分别为个人账户的自由度、投资产品的丰富性与权益资产的运用。我国的老龄化程度不断加剧，未来基本养老支付压力巨大，日本作为典型的老龄化国家，其第三支柱的发展经验对我国来说具有较高的借鉴价值。

1. 个人账户的选择权应充分自由

日本 iDeCo 的自由度体现在个人账户下的投资选择权，iDeCo 的参与者能够根据自身的年龄、财富水平与风险偏好选择相对应的投资产品进行配置，投资选择权的开放也与第三支柱个人养老金的基本理念相匹配。个人账户的自由度为日本居民提供了自主养老储蓄的途径，凸显了第三支柱个性化的特征，我国第三支柱也应该是以个人养老资金账户为核心的开放式个人养老金体系，允许投资者在合理的范围与频率内根据自身需求自由投资与切换相应的金融产品，实现定制化的个人养老储蓄目标。

2. 投资产品应具有丰富性

与个人账户自由度相匹配的是，iDeCo 下具有丰富的投资产品供计划参与者选择和配置。从低风险的存款产品、保险产品、货币市场基金、债券基金到运用权益资产的平衡型基金、股票基金，同时还有 REITS 基金等其他对冲风险的投资品种，能够从年龄、财富水平、风险承受能力等多角度匹配投资者的特征和需求，对个人账户开放的投资选择权进行了有力的支撑。同样，在我国第三支柱的产品池构建过程中，也应该充分调动各金融机构的业务优势，引入各金融机构专长的投资产品，丰富产品池的层次与特征，为个人进行自主养老储蓄的行为提供选择基础。

3. 应充分理解权益资产投资的必要性

从 iDeCo 的大类产品分布来看，投资基金占比为 35% 左右，其中近 70% 的基金涉及权益资产投资，占 iDeCo 总资产的比例约为 25%。同时，从近三年 iDeCo 投资基金的收益情况来看，涉及权益资产投资的基金业绩整体好于固定收益类基金，为计划下养老储蓄资金的保值增值提供了有力的贡献。为了能够使我国第三支柱下的养老资金具备有效克服通货膨胀及保持购买力的能力，对于权益资产的投资是必不可少的，配合科学合理的风险控制和资产配置，适当的权益资产投资是第三支柱帮助投资者提高收入替代率的关键途径。从权益资产的运用能力来看，基金行业的参与同样不可或缺，不论是 iDeCo 中只有投资基金进行权益资产投资的格局，还是我国公募基金行业优秀的权益资产投研能力，均证明基金行业在国内外都应该是第三支柱的主要参与者，是向养老资金提供稳定增值服务的中坚力量。

参考文献

［1］日本厚生劳动省关于养老金架构的介绍，http：//www. mhlw. go. jp/stf/sei-sakunitsuite/bunya/nenkin/nenkin/.

［2］日本厚生劳动省. 公共年金制度一览［R］. 2016.

［3］日本厚生劳动省. 公共年金单一年度收支情况［R］. 2016.

［4］日本厚生劳动省. 公共年金的资产流程［R］. 2014.

［5］日本厚生劳动省. DB 型年金计划业务状况［R］. 2015.

［6］iDeCo 运营管理机构联络协议会. 2002 年 3 月—2017 年 3 月缴费确定型年金计划统计报告［R］. 2017.

［7］日本厚生劳动省. 职业型养老金概况［R］. 2008.

［8］日本国民年金基金办会运营的 iDeCo 官网，https：//www. ideco－koushi-ki. jp/english/.

［9］日本厚生劳动省关于个人型 DC 年金计划的介绍，http：//www. mhlw. go. jp/stf/seisakunitsuite/bunya/nenkin/nenkin/kyoshutsu/gaiyou. html.

［10］国民年金基金协会官网关于自身的介绍，http：//www. npfa. or. jp/org/purpose. html.

［11］三菱资产管理智能公司. DC 计划投资基金概况［R］. 2018.

［12］金融庁ホームページ. 金融庁について，https：//www. fsa. go. jp/com-mon/about/fsainfo. html.

［13］张承惠，王刚. 日本金融监管架构的变迁与启示［J］. 金融监管研究，2016（10）：005.

第十章 澳大利亚个人养老金制度经验

华商基金管理有限公司 袁思农 高 敏

摘 要 澳大利亚第三支柱个人养老储蓄主要是自愿的超级年金储蓄，是超级年金体系内以养老为目的的投资。自愿型超级年金的缴费主要包括个税福利抵扣（Salary Sacrifice）和个人缴费（Personal Contribution）两种形式。与澳大利亚第二支柱保障型超级年金相比，作为第三支柱的自愿型超级年金规模较小，总体参与率不足 20%，2017 年自愿型超级年金缴费约占全部超级年金缴费的 25%。澳大利亚自愿型超级年金的投资收益情况基本与第二支柱保障型超级年金相同，但自愿型超级年金的资产配置更加保守，收益率也更低。

关键词 自愿型超级年金 个税福利抵扣（Salary Sacrifice） 个人缴费（Personal Contribution）

1 澳大利亚养老金体系

1.1 澳大利亚三支柱养老金体系

澳大利亚的养老金体系被认为是世界上最为成熟的养老金体系之一，在实现了较高的覆盖率和替代率的同时，维持了较低的政府支出（Julie Agnew，2013）。澳大利亚养老金体系的目标在于建立一个广泛和合适的、公平和可接受的、健全的、简单易行的、可持续的养老金系统。目前，澳大利亚的养老金体系是典型的三支柱养老金体系：第一支柱基础养老金是覆盖澳大利亚所有老年人的基本养老金（Age Pension）；第二支柱补充养老计划是雇主强制缴费的保障型超级年金（Superannuation Guarantee）；第三支柱个人养老储蓄主要是自愿型超级年金（Voluntary Superannuation），也包括自有房产和其他类金融资产；另外，澳大利亚政府还成立了澳大利亚未来基金，作为储备养老金以应对未来可能出现的养老金支付缺口，缓解财政压力。这四个部分共同构成了澳大利亚现代养老金体系。

表1   澳大利亚三支柱养老金体系

第一支柱	第二支柱	第三支柱
基本养老金 （Age Pension）	保障型超级年金 （Superannuation Guarantee）	自愿型超级年金① （Voluntary Superannuation）
储备养老金：澳大利亚未来基金（Australia Future Fund）		

1.2 澳大利亚基本养老金

澳大利亚养老金第一支柱是政府面向所有老年人提供的基本养老金（Age Pension），属于待遇确定型（DB），支出全部来源于澳大利亚的税收等财政收入，最早可以追溯到1909年。基本养老金覆盖所有超过65岁的澳大利亚公民，待遇水平根据收入水平和资产水平的调查结果来决定。基本养老金由澳大利亚人事服务部（Department of Human Service）负责发放，两周发放一次，以个人或夫妇为单位领取。2016—2017财年澳大利亚政府支付了622.7亿澳元用于基本养老金的发放，占当年GDP的4.72%。

1.3 澳大利亚保障型超级年金

澳大利亚现行的养老金第二支柱是保障型超级年金（Superannuation Guarantee），它于1992年在《超级年金保障法》（1992 *Superannuation Guarantee Act*）的指导下建立，由雇主强制缴费，主要实行基金累积制，属于缴费确定型（DC）养老计划。澳大利亚保障型超级年金在15～64岁人口中的覆盖率大约为77.78%（ABS，4125.0 – Gender Indicators，Australia，Sep 2017），截至2017年底，超级年金规模为26576亿澳元，是2017年澳大利亚GDP水平的130%。

澳大利亚超级年金采用典型的信托模式，受托人是超级年金的治理主体。超级年金既可以采用内部受托模式（年金理事会），也可以采用外部受托模式（法人受托），年金理事会和法人受托机构根据委托人的委托管理基金，再根据其运营需要选择相应的托管人、账户管理人、投资管理人和其他服务机构。受托人可以自己管理超级年金基金，也可以委托专业机构进行基金的投资管理。

1.4 澳大利亚个人养老储蓄

澳大利亚个人养老储蓄主要是自愿的超级年金储蓄（Voluntary Superannuation Saving），"也包括超级年金体系之外的自有房产、不动产和其他金融与商业资产"②，实行基金累积制，是缴费确定型（DC）养老计划。自愿型超级年金在超级年金的制

---

① 自愿型超级年金以外的个人养老储蓄也包括自有房产和其他类金融资产。

② 详见 *Australia's Future tax system Retirement Income Strategic Issues Paper 2009*。

度系统内运作，缴费主要包括个税福利抵扣（Salary Sacrifice）和个人缴费（Personal Contribution）两种形式，其中个税福利抵扣部分为税前扣除，享受税收优惠，个人缴费部分为税后自愿缴费。为了鼓励个人进行养老目的的储蓄，澳大利亚政府对低收入者的个人养老储蓄给予一定程度上的补贴。雇员自愿缴费到超级年金账户，自愿缴费部分与第二支柱保障型超级年金一同进行投资运营。

1.5 澳大利亚未来基金

澳大利亚的储备养老金是澳大利亚未来基金（Future Fund），这是独立管理的主权财富基金。未来基金旨在加强政府公共财政能力，弥补公共养老计划在未来可能出现的资金缺口。澳大利亚未来基金目前的投资目标是在可控的风险范围内保持基金的长期年均收益超过 CPI 水平 4% ~ 5%。截至 2017 年 6 月，澳大利亚未来基金累计规模为 1335 亿澳元。澳大利亚未来基金由未来基金管理委员会（Future Fund Board of Guardians）受托管理。未来基金管理委员会包括 1 位主席和 6 位成员，成员由总理任命，任期不超过 5 年。另外，澳大利亚政府还成立了未来基金管理局（Future Fund Management Agency），具体负责基金的投资运营。澳大利亚未来基金的投资管理全部采用间接投资即委托投资的方式进行，截至 2017 年 12 月 31 日，共有 117 家投资管理人管理澳大利亚未来基金资产。

2 澳大利亚个人养老储蓄制度

2.1 澳大利亚个人养老储蓄的界定和发展历史

澳大利亚个人养老计划最早起源于 19 世纪。早在 19 世纪中期，公共服务部门的工作人员和一些白领阶层就开始领取作为员工福利的年金。但是这些养老计划并没有制度化，公民的个人养老储蓄主要是自发的行为，也不能明确地界定。1976年，澳大利亚政府提出建立统一的养老金体系并鼓励个人通过补充养老计划进行养老目的的储蓄（1976—1977 National Superannuation Committee of Inquiry）。这些可以视为个人养老储蓄，但都不是现代意义上的养老金第三支柱。

1992 年，澳大利亚政府推出了《超级年金保障法》（1992 *Superannuation Guarantee Act*），强制要求雇主为其雇员缴纳养老目的的超级年金。1993 年，世界银行的著名报告 *Averting the Old Age Crisis Policies to Protect the Old and Promote Growth* 肯定了以澳大利亚为代表的国家所建立的养老金体系，总结提出了现代三支柱养老金体系并推广到全球范围。

2009 年澳大利亚政府报告《澳大利亚未来税收系统和退休收入政策》[①] 明确定

---

① 即 *Australia's Future tax system Retirement Income Strategic Issues Paper* 2009。

义了澳大利亚的养老金第三支柱，即"自愿的超级年金储蓄"（Voluntary Superannu-ation Saving），并明确"典型的自愿储蓄也包括超级年金体系之外的自有房产、不动产和其他金融与商业资产"。所以可以明确界定的澳大利亚的个人养老储蓄主要是超级年金体系内的自愿储蓄。1992 年，《超级年金保障法》明确了第二支柱保障型超级年金缴费的强制性，并将澳大利亚养老金第二支柱和第三支柱分化开来，也正式标志着澳大利亚现代三支柱养老金体系的正式形成。

澳大利亚政府鼓励公民进行自愿型超级年金缴费。1997 年，澳大利亚政府对低收入配偶缴费给予 3000 澳元以内 18% 的税收优惠。2003—2004 年开始，澳大利亚政府对低收入者的自愿型超级年金进行补贴，年收入在 2.8 万澳元以下的人群可以获得一定的共同缴费补贴（Co - Contribution），补贴随收入的增加而逐步减少。2004—2009 年，最高的共同缴费率为 150%，最多可以达到 1500 澳元，之后适当下调了共同缴费的比例，目前共同缴费的最高比例为 50%，每人不超过 500 澳元。另外，2017 年 7 月开始只允许 75 岁以下的澳大利亚公民进行超级年金个人缴费，65～75 岁的个人缴费需要通过一定的资格审查。

2.2　澳大利亚自愿型超级年金的模式

澳大利亚有非常成功的超级年金系统，作为第三支柱的自愿型超级年金也在超级年金系统内运作，其运作模式与澳大利亚第二支柱保障型超级年金一致。超级年金制度主要基于 1992 年发布的《超级年金保障法》和 1993 年发布的《超级年金监管法》。超级年金采用信托模式，超级年金的受托人是超级年金的治理主体，对年金的整体运营负法律上的最终责任。受托机构根据委托人的委托管理基金，再根据其运营需要选择相应的托管人、账户管理人、投资管理人和其他服务机构。受托人可以自己管理超级年金基金，也可以委托专业机构进行基金的投资管理。

澳大利亚超级年金基金目前主要有公司基金、行业基金、公共部门基金、零售基金和小型基金 5 种类型。小型基金是指成员在 5 人以下、个人基金和自营型超级年金（Self Manage Small Fund，SMSF），自营型超级年金受澳大利亚税务局（ATO）监管，除此以外其余四种类型的基金均由澳大利亚审慎监管局（APRA）管理。根据《超级年金监管法》的规定，澳大利亚超级年金的受托人必须是注册的超级年金实体（RSE 持证人）。受托人委托投资管理人进行基金投资，受托人可以自己进行基金的投资管理，也可以委托外部的投资管理人进行基金的投资管理。除了小型自营型基金外，超级年金的投资管理人必须是法人机构。

澳大利亚自愿型超级年金缴费包括三种形式：个税福利抵扣（Salary Sacrifice）、个人缴费（Personal Contribution）和配偶缴费（Spousal Contribution）。配偶缴费是由配偶代缴超级年金，而且对低收入者有一定的税收优惠。目前配偶缴费规模较小，澳大利亚统计局也没有进行单独统计，因此个人养老储蓄还是以前两种形式为主。

个税福利抵扣是指雇员与雇主之间的一种协议，雇员放弃一定的税前工资，雇主为其提供相应价值的某种福利，政府对这部分征收较低的福利税或者免税，从而使雇员获得税收优惠。个税福利抵扣可以用于多种途径，如购车、育儿支出等，但目前最为主要的就是缴纳超级年金。雇主代雇员缴纳的个税福利抵扣在一定额度内按照最高 15% 的税率缴税，一般低于雇员的边际税率。截至 2017 年底，澳大利亚政府对每年 25 万澳元以内的个税福利抵扣部分税率为 15%，超过 25 万澳元的部分税率为 30%。

个人缴费可以采取定期从工资中扣除的方式，也可以不定期地直接投资到超级年金账户。税收安排根据雇员的身份不同而有所不同。对于普通雇员，个人缴费由于是税后缴费，缴费部分不能享受 15% 的优惠税率，但是可以享受投资收益部分 15% 的优惠税率；对于自由职业者，个人缴费部分可以在税前列支，缴费和投资收益同时享受 15% 的优惠税率。另外，澳大利亚政府为鼓励低收入者进行养老储蓄，最高提供 50% 的共同缴费补贴（Co – Contribution），每人每年最高不超过 500 澳元。

个税福利抵扣和个人缴费的主要区别在于税收安排，个税福利抵扣部分允许在税前扣除，而个人缴费属于税后行为。无论是个税福利抵扣还是个人缴纳，自愿缴纳的超级年金都与企业强制缴纳的超级年金采用相同的管理模式，都在超级年金的制度体系内进行投资运营。另外，超级年金制度给了雇员大量自由选择的空间：雇员可以自由地选择受托人，也可以通过受托人自行选择合适的资产配置和投资标的。

3 澳大利亚个人养老储蓄的现状

3.1 自愿型超级年金

1993 年《超级年金保障法》实施后，保障型超级年金的覆盖率稳步提升，目前在 15~64 岁的人口中覆盖率大约为 77.78%，其中男性覆盖率为 80% 左右；女性覆盖率稍低，为 75% 左右。与此相对应的是澳大利亚自愿型超级年金的参与率却在不断降低，从 1993 年《超级年金保障法》实施时的 50% 开始，以每年大约 2.5% 的速度下降，到 2007 年已经降到了 25% 以下（J. Feng, Paul Gerrans, Gordon Clark, 2014）。在 2017 年非小型超级年金基金的缴费中，个税福利抵扣缴费为 86.4 亿澳元，占总缴费的 7.37%；个人缴费 295.8 亿澳元，占全部超级年金缴费金额的 25.22%。澳大利亚统计局分别在 2000 年和 2007 年发布了"就业、退休和养老金"（SEARS）的报告，给出了澳大利亚自愿型超级年金的参与情况以及影响参与的一些因素。2007 年澳大利亚员工自愿型超级年金中个税福利抵扣参与率约为 12%，个人缴费参与率为 21.3%。

个税福利抵扣和个人缴费对不同的人群显示出一定的特点。从人群年龄分类上来看，55 岁之前，人群中自愿型超级年金参与率逐渐上升，45~55 岁的人群参与率最高，总体参与率超过 35%。自愿型超级年金参与率第二高的是 55~64 岁的人群，总体参与率也超过了 30%。超过 65 岁之后，自愿型超级年金的参与率下降到 10% 以下。主要原因之一是澳大利亚政府对 65 岁以上的老年人提供了基本养老金（Age Pension）。个税福利抵扣和个人缴费这两种方式的参与率都显示出先上升后下降的趋势，个人缴费在各个年龄段的参与率都要高于个税福利抵扣，但两者同时参与的比例不高。

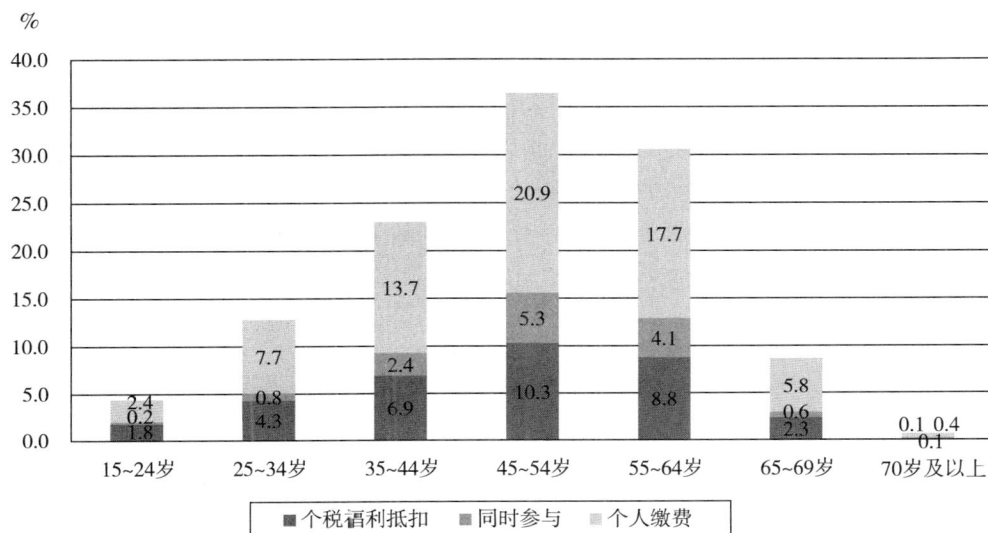

资料来源：ABS *Employment Arrangements, Retirement and Superannuation* 2007。

图 1   个税福利抵扣和个人缴费参与情况——按年龄

从收入分类上来看，自愿型超级年金与工资水平呈现正相关关系。澳大利亚 2007 年平均周薪落在 600 ~ 900 澳元区间内，个税福利抵扣、个人缴费的参与率分别为 6.6% 和 14.3%，合计自愿型超级年金参与率为 23.3%；与此相对应的是周薪达到 2000 澳元以上的人群中，自愿型超级年金的参与率超过了 45%，个税福利抵扣和个人缴费的参与率分别达到了 17.8% 和 20.4%。此外，从部门分类上来看，公共部门的自愿型超级年金参与率（约 50%）要明显高于私人部门（22.8%），公共部门个税福利抵扣和个人缴费的参与率分别为 12.8% 和 29.3%，而私人部门的参与率分别为 7.7% 和 12.5%。另外在 2016 年的调查中，公共管理、教育和金融事业的从业人员拥有更高的个税福利抵扣参与率，分别达到了 18.5%、13.4% 和 10%；相比之下，个税福利抵扣参与率最低的零售业和建筑业分别只有 2.6% 和 5.5%。

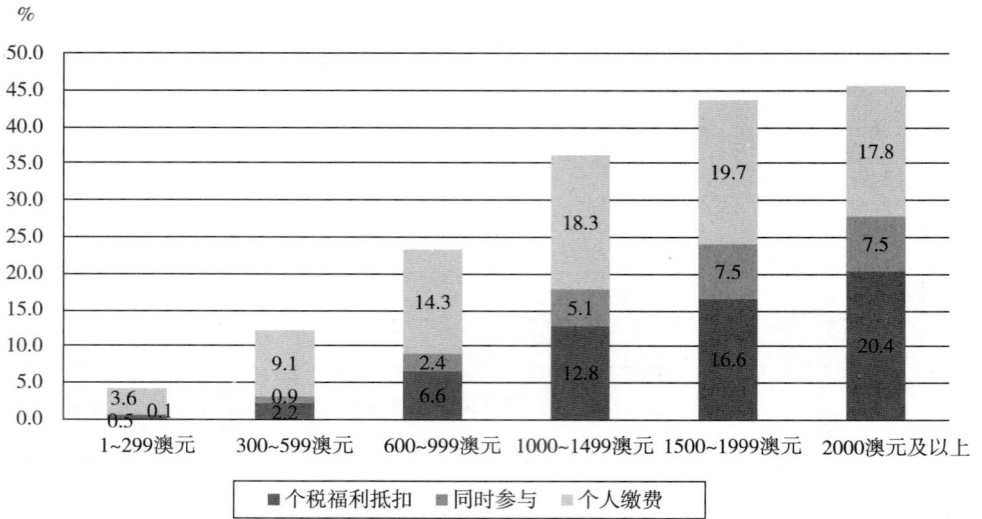

资料来源：ABS *Employment Arrangements*, *Retirement and Superannuation* 2007。

图2 个税福利抵扣和个人缴费参与情况——按每周收入

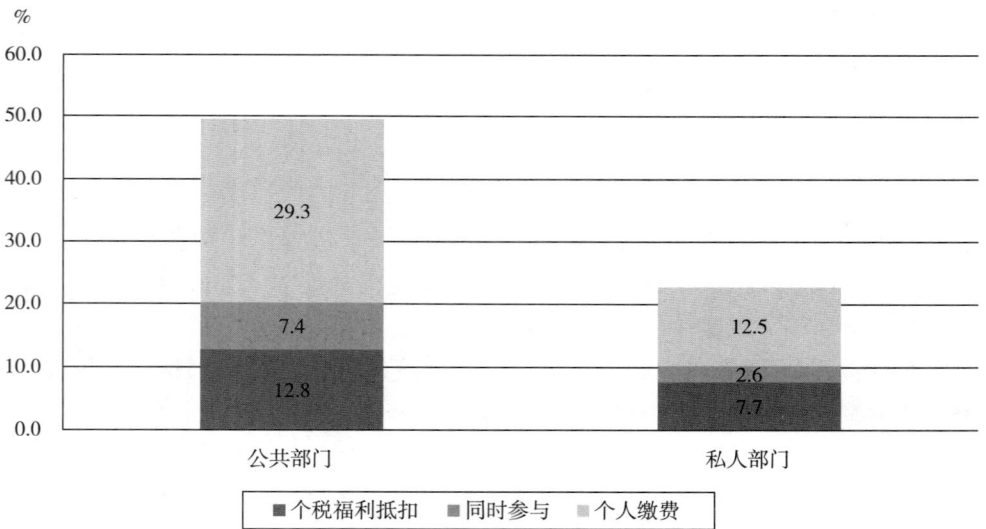

资料来源：ABS *Employment Arrangements*, *Retirement and Superannuation* 2007。

图3 个税福利抵扣和个人缴费参与情况——按部门

在2007年的"就业、退休和养老金"（SEARS）调查中，统计了被调查者中未参加自愿型超级年金储蓄的个人缴费部分的人群未参与的原因。问卷给出了15个比较可能的理由，图4显示了其中最主要的未参加原因。其中最主要的原因是"负担不起"，占到未参与个人缴费人数的37%；再加上第三大原因"有负债"的10%，共计有近半数的人由于经济原因没有参与个人缴费计划。这显示家庭经济状况是影响个人养老储蓄最为主要的原因。另外，"已经参与保障型超级年金""已经参与个税福利抵扣"和"已有其他投资"三项合计占未参与个人缴费人数的17%，说明其他养老计划对个人缴费计划有一定的挤出效应。

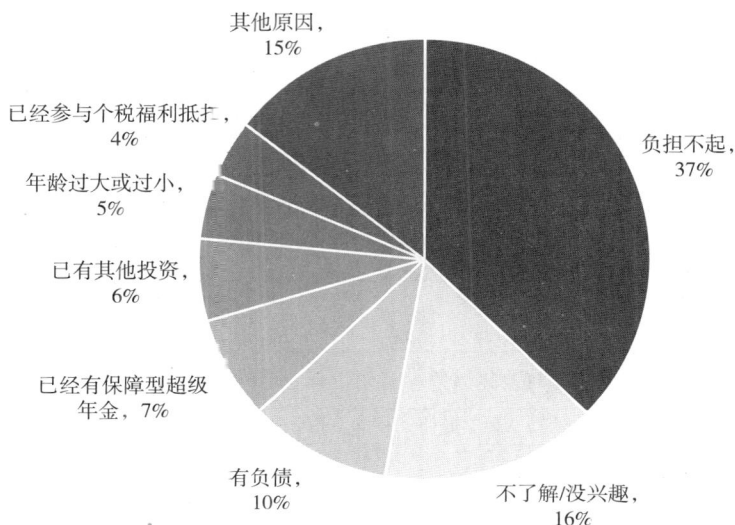

图4　未参与个人缴费的主要原因

3.2　超级年金系统外的个人养老储蓄

典型的个人养老储蓄也包括自有住房和其他金融资产。对于超级年金体系外的个人养老储蓄，澳大利亚政府没有明确其养老性质，在制度上和政策上也没有特殊的倾向和区分。虽然不能明确界定其养老目的，这部分资产依然是澳大利亚养老金第三支柱的重要组成部分。从澳大利亚统计局2017年底公布的《澳大利亚家庭收入与财富》① 中，我们可以看到近年来典型澳大利亚家庭的资产构成情况。

从2003年到2016年澳大利亚典型的家庭资产分布上来看，自有住房是澳大利亚家庭最主要的资产组成部分，但其重要性从2003年的46.36%下降到2016年的41.56%。其他金融资产和其他非金融资产在澳大利亚家庭资产中占比较为稳定，在2015—2016财年所占的比例分别为17.34%和24.28%。超级年金资产只是澳大利亚家庭资产中占比较小的部分，即使占比从2003年的11.81%大幅上涨到2016年的17.17%，超级年金资产在澳大利亚家庭资产中的比例依然不到五分之一。而且超级年金资产中包括第二支柱保障型超级年金和作为第三支柱的自愿型超级年金，个人养老储蓄在家庭资产中所占的比例要更低。

①　即 *Household Income and Wealth*, *Australia*, 2015 – 2016。

千澳元

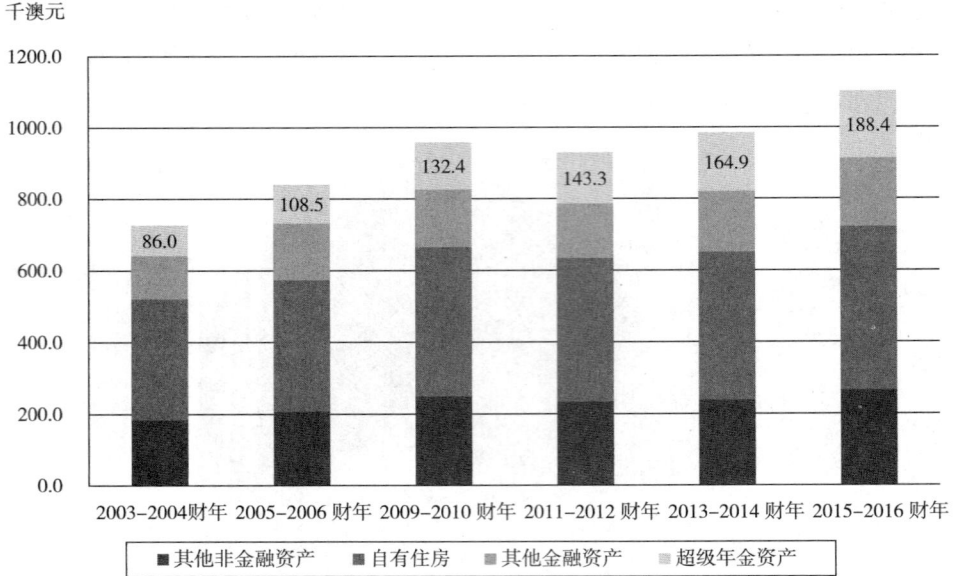

资料来源：ABS 6523.0 – *Household Income and Wealth*, *Australia*, 2015 – 2016。

图5　澳大利亚平均家庭资产分布

但从澳大利亚家庭资产年龄分布来看，所有类别的资产都随着年龄的增加而上升，在55～64岁时达到峰值，65岁之后资产开始减少。四类资产中其他非金融资产、自有住房、其他金融资产在65岁退休前后的变化不大，只有超级年金资产在65岁之后明显开始减少，特别是75岁之后，超级年金资产所占的比例下降到8.16%。一方面，退休后领取超级年金使超级年金资产下降；另一方面，多数雇员

千澳元

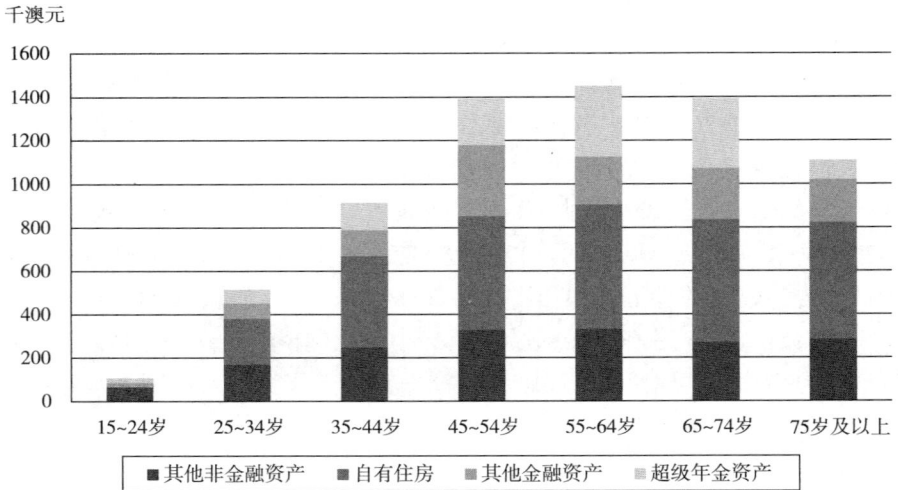

资料来源：ABS 6523.0 – *Household Income and Wealth*, *Australia*, 2015 – 2016。

图6　澳大利亚平均家庭资产情况的年龄分布（2015年）

在退休后停缴超级年金，特别是 75 岁以后澳大利亚政府不再允许缴纳超级年金。超级年金资产所占的比例随年龄的变化也显示养老目的资产仍然是以超级年金为主，因此第三支柱个人养老储蓄也是以超级年金体系内的自愿型超级年金为主。

4　澳大利亚个人养老储蓄的投资管理

澳大利亚个人养老储蓄即自愿型超级年金投资管理主要是在超级年金的体系内进行，采取典型的信托模式，以受托人作为超级年金的责任主体，受托人委托投资管理人进行基金投资。对于基金的投资范围，《超级年金监管法》没有做出特别的规定，从实际超级年金的投资策略和执行的投资操作来看，超级年金的投资范围十分广泛，既有股票、债券、现金类资产的投资，也有房地产、基础设施、商品期货和对冲基金的投资，涉及市场上大多数投资工具。同时，超级年金允许进行海外投资。

4.1　自愿型超级年金的投资管理

自愿型超级年金在超级年金系统内进行投资，超级年金一般以 CPI 指数加一定百分比作为投资目标，根据时间长短和客户能够承担的风险程度来具体区分超过 CPI 指数的多少，并以此作为投资风格的划分，再根据不同的投资风格进行大类资产配置。雇员对超级年金的投资拥有很大的自由度，可以自主进行大类资产配置和投资品种的选择，也可以选择受托人提供的默认投资选项。以澳大利亚最大的超级年金管理公司 AustralianSuper Pty Ltd 为例，它将投资风格划分为六种不同的类型，并在不同的风格下给出了公司的资产配置建议方案。这六种类型包括平衡型、高增长型、社会责任型（ESG）、指数型、保守平衡型和稳健收益型。

表 2　　　　　　　　　典型超级年金基金投资目标与资产配置

投资目标						
投资风格	平衡型	高增长型	社会责任型	指数型	保守平衡型	稳健收益型
投资目标	CPI + 4%	CPI + 4.5%	CPI + 4%	CPI + 3.5%	CPI + 2.5%	CPI + 1.5%
平均 5 年实际表现	11.41%	12.62%	11.45%	8.73%	9.46%	7.39%
资产配置						
国内股票	25%	32%	25%	32%	17.50%	10%
国际股票	34%	43.50%	34%	38%	23.50%	13.50%
房地产	7%	5%	7%		6%	6%
基础设施	13%	9%	13%		11%	11%
PE	3%	3.5%	3%		1.5%	0%

续表

信贷	6%	4%	6%		7%	7%
固收	2%	0%	2%	17%	20%	27.5%
现金	10%	3%	10%	13%	13.5%	25%

资料来源：https://www.australiansuper.com/。

从 2017 年澳大利亚超级年金实际投资情况来看，超级年金的投资范围广泛，而且权益类资产配比较高，充分发挥了养老基金长期投资和重视权益投资的特点。具体有以下几点：第一，策略较为积极，股票投资的占比较大，超过整个基金资产的 50%。第二，超级年金的投资引入了一部分非标型资产，包括合计 13.3% 的房地产和基建投资。另外，还有期货和商品投资、对冲基金等非标类投资。第三，超级年金有相当一部分海外投资，投资规模达到了 5393.17 亿澳元，占总的超级年金投资的 33.01%，51.52% 股权类资产中海外投资为 23.91%。而且，海外投资中有相当比例的投资做了货币对冲，分散了汇率风险。第四，基金大约有 10% 的货币类资产投资，充分考虑了流动性问题。

表3　　　　　　　　　澳大利亚超级年金 2017 年投资情况

超级年金的投资组合	资产规模（百万澳元）	占比（%）
现金	179593	10.99
固收类投资	334776	20.49
澳大利亚固收	207311	12.69
海外固收	127465	7.80
货币对冲	84446	5.17
股权投资	841854	51.52
澳大利亚上市股权	383156	23.45
海外上市股权	390731	23.91
货币对冲	116387	7.12
非上市股权	66881	4.09
地产投资	136251	8.34
上市地产	52055	3.19
非上市地产	82741	5.06
基建投资	81124	4.96
上市基建投资	21788	1.33
澳大利亚非上市基础设施	38090	2.33
海外非上市基础设施	21121	1.29
货币对冲	12215	0.75
期货和商品投资	1678	0.10

超级年金的投资组合	资产规模（百万澳元）	占比（%）
其他	58701	3.59
对冲基金	28095	1.72
总计	1633978	100.00

资料来源：APRA *Annual Fund－level Superannuation Statistics June* 2017。

由于自愿型超级年金的投资与保障型超级年金采用的是同一个模式，没有单独分离出来，因此两者在投资管理的模式上并没有差别，但是我们依然可以通过数据来观察自愿型超级年金投资的独特性。截至 2017 年底，在 199 只注册的超级年金基金中雇员缴费为 640.7 亿澳元，其中个税福利抵扣缴费 77.3 亿澳元，个人缴费 304.8 亿澳元。其中，个人缴费最多的基金包括 AustralianSuper（行业）、Colonial First State FirstChoice Superannuation Trust（零售）和 QSuper（公共部门）等大型年金实体所管理的基金。这 199 只基金管理 1.4 万亿澳元的超级年金投资，如之前所介绍的那样，主要投资于现金、债券、股票、房地产、基础设施、商品和其他投资品。选取 199 只基金中有自愿超级年金缴费的 148 只基金，并按照自愿型超级年金缴费（包括个税福利抵扣和个人缴费）占总缴费的比例进行排序。对自愿型超级年金缴费占比较高的前 74 只基金和自愿型超级年金缴费占比较低的后 74 只基金进行投资品种结构上的对比。

从表 4 中可以看到，自愿型超级年金缴费较多的基金在现金和债券上配置得较多，在权益类上配置得较少，且在统计上显著。而自愿型超级年金缴费较少的基金则在股票、房地产、基础设施上配置得较多。即自愿型超级年金的投资更加倾向于更加保守的投资，权益类投资较少，自愿型超级年金比例与权益类投资的配置（包括股票、房地产、基础设施和其他）存在弱的负相关性。

表 4　　　　　　　　　澳大利亚超级年金基金自愿缴费情况对比　　　　　　　单位：%

	自愿缴费较多	自愿缴费较少	总体情况
现金	13	11	12
债券	22	20	21
权益类	63	69	66
其中，股票	47	52	50
房地产	7	9	8
基础设施	5	6	5
其他	3	3	3

资料来源：APRA *Annual Fund－level Superannuation Statistics June* 2017。

4.2 自愿型超级年金的投资收益

自愿型超级年金的收益完全取决于超级年金基金的投资收益。澳大利亚超级年金除去小型基金外 2017 年收益率为 8.8%，最近 5 年的年化平均收益率为 8.6%。澳大利亚超级年金偏重于股票投资的资产配置结构直接反映到其投资收益上，最近 13 年超级年金的年平均收益率为 6.42%，变异系数为 1.26，主要是因为超级年金在国际金融危机中受到了较大的冲击，扩大了基金整体的波动，2008 年和 2009 年的收益率分别为 –7.50% 和 –12.10%。若剔除这两年的数据，则年平均收益率上升到 9.76%，变异系数下降到 0.47。

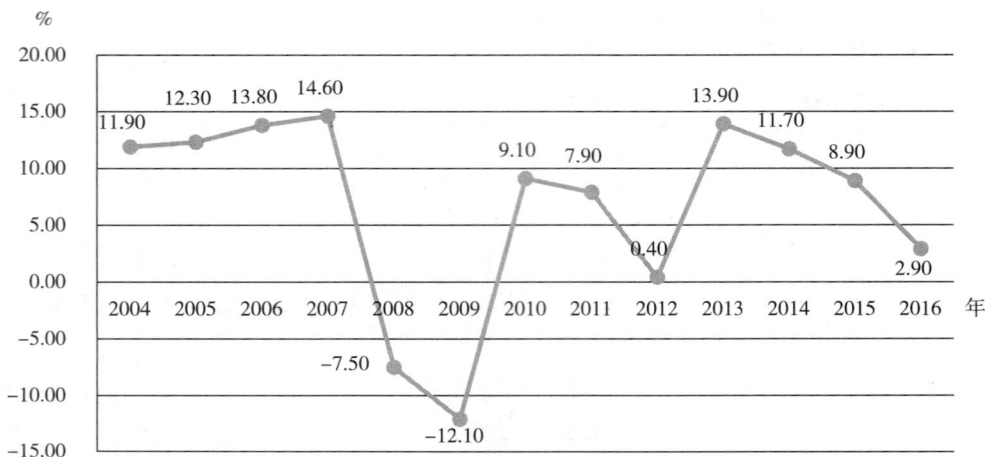

资料来源：*Annual Superannuation Bulletin June* 2016。

图 7　澳大利亚超级年金近年投资收益情况

从更长期来看，澳大利亚超级年金显示出较为优异的长期投资收益。超级年金最近 50 年的年均收益率达到 10.3%，扣除 CPI 后为 4.8%，有效地抵抗了通货膨胀。自 1993 年超级年金改革以来的年平均收益率为 7.8%，而最近 5 年的年均收益率达到了 10.4%，扣除 CPI 后则达到了 8.2%，处于历史较高水平。

表 5　　　　　　　　　澳大利亚超级年金长期投资收益情况

时间	基金收益（%）	扣除平均工资增长（%）	扣除 CPI（%）
5 年	10.4	7.4	8.2
10 年	4.7	1	2.3
25 年	7.6	3.5	5
50 年	10.3	3.3	4.8

资料来源：ASFA *Superannuation Statistics December* 2017。

自愿型超级年金收益独立于超级年金收益的特点可以从 2017 年超级年金基金的缴费和收益数据中观察。从 2017 年 199 只注册的超级年金基金中选取有自愿型超级年金缴费数据和投资收益数据的 164 只基金，观察自愿型超级年金所占的比例与资产配置和其收益之间的相关性。基金的收益与权益类投资的比例（包括房地产、基建等投资）存在较强的正相关关系，即权益类资产的投资显著增加了基金的收益水平。另外，自愿型超级年金与保障型超级年金的缴费比与投资收益率之间有弱的负相关关系，即较多的自愿型超级年金缴费可能会对投资收益有负的影响，虽然相关性比较弱，但其内在原因值得进一步研究①。

表6 自愿型超级年金缴费、资产配置与澳大利亚超级年金收益率的相关性

	pcr	eir	zz
pcr	1.0000		
eir	0.1941 *	1.0000	
zz	− 0.2112 *	0.5772 *	1.0000

注：① *表示在0.05水平上显著。② pcr代表自愿型超级年金与保障型超级年金的缴费比；eir代表权益类投资比例；zz代表2017年收益率。

资料来源：*Annual Fund – level Superannuation Statistics June* 2017。

4.3　澳大利亚自愿型超级年金的监管

澳大利亚超级年金在1992年《超级年金保障（管理）法案》的指导下建立，其超级年金基金的监管主要受《1993超级年金业（监管）法》《2001公司法》和《2002金融服务标准法》的指导，自愿型超级年金的个税福利抵扣部分要遵从《2009年公平工作法》（*Fair Work Act* 2009）的规定，税务处理上遵从《附加福利税法》（*Fringe Benefits Tax*）的规定。从监管模式上来说，澳大利亚超级年金实行的是目前国际上比较推崇的"双峰模式"，即审慎监管和行为监管并行的方式，澳大利亚审慎监管局（APRA）与澳大利亚证券和投资委员会（ASIC）分别负责超级年金的审慎监管和行为监管。

澳大利亚审慎监管局（APRA）是澳大利亚金融服务业的审慎监管部门，它管理包括银行、信用合作社、基金会、保险和再保险以及大部分超级年金。审慎监管局对超级年金的监管以许可证的形式呈现，所有的超级年金基金都必须取得注册超级年金基金许可证（RSE）。审慎监管局对RSE的监管范围包括14类：操作风险、财务、风险管理、非集中清算衍生工具的保证金和风险缓释、外包业务、业务连续性管理、超级年金保险、审计、MySuper账户转移、滚存型基金、公司管理、适当性、利益冲突、投资管理。超级年金基金每季度向审慎监管局报告基金运行情况。

澳大利亚证券和投资委员会（ASIC）成立于1998年，是澳大利亚的公司、市场和金融服务的监管部门，负责超级年金的行为监管。ASIC对超级年金的监管也以许可证的形式呈现，超级年金基金必须持有澳大利亚金融服务许可证（AFS）。ASIC

---

① 超级年金自愿缴费数据从2014年6月开始公布，本文对2014年6月以来的数据进行了相关性分析，得到的结果与2017年的结果类似：权益类资产占比与收益率呈正相关且显著；自愿型超级年金比例与投资收益有弱的负相关，但不再显著。

主要负责超级年金的经营行为和信息披露，关注超级年金基金和投资者的关系，确保客户能够获得合适的信息披露、受到公正合理的待遇、持续获得关于投资活动的信息和畅通的投诉渠道，促进投资者与金融机构之间的相互信任。

5 澳大利亚个人养老储蓄制度对我国的启示

5.1 建立合适的管理制度

澳大利亚的三支柱养老金体系被认为是世界上最为成功的养老金体系之一，是世界银行在进行三支柱养老金体系推广时的典型案例。其最成功之处在于其建立的超级年金体系，为澳大利亚养老金第二支柱和第三支柱提供了十分成熟有效的平台。澳大利亚第三支柱个人养老储蓄部分全部在超级年金系统内进行，从缴费到投资运作再到待遇领取，超级年金制度提供了一个明确的进行养老储蓄的渠道。另外，由于超级年金基金不得随意提前支取，雇员个人养老储蓄会一直在超级年金账户内进行投资，减少了个人养老储蓄的随意性。超级年金体系的另一个优点在于，个人养老储蓄和强制性超级年金一起在超级年金体系内享受各类税收优惠政策，澳大利亚税务局也在超级年金系统内进行税收征缴，为政策的实施提供了一定的便利性。

5.2 适当放宽市场准入，建立合理的淘汰机制

澳大利亚的超级年金采取审慎监管的方式，只要是在审慎监管局注册的年金实体和基金都可以进行超级年金的受托管理和投资管理。审慎监管一定程度上增加了养老金管理市场的开发程度和市场的竞争性，使各类机构有积极性去提供更好的产品和服务。避免市场供给较少时比较容易形成的寡头垄断，造成服务供给不足，并形成较高的市场价格、降低市场运行效率（路锦非，2012）。但我们同时注意到，监管模式的选择与一国的法律和投资环境有较大的关系，澳大利亚超级年金的审慎监管建立在其发展多年的资本市场制度上，其养老金的管理采用其资产管理体系中的一贯做法。发达国家经过多年的发展，其金融体系和法律监管都高度发达，各类市场主体都十分成熟，采取审慎监管是自由经济发展的必然选择。而我国的资本市场与这些发达经济体还有一定的差距，制度体系和法律法规都处在改革变化之中，另外我国的法律基础与英美法系不同，建立在其之上的制度体系也没有必要生搬硬套。考虑到以上两个方面的因素，我们认为适度地放宽市场准入，建立合理的淘汰机制有利于加强市场的竞争性，增加市场活力，既能促进资产管理机构在竞争中快速成长，也能更好地实现养老基金的保值增值。

5.3 投资者自由选择

澳大利亚的雇员对自己养老金的投资管理有很大的自由度。市场上充分竞争的

超级年金实体为客户提供了十分灵活的投资管理方式。从资产配置到实际投资，投资者既可以选择由超级年金实体提供的资产配置建议，也可以根据自身的风险承受水平选择合适的配置方式，有能力的投资者还可以自己选择具体的投资标的。另外，澳大利亚政府在 2013 年引入了名为"Mysuper"的账户，作为雇员默认的超级年金账户选项。Mysuper 账户一般采用目标日期策略，根据雇员的年龄增长减少权益类资产的配置。

一方面，自由选择资产配置可以匹配不同风险特征的投资者，避免投资保守化的倾向，使养老基金能够更多地投资于权益类资产，有利于基金的保值增值。另一方面，自由选择资产配置提高了投资者的参与程度，提高了进行个人储蓄的积极性，推动了个人养老储蓄的发展。

参考文献

［1］Australian Bureau of Statistics. *Employment Arrangements*, *Retirement and Superannuation* 2007 ［EB/OL］. http：//www. abs. gov. au/ausstats/abs@. nsf/mf/6361. 0.

［2］Australian Bureau of Statistics. *Gender Indicators* ［EB/OL］. http：//www. abs. gov. au/ausstats/abs@. nsf/mf/4125. 0.

［3］Australian Bureau of Statistics. *Household Income and Wealth* ［EB/OL］. http：//www. abs. gov. au/ausstats/abs@. nsf/mf/6523. 0.

［4］Australian Government. *Australia's Future tax system Retirement Income Strategic Issues* ［EB/OL］. http：//taxreview. treasury. gov. au/content/StrategicPaper. aspx? doc = html/Publications/Papers/Retirement_Income_Strategic_Issues_Paper/index. htm.

［5］Australian Prudential Regulation Authority. *Annual Fund – level Superannuation Statistics June* ［EB/OL］. https：//www. apra. gov. au/publications/annual – fund – level – superannuation – statistics.

［6］Australian Prudential Regulation Authority. *Annual Superannuation Bulletin* ［EB/OL］. https：//www. apra. gov. au/publications/annual – superannuation – bulletin.

［7］Australian Prudential Regulation Authority. *Quarterly MySuper Statistics* ［EB/OL］. https：//www. apra. gov. au/publications/quarterly – mysuper – statistics.

［8］Australian Prudential Regulation Authority. *The Australia superannuation industry* ［EB/OL］. https：//www. superannuation. asn. au/ArticleDocuments/473/1703 _ The _ Australian_superannuation_industy. PDF. aspx – Last Modified 13 Jun 2018.

［9］Australian taxation office. *Self – managed superannuation funds*：*A statistical overview* ［EB/OL］. https：//www. ato. gov. au/about – ato/research – and – statistics/in – detail/super – statistics/smsf/self – managed – superannuation – funds – a – statistical – overview – 2014 – 2015/? page =1.

[10] Jun Feng, Paul Gerrans & Gordon Clark. *Understanding superannuation contribution decisions*: *theory and evidence* [EB/OL]. https：//australiancentre. com. au/publication/understanding – superannuation – contribution – decisions – theory – and – evidence/.

[11] 路锦非. 严格准入还是审慎监管：中国养老金市场的监管模式选择 [J]. 上海金融，2012（1）.

第十一章 韩国个人养老金制度经验

中邮创业基金管理股份有限公司 杨志武 王 喆 刘雯雯

摘 要 本文介绍了韩国的多支柱养老金体系，着重梳理了韩国个人养老金的发展情况，介绍了目前韩国个人养老金的产品、具体的税收优惠政策以及监管体系。在全面分析韩国个人养老金、企业年金的投资范围与投资效果的基础上，结合韩国个人养老金发展的规律，提出我国当前发展个人养老金体系的建议。

关键词 韩国 个人养老金 税收优惠 市场结构 投资策略

1 韩国多支柱养老金体系概述

韩国养老金体系的发展已源于 1960 年公务员养老金计划的设立，三年后军人养老金计划与公务员养老金计划分离；经过 15 年的发展，韩国于 1975 年设立了私立学校教职员工养老金计划；1988 年，韩国启动了国民养老金计划，建立了原则上覆盖全民的公共养老与社会保障体系；1994 年，韩国引入了个人养老金计划和企业年金计划作为国民养老金计划的补充，发展至今形成了突出企业、个人作用的多支柱养老金体系（详见表 1）。

表 1 韩国多支柱养老金体系概览

覆盖人群	零支柱	第一支柱	第二支柱	第三支柱
企业雇员	基础老年养老金（the Basic Old-Age Pension Scheme, BOAPS）	国民养老金，规模为 558.3 万亿韩元	企业年金，规模为 157.2 万亿韩元	个人养老金，规模为 310.3 万亿韩元
个体经营				
公务员、私立学校教师、军人		公共职业养老金 私立学校教职员工养老金，规模为 16 万亿韩元 军人养老金，规模为 3.0 万亿韩元 公务员养老金（包括退休金、退休补贴和灾害补偿），规模为 17.7 万亿韩元		
其他				

资料来源：从各养老金计划收集整理，日期截至 2016 年底。

1.1 零支柱：基础老年养老金计划（the Basic Old – Age Pension Scheme，BOAPS）

为了保障低收入的老年家庭，韩国于 2008 年引入基础老年养老金计划，该计划所需资金主要由财政拨付，个人无须缴费，构成了韩国养老金体系的"零支柱"。

年满 65 周岁及以上的老人中，满足领取条件的家庭可根据其家庭收入情况，每月领取 10 万韩元至 20 万韩元的养老金补助。截至 2016 年底，韩国政府累计支付基础老年养老金 10.3 万亿韩元，覆盖人数达 458 万人，覆盖了 70% 的低收入老年人群。

1.2 第一支柱：国民养老金计划（National Pension System，NPS）

国民养老金计划是一只缴费型的国家主权养老基金，是公共的养老金制度，覆盖范围广泛，构成了韩国养老金体系的"第一支柱"。国民养老金计划于 1988 年正式开始运作，由韩国国家保健福祉部下设的国民养老金管理公团负责投资运作等工作。

国民养老金计划的覆盖范围是 18 ~ 60 岁的全部劳动者，缴纳费率为月收入的 9%，由雇员本人与雇主各付一半，由雇主按月缴纳。向加入计划十年以上、超过 60 岁的雇员（领取年龄自 2013 年起每隔五年增加一岁，2033 年增至 65 岁）按月终身支付年金养老金。截至 2016 年末，韩国国民养老金计划的规模达到 558.3 万亿韩元，约占 GDP 的 34%。

1.3 第二支柱：退休养老金计划（the Retirement Pension Scheme，RPS）

退休养老金计划（即企业年金）作为韩国的私人养老金制度，通过实施企业年金制度补充员工退休后的收入，构成了韩国养老金体系的"第二支柱"。2005 年颁布的《雇员退休收入保障法》开启了韩国的企业年金时代。

根据参与方式的不同，企业年金主要分为两种类型：待遇确定型（Defined Benefit，DB）和缴费确定型（Defined Contribution，DC）。其中，待遇确定型（DB）计划中雇员的退休待遇是预先确定的，雇主的投入根据投资运作的结果而改变；而缴费确定型（DC）计划中雇员的投入资金是固定的，退休后能获取的待遇会因投资运作的结果而改变。在待遇确定型（DB）计划下，雇主每年将雇员的退休金存放至银行、证券、保险等机构运营，收益及风险由雇主承担。在缴费确定型（DC）计划下，雇主每年将雇员年收入的 1/12 存入雇员养老金账户，雇员自行选择投资组合，投资组合中应当包括至少三种不同类型的投资品种，每半年可更换一次，投资收益享受税收递延优惠。

截至 2016 年底，企业年金资产达到 157.2 万亿韩元，约占 GDP 的 10%。

1.4　第三支柱：个人养老金计划（the Private Pension Scheme，PPS）

个人养老金计划作为一种补充养老金收入的储蓄型工具，满足群众差异性的养老保障需求，与企业年金计划共同组成了韩国的私人养老金制度，构成了韩国养老金体系的"第三支柱"，于1994年与企业年金同时推出。

参与韩国个人养老金计划的、按产品合同约定缴费满5年的个人，有权从55岁开始按月领取养老金。韩国个人养老金产品主要由银行、资产管理公司和保险公司等机构提供，产品数量已超过2700只，为韩国国民的养老保障提供了丰富和灵活的选择空间。其中，银行、资产管理公司、保险公司提供养老金储蓄类产品，保险公司还可以提供养老金保险类产品，两类产品根据持有年限分别享受不同的所得税、资本利得税减免等税收优惠政策，以鼓励韩国居民长期持有。

截至2017年末，韩国个人养老金计划规模达到329.3万亿韩元，约占GDP的19%。

2　韩国个人养老金的历史演进

从某种意义上说，韩国私人养老金（包括个人养老金与企业年金）的建立很大程度上源于公共养老金制度面临的困境。

首先，韩国人口老龄化的速度加快，65岁及以上的人口占比从1970年的3.1%，逐步上升到1990年的5.1%，到2000年更是达到了11%，预计到2050年，这一占比将达到37%；与此同时，韩国人口的预期寿命在增加，从1970年的61.9岁上升到1990年的71.3岁，2000年更是达到了76.0岁，该数字预期在2030年达到84.3岁，2050年达到87.4岁，而生育率却从1970年的4.53下降到2010年的1.23，养老金需求的不断扩大使公共养老金制度的负担陡增。

其次，公共养老金制度的财务状况堪忧，预计2036年国民养老金支出将超过收入，2047年滚存结余完全耗尽；公务员养老金与军人养老金在2007年已赤字运营，私立学校教职员工养老金到2018年支出超过收入，2026年滚存结余也将耗尽。此外，公共养老金的缴费率不高，保值增值的压力也比较大。基于以上原因，个人养老金制度是公共养老金制度的重要补充，也是解决韩国养老金困境的良方。

1994年，韩国引入了私人养老金计划，除了个人收入的增加以及个人养老观念的普及外，韩国也通过税收制度的改革提升个人养老金产品的吸引力（税收制度的详细介绍参见下文），个人养老金的规模从1994年的2.55万亿韩元增至2017年的329.30万亿韩元，其规模与GDP的比值也从1994年的1%增至2017年的19%（见图1）。

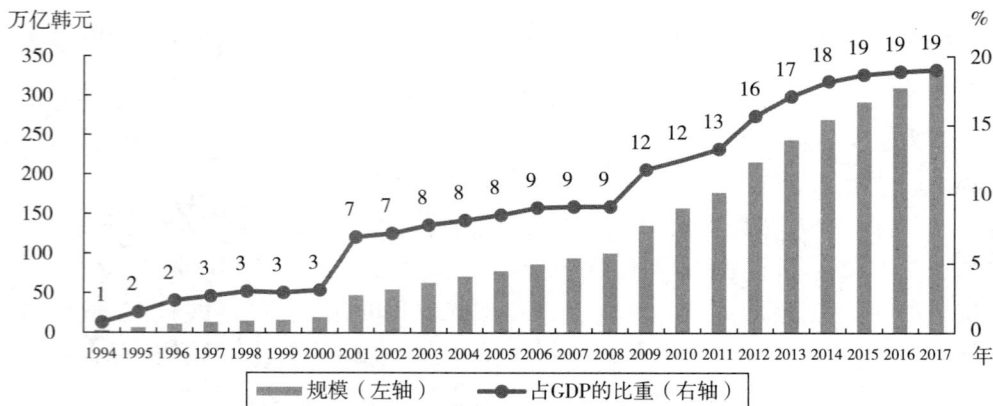

资料来源：韩国统计厅，韩国金融服务局保险科。

图1 韩国个人养老金的规模及与 GDP 的比值（1994—2017 年）

横向比较来看，根据经济合作与发展组织（OECD）的统计，2016 年，韩国个人养老金的规模已经达到 GDP 的 18%（见图 2，OECD 的统计是以美元计价，与图 1 有差别），在 OECD 国家中处于相对领先的水平。

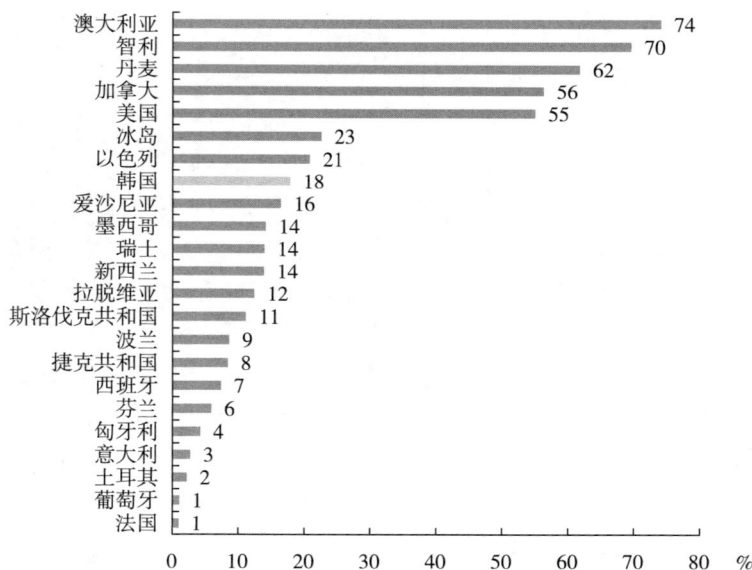

资料来源：根据 OECD *Pension Markets in Focus* 2017 第 9 页、第 13 页计算得到，与图 1 的区别在于图 2 是美元口径。

图2 韩国个人养老金规模占 GDP 的比重（2016 年）

尽管韩国已经建立了多支柱养老金体系，但与养老金体系发达的国家相比，仍有较大差距。针对个人养老金，韩国的问题主要集中在以下两个方面：

第一，50% 的个人投资者在十年内结束了个人养老投资计划，投资期限较短。

第二，根据 2013 年韩国保险研究院公布的《国税统计年报》，韩国个人收入在2000 万韩元以下的群体，个人养老金参加率仅为 2.0%，而收入超过 1 亿韩元的群体加入个人养老金的比例高达 56.9%。所以从实际的效果来看，低收入人群对于加入个人养老金计划的意愿并不强烈，个人养老金制度的推行并未有效地解决低收入人群养老充足率低的问题。

3 韩国现行个人养老金制度安排

3.1 韩国个人养老金产品介绍

根据税收优惠政策的不同，韩国个人养老金产品可分为适用 EET 税制的养老金储蓄类产品和适用 TEE 税制的养老金保险类（연금저축보험）产品。其中，养老金储蓄类产品具体包括养老金储蓄信托（연금저축신탁）和养老金储蓄基金（연금저축펀드）。银行、资产管理公司和保险公司均可以提供养老金储蓄类产品。从产品风险来看，保险公司的产品是本息保障型，风险最小；其次是银行的产品，为本金保障型；风险相对较大的是资产管理公司的产品，其不承诺保证本金安全，也不像前两者那样适用《存款人保护法》。从产品的缴纳方式来看，银行和资管公司的产品最低缴纳金额是 1 万韩元，1 万韩元以上自由缴纳，比较灵活；保险公司的产品则是义务缴纳，一旦购买相应产品，每月需要缴纳固定金额。从产品类型来看，银行的养老金储蓄信托是保本、按业绩分红型产品；资产管理公司的养老金储蓄基金是非保本、按业绩分红型产品；保险公司的养老金储蓄保险是分红、本息保障型（保障约 2% 的利率）产品。更详细的比较参照表 2。

表 2   韩国养老金储蓄产品的详细分类与比较

管理机构	银行	资产管理公司	人寿保险公司	人身伤害保险公司
产品类型	业绩分红型（保本）	业绩分红型（非保本）	红利产品 & 本息保障型	
缴纳方式	1 万韩元以上自由缴纳		每月固定金额（义务缴纳）	
养老金类型	确定期限型		终身/继承/确定期限型	确定期限型
手续费（营业费）	与本期累计金额成比例收缴		与每月缴纳保险费成比例收缴	
存款人保护	存款人保护（上限 5000 万韩元）	无	存款人保护（上限 5000 万韩元）	
风险保障	无死亡、人身伤害等风险保障		无死亡、人身伤害等风险保障（可加入风险保障特别条款）	
签约以前	可以向其他金融机构转移保单（不视为终止）			

资料来源：金融监督院《因养老金储蓄追加缴纳，应提前进行年终清算》（금융감독원<연금저축추가납입으로, 연말정산 미리 준비하세요>）。

养老金保险类产品仅由保险公司提供。该类产品的投保年龄较为宽松，一般从儿童到老年均可；保险期一般分为确定期限型、终身型和继承型；保费的缴纳期限一般有 5 年、7 年、10 年至 20 年等；缴费的周期一般分为月付（针对基础的保险金额）和随时付（针对追加的保险金额）。

3.2　韩国个人养老金产品的投资设计

韩国养老金产品对投资范围的限制较为宽松，以权益类资产为例，除待遇确定型（DB）企业年金外，个人养老金和缴费确定型（DC）企业年金投资上市公司和非上市公司股权均没有强制约束。个人养老金产品与企业年金产品的投资范围涵盖包括本币和外币的权益类资产（上市与非上市公司股权）、固定收益类资产（国债、信用债、贷款、银行存款）、房地产、基金（公募与私募基金）。相比于企业年金产品，个人养老金产品的投资比例限制更少，除个人养老金保险产品投资本国和国外房地产的比例分别不超过产品净资产的 25% 和 30% 外，其余类别的资产投资都没有强制性比例约束（详见表 3 和表 4）。

表 3　　韩国个人养老金、企业年金产品对韩币各类资产的投资比例限制

资产类别	个人养老金保险	个人养老金信托与基金	待遇确定型（DB）企业年金	缴费确定型（DC）企业年金
权益类资产（包括非上市公司）	无限制	无限制	仅限于投资上市公司，比例不得超过30%	禁止
房地产	不超过25%	无限制	禁止	禁止
国债	无限制	无限制	BBB－（含）以上的国债、市政债以及特别债券无限制；BBB－以下的国债、市政债以及特别债券禁止投资	无限制
信用债	无限制	无限制	BBB－（含）以上的信用债无限制；BBB－以下的信用债禁止投资	无限制
公募基金	无限制	无限制	合计投资比例不高于70%；其中，股票型基金不高于50%；混合型基金不高于50%；股票型基金与混合型基金的合计比例不超过70%；债券基金的比例没有限制	合计投资比例不高于40%；其中，股票型基金不高于40%；混合型基金不高于40%；股票型基金与混合型基金的合计比例不超过40%；债券基金的比例没有限制

资产类别	个人养老金保险	个人养老金信托与基金	待遇确定型（DB）企业年金	缴费确定型（DC）企业年金
私募基金	无限制	无限制	私募基金视为股票资产	私募基金视为股票资产
贷款	无限制	无限制	禁止	禁止
银行存款	无限制	无限制	无限制	无限制

资料来源：OECD *Annual Survey of Investment Regulations of Pension Funds* 2017，第 21 页、第 22 页。

在投资外币资产时，相比于待遇确定型（DB）企业年金和缴费确定型（DC）企业年金，个人养老金产品对整体外币资产的投资比例没有限制，在具体资产投资比例的约束上，除个人养老金保险产品对外币房地产投资比例放宽到 30% 外，绝大部分要求与本币资产一致（详见表 4）。

表 4　　　　韩国个人养老金、企业年金产品对外币各类资产的投资比例限制

资产类别	个人养老金保险	个人养老金信托与基金	待遇确定型（DB）企业年金	缴费确定型（DC）企业年金
外币资产合计	无限制	无限制	不超过 70%	不超过 30%
权益类资产（包括非上市公司）	无限制	无限制	只能投资于符合条件的海外股票市场，如美国的 NYSE、NASDAQ，日本的证券交易所以及欧洲证券交易所等；不超过 30%	禁止
房地产	不超过 30%	无限制	禁止	禁止
国债	无限制	无限制	只能投资信用评级为投资级（BBB－及以上）的中央政府债券和地方政府债券，其中 BBB－不超过 30%，A－及以上没有限制	只能投资信用评级为投资级（BBB－及以上）的中央政府债券和地方政府债券，其中 BBB－不超过 30%，A－及以上没有限制
信用债	无限制	无限制	只能投资信用评级 BBB－及以上信用债，不超过 30%	只能投资信用评级 BBB－及以上信用债，不超过 30%

续表

资产类别	个人养老金保险	个人养老金信托与基金	待遇确定型（DB）企业年金	缴费确定型（DC）企业年金
公募基金	无限制	无限制	只能投资债券基金，合计比例不超过 50%，其中，债券投资比例在 50% 或以上的债券基金投资比例不超过 50%，投资范围仅为 A－及以上的政府债券的基金比例不受限制	只能投资债券基金，合计比例不超过 30%，其中，债券投资比例在 50% 或以上的债券基金投资比例不超过 50%，投资范围仅为 A－及以上的政府债券的基金比例不受限制
私募基金	无限制	无限制	禁止	禁止
贷款	无限制	无限制	禁止	禁止
银行存款	无限制	无限制	无限制	无限制

资料来源：OECD *Annual Survey of Investment Regulations of Pension Funds* 2017，第 92 页、第 93 页。

　　针对同一产品管理人发行的个人养老金产品还有特定的约束：投资同一公司发行的股票、债券资产合计不能超过产品净资产的 7%；向同一公司或个人发放贷款累计不超过产品净资产的 3%；持有同一借款人的贷款以及该借款人的债券或股票合计不超过产品净资产的 12%（详见表 5）。

表 5　　韩国个人养老金、企业年金产品针对同一产品管理人的投资比例限制

资产类别	个人养老金保险	个人养老金信托与基金	待遇确定型（DB）企业年金	缴费确定型（DC）企业年金
权益类资产（包括非上市公司）	同一公司发行的股票、债券资产合计持有比例不超过 7%	同一公司发行的股票、债券资产合计持有比例不超过 7%	同一法人发行的证券合计持有比例不超过 10%；同一集团各附属机构发行的证券合计持有比例不超过 15%	同一法人发行的证券合计持有比例不超过 30%；同一集团各附属机构发行的证券合计持有比例不超过 45%
信用债	同一公司发行的股票、债券资产合计持有比例不超过 7%	同一公司发行的股票、债券资产合计持有比例不超过 7%	同一法人发行的证券合计持有比例不超过 10%；同一集团各附属机构发行的证券合计持有比例不超过 15%	同一法人发行的证券合计持有比例不超过 30%；同一集团各附属机构发行的证券合计持有比例不超过 45%
贷款	向同一公司或个人发放贷款累计不超过 3%；持有同一借款人的贷款以及该借款人的债券或股票合计不超过 12%	向同一公司或个人发放贷款累计不超过 3%；持有同一借款人的贷款以及该借款人的债券或股票合计不超过 12%	禁止	禁止

资料来源：OECD *Annual Survey of Investment Regulations of Pension Funds* 2017，第 152 页、第 153 页。

　　同时，韩国还对个人养老金产品投资涉及关联交易做出详细限制（详见表 6）。

· 514 ·

表6　　韩国个人养老金、企业年金产品涉及关联交易的投资限制及其他补充

资产类别	个人养老金保险	个人养老金信托与基金	待遇确定型（DB）企业年金	缴费确定型（DC）企业年金
关联交易限制	涉及关联交易的资产比例不得超过3%；其中，累计持有控股股东及其附属机构发行的债券和股票比例不得超过3%；累计给控股股东及其附属机构的授信额度不得超过2%；累计给同一附属机构的发放的贷款不得超过10%		不超过5%：该限制针对投资于与雇主有关联关系的企业或者适用《权益法》进行会计核算的雇主相关联的个人发行的证券	不超过10%：该限制针对投资于与雇主有关联关系的企业或者适用《权益法》进行会计核算的雇主相关联的个人发行的证券
其他补充条款	累计持有的交易场内衍生品的委托担保基金合计比例不超过3%		无限制	无限制

资料来源：OECD *Annual Survey of Investment Regulations of Pension Funds* 2017，第228页、第229页。

3.3　韩国个人养老金的税收优惠

韩国个人养老金的发展主要得益于相关税收政策优惠的改革，前文提到，根据税收优惠政策的不同可以将个人养老金产品分为养老金储蓄和养老金保险两种类型。

养老金储蓄采用的是后端征税的 EET 税收优惠模式，即在缴纳保费时享受扣除居民所得税的优惠政策，投资过程中的收益享受免税优惠，但中途退出需缴纳22%的其他所得税，若持续期小于5年还需再缴纳2.2%的解约附加税。此外，在领取养老金时正常缴税。

养老金保险采用的是前端征税的 TEE 税收优惠模式，即在缴纳保费时无税收优惠政策，投资过程中的收益享受免税优惠，但持有期小于10年就退出的，需要缴纳15.4%的资本利得税，持有期大于10年退出的，免收资本利得税。此外，在养老金领取时享受资本利得税免除的优惠政策。

韩国在1994年6月出台了《税务特例限制法》，养老金储蓄制度被首次引进韩国，其中第86条规定，个人养老金参与对象为年满20岁的韩国国内居民，参加养老金计划的年限最少为10年，并从55岁之后开始领取养老金，每月缴存费用的最高限额为100万韩元。此外，在缴纳储蓄金额的40%，最高限额为72万韩元的限度内给予个人所得税免税的优惠政策。2001年，为了提升个人养老金制度对于国民养老保障的作用，参与个人养老金的年龄限制由20岁降低至18岁，个人所得税的优惠范围扩大到储蓄金额的100%，最高限额为240万韩元，并对养老金所得的10%代扣所得税。

2012年，韩国企划财政部出台了《税法修订案》，进一步调整了相关税制，主要内容有以下几个方面：第一，养老金储蓄缴纳条件：锁定年限由10年下降到5年以上，缴纳金额从年1200万韩元扩大到1800万韩元；第二，领取养老金时的分离

税限度由现行的每年 600 万韩元扩大到每年 1200 万韩元，减少合算缴税的可能性，有利于促进储蓄养老金的发展；第三，加入终身型个人养老金需缴纳包含 5.5% 住民税的养老金个人所得税。

表7 韩国养老金储蓄和养老金保险的税制比较

区分	养老金缴纳时	中途解约时			一次性领取时	以年金方式领取时
		不足 5 年	5 ~ 10 年	10 年以上		
养老金储蓄	所得税减免优惠	其他所得税（22%）			其他所得税（22%）	年金所得税
		解约追加税（2.2%）	—	—		
养老金保险	无所得税减免优惠	利息所得税（15.4%）			免除利息所得税	

资料来源：金融监督院《因养老金储蓄追加缴纳，应提前进行年终清算》（금융감독원<연금저축 추가납입으로, 연말정산 미리 준비하세요>）。

4 韩国个人养老金资产管理分析

总体来说，各类金融机构在养老金的运用上本着安全、稳健的原则，基本可以实现个人资产避险保值的目的。

4.1 提供个人养老金产品服务的行业与机构

前文提到，在韩国，保险公司、银行与资产管理公司均可以为个人提供养老金产品。其中，保险公司的市场份额占比达到90%，是韩国个人养老金市场的绝对主力；银行占比6%左右；资产管理公司近年来的市场份额一直在2%左右，2017年底上升到了4%，如图3所示。

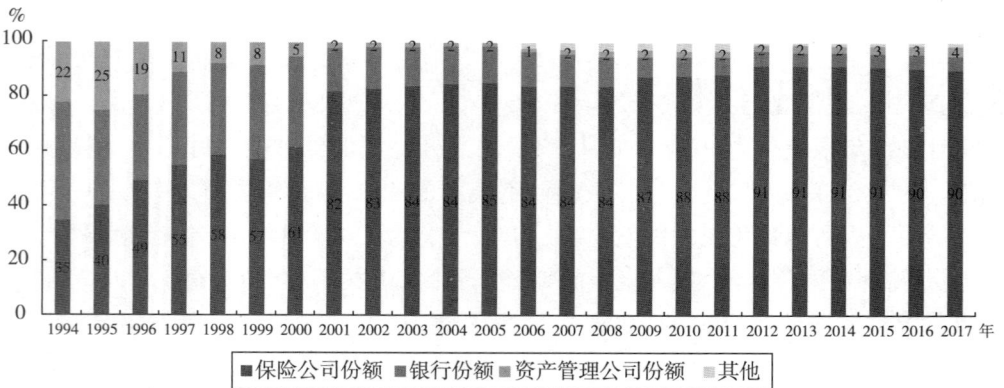

资料来源：韩国统计厅，韩国金融服务局保险科。

图3 资产管理公司、银行与保险公司在韩国个人养老金市场的份额

　　韩国个人养老金市场的竞争格局经历了不同的阶段才发展至今。第一阶段是1994—2000年，韩国个人养老金市场发展的初级阶段，保险公司、银行、资产管理公司三足鼎立，资产管理公司市场份额占比最高曾达到25%，但资产管理公司个人养老金规模增长在1万亿韩元左右已停滞了数年。第二阶段是2001年至今，保险公司全面占领市场阶段，伴随着个人养老金TEE税制的推出，养老金保险产品受到热捧，推出当年就占到市场近50%的份额，助力保险公司在竞争中甩开银行，成为个人养老金市场的绝对主力（见表8）。

表8　　　　　　韩国各行业提供的个人养老金产品规模一览（1994—2017年）　　　　单位：万亿韩元

年份	养老金储蓄				养老金保险	合计
	保险公司	银行	资产管理公司	其他	保险	
1994	0.9	1.1	0.6	—	—	2.5
1995	2.5	2.1	1.5	—	—	6.2
1996	5.3	3.4	2.1	—	—	10.7
1997	7.4	4.5	1.5	—	—	13.4
1998	8.8	5.0	1.2	—	—	15.0
1999	9.1	5.5	1.3	—	—	15.9
2000	12.0	6.5	1.0	—	—	19.6
2001	14.3	7.5	1.1	—	24.7	47.5
2002	16.5	8.4	1.1	—	28.6	54.7
2003	18.3	9.2	1.1	—	34.4	63.0
2004	19.9	10.0	1.1	—	40.1	71.1
2005	22.0	10.6	1.2	—	44.3	78.2
2006	23.2	11.1	1.3	2.0	49.6	87.1
2007	26.3	11.2	1.7	2.5	53.1	94.8
2008	29.9	11.0	2.3	3.1	54.2	100.5
2009	34.3	10.9	2.9	3.9	83.9	135.9
2010	40.1	11.3	3.6	4.6	98.4	158.0
2011	46.9	11.8	3.9	5.6	109.0	177.2
2012	59.5	12.2	4.8	2.2	137.2	215.9
2013	67.8	13.7	5.7	2.6	154.5	244.3
2014	76.8	14.4	6.5	3.1	168.8	269.6
2015	81.1	15.3	8.8	3.5	183.4	292.1
2016	88.2	16.1	9.7	4.0	192.3	310.3
2017	94.9	16.8	12.2	4.2	201.2	329.3

资料来源：韩国统计厅，韩国金融服务局保险科。

4.2 养老金产品投资情况分析

整体来看，韩国个人养老金与企业年金的投资收益率较低，近十年的名义收益率很少超过5%，得益于韩国稳定的通胀环境，剔除通胀影响后的实际收益还一直能保持2%~2.5%（见图4）。横向比较来看，问题可能更为突出，在2016年OECD部分成员国的个人养老金、企业年金产品整体比较中，剔除通胀因素，韩国个人养老金与企业年金产品的实际回报率仅为2%，低于可比成员国的平均水平（见图5）。

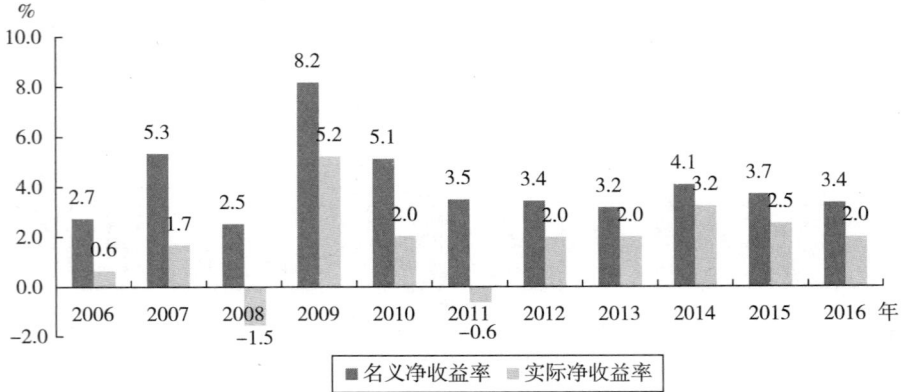

资料来源：OECD *Pension Markets in Focus* 2017，第30页。

图4 韩国个人养老金与企业年金产品收益率（2006—2016年）

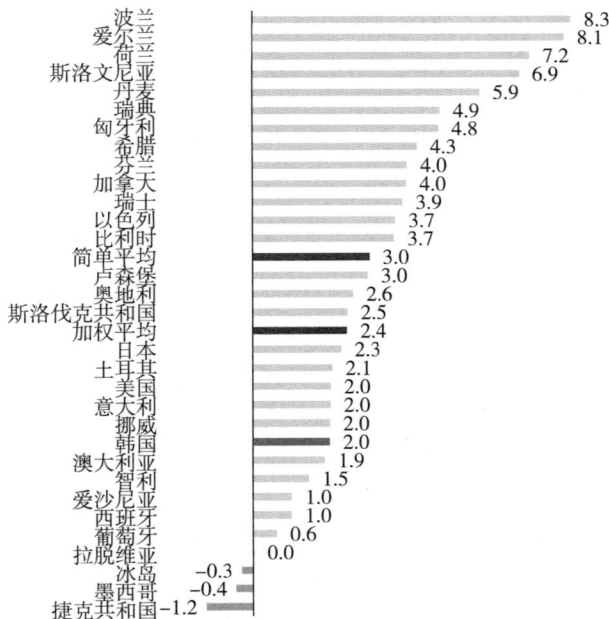

资料来源：OECD *Pension Markets in Focus* 2017，第15页。

图5 2016年OECD部分成员国个人养老金与企业年金产品平均实际回报率（%）

从长期表现来看，2012—2016 年韩国个人养老金与企业年金的名义平均回报率为 3.5%、实际回报率为 2.3%，在可比 OECD 成员国中排名靠后，如 5 年平均的名义回报率在 27 个成员国中仅排第 25 位。

表9 部分 OECD 成员国个人养老金与企业年金产品的几何平均回报率 　　单位:%

国家	5 年平均		10 年平均		国家	5 年平均		10 年平均	
	名义	实际	名义	实际		名义	实际	名义	实际
土耳其	8.3	0.5	10.6	2.3	墨西哥	5.7	2.3	5.8	1.3
加拿大	8.3	6.9	5.2	3.5	奥地利	5.3	3.7	2.5	0.5
荷兰	8.2	6.7	5.5	3.8	美国	5.1	3.7	1.5	-0.3
匈牙利	8.1	6.6	—	—	卢森堡	5.0	3.9	2.7	0.9
冰岛	7.9	5.2	5.5	0.3	西班牙	5.0	4.2	—	—
比利时	7.8	6.5	4.6	2.6	瑞士	4.9	5.3	2.5	2.4
澳大利亚	7.7	5.8	5.3	2.9	葡萄牙	4.7	4.1	2.4	1.2
智利	7.3	3.9	5.5	1.8	爱沙尼亚	4.3	3.2	1.1	-1.3
挪威	6.9	4.6	5.1	2.9	意大利	4.2	3.5	3.0	1.5
瑞典	6.9	6.5	—	—	拉脱维亚	3.9	3.1	2.7	-0.6
斯洛文尼亚	6.7	5.9	7.0	5.2	韩国	3.5	2.3	4.2	1.8
以色列	6.4	6.0	5.5	3.6	斯洛伐克	2.4	1.7	1.3	-0.4
芬兰	6.4	5.3	—	—	捷克共和国	1.5	0.3	1.9	-0.2
丹麦	6.0	5.1	5.4	3.8					

资料来源: OECD *Pension Markets in Focus* 2017，第 16 页。

根据 OECD 的统计，韩国个人养老金与企业年金对于固定收益类资产的配置比例较高，整体超过八成（国债和公司债、现金和存款、贷款以及未分配的保险合同），而配置风险资产的比例较低，股票、公募基金合计比例不足一成（详见图6）。

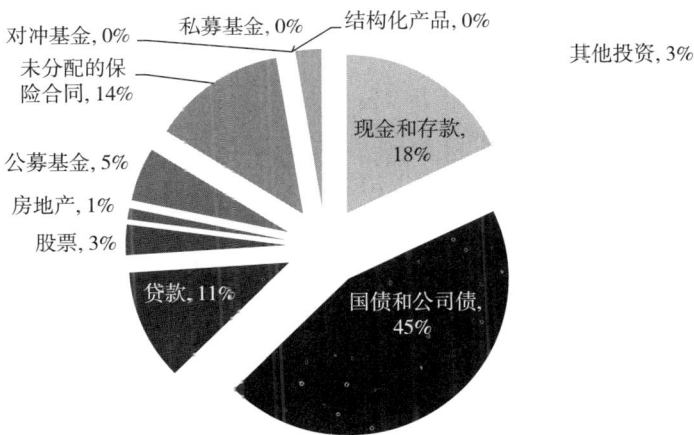

资料来源: OECD *Pension Markets in Focus* 2017，第 17 页。

图6 2016 年末韩国个人养老金与企业年金大类资产配置比例

虽然权益类资产的配置比例较低，但是个人养老金与企业年金的收益与韩国股票市场相关性却更高，超过债券市场。2006—2016年，个人养老金与企业年金的历年平均名义收益率与韩国综合指数年收益率的线性相关度超过0.8，韩国股票市场的变化对个人养老金与企业年金平均收益的变化解释度超过七成，但尽管有如此明显的相关性，韩国综指每涨一个百分点，个人养老金与企业年金产品的平均收益提升却不到6个BP（见图7）。这反映出韩国个人养老金与企业年金对于权益类资产的配置过于谨慎。

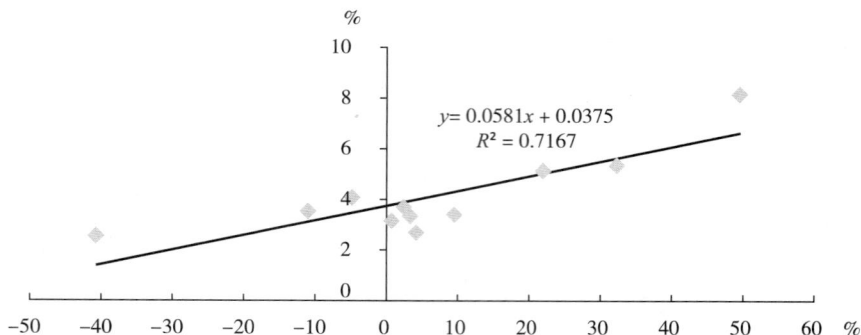

$$y = 0.0581x + 0.0375$$
$$R^2 = 0.7167$$

资料来源：OECD *Pension Markets in Focus* 2017，第30页。

图7　韩国股票市场的表现对韩国个人养老金与企业年金的收益影响大

前文曾介绍，韩国监管对于个人养老金与企业年金的投资约束较为宽松，但目前韩国金融机构整体形成的较为保守的风格，一方面是由于近年来的国际经济危机，韩国股票市场和房地产市场不景气，另一方面则与保险公司在养老金市场中过于强势，导致整个行业创新动力不足，不能及时合理地配置权益类等高收益资产有关。

根据韩国金融研究院的研究分析，韩国个人养老金、企业年金近年的收益率一直低于国民养老金的原因在于个人养老金对安全性资产过于偏爱、咨询市场发展滞后，导致资产管理产品组合配置同质化，以本息保障产品为主，2016年，本息保障产品在个人养老金产品中占比为74.3%，在企业年金产品中占比为89.7%。

4.3　资产管理机构个人养老金产品的投资策略

资产管理公司设计的养老金基金产品，与普通基金的投资管理流程没有明显差别，但是在投资策略上有明显的差别，以未来资产（Mirae Asset）为例，介绍韩国资产管理公司对个人养老金产品的典型投资方法。未来资产运营养老金投资秉承三大基本原则：第一，考虑投资者定期投资与到期提取特征；第二，注重产品收益的稳定性，全球范围内进行分散化投资；第三，侧重配置长期表现优秀的资产。

不同于传统的基金产品，养老金产品的投资要考虑生命周期因素。养老金产品的核心特征是在投资者退休前，通过产品管理人的投资和投资者定期缴纳金额不断积累资产；在投资者退休后，不断支付投资者养老金消耗资产（见图8），因此要根据该特征，采取同时适应市场变化和生命周期的投资策略。

在现金流入的积累期间，要进行相对积极的投资，把重点放到收益上，采用分散投资时间点（每月投资固定金额购买股票或基金）和多样化资产长期配置相结合的方式，分散风险。每年至少进行一次投资资产组合的检验与调整。具体资产权重的确定可参照目标日期基金的下滑通道模型。

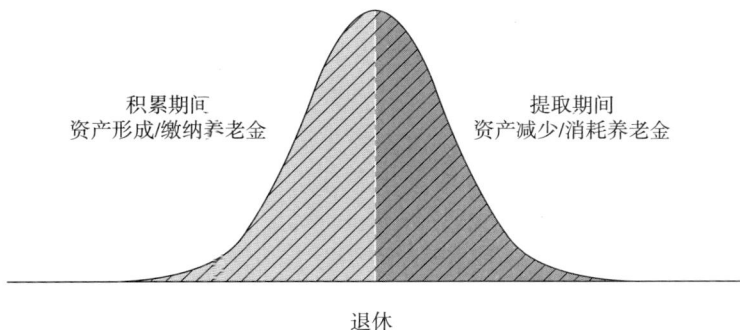

积累期间
资产形成/缴纳养老金

提取期间
资产减少/消耗养老金

退休

图8 养老金产品资产积累与消耗

在现金流出的提取期间，主要考虑居民的长寿风险，稳定地运营产品资产，尽量推迟产品资产枯竭的时间点。具体地，将养老金资产按照使用目的进行划分，设计不同的管理策略。该阶段的策略整体上接近"资产—负债"管理的思路。在负债端，养老金资产按照客户的实际需求划分为必需资金、紧急资金和追加资金。必需资金参考国民养老金产品设计标准，旨在保障养老的最低生活费水平，反映通货膨胀率，需要终身支付；紧急资金参考普通的商业保障性保险产品设计标准，目的为应对不可预测与控制的家庭支出，并非确定支付的资金，很多时候都会沉淀在产品资产中；追加资金参考公募基金产品设计标准，目的是为客户提供富裕的生活与消费支出，支付的金额和期间都会变动。在投资端，需要匹配上述描述中负债端的各类型资金的支付需求，投资可以稳定产生现金流的资产。

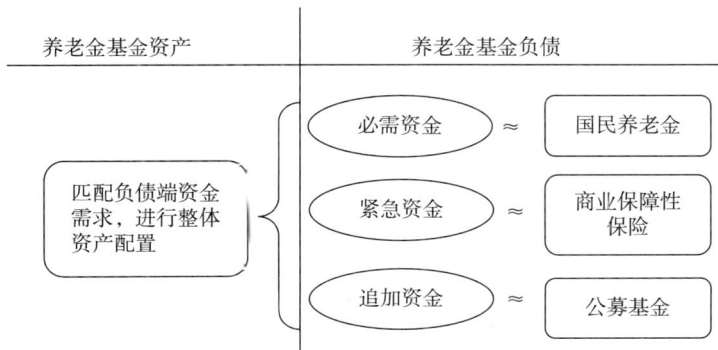

养老金基金资产　　　　　　　养老金基金负债

匹配负债端资金需求，进行整体资产配置

必需资金　≈　国民养老金

紧急资金　≈　商业保障性保险

追加资金　≈　公募基金

图9 养老金产品现金流出期间，资产配置需满足负债需求

4.4 养老金投资运营监管

韩国养老金并没有统一的监管体系，各支柱养老金分别在不同的法律框架下进行监管。个人养老金监管也尚未形成统一的体系。目前韩国金融的监管结构是二元模式：金融委员会和金融监督院，其中，金融委员会属于韩国中央政府的组成部门，负责制定金融法律法规和金融产业政策、审批金融机构重大经营事项、指导金融监督院开展日常监管工作。金融监督院属于法定特设机构，接受金融委员会的工作指导和监督，其主要职责为实施日常金融监管和检查职能、维护金融市场秩序稳定、制裁违法行为和保护消费者权益等。个人养老金的产品可以由不同金融机构提供，2016 年之前的监管分别由金融监督院下属各部门分别根据《保险业法》（*Insurance Business Act*）、《资本市场法》（*Capital Market And Financial Investment Business Act*）以及各部门法规进行分别监管（见图 10）。

2016 年，金融监督院（Financial Supervisory Service）为更好地识别和管理快速增长的养老金市场和人口老龄化带来的风险，特新设养老金监督办公室（Pension Supervision Office）负责监管企业年金和 EET 税制个人养老金（即养老金储蓄）的运营和制度改善、产品审查、公示标准修订、运营和场外监管、检查等。TEE 税制个人养老金（即养老金保险）在监管上划归为保险产品，由保险产品监管部（Insurance Products Supervision Department）负责监督管理。

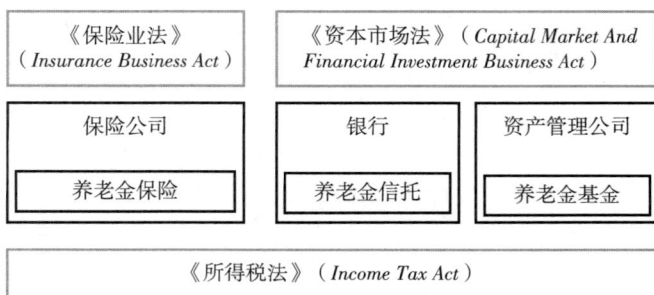

《保险业法》（*Insurance Business Act*）	《资本市场法》（*Capital Market And Financial Investment Business Act*）	
保险公司	银行	资产管理公司
养老金保险	养老金信托	养老金基金
《所得税法》（*Income Tax Act*）		

资料来源：《个人养老金法制定方向》（개인연금법 제정 방향）。

图 10　目前韩国个人养老金产品适用的最高法律

近年，金融委员会正在推动个人养老金的单独立法进程。2016 年 11 月，金融委员会发布《个人养老金法》制定案的立法预告，制定案的主要内容包括：（1）在已有的个人养老金产品类型中加入投资全权委托型产品；（2）开设个人养老金账户，使养老金计划参与者能够综合管理个人的养老金资产；（3）对于养老金产品购买合约赋予撤销权，对养老金财产抵押的限制中，增强对养老金计划参与者的保护。

5 对我国的借鉴与启示

5.1 韩国个人养老金的发展困境和趋势

韩国个人养老金经历 20 余年发展至今，总规模接近 GDP 的 20%，对公共养老金形成重要补充，已经成为韩国社会保障和养老体系的关键组成部分，其经验值得我们借鉴。一方面，韩国政府不断在税制方面进行改革，针对个人参与养老金计划提供有力的税收优惠政策，比如 2001 年推出 TEE 税制后，个人养老金市场规模增加了一倍；另一方面，韩国大多数个人养老金产品是本息保障型，适用韩国《存款人保护法》，给予养老金参与者充分的资金安全保障。

但是，个人养老金规模的快速增长并没有完全解决公民的养老问题：根据 Melbourne Mercer Global Pension Index（该指数从充足性、可持续性及完整性三个方面对养老金状况进行打分），韩国养老综合指数在 2017 年为 47.1 分，评级为 D 类，仍然被 OECD 认定存在较大缺点或遗漏。首先，韩国个人养老金产品收益水平较低，运营机构投资风格保守，不能有效地配置风险资产，为个人养老金的参与者提供合理的超额收益。其次，个人养老金的监管需要增强，比如目前监管不统一，分散在金融监督院的不同部门，没有强制性的审计要求。最后，个人养老金运营机构与客户的沟通明显不足，仅为了占有市场份额，较为粗放地推出本息保障型产品，没有让客户充分理解与认识在风险可控情形下，合理的多样化配置资产用于养老的必要性和合理性。

在个人养老金市场中，资产管理公司所占的市场份额过低，市场占有率一直不足 5%，这一方面与养老金基金不保障本息有关，另一方面也与资产管理公司自身没有鲜明地区分管理养老金基金与普通基金有关。资产管理公司仅将普通基金更改名称，就作为新的养老金产品推出的现象仍大量存在。尽管如此，资产管理公司的养老金产品仍是养老金市场中不可或缺的力量：首先，资产管理公司的产品设计更为灵活，可以根据客户的不同风险偏好设计差异化产品；其次，本息保障型产品的投资运作更为谨慎，长期来看，仅能保持本金的购买力稳定，而资产管理公司产品的投资策略更为灵活，特别是在资本市场出现较高回报时，产品的预期收益更具备竞争力。

5.2 发展我国个人养老金的建议

一方面，从韩国个人养老金市场的发展规律来看，养老金保险产品占据市场的最大份额、养老金基金产品规模增长相对缓慢的现象，一定程度上反映了韩国居民对于养老金资产安全性要求高，而未来我国个人养老金市场的需求可能与韩国会有相似之处。在资产管理产品打破刚兑的趋势下，个人养老金产品在设计上，应充分利用递延税收优惠政策和养老金资金投资的长期性特点，根据不同时期养老金产品的给付需求，安排合理的、动态的资产配置策略，合理化分散产品风险，为投资者提供放心的一站式个人养老金投资服务。

另一方面，韩国个人养老金普遍收益率较低，风险资产的配置比例过低，存在明显问题。我国应当吸取教训，鼓励养老金产品多元化的金融投资方向，鼓励各类金融机构通过市场化竞争提供差异化的养老金投资服务。尤其要避免为迎合投资者短期的资金安全需求，将养老金产品设计成类似刚兑的固定收益类产品，牺牲投资者享受长期经济增长成果的机会。资产管理机构在加强养老金投资运营能力的同时，应当重视投资者教育，引导投资者理解合理承受养老金产品短期波动风险的必要性，培养投资者的长期投资理念和多元化配置理念。

韩国个人养老金产品投资范围较广，包括股票一级市场、二级市场、房地产、债券、公募基金、私募基金等，为韩国的资产管理机构分散风险、增强收益提供了充分的选择工具。我们应适时推动房地产信托投资基金（REITs）、大宗商品基金等标准化工具的发展，规范对冲基金市场，提供更丰富的个人养老金投资工具，在风险可控的前提下，鼓励资产管理机构通过分散配置相关性较低的各类资产，降低养老金产品的投资风险，平滑产品的净值曲线。

参考文献

［1］ FSS. 2016 *Annual Report* ［EB/OL］. http：//english. fss. or. kr/fss/eng/p/publications/ar_list. jsp？bbsid = 1289364303986.

［2］ Moon H. *The Korean pension system：current state and tasks ahead* ［R］. Korea Development Institute，2002.

［3］ Kim J K, Moon H P. *Pension Systems for Public Sector Employees in the Republic of Korea* ［R］. 2011.

［4］ OECD. *Overview of Korean Retirement Pension Plan* ［EB/OL］. http：//www. oecd. org/finance/private－pensions/34723005. PDF.

［5］ OECD. *Pension Markets in Focus* 2017 ［EB/OL］. https：//www. fiapinternacional. org/en/pension－markets－in－focus－oecd－october－2017/.

［6］ Paul Dickson. *The Asset Management Review* ［R］. Law Business Research Ltd.

［7］ OECD. *Annual Survey of Investment Regulation of Pension Funds* ［EB/OL］. http：//www. oecd. org/finance/private － pensions/annualsurveyofinvestmentregulationo-fpensionfunds. htm.

［8］ Jones R S, Urasawa S. *Reducing the high rate of poverty among the elderly in Korea* ［R］. 2014.

［9］ Kim S. *The Multi－pillar system of old－age income security in Korea：Its devel-*

opment, current status and issues ［J］. Pacific Science Review, 2007, 9 （2）: 174 – 180.

［10］ Kim S S. *Pension reform options in Korea* ［R］. Tokyo: IMF International Conference, 2013.

［11］ 金炳德（韩国金融研究院）. 私人养老金的现状和整改佣金体系的必要性（김병덕（한국금융연구원）<사적연금의 현황 및 보수체계 개편의 필요성>）.

［12］ 金辰沫, 叶克林. 韩国老龄化与养老保障制度 ［J］. 學海, 2008 （4）.

［13］ 金融服务局保险科. 促进个人年金发展的方案（금융서비스국 보험과, <개인연금 활성화 방안>）.

［14］ 金融监督院. 17 年年末养老金储蓄现状分析结果（금감원 17년말 연금저축 현황 분석 결과）.

［15］ 金融监督院. 因年金储蓄追加缴纳, 应提前进行年终清算（금융감독원<연금저축 추가납입으로, 연말정산 미리 준비하세요>）.

［16］ 金融委员会. 为了提高年金储蓄的活跃度而推出的综合公示和管理强化（금융위원회, <연금저축 활성화를 위한 통합공시 및 관리 강화>）.

［17］ 金源玉（崇实大学）. 对韩国养老金资金的成长对于股票市场和债券市场造成的影响的实证研究（김원옥（숭실대학교）<한국 연금기금의 성장이 주식시장 및 채권시장에 미치는 영향에 관한 실증연구>）.

［18］ 李庆熙（保险研究院）. 养老金储蓄产品长期投资成果分析: 以公示的比较资料为核心（이경희（보험연구원）<연금저축상품 장기 투자성과 분석: 비교공시 자료를 중심으로>）.

［19］ 李雪, 原新. 韩国公共养老保障制度困境及其对我国的启示 ［J］. 人口学刊, 2014 （4）.

［20］ 朴周英（金融委员会）. 个人养老金法制定方向（박주영（금융위원회）, <개인연금법 제정 방향>）.

［21］ 史光浩, 冯相昭. 韩国养老保险制度及对我国的启示 ［J］. 保险理论与实践, 2017 （5）.

［22］ 孙守纪, 柴源. 韩国个人养老金制度及其启示 ［J］. 社会保障研究, 2016 （4）.

［23］ 张慧智, 金香丹. 韩国多支柱养老保障体系改革及启示 ［J］. 人口学刊, 2017 （2）.

后 记

我国是全球人口最多的国家，也即将成为老年人口最多的国家，老龄化将对国家发展全局产生深刻影响。党的十九大报告提出，要加强社会保障体系建设，全面建成覆盖全民、城乡统筹、权责清晰、保障适度、可持续的多层次社会保障体系。养老金制度是社会保障体系的关键组成部分。综观全球，建立政府、单位、个人责任共担的三支柱养老金体系是实现制度可持续性的关键。从我国实际看，在人口老龄化趋势加剧和财政支出压力加大的背景下，养老金第一支柱和第二支柱难以独立支撑养老金体系的重担，需要加快构建以个人账户为基础的第三支柱个人养老金，弥补第一、第二支柱的不足，更好地保障未来全体国民的老年生活水平。

2018 年是养老金体系建设的关键一年。4 月 2 日，五部委联合印发《关于开展个人税收递延型商业养老保险试点的通知》，我国养老金第三支柱改革从理论研究走向政策实践。按照政策规定，2019 年 5 月 1 日公募基金将纳入个人养老账户投资范围，相关配套文件正在制定。人力资源社会保障部、财政部牵头成立了第三支柱工作领导小组，会同国家发展改革委、国家税务总局、人民银行、银保监会、证监会共同制定第三支柱的顶层制度。2018 年也是基金行业诞生 20 周年，历经风雨洗礼，基金业已成长为养老金投资管理的主力军，正在积极做好准备，承担历史赋予的重任，服务养老金体系建设。

中国证券投资基金业协会（以下简称协会）一直致力于推动完善中国的养老金三支柱体系，推动基金行业更好地服务多层次养老保障体系建设。近年来，加快建设个人养老金逐步取得了共识，对于个人养老金相关理论和国际经验的系统性学习和深入研究，能为政策制定提供决策依据。在此背景下，协会邀请专家学者，组织养老金专业委员会成员单位和行业机构共同撰写了《个人养老金：理论基础、国际经验与中国探索》，定位为第三支柱工具书，从第三支柱发展背景、国际经验、我国制度探索和业务落地等方面，系统梳理第三支柱发展脉络，阐述学界和业界对第三支柱的理解和思考。

本书从最初的动议到最后的出版，得到了中国证监会和协会领导、养老金专业委员会委员的高度重视和大力支持，协会领导、养老金专业委员会委员组成编委会为本书提供指导。洪磊会长、钟蓉萨副会长长期研究、推动养老金的发展，他们的指导为本书的选题、结构安排奠定了基础，钟蓉萨副会长于 2018 年 3 月 6 日主持召开撰写启动会，明确本书的整体结构、内容、风格与进度计划。养老金专业委员会成员单位及行业机构的相关业务骨干组成课题组，养老金专业委员会秘书处成员负责课题的日常跟进。2018 年 3 月 22 日，本书完成初稿，课题组成员与秘书处又进行了多次沟通与修改，经秘书处和协会联合评审，最终选出文章 33 篇，共计 70 余万字。

本书的面世，离不开行业同仁的鼎力支持。本书由 21 家机构、超过 40 位同仁共同参与，涵盖资产管理公司、商业银行、养老金专业研究组织等各类机构。特别感谢东方证券资产管理有限公司、富国基金管理有限公司、工银瑞信基金管理有限公司、广发基金管理有限公司、泓德基金管理有限公司、华商基金管理有限公司、华夏基金管理有限公司、汇添富基金管理股份有限公司、嘉实基金管理有限公司、交银施罗德基金管理有限公司、鹏华基金管理有限公司、泰达宏利基金管理有限公司、天弘基金管理有限公司、招商基金管理有限公司、招商银行股份有限公司、中国银行股份有限公司、中欧基金管理有限公司、中银国际证券股份有限公司、中邮创业基金管理股份有限公司及中国养老金融 50 人论坛等参与撰稿的同事（按照机构名首字母排序）。另有 5 篇文章，质量很高，但因文章内容与本书定位不符，最终没有采用，在此对文章的写作者及其所在机构的辛勤工作也表示感谢！编写过程中，协会理财及服务机构部黄钊蓬、靳珂语、刘净姿、陈浩、刘洋洋及养老金专业委员会秘书处成员孙博、李宏纲、胡俊英、岳磊召开了多次专题研讨会，就相关章节的结构安排、写作过程中遇到的疑点及难点等问题进行了深入研讨。书稿完成后，协会理财及服务机构部黄钊蓬、刘净姿和秘书处成员共同进行了审订校对。在此对他们的辛勤劳动表示衷心感谢。

本书在出版之际得到相关政府部门、研究单位、市场机构和专家学者的高度重视。中国证监会副主席李超同志，人力资源社会保障部原副部长、中国社会保险学会会长胡晓义同志，中国养老金融 50 人论坛秘书长、中国人民大学董克用教授为本书作序，我们感谢两位领导和董教授的鼓励，将以更加务实的态度、更加扎实的努力做好养老金研究工作。中国金融出版社承担了本书的出版工作，并给予我们许多专业中肯的建议，在此一并表示感谢。

大力发展第三支柱个人养老金，是深入贯彻中央经济工作会议、全国金融工作会议精神，推动金融服务实体经济、防控金融风险、深化金融改革的重要举措。第三支柱建设绝非朝夕之功，公募基金行业要发挥专业优势，苦练内功、强化担当，担纲主力军，为第三支柱个人养老金发展壮大提供专业服务。本书得以顺利出版，正是各界养老金领域有志之士共同努力的结果，希望本书能够增进社会各界对第三支柱养老金制度的系统性理解，为政策制定部门提供研究支持，为第三支柱政策落地提供有益借鉴，为推动个人养老金健康发展贡献力量。习近平总书记说过，"我们所处的时代是催人奋进的伟大时代，我们进行的事业是前无古人的伟大事业"，第三支柱建设事关多层次社会保障体系建设和现代化经济体系建设大局，我们愿与各界同仁一道，继往开来，扬帆起航，共创第三支柱个人养老金发展的新时代。

中国证券投资基金业协会
二〇一八年十月二十九日